全國高等院校古籍整理研究工作委員會直接資助項目

BEISHANLU JIAOSHI

北山錄 校釋

王閏吉 著

中国社会科学出版社

图书在版编目(CIP)数据

《北山錄》校釋／王閏吉著.—北京：中國社會科學出版社，
2014.12

ISBN 978 - 7 - 5161 - 5357 - 4

Ⅰ.①北…　Ⅱ.①王…　Ⅲ.①古籍－中國－唐代②《北山錄》－
注釋　Ⅳ.①Z424.2

中國版本圖書館 CIP 數據核字(2014)第 300563 號

出 版 人　趙劍英
責任編輯　任　明
責任校對　李　楠
責任印製　何　艷

出　　　版　中國社會科學出版社
社　　　址　北京鼓樓西大街甲 158 號（郵編 100720）
網　　　址　http：//www.csspw.cn
　　　　　　中文域名：中國社科網　　　010 - 64070619
發 行 部　010 - 84083685
門 市 部　010 - 84029450
經　　　銷　新華書店及其他書店

印刷裝訂　北京市興懷印刷廠
版　　　次　2014 年 12 月第 1 版
印　　　次　2014 年 12 月第 1 次印刷

開　　　本　710 × 1000　1/16
印　　　張　20.5
插　　　頁　2
字　　　數　360 千字
定　　　價　68.00 元

校釋說明

一、《北山錄》凡十卷十六篇，唐代梓州慧義寺沙門神清撰，北宋西蜀草玄亭沙門慧寶注。又稱《北山語錄》、《參玄語錄》、《北山參玄語錄》。自宋以降所修《大藏經》俱未收錄，民國初年發現兩種殘本，一存一至三、七至十卷，一存一至六卷，1921 年取二殘本配補為全帙，影印出版。《〈北山錄〉校釋》以此景宋本為底本，橫排過錄，慧寶隨文注釋部分以楷體小字過錄於所注字句後。慧寶隨文注釋比較清楚之處，不再出注。景宋本附錄的德珪《〈北山錄〉注解隨函》二卷，因以音釋為多，其有用的注釋，我們在點校和釋注過程中多已採用，為節省篇幅不再附錄。

二、以新式標點點校。對底本部分漫漶不清的地方，利用民國初年發現的兩種殘本，加以研判，並都出校說明；不能判明的，再參照儒、佛、道與諸子百家各種典籍加以考校，并出校說明校補意見。底本確實有錯訛或脫衍的，予以校改刪補，并出校說明。斷句參考了《大正藏》，《大正藏》斷句有誤及文字過錄與底本有出入的地方，都不煩出注。

三、通假字、古今字、俗體字按原字型過錄並在首見處出校說明，一般典籍常用者及頻繁使用者，不煩一一出校。通假字、古今字、俗體字的判定，多依《漢語大字典》及臺灣的《異體字字典》以及其他多種古今字典，為節省篇幅，都未一一註明。底本避宋諱字頗多，都是以缺最後一筆書寫，如"玄"、"眩"、"朗"、"敬"、"境"、"鏡"、"殷"、"弘"、"匡"、"胤"、"桓"、"禎"、"貞"、"徵"、"暑"、"曙"、"樹"、"戌"等，因考慮到造字的麻煩及排版的美觀，都改成了正體，亦不煩一一出注說明。

四、文句隔礙難通而相關文獻中有異文可資參考者，出校並過錄相關數據；個別事實或文字有所考訂者，出校說明。

五、《北山錄》引用和用典之處頗多，為節省篇幅，引用一般只注明出處，需要對照原文時才錄原文。用典一般注明出處及原文。

六、人名、地名、佛教術語及其他疑難字詞也盡可能作出言之有據的解釋。重複出現的人名、地名、佛教術語及其他疑難字詞，一般只在最先出現之處出注。佛教術語注釋多依《佛光大辭典》，以弄清其多种異名為重點，語文詞語的注釋多依《漢語大詞典》，以弄清其出典為重點。另外還參考多種詞典。為節省篇幅，都未一一註明。

七、《〈北山錄〉校釋》，原題《〈北山錄〉校注》，2012 年獲得全國古籍整理委員會直接資助項目立項。完稿後，中華書局《〈北山錄〉校注》已經出版，為避同名，故改今名。重點對照了其標點與分段，就此改正了自己原稿中諸多錯誤，補充了一些原稿中疏忽之處。在此，對作者富世平致以敬意与謝意。

八、部分難懂句子，引用了日本三教交涉史研究班的《〈北山錄〉譯注》的翻譯，僅作參考。《〈北山錄〉譯注》是網名為"wei"的日本網友（日本大東文化大學人文科學研究所中村威也先生）到日本國會圖書館複印并掃描發給我的，麗水學院日語教師王詩嬃女士幫我翻譯了其中的部分疑難語句，在此，對二位無私的幫助深表謝意。

王閏吉

2014 年 7 月 11 日

于麗水學院民族學院

《北山錄》序

錢唐沈遼①

　　始余欲聞内典②，訪諸南屏梵臻③法師④，於是受斯錄焉。南屏云：
"往聞老師⑤言，丁祕監⑥謂。酷愛其書，一見如不及，至手傳其夲⑦。老
師之言，可信不疑者，丁公所述作，多所自出也。"善乎！一乗⑧以爲宗，
百家以爲支。尋其支，如涉⑨江河，隨地得宐⑩，不得其源，猶足以爲⑪多

---

　　①　沈遼：(1032—1085)，字睿達，錢塘（今浙江杭州）人。神宗熙甯初，爲審官西院主簿，
乙太常奉禮郎監杭州軍資庫。後爲言官所劾，削職爲民，流放永州。遇赦徙池州，築室於秋浦齊
山，曰"雲巢"。元豐八年（1085）卒。與沈括、沈遘合稱沈氏三先生。著有《雲巢編》十卷。

　　②　内典：佛家稱佛教典籍爲"内典"。

　　③　梵臻：(？—1103)，原名有臻，號南屏。錢塘人，宋代天臺宗僧人。從學於四明知禮，
皇祐三年（1051）至上天竺寺，次年歸金山。熙甯五年（1072），應杭州太守之請，入南屏興教
寺開講席。著有《釋十類》，開創南屏一家特有之類集形式著作。另著《十不二門總別指歸》，
現已不存。其門庭爲四明三家中最繁盛者。崇甯年間追謚"實相禪師"之號。

　　④　法師：指通曉佛法又能引導衆生修行之人。

　　⑤　老師：老禪師。

　　⑥　丁祕監：祕，同"秘"。丁謂（966—1037），字謂之，後更字公言，江蘇長洲縣（今蘇州）
人。前後共在相位七年，後被貶官。明道年間（1032—1033），授以秘書監致仕。著有《景德會計錄》、
《建安茶錄》、《刀筆集》、《青衿集》、《晉公集》、《晉公談錄》、《丁晉公詞》等十多種。

　　⑦　夲："本"之異體。字見《漢白石神君碑》，亦見於《敦煌俗字譜·木部》、《龍龕手
鏡·木部》、《五經文字·木部》。《廣韻·上聲·混韻》"本"下云："俗作夲"。《字辨·體辨
三》亦云："夲，音叨，俗訛本。"

　　⑧　一乗：即佛法，佛教化一切衆生成佛的唯一根本方法。乗，"乘"之異體。字見《隸
辨·平聲·蒸韻》引《魯峻碑陰》。

　　⑨　涉："涉"之異體。字見《玉篇·水部》，《集韻·入聲·葉韻》並同。

　　⑩　宐："宜"之異體。見於《玉篇·宀部》及敦煌漢簡，又爲《漢簡文字類篇·宀部》所
收，亦見於《敦煌俗字譜·宀部》、《漢隸字源·平聲·支韻》引《老子銘》、《酸棗令劉熊碑》及
《隸辨·平聲·支韻》所引《史晨碑》。《宋元以來俗字譜·宀部》所收"宜"字，皆作"宐"。

　　⑪　爲：同"為"，今"爲"字通行。底本皆作"爲"。

聞，況遂達其源乎？然其書出未久，而丗①罕傳。能傳者莫不有名于時，而其傳者皆祕玩之以爲資，不肯廣也。

余聞神清在元和時，其道甚顯，爲當丗公卿②所尊禮，從其學者至千人。而性喜述作，其出入諸經者，或删③焉，或益焉，凡百餘卷。而斯錄獨發其所緼，尤稱贍博。使丗之學者，盡得其書而達其源，何患不爲神清乎？神清其名也，生大安山④下，後居長平山⑤陰，故謂之《北山錄》。

惟賢大師先得蜀本，將傳諸好事者，請余敘其大方而刻之，因述南屏法師之言，以爲首云。

熙寧元年五月十二日序

---

① 丗："世"之異體。字見於《碑別字新編·五畫·世字》引《隋張儉墓誌》，收錄於《正字通·一部》及《康熙字典·一部》所引《集韻》。

② 卿："卿"之異體。《玉篇·卯部·卿字》"卿"字作"卿"。《字學三正·體製上·俗書簡畫者》："卿，俗作卿。"《佛教難字字典·卩部》"卿"下列有異體作"卿"。

③ 删："刪"之異體。字見《龍龕手鑑·刀部》、《玉篇·刀部》、《廣韻·平聲·刪韻》、《集韻·平聲·刪韻》、《類篇·刀部》、《精嚴新集大藏音·刀部》、《四聲篇海·刀部》。

④ 大安山：位于四川省綿陽市安縣。

⑤ 長平山：位于四川省南充市南部縣。

目　　錄

《北山錄》卷第一 ·· （1）

　天地始第一 ·· （1）

　聖人生第二 ·· （23）

《北山錄》卷第二 ·· （40）

　法籍興第三 ·· （40）

　真俗符第四 ·· （63）

《北山錄》卷第三 ·· （75）

　合霸王第五 ·· （75）

　至化第六 ·· （105）

《北山錄》卷第四 ·· （122）

　宗師議第七 ·· （122）

《北山錄》卷第五 ·· （158）

　釋賓問第八 ·· （158）

《北山錄》卷第六 ·· （189）

　喪服問第九 ·· （189）

　譏異說第十 ·· （199）

《北山錄》卷第七 ·· （223）

　綜名理第十一 ·· （223）

報應驗第十二 ………………………………………………… （244）

《北山錄》卷第八 …………………………………………… （250）
　　論業理第十三 …………………………………………… （250）
　　住持行第十四 …………………………………………… （263）

《北山錄》卷第九 …………………………………………… （278）
　　異學第十五 ……………………………………………… （278）

《北山錄》卷第十 …………………………………………… （296）
　　外信第十六 ……………………………………………… （296）

後序 ………………………………………………………… （317）

《北山錄》後序 ……………………………………………… （319）

《北山錄》卷第一

梓州慧義寺沙門神清撰　　西蜀草玄亭沙門慧寶注

天地始第一

明儒釋序天地開闢，物象始興之事。

艾儒爲儒，奮於休聲，艾，長也。老而有道，時人所重，曰艾。所謂刻意尚行，離世異端，有上古之風，此乃山谷之士，非常人所好者也。① 奮，擊也。休，美也。羣②儒即而慕教焉。羣，眾也。即，就也。以艾儒博識休美，羣儒就而習學者也。此評世教誨之道，遊居好學者之可慕焉。予小子③或④以⑤宇宙權輿，再拜致懷者。予小子，謙也。或，疑也。宇宙，天地也。權輿，初始也。言我疑於天地初始開闢之事，再拜而伸及懷抱者也。艾儒曰："富⑥哉，問之也！富，盛大也。吾知夫天地溟涬之人也，溟涬，廣大無際，混然未分之貌也。旦旦乎。旦旦，明曉也。如言三辰昭昭也。居，吾語汝。居，坐也。起而致問，故令復坐而示之。易有太極，是生兩儀。⑦《鉤命決》⑧云："易有五太：一太易，氣象未分也；二太初，元氣萌也；三太始，形之端也；四太素，形變有質也；五太極，形質已具也。

① 見《庄子·刻意》。山谷之士，泛指居住在山林中的隐士。

② 羣："群"之異體。《廣韻·平聲·文韻》曰："羣，隊也。《說文》：'羣也。'亦作群。"

③ 予小子：謙稱。《書·泰誓上》："肆予小子發，以爾友邦冢君，觀政於商。"

④ 或：疑惑。"或""惑"古今字。

⑤ 以：於。《文選·孔稚珪〈北山移文〉》"汙漉池以洗耳"舊校："五臣本作於字。"

⑥ 富："富"之異體。《碑別字新編·十二畫》引《魏兗州刺史元弼墓誌》作"富"。《干禄字書·去聲》："冨富，上俗下正。"《字彙·宀部》："冨，即富字。"《正字通·宀部》："冨，俗富字。"

⑦ 見《易·繫辭上》。

⑧ 鉤命決：是關於《孝經》的九種緯書之一，也是代表《孝經》的緯書。也作《鉤命訣》，"決"與"訣"同。

從太極而生天地清濁兩儀也。"① 厥初未兆，馮馮翼翼②，潰潰洞洞③，清濁一理，混沌無象。潰，胡孔反，大水貌也。厥，其也。《淮南子》云："天地未形，馮馮翼翼，洞洞潰潰。"皆形象未分之謂也。混沌者，未開通之貌也。殆元氣鴻蒙④，萌芽資始。⑤ 殆，及也。資，助也。鴻蒙，混元之氣也。《莊子》文⑥。粵若⑦盤古，生乎其中。萬八千歲，天地未分，猶如雞子。清濁既兆，是曰兩儀。清氣爲天，濁氣爲地，和氣爲人，是爲三才。然後盤古生乎其中，治萬八千歲矣。天地開闢。天日高一丈，地日厚一丈，盤古日長一丈。⑧ 頭極東，足極西。左手極南，右手極北。⑨ 開目爲曙，閉目爲夜。呼爲暑，吸爲寒。吹氣成風雲，吐聲成雷霆。⑩ 天地既開，天則日高一丈，地則日厚一丈，盤古四體極大。極，盡也。曙，明也。四時行焉，萬物生焉。⑪ 八紘⑫九圍⑬之大，其孰與多？八紘，四方四角也。九圍，九州，又八方中央。三皇五紀之尊，其孰與先也？三皇，伏犧、神農、黃帝也。五紀，金、木、水、火、土也。伏犧，木紀；神農，火紀；黃帝，土紀；金天，金紀；顓頊，水紀。以五行相生，受命百代可知也。太古之時，燔⑭黍擘豚，污樽抔飲，蕢桴土鼓。⑮ 燔，燒也。中古未有釜

---

① "五太"說見於《列子·天瑞》、《易緯·乾鑿度》等。劉仲達《鴻書》引《鈎命決》，文字與上引文略有出入。

② 馮馮翼翼：混沌空蒙貌。《淮南子·天文訓》："天墜未形，馮馮翼翼，洞洞潰潰，故曰大昭。"高誘注："馮翼、洞潰，無形之貌。"

③ 潰潰洞洞：綿延，彌漫。漢賈誼《旱雲賦》："運清濁之潰洞兮，正重遝而並起。"

④ 蒙："蒙"的異體。字見《字鑑·平聲·東韻》。

⑤ 《繹史》卷一引《五運歷年記》："元氣鴻蒙，萌芽茲始。遂分天地，肇立乾坤。"

⑥ "鴻蒙"最早出於《莊子·在宥》："雲將東遊，過扶搖之枝而適遭鴻蒙。"

⑦ 粵若：發語詞。用於句首以起下文。漢王延壽《魯靈光殿賦》："粵若稽古帝漢，祖宗濬哲欽明。"

⑧ 見《藝文類聚》卷一引《三五曆紀》。

⑨ 見南朝梁任昉《述異記》卷上。

⑩ 見《廣博物志》卷九引《三五歷年紀》。

⑪ 見《論語·陽貨》。

⑫ 八紘：八方極遠之地。《淮南子·墜形訓》："九州之外，乃有八殯……八殯之外，而有八紘，亦方千里。"高誘注："紘，維也。維落天地而為之表，故曰紘也。"

⑬ 九圍：九州。《詩·商頌·長髮》："帝命式於九圍。"孔穎達疏："謂九州為九圍者，蓋以九分天下，各為九處，規圍然，故謂之九圍也。"

⑭ 燔："燔"的減筆俗字。字見《五經文字·火部》、《中國書法大字典·火部》、《重訂直音篇·卷五·火部》。

⑮ 見《禮記·禮運篇》。

甑，擇米捭肉①，加于燒石之上而食之。② 污樽，鑿地爲樽也。③ 抔，音步④侯反，手掬之也。蕢，音由⑤。捊，鼓杖也。以由土爲鼓杖也。冬則居塿窟，夏則居橧巢。⑥ 寒則累土，暑則聚薪，柴居其上也。⑦ 未有火化，食草木之實、鳥獸之肉，飲其血，茹其毛；《文選》："茹，謂啖食也。"未有絲麻，衣以羽皮。⑧ 此上古之時也。後聖有作，然後脩⑨火化之利，修，治也。範金合土，鑄燒器用也。以爲台榭宮室戶牖。⑩ 以炮以燔，加於火上。以烹煮之鑊者。以炙，貫之火上。以爲醴酪。⑪ 蒸釀之也。酪，酢截也。酢，音醋。截，音在。有本闕此一句。治其絲麻，以爲布帛，以養生送死，以事鬼⑫神焉。⑬ 自太古至于今，年世不可勝紀。伏犧之後，凡四十餘萬年，變化財⑭成。爲君爲臣，爲人爲民，民，劣下之稱也。害益興亡。害，損⑮也。前儒誌之，誌，記也。後儒承之。浩浩紛紛，未可一日而殫論也已矣。"殫，盡也。已⑯上乃艾儒所敘天地

---

① 肉："肉"的異體。字見《玉篇·肉部·字》、《宋元以來俗字譜·肉部》引《列女傳》、《佛教難字字典·肉部》等。

② 《禮記·禮運》："燔黍捭豚"鄭玄注："中古未有釜甑，擇米捭肉，加於燒石之上而食之耳。"

③ 《禮記·禮運》"汙尊而抔飲"鄭玄注："汙尊，鑿地爲尊也。"

④ 步："步"之異體。字見《漢隸字源·去聲·暮韻·步字》引《高陽令楊著碑》。

⑤ 由，同"塊"。

⑥ 《禮記·禮運》："昔者先王未有宮室，冬則居營窟，夏則居橧巢。"營窟，底本作"塿窟"，指上古時掘地或累土而成的住所。橧巢，聚柴薪造的巢形住處。

⑦ 《禮記·禮運》："冬則居營窟，夏則居橧巢"鄭玄注："寒則累土，暑則聚薪柴居其上。"

⑧ 《禮記·禮運》："未有火化，食草木之實、鳥獸之肉，飲其血，茹其毛，未有麻絲，衣其羽皮。"

⑨ 脩：假借爲"修"。慧寶注徑改爲"修"。

⑩ 《禮記·禮運》："後聖有作，然後修火之利，范金合土，以爲台榭、宮室、牖戶。"范金，以模子澆鑄金屬。合土，和合泥土。

⑪ 《禮記·禮運》："以炮以燔，以烹以炙，以爲醴酪。"

⑫ 鬼："鬼"之異體。《字彙·卷首·古今通用》、《正字通·卷首·古今通用》皆云："鬼，古；鬼，今。"

⑬ 《禮記·禮運》："治其麻絲，以爲布帛，以養生送死，以事上帝鬼神，皆從其朔。"

⑭ 財：同"纔"。《史記·文帝本紀》"太僕見馬遺財足"司馬貞《索隱》："財，古字與'纔'同。"

⑮ 損："損"之異體。《隸辨·上聲·混韻》引《白石神君碑》作"揁"，《敦煌俗字譜·手部》"損"多作"揁"，《干祿字書·上聲》、《玉篇·手部》、《廣韻·上聲·混韻》等亦作"揁"。

⑯ 已：同"以"。《正字通·已部》："已，與目古共一字。隸作目、以。"

開闢之事也。①

　　涪水②之濱，北山③野夫，背華離俗④，爲日久矣。野夫，謙也。神清，字靈庾，姓章，綿州昌明縣人。兄弟三人出家，師次也，獨爲穎拔。綿州開元寺法雲和尚⑤即其師也。建中末卒于梓州惠義寺。撰《法花玄箋》十卷、《釋氏年志》三十卷、《律疏⑥要決》十卷、《語錄》十卷、《二眾初學儀並識心澄觀》、《俱舍決等論鈔》共百餘卷。尚志于古，⑦ 而所知不博；率躬由道，而至方是礙⑧。爰在始學，篷⑨於鄉⑩塾之末。塾，學也。《禮》云：“鄉有塾，黨有庠”聆儒風⑪而悦⑫之曰：“大哉，儒言！”暨更業乎釋氏⑬，涉其涯始，怖若河漢，斷斷然⑭無斁慊乎，暨，及也。更，改也。涯始，畔岸也。《莊子》云：“驚怖焉，其河漢而無極也。”斁，厭。慊，恨也。若患聞之不早聞也⑮。曰：“何其曰乾竺聖人？”乾竺，天竺也。聖人，佛也。云：“前劫⑯既壞，天地已空。空而復

────────────

　　① 此段所敘天地開闢之事，後出的宋張君房所撰大型道教類書《雲笈七籤》與之大同小異。

　　② 涪水：今涪江，嘉陵江的支流，長江的二級支流。源出四川省松潘縣，東南流經四川省平武縣、江油市、綿陽市、三台縣、射洪縣、遂寧市、重慶市潼南縣等區域，在重慶市合川區匯入嘉陵江。

　　③ 北山：神清所住慧義寺位於長平山之北，故稱“北山”。

　　④ 背華離俗：背離榮華，避開俗世。謂出家隱居。

　　⑤ 法雲和尚：《宋高僧傳》卷六載神清“年十三受學於綿州開元寺辯智法師”，法雲和尚即辯智法師。

　　⑥ 疏：“疏”之異體。字見《隸辨·平聲·魚韻》引《曹全碑》。《字鑑·平聲·魚韻》云：“疏，俗作疏。”

　　⑦ 見《荀子·天論》。

　　⑧ 率躬由道，而至方是礙：日本三教交涉史研究班《〈北山錄〉譯注》譯大意是：下意識地循路而行，卻不想走到了盡頭。

　　⑨ 篷：排列，雜廁。

　　⑩ 鄉：同“鄉”。字見《漢隸字源·平聲·陽韻·鄉字》引《酸棗令劉熊碑》、《集韻·平聲·陽韻》、《中文大辭典·邑部》。

　　⑪ 儒風：儒家的傳統、風尚。《南齊書·陸澄傳》：“今若不大弘儒風，則無所立學。”

　　⑫ 悦：“悅”之異體。字亦見《漢隸字源·入聲·薛韻》引《桐柏淮源廟碑》及《李翕西狹頌》、《敦煌俗字譜·心部》、《玉篇·心部》並同。

　　⑬ 釋氏：釋迦氏族之意。即出家僧尼舍其本姓，而以釋爲姓。轉爲僧尼之總稱。

　　⑭ 斷斷然：專誠守一之貌。《書·秦誓》：“如有一介臣，斷斷猗，無他伎。”孔穎達疏引王肅曰：“斷斷，守善之貌。無他技能，徒守善而已。”蔡沈集傳：“斷斷，誠一之貌。”

　　⑮ 若患聞之不早聞也：《北山錄譯註》譯大意是，後悔未能早點瞭解佛教。

　　⑯ 劫：梵語“劫簸”的簡稱，譯爲時分或大時，即通常年月日所不能計算的極長時間。

成，此劫方始。世界成住壞空①各二十劫。自人壽十歲，百年增一年，至八萬四千歲，卻百年減一年，至十歲，名一劫。如斯成住壞空共八十劫，周而復始也。是時空有微風，風漸乎烈。居此界之下，寔②爲風輪③。烈，猛也。寔，是也。《立世阿毗曇論》④云：“世界空二十劫後將成，乃有毗嵐風⑤，鼓之而爲風輪，最居其下，厚九億六萬由旬⑥，廣十二億三千四百五十由旬也。大雲升空，降雨如軸，積彼風輪之上，結爲水輪⑦。水輪最上，堅凝爲金，如乳停膜，是爲金輪⑧。地下一億六萬，真金所成，上余八萬，金銀銅鐵等七界雜成。《俱舍論》⑨云：“水輪轉堅，如乳凝冷也。”三輪⑩既成，雨自空飛霆⑪金輪上，既廣且厚。雨滴⑫如車軸，晝夜不息，猶如河瀉無數千年。水厚二億四萬由旬，廣十二億三千四百五十由旬，周回三十六億一萬三百五十由旬。風擊此水，清濁異質，爲梵世，爲空居，有風名攝持，吹，令世界成；又有風名旋圜⑬，起，成東西二州；復有風

---

① 成住壞空：即指成劫、住劫、壞劫、空劫等四劫。此係佛教對於世界生滅變化之基本觀點。

② 寔：通“是”。《爾雅·釋詁下》：“寔，是也。”

③ 風輪：爲大地四輪之一，乃世界之最底部。世界之成必先立於虛空之上，稱爲空輪，依此空輪而上生風輪、水輪、金輪，合稱四輪，四輪之上乃有九山八海。風輪其廣無數，厚有十六億逾繕那。其體堅密，假令有一大諾健那，以金剛輪奮威擊之，則金剛碎盡，而風輪無損。稱之爲輪，乃取其形橫圓、其體堅密之義。

④ 立世阿毗曇論：南朝陳真諦譯。印度小乘論部經典之一。凡十卷。又名《立世阿毗曇藏》、《天地記經》。主要是敘述天地世界之建立，及有情世間之相狀。

⑤ 毗嵐風：又作“吠嵐婆風”、“毗藍婆風”、“毗藍風”、“隨藍風”、“旋藍風”。意譯爲“迅猛風”、“恒起風”、“旋風”。指宇宙形成之始（劫初）與成立之終（劫末）所刮起迅速猛烈之大風。

⑥ 由旬：梵語之音譯，巴厘語同。意譯“合”、“和合”、“應”、“限量”、“一程”、“驛”等。又作“逾闍那”、“逾繕那”、“瑜膳那”、“俞旬”、“由延”。爲印度計算里程之單位。指公牛掛軛行走一日之旅程。另據《大唐西域記》卷二載，一由旬指帝王一日行軍之路程。

⑦ 水輪：成立世界的四輪之一，在空輪之上有風輪，風輪之上，光音天的雨水造成深十一億二萬之水層，此水層即名水輪。

⑧ 金輪：成立世界的四輪之一。水輪之上有金輪，厚三億二萬由旬。徑十二億三千四百五十由旬。由輪形之金剛而成，故曰金輪。

⑨ 俱舍論：佛教書名。《阿毗達磨俱舍論》之簡稱。世親作。唐玄奘譯。三十卷。

⑩ 三輪：指風輪、水輪、金輪。佛教認爲成立世界的四輪爲空輪、風輪、水輪、金輪。《俱舍論·世間品》載，不加空輪，只有金、水、風三輪。

⑪ 霆：時雨灌注，亦作“澍”。

⑫ 滴：同“滴”。《正字通·水部》：“滴，俗滴字。”《北山錄隨函》作“滴”。

⑬ 圜：“圓”之異體。《敦煌俗字譜·口部》“圓”多作“圜”，《五經文字·口部》、《廣韻·平聲·仙韻》、《類篇·口部》等亦同。

名琵琶，起，成南州。復有風名四方四角，起，成北州。初成梵世①，由宿因緣，梵王②住處，如一四天下③大。是時梵王生此，梵子亦生也。欲界④六天⑤猶如夢覺，俄思往事。爾時諸天結羣，遍滿案行，咸作是言：昔日此處，有須彌山、善見城、惡口圍等。如是皆憶也。**爲寶石，爲山海，爲土地，爲宮室，品物**⑥**惟錯，若風成山，次第而上。**山則有頂，若風起或正或傍，山相或平或聳，大地、山川、平四、岩洞穿穴，皆由風勢不同也。品，類也。錯，雜也。**區域肇成。**"⑦

　　上界⑧**諸天**⑨**，死者下生**⑩**。體有飛光，足若御雲。不飲不食，年期無數。**有天捨報，於中受生⑪。復有天人壽終，生四天下⑫，受人道生。是時諸人喜**樂**⑬**爲食，依喜樂住，意生化身**⑭**，自然光明，安樂而住，飛空中行。**是時日月未出於世，星宿未有，晝夜不分，未辨年歲，無男女父母姓字等事。**泊乎**⑮**地味如飴，地皮孔甘，林藤流芳，香稻發滋，**是時，大海乍增乍減，開川源路，水所減處，有地肥出，大甘美味，生長覆地，色香觸味，可愛具足，如細蜂蜜。復有地皮，人皆食之。地皮盡已，次食林藤。林藤盡已，有自然粳稻，香味充滿也。**食此四者，災乎其身，其體堅重，其光隱沒。日月星辰，從茲見矣。**時有一人，嗅此地肥香味，起欲著心，指⑯捻大味，嗅而嘗之，知其甘美。餘人相效，良由地味，身稍堅重，不能飛行，身光失沒。既失光已，世界黑暗遂生，日月乃出，星辰遂著。**蠲穢**

① 梵世：又作梵色界、梵世天、梵世界、梵界。指梵天所支配之世界。

② 梵王：大梵天王之異稱也。又總稱色界之諸天。

③ 一四天下：一個太陽和一個月亮所照臨的四大部洲，即東勝身洲，南贍部洲，西牛貨洲和北俱盧洲。

④ 欲界：三界之一，即有色欲與食欲的眾生所住的世界，上自六欲天，中至人界的四大部洲，下至八大地獄等，都屬於欲界的範圍。

⑤ 六天：欲界共有六天，即四王天、忉利天、夜摩天、兜率天、樂變化天、他化自在天。

⑥ 品物：猶萬物。《易·乾》："雲行雨施，品物流形。"

⑦ 見《立世阿毘曇論》卷一〇。

⑧ 上界：指三界諸天，即欲界天、色界天、無色界天。

⑨ 諸天：指三界二十八天。

⑩ 下生：謂菩薩自天上界降生於下界。

⑪ 受生：投生，投胎。

⑫ 四天下：須彌山東南西北之四大洲。

⑬ 喜樂：眼等五識無分別而悅豫，謂之樂，意識分別而悅豫，謂之喜。五受中之二。

⑭ 意生化身：菩薩任意而生之變化身也。

⑮ 泊乎：等到，待及。

⑯ 指："指"的異體。《四聲篇海·手部》："指，古文指字。"《宋元以來俗字譜·手部》錄有《列女傳》、《取經詩話》、《通俗小說》、《古今雜劇》、《三國志平話》各書均作"指"。

導氣，人道成焉。蠲，除也，明也。有大小不淨之事。導氣，有男女欲染之事也。
忿悷①既萌，愛欲是興。有父子焉。忿，嗔也。悷，慳貪也。由有愛悷遂起貪，
爲人所侵則嗔，由此顏容醜②陋，福德鮮少，神通則失矣。有君臣焉。畫野分
邦③，列國興焉。我疆我里，貨殖④阜⑤焉。閑邪⑥討罪⑦，刑辟⑧立焉。
閑，防也。辟，法也。此皆建國之本也。自此閻浮提，則南州之地，因閻浮樹以立
名也。至于百億閻浮提。自此四天下，至于百億四天下。東弗毘提⑨利養⑩勝
故，西牛貨州⑪用牛貨易也，北鬱丹越⑫心直善故，此四州天下也。距大鐵圍山⑬，
距，至也。以鐵圍山遠之也。皆同此時成，爲一大聖⑭之寰⑮宇也。此大千世
界⑯同爲一佛王化之境也。

　　至若人壽漸減，減至于十。減而復增，增至八萬。初二萬歲，有鐵輪
王；次四萬歲，有銅輪王；次六萬歲，有銀輪王；後八萬歲，有金輪王。

---

　① 悷：同“吝”。《正字通·心部》：“悷，本作吝。”
　② 醜：“醜”之異體。字見《漢隸字源·上聲·有韻》、《隸辨·上聲·有韻》。《敦煌俗字
譜·酉部》“醜”字下所列之各種寫法亦皆無右上之一撇。
　③ 畫野分邦：指劃分疆域而治。《周書·杜杲傳》：“仍請畫野分疆，永敦鄰好。”
　④ 貨殖：謂經商營利。《論語·先進》：“賜不受命，而貨殖焉，億則屢中。”
　⑤ 阜：豐厚，富有。《詩·小雅·頍弁》：“爾酒既旨，爾殽既阜。”鄭玄箋：“阜，猶
多也。”
　⑥ 閑邪：防止邪惡。《易·乾》：“閑邪存其誠。”孔穎達疏：“言防閑邪惡，當自存其誠
實也。”
　⑦ 討罪：討伐罪人。《左傳·僖公元年》：“凡侯伯救患、分災、討罪，禮也。”
　⑧ 刑辟：刑法，刑律。《左傳·昭公六年》：“昔先王議事以制，不爲刑辟，懼民之有爭心
也。”楊伯峻注：“刑辟即刑律。”
　⑨ 東弗毘提：又曰“東弗於逮”、“弗婆提”、“弗於逮”、“毗提訶”。四大洲中東大洲
之名。
　⑩ 利養：指財利。《法華經·序品》：“貪著利養，雖復讀誦眾經而不通利，多所忘失。”
　⑪ 西牛貨洲：西瞿陀尼之譯名，四大洲之一。在須彌山西方之大洲也。其俗以牛市易，
故名。
　⑫ 北鬱丹越：又曰北鬱單越、北鬱怛越，四大洲之一。鬱單越洲在須彌山之北方，故
曰北。
　⑬ 大鐵圍山：即圍繞三千大千世界之大鐵山。
　⑭ 大聖：爲對佛、菩薩及大聲聞等之尊稱；有別於世俗之聖人。
　⑮ 寰：“寰”之異體。字見《集韻·去聲·霰韻》。
　⑯ 大千世界：略稱大千界、大千。爲古代印度人之宇宙觀。古代印度人以四大洲及日月諸
天爲一小世界，合一千小世界爲小千世界；合一千小千世界爲中千世界；合一千中千世界爲大千
世界。今之俗語乃襲用佛教“大千世界”一詞，轉用於形容人間之紛紜諸相。

如此統一閻浮提，至于二三四天下也。鐵輪王①統一天下，銅②二天下，銀③三天下，金④統四天下也。今賢劫第九減也，賢劫千佛⑤出，今當第九減劫也。餘十一劫可知也。於一減末，三十饑饉，二十疾疫，十歲刀兵作矣，是爲小三災⑥矣。減至三十歲，有飢饉災七年七月七日。由漫風起，吹其方所，令時節失度，穀米不成也。至二十歲，有疾疫災，由惡鬼神損害於人七月七日也。至十歲時，有刀兵災，于相殺害，唯有刀杖以自莊嚴，七日七夜而止。劫既壞矣，世界欲壞，諸天變身似犀，晝夜三宣告令，令修無覺定，最爲妙樂，於壽終之後生勝光天。後七日輪起於空，時大地須彌皆發火焰，俱時洞燃，以其熱故，吸下水輪，水如蘇油，一切皆盡。火災洞乎九天，九天，欲界六天並初禪⑦三天也。旋嵐蕩乎三禪⑧，旋嵐，風名。蕩，盡也。風災至遍淨天⑨也。水則湯湯然於焉其閒矣。湯，音傷，水流貌。水災至二禪，故云其間。七度火災，一度水災。七度水災，一度風災。萬化既盡，自壞之空，壞二十劫，十九劫壞有情，一劫壞無情也，自此空二十劫。空之既成，復爲後劫始也。空已復，二十劫成；成已復，二十劫住。經曰："成住壞空各二十劫，爲一大劫焉。"《正法念處經》⑩等經所明。

　　夫崇篤⑪莫大乎天地，崇，高也。篤，厚也。久遠莫過乎今古。偉哉，大

----

① 鐵輪王：四輪王之一。感得鐵之輪寶，統禦南閻浮提一洲之帝王也。至增劫時人壽二萬歲出現，或于減劫時人壽八萬歲以上出現。

② 銅：指銅輪王。四輪王之一。感得銅制輪寶而王二大洲之轉輪聖王也。

③ 銀：指銀輪王。四輪王之一。自天感得銀輪寶而王三天下者。

④ 金：指金輪王。四輪王之一。

⑤ 賢劫千佛：現在的住中劫，名叫賢劫，在此中劫的二十小劫中，有一千佛出世，始自拘留孫佛，終至樓至佛，是名賢劫千佛，本師釋迦牟尼佛，為其中之第四尊佛。

⑥ 小三災：減劫末所起之三種災厄也。即饑饉災、瘟疫災、刀兵災。

⑦ 初禪：初禪定，又初禪天也。《楞嚴經》曰："清淨心中，諸漏不動，名為初禪。清淨心中，粗漏已伏，名為二禪。安隱心中，歡喜畢具，名為三禪。法苑珠林，若據火劫，即是初禪。若約火劫，即是二禪。若約風劫，是其三禪。"

⑧ 三禪：色界的第三禪天，因此天的天人禪定深妙，人人身心快樂，又因此天的快樂乃是三界九地中所最凸出者，故此天又名為定生喜樂地。《悲華經》說："身心快樂，無有疲極，譬如比丘入第三禪。"

⑨ 遍淨天：色界第三禪天之第三天名，因此天淨光周遍，故名。

⑩ 《正法念處經》：凡七十卷。北魏般若流支譯。音譯"薩怛囉麻悉麻囉地烏婆薩薩怛挐拏麻蘇怛囉"。又作《正法念經》。本經起於外道以身口意三業諸問題質問新出家之比丘，世尊乃對此廣說"正法念處法門"，闡明三界六道之因果關係。

⑪ 崇篤：崇尚篤信。漢孔融《論盛孝章書》："凡所稱引，自公所知，而復有云者，欲公崇篤斯義。"

聖！知天地始，知天地終，知天之高，知地之厚，知三辰之昭昭，三辰，日月星也。昭，明也。知時年及劫，知古之往，知今之來。強視莫如夫天眼①，聲聞見一千世界，緣覺見二千世界，菩薩見三千世界，佛見大千世界。強聽莫如夫天耳，所聞如天眼數。強念莫如夫宿命，宿住通，憶過去無量劫事。有此洞鑒，而不盡天下者無之矣。故覆燾②之所不及，日月之所不照，如有頂③、無間④等也。霜露之所不墜，四時不遷也。舟車之所不載，自然所獲，如諸佛之界等。尚達之於心目，目則了之，心則達之。而況一區之蝸角⑤乎⑥？昔魏⑦罃⑧與田侯謀⑨約，田侯背之，魏⑩怒，將伐之，惠子聞之，而見戴人。戴人，梁賢人也。曰："有所謂蝸角者，君知乎？""然。""有國於蝸角之左者曰觸氏，有國於蝸角之右者曰蠻氏，時與相爭地而戰，伏尸數萬。逐北旬有五日而復返。"君曰："噫，其言虛。"曰："臣請爲君實。在四方上下有窮乎？"曰："無窮。"曰："知遊於無窮而返於通達之國，謂往來也，如一芥之在太山，如一毛之附馬體，何用爭之也？"⑪

哀余生乎此中，爲醯雞⑫乎？醋上小虫也。爲蟪蛄⑬乎？一名仙蛄，一名螻蛄，一名石鼠也。夫何能知宇宙之遼廓，年劫之悠永？但諒誠於聖人也。嗟己同於微昧，何知天地之闊遠？但誠信聖人之所説⑭也。夫積年以爲億，安得

---

① 天眼：天上人的眼，能夠看得很遠，爲五眼之一。天眼有兩種，一種是從福報得來，如天人；一種則是從苦修得來，如阿那律所得的天眼即是。

② 覆燾：同"覆幬"。猶覆被。指施恩，加惠。《禮記·中庸》："仲尼祖述堯舜，憲章文武，上律天時，下襲水土。辟如天地之無不持載，無不覆幬。"東漢鄭玄注："幬，亦覆也。"

③ 有頂：天名，色界之第四重，本名色究竟天，因處於有形世界的最高頂，故稱有頂。

④ 無間：梵語阿鼻，譯曰無間。

⑤ 蝸角：蝸牛的觸角。比喻微小之地。南朝梁沈約《細言應令》詩："蝸角列州縣，毫端建朝市。"

⑥ 戴人：《莊子·則陽》作"戴晉人"。

⑦ 魏："魏"的異體。字見《金石文字辨異·平聲·微韻·巍字》引《北齊朱曇思等造塔記》。

⑧ 罃：當爲"罃"的俗體。

⑨ 田侯謀：《莊子·則陽》作"田侯牟"。

⑩ 魏："罃"的俗體。《隸辨·去聲·徑韻》引《楊著碑》："如玉如。"

⑪ 見《莊子·則陽》。

⑫ 醯雞：即蠛蠓。古人以爲是酒醋上的白霉變成。《列子·天瑞》："醯雞生乎酒。"

⑬ 蟪蛄：蟬的一種。體短，吻長，黃綠色，有黑色條紋，翅膀有黑斑，雄的腹部有發音器，夏末自早至暮鳴聲不息。《莊子·逍遙遊》："朝菌不知晦朔，蟪蛄不知春秋，此小年也。"

⑭ 説：爲"説"之異體。字見《漢隸字源·入聲·薛韻》引《酸棗令劉熊碑》，《玉篇·言部》並同。

億年不爲劫乎？積土以爲邦域，安得邦域不爲世界乎？湯問革曰：“上下八方有極乎？”革曰：“無極之外復無極也。”① 語在《莊子》，意問世界有窮盡乎？荅②云世界十方無窮盡也，世界之外更有世界也。與《列子》少異。冉有問仲尼曰：“未有天地可知乎？”仲尼曰：“古猶今也。”③ 冉求意謂問造立之前也，荅云天地壞而更成，滅而再興也。是知古先哲王洎先儒非不有知者，但默昭而已矣。夫登蒙山而小魯，蒙山，魯邑東也。登太山而小天下。④ 況有高於太山者乎？太山，東岳。登之可以望天下也，知天下之不大也，況更高者？故四海九州，如毫末之附馬體。誠不虛矣。

　　古者黃帝，帝鴻氏也。晝寢⑤，夢遊華胥氏之國。有國名華胥，在弇州之西，台州⑥之北。不知斯齊國幾千萬里，斯，離也。齊，中也。蓋非舟車足力之所及。其國無師長，自然而智。無惡死，無夭殤。不知親己，不知疏物，故無愛憎。不知背逆，不知向順，故無利害。都無所愛惜，都無所畏忌。此皆華胥國風化之事也。洎黃帝寢寤，怡然有得。夢中神遊，及寤，若有所得。吾考思其國，若北鬱⑦之天下也。即北俱盧洲也。《立世阿毘曇》云，彼國無師範，自然衣食。定壽千歲不嫁他，女亦不娶妻。若有欲心，諦瞻彼女。女若見男視之，隨到別處，曼殊沙樹即便覆蔽，欲事即成。若不覆蔽，知是親屬，即不敢犯。生兒不乳，放四衢道，行人以指內口嗍之，七日成人。無憎無愛，任運而化也。神清考其所夢，似是比北洲也。居九圍之外，人間九州。在瀛海⑧之中，居須彌北面，大海之中也。非天老⑨、力牧⑩、

----

① 見《列子‧湯問》。不見於《莊子》，聞一多認爲《北山錄》此處所引是《莊子‧逍遙遊》佚文。

② 荅：“答”之異體。《廣韻‧入聲‧合韻》：“荅，當也。亦作苔。”《彙音寶鑑‧甘上入聲》“答”下出“荅”字，云：“仝上字。”

③ 見《莊子‧知北遊》。

④ 見《孟子‧盡心上》。

⑤ 寢：“寢”之異體。《字鑑‧上聲‧寑韻》收“寑”字，下注云：“俗從穴作。”

⑥ 台州：《北山錄注解隨函》：“台州，諸本皆云合州，悮。《淮南子》云，正西是弇，西北是台州。”底本此處作台，應是台，仔細辨認，與書中合字寫法不同。《注解隨函》所說“諸本”已佚。

⑦ 北鬱：即北鬱單越洲。

⑧ 瀛海：大海。漢王充《論衡‧談天》：“九州之外，更有瀛海。”

⑨ 天老：相傳爲黃帝輔臣。《韓詩外傳》卷八：“〔黃帝〕乃召天老而問之曰：‘鳳象何如？’”

⑩ 力牧：傳說爲黃帝之臣。相傳黃帝夢人執千鈞之弩，驅羊數萬群，寤而嘆曰：“夫千鈞

太山稽①所知也。三人皆黃帝之臣也。帝鴻氏齊心③服形④，求養身理物⑤之道，故神所遊焉，非北洲則不如所夢也。⑤

故吾教小聖⑥，謂中小乘⑦人也。前劫後劫各八萬，見聞⑧二千界。天眼⑨見二千界事，天耳⑩聞二千界聲等也。中聖能知三千，謂菩薩乘⑪也。大覺⑫則既矣。既，盡也。無所不知，無所不見。日月星辰，麗乎中虛。麗，明也。中虛，空界也。日月無興亡，常在於天，但運轉四世界，爲須彌隔之，故有晦明也。星辰無虧盈。一晝一夜，照四大洲⑬。日月長照二洲。且如南洲日初出，東洲正午，北洲黃昏，西洲半夜也。南洲日午，東洲黃昏，北洲半夜，西洲日出。南洲日入，東洲半夜，西洲日午，北洲天曉也。餘洲做此也。向南北以分寒暑。夏則日近北，而月近南；冬則月近北，而日近南。春秋平也。風力所持，不停不墮，皆爲旋嵐風，空中任持運轉而不墮也，在須彌之半下。上有諸天居焉。其宵旦短長，

之弩，異力能遠者也；驅羊數萬群，是能牧民爲善者也。天下豈有姓力名牧者哉?" 於是依占而求之，得力牧於大澤，用以爲將。見晉皇甫謐《帝王世紀》。

　　① 太山稽：傳說爲黃帝之臣。《淮南子·覽冥訓》："昔者黃帝治天下，而力牧、太山稽輔之，以治日月之行律。"

　　② 齊心："齊" 同 "齋"。《列子·黃帝》作 "齋心"。齋心袪除雜念，使心神凝寂。《列子·黃帝》："退而閒居大庭之館，齋心服形。"

　　③ 服形：伏體，表示全心誠服。《列子·黃帝》："朕閒居三月，齋心服形，思有以養身治物之道，弗獲其術。"

　　④ 理物：猶治民。漢班固《白虎通·誅伐》："王者承天理物，故率天下靜，不復行役，扶助微氣，成萬物也。"

　　⑤ 見《列子·黃帝》。

　　⑥ 小聖：指聖者中證悟之淺者。小乘之四果，對大乘而言爲小聖；大乘之諸菩薩，對佛而言亦爲小聖。

　　⑦ 中小乘：三乘之二。中乘，緣覺乘之異名。小乘，又名聲聞乘。

　　⑧ 見聞：目見佛，耳聞法也。

　　⑨ 天眼：天上人的眼，能夠看得很遠，爲五眼之一。

　　⑩ 天耳：爲色界諸天人所有之耳根，能聞六道眾生之語言及遠近粗細一切之音聲者。是由色界所屬清淨之四大而成也。

　　⑪ 菩薩乘：三乘之一，又名大乘。

　　⑫ 大覺：偉大的覺悟，亦即佛的覺悟。凡夫無覺悟，聲聞緣覺菩薩雖有覺悟但不大，只有佛徹底覺悟宇宙人生的真理，所以稱爲大覺。

　　⑬ 四大洲：東勝身洲、南贍部洲、西牛貨洲、北俱盧洲。東勝身洲其狀如半月形，其人身形勝故，名勝身洲；南贍部洲其狀上大下小，略如吾人之面，亦稱南閻浮提，閻俘即贍部樹，此洲有此樹故名，吾人的世界，即在此洲；西牛貨洲其狀周圓，其地多牛，以牛爲貨易，故名牛貨；北俱盧洲其狀方正，此洲人壽皆千歲，衣食自然，惟無佛法，故列爲八難之一。

頗與此方分、至、啟、閉、晷、漏同也。此西國《倶舍》、《成實》①等論所明
也。分，春秋分也。至，冬夏至。立春名啟，立冬名閉。日五十一由旬，月五十
由旬，星巨一由旬，微則一倶盧舍。由旬，或云踰善那，此云應聖王一日應行
之程，或三十里，或四十。倶盧舍，此云一牛吼地，二里也。小乘一由旬，十六里
也。微，小也。下面庸乎火珠水珠，庸，用也。火珠，日也。水珠，月也。而在
魯之年，星隕如雨。②魯莊七年四月五日如雨也。在宋之都，隕石數五，《左
傳·魯僖公六年》：“正月，隕石于宋，五。”蓋皆云是星隕也。蓋忽焉③祥異矣。

　　儒說東南海之外，《淮南子》、《稽聖賦》④等也。大荒之中，甘泉之間，
有羲和國，有女名羲和，生於十日，常浴日於甘泉。⑤堯之世，十日並
出，命羿射之，羿，古射官名。九禽斃於地。⑥日中之烏也。至德之萌，日月
若合璧，五星如連珠。五星，歲也、熒惑也、太白也、辰也、鎮也。有至德之君，
日月如合璧。羣星從東而西，日月違天而東。羣星與天盤右轉，從東而西也。
日月逆天盤，從西而東也。太昊畫八卦，伏犧氏也。通神明。爲書契，代結
繩。女媧補天立極，共工顓頊競爲帝，共工頭觸不周之山，天柱折，地維
絕。故天傾西北，日月星辰就焉。地不滿東南，百川水潦⑦歸焉。⑧百川皆
歸於巽。揚珠云：“太古之事滅矣，孰誌之哉？誌，記也。其磨滅無所志記也。
三皇之事，若有若亡。五帝之事，若覺若夢。三王之事，或隱或顯。”⑨
未必周備。夫如揚子之辨，辨，別也。則吾從何質焉？質，信也。仲尼云：
“五帝用說，三王用度。”⑩言遠則但由言說，邇則修法度。事既已往，但可
以言說而知，虛實無質。三王近古，依其法度，或當或否也。

---

　　①　成實：書名，即《成實論》。十六卷，訶梨跋摩造，姚秦羅什譯。成實者成立修多羅中
實義之意也。
　　②　見《春秋·莊公七年》。
　　③　忽焉：快速貌。《左傳·莊公十一年》：“禹湯罪己，其興也悖焉；桀紂罪人，其亡也
忽焉。”
　　④　稽聖賦：書名，顏之推著。《新唐志》總集類、《崇文總目》別集類、《中興館閣書目》
別集類均著錄顏之推《稽聖賦》一卷，李淳風注，《宋志》別集類亦為一卷，不云注人。《直齋
書錄解題》別集類作三卷，云：“其孫師古注，蓋擬《天問》而作。”
　　⑤　見《山海經·大荒南經》。
　　⑥　見《淮南子·本經訓》。
　　⑦　水潦：泛指江河流水。潦，積水。
　　⑧　見《淮南子·天文訓》。
　　⑨　見《列子·楊朱》。
　　⑩　見《孔子家語·五帝德》。

中國以天下之峻極者，曾莫大於崑崙之丘焉。崑崙山者，按《山海經》云：“河水所出也。”《漢書》張騫尋而莫見。上有五方之霞，下有五色之波。非大人①靈仙②，莫往莫來，故黃帝登之南望而旋。軒轅也。穆王讌③王母于瑤池，瑤池在崑山，周穆王與王母會燕④于此。王母戴玉勝豹尾虎齒，主⑤人間疫癘之鬼也。⑥乃自彼降，巍巍乎窮造化之力矣。此崑崙之山也。而釋氏特以須彌聞其大也。其山出海水八萬由旬，崇袤相均，四寶所成。崇，高也。袤，廣也。四寶，東黃金，南吠琉璃⑦，西白銀，北頗胝迦⑧寶。其下四方有層級，彼最上者，有四大天王⑨宮室焉，下有堅首、持鬘、恒憍三天。⑩為帝釋之外蕃⑪，作捍⑫于修羅⑬。迷盧⑭之頂，方乎八萬，其上廣八萬由旬。其平如砥，其路如纈，砥，磨石也。纈，綿也。帝釋所都之地。方各八天，朝于中宮，是曰三十三天⑮焉。須彌山四面各有八天，中有善法堂，帝釋所居。諸天朝

① 大人：指帝王。

② 靈仙：神仙。晉孫綽《游天臺山賦》：“涉海則有方丈、蓬萊，登陸則有四明、天台，皆玄聖之所遊化，靈仙之所窟宅。”

③ 讌：同“宴”。聚會在一起吃酒飯；請人吃酒飯。

④ 會燕：即會宴。相聚宴飲。燕，通“宴”。《詩·小雅·南有嘉魚》：“君子有酒，嘉賓式燕以樂。”鄭玄箋：“用酒與賢者燕飲而樂也。”高亨注：“燕，通‘宴’。”

⑤ 主：主宰，主持，掌管。《墨子·尚賢中》：“今王公大人之君人民，主社稷，治國家，欲脩保而勿失。”

⑥ 見《山海經·西山經》。

⑦ 吠琉璃：即琉璃，一種青色的寶石。

⑧ 頗胝迦：亦作“頗眠迦”，一種狀如水晶的寶石。

⑨ 四大天王：佛教四大護法天神，俗稱“四大金剛”，又稱護世四天王，是佛教二十諸天中的四位天神，即東方持國天王、南方增長天王、西方廣目天王、北方多聞天王。

⑩ 見《阿毘達磨俱舍論》卷一一。

⑪ 外蕃：謂屬國。漢劉向《說苑·奉使》：“彼越亦天子之封也，不得冀兗之州，乃處海垂之際，屏外蕃以為居，而蛟龍又與我爭焉。”

⑫ 作捍：戰鬥、抵抗。唐玄宗《春中興慶宮·宴序》中說：“夫抱器懷才，含仁蓄德，可以坐而論道者，我於是乎辟重門以納之；作捍四方，折衝萬里，可運籌帷幄者，我於是乎懸重祿以待之，是故外無金革之虞，朝有縉紳之盛。”

⑬ 修羅：“阿修羅”之略。佛教中常與帝釋天戰鬥的鬼神。

⑭ 迷盧：“蘇迷盧”之略，即須彌山。

⑮ 三十三天：六欲天之一。又作忉利天。於佛教之宇宙觀中，此天位居欲界第二天之須彌山頂上，四面各為八萬由旬，山頂之四隅各有一峰，高五百由旬，由金剛手藥叉神守護此天。中央之宮殿（善見城）為帝釋天所住，城外周圍有四苑，是諸天眾遊樂之處。城之東北有圓生樹，

之，共有三十三天，皆是忉利一天所攝。海上諸山，多地居天，蓋四天王之所都邑也，故若方丈蓬萊。居海中，鼇魚負之行也。年長貌美，光碧紫翠，以爲房閣。其務仙道者，咸神仙遊集之鄉也，願言羽翼而棲息之。其天帝釋股肱輔衞，有嚴有翼，統彼諸天，照冒下土，御千輪殿，網以珠綴，煥乎其間，有所顯焉。故羣黎罪福①、死生、遲促②、吉凶、期會③，其欲不見於珠中，不可得矣。罪福之事，事皆見帝釋珠網中也。是以，上流有罪，天執其罚④。故云"天命極之"⑤也。下民之罪，天假其罚。天生蒸民⑥，樹之司牧⑦。於善者福，亦如之矣。而君子稱禍福顯乎天命，言簡在帝心⑧也。

又曰：吉凶不僭，⑨僭，濫也，差也。言乾道正也。故神農、后稷在人，周祖皆播種百穀以勸民。代天之養也。皋陶堯時治獄官也。甫刑，周穆王⑩以齊侯呂伋⑪爲司寇，使定五刑⑫，故曰呂刑。呂侯後爲甫侯，故曰甫刑，官也。代

（接上頁）花開妙香薰遠，城之西南有善法堂，諸天眾群聚於此，評論法理。四方各有八城，加中央一城，合為三十三天城。

　① 罪福：罪與福之並稱。五戒、十善等善業（善行）能招致樂報，稱為福、福德。反之，五逆、十惡等惡業能招苦報之惡業者，則稱罪、罪惡。

　② 遲促：長短，高低。前蜀杜光庭《李仇中丞本命醮詞》："至於壽算遲促，祿祚短長，立身有罪福之因，行運有吉凶之數，天司地簡，主宰無私。"

　③ 期會：機緣。南朝梁沈約《答陶華陽書》："眾生緣果，所遭各有期會。"

　④ 罚："罰"之異體。《五經文字·罒部》於"罰、罚"下云："上《說文》，下《石經》，五經多用上字。"《漢隸字源·入聲·月韻》引《竹邑侯相張君碑》作"罚"。《俗書刊誤·卷七·略記字始》曰："罰，注持刀詈人也。《元命苞》改刀從寸，寸，法也。"

　⑤ 《尚書·湯誓》："夏氏有罪，天命極之；予畏上帝，不敢不正。"

　⑥ 《詩經·大雅·蕩》："蕩蕩上帝，下民之辟。疾威上帝，其命多辟。天生烝民，其命匪諶。靡不有初，鮮克有終。"又《詩經·大雅·蒸民》："天生蒸民，有物有則。"

　⑦ 《全唐文》卷二《平王世充大赦詔》："天生烝民，樹之司牧，光宅區宇，撫字黎庶。"

　⑧ 簡在帝心：指能被皇帝所知者。簡在，猶存在。《論語·堯曰》："帝臣不蔽，簡在帝心。"

　⑨ 《尚書·咸有一德》："惟吉凶不僭在人，惟天降災祥在德。"

　⑩ 周穆王：（？—前921），周昭王之子，漢族，姬姓，名滿，周王朝第五位帝王。

　⑪ 呂伋：又稱齊丁公。中國諸侯爭霸時代齊國的第二任君王。他的父親是齊國第一任王呂尚。齊太公三十二年（前1015），齊太公死後，其兒子呂伋繼位，為齊丁公。他在周成王、周康王時期為周王室的重臣。

　⑫ 五刑：周穆王命呂侯（亦稱甫侯）制定《呂刑》，有墨、劓、剕、宮、大辟五刑，共三千條。

天之刑也。成湯①、周發②，成湯伐桀，武王伐紂，代天之討也，傅說③、殷高
宗之相。邵伯④，周太保。代天之治也。其或享用五福，五福，一曰壽，二曰富，
三曰康寧，四曰攸好德，五曰考終壽也。威用六極，一曰凶短折，二曰疾，三曰憂，四
曰貧，五曰惡，六曰弱。非聖人莫能見彝倫⑤之象也。彝，常也。倫，理也。

　　大梵⑥臣帝釋，帝釋臣四天⑦，四天臣羣神洎⑧羣后。《書》曰："敢
用玄牡⑨，敢昭告于上天神后。"⑩竊或得非大梵天歟？否者，天之蒼蒼，
無馨無臭，孰爲真宰焉？非大梵而誰也？夫有事于圓丘，天子祭天於圓丘。類
乎昊天上帝，類，祭也。饗⑪靈威仰等，五方之神，東靈威仰、南赤熛怒、西白
招拒、北叶光紀、中方含樞紐。禮于日月星辰，斯或大梵王天、帝釋、四天
王等之事也。凡五氣五郊五帝昇壇，五神配饗，百神從祀，⑫或四天王、
帝釋焉。但後世行事，率承古典。古者洪荒朴略，洪，大也。上古天地大荒，

------

　　① 成湯：即商湯（？—約前1588），子姓，名履，廟號太祖，為商太祖，河南商丘人。商朝
的開國君主，前1617—前1588年在位，在位30年，其中17年為夏朝商國諸侯，13年為商朝國王。
今人多稱商湯，又稱武湯、天乙、成湯、成唐，甲骨文稱唐、大乙，又稱高祖乙，商人部落首領。
　　② 周發：即周武王（約前1087—1043），姬姓，名發，西周時代青銅器銘文常稱其為斌。在
位13年，西周王朝開國君主，周文王次子。
　　③ 傅說：生卒不詳，殷商時期著名賢臣，先秦史傳為商王武丁的相，為"三公"之一。武丁
舉傅說為相，國乃大治，形成了歷史上有名的"武丁中興"的輝煌盛世。
　　④ 召伯：即姬奭，周文王之子，周武王、周公之同父異母弟。也稱召康公、召公。召伯先輔
佐父兄滅了商紂，建立了周朝，繼之又輔佐成王姬誦和康王姬釗，創建了"四十年刑措不用"的
"成康盛世"，為周朝打下了延續八百二十五年的堅實基礎。
　　⑤ 彝倫：常理；常道。彝，同"彝"。《書·洪範》："王乃言曰：'嗚呼，箕子！惟天陰騭下
民，相協厥居，我不知其彝倫攸敘。'"蔡沈集傳："彝，常也；倫，理也。"
　　⑥ 大梵：即大梵天，位於色界初禪天之第三天。又稱"梵天王"、"梵天"、"梵王"、"梵
童子"、"世主天"、"娑婆世界主"。音譯作"摩訶梵"、"梵摩三缽"。大梵天以自主獨存，謂己
為眾生之父，乃自然而有，無人能造之，後世一切眾生皆其化生；並謂已盡知諸典義理，統領大
千世界，以最富貴尊豪自居。大梵天為梵書時代以來之神格，爾後婆羅門即以大梵天為最尊崇之
主神。
　　⑦ 四天：即四大天王。為帝釋的四大外將，即東方持國天王、南方增長天王、西方廣目天
王、北方多聞天王。
　　⑧ 洎：及。
　　⑨ 玄牡：指古代祭天地用的黑色公牛。
　　⑩ 見《書·湯誥》。
　　⑪ 饗："饗"的異體。字見《玉篇·食部·字》、《集韻·上聲·養韻》。
　　⑫ 見《續漢書·祭祀志中》。

純朴省略而已。**各以方壤所據，氣運所成，**所據方域，乘五行之運氣而王也。**裁爲禮經。呼其神祇，**以古事裁爲禮經，呼天地神祇也。**莫以宰牲。**其名雖異，而事或玄符也。**故西域無壇墠**①，築土爲壇，除土爲墠，祭告天地所也。**而有天祠，與華夏互爲風也。**

　　昔趙簡子②**享鈞天之樂**③。《史記》曰：“趙簡子疾不知人，七日而寤，曰：‘我之帝所甚樂，與百神遊于鈞天，廣樂九奏萬舞不類三代之樂，其聲動心也。’”**秦穆公拜鶉首**④**之賜，**秦穆公夢天賜與金冊，鶉首之地。秦之分野，鶉南方朱鳥之星鶉首。鬼柳爲鶉首，翼軫爲鶉尾也。**蓋神與天交，魂往形居，高早**⑤**雖遠，其應孔邇。**天高地早孔，甚也。邇，近也。**申生**⑥**爲被髮之訴**⑦，狐偃⑧行次見申生，使之御，云：“夷吾對余無禮，余得請於上帝，以晉與秦。後果如其言也，上帝，天也，皆晉事也。**劉約有美玉之請，**⑨劉約，劉聰之太子，夢入華胥國，七日而活。**蓋天授其靈，示死有知，孰厥下民，克誠克信？**孰，誰也。厥，其也。克，能也。若無其靈應，下民孰其能信？

　　自此三十三天之上，皆曰空居⑩。非獲神通，不可以往。凡有二十六

---

① 壇墠：祭祀的場所。《禮記·祭法》：“天下有王，分地建國，置都立邑，設廟祧壇墠而祭之。”

② 趙簡子：即趙鞅（？—前475），嬴姓，趙氏，原名鞅，後名志父，諡號簡。春秋後期晉國卿大夫，六卿之一，趙氏大宗宗主。出生世卿大族，至晉定公時執政晉國17年之久。傑出的政治家、軍事家、外交家、改革家。

③ 鈞天之樂：指天上的音樂、仙樂。《史記·趙世家》：“趙簡子疾，五日不知人……居二日半，簡子寤。語大夫曰：‘我之帝所甚樂，與百神游於鈞天，廣樂九奏萬舞，不類三代之樂，其聲動人心。’”鈞天：天的中央。神話傳說中天帝住的地方。

④ 鶉首：星次名，指朱鳥七宿中的井宿和鬼宿。

⑤ 早：“卑”的異體。字見《漢隸字源·平聲·支韻·卑字》引《魏大饗碑》、《六書正譌·平聲·支脂之韻》。

⑥ 申生（？—前656）：春秋時晉國人。獻公太子。有賢名。獻公寵驪姬，欲立子奚齊，使申生居曲沃（今山西聞喜東北），驪姬誣陷，申生自殺。

⑦ 見《史記·晉世家》。

⑧ 狐偃：當作“狐突”。見前注。狐偃（約前715—前629），春秋時晉國國卿。狐突之子，晉文公重耳之舅。

⑨ 見《太平御覽》卷三八引崔鴻《十六國春秋·前趙錄》。

⑩ 空居：即空居天，指居止於空中之“天”，如欲界六天中之“夜摩天”、“兜率天”、“化樂天”、“他化自在天”，及色界諸天。相對於此，四王天、忉利天等，居止於須彌山，稱為地居天。

所，自炎摩天①終非非想②，計二十六天也。層雲重構，年顏倍永，自五百歲至
非非想八萬劫也。③ 其或微雲，其或微形。統以三界，昭其目也。括以四
生，旌其類也。統，總也。昭，明也。微細數目雖多，總不出三界，二十八天④以
攝之也。胎、夘⑤、濕、化四生⑥，以旌表攝盡也。

　　《渾天儀》⑦曰："天如鷄子，地如中黃，地如鷄子中黃也。地在天之內
也。居於天內，天大地小，表裏有水。天地各乘雲而立，水載而浮焉。"⑧
地在水外，有雲浮之。却有水裏之，又有天裏之。天外有水，却以雲浮之也。有好問
者曰：設端以徵之也。"彼盤古判爲厚地之趾，其將安據歟？彼渾天之外，
復誰與載歟？而一家之學者，邕邕焉何思何慮，邕邕，塞滯之皃也。而可獲
其事也？"

　　河出崑崙山，⑨《山海經》："河出崑崙。"在大羊同國⑩，蕃語謂崑崙山爲悶摩
黎山⑪，譯爲紫山，東去長安五千里。又《張騫本傳》：尋河至大夏，見筇竹杖⑫。知

---

　　① 炎摩天：欲界六天之第三天。意譯爲"善時分"、"善時"、"善分"、"妙善"、"妙時
分"、"妙唱"、"唱樂"等。又作"夜磨天"、"焰摩天"、"夜摩天"、"蘇夜摩天"、"須夜摩
天"、"須炎天"、"離諍天"。

　　② 非非想："非想非非想處天"的略語。無色界第四天。三界之最頂也，因而亦曰有頂天。

　　③ 見《起世經》卷七。

　　④ 二十八天：欲界六天、色界十八天、無色界四天。

　　⑤ 夘："卵"的異體。字見《新加九經字樣·雜辨部》、《宋元以來俗字譜·七畫》引《三
國志平話》、《中華字海·夕部》。

　　⑥ 四生：胎生、卵生、濕生、化生。胎生是在母胎內成體之後才出生的生命，如人類是；
卵生是在卵殼內成體之後才出生的生命，如鳥類是；濕生是依靠濕氣而受形的生命，如蟲類是；
化生是無所依託，只憑業力而忽然而生的生命，如諸天和地獄及劫初的人類是。

　　⑦ 《渾天儀》：張衡著，一卷，爲其渾天儀器的說明書，漢代天文學中渾天說的代表作。隋
唐志都有著錄，至宋已佚失。清嚴可均《全後漢文》中有輯本。

　　⑧ 見《唐開元占經》卷一《天地名體》引《張衡渾議注》。

　　⑨ 見《山海經·大荒西經》。

　　⑩ 大羊同國：中國唐代西部少數民族之一及其建立的國家的名稱。《通典》卷一九〇《邊
防·大羊同國》："東接吐蕃，西接小羊同國，北直於闐，東西千里，勝兵八九萬，辮髮氈裘，畜牧
爲業，地多風雪，冰厚丈餘，物產與吐蕃同……其王姓薑葛，有四大臣分掌國事，自古未通中國。"

　　⑪ 悶摩黎山：即悶摩黎山，又稱紫山。今青海中部偏南之巴顏喀喇山。《新唐書·吐蕃
傳》："河之上流，由洪濟梁西南行二千里，水益狹，春可涉，秋夏乃勝舟。其南三百里三山，
中高而四下，曰紫山……虜曰悶摩黎山，東距長安五千里，河源其間。"

　　⑫ 筇竹杖：用筇竹所製的手杖。《史記·大宛列傳》："騫曰：'臣在大夏時，見邛竹杖、
蜀布。'"《史記正義》曰："邛都邛山出此竹，因名邛竹。節高實中，或寄生，可爲杖。"

與蜀地相連。唯杜佑《通典》偏明也。浸流積石山①，爲禹所導，② 經于中國，東漸于海，斯阿耨達池③之一源也。今黃河水即阿耨達池所出也。其池自中天之北，過七黑山④。距大雪山之陰，香醉山南⑤，攝乎二山之間，距，至也。山北曰陰。攝，迫也。水在二山峽中而流也。方五十由旬。四寶爲岸，四面各流出一大河，東面金象口流出天信度河⑥，南銀牛口流出天徙多河⑦，無熱池⑧流出西徙縛芻河⑨，北頗梨⑩師子口流出⑪。各入四方之海也。而東注之河，自蕊⑫山分流潛邁⑬也。扶桑⑭靈柯昇于大明，此或閻浮樹也。其大者百

──────────

①　積石山：又稱爲瑪積雪山，在青海東南部，延伸至甘肅南部邊境，爲崑崙山脈中支。《山海經·西山經》：“又西山三百里，曰積石之山，其下可有石門，河水以西流。是山也，萬物何不有焉。”

②　見《水經注》卷一《河水一》。

③　阿耨達池：相傳爲閻浮提四大河流之發源地。相傳爲閻浮提四大河之發源地。又作“阿耨大泉”、“阿那達池”、“阿那婆答多池”、“阿那婆踏池”。意譯作“清涼池”、“無熱惱池”。

④　七黑山：印度毗舍離城北方至喜馬拉雅山脈中香醉山間的七座黑山。喜馬拉雅山脈諸山，山頂常帶白雪，故稱雪山；以南之諸山，山頂無覆雪，草木茂盛，稱爲黑山。

⑤　香醉山：又作“香積山”、“香山”等，音譯“乾陀摩訶術”、“犍馱摩羅”，爲閻浮提洲最北端之山，其南有大雪山，阿耨達池即在兩山之間。此山中有各種香氣，聞之能令人醉，故稱香醉山。

⑥　天信度河：即信度河，印度西北部之大河。又稱“印度斯河”、“新陶河”、“拉楚河”、“新頭河”、“辛頭河”，即現今之印度河。

⑦　天徙多河：即徙多河，又作“私陀”、“斯陀”、“悉陀”、“徙多”、“私多”、“枲多”。華言冷河。從阿耨達池北面頗胝迦師子口流出，繞池一匝，入東北海。或曰潛流地下，出積石山，爲中國之河源。

⑧　無熱池：即“無熱惱池”。又作“阿耨達池”，相傳爲閻浮提四大河流之發源地。

⑨　縛芻：又作“婆輪”、“婆叉”、“婆槎”、“薄叉”、“博叉”。閻浮提四大河之一也。出自阿耨達池之西面，入於西北海。

⑩　頗梨：七寶之一。意譯“水玉”、“白珠”、“水精”。又作“玻璃”、“頗胝”、“頗置迦”、“破置迦”、“薩頗胝迦”、“娑婆致迦”、“塞頗致迦”、“窣坡致迦”。其質瑩淨通明，有紫、白、紅、碧等多種顏色，其中，以紅色、碧色最珍貴，紫色、白色次之。

⑪　疑有脫文。佛典載阿耨達池四面流出四大河，即恒伽河、信度河、徙多河和縛芻河。四河的名稱各佛典寫法不同，所處方位各典籍記載也有差別，但都沒有超出這四大河。毫無疑問，這裡應該漏了“恒伽河”。恒伽河，即恒河。又作“恒迦河”、“殑伽河”。印度三大河流之一。

⑫　蕊：“蕊”的異體。《宋元以來俗字譜·艸部》引《太平樂府》“蕊”作“蕊”。《字彙·艸部》“蕊”下云：“同蕊。”

⑬　潛邁：潛行、暗流。

⑭　扶桑：神話中的大樹。《山海經·海外東經》：“湯谷上有扶桑，十日所浴，在黑齒北。居水中，有大木，九日居下枝，一日居上枝。”

由旬，其果可食，佛在時，有羅漢①取得之。自皮展手，一臂方至果核，分之以賜大眾，其色如爛椹也。盛乎此洲之南極也。鯤鵬之大，②或則摩羯魚③、迦樓羅之類也④。《莊子·逍遙篇》說，有鯤魚化爲鵬，面南而飛展翼垂天。此或則是經中摩竭魚、金翅鳥等。迦樓羅即金翅鳥王也。楚王不識於萍實，⑤昭王過江，見一物大如斗，紅如日，觸王舟，皆不識。令聘問宣，尼云是萍實，可以食之。有德而出也。臧氏命祀於爰鶋⑥，爰鶋，海鳥。飛而遇風，遂泊魯東門。臧文仲爲大夫，不識，令控御而祭之。孔子云：“爰鶋也。”其鳥大於驢也。向使不遭孔聖，則謂彼二物恢詭也。恢，大也。詭，恠也。故方夏古今，燕鄉越鄉，於關內關外，於其言蓋物同而名不同，方者四方，夏即中夏也。燕在北，越在南。言語呼名，有所不同也。矧乎異域，何相韙也。矧，況也。韙，是也。須彌之趾，八功德水以爲巨海，一清、二冷、三軟、四輕、五香、六不臭、七飲不損喉、八不損腹。深廣之量與須彌同，須彌入水八萬四千，海亦深八萬四千。海環于山。循海外涯有持雙山，如輪圍海。高厚之數，若須彌之半，其山如車輪繞須彌山，號七金山，一曰持雙、二曰持軸、三曰擔木、四曰善見、五曰馬耳、六曰象鼻、七曰魚脊，出水四萬二千由旬。上與日月齊焉。餘山餘海，間而繞之，既降又狹。相次半之。第七山外方有鹹海，所謂由乾陀海、伊沙陀海、佉羅眡海、善見海、馬耳海毘那多海、尼民多海。又云：一鹹海、二乳海、三酪海、四酥海、五蜜水海、六吉祥海、七酒海。而四大洲對妙高之四面⑦，各在鹹海之一方矣，是謂一小世界。一四洲也。千小世界謂之小千，一千四洲、一千六欲天、一千箇梵世，名一小千界。千倍小千名一中千，一千箇小千界、一千箇二禪，名中千界。千倍中千爲一大千，一千箇

<hr>

① 羅漢：小乘的最高果位，稱爲“無學果”。謂已斷煩惱，超出三界輪迴，應受人天供養的尊者。

② 見《莊子·逍遙遊》。

③ 摩羯魚：又作“摩伽羅魚”，意譯“大體魚”、“鯨魚”等。爲佛教中常見的大魚。

④ 迦樓羅：佛教指天龍八部之一，即金翅鳥，半人半鳥，金身紅翼，頸有如意珠，兩翅展開達336萬里，以龍爲食。

⑤ 見《說苑·辯物》。

⑥ 爰鶋：即鶢鶋，海鳥名。《國語》卷四《魯語》上：“海鳥曰‘爰居’，止於魯東門之外三日，臧文仲使國人祭之。展禽曰：‘越哉，臧孫之爲政也！夫祀，國之大節也，而節，政之所成也，故慎制祀以爲國典。今無故而加典，非政之宜也。”

⑦ 妙高：須彌山之意譯。須彌山乃佛教宇宙觀中，聳立於一小世界中央金輪上之高山。

中千界、一千箇三禪、名一大千界也。是知天地無窮，品物流形孰爲六合①之外哉？

　　儒衣緇衣，各理其優。優，勝也。有務玄先生辯蘊儒學，家富道書，曰："爾來余評，惟釋氏之博大，吾無以擬議。雖聖人之末，皆得於糟粕。糟，酒滓。粕，油滓。皆聖人之殘末也。而甘酸腴瘠，腴，肥也。瘠，瘦也。孰不云乎異矣？故遙劫非隸首②能計，隸首古之善算也。曜靈③非夸父能逐，曜靈，日也。夸父逐日，不及。渴，飲黃河之竭。擲其杖，化爲鄧林也。彼日域④、朱崖⑤、月窟⑥、玄墟⑦，蓋四海之有截；截，邊也。東日域，南朱崖，西月窟，北玄墟也。渾儀⑧、昕天⑨、穹窿⑩、宣夜⑪，並古史天文志之名也。歷造化之一塊⑫耳。古者中國聖人，謂伯陽⑬、

① 六合：上下四方。《莊子齊物論》："六合之外，圣人存而不論。"成玄英疏："六合者，謂天地四方也。"
② 隸首：傳說皇帝時的史官，始作算數。
③ 曜靈：太陽。《楚辭·天問》："角宿未旦，曜靈安藏？"王逸注："曜靈，日也。"
④ 日域：日出之所，喻極東之地。
⑤ 朱崖：極珠崖，今海南海口，為極南之地。
⑥ 月窟：月之歸宿處，喻極西之地。
⑦ 玄墟：喻極北之地。
⑧ 渾儀：即渾天說，我國古代關於天體的一種學說。《書·舜典》"璿璣玉衡"孔穎達疏引三國吳王蕃《渾天說》："天之形狀似鳥卵，天包地外，猶卵之裹黃，圓如彈丸，故曰渾天，言其形體渾渾然也。"
⑨ 昕天：即軒天说，我國古代天體說之一。其說主天體北高南低。為三國吳姚信所倡。昕，通"軒"。《晉書·天文志上》："吳太常姚信造《昕天論》云：'人為靈蟲，形最似天。今人頤前佟臨胸，而項不能覆背。近取諸身，故知天之體南低入地，北則偏高。'"
⑩ 穹窿：即穹天說，類似蓋天說，我國古代的一種天體學說。認為天如穹窿，覆於盤形大地之上。天是一個球狀的殼，而且還會轉動，帶動了天體運行。《晉書·天文志上》："蔡邕所謂《周髀》者，即蓋天之說也。其本庖犧氏立周天曆度，其所傳則周公受於殷高，周人志之，故曰《周髀》。髀，股也；股者，表也。其言天似蓋笠，地法覆槃，天地各中高外下。"
⑪ 宣夜：即宣夜說，我國古代宇宙學說之一。主張天無一定形狀，也非物質造成，其高遠無止境，日月星辰漂浮之中，動和靜都依靠"氣"。《書·舜典》"在璿璣玉衡，以齊七政"唐孔穎達疏："蔡邕《天文志》曰：言天體者有三家：一曰周髀，二曰宣夜，三曰渾天。宣夜絕無師說……虞喜云：宣，明也；夜，幽也。幽明之數，其術兼之，故曰宣夜。"
⑫ 塊："塊"的異體。字見《干祿字書·去聲》、《廣韻·去聲·隊韻》等。
⑬ 伯陽：老子的字。《文選·應璩〈與滿公琰書〉》："西有伯陽之館，北有曠野之望。"李善注："伯陽，即老子也。"

尼父①等。知來而藏往，察往而知來。窮神而知化，原始而要終。苟非其時，道不虛行。聖人知西國有佛，以非時故，未欲行其道也。姑修伯益②之經、大禹之迹，著三綱五常③，姑，且也。謂刪《尚書》等，明九州治水山川之事。被于諸夏，是謂一天下也。至若皮服雕題④左衽⑤窮髮⑥，題，額也。此四夷之類。爲王化之所陋。其歸命⑦貢琛⑧，有來則書，否則已。已，不書之。況在大千之野，浩然無垠，於方冊斯闕，不欲衍其文也。聖人慎疑，其未審之事不欲書之。有以釋宗爲誕，誕，虛大也。彼流競者也。夫誕則天厭之久矣，安得行乎天下哉？誠恐槍榆枋則笑⑨乎南溟之遠也。⑩尺鷃飛所不過槍榆枋，而笑大鵬一飛九萬。榆、枋，二木名。槍，七良⑪，集也。

　　故酌聖人之心以求，則萬計或一；萬慮一獲也。封區內之心以求，則於一罔克。罔，無也。克，能也。則於一事亦不能也。封，滯也。夫蠻奧

---

① 尼父：亦稱"尼甫"。對孔子的尊稱。孔子字仲尼，故稱。《左傳·哀公十六年》："旻天不弔，不慭遺一老。俾屏餘一人以在位，煢煢餘在疚。嗚呼哀哉，尼父！無自律。"漢班固《白虎通·聖人》："孔子反宇，是謂尼甫。"

② 伯益：舜時東夷部落的首領，為嬴姓各族的祖先。相傳伯益助禹治水有功，禹欲讓位於益，益避居箕山之北。見《書·舜典》、《孟子·萬章上》。《竹書紀年》卷上："〔夏帝啟〕二年，費侯伯益出就國……六年，伯益薨，祠之。"

③ 三綱五常：我國封建社會所提倡的主要道德規範。君為臣綱、父為子綱、夫為妻綱，合稱三綱。父義、母慈、兄友、弟恭、子孝，合稱五常。

④ 雕題：古代南方少數民族的一種習俗。禮記王制："南方曰蠻，雕題交趾，有不火食者矣。"鄭玄注："雕文，謂刻其肌，以丹青涅之。"孔穎達疏："彫謂刻也，題謂額也，謂以丹青彫刻其額。"

⑤ 左衽：衣襟向左。衽，同"袵"。指我國古代某些少數民族的服裝。《書·畢命》："四夷左衽，罔不咸賴。"《論語·憲問》："微管仲，吾其被髮左衽矣。"

⑥ 窮髮：極北不毛之地。《莊子·逍遙遊》："窮髮之北有冥海者，天池也。"成玄英疏："地以草為毛髮，北方寒沍之地，草木不生，故名窮髮，所謂不毛之地。"

⑦ 歸命：歸順。

⑧ 貢琛：進攻寶物。

⑨ 笑：為"笑"之異體。《五經文字·竹部》、《新加九經字樣·竹部》、《玉篇·竹部》、《廣韻·去聲·笑韻》皆作"笑"，從竹從犬。

⑩ 見《莊子·逍遙遊》。

⑪ 七良：即七良切。

觸，蠻、觸二國之事，如前蝸角處已解。**聞僬僥**①**侏儒**②**盈尺之軀寔駭。**寔，實也。駭，驚也。僬僥國人長一尺五寸，侏儒國人長三尺也。**僬僥侏儒聞防風**③、**鄋瞞**④**長狄**⑤**僑如**⑥，此國人並長三丈。僬僥侏儒，小人也。**其駭亦蠻觸**⑦**耳。彭祖之傷於殤子**⑧**也，**彭祖，殷大夫。姓戔名坑，字長孺，壽年八百歲。二十歲巳下爲長殤，十五歲巳下至十二爲中殤，七歲巳上爲下殤也。**而不知爲王母之殤子也。蛇以鉏鋙傲乎風，**鉏鋙，不齊貌也。**夒以跉踔**勑錦反。**跉踔**⑨丑略反。傲乎蛇，跉踔，跛也。蛇雖鉏鋙不端齊，而行猶勝風，無形而行。夒雖一足而跛，猶勝蛇全無足也。**故恃小者不知其大，恃近者不知其遠，恃寡者不知其眾，夫何不然哉？**

---

① 古代西南少數民族名。《國語·魯語下》：“仲尼曰：‘僬僥氏長三尺，短之至也。’”韋昭注：“僬僥，西南蠻之別也。”

② 侏儒：身材異常矮小者。《禮記·王制》：“瘖聾、跛躃、斷者、侏儒、百工，各以其器食之。”鄭玄注：“侏儒，短人也。”《國語·晉語四》：“僬僥不可使舉，侏儒不可使援。”晉葛洪《抱樸子·明本》：“夫侏儒之手不足以傾嵩華，焦僥之脛不足以測滄海。”

③ 防風：古代傳說中部落酋長名。《國語·魯語下》：“丘聞之，昔禹致群神於會稽之山，防風氏後至，禹殺而戮之。其骨節專車。”韋昭注：“防風，汪芒氏之君名也。”漢張衡《思玄賦》：“嘉群神之執玉兮，疾防風之食言。”

④ 鄋瞞：古國名。春秋時狄的一支。魯文公十一年為齊所滅。地在今山東境內。《左傳·文公十一年》：“鄋瞞侵齊，遂伐我。”楊伯峻注：“陶正靖《春秋說》謂‘鄋瞞者，狄之種名，猶後世之部落云爾’……鄋瞞國土，據《方輿紀要》謂在今山東省境。”

⑤ 長狄：亦作“長翟”。春秋時狄族的一支，傳說其人身材較高，故稱。《公羊傳·文公十一年》：“叔孫得臣敗狄于鹹。狄者何？長狄也。”何休注：“蓋長百尺。”《史記·孔子世家》：“汪罔氏之君守封禺之山，為釐姓。在虞、夏、商為汪罔，於周為長翟，今謂之大人。”北魏酈道元《水經注·河水四》：“秦始皇二十六年，長狄十二，見於臨洮，長五丈餘。”

⑥ 僑如：人名，鄋瞞國之君。《左傳·文公十一年》“獲長狄僑如”杜注：“僑如，鄋瞞國之君，蓋長三丈。”

⑦ 蠻觸：《莊子·則陽》：“有國於蝸之左角者，曰觸氏；有國於蝸之右角者，曰蠻氏。時相與爭地而戰，伏屍數萬，逐北，旬有五日而後反。”後以“蠻觸”為典，常以喻指為小事而爭鬥。唐白居易《禽蟲》詩之七：“蟭螟殺敵蚊巢上，蠻觸交爭蝸角中。”

⑧ 殤子：未成年而死者，短命的人。《莊子·齊物論》：“莫壽於殤子，而彭祖為夭。”成玄英疏：“人生在於褓褓而亡，謂之殤子。”陸德明釋文：“殤子，短命者也。”《呂氏春秋·察今》：“病變而藥不變，向之壽民，今為殤子矣。”

⑨ 跉踔：跛行跳躍貌。《庄子·秋水》：“夒謂蚿曰：‘吾以一足跉踔而行，予无如矣！’”成玄英疏：“跉踔，跳躑也。”

聖人生第二

　　道契無爲，仁高有象，德掩羣功，化周萬行，稱之曰聖。《易》云：
"聖人與天地合其德。"此正指釋迦牟尼聖主降生之事也。

　　惟周王二十四年甲寅春二月八日，大聖誕于迦維①，姬周第四主昭王，
名瑕，康王之子，在位五十一年。二十四年，歲在甲寅，四月八日，佛生于迦毗羅衛
國歡喜園中無憂樹下。即淨飯王②城，中印土③是也。敷德教于五天④，此周人之
不知也。東南西北中五印土，皆稱爲天，本梵天之裔也。敷，布也。化在西國，周
人不知也。初河泉泛溢，大地震動。瑞氣浮空，入貫太微，遍乎西方，作
青紅色。周人雖不知，於四月八日晨朝，忽見地動泉溢，望見西方有虹光等瑞，上
貫紫微。王問太史蘇由曰："若何祥乎？"昭王見西方瑞相，不測而問蘇由也。
大史，占天文者。史曰："有大聖人，生在西方。"王曰："於天下何如？"
曰："即時無他。一千年後，聲教被此。"太史以古書占知西國有大聖人降生。
王疑屬於彼土，故問天下如何。答以千年之後，聲教方及於此，即今無他。自周昭二
十四年至後漢明帝永平十年，計得一千九十六年矣。王因刻石于南郊。⑤用紀此
事，出《周書異記》⑥。昔高麗問於齊人，而法上⑦亦以此告。高麗未達佛生之

---

　　① 迦維：迦維羅衛之略，又作迦毗羅衛、迦毗羅。古代中印度之地名。即釋迦父王所主
國。釋迦在世之年，其國即已滅亡。地在今尼泊爾西南境。
　　② 淨飯王：古印度迦毗羅衛國的國王，亦即佛陀的父親。淨飯王姓喬達摩，名字叫首圖馱
那，意思是純淨的稻米，所以稱爲淨飯王，屬於釋迦族。
　　③ 中印土：即中印度。
　　④ 五天：五天竺之略。即全印度。古代印度稱天竺，分爲東、西、南、北、中五區，合稱
五天竺，簡稱五天。
　　⑤ 見《法苑珠林》卷一〇〇。
　　⑥ 《周書異記》：史學界認爲是一部來歷不明的書，應該是隋唐前佛教徒編撰的著作，現已
不存，內容不詳。書中載有周昭王的時代，曾出現釋尊誕生瑞相的事跡，隋唐以來，如隋代的
《歷代三寶記》、唐代的《廣弘明集》、北宋的《佛祖通載》、南宋的《佛祖統紀》諸書皆有引用
《周書異記》記載。
　　⑦ 法上（495—580）：北朝僧。朝歌（河南淇縣）人，俗姓劉。依慧光律師受具足戒。及
北齊興起，文宣帝尊爲國師，事之如佛。大象二年（580）示寂，世壽八十六。著有《增一數
法》四十卷、《大乘義章》六卷、《佛性論》二卷、《眾經論》一卷等。

事，而問之齊人，高僧法上亦引此文而對之也。夫昭王承文、武、成、康之烈①，文王、武王，布德開基。成王、康王，讚②承帝祚，以至於昭王也。刑措③國治。措，置也。向能正思無爲，謹變乎道而目觀其瑞，心不精求，蓋福應斯來，有數故也。昭王雖親奇④瑞，不能求訪聖人，而南巡楚鄉，膠舡溺於漢水。⑤此蓋聖人緣合有時故也。

　　昔世界初成，有千花見焉。遠表賢劫⑥，有千佛興矣。昔劫初時，海中有千蓮花出見，表有千佛出世。今第九減劫⑦，人壽六萬降至于百，而四佛利見於天下⑧。今第九劫中，人壽六萬歲時，俱留孫佛⑨出世。四萬歲時，俱那含牟尼佛⑩出世。二萬歲時，迦葉佛⑪出世。人壽百歲時，釋迦牟尼佛出世也。餘佛在於餘減劫，餘九百九十六佛出餘減劫也。大聖以嗣聖之儲，位繼迦葉佛之後也。自知足宮降神于王家，光被百億。其所將從，乃大威德天，格于上下神

----

　　① 烈：功業。《書·洛誥》："公稱丕顯德，以予小子，揚文武烈。"孔傳："用我小子褒揚文武之業。"

　　② 讚："讚"之異體。《字彙·言部》："讚，俗讚字。"《敦煌俗字譜·言部》，俗字多作"讚"。

　　③ 刑措：亦作"刑錯"、"刑厝"。置刑法而不用。《荀子·議兵》："傳曰：'威厲而不試，刑錯而不用。'"

　　④ 奇："奇"之異體。字見《玉篇·可部》、《廣韻·平聲·支韻》、《集韻·平聲·支韻》、《四聲篇海·可部》。

　　⑤ 見《左傳·僖公四年》。

　　⑥ 賢劫：指有釋迦佛等千佛出世的現在劫。

　　⑦ 減劫：人壽由八萬四千歲起，每百年減一歲，減至祇有十歲，在這減壽的時期，叫做"減劫"。

　　⑧ 利見於天下：《易·乾》："飛龍在天，利見大人。"孔穎達疏："若聖人有龍德飛騰而居天位，德備天下，爲萬物所瞻睹，故天下利見此居王位之大人。"後因稱得見君主爲"利見"，這裡用來指天下人得見佛。

　　⑨ 拘留孫佛：過去七佛中之第四佛，現在賢劫千佛之第一佛。又作"迦羅鳩孫陀佛"、"羯洛迦孫馱佛"、"迦羅迦村馱佛"、"拘樓秦佛"、"俱留孫佛"、"迦鳩留佛"、"鳩留秦佛"。意譯"領持"、"滅累"、"所應斷已斷"、"成就美妙"。

　　⑩ 俱那含牟尼佛：又作"拘那含佛"、"狗那含佛"、"俱那含佛"、"迦那伽牟尼"、"拘那含牟尼"、"迦那含牟尼"、"迦諾迦牟尼"。意譯"金色仙"、"金儒"、"金寂"。乃過去七佛中之第五佛，賢劫千佛之第二佛。

　　⑪ 迦葉佛：又作"迦葉波佛"、"迦攝波佛"、"迦攝佛"。意譯作"飲光佛"。乃釋尊以前之佛，爲過去七佛中之第六佛，又爲現在賢劫千佛中之第三佛。傳說爲釋迦牟尼前世之師，曾預言釋迦將來必定成佛。

祇，至是鬼宿合時，於毘嵐園波羅樹下，右脇而生也。格，至也。知足即兜率也。毘嵐，此云婢守。波羅樹，即無憂樹也。以右者順也，脇生者，異凡也。古者樞虹應誕，表厥命世，故大聖亦以白象爲瑞也。顓頊高辛等，皆感虹光繞樞星而生，其稱命世之君。佛亦以日輪白象而生，表其瑞。古者八采①重瞳②，陟于元后。陟，昇也。元，大也。后，君也。堯眉八采重瞳。故大聖亦以三十二相③，示昇階也。國有老仙④老仙謂阿夷頭者，或云阿私陀也。言於王曰：“嗚呼，王子有奇表。在家爲轉輪王⑤，出家成無上道⑥。觀乎相好⑦炳著，不得在家矣。”炳，明也。著，見。以王子之相好，恐不得在家爲輪王，多出家成道也。淨飯王聞之，心忉怛焉：忉怛，悲慘也。“誠國嗣不在此，則吾氏泯矣。信如先生所言，若太子不在家爲輪王，即恐吾氏族無繼紹而滅絕也。黎民弗保，子孫其實於國乎？其國安在哉？”保，守也。失國子孫爲二王後，乃稱國實。其圖惟安，則剋其心，立保傅以作訓，歷射御以昭藝。王子乘羊車詣學堂，行在三之教。謂世子入學，與國人齒讓⑧也。一，父在故讓，使知父子之道；二，君在故讓，使知君臣之義；三，長在故讓，使知長幼之節。於是選師友教太子六十四書等也。由是駕象弦弧⑨，馳騁拚逐，備物致績⑩，莫有不爲天下先者，將

---

①　八采：形容堯眉或形容帝王容顏。《孔叢子·居衛》：“昔堯身脩十尺，眉分八采。”

②　重瞳：重瞳子。《史記·項羽本紀論》“吾聞之周生曰‘舜目蓋重瞳子’，又聞項羽亦重瞳子”裴駰《集解》引《尸子》：“舜兩眸子，是謂重瞳。”

③　三十二相：轉輪聖王及佛之應化身所具足之三十二種殊勝容貌與微妙形相。又作“三十二大人相”、“三十二大丈夫相”、“三十二大士相”、“大人三十二相”。略稱“大人相”、“四八相”、“大士相”、“大丈夫相”等。

④　老仙：即“阿耆多翅舍欽婆羅”，又作“阿市多雞舍甘跋羅”、“阿支羅翅舍甘婆羅”、“阿夷陀翅舍欣婆羅”、“阿浮陀翅舍金披羅”、“稽舍今陂梨”。略稱“阿耆多”。意譯“無勝發褐”。古代印度六師外道之一，十師外道之一。釋尊之時代，居於中印度，爲婆羅門教中極具勢力之一派。

⑤　轉輪王：佛經中的人間聖主，身具三十二相，即位時，由天感得論實，轉其論實而降伏四方，故稱轉論王。

⑥　無上道：指最上無比大道之佛道。蓋如來所得之道，無有出其上者，故稱“無上道”。具體稱爲“菩提”。又與“正覺”、“無上正等覺”、“無上菩提”同義。

⑦　相好：佛肉身所具特殊容貌中之顯而易見者，可分三十二相；佛肉身形貌之微細難見者，共有八十種好。兩者並稱，即爲“相好”。爲佛身所具之三十二相及八十種隨形好。

⑧　齒讓：謂以年歲大小相讓，表示長幼有序。《禮記·文王世子》：“故世子齒於學，國人觀之，曰：‘將君我而與我齒讓，何也？’”

⑨　弦弧：在曲木上張弦成弓。謂製作弓箭。語本《易·繫辭下》：“弦木爲弧。”

⑩　備物致績：備辦各種器物以成就功業。《易·繫辭上》：“備物致用，立成器以爲天下利，莫大乎聖人。”孔穎達疏：“謂備天下之物，招致天下所用，建立成就之器以爲天下之利。”

思謀安，安之於家則宜剪其脩行之心，立師保訓以至文武之道。擲象、射鼓、角抵之戲，備物致功，無有及者。

　　爰復考少陽之宮①，徵傾邦之曼，玄黃頳練，綽約繽紛。考，成也。曼，長也。美女長弱。《列子》云“娥媌靡曼”②也。爲太子立宮既成，徵求美女，謂娶善覺王③女耶輸陀羅④等，飾玄黃之服。綽約繽紛，乃容儀舉動之貌。擊石拊石，鼓琴鼓簧，石，樂磬也。此謂悅之以音樂也。姑務以歡娛榮醮⑤，狂醒蕩慮，闇鈍⑥耳目，泊其道性。姑，且也。泊，淡也。而葳始芳，謂二月八日⑦也。感應時來，鬼神合謀。謂淨居天子⑧至也。夜未艾⑨，艾，正也。又，中也。哀含膽肺，厭極嬪嬙⑩，策素馬以凌虛⑪，詣青山而斷髮⑫，太子於是逾城矣，爰祈作佛也。體常樂而化成天下者也。嗚呼，人謀蔽於鬼謀，鬼謀蔽於天謀。蔽猶暗也。人謀況議於眾也。人雖有謀，暗鬼神之謀而不得用也。人謀從

---

　　①　少陽之宮：太子所居之東宮。《文選》卷四六顏延之《三月三日曲水詩序》：“正體毓德于少陽。”李善注：“正體，太子也。……少陽，東宮也。”

　　②　娥媌靡曼：形容女子輕盈美好貌。《列子·周穆王》：“簡鄭衛之處子娥媌靡曼者，施芳澤，正娥眉，設笄珥。”張湛注：“娥媌，妖好也。”

　　③　善覺王：音譯作“酥蚪囉沒馱”、“須波佛”、“須波弗”。又作“善悟王”。諸經關於善覺王之記載各異，據眾許摩訶帝經卷二等所載，善覺王爲印度迦毗羅衛國附近之天臂城主，其妃龍弭補生有二女，長女摩耶、次女摩訶摩耶，其後二女共適迦毗羅衛城淨飯王，摩耶夫人生悉達多太子。

　　④　耶輸陀羅：又作“耶輸多羅”、“耶惟檀”。意譯作“持譽”、“持稱”、“華色”。又稱“羅睺羅母”。中印度迦毗羅城釋種執杖之女，悉達太子之正妃，羅睺羅之生母。一說爲婆私吒族釋種大臣摩訶那摩之女，或謂系天臂城善覺王之女，提婆之妹。相好端嚴，姝妙第一，具諸德貌。釋尊成道五年後，與釋尊之姨母摩訶波闍波提等五百名釋迦族女，亦剃染受具足戒爲比丘尼。

　　⑤　醮：同“宴”。

　　⑥　闇鈍：愚昧遲鈍。闇，通“暗”。

　　⑦　二月八日：農曆二月初八爲釋迦牟尼佛出家日。

　　⑧　淨居天子：又曰“淨居處天子”、“不還天子”、“阿那含天子”、“五淨居天子”、“五淨居天”、“五淨居眾”、“五那含天子”、“淨居天”。或單曰“五天”。居胎藏界曼荼羅外金剛部東方最北邊之五尊。自在天子、普華天子、光鬘天子、意生天子、名稱遠聞天子。

　　⑨　夜未艾：夜未盡。《詩·小雅·庭燎》：“夜如何其，夜未艾。”

　　⑩　嬪嬙：宮中女官，天子諸侯姬妾。《左傳·昭公三年》：“君若不棄敝邑，而辱使董振擇之，以備嬪嬙，寡人之望也。”杜預注：“嬪、嬙，婦官。”楊伯峻注：“嬪、嬙皆天子諸侯姬妾。”

　　⑪　凌虛：升於空際。三國魏曹植《七啟》：“華閣緣雲，飛陛凌虛，俯眺流星，仰觀八隅。”

　　⑫　斷髮：剪斷頭髮。《韓非子·說林下》：“公孫弘斷髮而爲越王騎。”《後漢書·虞詡傳》：“小人有怨，不遠千里，斷髮刻肌，詣闕告訴，而不爲理，豈臣下之義?”

欲，天謀從道。鬼猶非人之敵，而況資於天乎？是故抱關①士虛謹其戶，抱關，謂閽者。挈壺氏②虛謹於時。《周禮》有挈壺氏，掌箭漏者。宮衛偃甲③，禁兵之屬也。軒懸④失舉。樂奏之士也。彼昏迷之不暇，豈能致勤於其職也？故應生之質，雖曰天性，功存被物，而不得行乎天性矣。父子之道，天性也。佛雖以應現化生之身，而本在濟物。濟物之行，必假道成。道成不可在於愛欲，是以不得不行乎本意之事也。

父王遲⑤其不歸宮室，曖而無輝，曖，暗也。顧彼山林，悠然長往，涕泣漣洏⑥，詔族父洎伯舅氏五人而往求之，即俱倫⑦五人等，皆太子族也，令入山求而伴之也。令候其暄涼⑧，遂其行藏，無咈太子之欲。咈，違戾也。過六載，載省載悟。枯餒之行，不爲功德，乃以腴腸實腹爲至道之器。六載日餐麻麥，爲降外道，乃云："吾有一法，世莫能知。一切眾生，皆依食住。"⑨遂受乳糜⑩

---

① 抱關：守關。《孟子·萬章下》："為貧者，辭尊居卑，辭富居貧。辭尊居卑，辭富居貧，惡乎宜乎？抱關擊柝。"《荀子·榮辱》："故或祿天下，而不自以為多，或監門禦旅，抱關擊柝，而不自以為寡。"

② 挈壺氏：官名。《周禮》謂夏官司馬所屬有挈壺氏，設下士六人及史二人，徒十二人。有軍事行動時，掌懸掛兩壺、轡、畚四物。兩壺，一為水壺，懸水壺以示水井位置；一為滴水計時的漏，命名擊柝之人能按時更換。懸轡以示宿營之所。懸畚以示取糧之地。《周禮·夏官·挈壺氏》："挈壺氏掌挈壺以令軍井，挈轡以令舍，挈畚以令糧。凡軍事，縣壺以序聚柝。凡喪，縣壺以代哭，皆以水火守之，分以日夜。"

③ 偃甲：藏甲衣不用，謂停止戰爭。《晉書·苻堅載記》："開山澤之利，公私共之，偃甲息兵，與境內休息。"

④ 軒懸：古代諸侯陳列樂器三面懸掛。懸，亦作"縣"。《周禮·春官·小胥》："正樂縣之位，王宮縣，諸侯軒縣。"鄭玄注："鄭司農云：'宮縣，四面縣。軒縣，去其一面……'玄謂軒縣去南面辟王也。"

⑤ 遲：久待。

⑥ 漣洏：亦作"漣而"。淚流貌。漢王粲《贈蔡子篤》詩："中心孔悼，涕涙漣洏。"南朝宋謝惠連《祭古冢文》："捨畚悽愴，縱鍤漣而。"

⑦ 俱倫：又作"五俱輪"、"五俱輪"、"五拘鄰"、"五俱鄰"。即佛陀成道之初，于鹿野苑最先度化之五比丘。依《法華文句》卷四之三，五比丘依序為憍陳如、額鞞、跋提、十力迦葉、摩男俱利。然"俱倫"一詞，其義不詳，一說此五人自過去世以來俱為同倫，故稱俱倫；或謂"俱倫"乃阿若憍陳如之別譯，又作"拘鄰"，五比丘中以俱倫為首，故統稱之為"五俱倫"。

⑧ 暄涼：暖和與寒冷。唐韋應物《端居感懷》詩："暄涼同寡趣，朗晦俱無理。"

⑨ 見《阿毘達磨發智論》卷一五。

⑩ 乳糜：亦作"乳麋"。用乳汁或酥油調製的粥。北魏酈道元《水經注·河水一》："長者女以金鉢盛乳糜上佛。"

六斗四升而餐之，乃成道也。以是月，以是日，以是夜，夜何其①？銀漢已轉，羣動②已息。據金剛座③，如龍蟠④結，哉窮大難，萬德來朝。巍巍乎浩劫鴻勳⑤，爰輯⑥于箭漏⑦之間耳。以十二月八日⑧食乳糜已，尼連⑨沐浴，於金剛座入定⑩。示將三界九地⑪諸惑斷之，以三十四心⑫而成正覺⑬也。夫天期⑭昭昭之

————————————

①　夜何其：猶言夜何時。其，語氣助詞。語本《詩小雅庭燎》："夜如何其？夜未央。"鄭玄箋曰："問早晚之辭。其，音基。"

②　羣動：各種動物。晉陶潛《飲酒》詩之七："日入羣動息，歸鳥趨林鳴。"

③　金剛座：又作"金剛齊"。指佛陀成道時所坐之座，位於中印度摩揭陀國伽耶城南之菩提樹下。以其猶如金剛一般堅固不壞，故稱金剛座。

④　蟠："蟠"之異體。字見《漢隸字源·平聲·歡韻·蟠字》引《晉右將軍鄭烈碑》、《龍龕手鑑·虫部》）。

⑤　鴻勳：亦作"鴻勛"。偉大的功業。漢蔡邕《楊公碑》："於是門人學徒，相與刊石樹碑，表勒鴻勳讚懿德。"

⑥　輯：相和集。《類篇·車部》："輯，相和集也。"《涼州刺史魏元丕碑》："西羌放勳，餘類未輯，訓咨郡寮，惟德是與。"

⑦　箭漏：漏，即漏壺，古代計時器。箭，置漏壺下用以標記時刻的部件。引申指時間。《梁書·文學傳下·劉峻》："峻乃著《辨命論》以寄其懷曰：'……短則不可緩之於寸陰，長者不可急之於箭漏。'"

⑧　十二月八日：農曆十二月八日，釋迦牟尼佛成道日。

⑨　尼連：即尼連禪河，又作"希連禪河"、"尼連禪那河"、"尼連然河"、"泥連河"、"熙連河"、"尼連禪江"、"尼連江水"、"尼連水"。意譯作"不樂著河"。為恒河之支流，位於中印度摩揭陀國伽耶城之東方，由南向北流。據《過去現在因果經》卷三、卷四載，釋尊出家後，于尼連禪河畔靜坐思惟，修苦行六年。後舍苦行而入此河沐浴，淨身後接受牧牛女難陀波羅之乳糜供養，尋至此河對岸之畢波羅樹（即菩提樹）下發願而成道，故此河沿岸頗多釋尊成道之古跡。

⑩　入定：入於禪定之意，即攝馳散之心，入安定不動之精神狀態。

⑪　三界九地：欲界、色界、無色界，包括了六道生死往來的一切世界。三界又分為九地，即欲界為五趣雜居地；色界分為離生喜樂地、定生喜樂地、離喜妙樂地、捨念清淨地；無色界分為空無邊處地、識無邊處地、無所有處地、非想非非想處地。

⑫　三十四心：即三十四心斷結成道。以三十四種刹那之心（八忍、八智、九無礙、九解脫），斷盡煩惱而成就佛道。

⑬　正覺：意指真正之覺悟。又作正解、等覺、等正覺、正等正覺、正等覺、正盡覺。等者，就所證之理而言；盡者，就所斷之惑而言。即"無上等正覺"、"三藐三菩提"之略稱。音譯"三菩提"。謂證悟一切諸法之真正覺智，即如來之實智，故成佛又稱"成正覺"。

⑭　期：《禮記·中庸》作"斯"。《禮記·中庸》："今夫天，斯昭昭之多，及其無窮也，日月星辰繫焉；今夫地，一撮土之多，及其廣厚，載華嶽而不重，震撼河海而不洩，萬物載焉；今夫山，一卷石之多，及其廣大，草木生之，禽獸居之，寶藏興焉；今夫水，一勺之多，及其不測，黿鼉蛟龍魚鱉生焉，貨財殖焉。"

多，地一撮土之多，山一拳石之多，海一勺水之多，昭昭，耿光也。天以積
小明而成，地以積撮土而成，山以積石而成，海以積勺水而成也。並《中庸》篇文
也。故積而爲大能致大用。大士①往修大行，舉善無遺，以普賢願②普入
一切，普賢行願如《華嚴經》。故於茲辰，其身遍坐一切道場，而小智觀之
以丈六③，大士觀之以遠大。遠大則該乎報體，丈六則專乎化軀。其猶自
牖而窺於天道，隨隙而見乎多少爾。雖以丈六之身於伽耶④畔金剛座上成等正
覺⑤，而實量無齊等，非屬三界。

悲夫！苦海⑥混淪⑦，瀑流洄洑⑧。疇先觸涯俟濟，吾必津之以道焉。
疇，誰也。涯，岸也。俟，待也。濟，度也。津，濟也。誰先觸涯岸求渡苦海者，吾
當濟。由是四顧躊躇，經三七日，乃朝步造乎施鹿林⑨。施鹿林者，古佛
前化，林在波羅奈國。昔王有千鹿，將盡殺之。如來、提婆達多⑩俱爲鹿王，各領五
百。遂告王曰：“許日供一鹿。”供次者身有孕，鹿王乃代往。王感其仁慈，遂盡免其
鹿。即以此園施鹿，遂號施鹿園。今獲五人於此地，即五俱倫也。一者憍陳如，
二者十力迦葉，三頻鞞，即馬勝也，四者跋提，五者摩訶男也。符其往事矣。殆
微言三轉，所謂見道、脩道、無學道。三轉法輪，唯大器前悟也。餘則末吾知
也。殆，及也。末，莫也。雖云初談四諦，而其間悟入不同。是時地祇興聲，百
神咸和，上暢于九天，六天、初禪三天，共九天。有耳識也。下遍于黃輿，黃

---

① 大士：菩薩的統稱。

② 普賢願：普賢十願。普賢菩薩為成就佛的功德，從事修行和度化衆生所發的十個誓願。

③ 丈六：謂一丈六尺的佛身。

④ 伽耶：即伽耶山。又作“伽種山”、“哦耶山”、“羯闍屍利沙山”。意譯“象頭山”。以
山頂似象頭，故有此名。有二處，一在菩提道場附近，一在靈鷲山附近。

⑤ 等正覺：音譯“阿耨多羅三藐三菩提”，即無上正等正覺，是佛所證得的覺悟。於一切
覺悟中最上最尊。成等正覺，即成佛。

⑥ 苦海：即三界。佛教認為三界迷苦猶如大海，沒有邊際，故稱苦海。

⑦ 混淪：混沌。渾然未分貌。

⑧ 洄洑：亦作“洄洑”。湍急回旋的流水。

⑨ 施鹿林：即鹿野苑。釋尊成道後初轉法輪之地，即今之沙爾那斯（梵名鹿主之意），位
於今北印度瓦拉那西市以北約六公里處。又譯作“仙人鹿野苑”、“鹿野園”、“鹿野”、“鹿苑”、
“仙苑”、“仙人園”。《大唐西域記》卷七以鹿王為代有孕之母鹿捨身就死，因而感動梵達多國
王，使王釋放鹿群，並佈施樹林，而稱之為“施鹿林”。

⑩ 提婆達多：又作“提婆達兜”、“揥婆達多”、“地婆達多”。或作“調達”。略稱“提
婆”、“達多”。意譯作“天熱”、“天授”、“天與”。為佛世時犯五逆罪，破壞僧團，與佛陀敵對
之惡比丘。

輿，地也。《淮南子》云："地形如車輿。"旁流于八方。人天①交慶，日月貞
照。莫不踊躍，莫不抃呼②。羣靈③熙熙于胥樂乎，熙熙，和也。胥，相也。
萬聖樂推以大覺④爲法王⑤者也。

　　穆王時，西極之國有化人⑥來。入水火，貫金石。返山川，移城邑。
乘虛不墜，觸實不礙⑦。千變萬化，不可窮極。當周穆王時，已有化人來至，
但羣生感應未興故也。既以變物之形，又且易人之慮。既能現神通，又能化人
心慮也。穆王敬之若神，事之若君。化人無何，謁王同遊。王執化人之
袪，騰而上者中天乃止。謁，請也。袪，衣袖。乃暨化人之宮，搆以金銀，
絡以珠玉。出雲雨之上，而不知下之所據，望之若屯雲焉。王自以爲居，
數千年不思其國。王居化境，不思返國。化人復謁王同遊。所返之處，仰不
見日月，俯不見河海。光彩所照，目眩不能得視。音響⑧所來，耳亂不能
得聽。此乃化人與穆王遊入諸佛淨土也。王請化人求還，化人移之，王若墜虛
焉。既悟，所坐猶向者之處。王問所從來，左右曰："王默存耳。"左右見
王默坐，而王與化人神遊淨土耳。王自三月不復更問化人。化人曰："吾與王
神遊也，形奚動哉？且曩之所居，奚異王之宮？曩之所遊，何異王之
囿？"王大悅。⑨竊思被所遇者，佛矣，如來在世，雖聲教未被於此，而佛亦曾
來矣。而未悟是佛也，惜哉，胡獲焉！《君陳》⑩曰："凡人未見聖，若不

－－－－－－－－

　　① 人天：六道輪回中的人道和天道。亦泛指諸世間、眾生。《弘明集》卷一三郗超《奉法
要》："凡在有方之境，總謂三界。三界之內，凡有五道。一曰天，二曰人，三曰牲畜，四曰餓
鬼，五曰地獄。全五戒則人相備，具十善則生天堂。"《大寶積經·被甲莊嚴會三》："能為世導
師，映蔽人天眾；演說無所畏，我禮勝丈夫。"

　　② 抃呼：鼓掌歡呼。

　　③ 群靈：眾神。《晉書·樂志上》："眾神感，群靈儀。"

　　④ 大覺：指釋尊之覺悟。又作正覺、大悟。釋尊覺悟宇宙之實相後，不僅將自己從迷惑中
解放出來，更欲使他人得到解脫，而今覺行圓滿，故其覺悟稱為大覺。

　　⑤ 法王：佛之尊稱。王有最勝、自在之義，佛為法門之主，能自在教化眾生，故稱法王。

　　⑥ 化人：指經由神通力所變化顯現之人。如佛、菩薩及鬼畜等，以神通力所化現之人。蓋
佛、菩薩、羅漢等為救度各類眾生，常隨機變化為各種形相、身份、膚色之人。

　　⑦ 礙：《列子·周穆王》作"硋"，"硋"同"礙"。

　　⑧ 響："響"的異體。字見《集韻·去聲·漾韻》。

　　⑨ 見《列子·周穆王》。

　　⑩ 《君陳》：指《尚書·周書·君陳》。"周公既沒，命君陳分正東郊成周。"舊題漢孔安國
傳："成王重周公所營，故命君陳分居正東郊成周之邑裡官司。"唐孔穎答疏："周公遷殷頑民于
成周。頑民既遷，周公親自監之。周公既沒，成王命其臣名君陳代周公之，分別居處正此東郊

克見。既見聖，亦不克由聖。'誠在此矣。此乃《周書》之文。孔氏注云："凡人有初無終，未見道，如不能得見。已見聖道，亦不能用之。所以無成也。"今穆王見聖而不能求趣聖，信爲惜哉！

其菩提樹凝陰厚也，金剛座無傾動也。在摩揭陀①國伽耶山西南十四五里，即畢鉢羅樹也。莖幹黃白，枝葉青翠。冬夏不凋，光鮮無變，高數百尺，金剛座居其下。菩薩證聖之所，亦曰道場。大地震動，獨無傾搖也。樹爲座之表，居其座則蔭其樹，樹宜"勿翦勿伐"之美也，座當"不騫不崩"之固也②。皆邵伯之詩也。聖人之道成而德重天下，其不在茲，餘所弗堪也。宜存其舊物，以表聖跡也。故外國先王鏨石爲像，南北標志，以觀遺化也。鏨，刻也。於金剛座菩提樹下刻二大石菩薩。後世佛法若滅，菩薩沒地。奘公去日，已至臂也。

老氏生于定王，老子，周定王三年九月十四日生于楚國陳郡賴鄉曲仁里。姓李，名耳，字伯陽，謚聃也。仲尼生於魯襄。仲尼以魯襄公二十一年冬生于魯國平鄉也。老氏默識於能仁③，仲尼問禮於伯陽。《清淨法行經④》以大迦葉⑤爲老聃，以儒童⑥菩薩爲孔丘。《西昇經⑦》云：道經也。"吾師化遊天竺，善入泥洹。此乃老氏默識能仁也。斯守雌⑧保弱之道也，不敢爲天下先之訓

成周之邑。"君陳爲周公旦之子。《禮記·坊記》"君陳曰"漢鄭玄注："君陳，蓋周公之子，伯禽弟也。"

① 摩揭陀：又作"摩訶陀"、"摩竭提"、"摩伽陀"。中印度国名，王舍城所在。譯言"持甘露"、"善胜"、"無惱"、"無害"等。

② 《詩·召南·甘棠》："蔽芾甘棠，勿剪勿伐，召伯所茇。"《詩·小雅·天保》："如南山之壽，不騫不崩。"

③ 能仁：音譯爲"釋迦"。釋迦，乃印度種族之名；因釋尊出身於釋迦族之賢人，故被尊爲釋迦牟尼。

④ 清淨法行經：全一卷。今已不傳，故內容不詳。據傳，本經以老子、孔子及顏回爲摩訶迦葉等所應化之說而著名。

⑤ 大迦葉：即摩訶迦葉。具曰"摩訶迦葉波"。"摩訶"譯曰"大"。"迦葉波"譯曰"龜"或"飲光"。婆羅門種之一姓。名畢波羅，彼父母禱于畢波羅樹神而生，故名畢波羅。爲大富長者之子，能舍大財與大姓，修頭陀之大行，爲大人所識，故標大之名。以別於十力，優樓頻羅等之迦葉姓。

⑥ 儒童：釋尊往昔爲菩薩供養燃燈佛時之名。《海錄碎事》卷一三上引《清淨法行經》："佛遣三弟子震旦教化，儒童菩薩，彼稱孔丘。淨光菩薩，彼稱顏回。摩訶迦葉，彼稱老子。"

⑦ 西昇經：道教經典，全稱《老子西昇經》，作者和成書年代不詳，有明顯的老子化胡的崇道抑佛思想。

⑧ 守雌：以柔弱的態度處世。《老子》："知其雄，守其雌，爲天下谿。"吳澄注："雄，謂剛強；雌，謂柔弱。"晉葛洪《抱樸子·至理》："澄除玄覽，守雌抱一。"

也。”老氏之德，全於是乎。《詩》云“無競維烈”，老氏有焉。此《毛詩清廟》之什。競，強也。無競，競也。此詩美武王有伐紂之功。烈，業也。能強其功業，如老子有道德，不爲天下先也。《符子①》云“老子之師名釋迦文②”，符朗，字元達，符堅從弟，爲青州牧，爲謝玄所降。歸晉後爲王國寶譖而殺之。有識度，善別味。著書數篇，號《符子》。此或追老氏之言也。

昔商太宰嚭則吳太宰伯嚭也。問於孔子曰：“夫子聖者歟？”曰：“丘博識強記，非聖人也。”“三王聖者歟？”夏禹文命、湯王履、周武王發，爲三王也。曰：“三王善用智勇。聖，非丘所知。”“五帝聖者歟？”少昊、顓頊、高辛、堯、舜，爲五帝也。曰：“五帝善用仁信。聖，非丘所知。”“三皇聖者歟？”伏犧、神農、黃帝，謂之三皇也。曰：“三皇善用時政。聖，非丘所知。”太宰大駭曰：“然則孰爲聖人乎？”應言上古皆非聖者，太宰所以大驚也。夫子有間動容而對曰：“西方有聖者焉，不治而不亂，不言而自信，不化而自行，不以干戈刑憲而法界③之內率服，得不治而不亂乎？不以號令誓約而龍天莫不圍繞，得非不言而自信乎？蠢識信向，物類知歸，得非不化而自行乎？蕩蕩乎，人無能名焉。”④此乃仲尼以知西方有佛，故此答太宰也。是知儒道昭融⑤，如日在天，而能謙虛若此，蓋釋師之黨，潛化著矣。

三教玄同，彝倫克諧，但法被乎多方，經籍出乎多門。釋宗以因果，老氏以虛無，仲尼以禮樂，沿淺以洎深，籍微而爲著。各適當時之器，相資爲美。其猶天地四時不以麰薺故不春，麰，大麥也。薺，甘菜也。菱苕故不秋。菱苕，草屬也。故儒教漸至也，殷湯改祝，孔釣不綱。桀君無道，置網祝曰：“從天地四方來者，皆入吾此網。”殷湯除其三面，唯開一面，改祝曰：“請負命者投吾此網。”《論語》云：“子釣而不綱。”但以一釣取之，雖殺不多。此皆儒教

---

① 符子：漢符朗撰，原書早已亡佚，今有馬國翰《玉函山房輯佚書》輯本、嚴可均《全晉文》輯本。符朗：前秦氐族人。《晉書》卷一一四：“苻朗，字元達，堅之從兄子也。性宏達，神氣爽邁。幼懷遠操，不屑時榮。堅嘗目之曰：‘吾家千里駒也。’……著《符子》數十篇行於世，亦老莊之流也。”

② 釋迦文：即釋迦牟尼之訛略。支謙譯《佛說太子瑞應本起經》卷上：“汝自是後，九十一劫，劫號爲賢，汝當作佛，名釋迦文。天竺語‘釋迦’爲‘能’，‘文’爲‘儒’，義名‘能儒’。”

③ 法界：音譯爲“達磨馱都”。指意識所緣物件之所有事物。爲十八界之一。

④ 見《列子·仲尼》。

⑤ 昭融：謂光大發揚。語出《詩·大雅既醉》：“昭明有融，高朗令終。”毛傳：“融，長。朗，明也。”高亨注：“融，長遠。”

漸行，不殺之文也。① 老教中至也，一曰慈，二曰儉，三曰不敢爲天下先。
此道教謂之三寶也。釋教極至也，自鳥獸芻②土違而必懲。律文之誠也。如有
用釋教者，使人居乎漏盡③。如有用老教者，使民至於沖和④，如有用孔
教者，使民登乎仁壽，是以大聖生於盛王。謂周昭之代。五天之人，千乘
之邑，百乘之君，階于聖智者也。千乘之邑、百乘之君，謂淨飯王之諸侯也。
以佛生之世，國皆證果⑤齊聖者也。二教生乎衰世，而大道躓⑥于陵夷⑦。自周
第十二主幽王寵褒姒，失御天下，平王遷都洛邑，諸侯專征禮樂崩壞，謂之衰周也。
故老聖潛其龍德，隱於柱下。紫氣浮關，邁于流沙⑧。老子爲周柱下史，見
周德凌遲，遂出關往流沙。因爲關令尹喜說《道》《德》二篇也。仲尼祖述堯舜，
憲章文武，自衛返魯而修《春秋》。⑨ 感其靈應，反袂拭面，稱吾道窮，
皆非其志也。⑩ 仲尼以魯哀公十一年自衛返魯，十四年西狩獲麟而修《春秋》也。
而知道者關尹也，知儒道者顏回也，行二教者百王也，老氏爲高仙，仲尼
爲素王⑪。聖謀洋洋，與天地而無窮者也，時有慍見者曰：此乃假實主問。
"若不貶二教已甚矣，而胡德之歟？"胡，何也。乃可教而何德之有？余謂彼
不知矛楯者也。昔有賣矛楯者，雙誇其功，言楯則矛刺不入，言矛則能穿十楯，或
云賣汝矛而穿汝楯，如何？彼無詞矣。⑫ 吾經以二士爲至化，今鄙之，爲迦葉爲
老子，儒童爲仲尼也。則何反其義哉？

　　穆王五十二年壬申二月十五日，大聖示滅焉。是日也，黑雲四起，大

---

① 見《史記·殷本紀》。
② 芻：飼草。《孟子·公孫丑下》："今有受人之牛馬而爲之牧之者，則必爲之求牧與芻矣；求牧與芻而不得，則反諸其人乎？"
③ 漏盡：漏，煩惱之異稱。以聖智斷盡煩惱，稱爲漏盡。與"無漏"同義。
④ 沖和：淡泊平和。《老子》："沖氣以爲和。"
⑤ 證果：證得佛教的果位。即以正智契合真理，進入佛、菩薩、聲聞、緣覺等果位。
⑥ 躓：阻礙。
⑦ 陵夷：衰頹，衰落。《漢書·成帝紀》："帝王之道日以陵夷。"顏師古注："陵，丘陵也；夷，平也。言其頹替若丘陵之漸平也。"
⑧ 流沙：沙常因風吹而流動，故稱。《書·禹貢》："導弱水至於合黎，餘波入於流沙。"《楚辭·離騷》："忽吾行此流沙兮，遵赤水而容與。"王逸注："流沙，沙流如水也。"
⑨ 見《論語·子罕》。
⑩ 見《公羊傳·哀公十四年》。
⑪ 素王：謂具有帝王之德而未居帝王之位者。《莊子·天道》："以此處下，玄聖、素王之道也。"后亦專指孔子。漢王充《論衡·定賢》："孔子不王，素王之業在《春秋》。"
⑫ 見《韓非子·難一》。

風動地。西方有白虹十二道，南北通貫，連夜不滅。王問太史扈多，扈多曰："西方有大聖人滅，是其衰相耳。"初穆王聞西方有聖人，又亟覰光氣，亟，數也。慮非周道所宜，慮其聖人來侵土壤也。命呂侯會諸侯於塗山，塗山，在會稽，吳越分野。呂侯，呂級也。以備其變。① 至是靡不大啟沃也②。今聞西方聖人滅，無不慶悅也。

　　昔大聖顧託大龜氏法藏，大龜氏則大迦葉姓，受如來之顧命也。事畢詣于雙林道場。即俱尸那城③跋提河④畔也。末命七寶⑤床上，北首而臥，於靜夜中寂然無聲，正遍知⑥月隱于大涅槃山。佛身喻月，圓寂喻山。萬彙號慟，泉填岳墜，惡星驟墮，諸河返流。阿難⑦心沒憂海，羅睺羅⑧但觀無常⑨。有學無學愴然悠逝，諸天稱曰"苦哉"。其娑羅林，梵云娑羅，此云堅固，

---

① 見《廣弘明集》卷一一。

② 啟沃：《書·說命上》："啟乃心，沃朕心。"孔穎達疏："當開汝心所有，以灌沃我心，欲令以彼所見，教己未知故也。"後因以"啟沃"謂竭誠開導、輔佐君王。《梁書·武帝紀下》："朕暗於行事，尤闕治道……凡爾在朝，咸思匡救，獻替可否，用相啟沃。"

③ 俱尸那城：即拘尸那揭羅。中印度之都城或國名，乃佛陀入滅之地。又作"拘尸那伽羅"、"拘夷那竭"、"俱尸那"、"拘尸那"、"瞿師羅"、"劬師羅"、"拘尸城"。意為吉祥草之都城。古稱"拘舍婆提"。意譯"上茅城"、"香茅城"、"茅宮城"、"少茅城"、"奘草城"、"茅城"、"草城"、"角城"。此城位於佛世時十六大國中之末羅國，系末羅種族之領土。

④ 跋提河：舊作"阿利羅跋提"，新稱"阿恃多伐底"。又稱"希連河"、"伐提河"、"嘽底河"。意譯作"無勝"。佛於此河西岸入滅，因而著名。

⑤ 七寶：七種珍寶。佛經中說法不一：《法華經》以金、銀、琉璃、硨磲、碼磠、珍珠、玫瑰為七寶；《無量壽經》以金、銀、琉璃、珊瑚、琥珀、硨磲、瑪瑙為七寶；《大阿彌陀經》以黃金、白銀、水晶、瑠璃、珊瑚、琥珀、硨磲為七寶；《恒水經》以白銀、黃金、珊瑚、白珠、硨磲、明月珠、摩尼珠為七寶。

⑥ 正遍知：音譯作"三藐三佛陀"。佛十號之一。又作"三耶三佛檀"、"正遍智"、"正遍知"、"正遍覺"、"正真道"、"正等覺"、"正等正覺"、"正覺等"、"正等覺"者。正遍知，即真正遍知一切法。

⑦ 阿難：為佛陀十大弟子之一。全稱"阿難陀"。意譯為"歡喜"、"慶喜"、"無染"。係佛陀之堂弟，出家後20餘年間為佛陀之常隨弟子，善記憶，對於佛陀之說法多能朗朗記誦，故譽為多聞第一。

⑧ 羅睺羅：佛陀十大弟子之一。係佛陀出家前之子。又作"羅護羅"、"羅怙羅"、"羅吼羅"、"曷怙羅"、"羅雲"、"羅雲"。意譯作"覆障"、"障月"、"執日"。以其生於羅睺羅阿修羅王障蝕月時，又因六年處於母胎中，為胎所覆，故有"障月"、"覆障"之名。

⑨ 無常：音譯"阿你怛也"。為"常住"之對稱。即謂一切有為法生滅遷流而不常住。一切有為法皆由因緣而生，依生、住、異、滅四相，於剎那間生滅，而為本無今有、今有後無，故總稱無常。

凌冬不凋也。四雙八隻，合爲二樹①。垂條下掩，離離皓素如白鶴色，以是謂之鶴樹②也。勁葉含霜凌冬不凋，故謂之堅固林③也。初大聖將復乎無爲，則未滅前。發毘舍離至于南河岸上。履大方石，顧阿難曰："此吾最後望金剛座及王舍城④所留之跡也。"毘舍離國，在恒河南中天竺界七百里，賢聖於中結集⑤處，即毘耶離國也。故今石上有佛雙趾。長尺有咫，一尺八寸也。廣三之一。闊六寸也。下有千輻輪相⑥，指端萬字⑦、花文及瓶魚等，光爛爛焉。至今石上有此文見。自古邪徒毀⑧而還復原，茲聖人寄跡以表教，教存而跡不亡。觀者泣其依然，則長想之懷有在矣。

　周之二月，今十二月也。周朝十一月建子⑨之月爲歲首。則今十二月，乃是周之二月也。十五日，西土之晦也，西國於一月三十日內，分前十五日爲白月⑩，

---

①　二樹：指娑羅雙樹。釋迦牟尼涅槃之處。

②　鶴樹：亦雲鶴林。如來出世，說法利生，化緣事訖，於娑羅雙樹間，二月十五日入涅槃，雙樹皆悉變白，猶如鶴色，故名鶴樹。

③　堅固林：即娑羅樹林。意譯為"堅固"。又稱為"堅林"、"雙樹林"、"鶴林"、"四枯四榮樹"。佛陀在拘尸那揭羅城跋提河邊，將入涅槃時，其臥床四周各有同根娑羅樹一雙，此林即為佛陀涅槃之處。

④　王舍城：音譯"曷羅闍姞利呬"、"罗阅只"。或譯"王舍国"。中印度摩揭陀国之都城。旧址位于恒河中游巴特那市南側比哈尔地方之拉查基尔。此城為佛陀传教中心地之一，附近有著名之释尊说法地：迦兰陀竹园、靈鷲山等。相传佛陀入灭后第一次经典结集在此举行。

⑤　結集：又作"集法"、"集法藏"、"結經"、"經典結集"。乃合誦之意。即諸比丘聚集誦出佛陀之遺法。佛陀在世時，直接由佛陀為弟子們釋疑、指導、依止等，至佛陀入滅後，即有必要將佛陀之說法共同誦出，一方面為防止佛陀遺教散佚，一方面為教權之確立，故佛弟子們集會於一處，將口口相傳之教法整理編集，稱為結集。

⑥　千輻輪相：指具足千輻輪之妙相，乃佛三十二相之一。又稱"足下輪相"、"足下千輻輪相"、"常現千輻輪相"、"雙足下現千輻輪輞轂眾相"。即佛足下紋樣分明之千輻輪寶妙相，其精巧微妙，非妙業天子所能擬造。

⑦　萬字："卍"之形。是印度相傳之吉祥標相，梵名"室利靺蹉洛剎曩"，即吉祥海雲相。

⑧　毀："毁"之異體。字見《重訂直音篇·卷五·殳部》。

⑨　建子：指以夏曆十一月（子月）為歲首的曆法。屬周正。夏正建寅，殷正建丑，周正建子，合稱三正。唐楊炯《公卿以下冕服議》："夫改正朔者，謂夏后氏建寅，殷人建丑，周人建子。"

⑩　白月：音譯"戍迦羅博乞史"。正名"白半"。又作"白月分"、"白分"。與"黑月"相對。指新月至滿月期間。印度之曆法，以月之盈缺立白黑之名。而印度紀月係黑前白後，故其白月為每月十六日以下之後半個月，相當於我國及日本陰曆之每月初一至十五。《大唐西域記》卷二："月盈至滿，謂之白分；月虧至晦，謂之黑分。黑分或十四日、十五日，月有大小故也。黑前白後，合為一月。"

後十五日爲黑月①。自月一日爲白月朔②，十五日爲白月晦③。自十六日爲黑月朔，盡日爲黑月晦也。**彼十二月，各以星名呼之。**正月利咀囉④、二月吠舍佉⑤、三月逝瑟吒⑥、四月頞沙茶⑦、五月室囉伐拏⑧、六月波囉鉢陀⑨、七月頞濕縛庾闍⑩、

---

① 黑月：音譯"訖哩史拏博乞史"。又稱"黑分"、"黑半"。爲"白月"之對稱。即印度曆法中，每月之前十五日。印度以月之盈缺將每個月分爲黑月、白月兩部分，自滿月之翌日至新月前日之前半月，稱黑月；從新月至滿月之後半月，稱爲白月。故一個月相當於陰曆之十六日至次月之十五日間。又因月有大小，故黑月有十五或十四日。

② 朔：舊曆每月初一。《書·太甲中》："惟三祀，十有二月朔，伊尹以冕服奉嗣王歸于亳。"《說文·月部》："朔，月一日始蘇也。"

③ 晦：農曆每月的最後一日。《春秋·僖公十五年》："己卯晦，震夷伯之廟。"楊伯峻注："己卯，九月三十日。"《史記·孝文本紀》："十一月晦，日有食之。十二月望，日又食。"

④ 利咀囉：即制咀邏。印度曆第一月之名稱。又作"制怛邏"、"祖怛羅"、"怛羅"。意譯爲仲春。即我國陰曆正月十六日至二月十五日間，該月之太陰（月亮）遇角宿而滿，故有此稱。又該月屬印度六期中之漸熱時，爲春、夏、秋、冬等四時及冬、春、雨、終、長等五時中之春時，亦爲熱、雨、寒等三時中之熱時。

⑤ 吠舍佉：印度梵曆第二月。又作"薛舍佉"、"蘇舍佉"、"善格"。譯作季春。係佛陀之生月，即夏曆（陰曆）二月十六日至三月十五日間，西曆四、五月間。此月相當於印度六期中之漸熱時及冬、春、雨、終、長等五時中之春時，熱、雨、寒三時中之熱時。

⑥ 逝瑟吒：又作"誓瑟吒"、"瑟吒"、"際瑟吒"。意譯孟夏。爲印度曆第三月之名稱，相當於我國陰曆三月十六日至四月十五日之間。此月因滿月時正值心宿出現，故以該星宿之名立爲此月之名。是月屬印度漸熱、盛熱、雨時、茂時、漸寒、盛寒六期中之盛熱時；春、夏、秋、冬四季中之春季；冬、春、雨、終、長五時中之春時；熱、雨、寒三時中之熱時。

⑦ 頞沙茶：即"頞沙茶"，"荼"與"茶"同。又作"阿婆荼月阿婆荼"、"額沙荼月"、"阿沙姹月"、"阿沙姹麼洗月"。印度曆法十二月中之第四月。相當於我國農曆四月十六日至五月十五日。

⑧ 室囉伐拏：印度曆法十二月中之第五月。相當於我國農曆五月十六日至六月十五日。

⑨ 波囉鉢陀：係印度曆之六月。又作"婆達羅鉢陀"、"婆達羅跋陀"、"跋陀羅跋陀"、"跋捒羅婆娜"、"婆捒囉婆捒"、"婆捒囉婆捒麼洗"。意譯賢迹、孟秋。相當於我國陰曆六月十六日至七月十五日。鉢，"鉢"之異體。字見《集韻·入聲·末韻》。

⑩ 頞濕縛庾闍：印度曆法十二月中之第七月。又作"阿濕縛庾闍"、"阿濕嚩喻若麼洗"、"阿濕婆廋闍"。相當於我國農曆七月十六日至八月十五日。

八月迦剌底迦①、九月伽始囉②、十月報沙③、十一月磨佉④、十二月頗勒寠拏⑤也。星始爲朔，星盡爲晦。故此十六日，當彼之朔也，合三十日成。前十五日白月，後十五日爲黑月也。半月前號黑，魄⑥死。謂月初黑，景漸消也。後半月號白，明生也。謂十六日，時月光正盛。分十二月爲三時，肇正月十六日至五月十五日爲熱際。謂夏正也。自是十六日至九月十五日爲雨際，自是十六日至正月十五日爲寒際。涼暑之風，稍與此曆象會耳。古者三代之正，有所取捨。夏后氏尚黑，建寅爲正；夏禹，姒姓，名文命。以天錫玄珪之瑞，以建寅之月爲歲首，號人正。祭祀、旌旗、衣服皆尚黑，以平旦爲朔也。殷人尚白，建丑爲正；殷湯，子姓，名履，字天乙。有白狼銜鉤之瑞，以建丑之月爲歲首，號地正。祭祀、旌旗、衣服皆尚白，以五更時爲朔也。周人尚赤，建子爲正。周，姬姓，名發。有火流王屋之瑞，以建子之月爲歲首，號天正。祭祀、旌旗、衣服皆尚赤，以夜半爲朔也。而大聖在乎周年，故得以十一月言正，異乎今之世也。佛既生周代，凡經中所有年月，皆取周朝正朔，與今建寅夏正別也。

---

①　迦剌底迦：印度曆第八月之名，相當於夏安居結束時之月份。《大宋僧史略》卷上載，於夏安居終了時，僧衆持花、執扇、吹貝、鳴鐃而行於道，故又稱爲“出隊迦提”。相當於我國農曆八月十六日與九月十五日。

②　伽始囉：又音譯作“末伽始羅”、“磨陵誐尸哩沙”、“摩囉誐始羅”。觜宿之意。意譯作孟冬、鹿首、觜月。即印度曆第九月之名。約當陰曆九月十六日至十月十五日期間。此月太陰，觜宿值滿，故有此稱。

③　報沙：又作“布史月”、“富沙月”、“寶沙月”。意譯爲鬼宿月、仲冬月、鬼月。指印度曆之第十月。此月之太陰（月亮）由圓月開始，直到逢值鬼宿之時節，則又見滿月，即相當於唐曆之十月十六日至十一月十五日，前後共一個月，故稱之爲鬼月。

④　磨佉：又作“磨伽”、“莫伽”、“麼佉”、“摩伽”。意譯作季冬、星月、七星、七星月。爲印度曆第十一月之月份名稱。印度於十一月之十五日，月亮值此星宿而滿，故以此星宿之名爲月份名稱，相當於我國陰曆十一月十六日至十二月十五日。

⑤　頗勒寠拏：爲印度曆第十二月之名稱。又作“頗勒具那”、“頗擺遇抳”、“頗求那”、“區勒具拏”、“叵勒拏”、“叵囉虞那”、“破求”。意譯爲孟春。相當於我國陰曆十二月十六日至翌年一月十五日間。此月滿月時正值二十八星宿之翼宿出現，故稱頗勒寠拏。又此月屬於印度六期中之盛寒時，春、夏、秋、冬四時之冬、春、雨、終、長五時中之冬時，熱、雨、寒三時中之寒時。

⑥　魄：通“霸”。月初出或將沒時的微光。一說，指月初生或圓而始缺時不明亮處。《書·康誥》：“惟三月哉生魄。”陸德明釋文：“月三日始生兆朏，名曰魄。”孫星衍疏引馬融曰：“《說文》作‘霸’，云月始生霸然也。”漢揚雄《法言·五百》：“月未望則載魄于西，既望則終魄于東。”李軌注：“魄，光也。”

是月也，天地否閉①，龍蛇斯蟄。微陽潛布於下泉，勾萌未達於上土。以茲生者，應氣運而來。以茲滅者，應代謝而去也。北山和尚以佛滅乃用周正涅槃，與今之二月十五日涅槃別也。勾萌則物初生如鉤也。萌，生也。夫居終而不能死者，非聖人也；聖人與物無滯。其生也示相同凡，其滅也示化歸真。雖現生而無生，雖示滅而非滅也。既死而不能生者，非聖人也。此方緣盡，見化他方。非同小聖，灰身而已。故云常在靈鷲山，而實不滅度也。非死非生而能死生者，是謂大聖人也。本不屬於生死而示同生死，真大聖也。而六合之間，萬類職之。未捐於有爲，未窳於無爲。生而復生，未始有極。而聖人應生者，亦何有極焉？職，主也。捐，捨也。窳，惰也。佛是萬類之主，而未捨於有爲，故示相；未怠惰於無爲，故化終而歸寂。此方緣盡他方化，故未有極盡者也。是以大聖生可生之世，滅可滅之世。生滅在物，固不在己也。示相生滅，真本元無，故云。而眾見劫盡大火所燒，時我此土安隱。八日而生，表始華而就滿也。周四月佛生，是今二月也，物正榮華。八日者，月漸圓滿也。十五日而滅者，顯自盈而之虧也。以十五日月圓之極，慮眾生起常見，故現無常。十六之後，月漸虧也。滿則滋華，虧則害盈。以八日漸滿，故滋於榮華；以十五日後漸虧，故害盈也。揆其日，是以見生滅之有爲耳。又方晝而誕，反晝而逝者，蓋生顯死晦，旦勤夕逸之徵也。佛生以晝、入滅以夜者，蓋生則顯明也，死則晦暗也。又生居旦，必有勤勞之用；死居夕，乃是閑逸之義也。嗟乎，羣生紛紛，若乎在夢。或有見佛生者、滅者、近者、久者、體常存者、本不生者，隨心所悟不同，化相雖有多般，法身②本無生滅也。譬同室而異夢，彼夢者不知彼所夢也。且有大覺而後知彼所夢者也，有聖教說：佛以四月八日生，七月十五日降生，二月八日逾城，十二月八日成道，二月十五日入滅。又有聖教以二月八日生，二月八日逾城，二日八日入滅。又有以二月八日生，十二月八日逾城，十月八日成道，十二月十五日入滅。諸部所記不同，如一室而異夢也。果有其分，而異者不能合其同，而同者不能離其異也。以今四月八日生者，據夏正說。以二月八日生，據周正說，即今北山和尚是也。俱以二月八日，乃天竺小乘別部所計也。有以莊王十年爲佛生時，按據魯史曲裁經意，但多穿鑿之美。此乃費長房以周莊

---

① 否閉：閉塞不通。蔡邕《釋誨》："天地否閉，聖哲潛形。"

② 法身：謂證得清淨自性，成就一切功德之身。其具備一切佛法，不生不滅，無形而隨處現形，故也稱爲佛身。《大般泥洹經》卷五《如來性品》："知如來法身，長存不變易。"慧遠《大乘義章》卷一八："言法身者，解有兩義：一顯本法性以成其身，名爲法身；二以一切諸功德法而成身，故名爲法身。"

王十年是魯莊公四年，恒星不見，星殞如雨，便爲佛生，此乃據春秋妄爲穿鑿也。佛生是周第四主昭王二十四年四月八日生，莊王是第十五主也。又恒星不見，是四月五日，乃是佛滅度後，文殊菩薩於雪山化五百仙人而歸本國，光明掩於恒星不見也。有以三月十五日爲佛滅時，蓋西域他俾羅部①之言，餘則不然也。老聖爲秦佚之吊，若復歸周也。莊子云："秦佚入吊老子，三號而出也。"② 仲尼夢奠於兩楹，仲尼云："夏后氏葬於東楹，周人葬於西楹，殷人於兩楹之間。吾殷人之後，其亡乎？"③ 遂卒也。俯萬化而同盡也。天④智出宇宙，死齊宇宙，其真耶？其權耶？真則象聖，權則乃聖。匪真匪權，則以見起滅⑤之心矣。宇宙者，天地也。若人智出天地，而生死與天地萬物同者，問其是真耶？是權耶？若是真，則象稱於聖矣；若是權，化亦乃得爲聖焉。除斯之外。若不屬真之與權，則無由達生死之心矣。

---

① 他俾羅部：即上座部。又作"體毗裏"、"體毘履"、"他鞞羅"等，意譯"上坐"、"老宿"。又稱銅鍱部。乃部派佛教之一派。

② 見《莊子·養生主》。

③ 見《禮記·檀弓》。

④ 天：疑爲"夫"字之誤。

⑤ 起滅：謂事物之生與滅。因緣和合則生起，因緣離散則滅謝。

《北山錄》卷第二

法籍興第三

此篇明如來一代時教①經律論②興建之由也。

道樹③降魔，穆清天下。佛初成道於伽耶城菩提樹下金剛座上，以智慧力降魔之後，法界肅靜也。垂世立教，四十九年。以三十成道，四十九年說法度人，七十九歲入滅也。以經律論爲三藏④也，經爲修多羅藏，律爲毘奈耶藏，論爲摩得勒迦藏也。以五戒⑤、十善⑥、四諦⑦、十二緣⑧、六度⑨爲

---

① 一代時教：指釋尊自成道至滅度之一生中所說之教法，即三藏、十二部經、八萬四千法門等。又作"一代教"、"一代諸教"、"一代教門"。

② 經律論：佛教聖典可總括為經、律、論三藏。經為經藏，音譯作"修多羅"、"素怛纜"、"蘇怛羅"，意譯為"契經"、"正經"、"貫經"，佛所說之經典。律為律藏，或"調伏藏"、"毘尼藏"，係記錄教團規定之典籍。論為論藏，音譯"阿毘達磨"、"阿毘曇"、"毘曇"，意譯"對法"，明示教法之意，即將經典所說之要義，加以分別、整理，或解說。

③ 道樹：指菩提樹。又作"覺樹"、"道場樹"、"思惟樹"。釋尊於菩提樹下之金剛座成佛，故稱道場樹。

④ 三藏：又作"三法藏"。佛教經典的總稱。佛教經典分經、律、論三種。

⑤ 五戒：又作"優婆塞五戒"、"優婆塞戒"。五種制戒，即：殺生、偷盜、邪婬、妄語、飲酒。

⑥ 十善：十種善業，即不殺生、不偷盜、不邪婬、不妄言、不綺語、不兩舌、不惡口、不貪、不嗔、不癡。

⑦ 四諦：又作"四聖諦"、"四真諦"。即指苦、集、滅、道四種正確無誤之真理。四諦大體上乃佛教用以解釋宇宙現象的"十二緣起說"之歸納，為原始佛教教義之大綱，乃釋尊最初之說法。

⑧ 十二緣：十二種因緣生起之意。又作"二六之緣"、"十二支緣起"、"十二因緣"、"十二因緣起"、"十二緣起"、"十二緣生"、"十二緣門"、"十二因生"。即構成有情生存之十二條件。包括無明、行、識、名色、六入、觸、受、愛、取、有、生、老死等十二支，每支為後支的生成之因，形成因果鏈條，一切眾生在解脫之前，都在此循環中生死流轉，永無止息。

⑨ 六度：即六度羅蜜。波羅蜜，又作"波羅密多"，意譯"度"、"到彼岸"，謂由生死此岸到達涅槃彼岸。其法有六種：一佈施、二持戒、三忍辱、四精進、五禪定、六智慧，故名六度。

五乘①也。五戒爲人乘，十善爲天乘，四諦爲聲聞乘，十二緣生爲緣覺乘，六波羅蜜爲菩薩乘。**統之以十二分②**，一契經、二應頌、三記別、四重說、五自說、六緣起、七譬喻、八本事、九本生、十方廣、十一希有法、十二論義，亦呼十二部教也。**開之爲四宗。經、律、論、呪③。教始興乎一音，而大協于羣心，目之曰甘露④，亦謂之毒鼓⑤。**應其病者，除其熱惱⑥，故曰甘露。不應其病，起煩惱故，謂之毒鼓。**至聖既歿而微言殆絕，**至聖即如來也。**大迦葉遽命應真⑦之侶千人，撰定詮序⑧，俾罔墜厥旨。王城始會，造于石室，撰音選。自佛滅度⑨茶毗⑩之**

---

①　五乘：乘，指道、船、車，即運載之義。為教化眾生而之運載至理想世界之五種法門，稱為五乘。通常指：人乘、天乘、聲聞乘、緣覺乘、菩薩乘，即以悲智六度法門為乘，運載眾生總超三界三乘之境，至無上菩提大般涅槃之彼岸。

②　十二分：即十二部經。乃佛陀所說法，依其敘述形式與內容分成之十二種類。又作“十二分教”、“十二分聖教”、“十二分經”。即：契經、應頌、記別、諷頌、自說、因緣、譬喻、本事、本生、方廣、希法、論議，載佛論議抉擇諸法體性，分別明了其義。此十二部，大小乘共通。

③　呪：指真言密呪。又稱“神呪”、“密呪”或“呪文”。原作祝。即為息災、增益等目的而誦的密語。

④　甘露：音譯“阿密哩多”、“阿蜜㗌多”。意譯作“不死”、“不死液”、“天酒”。即不死之神藥，天上之靈酒。吠陀中謂蘇摩酒為諸神常飲之物，飲之可不老不死，其味甘之如蜜，故稱甘露。亦以甘露比喻佛法之法味與妙味長養眾生之身心。

⑤　毒鼓：原指塗有毒藥之鼓，擊之可令聞者皆死，比喻涅槃經所說佛性常在之教法，能殺害眾生之五逆十惡，使入於佛道。天台宗乃以毒鼓比喻“破惡”之邊，以天鼓比喻“生善”之邊，而謂佛陀一代之教化，擊天鼓以令人生善，擊毒鼓以令人滅惡。唐湛然述《法華文句記》卷四：“毒鼓者，《大經》云：譬如有人以毒塗鼓，於大眾中擊，令出聲聞者皆死。鼓者。平等法身。毒者，無緣慈悲。打者，發起眾也。死者，無明破也。”《大般涅槃經》卷八：“如是大乘典，亦名雜毒藥，如蘇醍醐等，及以諸石蜜，服消則為樂，不消則為毒。方等亦如是，智者為甘露，愚不知佛性，服之則成毒。聲聞及緣覺，大乘為甘露。”

⑥　熱惱：指逼於劇苦，而使身心焦熱苦惱。

⑦　應真：應受人、天供養之真人，即阿羅漢。亦稱應供、應人。

⑧　詮序：條理、次序。《南史·臧燾傳》：“上與往復十餘反，凝之辭韻詮序，上甚賞焉。”

⑨　滅度：謂命終證果，滅障度苦。即涅槃、圓寂、遷化之意。此謂永滅因果，開覺證果。即永遠滅盡“分段、變易”等二生死，而度脫“欲、有、見、無明”等四暴流。

⑩　茶毗：又作“闍維”、“闍毗”、“耶維”、“耶旬”。意譯為燒燃、燒身、焚燒、燒。即火葬之意。行茶毗之火葬場即稱為茶毗所。火葬法於佛陀以前即行於印度，原為僧人死後，處理屍體之方法，佛教東漸後，中國、日本亦多用之。流行於中國叢林之俗語，則稱為“送往生”。

後，大迦葉命羅漢千人，往畢鉢羅窟結集法藏，請無憂王①爲檀護主也。**龜氏尸其位**，尸，主也。龜氏，迦葉也。**首唱優波離②**，令誦律部，優波離者，是諸釋子剃髮師。諸釋子出家，遂以瓔珞③環釧④奉之。波離得已，內自思惟："此人性高體貴，尚能捨去。況我貧賤，守寶受苦。"乃懸樹上，誰有須者任意，因求出家，常弘律部。波離避席將就座，大迦葉初於畢羅置三法座：一令集律藏、一令集經藏、一令集論藏。故優波離起就座也。**禮僧足而昇，執象牙扇。如先佛所說，不愆于文字。**一依佛在而說，並不愆少一文一字也。**一千漏盡，迭察迭書，再覆其言，然後乃定。滿八十反，號八十誦。**⑤ 波離旋記而說，大眾旋書而集之也。**次命阿難**，阿難本以身居有學，不得預眾，被逐在堀外。乃以三界九地惑，束爲九類，起九無間道⑥斷，九解脫道⑦證，然後獲得三明⑧六通⑨。**以神境通，從戶鑰孔**

────────────

① 無憂王：即阿育王。又作"阿輸迦"、"阿輸伽"、"阿恕伽"、"阿戍笴"、"阿儵"。又有"天愛喜見王"之稱。爲中印度摩揭陀國孔雀王朝第三世王。西元前三世紀左右出世，統一印度，爲保護佛教最有力之統治者。

② 優波離：又作"優婆離"、"鄔波離"、"憂波利"。意譯作近執、近取。印度迦毘羅衛國人。出身首陀羅種，爲宮廷之理髮師。佛陀成道第六年，王子跋提、阿那律、阿難等七人出家時，優波離亦隨同出家。實爲佛陀廣開門戶，四姓平等攝化之第一步。

③ 瓔珞：音譯作"吉由羅"、"枳由羅"。又作纓絡。由珠玉或花等編綴成之飾物。可掛在頭、頸、胸或手腳等部位。印度一般王公貴人皆佩戴之。又據諸經典所載，在淨土或北俱盧洲，均可見樹上垂有瓔珞。

④ 環釧：手鐲。唐王勃《采蓮賦》："鳴環釧兮響窈窕，艷珠翠兮光繽紛。"

⑤ 見《高僧傳》卷一一。

⑥ 九無間道：指正斷煩惱位之九無漏道。又作九無礙道。間，即礙或隔之義，謂觀真智理，不爲惑所間礙（隔）。煩惱尚存，於後念得擇滅之理，故煩惱與擇滅間更無間隔，稱無間；由此至涅槃，故稱道。三界分爲九地，九地一一有修惑、見惑。一地之修惑又分九品斷之，每斷一品惑，各有無間、解脫二道。即正斷煩惱之位爲無間道；斷後相續所得之智爲解脫道。修惑於各地立有九品，故能對治之道亦有九品，稱九無間道、九解脫道。又無學之聖者，練根轉種性時，亦有九無間、九解脫。

⑦ 九解脫道：三界總有九地，若就聖者而言，於修道位斷欲界前六品者爲第二果，欲界九品全斷者爲第三果，斷上二界七十二品者爲第四果。每斷此一品惑，各有無間、解脫二道，即正斷煩惱之位爲無間道，煩惱既斷而得解脫之位爲解脫道。一地之思惑有九品，故能治之道亦有九，稱爲九無間道、九解脫道。脫，"脫"之異體。字見《漢隸字源・入聲・末韻》引《殽阬碑陰》，《廣韻・入韻・末韻》亦作如此。

⑧ 三明：又作"三達"、"三證法"。達於無學位，除盡愚闇，而於三事通達無礙之智明。即宿命智證明、生死智證明、漏盡智證明。

⑨ 六通：指六神通，爲佛菩薩依定慧力所示現之六種無礙自在之妙用。即神足通、天耳通、他心通、宿命通、天眼通、漏盡智證通。

入，故得在會。迦葉乃令集經藏，迦㫋延①集論藏。阿難曰諾，如波離。過三月，飲光虞逸亡，以願智力②觀之，無褊慢矣。飲光即迦葉也。虞，慮也。逸亡，散失也。恐經日久散失，遂常以智願觀之，無於怠慢也。凡百年，夷路既廣，人用知訓。自佛滅後，迦葉弘持法藏二十年付阿難，亦二十年又付與末田地③，二十年末田地又付商那和脩④，二十年商那和脩又付與優波毱多⑤。五人共一百年弘持法藏也。

　　百年後，毱多違世⑥，法驂牷⑦軸，違世，遷化也。服外謂之驂。牷，殘也。喻毱多滅後而法乘毀摧也。雖跋闍⑧干紀⑨，擅興十過⑩，而離波多⑪等七

----

①　迦㫋延：又作"摩訶迦㫋延"、"摩訶迦多衍那"、"摩訶迦底耶夜那"、"摩訶迦氈延"。或稱"大迦㫋延"、"迦㫋延"。意譯大剪剔種男。佛陀十大弟子之一。西印度阿槃提國人。

②　願智力：謂如願知悉一切智慧。為佛共德之一，僅不動羅漢（六種阿羅漢中最高位者）所能起者。乃先發誠願求知彼境，而以世俗智為自性，復依第四靜慮為其所依，由此加行而引發之妙智。

③　末田地：又作"末田"、"末田提"、"末闡提"、"末田底迦"、"末田地那"、"末田鐸迦"、"末彈地"、"摩禪提"。意譯作中、日中、水中、金地、河中。印度陀頗羅人。為異世五師之一。相傳為阿難之最後弟子，付法藏之第三祖。曾赴迦濕彌羅國降伏龍王，宣揚正法。

④　商那和脩：又作"奢那婆數"、"舍那波私"、"舍那和修"、"舍那婆斯"、"耶貰羈"、"奢搦迦"、"商諾迦縛娑"。意譯"胎衣"、"自然衣"、"麻衣"。摩突羅國人，姓毘舍多，阿難之弟子，付法藏之第三祖。

⑤　優波毱多：付法藏之第四祖，異世五師之一。又作"優婆毱多"、"憂波毱多"、"優波笈多"、"優波崛多"、"鄔波毱多"、"優波毱提"、"憂波毱"、"優波崛"。略稱"崛多"。意譯作"大護"、"近藏"、"近護"、"小護"。以阿育王之帝師而知名，為中印度摩突羅國毱多長者之子。

⑥　違世：去世。《左傳·文公六年》："秦穆之不為盟主也宜哉！死而棄民。先王違世，猶詒之法，而況奪之善人乎？"

⑦　牷：同"牶"。《龍龕手鑒·牛部》："牷，俗；正作牶。"牶，繫船的大木樁。《玉篇·弋部》："牶，繫船大弋也。"

⑧　跋闍：又作"跋闍子"、"跋耆子"。為佛陀入滅百年後之跋耆族比丘。主張"十事"合法，引起教團之論爭，導致第二次結集，此次結集亦稱"七百集法毘尼"。

⑨　干紀：違犯法紀。《左傳·襄公十三年》："干國之紀，犯門斬關。"

⑩　十過：即跋闍主張的十事。

⑪　離波多：又作"離婆多"、"黎婆多"、"釐波多"。為阿難之弟子。年壽甚高。精通律法，曾居止僧伽賒。約當釋尊入滅百年後，毘舍離國跋闍子比丘主張十事合法，耶舍長老即赴僧伽賒，請離婆多長老共赴毘舍離國，決議十事非法。

百無著人①殄之，如金僕姑②而穿魯縞③矣。佛滅後百年，毘舍離國有跋闍子比
丘說十事為清淨，謂指抄食、飲酒、受畜金銀等十事，皆佛制不許。長老離波多與一
切去上座④、三浮那⑤及搜婆村⑥長老等七百羅漢，作羯磨⑦而殄其罪也。出《四分
律》五十四卷。⑧縞素，帛也。金僕姑，箭名。魯莊公以之射南宮長萬也。暨大長
老摩訶提婆⑨，即大天也，本土火羅國⑩商主⑪之子。因父他往，染其母，父歸，殺
之。後殺其母及阿羅漢，懼罪而求出家，聰明博達三藏。竊聖人之譽，怙王者之
力，自云："我得羅漢，入無憂王宮，常為王者之師。"怙，恃也。鄙爭為心，離
析是謀。增佛語，黷亂⑫聖典。因僧十五日說戒⑬而妄有稱說，黷亂聖言，與僧

---

①　無著人：無所羈絆、無所執着的人。這裡指佛弟子。
②　金僕姑：箭名。《左傳·莊公十一年》："乘丘之役，公以金僕姑射南宮長萬。"杜預注："金僕姑，矢名。"
③　魯縞：古代魯地出產的一種白色生絹。以薄細著稱。《淮南子·說山訓》："矢之於十步貫兕甲，於三百步不能入魯縞。"劉文典集解："《史記·韓長孺傳》注引《漢書音義》曰：'縞，曲阜之地，俗善作之，尤為輕細，故以喻之。'"
④　一切去上座：毘舍離長老，字"一切去"，音譯"薩婆鉗"，是閻浮提中第一上座。尊者阿難最大弟子。持三藏，得三明六通，是大阿羅漢。
⑤　三浮那：即付法藏之第三祖商那和脩，其本名"三浮陀"、"三菩伽"、"參復多"等，意譯已生。《四分律》卷五四"三浮陀"聖本、宮本、宋本、明本、元本皆作"三浮那"。
⑥　搜婆村：或作"婆藪"、"婆搜村"。意譯"天慧"、"大慧城"，在毗舍離國。搜婆村長老是閻浮提中第四上座。
⑦　羯磨：意譯作"業"。意指所作、事、辦事、辦事做法、行為等。含有善惡、苦樂果報之意味，亦即與因果關係相結合之一種持續不斷之作用力。
⑧　見《四分律》卷五四。
⑨　摩訶提婆：大眾部之始祖。意譯作"大天"。生於佛滅後百餘年，乃中印度秣菟羅國商人子。相傳出家前造三逆罪，後懺悔而入佛門，住於雞園寺。
⑩　土火羅國：位於帕米爾高原西南與奧克薩斯河上游之古國。又稱"睹貨邏國"、"睹佉羅國"、"吐火羅國"、"兜佉勒國"、"都佉國"。此國地處東土耳其斯坦至波斯、印度之要衝，該地區原屬波斯帝國之一部分，於西元前三世紀為亞歷山大大帝征服後，出現大夏。至前二世紀為月氏所滅，於前一世紀建立貴霜王朝。其後，相繼遭受印度笈多王朝、波斯薩珊王朝、嚈噠、西突厥之侵擾或統治。至七世紀頃，曾內附唐朝。後復受阿拉伯回教徒統治。
⑪　商主："菩薩"的異名。船主和舵手的意思，比喻佛菩薩駕駛慈船，濟度眾生，脫離苦海，如同船主一樣。
⑫　黷亂：繁亂。
⑬　說戒：指為受戒者講解戒律。

不和也。羣聖叱其庸違①，僭而不經。上座聖眾責其違亂佛語，遂成爭競，王不能和也。其徒蝟張②，翦爲寇讎③。大天之徒，如蝟毛而張熾，與聖眾共爲寇讎也。羣聖不克禦侮，克，能也。大天部強盛，聖眾部不能制止也。遂破爲二部④。大天爲大眾部，聖眾部爲上座部。二部派⑤流，有蕩不返。迨數百年，浸爲二十部。大眾內分出成九部：一說部，二說出世部，三雞胤部，四多聞部，五說假部，六制多山部，七西山住部，八北山住部，并本部成九也。上座部分成十一部：一說一切有部，二雪山住部，三犢子部，四法上部，五賢冑部，六正量部，七密林山部，八化地部，九法藏部，十飲光部，十一經量部。雪山部則本部也，成二十部。哀哉！化醇爲醨，大義於是乖矣。醇濃醨薄也。佛滅度自百年之後，分爲二十部，法味澆薄也。柝⑥金爭氈⑦，分河於是飲矣。譬如一金杖分爲五段，段段皆金，如佛法分爲五部也。迦葉佛父吉利枳王⑧曾作十夢，皆表釋迦遺教。弟子內一夢見一張白氈，二十人爭此氈，氈終不破。表此二十部大小乘爭，後遂分河而飲水也。故諸部云如是契經，我部不誦。而於自部，皆至于解者也。各以自部教是佛語，他部則非也。其大乘宗《智論》⑨，謂文殊師利與諸徒大會于鐵

---

①　庸違：用意邪僻。《書·堯典》："帝曰：'疇咨，若予采？'驩兜曰：'都！共工方鳩僝功。'帝曰：'吁！靜言庸違，象恭滔天。'"按，《史記·五帝本紀》作："堯又曰：'誰可者？'驩兜曰：'共工旁聚布功，可用。'堯曰：'共工善言，其用僻，似恭漫天，不可。'"張守節正義："共工善爲言語，用意邪僻也。"

②　蝟張：蝟毛豎起。喻因恐懼而毛髮豎起。

③　寇讎：仇敵。《左傳·僖公三十三年》："武夫力而拘諸原，婦人暫而免諸國，墮軍實而長寇讎，亡無日矣。"寇，底本作"冠"，據文意及慧寶注改。

④　二部：佛教最初分裂之根本二部，即上座、大眾二部。

⑤　派：同"派"。《龍龕手鑑·水部》："派，水之分流也。"

⑥　柝：同"析"。《干祿字書·入聲》："柝、析。並上俗下正。"《龍龕手鑑·木部》："柝俗析正。先擊反，分也，破木也。"《廣韻·入聲·錫韻》："析，分也，字從木斤，破木也。……柝，俗。"

⑦　氈：細毛布，細棉布。《玉篇·毛部》："氈：毛布也。"

⑧　吉利枳王：又作"訖唎吉王"、"吉利王"、"訖栗枳王"、"吉基羅王"。爲迦葉佛出世時之國王名，乃迦葉佛之父。《俱舍寶疏》卷九譯爲作事王。《給孤長者女得度因緣經》卷下譯爲哀愍王。王之愛女名金鬘女，皈依迦葉佛。王夜夢十事不祥，求婆羅門占察之，彼言破金鬘女之身，出血以禱，可除不祥。王不忍害愛女，而有憂愁之色，女見怪之，遂得其實，因同父王詣迦葉佛所，佛爲王說夢，詳析十事乃未來釋迦佛入滅後，遺法之諸比丘弟子所作之事，非王不祥之兆；此即著名之訖栗枳王十夢。

⑨　智論：《大智度論》，佛教論書。古印度龍樹著，後秦鳩摩羅什譯，一百卷。文殊師利：意譯"妙德"、"妙吉祥"，文殊菩薩智慧、辯才第一，被稱爲"大智文殊菩薩"。

圍，召阿難誦之，非諸聲聞①所預聞②也。《智論》，亦云《智度論》。說大乘結集，乃是文殊菩薩與阿難等在鐵圍山③結集，時皆大乘。聲聞小智，不預其眾也。聲聞聞之，迷亂倒錯，斯或別乘之謂也，謂二乘，實聲聞也。或不迴心之人也。謂定性④聲聞定不迴心，灰身滅智⑤者一類。聞說大乘，迷錯不信也。餘經餘聖，貶不由論。豈行之艱而亦不能知者乎？或有餘部經教及諸部聖人，貶論而不取者。蓋以論是慧學⑥，義理深玄，學之實難而知之亦不得易也。彌勒⑦造《瑜伽》⑧，凡一十七地⑨，一，五識身相應地；二，意地；三，有尋有伺地；四，無尋唯伺地；五，無尋無伺地；六，三摩呬多地；七，非三摩呬多地；八，有心地；九，無心地；十，聞所成地；十一，思所成地；十二，修所成地；十三，聲聞地；十四，緣覺地；十五，菩薩地；十六，有餘依地；十七，無餘依地也。備舉三乘，開張演布。梵云瑜伽，此云相應，謂一切乘境行果⑩等所有諸法，皆名相應也。即十

----

①　聲聞：音譯"舍羅婆迦"。又意譯作弟子。為二乘之一，三乘之一。指聽聞佛陀聲教而證悟之出家弟子。

②　預聞：謂參與其事並得知內情。漢王充《論衡·逢遇》："倉猝之業，須臾之名，日力不足不預聞。"

③　鐵圍山：又作"鐵輪圍山"、"輪圍山"、"金剛山"、"金剛圍山"。佛教之世界觀以須彌山為中心，其周圍共有八山八海圍繞，最外側為鐵所成之山，稱鐵圍山。即圍繞須彌四洲外海之山。或謂大、中、小三千世界，各有大、中、小之鐵圍山環繞。

④　定性：有情之種性共有五種分別，即聲聞乘定性、緣覺乘定性、菩薩乘定性、不定種性、無種性。凡於聲聞、緣覺、菩薩等三乘中，各具有唯一種子之眾生，即稱定性。

⑤　灰身滅智：又作無餘灰斷、焚身灰智。略稱灰滅、灰斷。即將肉身焚燒成灰，將心智滅除之意。亦即將身心悉歸於空寂無為之涅槃界。此乃小乘佛教最終目的之無餘涅槃。據《金光明經玄義》卷上載，若斷盡三界之煩惱，即可證有餘涅槃，而焚身灰智則證入無餘涅槃。蓋小乘雖以無餘涅槃為真涅槃，然大乘則視之為一種方便施設，須經八千六百四十二萬十千劫，而後於他方淨土蒙佛度化。

⑥　慧學：為獲得聖果而須勤修的三學之一。又作"增慧學"、"增上慧學"。謂能斷除煩惱，顯發本性，稱為慧學。蓋觀達真理為慧，進習為學。斷惑證理，乃慧之作用，為發此慧而進修，故稱慧學。

⑦　彌勒：又稱"梅呾麗耶菩薩"、"末怛唎耶菩薩"、"迷底屢菩薩"、"彌帝禮菩薩"。意譯作慈氏。生於南天竺婆羅門家，傳為印度大乘佛教瑜伽行派的祖師。

⑧　瑜伽：即《瑜伽師地論》，略稱《瑜伽論》。彌勒講述，無著記。瑜伽行學派之基本論書，亦為法相宗最重要之典籍，更為我國佛教史上之重要論書。本書之漢譯本有數種，以玄奘所譯之《瑜伽論》一百卷為最著。

⑨　一十七地：即十七種境界。在修瑜伽行之際，依行者之行共有十七種境界。

⑩　境行果：即境、行、果三者之併稱。境，指觀照、信或理解之對象；行，由觀境而起信解之修行；果，指因其修行而得之證果。其中，境，係就一切法，審其善、惡、無記等三性，觀

七地，稱之爲師。後諸學者，以文殊爲法性①，以慈氏爲法相②，法性以真理融觀爲門，法相以識相行布爲旨。各封涯域，互馳章句，自伐③其美，後人所宗，性相有殊。宗性者以融觀爲美，宗相者以區別爲善，各黨其宗者也。致使西極東華人到于今有南北兩宗之異也。故南宗焉，以空、假、中爲三觀④，觀遍計煩惱、空處能顯真理爲真諦觀，觀依他假有爲俗諦觀，觀真俗混同爲第一義諦觀也。北宗焉，遍計、依他、圓成爲三性⑤也，遍計依妄情而生，依他假眾緣而起，圓成即真理者也。而華嚴以體性⑥德相業用範圍法界，即能所證體用而論。範圍，籠羅也。得其門統於南北，其猶指乎諸掌矣。學華嚴者，盡達性相之原，俱盡南北之旨。

　　印土傳法，自大龜氏至師子比丘⑦有二十四人。雅紹真誥，流演溥暢。自佛滅後，大迦葉弘持法藏，以至師子比丘，共二十四人。雅繼能仁之軌躅⑧，妙弘祖聖之玄風也。暨師子遇害於罽賓⑨，自是相承相付泯矣。師子比丘傳法

察其有體無體、有為無為等。行，謂已知境界，則修習聞、思、修三慧，專致於"五重唯識觀"。果，謂有漏之修，能招感世間一切妙果；無漏之修，可永滅諸障，證得大菩提。

　　① 法性：指諸法之真實體性。亦即宇宙一切現象所具有之真實不變之本性。又作真如法性、真法性、真性。又為真如之異稱。法性乃萬法之本，故又作法本。

　　② 法相：諸法所具本質之相狀（體相），或指其意義内容（義相）。

　　③ 自伐：自誇。《老子》："自伐者無功，自矜者不長。"

　　④ 三觀：諸家所說三觀中最為普通說法是指天台宗三觀，即空觀、假觀、中觀。空觀是觀諸法緣生無性，當體即空；假觀是觀諸法雖同幻化，但有假象和作用；中觀是觀諸法非空亦非假，亦空亦假之中道實理。

　　⑤ 三性：印度唯識學派之重要主張，中國法相宗之根本教義。謂一切存在之本性與狀態（性相），從其有無或假實之立場分成三種，稱為三性。即遍計所執性、依他起性和圓成實性。遍計所執意謂人們普遍認為客觀物質世界實有的"錯誤"認識，認為是一種虛妄的執着；依他起意謂萬法皆無自性，須靠眾緣具備纔生起，是指現象世界。圓成實性指具有圓滿成就之真實性，也即由我、法二空所預示的真如實行。

　　⑥ 體性：指實體，即事物之實質為體，而體之不變易稱為性，故體即性。若就理之法門而言，佛與眾生，其體性同一而無差別。

　　⑦ 師子比丘：又作"師子菩提"。禪宗相承係譜西天二十八祖中之第二十四祖。中印度人，婆羅門出身，從鶴勒那得法後，遊方至罽賓國，教化波利迦、達磨達等人，並傳法于婆舍斯多，命其往南天竺教化，遂獨留罽賓，時遇當地迫害佛教，被惡王所殺，寂年為魏高貴鄉公甘露四年。

　　⑧ 軌躅：法則，規範。《漢書·敘傳上》："伏周孔之軌躅，馳顏閔之極摯。"晉葛洪《抱樸子·君道》："誠昇隆之盛致，三五之軌躅也。"

　　⑨ 罽賓國：又作"罽賓國"、"劫賓國"、"羯賓國"。為漢朝時之西域國名。位於印度北部。即今喀什米爾一帶之地。

至罽賓國，爲罽賓王害之。自後法藏雖傳，其道澆也。**然戒法防患，獨爲大聖所制。**戒者，梵云毘奈耶，此云調伏藏。以防非止惡，調伏有情①三業②。如來親制，最爲付囑。**以戒即七支之業，業性甚深。獲業智力。乃窮其數。**七支，身三業：殺、盜、婬，口四業：惡口、兩舌、妄言、綺語，共爲七支也。獲智力者，了業之數。**故開遮③持破④，關⑤乎損益。而前佛後佛，皆不寄口而言之。**戒法之中，有開則許其通容，有遮則絕其爲作，持爲堅守不犯，破爲誤犯不持也。律藏是佛親制，不因寄口而傳說也。**又峻設其防，言不浮行，心資定慧⑥，以至懸解⑦，**如來明立禁戒，峻設遮防。浮，泛也。心習定慧，以至懸解。懸解者，若以繩繫物而懸，慧解瞭達，若解之也。**故亦謂之波羅提木叉⑧也。**波羅提木叉，此云別解脫戒。謂七眾⑨所持，各別而解脫。又持一戒得一解脫。**經通五人說⑩，**《智度論》云：五人者，一佛、二弟子、三神仙、四天、五變化⑪也。**以彰善惡，導物起**

----

①　有情：音譯作"薩多婆"、"薩埵嚩"、"薩埵"。舊譯爲眾生，即生存者之意。

②　三業：指身業、口業、意業。身業，指身所作及無作之業，有善有惡，若殺生、不與取、欲邪行等爲身惡業；若不殺、不盜、不婬，即爲身善業。口業，又作語業，指口所作及無作之業，有善有惡，若妄語、離間語、惡語、綺語等爲口惡業；若不妄語、不兩舌、不惡語、不綺語則爲口善業。意業，指意所起之業，有善有惡，若貪欲、嗔恚、邪見等爲意惡業；若不貪、不嗔、不邪見則爲意善業。

③　開遮：即開與遮。開，許可之意；遮，禁止之意。又作開制、遮開。爲戒律用語。即於戒律中，時或開許，時或遮止。

④　持破："持戒"與"破戒"相對稱。持戒，即護持戒法之意，即受持佛所制之戒而不觸犯。破戒，即毀破所受持之戒律。

⑤　關："關"之異體。《四聲篇海·門部》："関，音關，義同。"《字彙·門部》："関，俗關字。"

⑥　定慧：禪定與智慧。擾亂意爲定，觀照事理爲慧。又名止觀。

⑦　懸解：猶瞭悟。《太平廣記》卷七二引唐張讀《宣室志·袁隱居》："校其年月日，亦符九十三之數，豈非懸解之妙手乎？"

⑧　波羅提木叉：指七眾防止身口七支等過，遠離諸煩惱惑業而得解脫所受持之戒律。又作"波羅提毘木叉"、"般羅底木叉"、"鉢喇底木叉"。意譯爲"隨順解脫"、"處處解脫"、"別別解脫"、"別解脫"、"最勝"、"無等學"。

⑨　七眾：即七類弟子，構成釋尊之教團（出家與在家）。又作道俗七眾，即比丘、比丘尼、沙彌、沙彌尼、式叉摩那、優婆塞、優婆夷。

⑩　《大智度論》卷二曰："佛法有五種人說：一者佛自口說，二者佛弟子說，三者仙人說，四者諸天說，五者化人說。"

⑪　變化：疑爲"變化人"脫漏"人"字。指變化之人。即經由神通力而變化顯現之人。如佛、菩薩爲濟度各類眾生，常隨機變化爲各種人形。《北山錄隨函》注釋詞目爲"變化人"，釋曰"八部、鬼子母"。《法華經法·師品》："若人欲加惡，刀杖及瓦石，則遣變化人，爲之作衛護。"《四分律刪繁補闕行事鈔》卷上三舉出，天、龍、阿修羅、乾闥婆等八部鬼神，變作人形而來受具足戒。

信，刊定邪正，皆得謂之繩墨義①也。彰，明也。病也。病於惡而明於善，導引起生也。有不信者引之令信，不定者刊削之，邪曲者則正之。如世繩墨，能正材之斜曲也。窮括性相，不令散失，貫于人心，皆得謂之結鬘義②也。經內性相，無不窮括義聚，前後聯貫。猶若西國之人，以線穿貫花鬘而爲嚴飾也。至言有准，規矩合度。而民是則之，皆得謂之法義也。猶若王言，出則天下准承。規者圓也，矩者方也。方圓皆合其制度，爲人之准，故名爲法。法者，常義則也。其言如蘭，其信乃恒。天下酌之而不知其竭，皆得謂之常義也。蘭，香草也。恒，常也。若湧泉而不竭，故謂之常也。

論通弟子造，以能合離③真俗④，舒蓄名理，壺奧⑤在彀，風味淵沤，法義之所由生，故皆得謂之摩怛哩迦⑥也。論者循環研覈，究暢真宗⑦爲義。本唯佛説，散在眾經。後乃大小聖弟子通亦造之，而能離合真俗、區擘色心，定有無之指歸，盡名義之壺奧，其唯論藏乎？梵云摩怛哩迦，此云本母。能生智慧，如母生子也。矯伏擒縱，啟塞關徼。矯，詐也。伏，順也。擒，奪。縱，放也。論義之道，或詐現縱伏而後奪取其義也。啟，開也。塞，閉也。關，門鑰也。徼，小路也。論宗有開有閉有遮，防塞其關要也。發期爾的，弛有餘勇。發言之道，須有準當。若箭發機，須期中的。弛，放也。放其義題，須令勇氣有餘也。苦理門四宗中不顧論宗等也。外道⑧異黨，莫余敢

---

① 繩墨義：佛經五義之一。《雜阿毘曇心論》卷八，舉出佛經五義：出生義、泉涌義、顯示義、繩墨義和結鬘義。繩墨義，謂如來正教如彼繩墨，楷定正邪，令諸眾生，歸於正道。

② 結鬘義：佛經五義之一。《雜阿毘曇心論》卷八，舉出佛經五義：出生義、泉涌義、顯示義、繩墨義和結鬘義。結鬘義，謂結鬘因線，線能貫華，結以成鬘者，取貫攝之義，以喻如來正教貫穿諸法，攝化眾生。

③ 合離：聚合與分離。《管子·侈靡》："夫運謀者，天地之虛滿也，合離也，春秋冬夏之勝也。"

④ 真俗：為真諦、俗諦之並稱。前者又稱勝義諦、第一義諦，指真實平等之理；後者又稱世俗諦、世諦，指世俗差別之理。

⑤ 壺奧：壺謂宮巷，奧謂室隅。比喻事理的奧秘精微。《漢書·敘傳上》："皆及時君之門闈，究先聖之壺奧。"顏師古注引應劭曰："宮中門謂之闈，宮中巷謂之壺。"

⑥ 摩怛哩迦：又作"摩咀理迦"、"摩怛理迦"、"摩室里迦"、"摩帝利迦"、"摩咀履迦"、"摩得勒伽"、"摩夷"。意譯為"母"、"本母"、"智母"、"行母"、"論母"、"行境界"。乃指於諸經論中反復研覈諸法性相，以闡明佛之真正教義者。

⑦ 真宗：謂真實道理之宗旨。對儒教而言，佛教謂真宗；又各宗均稱其自宗為真宗。

⑧ 外道：音譯作"底體迦"。又作"外教"、"外法"、"外學"。指佛教以外之一切宗教。與儒家所謂"異端"一語相當。

侮，論乃摧邪顯正①，故外道之徒，莫敢侮慢也。故皆謂之優波提舍②也。梵
云優波提舍，此云論義也。法謂所對，屬於所照之境。慧則向觀。謂能照之心。
向則克滅，謂能證智起，則諸惑皆滅也。觀則克聖，謂慧照理，若燈之照物，
則能顯於聖道。故皆謂之阿毘達磨③也。梵云阿毘達磨，此云無對法。佛昔一
時有言曰“彼此中間”而入於定，佛一日言彼、此、中間三件，未指而入定
也。諸大弟子各以己解，競宣聖意。或以生死爲此，涅槃爲彼，道爲中
間；生死謂分段、變易二種生死④，爲此也。涅槃謂四種涅槃⑤所證之理，爲彼。
道則能證之智，爲中間也。或爲眼根⑥爲此，色境⑦爲彼，識⑧是中間。根爲
能照，境爲所照，識在中間，爲能了別。如是乃有五百言不相與，志不相奪。
雖各不同，亦各言其志也。暨大聖起定，舍利弗⑨等騰情稽疑，佛言：“我

---

① 摧邪顯正：亦作“破邪顯正”、“破邪申正”、“破顯”、“破申”。即破斥邪道，彰顯
正理。

② 優波提舍：十二部經（佛經之十二種體裁或形式）之一。即隨、示之義。又作“優婆
提舍”、“優婆題舍”、“優波替舍”、“烏波第鑠”、“鄔波第鑠”。意譯作“指示”、“教訓”、
“顯示”、“宣說”、“論義”、“論義經”、“注解章句經”。即對佛陀所說之教法，加以注解或衍
義，使其意義更加顯明，亦即經中問答論議之一類。

③ 阿毘達磨：三藏之一。又作“阿毘曇”、“阿鼻達磨”、“毘曇”。意譯爲“對法”、
“大法”、“無比法”、“向法”、“勝法”、“論”。與經、律合稱爲三藏（佛教聖典之總稱），故
偶以“阿毘達磨藏”、“阿毘曇藏”、“對法藏”或“論藏”等見稱。

④ 二種生死：眾生於六道迷界中之輪迴流轉可大別爲分段、變易等二種生死，以區別三
界內之粗報與三界以外之殊勝微妙果報。分段生死之身具有色形區別與壽期長短之定限；而變
易生死則由心識之念念相續而前變後易，其身形與壽期皆無定限。

⑤ 四種涅槃：指法相宗所立之四種涅槃。即本來自性清淨涅槃、有餘依涅槃、無餘依涅
槃、無住處涅槃。

⑥ 眼根：音譯“斫芻”。單稱“眼”。爲眼識之所依，能看取色境，即爲不可見有對
（有礙）之淨色。

⑦ 色境：又作“色處”、“色界”。或單稱“色”。爲五境之一，六境之一，十二處之一，
十八界之一。眼根所取青黃等質礙之境，稱爲色境。

⑧ 識：音譯作“毘闍那”、“毘若南”。謂分析、分類對象而後認知之作用。雖至後世
時，心、意、識三語彙分別使用，然於初期時皆混合使用。

⑨ 舍利弗：佛陀十大弟子之一。又作“舍利弗多”、“舍利弗羅”、“舍利弗怛羅”、“舍
利弗多羅”、“奢利富多羅”、“奢利弗多羅”、“奢唎補怛羅”、“設利弗呾羅”。意譯“鶖鷺
子”、“秋露子”、“鴝鵒子”、“鸜鵒子”。梵漢並譯，則稱“舍利子”、“舍梨子”。其母爲摩
伽陀國王舍城婆羅門論師之女，出生時以眼似舍利鳥，乃命名爲舍利；故舍利弗之名，即謂
“舍利之子”。又名“優波底沙”或作“優波提舍”、“優波帝須”等。意譯“大光”，即從父
而得之名稱。

說觸①爲此，集②爲彼，受③爲中間。觸爲對境，集爲能染，心受於中間領納
也。爾曹雖非我意，然皆爲滅苦之因，並應受持，不宜忘失也。"曹，輩
也。弟子所說，雖非佛之本意，然亦無爽④道理也。故佛日⑤未亡，舍利弗造
《集異門足論》，二十卷，一百八十九紙，玄奘譯。目連⑥造《法蘊足論》，
二十卷，一百七十八紙，玄奘譯。迦多演那⑦造《施設足論》。一萬八千頌，此
未見行，上三論皆是如來在日諸弟子造也。玉毫⑧既晦，提婆設磨⑨造《識身
足論》，十六卷。佛滅後一百年造。玄奘三藏譯。世友⑩造《品類足論》、十八
卷，二百九十紙。佛滅後三百年造。《戒身足論》，三卷，四十九紙。世友造。已
上謂六足也。迦多演尼⑪造《發智論》，十六卷，三百六十五紙。大義具故，
號此論爲身，以六足爲足也。佛滅後造。凡七論，奮揚才藻，控越風猷⑫，傍

---

① 觸：為心所（心之作用）之一。俱舍宗以其為十大地法、七十五法之一，唯識宗視為
五遍行、百法之一。指境（對象）、根（感官及其機能）、識（認識）三者和合時所產生之精
神作用；亦即指主觀與客觀接觸之感覺而言。

② 集：招聚之義。若心與結業相應，未來定能招聚生死之苦，故稱"集"。

③ 受：又譯為"痛"、"覺"。受，即領納之意，亦即領納違、順、俱非等之觸，及外界
之對象，以此而感受苦、樂等感覺之精神作用。

④ 爽："爽"的俗體。字見《集韻·上聲·養韻》、《六書正譌·上聲·養蕩韻》。

⑤ 佛日：大乘佛教諸經典中所常用之譬喻。因佛陀之睿智、德行、慈悲，可破眾生之迷
妄，如日輪破夜之闇，故喻佛陀如日。

⑥ 目連：佛陀十大弟子之一。又作"目犍連"、"摩訶目犍連"、"大目犍連"、"大目乾
連"、"大目連"、"目揵連"、"目伽略"、"勿伽羅"、"目犍連延"、"目犍羅夜那"、"沒特伽
羅"、"毛伽利耶夜那"。別名"拘律陀"、"拘律"、"俱哩多"、"拘離迦"、"拘理迦"、"俱離
多"。意譯"天抱"。被譽為神通第一。為古代印度摩揭陀國王舍城外拘律陀村人，婆羅門種。

⑦ 迦多演那：或作"迦多衍那"，佛陀十大弟子之一。西印度阿槃提國人。參見"迦旃
延"注。

⑧ 玉毫：又作"玉豪"。指如來眉間之白毫。因其皓白光潤，猶如白玉，故稱玉毫。

⑨ 提婆設磨：又作"提婆設摩"，意譯"天寂"、"賢寂"。為小乘說一切有部論師之一，
中印度犍馱迦國人。約於佛陀入滅後一百年間出世，曾撰述《阿毘達磨識身足論》十六卷，
為六足論之一。

⑩ 世友：音譯"婆須蜜多"、"和須蜜多"、"筏蘇蜜呾羅"、"伐蘇蜜多羅"。乃說一切有
部之一祖，又作"天友"。一、二世紀時北印度犍陀羅國人。

⑪ 迦多演尼：又作"迦多衍尼子"、"迦陀衍那子"、"迦氈延尼子"、"迦陀衍尼"、"迦
旃延子"。意譯作"剪剃種"、"文飾"、"好肩"。出身於印度婆羅門名門。為西北印度佛教宣
揚有部之大論師，所著之《阿毘達磨發智論》二十卷，為說一切有部之根本論典，頗為著名。

⑫ 風猷：風教德化。《晉書·傅玄傳論》："傅祗名父之子，早樹風猷，崎嶇危亂之朝，
匡救君臣之際，卒能保全祿位，可謂有道存焉。"

求聖意，式弼神化。其大窮天地，其細考鄰虛，七論並小乘之文，辭藻宏曠，風規超弈。至於性相心色，無不具論也。鄰虛，極微之塵也。方諸儒門，三《傳》四《詩》，各金玉其音也。三《傳》：一《左丘明傳》，二《公羊高傳》，三《穀梁赤傳》。四《詩》：一《魯詩》，魯人申培公，漢武以浦輪徵之，已八十餘，以詩經爲訓，口傳無傳也；二《齊詩》，齊人袁固生所傳；三《韓詩》，燕人韓嬰所學；四《毛詩》，河間毛公字文操所傳於子夏也。由是四百年初，迦濕彌羅國①五百六通依發智論撰《大毘婆沙》，佛滅後四百年初，有羅漢名迦旃延子，擊乾稚普告十方諸天及賢聖，不得入滅。有於佛所聞一偈一句，皆會迦濕彌羅國。諸聖既至，遂集所聞。是者取，非者去，乃成《大毘婆沙》，此云廣解，禁之不令出國。謂婆婆頭拔尊者潛入彼國，誦之出國，歸厨賓傳之，後方流於諸國也。備釋三藏，謂經、律、論。以品有八，譯者謂之八蘊②，亦曰八藏是也，蘊藏皆聚義也，即八犍度。

至五百年，龍樹③學窮域內，自謂一切智人④，方立爲大師，阿耨達龍⑤引入於宮，示以塵沙⑥祕藏⑦，醜所負罪九旬假誦於龍宮，而特悔其所稱者也，龍樹，本南天竺國梵志也。誦四韋陀⑧，因入王宮。厭欲出家，經論誦盡，嫌佛所說經不多。後龍王請入宮，經九十日，點經題不盡，深悔言失，通解造《智度論》十萬偈。天竺立廟，敬奉如佛。其所誦習，人間或得之。由是廣製諸論，丕守先教。丕，大也。謂大能弘守先聖之教也。泊千年，世親⑨初學小乘，常欲不利於大乘。其兄無著愍之，假疾召使至，具以微

---

① 迦濕彌羅國：又作“羯濕弭羅國”、“迦葉彌羅國”、“箇失蜜國”。位於西北印度，犍陀羅地方之東北、喜馬拉雅山山麓之古國，即我國漢朝時所稱之罽賓。

② 八蘊：即八犍度。犍度，意為“蘊”、“聚”、“分段”，即迦旃延以諸法門各從其類，分為八聚，稱為八犍度論。八犍度指八犍度論中之八個篇章，又作“八聚”。即雜犍度、結使犍度、智犍度、行犍度、四大犍度、根犍度、定犍度、見犍度。

③ 龍樹：音譯“那伽閼剌樹那”、“那伽阿周陀那”。為印度大乘佛教中觀學派之創始人。又稱“龍猛”、“龍勝”。二、三世紀頃，為南印度婆羅門種姓出身。

④ 一切智人：指如實證得一切智慧之覺者。乃佛之別稱。與“一切智者”、“一切智藏”同義。

⑤ 阿耨達龍：為八大龍王之一。住於阿耨達池，遠離三患，於諸馬形龍王中其德最勝。

⑥ 塵沙：如塵如沙，比喻極多。

⑦ 祕藏：即秘密藏。佛教語。亦作“秘藏”。珍藏，秘密隱藏。

⑧ 韋陀：古印度婆羅門所傳經典名。

⑨ 世親：亦譯天親，音譯“婆藪盤豆”、“伐蘇畔度”，生於北印度健馱邏國富婁沙富羅城，在說一切有部中出家，佛教瑜伽行唯識學派論師，為無著之弟。

言誨。天親退而省其咎，矍然，將自援刀斷舌。無著聿①來其前，止之曰："罪自汝心，匪舌之咎，昔既以毀，今盍以讚？盍，何不也。斷之何補焉？"遂乃制論千部。或宗或釋，翊贊②于五乘也。天親菩薩，北天竺留婁沙富羅國③人。兄弟三人俱在有部出家。兄無著，先悟大乘，常往兜率請彌勒說瑜伽。天親在有部日，先造小乘論五百部，廣非大乘。後因無著化之，既悟大乘，乃却造五百本大乘論，廣贊大乘，故號"千部論主"也。

秦正丗，秦始皇，姓嬴，名正，字祖龍，秦襄王之子。收六國，築萬里長城，令方士入海往蓬萊求仙藥也。有十八沙門④自西域至，謂室利房⑤等十八人也。彼暴嬴方有事于天下，不遑大道。遑，及也。不及行於大道。醜我有德，獄沙門於重垣，爲力士神奮威擊垣。始皇惟降服禮謝，道人却反西國。夫秦之於吾道也，如石不濡於水焉。膏肓之門，不足以發藥，其在此也。秦方無道，以善化之，故不相投也。晉景公有疾，求醫于秦。夢疾化爲二豎子，曰："彼良醫也，懼傷我焉。"其一曰"居肓之上，膏之下，若我何醫？"至曰："疾不可爲也。"今秦暴惡，不足以善化，若疾之膏肓也。雖當時沙門不見申於秦而鞠之，亦頗得其由矣。室利房等雖不蒙秦之見遇而又禁之，蓋以秦暴而不納於善，亦爲騰蘭⑥之因也。夫人心險易，閒于山川。爾後所來實幸，失利房等先嘗之，不求之不至也。嘗，試也。以失利房等先試來，秦雖不納，後來三藏幸此事而知之。故若無蔡愔使人求請，即不至於此也。漢永平七年辛卯⑦，以年曆推之，合是甲子。今作辛卯，悮。顯宗夢金人顯宗，謂後漢第二主明帝，名

---

① 聿：迅速地。

② 翊贊：輔助，輔佐。《三國志·蜀志·呂凱傳》："今諸葛丞相英才挺出，深覩未萌，受遺託孤，翊贊季興，與眾無忌，錄功忘瑕。"贊，"贊"之異體。《宋元以來俗字譜·貝部》引《列女傳》、《三國志平話》等皆作"贊"，《字彙·貝部》："贊，俗贊字。"

③ 留婁沙富羅國：國名。譯作"丈夫土"。在北天竺。是天親菩薩之生國。

④ 沙門：音譯"室羅末拏"、"舍囉摩拏"、"喀摩那拏"、"沙迦懣囊"。乃西域方言之轉音。又作"沙門那"、"沙聞那"、"娑門"、"桑門"、"喪門"。意譯"勤勞"、"功勞"、"劬勞"、"勤懇"、"靜志"、"淨志"、"息止"、"息心"、"息惡"、"勤息"、"修道"、"貧道"、"乏道"。為出家者之總稱，通於內、外二道。亦即指剃除鬚髮，止息諸惡，善調身心，勤行諸善，期以行趣涅槃之出家修道者。

⑤ 室利房：又作"釋利防"，印度僧人，傳說秦始皇時期來華傳教的十八沙門之一。

⑥ 騰蘭：摩騰與竺法蘭。我國佛教之初傳入者。摩騰，又稱"攝摩騰"、"竺攝摩騰"、"竺葉摩騰"。中印度人，生於婆羅門家。竺法蘭：中印度人，諷誦經論數萬章，為天竺學者之師。

⑦ 辛卯：當為"甲子"。

莊，光武之子，陰皇后所生。項佩日光，在殿庭而飛。乃宵衣①俟旦，俟，待也。夜夢金人，身有光明，遂坐以待明。召羣臣以問。傅毅對曰："是佛神也。"時王遵、傅毅等奏："周昭王二十四年，大史蘇由云：'西國佛生，一千年後聲教流此。'今千載餘，合是佛神來至也。"俾蔡愔、秦景將命求諸夢。遂使蔡愔等一十八人往西國求之也。及大月氏，與攝摩騰、竺法蘭遇焉。至月氏國，見二三藏，一姓迦攝名摩騰，一姓竺名法蘭也。彼二士宿蘊遐遊濟俗之志，獲秦蔡而合矣。秦景等見二三藏於月氏，求請以歸漢國。十年甲午②，本作丁卯，甲午，悞。漢使至自西域。二沙門入于洛，時後漢，都洛陽。獻釋迦圖像并諸經。於是肇有寺于洛城，三藏初至館于鴻臚寺③，以白馬馱經而來，遂呼爲白馬寺④，若就梵語爲僧伽藍⑤，此爲眾園，謂行道處也。爲像於南宮清涼臺，及關陽門顯節陵上也。皆於此等處圖像也。其經始命翻⑥譯，以《四十二章》載其首，摩騰二三藏最初譯經一卷，號《四十二章經》。緘于蘭臺⑦石室⑧，俟可聞者聞焉。於穆⑨哉！蘭臺石室，漢藏書閣閣也。於，嗟歎之辭。穆，敬也。夫聖教之於時，其可順也，不可強也。順則渥物，渥，霑也。謂若漢明之代而來。強則疵物⑩。若秦代而來疵病也。故推引之道，非至智不能見之矣。

---

① 宵衣：天不亮就穿衣起身。南朝陳徐陵《陳文皇帝哀册文》："勤民聽政，昃食宵衣。"

② 甲午：當為"辛卯"。

③ 鴻臚寺：官署名。《隋書·百官志中》："鴻臚寺，掌蕃客朝會，吉凶弔祭，統典客、典寺、司儀等署令、丞。"

④ 白馬寺：位於河南洛陽縣東（故洛陽城西）。東漢明帝時興建。相傳為我國最古之僧寺。由於天竺之攝摩騰、竺法蘭二僧以白馬自西域馱經來我國，明帝遂敕令於洛陽城西雍門（西陽門）外為之建造精舍，稱之為白馬寺。

⑤ 僧伽藍：又作"僧伽藍摩"、"伽藍"。意譯"眾園"，又稱"僧園"、"僧院"。原意指僧眾所居之園林，然一般用以稱僧侶所居之寺院、堂舍。

⑥ 翻："翻"之異體。字見《隸辨·元韻》、《漢隸字源·平聲·元韻》。

⑦ 蘭臺：漢代宮內收藏典籍之處。《漢書·百官公卿表上》："御史大夫……有兩丞，秩千石。一曰中丞，在殿中蘭臺，掌圖籍祕書。"

⑧ 石室：古代藏圖書檔案處。《史記·太史公自序》："周道廢，秦撥去古文，焚滅《詩》《書》，故明堂石室，金匱玉版，圖籍散亂。"

⑨ 於穆：對美好的讚嘆。《詩·周頌·維天之命》："維天之命，於穆不已。"

⑩ 疵物：非議事物。《後漢書·逸民傳序》："或垢俗以動其概，或疵物以激其清。"

人亦有言曰：夫永平何世，漢明何德？蓋元淳①漸澆，仁義漸廢，道德與五經將墜于地，自永平時，道德既薄，文籍將墜，言世澆漓②之甚也。而慈運遠構，釋教彌布。使此方顓先所習者，忻新所聞，佛法於澆薄之代而來，使厭仁義禮樂者忻其新教，改往習新而行之也。革違從勸，三訓萃舉，以光被天下也，訓，教也。萃，集也。以三教集舉而化世也。故吾道焉將不可舉，雖千年，參辰背焉；吾教爲化導之本，若與世未合，縱歷千載之期，若參星與辰星必不相合也。將可舉，雖萬里，風馬通焉。其或教可舉，行途雖萬里亦可通也，風馬謂牝牡相逐也。齊桓伐楚，楚子云："至於風馬牛不相及③也。"是以漢詔降于天陲，聖日出于東方，陲，邊也。謂秦景等至月氏。聖日謂摩騰東來也。燭生靈於重垠，示大覺於昭回。垠，邊也。佛日照燭羣品，光華天地也。

夫假一宵之夢，樹風聲於萬古，如帝莊④者天下實有君矣；漢明一夢金人，西求教法，始立風範，聲教終爲萬古之規。宣心茂猷光啟有漢，如王、傅、秦、蔡，漢室實有臣矣；茂，盛；猷，圖也。宣心盛圖，開明漢祚。謂王遵、傅毅、秦景、蔡愔等也。爲法王之遺徒，遺，苗。徒，弟。弘嗣德音，如騰、蘭者，天竺實有僧矣。能嗣聲教。眇觀前古，豐德厚利實勤於生民者，民荷其賜，播其休烈⑤，盛於祠秩。眇，細也。觀前代有利於民，感其恩，必揚其美，業大陳于享祀也。故《禮》曰："法施於生民，死則祀之。以勞定國則祀之，以能禦大災則祀之，能捍大難則祀之。"⑥ 而炎氏⑦與

---

① 元淳：謂天真樸素，未經雕琢。唐陸贄《嘉王橫海軍節度使制》："氣本元淳，重承先訓，忠肅孝友，寬仁惠和。"

② 澆漓：亦作"澆醨"。指社會風氣浮薄不厚。南朝齊王融《爲竟陵王與劉虯書》："淳清既辨，澆灘代襲。"

③ 風馬牛不相及：《左傳·僖公四年》："君處北海，寡人處南海，唯是風馬牛不相及也。"孔穎達疏引服虔曰："牝牡相誘謂之風……此言'風馬牛'，謂馬牛風逸，牝牡相誘，蓋是末界之微事，言此事不相及，故以取喻不相干也。"一說：風，放逸，走失。謂齊楚兩地相離甚遠，馬牛不會走失至對方界地。後用以比喻事物之間毫不相干。

④ 帝莊：漢明帝劉莊。

⑤ 休烈：盛美的事業。《史記·秦始皇本紀》："皇帝休烈，平一宇內，德惠脩長。"《漢書·宣帝紀》："朕未能章先帝休烈，協寧百姓。"顏師古注："休，美也。烈，業也。"

⑥ 見《禮記·祭法》。

⑦ 炎氏：指漢明帝。漢自稱以火德王，故稱炎漢。三國魏曹植《徙封雍邱王朝京師上疏》："篤生我皇，奕世載聰……受禪炎漢，臨君萬邦。"南朝梁蕭統《〈文選〉序》："自炎漢中葉，厥塗漸異。"李周翰注："漢火德，故稱炎。"

二三臣，暢金仙①之教，適未聞之俗，使人以悃悃②之誠，悃悃，切也。知罪福所歸，厭有涯之形，尚滅心之理，漢明與二三臣，初道開佛教，使迷倒之俗，悟解罪福，厭有盡之身，達證無生之理③。恢恢焉玄化④之功冠乎仁祠⑤，而世不崇其，昭其奠禮，雖古之云闕，而今亦未得也。恢恢，廓也。以其功雖恢廓，造化於祠典⑥，合冠其首，而世不崇其寢廟⑦，明其亨奠，於古之云闕，今亦未得不闕也。

自漢中興之始，涓涓乎濫觴⑧，濫，溢也。漢水初出，只可溢於一觴。佛法自後漢之初，涓涓細流，如漢水之初出也。魏流束薪，至曹魏之代，漸如流於束薪。迄今我唐，其風寖廣⑨。自漢佛法初至，到今巨唐，其法漸廣矣。鞠搜眾部，鞠，窮也。八千餘卷。今來梵僧，翻譯未已。其間齊梁之世，二蕭之家，南齊蕭道成⑩、梁武蕭衍⑪，兩朝二蕭，並都金陵也。學優詞洽多乎製撰，如竟陵王子良⑫，鈔集眾經，別爲七十部二百五十九卷，齊竟陵王以

---

① 金仙：又作"大仙"、"大僊"。佛之敬稱。

② 悃悃：忠誠貌。《楚辭·卜居》："吾寧悃悃款款朴以忠乎？將送往勞來斯無窮乎？"王逸注："志純一也。"

③ 無生之理：涅槃之真理，無生滅，故稱無生之理。

④ 玄化：聖德教化。漢蔡邕《陳留太守行小黃縣頌》："有辜小辠，放死從生，玄化洽矣，黔首用寧。"《文選·左思〈魏都賦〉》："玄化所甄，國風所稟。"張銑注："玄，聖；甄，成也。言皆聖化所成。"

⑤ 仁祠：指佛寺，乃因釋迦意譯為能仁，故稱佛寺為仁祠。

⑥ 祠典：祀典，有關祭祀的典制。《三國志·魏志·明帝紀》："詔諸郡國山川，不在祠典者勿祠。"

⑦ 寢廟：古代宗廟的正殿稱廟，後殿稱寢，合稱寢廟。《詩·小雅·巧言》："奕奕寢廟，君子作之。"

⑧ 濫觴：指江河發源處水很小，僅可浮起酒杯。北魏酈道元《水經注·江水一》："江水自此已上至微弱，所謂發源濫觴者也。"

⑨ 寖廣：漸多。《漢書·刑法志》："姦有所隱，則狃而寖廣：此刑之所以蕃也。"

⑩ 南齊蕭道成：齊高帝蕭道成（427—482），字紹伯，小名鬥將，漢族，齊朝開國皇帝，在位四年。

⑪ 梁武蕭衍：梁武帝（464—549）南朝蘭陵（江蘇武進）人，姓蕭名衍，字叔達。原為南齊雍州刺史，以齊主殘忍無道殺其兄懿，蕭衍乃兵陷建康，別立和帝；遂於中興二年（502）篡位，國號梁。在位期間，整修文教，國勢因之大盛。武帝篤信佛教，有"皇帝菩薩"之稱。

⑫ 竟陵王子良：蕭子良（460—494），字雲英，南蘭陵（治今常州西北）人，竟陵文宣王。為齊武帝蕭賾之次子，母親為武帝皇后裴惠昭，文惠太子蕭長懋同母弟。

部類抄集之也。雖當時自意不欲外傳，而後世寫之，編諸正錄，梁太子綱①即簡文帝。撰《法寶聯璧》二百卷。沙門僧祐②、撰《弘明集》十六卷。僧旻③、住虎丘山，蕭昂④往禮之，高臥不起，人號爲梁代素王。寶唱⑤、楊都莊嚴寺僧，博識洽聞，梁武令撰《經律異相》五十卷。智藏⑥，梁高僧，聰明博識。咸皆續述頗多條目。

後葉或有廢通莊而遵歧路者也。通莊，大路，謂正經也。歧，小路，羣集也。時太學江泌⑦梁朝學士。女年始八歲，自永元元年至天監四年，永元，南齊年號。天監，梁武年號，自己卯至乙酉，計七年。靜坐閉目自然誦出三十卷，今藏內有題目而無經文，既非佛語今在偽錄也。議者以爲天授之也。夫何區別其真偽哉？大乘以一法謂實相⑧也，實相，謂真如⑨也。小乘三

---

① 梁太子綱：蕭綱（503—551），梁代文學家。即南朝梁簡文帝。字世纘。南蘭陵（今江蘇武進）人。梁武帝第三子。由於長兄蕭統早死，他在中大通三年（531）被立為太子。太清三年（549），侯景之亂，梁武帝被囚餓死，蕭綱即位，大寶二年（551）為侯景所害。

② 僧祐：（445—518），南朝梁代僧。江蘇江寧人，俗姓俞。年十四，至定林寺師事法獻，受具足戒後。以《十誦律》為宗，嘗製《十誦律義記》十卷。又蒐集有關譯經之原委、序、譯經者之傳記等資料撰《出三藏記集》，並將四至五世紀間，佛教對中國固有思想之論爭及其他文書輯為《弘明集》。

③ 僧旻：（467—527），南朝梁代僧。吳郡富春（浙江富陽）人，俗姓孫。撰《眾經要鈔》八十八卷。與法雲、智藏被譽稱梁三大法師。

④ 蕭昂：（483—535），南朝人。字子明，天監初，累遷司徒右長史，出為輕車將軍、監南兗州。中大通元年，為領軍將軍。二年，封湘陰縣侯，邑一千戶。出為江州刺史。大同元年，卒，時年五十三。諡曰恭。

⑤ 寶唱：梁代僧。吳郡（江蘇吳縣）人，俗姓岑。生卒年不詳。有《眾經飯供聖僧法》五卷、《眾經懺悔罪方法》三卷、《法集》一百四十卷、《續法輪論》七十餘卷、《出要律儀》二十卷、《經律異相》五十卷、《比丘尼傳》四卷、《名僧傳鈔》一卷等，其中後三部現存。

⑥ 智藏：（458—522），南朝梁代僧。與僧旻、法雲並稱為梁代三大法師。吳郡（江蘇吳縣）人，俗姓顧。初名淨藏。有《大小品般若》、《涅槃》、《法華》、《十地》、《金光明》、《成實》、《百論》、《阿毘曇心》等著義疏，今皆不傳。

⑦ 江泌：字士清，濟陽考城人。歷仕南中郎行參軍。

⑧ 實相：原義為本體、實體、真相、本性等；引申指一切萬法真實不虛之體相，或真實之理法、不變之理、真如、法性等。此係佛陀覺悟之內容，意即本然之真實，舉凡一如、實性、實際、真性、涅槃、無為、無相等，皆為實相之異名。

⑨ 真如：即指徧布於宇宙中真實之本體；為一切萬有之根源。又作「如如」、「如實」、「法界」、「法性」、「實際」、「實相」、「如來藏」、「法身」、「佛性」、「自性清淨身」、「一心」、「不思議界」。早期漢譯佛典中譯作「本無」。

焉，謂諸行無常、諸法無我、涅槃寂靜。然有乖乎此者，則不爲吾教也。其有蕪累①凡淺②，如《七佛神呪③》、《普賢證明④》、《法華度量⑤》、《天地八陽⑥》、《延壽命⑦》等經，乖於眾典，失聖言之體，存乎疑僞，非所論也。並存疑僞錄。其或質濁繁細，如《陰持入》⑧、《道地》⑨等經。如漢魏失譯并《藥師⑩》等經，尸利蜜多羅及與鹿野寺惠簡⑪譯，今在正錄。雖不雅奧，且非虧謬，驗之重譯，不可廢也。然得禽雖一目之網，而

---

① 蕪累：謂文辭繁冗累贅。唐劉知幾《史通·六家》："況《通史》以降，蕪累尤深。遂使學者寧習本書，而怠窺新錄。"

② 凡淺：平凡淺陋。《宋書·謝晦傳》："臣雖凡淺，感恩自屬，送往事居，誠貫幽顯。"

③ 七佛神呪：又作《七佛八菩薩所说大陀罗尼神呪經》、《七佛神呪经》、《七佛八菩薩大陀罗尼神呪经》、《七佛十一菩薩陀罗尼經》、《七佛所说神呪经》、《广济众生神呪》。凡四卷。失译。乃属于杂部密教之密部经典之一。

④ 普賢證明：即《普賢菩薩說證明經》，又名《普賢菩薩說此證明經》，在隋唐時代的經典目錄上它是作為僞經而出現的。矢吹慶輝博士在英國、法國所存的敦煌本中發現本經，經的本文已被收入於《大正藏》的古逸部。

⑤ 法華度量：即《妙法蓮華度量經》，又名《妙法蓮花經度量天地品第二十九》、《度量天地經》、《妙法蓮華經度量天地經》、《妙法蓮華度量天地經》。中國人假托佛說所撰經典。作者不詳，約產生於南北朝後期或隋初。一卷。敦煌遺書存有，收入於《大正藏》的古逸部。

⑥ 天地八陽：即《天地八陽神咒經》，又名《佛說天地八陽神咒經》。敦煌遺書存有，收入於《大正藏》的古逸部。

⑦ 延壽命：即《佛說延壽命經》。此經首見於隋《法經錄》，是中國僧人假托如來所說而編造的佛經。收入于《大正藏》的古逸部。

⑧ 陰持入：即《陰持入經》，凡二卷。東漢安世高譯。收於《大正藏》第十五冊。本經旨在闡明五陰（色、受、想、行、識）及十二入（眼、耳、鼻、舌、身、心，及色、聲、香、味、更、法等，內外各六）之法相，並細說三十七品經法（四意止、四意斷、四神足、五根、五力、七覺意、賢者八種道行）。更進而闡論由道諦通達解脫之方法。

⑨ 道地：即《修行道地經》，略稱《修行經》。一卷，凡七卷。印度僧伽羅刹作，西晉竺法護譯。收於大正藏第十五冊。本書纂集眾說所說有關瑜伽觀行之大要。

⑩ 藥師經：即《藥師琉璃光如來本願功德經》。全一卷。又作《藥師如來本願功德經》、《藥師本願功德經》、《藥師本願經》。收於大正藏第十四冊。本經漢譯有五種（一說四種），依其譯出時間之先後為：東晉帛尸梨密多羅譯本、劉宋慧簡譯本、隋代達磨笈多譯本、唐代玄奘譯本、唐代義淨譯本。

⑪ 惠簡：又作"慧簡"。南朝劉宋譯經僧。籍貫、世壽、生平事蹟均不詳。鈔撰《灌頂經》一卷，其他尚有《商人求財經》、《僧王五天使經》、《善生王子經》、《懈怠耕者經》、《請賓頭盧法經》等，譯出經典凡二十五部二十五卷。

藉萬目資乎一目；出苦雖一門之法，而兼萬法①資乎一門。雖以一目獲禽，不可惟開於一目；雖以一法契機，不可惟演於一法。故演而伸之，爲八萬四千之法藏也。牟子②云：牟子，蒼梧太守也，著書曰《牟子》。佛經前說億載之事，却道萬世之要。太素③未兆，太始未生。乾坤肇興，其微不可握，其纖不可入。佛悉彌綸④其廣大之表，剖栿其窈眇之內，靡不紀之，故其經卷以萬計，言以億數。故龍樹九十日，龍宮不能盡其籤題。譬如臨河飲水，飽而自足，焉知其餘哉？

　　函夏⑤二聖之經，謂老子⑥、宣父⑦。居百氏⑧，如北辰⑨之於懸象⑩矣。孔老爲北辰，諸子爲眾星。而孔老之外，猶有象聖之格言：楊朱⑪、惠施⑫，

───────────

①　萬法：萬法語同"諸法"。總賅萬有事理之語。即色、心所互即之一切差別之法。與一般所說之萬象、萬事、萬物等語相當。

②　牟子：著《治惑論》三十七篇，首載弘明集。姓牟，名融。東漢末蒼梧郡人。後因母喪，乃志歸佛道，兼研老子、五經，時人頗多非議者，牟子乃作《理惑論》一書答辯之，廣引老子與儒家經書，論證佛、道、儒觀點一致，而推美釋氏。

③　太素：古代謂最原始的物質。《列子·天瑞》："太素者，質之始也。"漢班固《白虎通·天地》："始起先有太初，後有太始，形兆既成，名曰太素。"

④　彌綸：統攝，籠蓋。《易·繫辭上》："《易》與天地準，故能彌綸天地之道。"高亨注："《釋文》引京云：'準，等也。彌，遍也。'《集解》引虞曰：'綸，絡也。'彌綸即普遍包絡。此二句言《易經》所講之道與天地齊等，普遍包絡天地之道。"

⑤　函夏：指中國。《漢書·揚雄傳上》："以函夏之大漢兮。彼曾何足與比功？"服虔注："函夏，函諸夏也。"顔師古注："函，包容也。彼謂堯、舜、殷、周也。函讀與含同。"

⑥　㘴：同"老"。《潘乾校官碑》："矜孤順差，表㘴貞節。"《太子成道變文》："淨飯王聞㘴此語，光顔大悅。"

⑦　宣父：指孔子。《新唐書·禮樂志五》："（貞觀）十一年詔尊孔子為宣父，作廟於兗州。"

⑧　百氏：猶言諸子百家。《漢書·敘傳下》："緯六經，綴道綱，總百氏，贊篇章。"

⑨　北辰：指北極星。《論語·為政》："子曰：'為政以德，譬如北辰，居其所而眾星共之。'"《爾雅·釋天》："北極謂之北辰。"

⑩　懸象：指日月星辰。漢班固《典引》："懸象闇而恒文乖，彝倫斁而舊章缺。"

⑪　楊朱：先秦哲學家，戰國時期魏國人，字子居，道家楊朱學說派創始人。見解散見於《莊子》、《孟子》、《韓非子》、《呂氏春秋》等。

⑫　惠施：（前390—前317），即惠子，戰國中期宋國（今河南商丘）人，戰國時期著名的政治家、哲學家，是名家思想的開山鼻祖和主要代表人物。惠施是合縱抗秦的最主要的組織人和支持者，他主張魏國、齊國和楚國聯合起來對抗秦國，並建議尊齊為王。見解散見於《莊子》、《荀子》、《韓非子》、《呂氏春秋》等書。

虛無之流也；出《莊子》。墨翟①、韓非②，濟世之流也。出《史記》。其間
馬遷修史，司馬遷，字子長，漢武時人。爲太史繼父脩《史記》一百三十卷。先
黃老而後六經；六經，《春秋》、《禮記》、《毛詩》、《尚書》、《周易》、《樂記》爲
云也。班固藝文，班固，字孟堅，修《前漢書》一百二十卷。始儒家而次道德，
三於吾宗爲三教，所謂儒道釋。揚日月於不朽。至於廢具③取捨，皆繫於
時也。或取或捨，或廢或興，皆繫於時數也。其有後世作者，或詞勝於理，或
才不及事。或詞雖冨贍④，其理疎曠⑤；或事雖備引，而才力不足也。務華去實，
漏失也。好史筆者，於實事多失。尚玄否黃，知之者患居浮促，孰能與死者交
論？既知偏執之非，而所患浮世短促，誰能與前代之人交論是非者矣。不知者誠誦
在心，播流無極。不了之徒，但知持誦在心，布流無盡而已。

　　然儒教以朝、祀、喪、戎爲國之綱紀，朝謂殷眺⑥會覲之禮，祀謂宗廟六
禋之事，喪謂弔贈葬臨之儀，戎謂講武征伐之事。統行其道，鮮克攸紊。攸，所
也。紊，亂也。能總其事而行之，則於禮少有紊亂。釋老之教，理在虛玄，迹參
權實⑦。理既虛無幽玄，其道或權或實也。致令中人已下，上士聞而行之，中士

---

①　墨翟：（前468？—前376？），楚國魯陽人（今河南省魯山縣），是戰國時期著名的思想
家、教育家、科學家、軍事家，墨家學派的創始人及主要代表人物。有《墨子》一書傳世。主
張"兼愛"、"非攻"、"尚賢"、"尚同"、"天志"、"明鬼"、"非命"、"非樂"、"節葬"、"節
用"。

②　韓非：（約前280—前233），戰國七雄韓國公子（即國君之子），戰國末期韓國（今河
南省新鄭市）人。原爲韓國貴族，後爲秦始皇所賞識，遭到李斯等嫉妒，最終下獄而死。師從荀
子，是中國古代著名的哲學家、思想家，法家思想的集大成者，後世稱"韓子"或"韓非子"，
中國古代著名法家思想的代表。《韓非子》是其主要著作的輯錄。

③　具："興"的異體。字見《宋元以來俗字譜·臼部》引《列女傳》等。

④　冨贍：豐富充足。《世說新語·言語》"道壹道人好整飾音辭"南朝梁劉孝標注："《沙
門題目》曰：道壹文鋒冨贍。"

⑤　疎曠：孤單、空洞。

⑥　殷眺：亦作"殷覜"。周代諸侯定期派使臣朝見天子的禮制。《周禮·春官·大宗伯》：
"時聘曰問，殷覜曰視。"《周禮·秋官·大行人》："時聘以結諸侯之好，殷覜以除邦國之慝。"
鄭玄注："殷覜，謂一服朝之歲也……一服朝之歲，五服諸侯皆使卿以聘禮來見覜天子，天子以
禮見之。"《大戴禮記·朝事》覜作"眺"。孔廣森補注："諸侯之於天子也，比年一小聘，三年
一大聘。時聘，小聘也。殷眺，大聘也。"

⑦　權實：權，權謀、權宜之義，指爲一時之需所設之方便；實，真實不虛之義，係指永久
不變之究極真實。權，又作"善權"、"權方便"、"善權方便"、"假"、"權假"；實，又作
"真"、"真實"。兩者合稱"權實"、"真假"等。

如存，若亡下士侮而笑之。① 阿附②曲演，非妖則妄。鄭聲亂雅③，魚目欺珠④，是以道則有《化胡經⑤》、晉時王浮⑥道士所撰，一卷。後漸添成十一卷。《夷夏⑦》、《三破⑧》、《十異九迷⑨》；皆道門非釋之文。釋則有《滅惑⑩》、《駁夷夏⑪》，甄鸞《笑道論⑫》等，並在《弘明集⑬》。《破邪⑭》、

────────────

① 《老子》："上士聞道，勤而行之；中士聞道，若存若亡；下士聞道，大笑之。不笑不足以為道。"

② 阿附：依附。《漢書·王尊傳》："中書謁者令石顯貴幸，專權為姦邪。丞相匡衡、御史大夫張譚皆阿附畏事顯，不敢言。"

③ 鄭聲亂雅：鄭聲，原指春秋戰國時鄭國的音樂，因與孔子等提倡的雅樂不同，而受到儒家排斥，故此後凡與雅樂相背的音樂，甚至一般的民間音樂，均為崇"雅"黜"俗"者斥為"鄭聲"。亂雅：擾亂雅樂。語出《論語·陽貨》："子曰：'惡紫之奪朱也，惡鄭聲之亂雅樂也，惡利口之覆邦家者。'"

④ 《昭明文選》卷四〇《彈事箋奏記·箋·到大司馬記室箋》"惟此魚目，唐突瑈璠"李善注引《雒書》曰："秦失金鏡，魚目入珠。"又引《韓詩外傳》曰："白骨類象，魚目似珠。"《參同契》上："魚目豈為珠，蓬蒿不成檟。"

⑤ 化胡經：亦作《老子化胡經》，西晉道士王浮撰。一卷。以後陸續擴增為十卷。主要內容是敷演老子攜關令尹喜西入天竺，化為佛陀，立浮屠教，從此才有佛教產生的故事。敦煌寫本有此經十卷本殘卷，存一、二、八、十等卷，系唐玄宗時寫本。王浮所撰一卷本《化胡經》，早佚。

⑥ 王浮：晉惠帝時道士。洛陽人。生卒年不詳。是天師道祭酒。撰《老子化胡經》一卷，一說魏明帝為之序，敘述老子西行至天竺變身為佛，教化胡人為浮屠。

⑦ 夷夏：即《夷夏論》，二卷。南朝劉宋、肖齊時道士顧歡撰。為道士反對來自印度的佛教來教化漢人一篇文章，已佚。顧歡，字景怡，一字玄平，吳郡鹽官人。

⑧ 三破：即《三破論》，南朝佚名道教徒抨擊佛教的一篇文章，謂佛教入國則國破，入家則家破，入身則身破。後世對其作者有三種說法：顧歡撰寫說、張融撰寫說和範縝撰寫說。

⑨ 十異九迷：即《十異九迷論》，唐道士李仲卿撰。唐武德八年（625），唐高祖欲抬高道教的地位，令道士李仲卿宣講《老子》，遭到勝光寺僧人慧乘發難。李仲卿在辯論失敗一年之後發表《十異九迷論》以辨析佛道之間的十種"差別"，並指出佛教具有九種"迷惑"。

⑩ 滅惑：即《滅惑論》，南朝梁·劉勰撰，載《弘明集》卷八。為痛詆道家之說，批駁三破論之著作。

⑪ 駁夷夏：即《駁夷夏論》，南朝劉宋僧釋慧通撰，載《弘明集》卷七。為批駁夷夏論之著作。

⑫ 笑道論：凡三卷，北周甄鸞撰。北周武帝天和四年（569）命司隸大夫甄鸞評論佛、道二教，翌年二月甄鸞上奏本書。載《弘明集》卷九。

⑬ 弘明集：凡十四卷。南朝梁僧祐（445—518）撰。收於大正藏第五十二冊。係收錄東漢以來至南朝齊、梁五百餘年間，闡明佛法之護法論集。凡五十八篇。

⑭ 破邪：即《破邪論》，凡二卷。唐代法琳撰。今收於大正藏第五十二冊。書中評破道教之邪說。唐武德四年（621），太史令傅奕上書高祖，以為寺塔、僧尼於國有害，列述

《辯正①》，唐沙門法琳撰。紛然陵駕，既悖而往，亦悖而復。互相矛楯。情意忌慕，忌者惡之，慕者好之。義不由直。相附如糺纏，以曲爲直也。相酬如響荅。糅以編簡，糅，雜也。閟以緄縢②。緄縢，緘也。豈關十二分③五千文④之卒歟？聖人之旨，元無是非之文。西域統一世之教以爲三時⑤：謂有教、即《阿含》等是。空教、即《八部般若⑥》等是。不空不有教。即《解深密經⑦》是。此方以五時⑧辯例，一則四諦，謂苦、集、滅、道四事，小乘教也。二則《般若》，謂《八部般若》空教。三則《淨名⑨》、《思益⑩》等，謂《維

（接上頁）十一條，極力排佛，主張廢除佛教、沙門還俗。時法琳等奉敕辯破之，更著書反駁傳奕之邪說，揭示道教之說反於世有害。

①　辯正：即《辯正論》，凡八卷。唐代法琳著。又作《辨正論》、《辯正理論》。收於大正藏第五十二冊。書中博引史書佛典，宣揚佛教比道教優越。

②　閟以緄縢：語出《詩·秦風·小戎》："虎韔鏤膺，交韔二弓，竹閉緄縢。"

③　十二分：指佛經。佛陀所說法，依其敘述形式與內容分成之十二種類。故佛教經典又作"十二分教"、"十二分聖教"、"十二分經"。

④　五千文：指《道德經》，爲先秦時道家之重要著作，乃道教主要經典。相傳爲春秋時代楚國人老聃所撰。該書行文簡潔，僅五千餘字，故又稱《老子五千文》。

⑤　三時：指"有"、"空"、"中"三時。即依照釋尊之說教內容而分有教、空教、中道教三種，依序稱爲初時、第二時、第三時說法。

⑥　八部般若：佛於第四時中，所說之經甚多，法亦不一，故有八部之名。據《大明三藏法數》卷三一載，八部般若即：大品般若、小品般若、放光般若、光讚般、道行般若、金剛般若、勝天王般若、文殊問般若。

⑦　解深密經：凡五卷。略稱《深密經》。唐朝玄奘譯。收於《大正藏》第十六冊。同本異譯尚有南朝陳代真諦所譯之《佛說解節經》一卷、北魏菩提流支所譯之《深密解脫經》五卷。

⑧　五時：即於佛教經典之批判上，主張釋尊四十五年之說法，乃從淺而入深，故將之分爲五個階段，稱爲五時教。我國對於經典之傳譯，並不依其發展之先後，而係以五時教判爲準。五時教之分有如下數種：涅槃宗之五時教、三乘別教、三乘通教、同歸教、常住教。

⑨　淨名：即《淨名經》，《維摩詰經》之通稱。維摩詰，意譯淨名。

⑩　思益：即《思益經》，凡四卷。又名《思益梵天問經》、《思益義經》。後秦鳩摩羅什譯。收於《大正藏》第十五冊。本經係概述佛爲網明菩薩與思益梵天等諸菩薩說諸法空寂之理。西晉竺法護譯《持心梵天所問經》四卷（又稱《莊嚴佛法經》、《莊嚴佛法諸義》，收於大正藏第十五冊）、北魏菩提流支譯《勝思惟梵天所問經》六卷（又稱《勝思惟經》，收於大正藏第十五冊），皆是同本異譯。

摩》等論不思議。四《法華①》，會二歸一②中道教。五涅槃。圓寂教。或有謂之不然，今存乎古也。謂三時教。

真俗符第四

　　冥契無爲之爲真，有相動用之爲俗。俗非真而莫興，真非俗而莫顯。真俗互依，有無相顯，故曰符。符，契也。

　　昭機之士，是有也；昭，顯也。依言論之教，歷修證之門也。冥機之士，是其無也。冥，默也。超言論之相，離作爲之境也。相反爲道，說真者，於俗猶迷；存俗者，於真未了。各執爲道。如隻輪騁衢，奇翰戾天，偕何得也？奇，單也。翰，翼也。車本雙輪方轉，鳥以兩翼而飛。今於真俗若不圓通，如隻輪之車、單翼之鳥也。偕，齊也。但道之不弘，爲物所宗，篾其攸濟。篾，無也。攸，所也。若不弘真俗之道，欲爲物之宗匠，必無所成也。濟，成也。故以真俗兩門爲道之樞總，吹萬有③於一指④，靜羣動於絕眹，蕩蕩焉，真可入不二法門⑤之夷路也。攝萬有而入於一趣，寂眾慮而泯其形兆，於所對則了然無滯。內外不取，中間本無，此則入不二之門也。何則？會極捐情之謂真，起微涉動之謂俗。未必以造至極之境，便爲之真。涉有作之相，便謂之俗。豈期然乎？真也者，性空⑥也；謂真性之空，圓成之理。俗也者，假有也。謂依他幻有也。假有之有，謂之似有；其法本無，仗緣而有，緣離却無，似其幻化之有。性空之空，謂之真空⑦。真性之上，

---

　　① 法華：即《妙法蓮華經》，略稱《法華經》、《妙法華經》。凡七卷，或八卷。後秦鳩摩羅什譯。今收於大正藏第九冊。爲大乘佛教要典之一。共有二十八品。妙法，意爲所說教法微妙無上；蓮華經，比喻經典之潔白完美。

　　② 會二歸一：會二乘而歸於一乘。天台宗、華嚴宗，以羊、鹿、牛等三車比喻三乘，三車之外，別立大白牛車以爲一乘，故倡會三歸一之旨然嘉祥、慈恩等三車家則以三乘中之菩薩乘爲佛乘，否認四車之說，而謂法華經係會聲聞、緣覺等二乘而歸入菩薩乘，稱爲“會二歸一”。

　　③ 萬有：猶萬物。《子華子·陽城胥渠問》：“太初胚胎，萬有權輿。”

　　④ 《莊子·齊物論》：“天地一指也，萬物一馬也。”

　　⑤ 不二法門：指顯示超越相對、差別之一切絕對、平等真理之教法。即在佛教八萬四千法門之上，能直見聖道者。

　　⑥ 性空：佛家論諸法爲空，就其體性稱性空。

　　⑦ 真空：真如之理體遠離一切迷情所見之相，杜絕“有”、“空”之相對，故稱真空。

百非①四相②，了然無得故也。**故悟士立真，於俗相違，**真即無爲，俗即有爲，二法不同故也。**合真俗於不二。**真者理也，俗者事也。事無理而不興，理無事而不顯。無俗不可言真，無理不可談事。不即不離，故爲不二也。**中道洞照，赫然玄會，未嘗有一事當情者也。夫如是，簡易之理于何不著？久大之業于何不備？《繫辭》云：**"易則易知，簡則易從。易知則有親，易從則有功。順萬物之情，通天下之志，則能成可久可大之功。"③**雖僧祇④云遠，法身無外，於焉悟哉？**阿僧祇，此云無量也。自十信⑤初發心至世第一末名初僧祇，從見道至第七地末名第二僧祇，從第八地至解脫道名第三僧祇。此三祇外，方得成佛，不亦遠乎？然法身之理，本來混融。迷悟雖殊，而非外得者也。

　　故萬象語其真，以空爲性；青青翠竹盡是真如，欝欝黃華無非般若。**辯其假，以有爲相。**依假即真空之相。**既空假一質，二際無得，非中道如何？**空是性，假是相。相不離性，性不離相，故云一質。二際者，二邊也。二邊無得，故契中道也。**是以觀象之生也，不有自體，待彼衆緣。生既待緣，則象本無矣，**萬象之法，本無自體。緣合而生，緣離而滅。若心法四緣，色法二緣，自不能生，則爲無體也。**根於空矣。**假有之象，以空爲本。**空含於象，待象以顯，顯既在象，則空爲象矣，象外無空矣。**無爲之空，含有爲之象。將顯無爲，必伏有爲。有爲則能顯，無爲則所顯也。**譬諸水月，緣會則見，孰得謂之空也？形虛無在，孰得謂之有也？**月本在天，影流于水，誰言其空？水本無月，假影所流，誰得言有也？**故聖人妙體有無之間，能成有無之用，是謂至矣。**是以聖人方了其體用⑥。**清辯⑦云：**"有爲如幻化，無爲如空花也。"

----

① 百非：百者，概稱其數之多；非者，指非有、非無等種種否定。又稱"四句百非"。謂一切字語皆非實在。意在拂除眾生之迷執，令悟入諸法無相、不可得之理。

② 四相：顯示諸法生滅變遷之生、住、異、滅等四相。又作"四有為"、"四有為相"、"四本相"。

③ 見《易・繫辭・上》。

④ 僧祇：即"阿僧祇"，為印度數目之一，無量數或極大數之意。又作"阿僧伽"、"阿僧企耶"、"阿僧"。意譯不可算計，或無量數、無央數。據稱一阿僧祇有一千萬萬萬萬萬萬萬萬兆（萬萬為億，萬億為兆），於印度六十種數目單位中，阿僧祇為第五十二數。

⑤ 十信：菩薩五十二階位中，最初十位應修之十種心；此十種心在信位，能助成信行。全稱"十信心"。略稱"十心"。依諸經典所舉，其名稱與順序略異。《菩薩瓔珞本業經》卷上《賢聖名字品》所列之十種，即信心、念心、精進心、定心、慧心、戒心、迴向心、護法心、捨心、願心。

⑥ 體用：指諸法之體性與作用。體，即體性，不變之真理實相，無有分別；用，即作用，差別現象之具體表現。

⑦ 清辯：音譯"婆毘吠伽"、"婆毘薛迦"。又作"清辨"、"明辯"、"分別明"。為六世紀南印度大乘佛教中觀學派之論師。

《掌珍論①》云："有爲之法，猶如幻化，本非有故；無爲之法，猶若空花，定不起故也。"夫幻法假有，蓋以有而適無。兔角本無，幻師以手巾而假有。離手巾外，都無兔角。猶有爲之法，仗眾緣而假有。離眾緣外，假法元無，則是以有而適無也。空花本無，蓋以無而似有。無而似有，湛乎真際。真性②本無不起，猶若空花。爲與有爲，作依所以似有，了此似有本無，即是湛然真際③也。有而適無，復歸無物。若以有爲假有之法，緣散歸元，即本無物也。叩兩喻以表法，則法無所在矣。兩喻：幻法以喻真性有爲也，以空花喻真性無爲也。但善文字者，得其徽而不得其數；善心學者，知其極而不知其象。物生有象，象然後有數。徽者邊也，極者終也。尋文之徒，雖得邊徽之小逕，而不得其指歸之總數。傳心印者，雖得終極之妙門，復不知原始之兆象也。守兩厓而不泯，患在此焉。一則緣文字而著有，一則斥眾相而著空。各守一岸之邊，豈達中道之逕也？故滯有者濫於常，沈空者涉於斷。計有者執諸法是常，若外道計四遍常④等。又小乘計一切有⑤等。執空者，如外道計七斷滅論⑥等，又吾宗亦有撥諸法全空等。與其涉斷，寧與濫常。常則有法可修，斷則無善不棄，棄則當乎邪見⑦，脩則漸乎真道矣。如以菩提、涅槃皆撥爲空等，故云寧可著有如須彌，不可撥空如芥子。

　　今有封於喪有取空爲至極之門者，如近代說禪滯於喪有之道者，便全執空爲至極之道。試問：此空爲可取乎？爲不可取乎？設爾何失。若有空可

---

　　① 掌珍論：凡二卷。全稱《大乘掌珍論》。印度清辯著，唐代玄奘譯。收於大正藏第三十冊。內容為有關空義之論述，係以因明之論法，論破外道、小乘、大乘有宗之謬見，而證大乘空宗之實義；力倡以遠離有無分別之空智完成八正道、六波羅蜜。

　　② 真性：不妄不變之真實本性。乃人本具之心體。佛教主張人所具之真性與佛菩薩之真性本無二致。

　　③ 真際：即真如實際之略稱。斷絕相對差別之相，呈現平等一如的真如法性之理體。

　　④ 四遍常等：乃古代印度外道所執六十二種錯誤見解中之四種"常見"。又作"遍常論"、"四遍常見論"、"四遍常見論"。此類外道依據過去及現在之事實而執於"我為常住"之見解。

　　⑤ 一切有：即"說一切有部"，音譯"薩婆阿私底婆地"。略稱為"薩婆帝婆"、"薩婆多"、"薩衛"。全稱"阿離耶暮攞薩婆悉底婆拖"。意譯"聖根本說一切有部"。略稱"有部"、"有部宗"、"有宗"。又稱"說因部"。為小乘二十部派之一。約於佛滅後三百年之初，自根本上座部分出。以主張三世一切法皆是實有，故稱說一切有部。創始者為迦多衍尼子。

　　⑥ 七斷滅論：外道之七種斷滅論說。又稱"七斷見論"、"七事斷滅宗"。外道十六宗之一，六十二見中屬第七見。

　　⑦ 邪見：指不正之執見，主要指撥無四諦因果之道理者。係八邪行之一，十惡之一，十隨眠之一，五見之一。以為世間無可招結果之原因，亦無由原因而生之結果，而謂惡不足畏，善亦不足喜等之謬見，即是邪見。

取，則空便是有。空既可取，豈不是有？蓋是以封執①之心，取混茫②之空。此但滅蕩然之空也。何關修行見性③之理歟？若空不可取，則與有俱遣。有亦不可取，與空何别？既與有俱遣，則亦與有俱存。有既不可取，存空遣於有，空亦不可取。何妨亦存有？何獨存空道歟？夫能雙遣雙存，蕩然無累，居相則空有不無，混真則有無俱泯。始曰大士之正觀④，道場之玄照⑤矣。离二取相⑥故，名實住唯識⑦。龍樹云：譬有適異國者，館於逆旅，逆旅，客舍也。逆旅主人飨之以肴。飯方撤，撤，去也。謂收飯。賓作而辭曰："何有哉？"見食美而起致問也。主人曰："吾國有醬故也。"彼退而私曰："醬與味合而猶至，是矧若獨爲味乎？"乃宣主人之惠也。宣，明也。謂明憶主人之言也。由是，陰於鬻醬家，陰，暗也。鬻，賣也。貪恣⑧已求，處無人之室，屬饜⑨而食，屬饜，飽縱也。鹹，過渴而死。⑩夫以偏空爲道者，亦卒以空爲害矣。⑪滯而不通，故爲害也。中觀⑫云："若人見有空，諸佛所不化。"畏其著斷之誡也。經云，勝意比丘⑬聞

① 封執：《莊子·齊物論》"其次以為有物矣，而未始有封也"唐成玄英疏："初學大賢，鄰乎聖境，雖復見空有之異，而未曾封執。"謂執持事物的界域，引申為固執，執着。

② 混茫：亦作"混芒"。混沌蒙昧。指上古人類未開化的狀態。《莊子·繕性》："古之人，在混芒之中。"成玄英疏："其時淳風未散，故處在混沌芒昧之中。"

③ 見性：指徹見自心之佛性。

④ 正觀：指真正之觀。有多種解釋，《中阿含經》卷二八《優陀羅經》謂，相對於外道之邪觀，以正慧了知真如稱為正觀。

⑤ 玄照：微妙地鑒照事理。晉孫綽《喻道論》："謂至德窮於堯舜，微言盡乎《老》《易》，焉復睹夫方外之妙趣，寰中之玄照乎？"

⑥ 取相：謂取執於生死、涅槃、二邊之相。

⑦ 唯識：音譯"毘若底摩呾喇多"。識，即心之本體，離識變現之外，無任何實在，稱為唯識。

⑧ 貪恣：貪婪恣肆。

⑨ 屬饜：亦作"屬厭"，飽足。《左傳·昭公二十八年》："願以小人之腹，為君子之心，屬厭而已。"杜預注："屬，足也。言小人之腹飽，猶知饜足，君子之心亦宜然。"一說，"屬"猶衹，見王引之《經傳釋詞》卷九。《國語·晉語九》："主之既已食，願以小人之腹，為君子之心，屬饜而已，是以三歎。"

⑩ 見《大智度論》卷一八。

⑪ 見《大乘中觀釋論》卷九。

⑫ 中觀：即天台宗所立三觀之一，與"空觀"、"假觀"相對稱。

⑬ 勝意比丘：《諸法無行經》所載，過去于師子音王佛的末法時代，修行菩薩道的比丘。據稱是文殊師利菩薩過去世的姿態。

喜根①說婬怒癡②是道，喜根菩薩說婬怒癡爲道者，如言先以欲鉤③牽，後令入佛智④等。不平其理，忿慢是生喜根觀乎他世有益，強授不忌。⑤ 今雖未達，終爲他世之善因也。忌，怨也。但今邪見者誤執其文，以爲名相⑥皆空，爲惡不作，作，慚也。聞說空言，不得其意，便撥名相，皆空而不慚也。豈得經之意？

　　然而《書》曰"皇建有極，會其有極。歸其有極，皇大極中"也。⑦ 凡立事當用大中之道⑧，此與《尚書》文小異爾。大中之道，非聖人莫能庶幾行之。大中之道，謂九疇⑨也。一曰五行⑩，二曰敬用五事⑪，三曰農用八政⑫，四曰

---

①　喜根：菩薩名。過去無量無邊的往昔，于師子音王佛滅後末法之世出現的比丘。因其對於少欲知足、細行獨處不表贊同，且向世人講說諸法實相，而遭勝意比丘及其他門徒的侮辱。不過，據說他貫徹主張，終於成佛，而施予責難的勝意比丘等反而墮入地獄。

②　婬怒癡：即"貪嗔癡"，並稱"三火"、"三毒"、"三垢"、"三不善根"。又作"貪恚癡"。即貪欲、嗔恚、愚癡等三種煩惱。

③　欲鉤：菩薩為救度眾生，以欲牽引之；比喻欲為鉤，故稱欲鉤。《維摩經》卷中《佛道品》載，菩薩為救度眾生而行善巧方便，示現種種身，或現作婬女，誘引好色者，先以欲鉤牽引，終令入佛智。

④　佛智：佛特有之智慧。為最勝無上之智見，相當於一切種智。唯識法相以佛智有大圓鏡智、平等性智、妙觀察智、成所作智等四智，密教則加法界體性智而成五智。

⑤　見《大智度論》卷六。

⑥　名相：為五法之一。名，指事物之名稱，能詮顯事物之本體；相，指事物之相狀。以名能詮顯事物之相狀，故稱名相。蓋一切事物，皆有名有相，耳可聞者是為名，眼可見者是為相。

⑦　見《尚書·周書·洪範》。

⑧　大中之道：即"中道"，無過不及的中庸之道。唐柳宗元在《斷刑論》中說："當，斯盡之矣。當也者，大中之道也；離而為名者，大中之器用也。""大中"原謂尊大而居中，《易》之"大有"卦云："柔得尊位大中，而上下應之曰大有。"

⑨　九疇：指傳說中天帝賜給禹治理天下的九類大法，即《洛書》。疇，類。《書·洪範》："天乃錫禹洪範九疇，彝倫攸敘。初一曰五行，次二曰敬用五事，次三曰農用八政，次四曰協用五紀，次五曰建用皇極，次六曰乂用三德，次七曰明用稽疑，次八曰念用庶徵，次九曰嚮用五福、威用六極。"孔傳："天與禹，洛出書，神龜負文而出，列於背，有數至於九。禹遂因而第之，以成九類。"馬融注："從'五行'已下至'六極'，《洛書》文也。"

⑩　五行：水、火、木、金、土。《書·甘誓》："有扈氏威侮五行，怠棄三正。"孔穎達疏："五行，水、火、金、木、土也。"

⑪　五事：古代統治者脩身的五件事，謂貌恭、言從、視明、聽聰、思睿。《書·洪範》："五事：一曰貌，二曰言，三曰視，四曰聽，五曰思。貌曰恭，言曰從，視曰明，聽曰聰，思曰睿。"

⑫　八政：古代國家施政的八個方面。《書·洪範》："三，八政：一曰食，二曰貨，三曰祀，四曰司空，五曰司徒，六曰司寇，七曰賓，八曰師。"

協用五紀①，五曰建用皇極②，六曰乂用三德③，七曰明用稽疑④，八曰念用庶徵⑤，九曰響用五福⑥，威用六極⑦。此九也，聖人君子帝王也。《禮》曰："中庸其至矣乎！"⑧《禮記》第十六有《中庸》篇。庸，常也，用中爲常道也。故皇極者，萬化之中中也；中庸者，亦萬化之中中也。所謂萬物者，各有道在其中。爲至德之性也，爲萬物之形容也。爲萬化之主張，陰陽之真宰也。

　　老聖云："三十輻共一轂，當其無，有車之用。老子《道經》第十一章文也。三十輻者，眾也；一轂者，少也。以少總眾也。此舉轅廂有體之法，而資無體之用也。埏埴以爲器，當其無，有器之用。"埏，和也。埴，土也。和土爲瓦器，是有。以內空處，有盛物之用也。故有之以爲器，如有爲事法也。無之以爲用⑨。如無爲假有爲，事法而顯也。無則中也，以中喻至道。中示一也。故曰："天得一以清，地得一以寧。"⑩《老子》第三十九章文。物得道用，故天清而地寧。用失則實喪也。《易》曰："神無方而易無體。"⑪《繫辭》文。神乃陰陽不測，易則唯變所之，不可以一方一體而明之也。又曰："一陰一陽之謂道。"⑫道者寂然無體之稱。陰陽雖殊，無一以待之。在陰以無陰，陰以生之。在陽爲無陽，陽

---

　　① 五紀：指歲、月、日、星辰、曆數。《書・洪範》："五紀；一曰歲，二曰月，三曰日，四曰星辰，五曰厤數。"孔穎達疏："凡此五者，皆所以紀天時，故謂之五紀也。"

　　② 皇極：帝王統治天下的准則。即所謂大中至正之道。《書・洪範》："五，皇極，皇建其有極。"孔穎達疏："皇，大也；極，中也。施政教，治下民，當使大得其中，無有邪僻。"

　　③ 三德：三種品德。《書・洪範》："三德，一曰正直，二曰剛克，三曰柔克。"孔穎達疏："此三德者，人君之德，張弛有三也。一曰正直，言能正人之曲使直；二曰剛克，言剛強而能立事；三曰柔克，言和柔而能治。"

　　④ 稽疑：謂用卜筮決疑。《書・洪範》："明用稽疑。"孔傳："明用卜筮考疑之事。"

　　⑤ 庶徵：各種徵候。《書・洪範》："八、庶徵：曰雨，曰暘，曰燠，曰寒，曰風。"孔傳："雨以潤物，暘以乾物，燠以長物，寒以成物，風以動物，五者各以其時，所以為眾驗。"

　　⑥ 五福：五種幸福。《書・洪範》："五福：一曰壽，二曰富，三曰康寧，四曰攸好德，五曰考終命。"

　　⑦ 六極：謂六種極凶惡之事。《書・洪範》："六極：一曰凶短折，二曰疾，三曰憂，四曰貧，五曰惡，六曰弱。"孔穎達疏："六極，謂窮極惡事有六。"

　　⑧ 見《禮記・中庸》。

　　⑨ 《老子》："三十輻共一轂，當其無，有車之用也。埏埴以為器，當其無，有器之用也。鑿戶牖以為室，當其無，有室之用也。故有之以為利，無之以為用。"

　　⑩ 《老子》："昔之得一者，天得一以清；地得一以寧；神得一以靈；穀得一以盈，萬物得一以生；侯王得一以為天一正。"

　　⑪ 見《易・繫辭上》。

　　⑫ 見《易・繫辭上》。

以成之。故曰“一陰一陽”也。但揭厲①有深淺，而三門之說異矣。《論語》云：“深則厲，淺則揭。”②《爾雅》云：“以衣涉水爲厲。若淺則和衣而入也。淺則揭，揭衣也。”③淺揭喻行道觀之有淺深也。夫秉大中於內，行德教於外，天地和平，鬼神不靈。故大庭④、赫胥⑤，皆三皇⑥之前治之君也。得環中⑦之術，總萬化於無爲也。不親其親，不子其子，無爲而自化也。

　　昔魯桓之廟，桓公則魯惠公之子，隱公弟，仲子所生者。有欹器⑧焉，形如小瓦甖，以之盛水，虛則欹。欹，傾也。中則正，滿則覆。喻守中正也。示人以中正⑨之表。夫中則正，正則虛。滿合度，超然特植。始在于目，而畢應乎心，淵而諒矣。⑩特樹之者，令初視之於目而終悟之於心，玄而可信也。《書》曰：“剛而無虐，簡而無傲。”⑪《舜典》文也。剛失入虐，簡失入傲。子溫而

──────────

　　① 揭厲：涉渡。原出《詩·邶風·匏有苦葉》：“匏有苦葉，濟有深涉。深則厲，淺則揭。”漢王充《論衡·驗頌》：“故夫廣大，從橫難數；極深，揭厲難測。”
　　② 《論語·憲問》：“子擊磬於衛，有荷蕢而過孔氏之門者。曰：‘有心哉，擊磬乎！’既而曰：‘鄙哉，硜硜乎！莫己知也，斯己而已矣。深則厲，淺則揭。’”
　　③ 見《爾雅·釋水》。
　　④ 大庭：即大庭氏，傳說中的古帝之名。《左傳·昭公十八年》：“宋、衛、陳、鄭皆火，梓慎登大庭氏之庫以望之。”孔穎達疏：“先儒舊說皆云炎帝號神農氏，一曰大庭氏。”《莊子·胠篋》：“昔者容成氏、大庭氏……神農氏，當是時也，民結繩而用之。”成玄英疏：“已上十二氏，並上古帝王也。”
　　⑤ 赫胥：即赫胥氏。《莊子·馬蹄》：“夫赫胥氏之時，民居不知所爲，行不知所之，含哺而熙，鼓腹而遊。”成玄英疏：“赫胥，上古帝王也。亦言有赫然之德，使民胥附，故曰赫胥。蓋炎帝也。”
　　⑥ “三皇”兩字底本漫漶不清，但可辨認出“皇”字下部“王”字，《北山錄隨函》對應處有“三皇以前”條，據此改。
　　⑦ 環中：圓環的中心。莊子用以比喻無是非之境地。《莊子·齊物論》：“彼是莫得其偶，謂之道樞。樞始得其環中，以應無窮。”郭象注：“夫是非反覆，相尋無窮，故謂之環。環中，空矣；今以是非爲環而得其中者，無是無非也。無是無非，故能應夫是非。是非無窮，故應亦無窮。”
　　⑧ 欹器：古代一種傾斜易覆的盛水器。水少則傾，中則正，滿則覆。人君可置於坐右以爲戒。《荀子·宥坐》：“孔子觀於魯桓公之廟，有欹器焉。孔子問於守廟者曰：‘此爲何器？’守廟者曰：‘此蓋爲宥坐之器。’”楊倞注：“欹器，傾欹易覆之器。宥，與‘右’同。言人君可置於坐右以爲戒也。”
　　⑨ 中正：不偏不倚。《書·呂刑》：“名啓刑書，胥占，咸庶中正。”
　　⑩ 見《荀子·宥坐》。
　　⑪ 見《書·舜典》。

厲，威而不猛。①《論語》文。溫和也，又嚴厲也，雖嚴而又不猛烈也。皆聖人君子，權衡物理，心融事會，而不失其中也。已上雖外典所明，皆取其中庸之義也。北山和尚意指學空學有者，宜得其中。

《智論》以大士觀於色空，如屠牛師弟子。②《大智度論》文，與《莊子》文意全同也。莊氏以爲庖丁解牛，目無全牛。庖丁爲文惠君解牛，手之所觸，肩之所倚，足之所履，膝之所踦，然嚮然，奏刀騞然，莫不中音，合於《柔林》之舞，乃中《經首》之會。以神遇而不以目視，以一刀十九年解數千牛，刀刃若新發於硎者。彼節有間而刀刃無厚，以無厚入有間，恢恢乎其於遊刃必有餘也。③此乃莊生寓言況道也，取其利用不滯之意。夫何故耶？牛之質，戴角垂胡，胡，項肉也。有也。骨節間，無也。無厚之刀入有間之軀，安得不恢恢焉？何牛之有也？屠牛師昭其易也，未解牛時，所見無非牛者。三年之後，未嘗見全牛，以神遇者也。屠牛師弟子昭其難也。其猶良庖族庖，更刀有近久也。良庖歲更刀，割也。族庖月更刀，折也。與十九年刀異也。故體中者，不以實物爲礙，得其道者，物不能礙也。而妙高納於芥，實委瀚注於豪隙，委瀚，海也。誠可得而易矣。《淨名經》意。

老聖云："兕無所投其角，虎無所措其爪，兵無所容其刃。"④此不求害物，無害心也。故無投角、措爪、容刃之所矣。莊氏云："大浸稽天而不溺，大浸，海也。稽，同也。《逍遙》篇文。大旱金石流土山燋而不熱。"⑤不爲寒暑而遷其相，不爲世物而奪其操也。仲尼見呂梁丈人懸流三十仞，恃忠信而游泳。⑥七尺爲仞。恃忠信之道，而不懼險阻也。豈不皆以含大中之理，和品物之性，而能至於此耶？故蹈水赴火，觸刃履危，身能輕舉，耳可洞聽，目可徹視，正由心虛而已。老子云："虛其心，實其腹。"⑦

夫心虛故不逆於萬物，無彼我而接之也。萬物亦與我玄順。浩然之性，無往不合。虛心求物，所遇玄會也。且夫水火，物之害也。水能漂溺，火能焚蒸，皆是物之害也。而鱗育於泉，魚龍得水以生。獸生於火，如有火鼠、火龜，

————————————

① 見《論語·述而》。

② 見《大智度論》卷四八。

③ 見《莊子·養生主》。

④ 《老子》："兕無所投其角，虎無所措其爪，兵無所容其刃。夫何故？以其無死地。"

⑤ 見《莊子·逍遙遊》。

⑥ 見《莊子·達生》。

⑦ 《老子》："是以聖人之治，虛其心，實其腹，弱其志，強其骨，常使民無知無欲，使夫智者不敢爲也！爲無爲，則無不治。"

皆生於火中。彼豈假禦水火之術乎？但性合於燥濕，氣同於寒燠，故相容而不相違，相生而不相害，誠則全也。既不相傷，則信水火能全於物。況有道者而德全於萬類乎？

故大士以此心學，目之曰禪①。禪者，靜慮也。梵語三摩呬多，此云靜慮，此定能止寂心慮也。外境不足以遷情，目之曰定②。梵云三昧，此云正定。定者，專一也。其有以身即佛，屏除像設，居大聖之位者，誠愚悖虐己者也。如金剛禪③之徒。苟誠之以水火，寧得多其幸而免哉？若投之於水火，又豈能逃於害乎？下識惑其游言，不理其實行。附瞽而求直路，難已矣！如盲引盲之類也。

夫爲道之人，知心、行心、使心。三者審諸已然後語其所至。知心謂了其真妄④，行心謂滅其愛憎，使心謂變其垢淨。心淨則世界淨等也。今始學之流，方欲似知，於餘則闕，何求自謿焉？今之禪師，往往有自謂得而誣謿於人者，如山果、金剛禪等妖妄者多矣。故大悲⑤無窮，香飯⑥無窮也。大智不礙，方丈⑦不礙也。如維摩詰大悲無窮，所取香飯不盡，所脩智行不障礙，今方丈所感，亦不障礙也。

經云"若得作佛時，具三十二相"等，⑧《法華經》文。始可謂永盡

---

① 禪：又作"禪那"、"馱衍那"、"持阿那"。意譯作靜慮（止他想，繫念專注一境，正審思慮）、思惟脩習、棄惡（捨欲界五蓋等一切諸惡）、功德叢林（以禪為因，能生智慧、神通、四無量等功德）。寂靜審慮之意。

② 定：令心專注於一對象，而達於不散亂之精神作用，或即指其凝然寂靜之狀態。反之，心散亂不止之狀態，則稱為散，二者合稱定散。

③ 金剛禪：民間秘密宗教組織名。宋葉夢得《避暑錄話》卷下："近世江浙有事魔吃菜者，云其原出於五斗米而誦《金剛經》，其說皆與今佛者之言異，故或謂之金剛禪。"

④ 真妄：一切法有真妄二者，隨無明之染緣而生起之法為妄；隨三學之淨緣而生起之法為真。又如因緣生法總為不實，故為妄法；不生不滅之真如則為真實，故為真法。

⑤ 大悲：悲，意為拔苦。諸佛菩薩不忍十方眾生受苦而欲拔濟之，其心稱大悲，乃佛菩薩為救度眾生痛苦之悲愍心。小乘有部以之為十八不共法之一，大乘法相宗則以之為佛百四十不共法之一。

⑥ 香飯：傳說維摩自香積佛之世界齋供一會之大眾者。

⑦ 方丈：一丈四方之室。又作"方丈室"、"丈室"。即禪寺中住持之居室或客殿，亦稱"函丈"、"正堂"、"堂頭"。印度之僧房多以方一丈為制，維摩禪室亦依此制，遂有方一丈之說；轉而指住持之居室。

⑧ 見《妙法蓮華經》卷二。

矣。衡嶽天臺①，即思大和尚，居南嶽也；智者大師②，居天臺也。一心三觀，謂摩訶般若、摩訶法身、摩訶涅槃也。一從假入空，觀色即空，故顯法身；二從空入假，觀空即色，故顯般若；三空假平等，謂色空無異，故是涅槃也。成乎圓伊三德③，已上三法相須而成，謂之三德，亦曰圓伊。梵書伊字三點④，若摩醯首羅⑤面上三目也。蓋得之龍樹也；嘉祥權實雙行，成乎悲智⑥兩足，慧皎，會稽嘉祥寺僧，學通内外，善經律論，著《梵網》、《涅槃》等疏⑦，以大悲故樂度生，大智故樂斷證也。相依如人兩足。蓋得之於華嚴也；此乃得實性之旨也。菩提達磨⑧致思無爲無思無慮，得之於性空，以梁天監中至此也。而近世不知空不離假，廢有求空，異端於是作矣，以真空不離於假有。奈何然履俗者知假不離

────────────

①　衡嶽天臺：衡嶽，南嶽衡山的簡稱。天臺，浙江臺州佛霞嶺山脈東北端，又稱天梯山，或稱臺嶽，以山形如八葉覆蓮，有八支八溪及上臺、中臺、下臺等，似三星之臺宿，故稱天臺。這裏分別代指思大和尚和智者大師。思大和尚，即慧思（515—577），南北朝時代之高僧。武津（河南上蔡）人，俗姓李。世稱"南嶽尊者"、"思大和尚"、"思禪師"。為我國天台宗第二代祖師（一說三祖）。陳代光大二年（568）始入湖南衡山（南嶽），悟三生行道之迹，講筵益盛，居止十年，遂有"南嶽尊者"之稱。

②　智者大師：即智顗（538—597）為我國天台宗開宗祖師（一說三祖，即以慧文、慧思為初祖、二祖）。隋代荆州華容（湖南潜江西南）人，俗姓陳。字德安。陳太建七年（575），入浙江天臺山，於佛隴之北建寺居之。世稱"智者大師"、"天台大師"。

③　圓伊三德：悉曇字伊字之書體有多種。《灌頂於大般涅槃經疏》卷六，認為伊字有新舊之分，並以舊伊字譬喻别教理之無法圓融，而以新伊字譬喻圓教之圓融相即之理。此種新伊又稱"真伊"、"圓伊"。《摩訶止觀》卷三以圓伊三點配於法身、般若、解脱三種德相，謂之圓伊三德。

④　伊字三點：悉曇字" 𑖂 "（i，伊）字係由三點組成，此三點既非縱列，亦非横列，乃呈三角形狀，故以譬喻物之不一不異、非前非後。據《南本大般涅槃經》卷二所載，摩醯首羅面上之三目，其狀如伊字之三點。同書並將伊字三點譬喻為涅槃之法身、般若、解脱等三德；因此三德具有相即不離之關係，由此三德而成涅槃實義，譬如伊字係由三點組成。

⑤　摩醯首羅：又作"莫醯伊濕伐羅"。意譯作"自在天"、"自在天王"、"天主"、"大自在天"。傳說為嚕捺羅天之忿怒身，因其居住地之不同，又有商羯羅、伊舍那等之異名。

⑥　悲智：指救度衆生之慈悲與求菩提之智慧。佛菩薩具此二種功德，合稱為悲智二門。

⑦　疏：同"疏"。《玉篇·疋部》："疏，稀也。"《說文·疋部》字作"疏"。《詩·大雅·縣》："予曰有疏附，予曰有先後。"《戰國策·趙策一》："趙襄子召張孟談而告之曰：'夫知伯之為人，陽親而陰疏，三使韓魏而寡人弗與焉，其移兵寡人必矣。"今本均作"疏"。

⑧　菩提達磨：（？—535），意譯作"道法"。又稱"菩提達摩"、"菩提達磨多羅"、"達磨多羅"、"菩提多羅"。通稱"達磨"。為我國禪宗初祖，西天第二十八祖。南天竺香至國（或作婆羅門國、波斯國）國王之第三子，從般若多羅學道，與佛大先並稱為門下二甘露門，四十年之後受衣鉢。

空，履，事法。須知事法以空爲依。則達我之所爲，不謂俗也。雖俗而能達其身，豈得謂俗耶？居真者，知真不離假，則照我之不爲，不謂之真也。居真能知真以俗顯，則不執真而自滯也。故大聖存三界爲無生，二乘滅三界爲無生①，大乘乃即俗談真，小乘乃滅俗而談真。偏圓②於此優劣矣。大乘以圓通解脫，小乘以偏執自滯。

　　經曰："雖知諸佛國，及與眾生空，而常脩淨土教化諸羣生。"③ 雖知有相是空，而不廢度生。是謂行中道也。如是鎔金繢素，孰謂之有？累趺冥目，孰謂之空？於有作而了有作之相，誰言其墮於有耶？於無作而達無作，誰言其墮於無作之空耶？其能體達行於非道，通會佛道者，始可與言其極。能體達其非道，而能通會佛道，方可論其至極之理也。彼孤陋者，謂之何哉？迷空著有之徒，豈識此道也？

　　有智保④者，謹於名節，挺然孤介，而能以持律著譽，而不能虛心合道。但堅小節之心，有昧圓通之道。寒則入水，熱則就火，渴則食鹽，其死悽然，哀爲寺神，雖勵操篤誠，而不知道之所由矣。⑤ 夫寒暑，天地之恒紀，彼尚愎而違之，愎戾也況能冥情於物我乎？第二十祖名闍夜多，至羅閱城，見一頭陀，六時⑥禮念，少欲知足，長坐不臥，一食而已。尊者⑦告大眾曰："此頭陀者，汝見如何？"眾曰："不可思議，常修梵行，此是道耶，誠如尊者說。"曰："今此頭陀，不久墮落。與道懸遠，心有所得不名道故。"眾曰："何知？"尊者曰："我不求道，亦不顛倒；不六時禮，亦不輕慢；我不長坐，亦不懈怠；我不一食，亦

---

　　① 無生："阿羅漢"或"涅槃"之意譯。阿羅漢有不生之義，即斷盡三界煩惱，不再於三界受生之意。又依彌陀之本願往生淨土者，乃是契合彌陀之本願，此因無生為涅槃之理，故異於凡夫內心所想虛幻之生。

　　② 偏圓：判釋教理勝劣之用語。偏者，偏僻之理，偏於空乃至中；圓者，圓滿具足一切。就大、小乘而言，則小乘為偏，大乘為圓。然大乘之中，亦有偏圓之別，如華嚴、天臺所謂五教、三教之圓教獨為圓，其他之藏、通、別三教（天臺），及終、頓二教（華嚴）則為偏教。

　　③ 見《維摩詰所說經》卷中《佛道品第八》。

　　④ 釋智保：約卒於625—626年，河東人。唐京師勝光寺禪僧。

　　⑤ 見《續高僧傳》卷二一《智保傳》。

　　⑥ 六時：指晝夜六時。乃將一晝夜分為六時，即晨朝、日中、日沒（以上為晝三時）、初夜、中夜、後夜（以上為夜三時）。在印度，時間之最小單位稱剎那，一百二十剎那為一怛剎那，六十怛剎那為一臘縛，三十臘縛為一牟呼栗多，五牟呼栗多為一時，六時為一晝夜。晝夜六時勤行，為印度以來所行，我國東晉廬山慧遠作水時計（又稱蓮華漏），在六時行道。

　　⑦ 尊者：梵語阿黎耶，又譯作聖者。謂智德具尊者。羅漢之尊稱。

不雜食；我不知足，亦不貪欲。"頭陀聞說，即生敬重。① 天竺呼爲遍行頭陀②，即婆修槃頭也。故生勞其形，死淪無狀也。而小乘於大乘，持律爲破戒，如《瑜伽》說。菩薩若見有情受惡業，則斷其命，自受殺業，令其得脫苦身等也。精勤爲懈怠，耽玩小法是懈怠也。信爲智障，信小果而不起大智。義可見矣。有執忘言爲道者，固亦頗類此焉。

夫不知言而言，妄言者也；不知言而不言，慎言者也；承言而言，學言者也；承人之言也。知言不言，靜言者也。其欲亡於言，而不果於亡言之心，則雖響息於外，情躁於內，蓋不亡者也。口雖泯言，而心逐名利，則是不果亡言之心也。夫能體言生於物，物物皆自化，言者亦自化。終日言而常默，是謂真亡言者也。雖言而心不著者也。而經中淨名不言，由前諸大士言已至盡言③，不言爲真入不二法門也。復何謂也？莊氏無爲謂④不告知北遊，以其人不能體言而即道，乃不告也。⑤ 告，請也。自印證，不請告也。如經云："是法不可示，言詞相寂滅。"⑥《法華經》文。此談真理之相也。豈則不乎說？是以般若漚和⑦，爲圓宗⑧之兩備，去方便，則般若孤照矣。梵云般若，此云智。梵云漚和俱舍囉，此云方便。方便與智，體用相依。若去方便之用，即般若之體爲孤照矣。故至道焉，統天地，含萬物，動變化，得之人一塵而曠乎法界，一塵不窄，法界不寬也。失之行法界而隘乎一塵，不得其道者，雖法界而窄於微塵。大山之與秋毫，迷悟何相遠矣！太山秋毫，小大不齊。迷悟之情，通滯亦別也。

————————————

① 見《祖堂集》卷二。

② 頭陀：謂去除塵垢煩惱。苦行之一。又作"杜荼"、"杜多"、"投多"、"偷多"、"塵吼多"。意譯爲"抖擻"、"抖揀"、"斗藪"、"脩治"、"棄除"、"沙汰"、"浣洗"、"紛彈"、"搖振"。意即對衣、食、住等棄其貪著，以修鍊身心。亦稱"頭陀行"、"頭陀事"、"頭陀功德"。

③ 大士：菩薩之美稱。音譯作"摩訶薩埵"，又作"摩訶薩"。與"菩薩"同義。經中每用"菩薩摩訶薩"之連稱。菩薩爲自利利他、大願大行之人，故有此美稱。一般而言，摩訶薩埵如譯成"大士"時，則菩薩多譯成"開士"，然皆指菩薩而言。

④ 無爲謂：《莊子·知北游》篇寓言故事中的人名。表示無爲而又無言。

⑤ 見《莊子·知北遊》。

⑥ 見《妙法蓮華經》卷一。

⑦ 漚和：又作"漚和俱舍羅"、"漚和拘舍羅"、"傴和拘舍羅"、"漚恕俱舍羅"、"漚和拘舍羅"、"漚波拘舍羅"、"憂婆憍舍羅"、"烏波野"。意譯"方便"、"方便善巧"、"方便勝智"、"善巧方便"、"善權方便"、"妙"。即菩薩爲攝化眾生，而善巧方便涉種種事，示現種種相。

⑧ 圓宗：以大乘真實圓滿之教義爲旨之宗派。例如華嚴、天台二宗自稱爲圓教之宗。至後世，成爲天台宗之專稱。

《北山錄》卷第三

合霸王第五

明帝主相承、西域漢地沙門遭遇、時君興廢等事。

劫初①，蒸民②胥③于粒食，蒸，眾也。胥，相也。地肥既盡，則有自然粳米。香稻④既盡，分土作蓺，蓺，治也。人既侵奪，乃分土田而各治之。爲防疆里，立大三末多王⑤，三末多，此乃聚落王。慮有強者侵奪，遂立一人爲王。供其輸貢，令作民主。庶類⑥欽承⑦，恩流率土⑧，重離⑨繼體⑩，世祚天竺。君父

---

① 劫初：指成劫之初。即欲界有情世界成立之初。

② 蒸民：眾民，百姓。《诗·大雅·蒸民》："天生蒸民，有物有則。"

③ 胥：觀察。《詩·大雅·公劉》："篤公劉，于胥斯原，既庶既繁。"毛傳："胥，相也。"

④ 香稻：有香氣之米稻。劫初時，自然生於地上者。

⑤ 大三末多王：亦称"摩訶三摩多王"、"三末多王"。意译为"眾许"、"眾所許"、"共许眾人"、"大等意"。与"大眾平等"同义，又称"大平等王"、"大平等王"。劫初時候的王，当世间因土地、食物而起欲望时，受众人推戴为王，普行德政。司掌責罰眾生之欲心，及等分稻穀等物之收成。

⑥ 庶類：萬物。《國語》卷一六《鄭語》："夏禹能單平水土，以品處庶類者也。"韋昭注："禹除水災，是萬物高下各得其所。"

⑦ 欽承：恭敬地繼承或承受。《書·說命下》："監于先王成憲，其永無愆，惟說式克欽承。"

⑧ 率土："率土之濱"之省。謂境域之內。《詩·小雅·北山》："率土之濱，莫非王臣。"王引之《經義述聞·毛詩中》："《爾雅》曰：'率，自也。自土之濱者，舉外以包内，猶言四海之内。'"

⑨ 重離：《易·離》："明兩作離，大人以繼明照於四方。"孔穎達疏："明兩作離者，離爲日，日爲明。"《離》卦爲離上離下相重，故以"重離"指太陽。又因古以帝王喻日，故"重離"又可指帝王或太子。

⑩ 繼體：繼承王位。

繼紹，作天竺之主也。至于淨飯，凡八萬四千二百六十餘王。《阿含經》云：
"過去有王名懿摩①，有四庶子：一昭目，二聯目，三調伏象，四尼樓聰，並聰明神
武，有大威德。第一夫人有子名長生，頑薄醜陋，眾人所賤。夫人慮四子奪其位，遂
譖王長黜之。王即勅四子各速出國。時諸力士、一切人民願隨之去。至雪山間，住直
樹林。數年之內，歸德若市，遂爲強國。父思見之，召而弗往。父乃三歎：我子有
能，以此命族爲釋氏。"②《阿含經》云："釋林爲姓，故有釋姓。釋即樹也。"自懿
師摩王之後，有王名大善生③，凡七世，姓瞿曇氏④也。昔有國王，父母早
喪，讓國與弟，捨位求道。見一婆羅門，姓瞿曇氏，因從學道。婆羅門言：當解王
衣，如吾所服。受瞿曇姓，謂之小瞿曇菩薩也。自爵摩王之後，有王名尼樓聰，
凡五世，釋迦氏也。尼樓王生烏頭羅王，烏頭羅王爲迦維羅衛國主，生瞿頭羅王。
瞿頭羅王生尸休羅王，尸休羅王生四子：一淨飯王，二白飯王，三斛飯王，四甘露飯
王。淨飯王即佛父也。大士既百劫脩相好，菩薩三大企耶劫⑤修行至金剛喻定⑥，
後百劫修相好，千劫學威儀，萬劫學化行也。而後相厥生，莫如刹帝利⑦、婆羅
門⑧。而刹帝利位重也，梵云刹帝利，此云土田主，則王種也。婆羅門德尊，

① 懿摩：又作"懿師摩王"、"懿摩彌"、"懿師摩"、"聲摩"、"伊摩"。乃中印度阿踰闍
之日種最初之王。又稱"善生王"、"甘蔗王"、"日種王"。佛教中，以此王爲釋迦族之祖。亦即
釋尊五姓之一。

② 《彌沙塞部和醯五分律》卷一五與此文字大同小異，而《長阿含經》卷一三文字大不相
同，王名和四子名字寫法也完全不同，分別是：王名聲摩，四子一名面光，二名象食，三名路
指，四名莊嚴。《釋迦譜》此段文字也引用的是《彌沙塞部和醯五分律》卷一五。

③ 大善生：從懿師摩次第百王後有王名大善生，即懿師摩後第九十四世之王，爲釋迦如來
第七世之祖。

④ 瞿曇氏：印度刹帝利種中之一姓，瞿曇仙人之苗裔，即釋尊所屬之本姓。又作"裘曇"、
"喬答摩"、"瞿答摩"、"俱譚"、"具譚"。意譯作"地最勝"、"泥土"、"地種"、"暗牛"、"牛
糞種"、"滅惡"。又異稱爲"日種"、"甘蔗種"、"阿儗囉娑"。

⑤ 企耶劫：印度數目之一，無量數或極大數之意。又作"阿僧祇"、"阿僧伽"、"阿僧企
耶"、"阿僧"、"僧祇"。意譯"不可算計"，或"無量數"、"無央數"。據稱一阿僧祇有一千萬
萬萬萬萬萬萬兆（萬萬爲億，萬億爲兆），於印度六十種數目單位中，阿僧祇爲第五十二數。

⑥ 金剛喻定：指如金剛一般堅利之定。又作"金剛三昧"、"金剛滅定"、"金剛心"、"頂
三昧"。定，其體堅固，其用銳利，可摧毀一切煩惱，故以能破碎諸物之金剛比喻之。

⑦ 刹帝利：意譯"地主"、"王種"。略作"刹利"。乃印度四種姓階級中之第二階級，地
位僅次於婆羅門，乃王族、貴族、士族所屬之階級，係從事軍事、政治者。釋尊即出身此階級。

⑧ 婆羅門：又作"婆囉賀磨拏"、"婆羅欱末拏"、"沒囉憾摩"。意譯"淨行"、"梵行"、
"梵志"、"承習"。印度四種姓中，最上位之僧侶、學者階級。爲古印度一切知識之壟斷者，自
認爲印度社會之最勝種姓。

梵語正云婆羅賀摩拏，此云淨御，是梵天苗裔。惟五天有，諸國所無。爲王者師，故云德尊也。但劫濁澆微，德不勝位，故我不生婆羅門也。雖微國無刹帝利，微，無也。而世胄綿遠，莫過於釋迦。自三末多王至淨飯王八萬四千二百六十餘王故。餘二姓罕寒，生則不塞於人謗，故大聖不生也。塞，掩也。二姓謂一鞞舍①，此云坐估，俗多寶，故以爲名；二戍達羅②，亦云首陀，謂田農宜學者也。

五天分野，周九萬餘里，三陲大海，北背雪山，有八大國十六大城七十餘小國。時無輪王統御，從于霸國之令，若有輪王，小國咸服屬。今既無輪王，只以強者爲霸者也。其猶諸夏春秋之時，王道衰，諸侯受制於桓文，周自幽王見殺之後，平王東遷洛邑，諸侯得以專征，如晉文公、齊桓公等。禮樂征伐非一人之由也。③古者制禮、作樂、征伐之事，皆須自於天子。爾來專濫，非從一人而出也。

是摩竭提④爲大國，此云不至，爲此國將勇兵謀，諸隣敵之兵皆不能至。周五千里，城少居人，邑多編戶。沃壤滋稼穡，有香稻，粒麤味殊，彼俗謂之供大人米。土地墊濕，邑國居壚。風淳俗質，氣序溫和也。⑤居海隅之中，瓶沙王⑥爲君長，即頻婆娑羅，此云顏色端正，即阿闍世王父也。冠羣后之列。王舍城爲法集勝會，表萬泒而朝宗也。王舍城，梵云矩奢揭羅補羅城，此云上茅城，出最上茅也。摩竭提國之中，昔因遭火，出居此，遂城而舍之。後無憂王還居波吒釐，此

---

① 鞞舍：又作"毘舍"、"吠奢"、"吠舍"、"毘奢"、"鞞舍"。意譯作"居士"、"田家"、"商賈"。印度四種姓之第三階級，指從事農業、畜牧業、工業、商業等生產事業之一般平民階級。

② 戍達羅：又作"戍陀羅"、"首陀羅"。略稱"首陀"。為印度四姓中地位最低之奴隸階級。從事擔死人、除糞、養雞豬、捕獵、屠殺、沽酒、兵伍等卑賤職務。乃雅利安人所征服之土著，隨著婆羅門文化之隆盛而備受壓迫，亦無任何宗教特權，並受傳統婆羅門教輕蔑為無來生之賤民，故稱為一生族。釋尊對此主張四姓平等，並允許首陀羅階級出家。

③ 見《論語·季氏》。

④ 摩竭提：中印度之古國。又作"摩揭陀國"、"摩羯陀國"、"摩伽陀國"、"摩竭陀國"、"摩竭提國""默竭陀國"、"默竭提國"、"摩訶陀國"。意譯"無害國"、"不惡處國"、"致甘露處國"、"善勝國"。為佛陀住世時印度十六大國之一。位於今南比哈爾地方，以巴特那（即華氏城）、佛陀伽耶為其中心。

⑤ 見《大唐西域記》卷八《摩揭陀國上》。

⑥ 瓶沙王：又作"頻婆娑羅"、"頻毘娑羅王"、"頻頭娑羅王"、"頻浮婆王"、"民彌沙囉王"、"缾沙王"、"萍沙王"。意譯"影勝王"、"影堅王"、"顏貌端正王"、"諦實王"、"光澤第一王"、"好顏色王"、"形牢王"。即與釋尊同時代之摩揭陀國王。為西蘇納加王朝之第五世。其皇后為韋提希夫人，生一太子，即阿闍世王。

惟婆羅門千家而住也。**靈鷲山爲眾聖之奧府，表羣岳之相下也。**俱蘇摩城，既是山城，近於王舍。雖有五山，此山獨勝。高而且顯，故表出過二乘。多捿鷲鳥，故名鷲峯。**阿闍世思皇登庸，**皇，大也。登，升也。庸，用也。大升用，謂爲君也。**以弒父敗名。**雖有功德，不足誦也。與提婆達多作謀弒父，囚殺頻婆娑羅王，又伏劍逐母韋提希①等。

　　至阿育王，大業中昌。威被海隅，勢侔鐵輪，而不即其真也。侔，齊也。即，成也。勢雖齊於銕②輪，而非銕輪也。頻婆娑羅王曾孫也。**初，法象③經中造地獄，**法象，依學也。**峻垣重坎，爍鐵流爛④，搏人以投⑤。雖古有刳斮⑥烹焚，不甚此酷。**昔商紂刳剔孕婦，斮朝涉之脛，置炮烙之刑，焚炙忠良，剖賢人之心。⑦ 若以比方，未足爲甚。**慕勇濟惡⑧，克邁凶德⑨。**南山下有一人，凶惡堪爲獄卒。召之，父母未允，遂殺之而來也。**遇得道者，以神力⑩化之，遽革乃過，**初，國中犯法罪人，無輕重總入塗炭。後有行至獄次，即擒以誅戮。時有沙門，巡里乞食，獄吏擒入。沙門惶怖，請乞禮懺七日。俄見一人縛入，斬截手足，磔裂形骸。見已，深增悲悼。成無常觀，證無學果。雖入鑊湯，若在清池，有大蓮花而爲之座。王聞騁觀，深讚靈祐。後殺獄主，遂廢其獄也。⑪ **大德毱多又以因果啟迪，**啟，開也。迪，道也。第五祖優波毱多，以因果而開導之也。**重省增懼，追思補復，爰乃發八王之函甒，樹八萬之靈刹。**毱多自廢獄之後，日加善誘，廣

---

① 韋提希：即韋提希夫人，又作"鞞陀提夫人"、"毘提希夫人"、"吠提哂夫人"。意譯為"思勝夫人"、"勝妙身夫人"、"勝身夫人"。中印度摩揭陀國頻婆娑羅王之夫人，阿闍世王之生母。

② 銕：同"鐵"。

③ 法象：效法，模仿。《墨子·辭過》："為宮室若此，故左右皆法象之。"

④ 流爛：亦作"流瀾"。散布，遍布。《漢書·司馬相如傳下》："攢羅列聚叢以籠茸兮，衍曼流爛疼以陸離。"顏師古注："流爛，布散也。"

⑤ 搏人以投：《左傳·襄公二十四年》："搏人以投，收禽挾囚。"又《左傳·成公十六年》："叔山冉搏人以投，中車，折軾。"

⑥ 刳斮：猶斬殺。《宋書·沈攸之傳》："（順帝）遣攸之長子司徒左長史元琰齎廢帝刳斮之具以示攸之。"

⑦《書·泰誓上》："焚炙忠良，刳剔孕婦。皇天震怒。"又《書·泰誓下》："今商王受，狎侮五常，荒怠弗敬。自絕于天，結怨於民斮朝涉之脛，剖賢人之心，作威殺戮，毒痛四海。"

⑧ 濟惡：謂相助作惡。宋張載《西銘》："濟惡者不才，其踐形惟肖者也。"

⑨ 凶德：違背仁德的惡行。《書·盤庚下》："古我先王，將多于前功，適于山，用降我凶德，嘉績于朕邦。"孔傳："下去凶惡之德，立善功於我國。"

⑩ 神力：又作"神通力"。謂佛菩薩所示現的種種神變不可思議之力。

⑪ 見《大唐西域記》卷八。

說獻土之因，如來懸記興建之功。乃集鬼神，勠力同心，以八國①共分收舍利，命鬼神至期日，日有隱蔽。其狀如手，宜下舍利。日正中時，羅漢伸手蔽日，營建遂成矣。其王以施土之福，功高位尊，至於阿縱②大天③，斥逐賢聖，致令僧分二部，自大天入宮之後，日受恩寵。於說戒夜與僧相爭，無憂王黨之，乃分大眾、上座二部也。佛法初破。雖元惡大憝④本不在已，而爲王者特無先鑒，不得不均罪于厥躬也。自此法乖一味也。元，首也。憝，怨也。蓋以王者不能定罪正非，斯其咎也。

申毒⑤之北，毒，漢書音篤，即印度也。或云賢豆⑥，唐言月也。月有一千名，羣生淪迴，不息長夜。聖賢化之導物，如月照夜，以是立彼土名也。有犍馱羅國⑦。即北印度也。去摩伽陀五百里，無霜雪。人好習藝，敬外道，無著、天親生處。其王名迦膩色迦⑧，佛滅後四百年，霸而有禮，博而能信，師謨⑨脇羅漢⑩，《付法

---

① 八國：指分得佛舍利的八個國家。佛涅槃後，荼毘遺骸，諸國遣使欲得佛舍利，時有香姓婆羅門，乃將佛舍利八分，分與拘尸那揭羅、波婆、遮羅、羅摩伽、毘留提、迦毘羅、毘舍離、摩揭陀等八國。

② 阿縱：庇護縱容。《漢書·夏侯勝傳》："於是丞相義、御史大夫廣明劾奏勝非議詔書，毀先帝，不道，及丞相長史黃霸阿縱勝，不舉劾，俱下獄。"

③ 大天：大眾部之始祖。音譯作摩訶提婆。生於佛滅後百餘年，乃中印度秣菟羅國商人子。相傳出家前造三逆罪，後懺悔而入佛門，住於雞園寺。具大神力，得三達智，曾至華氏城傳道，阿育王皈依之。

④ 大憝：極為人所怨惡。《書·康誥》："元惡大憝，矧惟不孝不友。"孔傳："大惡之人猶為人所大惡。"後用以稱極奸惡的人、首惡之人。

⑤ 申毒：即印度。位於喜馬拉雅山脈之南，為亞細亞大陸中央南方突出之一大半島。又作"身毒"、"天竺"、"天篤"、"身篤"、"乾篤"、"賢豆"、"呬度"、"印第亞"、"印特伽羅"、"末睇提捨"、"婆羅門國"、"沐胥"、"阿離耶提捨"、"因陀羅婆陀那"。

⑥ 豆：大正藏本誤為"亘"。

⑦ 犍馱羅國：印度古國名。又作"健陀羅"、"犍陀越"、"乾陀越"、"乾陀衛"、"乾陀羅"、"揵陀"、"犍陀呵"、"健馱羅"、"乾陀婆那"、"乹陁婆那或業波羅"。意譯"香地"、"香潔"、"妙香"、"持地"。位於今西北印度喀布爾河下游，五河流域之北。

⑧ 迦膩色迦：又作"罽膩迦"、"罽膩伽"、"壇罽膩吒"、"割尼尸割"、"迦膩瑟吒"。古代印度犍陀羅國（月氏國）之國王。

⑨ 師謨：取法；師法。三國魏曹同《六代論》："胡亥少習剋薄之教，長遵凶父之業，不能改制易法，寵任兄弟，而乃師謨申商，諮謀趙高，自幽深宮，委政讒賊。"

⑩ 脇羅漢：中印度人。音譯"波（婆）栗濕縛"，意譯為"難生"。又稱"脅（脇）比丘"、"脅（脇）尊者"、"長老脅（脇）"、"勤比丘"。依《付法藏因緣傳》所說，脇尊者為受佛付法的第九祖，然依禪宗傳燈說，則為西天第十祖。脇，同"脅"。《集韻·業韻》："脅，《說文》：'兩膀也。'或書作脇。"

藏》云：波奢比丘曾生不臥，脇不著席，時人號脇尊者。詮鍊諸部，品格同異，撰《大毘婆沙①》。二百卷。雖有國有君，無時無僧，居信而行信，是謂不佞。口才曰佞。爲國之君，居忠信而行敬信，是謂不諂佞也。王初不信罪福，因獵，見二牧童立窣堵波。問之，云：佛記當有王於此收吾舍利，大王宿殖已符。遂信心深敬佛法也②。緇素用之，大業昭服，西國之人，僧俗皆學此論也。近世戒日王斯亞矣③。戒日王即唐初時磨揭陀國王也。亞，次也。

　　周秦世，真源遐擁，靈津綿阻，主與道違，朝不登賢。伯陽尼父，薆④遭遇也。周秦之代，孔老雖大賢，皆不見用。商鞅李斯，肆其酷也。皆暴酷之吏也，俱不得其死。而釋氏慎厥艱，故不至也。佛教未至者，知其暴秦之艱難也，然感化有時，不可強也。且漢承秦弊，馬上以取天下⑤。藉英雄之力，乃成帝業。漢高祖仗三尺劍，而取天下也。故使論功之際，皆拔劍偶語⑥，高祖患之。漢五年，會垓之後將封功，而諸將競拔劍偶語。高祖以雍齒曾射高祖，有雠，

---

　　① 大毘婆沙：即《阿毘達磨大毘婆沙論》，凡二百卷。略稱《大毘婆沙論》、《婆沙論》、《婆沙》，唐玄奘譯。收於大正藏第二十七冊。本論乃注釋印度迦多衍尼子之阿毘達磨發智論，廣明法義，備列諸種異說。自西元 100 年至 150 年間於北印度迦濕彌羅，今克什米爾）編輯而作，爲部派佛教教理之集大成者。相傳係貴霜王朝迦膩色迦王與脅尊者招集五百阿羅漢，經十二年而成，即第四次之經典結集。

　　② 窣堵波：又作“窣睹婆”、“窣堵婆”、“窣都婆”、“藪斗婆”、“數斗波”、“蘇偷婆”、“素睹波”、“私鍮簸”、“率都婆”、“卒都婆”。略譯作“塔婆”、“偷婆”、“兜婆”、“佛圖”、“浮圖”、“浮屠”、“佛塔”、“塔”。意譯作“高顯處”、“功德聚”、“方墳”、“圓塚”、“大塚”、“塚”、“墳陵”、“塔廟”、“廟”、“歸宗”、“大聚”、“聚相”、“靈廟”。爲“頂”、“堆土”之義。原指爲安置佛陀舍利等物，而以甎等構造成之建築物，然至後世，多與“支提”混同，而泛指於佛陀生處、成道處、轉法輪處、般涅槃處、過去佛之經行處、有關佛陀本生譚之聖地、辟支佛窟，乃至安置諸佛菩薩像、佛陀足蹟、祖師高僧遺骨等，而以堆土、石、甎、木等築成，作爲供養禮拜之建築物。

　　③ 戒日王：音譯“尸羅阿迭多”。爲 7 世紀頃中印度羯若鞠闍國國王、劇作家、詩人，史稱戒日王第二世，以大力保護佛教、獎勵文學著名。音譯“曷利沙伐彈那”，略譯作“哈薩”、“哈爾沙”，意譯“喜增”、“嘉增”，屬吠舍種姓，爲光增王之次子，繼長兄王增王即位。

　　④ 薆：同“蓓”，無。《字彙·艸部》：“苞，與，同。”《正字通·艸部》：“薆，按：蓓或作薆。”

　　⑤ 馬上以取天下：指以武功而建立國家。《史記·酈生陸賈列傳》：“陸生時時前說稱《詩》《書》。高帝罵之曰：‘迺公居馬上而得之，安事《詩》《書》！’陸生曰：‘居馬上得之，寧可以馬上治之乎？且湯武逆取而以順守之，文武並用，長久之術也。’”

　　⑥ 偶語：相聚議論或竊竊私語。《史記·高祖本紀》：“父老苦秦苛法久矣，誹謗者族，偶語者棄市。”

乃先封之。諸將知有望，乃定矣。是以叔孫通徵魯諸生，脩朝會之禮。瞻皇帝輦輿，百官莫不震恐。式遏①當時之弊，以尊萬乘威儀。此乃尊天子而抑諸侯也。故太皇反拜，高祖父也。家令受賜，自稱霸業，貽厥孫謀②。皇王之風，崇師降禮，未有聞也。③此前漢叔孫通等徵漢禮，而未見尊師重道，降禮自卑之事也。夫黃帝問道於廣成，④軒轅問道於廣成子也。唐堯⑤順風於具茨⑥，堯王禮具茨先生，並出《南華真經》。豈非至尊之事歟？

　洎漢室中興，帝莊丕顯，後漢第二主明帝名莊。丕顯，明也。賓于大鴻臚⑦，司於大宗伯⑧，自西國摩、騰等所來，或安鴻臚寺，或宗伯主之也。故支謙⑨、安清⑩，支

————————

①　式遏：遏制，制止。《詩·大雅·民勞》："式遏寇虐，無俾民憂。"鄭玄箋："式，用；遏，止也。"

②　孫謀：順應天下人心的謀略。孫，通"遜"。語出《詩·大雅·文王有聲》："詒厥孫謀，以燕翼子。"鄭玄箋："孫，順也……傳其所以順天下之謀，以安其敬事之子孫。"

③　見《史記·劉敬叔孫通列傳》。

④　見《莊子·在宥》。

⑤　唐堯：古帝名。帝嚳之子，姓伊祁（亦作伊耆），名放勛。初封於陶，又封於唐，號陶唐氏。以子丹朱不肖，傳位於舜。

⑥　具茨：即大隗，傳說黃帝時期居住在具茨山（今河南省密縣）的一位隱士、高人。《莊子·徐無鬼》："黃帝將見大隗乎具茨之山。"陸德明釋文："或云：大隗，神名也。""堯王禮具茨"事，似乎也是與黃帝有關，與堯王無關。

⑦　大鴻臚：官署名。《周禮》官名有大行人之職，秦及漢初稱典客，景帝六年，更名大行令，武帝太初元年，改稱大鴻臚，主掌接待賓客之事。東漢以後，大鴻臚主要職掌為朝祭禮儀之贊導。北齊始置鴻臚寺，唐一度改為司賓寺，南宋、金、元廢，明復之，清沿置。

⑧　大宗伯：周官名，春官之長，掌邦國祭祀、典禮等事。《周禮·春官·大宗伯》："大宗伯之職，掌建邦之天神、人鬼、地祇之禮，以佐王建保邦國。"

⑨　支謙：三國吳之譯經家。三世紀末大月氏人，字恭明。初隨族人遷至東土，寄居河南。通曉六國語言，並從支婁迦讖之弟子支亮受業，飽覽群籍，時人呼之為智囊，而與支婁迦讖、支亮並稱為"三支"。譯出《維摩詰經》、《太子瑞應本起經》、《大明度經》等諸經。

⑩　安清：即安世高。我國佛教初期之譯經僧。安息國人，名清，字世高，以安世高之名著稱於世。為印度西北、波斯地方（今伊朗）之古王國（安息）王子，其姓蓋從其出身地，故稱安，因而有安侯、安世高之稱。於東漢桓帝建和二年（148），經西域諸國而至洛陽，從事譯工作，至靈帝建寧三年（170）共20餘年，其間先後譯有《安般守意經》、《陰持入經》、《阿毘曇五法四諦》、《十二因緣》、《轉法輪》、《八正道》、《禪行法想》、《修行道地經》等約三十四部，四十卷（一說三十五部，四十一卷）。主要傳播小乘佛教說一切有部之毘曇學和禪定理論。我國早期佛學之流布，由其奠定基礎，且為將禪觀帶入我國之第一人。

謙，月氏國優婆塞①，字恭明，漢末遊洛，授業於支亮，亮授於支讖②，世稱"天下博知，不出三支"。安清，字世高，安息國王子，讓位出家，漢桓元嘉元年至此也。德重緇倫，而未爲王侯所師友也。雖楚王修仁聖之祠，孝桓興華蓋之祭，③皆漢諸王。亦但神佛而已矣，未求仁祠華蓋之人也。④但嚴其器也。

魏因漢禮，徵用奇尚，但以勤王鼎峙之憂，何仁祠之於我克暇耶？魏曹操，字孟德，爲漢相。以漢室微弱，挾天子令諸侯，而謀分霸，不暇崇顯吾教也。然雖不能弘贊其風，而亦終不蔽其道也。亦有康僧顗⑤、曇諦⑥等三藏至而飜譯也。

三國初，吳人未甚信，天竺沙門康僧會⑦始造於吳，締搆行道，孫權字仲謀，都金陵。以爲誣矯異俗，攝會讓曰：攝，迫也。讓，責也。逼沙門而責之也。"佛有何靈，爾獨改形？"會曰："佛身雖滅，遺骨舍利應現⑧無方。外國先王建八萬四千塔，表遺化也。"權謂紿已，紿，音迫，欺言也。俾期舍利，嚴憲緩爵。至三七日，會徒將死，舍利乃降，鏘然盤中，上燭虹霓。吳之君臣相顧乃悦曰："至哉，奇瑞也！"始立建初寺⑨，呼其地爲佛

---

① 優婆塞：又作"烏波索迦"、"優波婆迦"、"伊蒲塞"。意譯爲"近事"、"近事男"、"近善男"、"信士"、"信男"、"清信士"。即在家親近奉事三寶、受持五戒之男居士。爲在家二衆之一，四衆一，七衆之一。與優婆夷同係在家之信仰佛法者。

② 支讖：即支婁迦讖（147—？），漢代譯經僧。大月氏（中亞古國）人。後漢桓帝末年至洛陽，從事譯經。譯出《道行般若經》、《般舟三昧經》、《阿闍世王經》、《雜譬喻經》、《首楞嚴經》、《無量清淨平等覺經》、《寶積經》等二十餘部，然現存者僅十二部，爲第一位在我國譯及傳布大乘佛教般若學理論之僧人。

③ 見《後漢書》卷七。

④ 見《〈弘明集〉後序》。

⑤ 康僧顗：即康僧鎧。音譯"僧伽跋摩"、"僧伽婆羅"。三國時代譯經僧。相傳爲印度人。曹魏嘉平四年（252）至洛陽，于白馬寺譯出《郁伽長者經》二卷、《無量壽經》二卷、《四分雜羯磨》一卷等。

⑥ 曇諦：（347—411），又稱"支曇諦"。俗姓康。先祖爲康居國人，漢靈帝時來華，遇亂，移居吳興。著有《會通論》、《神本論》等，今皆不傳。

⑦ 康僧會：（？—280），三國時代譯經僧。交趾（越南北部）人，其先世出自康居國（今新疆北部）。世居印度，至其父因經商始移居交趾。三國吳赤烏十年（247）至建業．號爲超化禪師。主要譯經有《吳品經》五卷、《雜譬喻經》二卷、《六度集經》九卷（今存八卷），並注解安般守意、法鏡、道樹等經。

⑧ 應現：應機而現身。

⑨ 建初寺：位於建鄴（江蘇江寧）城外之聚寶門外，爲江南最早建立之寺院。又稱"聚寶山"、"報恩寺"。

陀里也。是歲赤烏四年，去永平凡一百七十餘年矣。永平十年甲子至吳赤烏四年辛酉，得一百七十八年矣。

　　吳洛一千，吳人知法將無晚歟？孫皓①狂虐不道，國將病矣。初，廢婬祠，延及寺宇。羣臣議曰："佛之威力，不並餘神。僧會感靈，太皇創寺。今若輕廢，恐貽後悔。"皓意未謂之然，使張昱至寺詰會。會才辯奇拔，昱不能加，乃復于皓。皓大集公卿洎庶寮，徵會以車馬。既至，皓強詞昧理，取會不及已。皓問會曰："佛教所明善惡報應，何者是乎？"會曰："夫明主孝慈訓世，則赤烏②翔，老人星③現。仁德及物，則醴泉湧，嘉苗出。善既有徵，惡亦可驗。爲惡於隱，鬼得而誅之。爲惡於顯，人得而誅之。"王曰："若然，周孔已明。"會云："佛教廣也。"而會酬抗④盡典謨⑤之體，推引叶忠良之議。皓然知其不可屈，乃革容⑥而敬焉⑦。故治國者，惟聖賢與君子。如皓之器識⑧末

---

　　①　孫皓：（242—284），字元宗，一名彭祖，字皓宗。三國時期吳國末代皇帝，西元264—280年在位。孫權之孫，孫和之子。在位初期雖施行過明政，但不久即沉溺於酒色，專於殺戮，變得昏庸暴虐。280年，吳國被西晉所滅，孫皓投降西晉，被封爲歸命侯，四年後在洛陽去世。

　　②　赤烏：古代傳說中的瑞鳥。《呂氏春秋·有始》："赤烏銜丹書集於周社。"

　　③　老人星：南部天空一顆光度較亮的二等星。古人認爲它象徵長壽，故又名"壽星"。《史記·天官書》："狼比地有大星，曰南極老人。老人見，治安；不見，兵起。"張守節正義："老人一星，在弧南，一曰南極，爲人主占壽命延長之應。"《史記·封禪書》"壽星祠"唐司馬貞《索隱》："壽星，蓋南極老人星也。"

　　④　酬抗：酬對，答對。《太平廣記》卷三一八引南朝宋劉敬叔《異苑·陸機》："見一少年，精姿端遠，置易投壺，與機言論，妙得玄微。機心伏其能，無以酬抗。"

　　⑤　典謨：《尚書》中《堯典》、《舜典》和《大禹謨》、《皋陶謨》等篇的並稱。《書序》："典謨訓誥誓命之文凡百篇，所以恢弘至道，示人主以軌範也。"

　　⑥　革容：改變表情。《淮南子·道應訓》："孔子觀桓公之廟，有器焉，謂之宥卮……顧曰：'弟子取水。'水至，灌之，其中則正，其盈則覆。孔子造然革容曰：'善哉，持盈者乎。'"

　　⑦　以上孫權、孫皓、康僧會事皆見於《高僧傳》卷一《康僧會傳》。

　　⑧　器識：器局與見識。晉陸機《薦賀循郭訥表》："前蒸陽令郭訥風度簡曠，器識朗拔，通濟敏悟，才足幹事。"

哉，安得不爲亡國之主乎？向非會以道義誘掖①，蓋肆惡②不知紀極③，蕭牆④之釁⑤，朱殷⑥紫闥⑦，豈獲厚辱於晉乎？皓，字宗元。和之子，權之孫也。初封烏程侯，張布等立之。後威虐無度，爲征南將軍杜預等收之。皓面縛降晉，入洛，封歸命侯，即大康元年。會以赤烏始而來至，天紀末，皓降，不臘⑧而終。赤烏四年辛酉到吳，至天紀四年庚子皓降，得三十九年也。至冬，會卒於吳。始與國隆，終與國殲，殲，滅也。邦人之慕皓，曷愈乎慕會也？曷，何也。愈，勝也。

　　土德既微，鼎遷⑨于晉。魏以土德而應曆數也。惠皇⑩失馭，天下崩裂。惠皇，武帝子，名衷，字正度。立而無智，朝政不治。至永康年後，所在分立爲一十

────────────

①　誘掖：引導和扶持。《詩·陳風·衡門序》："誘僖公也。愿而無立志，故作是詩以誘掖其君也。"鄭玄箋："誘，進也。掖，扶持也。"孔穎達疏："誘掖者，誘謂在前導之，掖謂在傍扶之，故以掖爲扶持也。"

②　肆惡：肆意作惡。

③　紀極：終極，限度。《左傳·文公十八年》："聚斂積實，不知紀極。"

④　蕭牆：蕭，通"肅"。古代宮室內作爲屏障的矮牆。《論語·季氏》："吾恐季孫之憂，不在顓臾，而在蕭牆之內也。"何晏集解引鄭玄曰："蕭之言肅也；牆謂屏也。君臣相見之禮，至屏而加肅敬焉，是以謂之蕭牆。"

⑤　釁：過失，罪過。《左傳·莊公十四年》："人無釁焉，妖不自作。"

⑥　朱殷：赤黑色。《左傳·成公二年》："張侯曰：'自始合，而矢貫余手及肘，余折以御，左輪朱殷，豈敢言病。'"杜預注："朱，血色，血色久則殷。"

⑦　紫闥：指宮廷。闥，宮中小門。《後漢書·崔駰傳》："不以此時攀台階，窺紫闥，據高軒，望朱閣。"

⑧　臘：又寫作"臈"。指戒臘、法臘。爲比丘受具足戒後之年數。比丘出家之年歲與世俗不同，係以受戒以後之夏安居數爲年次，故有戒臘、夏臘、法臘、年臘等稱。

⑨　鼎遷：改朝換代。《左傳·宣公三年》："桀有昏德，鼎遷于商，載祀六百。商紂暴虐，鼎遷于周。"

⑩　惠皇：即漢惠帝劉盈（前211—前188），西漢第二位皇帝，漢朝開國皇帝劉邦的嫡長子，母親呂雉，在位8年，諡號孝惠，死後母親呂後掌管西漢大權8年。

六國①。前趙②起於離石③，劉元海④，新興匈奴冒頓⑤之後。漢高祖以宗女妻之，冒頓約爲兄弟，遂姓劉焉。元海猿臂善射，成都王穎表之爲寧朔將軍，左國城⑥二旬，眾已五萬，遂僭即帝位，命子聰寇洛陽。劉曜後遷長安，爲石勒所殺。共四主，二十六年⑦。後趙興於葛陂。石勒，上黨羯人也。起襄國，擒王浚，降劉琨，遂即帝位。六主，四十四年。石勒⑧、石虎⑨，兵強且眾。抗暴爲德，其斬刈如草木焉，沙門遇害者甚眾。佛圖澄⑩吊之曰：“彼人之何罪而性命不保？”算因勒將郭黑略顯其神異，資其戎計，必獲申於勒也。他日，略戰捷，遇勒，賜顏色果，以澄事啟之。勒喜而召問，澄知勒不達玄理，對言：“至

----

①　一十六國：（304—439），即五胡十六國，簡稱十六國，是中國歷史上的一段時期。該時期自 304 年劉淵及李雄分別建立漢國（後稱前趙）及成漢起至 439 年北魏拓跋燾（太武帝）滅北涼為止。範圍大致上涵蓋華北、蜀地、遼東，最遠可達漠北、江淮及西域。在入主中原眾多民族中，以匈奴、羯、鮮卑、羌及氐為主，統稱五胡。他們在這個範圍內相繼建立許多國家，而北魏史學家崔鴻以其中十六個國家撰寫了《十六國春秋》（五涼、四燕、三秦、二趙、一成、一夏），於是後世史學家稱這時期為“五胡十六國”。

②　前趙：（304—329），又稱漢趙，是匈奴人劉淵所建的君主制割據政權，都平陽郡（今山西臨汾西北）。這是十六國時期建立的第一個政權。

③　離石：今山西省呂梁市離石區。

④　劉元海：即劉淵，（約 249—310），字元海，新興（今山西忻州北）人，匈奴族，匈奴首領冒頓單于之後，本姓攣鞮，因漢高祖嫁公主給冒頓單于和婚並約為兄弟而改姓劉，南匈奴單于于夫羅之孫，左賢王劉豹之子，呼延氏所生，五胡十六國時期前趙國的開國君王，304—310 年在位。劉淵在父親死後接掌其部屬，直至八王之亂時諸王互相攻伐，劉淵乘朝廷內亂而在並州自立，稱漢王，建立漢國（後改為趙，泛稱前趙，亦作漢趙），308 年稱帝，改元永鳳。310 年，劉淵病死，在位 6 年，諡號光文皇帝，廟號高祖。

⑤　冒頓：（？—前 174），姓攣鞮。于西元前 209 年（秦二世元年），殺父頭曼單于而自立。匈奴族中第一個雄才大略的軍事家、統帥。西元前 209 年至西元前 174 年在位。

⑥　左國城：在今山西方山縣境內的南村。十六國時期匈奴人劉淵建立的匈奴漢國的都城，今僅存遺址。底本“左”作“尤”，當是形近而誤，據史實改。

⑦　事見《晉書》卷一〇一《劉元海傳》。

⑧　石勒：（274—333），後趙明帝，字世龍，初名匐，小字匐勒，上黨武鄉羯胡民族，是中國五胡十六國時代後趙的開國君主。

⑨　石虎：（295—349），後趙武帝，字季龍，中國五胡十六國時代中，後趙的第三位皇帝。廟號太祖，諡號武帝。石虎是後趙開國君主石勒的侄兒。

⑩　佛圖澄：（232—348）天竺人，或謂龜茲人，俗姓帛。具有神通力、咒術、預言等靈異能力。西晉懷帝永嘉四年（310）至洛陽，年已七十九，時值永嘉亂起，師不忍生靈塗炭，策杖入石勒軍中，為說佛法，並現神變。石勒大為信服，稍斂其燄，並允許漢人出家為僧。

道雖遠，亦可近驗。”廼以鉢盛水，燒香祝之。須臾，生青蓮華①。勒重
其神聖，稽首②下風③，虛心納諫。仁惻④塗炭⑤，念慮⑥不思。石勒初與王
陽、支雄爲羣盜，多行殺戮。又石虎，字季龍，即勒之從子，武勇。坑斬⑦士女，少
有遺類。胡夏之人應被誅夷者，十九而生矣，真可謂探人命於虎口者也。
是知脩短在聖而不在司命。司命能司之，何能脩短之？以聖人作法而延救
之，非司命之所能也。

　　澄聽鈴聲，兼觀油掌，寄聰明於耳目，而實虛照在心，所言無不符驗
矣。圖澄每知虎之將敗，假以油塗掌而現光。又郭景略因以視之，假以鈴聲。及念
於般若波羅蜜⑧也，而告之然，深察在心，假外事令生信，所告必符矣。石勒死，
虎襲偽號。將謹慢俗，聖敬日躋。謹，嚴也。虎既繼位，欲嚴謹於慢侮之俗，
因自加勤敬於圖澄也。下書曰：“和尚，國之大寶。榮爵不加，高禄不受。
爵禄匪尚，何以旌德？從此已往，宜衣以綾錦，乘以雕輦。朝會之日，和
尚昇殿，常侍已下悉舉輿，太子諸公扶翼而上，主者唱大和尚，眾坐皆
起，以彰其尊。”又勑司空李農：“旦夕親問。太子諸王，五日一朝，表
朕敬焉。”

　　晉師出淮淝，淮水出桐柏山。淝水，在廬江。時晉都金陵，石虎都洛陽也。
虎竊怒曰：“吾心奉佛，更致外寇，佛無神矣。”澄知之，夜過詣虎曰：

---

　　① 青蓮華：蓮華即睡蓮，有青色、赤色、白色等，其中以青色者為最著名，即“尼羅烏鉢
羅華”，又作“泥盧鉢羅華”，譯為青蓮華。在經典中，形容佛眼之微妙，即以其葉為喻；口氣
之香潔則以其花為喻。青蓮華為千手觀音四十手中之右一手所持物，此手即稱青蓮華手。

　　② 稽首：古時一種跪拜禮，叩頭至地，是九拜中最恭敬者。《公羊傳·宣公六年》：“靈公
望見趙盾，愬而再拜；趙盾逡巡北面再拜稽首，趨而出。”

　　③ 下風：比喻處於下位，卑位。《左傳·僖公十五年》：“晉大夫三拜稽首曰：‘君履后土
而戴皇天，皇天后土，實聞君之言，群臣敢在下風。’”

　　④ 仁惻：仁愛憐憫。《後漢書·列女傳·董祀妻》：“阿母常仁惻，今何更不慈？”

　　⑤ 塗炭：爛泥和炭火，比喻極困苦的境遇。《書·仲虺之誥》：“有夏昏德，民墜塗炭。”
孔傳：“民之危險，若陷泥墜火。”

　　⑥ 念慮：思慮。《淮南子·說山訓》：“念慮者不得臥。止念慮，則有為其所止矣。”

　　⑦ 坑斬：底本作“抗所”，當為形近而誤，據《晉書》改。《晉書·石季龍載記上》：“至
於降城陷壘，不復斷別善惡，坑斬士女，尟有遺類。勒雖屢加責誘，而行意自若”。

　　⑧ 般若波羅蜜：又作“般若波羅蜜多”、“般羅若波羅蜜”。意譯作“慧到彼岸”、“智
度”、“明度”、“普智度無極”。或稱“慧波羅蜜多”、“智慧波羅蜜”。為六波羅蜜之一，十波羅
蜜之一。即照了諸法實相，而窮盡一切智慧之邊際，度生死此岸至涅槃彼岸之菩薩大慧，稱為般
若波羅蜜。

"王過去爲大商主，罽賓寺中常供養，大會中有六十羅漢。吾此微身，亦預斯會。時有得道者謂余曰：'此主人命盡，當更雞身，後王晉地。'今主爲王，豈非福耶？疆場軍寇，疆場，邊地也。國之常事耳。何爲怨謗①三寶②，夜興毒念乎？"虎驚赧而謝。嘗一日與虎坐，忽而作。作，起也。曰："變，幽州災。"遽命酒遙灑之。虎遣驗，其日火從四門起，黑雲從西南來，遇驟雨滅之。雨頗有酒氣也。

澄將終，謂虎曰："出入生死，道之常也。脩短分定③，非所能延。夫④道重行全⑤，德重無怠。道德不可以缺怠而獲也。苟業操無虧，雖亡若存。違而獲延，非其所願。今⑥意未盡者，以國家心存佛理，奉法無差。興起寺廟，崇顯壯麗，稱斯懷也，宜享休祉⑦。而布政猛烈，婬刑酷濫，顯違聖典，幽背法戒，不自懲革，終無福祐。懲，戒也。革，改也。雖建寺廟，嚴奉佛法，若刑法酷濫，終無益也。若降心易慮，惠此下人，則國祚延長，道俗慶賴⑧。畢命就盡，歿無遺恨。"君子以澄言實社稷之忠也，普門⑨之慈也，有國者何莫志之？君子者，當時君子也，或實言以襃德。《詩》云："人之云亡，邦國殄瘁。"《詩·大雅·瞻仰》之章也。殄，滅也。瘁，病也。言君不善朝廷，賢人奔亡，則天下邦國將盡病矣。而澄亡，彼羣胡屍於冉閔矣。《世說》云："圖澄亡，石虎開棺無屍，唯袈裟在。"⑩冉閔，石虎養孫，謀勇絕倫，殺石鑑而自立。旌旗鍾鼓，綿亘百里，唯事殺戮，爲慕容恪擒而殺之，左右七里，草木悉枯。⑪夫有奇質，必有奇智。有奇智，則必有奇行。有奇行，必

① 怨謗：怨恨非議。《墨子·尚賢中》："是以美善在上，而所怨謗在下。"
② 三寶：指為佛教徒所尊敬供養之佛寶、法寶、僧寶等三寶。又作"三尊"。
③ 分定：命定。《孟子·盡心下》："君子所性，雖大行不加焉，雖窮居不損焉，分定故也。"
④ 夫：底本作"天"，據《法苑珠林》、《高僧傳》、《神僧傳》改。《神僧傳》、《法苑珠林》作"夫"，《高僧傳》大正藏本無，其宮本、宋本、元本、明本皆作"夫"。
⑤ 行全：德行完美。《荀子·堯問》："孫卿迫於亂世，鰭於嚴刑，上無賢主，下遇暴秦，禮儀不行，教化不成，仁者絀約，天下冥冥，行全刺之，諸侯大傾。"
⑥ 今：底本作"念"，《法苑珠林》、《高僧傳》、《神僧傳》皆作"今"，據改。
⑦ 休祉：猶福祉。《晉書·汝南王亮傳序》："休祉盛於兩京，鼎祚隆於四百。"
⑧ 慶賴：語本《書·呂刑》："一人有慶，兆民賴之。"謂慶幸得到依靠。
⑨ 普門：又作無量門。意指普及於一切之門。天台宗認為，《法華經》所說之中道、實相之理，即遍通於一切，無所壅塞，故諸佛菩薩乘此理，能開無量之門，示現種種身，以拔眾生苦，成就菩提。
⑩ 見《世說新語·言語》。
⑪ 見《十六國春秋》卷一九。

有竒言，言則乃經。古者鱗膚、牛首、虎鼻①、鳥喙，伏犧龍鱗，大準隆鼻，
神農牛首，女媧蛇身，黃帝龍顏，帝嚳駢齒，堯眉八彩，舜目重瞳，皋陶鳥喙，武王
目羊，周公背僂也。皆稟不測之靈氣，蘊不窮之聖德。而澄左乳傍有穴，圍
四五寸，徹於腹內，時有光從中出，以纊塞之。纊，綿也。夜或抽纊，則
洞照一室。齊日②至水滸，滸，水涯也。引腸而洗之。此實至竒之表也。③
並出古《高僧傳》。

　　永嘉之亂，晉室東遷。晉自惠帝即位，朝綱紊亂，骨肉相殘。趙王倫永康初
亂，至永嘉，江都等作亂，前趙、後趙、後蜀競起。晉元帝鎮楊州，遂過金陵，號東
晉也。竺法潛④，晉高僧。姓王，名潛，字法深，蘊當年之譽。王敦之弟也。先
事忠州劉元真，崇德務學，譽滿西朝。劉元真早有才能之譽，深爲孫綽所重。
元、明二帝⑤丞相王茂弘、太尉庾元規⑥，即王導、庾亮也。皆友而敬焉。
建武太寧中，潛恒著屐至殿內，時謂方外之士，以德重故也。後隱剡
山⑦，請益者以方等⑧、《老》《莊》，內外霑洽⑨。以內外經書而教導。哀帝

──────────

　　① 鼻："鼻"的異體。字見《碑別字新編·十四畫·字》引《魏元延明墓誌》、《龍龕手
鑑·部》、《重訂直音篇·卷一·鼻部》。

　　② 齊日：即齋日，齊同"齋"。在家佛教徒於特定之日持八齋戒，謹慎身心，反省行爲，
並行善事之精進方。陰曆每月之八日、十四日、十五日、二十三日、二十九日、三十日等六精進
日，即稱六齋日。於此六日，出家比丘亦集合一處行布薩。

　　③ 以上佛圖澄事，見于《高僧傳》卷九、《法苑珠林》卷六一、《神僧傳》卷一。

　　④ 竺法潛：（286—374），東晉僧。又稱竺道潛。琅琊（山東臨沂）人，俗姓王。字法深。
十八歲出家，師事清談之士中州劉元真，袪除浮華，崇本務實，盡得經典中之玄義，故道譽日
隆。孝武帝寧康二年寂於山中，世壽八十九（一說七十九）。孝武帝賜錢十萬，並馳驛往中州送
葬，此乃沙門敕葬之始。

　　⑤ 元、明二帝：指晉元帝司馬睿和晉明帝司馬紹。

　　⑥ 庾元規：即庾亮，（289—340），字元規。潁川鄢陵（今河南鄢陵北）人。東晉時期外戚、
名士。庾亮先後任丞相參軍、中書郎等職，封都亭侯。又在東宮侍講，與司馬紹結爲布衣之交。後
歷任黃門侍郎、散騎常侍、中書監等職，王敦之亂平定後，因功封永昌縣開國公，但庾亮推辭。

　　⑦ 剡山：即今浙江嵊州市西北隅城隍山南支。《大清一統志》："在嵊縣治後，北峯名星子。
四山迤邐，孤岑獨出，稍下名白塔。支隴延袤十數里。俗傳秦始皇東游，使人鏟此山，以洩王氣。
今山南剡坑是也。其南二里爲鹿胎山，縣治跨其麓。宋朱子登眺其上，題曰‘溪山第一’。"

　　⑧ 方等：音譯作"毘佛略"、"毘富羅"、"鞞佛略"、"斐肥儸"、"爲頭離"，意譯爲"方
廣"、"廣破"、"廣大"、"廣博"、"廣解"、"廣"、"無比等"。又作"大方廣"、"大方等"。九
部經之一，十二部經之一。指大乘經典。即廣說廣大甚深之義者。

　　⑨ 霑洽：普遍施惠使受益。《周書·晉蕩公護傳》："需然之恩，既以霑洽，愛敬之至，施
及傍人。"

徵就御筵開講，晉哀帝，成帝子。名丕，字千齡。穆帝崩，無子而立之。司空何
次道宗以爲師。後啟還剡山。既卒，孝武①詔曰："潛法師理悟虛遠，風
鑒②清貴③。弃宰相之榮，襲染衣④之素。山居物外⑤，篤勤⑥匪懈⑦。方賴
宣道，以濟蒼生。奄然遷化⑧，用痛于懷。可賻錢十萬。"⑨ 贈死曰賻。孝武
名曜，字昌明，則海西王第三子也。桓溫輔政，帝幼而聰悟，十歲即位。

　　穆帝⑩世，晉穆皇帝，名聃，字彭祖，康帝子，立年二歲，褚太后臨朝。支道
林⑪，緇林之奇茂者也。素風⑫泠然，清波繁華。築室林野，隱居求志。
道德文章，爲世所仰。天子、三事⑬、庶尹⑭、三事，三公也。庶尹，眾卿也。

---

　　① 孝武：孝武帝，名司馬曜（362—396），字昌明。簡文帝子。簡文帝死後繼位。在位24
年，因酒後戲言，被張貴人命宮女用被子悶死，終年35歲。
　　② 風鑒：風度和鑒識。《晉書·陸機陸雲傳論》："風鑒澄爽，神情俊邁，文藻宏麗，獨步當時。"
　　③ 清貴：清高可貴。晉葛洪《抱樸子·廣譬》："欲以收清貴於當世，播德音於將來。"
貴，《高僧傳》卷四作"貞"，《釋氏通鑑》卷三、《隆興編年通論》卷二、《佛祖歷代通載》卷
六、《釋氏稽古略》卷二皆作"高"。
　　④ 染衣：指沙門所著之僧服。出家後，脫去在俗之衣而改著木蘭色等壞色所染之衣。又出
家時須落髮剃鬚，並穿著染衣，始成僧尼，故又稱剃髮染衣。
　　⑤ 物外：世外。謂超脫於塵世之外。漢張衡《歸田賦》："苟縱心於物外，安知榮辱之所
如！"物，《高僧傳》卷四、《宗統編年》卷七作"人"，《隆興編年通論》卷二、《佛祖歷代通
載》卷六、《釋氏稽古略》卷二皆作"世"。
　　⑥ 篤勤：極度勤勉。晉葛洪《〈抱樸子〉內篇》自序："自非至精，不能尋究；自非篤勤，
不能悉見也。"
　　⑦ 匪懈：不懈怠。《詩·大雅·烝民》："夙夜匪解，以事一人。"鄭玄箋："匪，非也。"
孔穎達疏："早起夜臥，非有懈倦之時。"
　　⑧ 遷化：略作"化"。指僧侶之示寂，有遷移化滅之義。或謂有德之人於此土教化眾生之緣已
盡，而遷移於他方世界度化眾生。與"涅槃"、"圓寂"、"滅度"、"順世"、"歸真"等同義。
　　⑨ 見《高僧傳》卷四。
　　⑩ 穆帝：晉穆帝，即司馬聃（343—361），字彭祖，東晉第五代皇帝，晉康帝司馬岳之子，
母褚蒜子。2歲時由於晉康帝駕崩而即位，母太后褚蒜子掌政，何充輔政。在位期間東晉雖然北
伐失敗，但版圖仍然有所擴大。361年晉穆帝過世，年僅十九。
　　⑪ 支道林：（314—366），東晉僧。陳留（河南開封）人，俗姓關。又稱"支道人"、"支
遁"。有《即色遊玄論》、《聖不辯知論》、《道行旨歸》、《學道誡》等行世。
　　⑫ 素風：純樸的風尚，清高的風格。晉袁宏《三國名臣序贊》："操不激切，素風愈鮮。"
　　⑬ 三事：指三公。周以太師、太傅、太保為三公，西漢以丞相（大司徒）、太尉（大司
馬）、御史大夫（大司空）為三公，東漢以太尉、司徒、司空為三公。《詩·小雅·雨無正》：
"三事大夫，莫肯夙夜。"孔穎達疏："三事大夫為三公耳。"
　　⑭ 庶尹：指百官。《書·益稷》："百獸率舞，庶尹允諧。"《文選·陸機〈辨亡論〉上》：
"庶尹盡規於上，四民展業於下。"呂延濟注："庶尹，百官也。"

賢士①、大夫②、巖藪③、知名④，無不高其英邁⑤，欽承道論。謝安、王
濛⑥、劉惔、殷浩、孫綽、桓彥表、王文度，若斯之徒，國華⑦物紀，並東
晉公卿貴族之士也。咸以八關齋法⑧，山行澤宿假日盤集，滌濯冠帶，供薦
香花，邕邕⑨穆穆，周旋⑩顧慕⑪，邕邕穆穆，和樂之貌。契賞清奇，爲一世
之盛矣。王羲之謂人曰："一往之氣，亦何足信⑫。"既見，方悔前言殆乎
耳。殆，墮也。或本作"玷"，並通。夫所以陳有生者，昭其類也。⑬《詩》
曰："惟其友之，是以似之。"⑭《詩·小雅·裳裳者華》之卒章也，意以其君子
有此高尚之風，所得之友皆相似之。與詩少別，不以文害意也。是知梟鳳不相羣，
梟，不孝鳥也。食母而飛，冬令捕而磔之於路。字從木，上鳥，鳳，瑞鳥也。雞頭、
蛇頸、燕頷、龜背、魚尾，五色，高六尺，其雌曰皇。豹豕不相侶。豹，獸，如虎
而小。豕，豬也。舉善以求黨，蓋率古之風也。率，循也。仲尼曰："不知

---

① 賢士：志行高潔、才能傑出的人。《國語·齊語》："奉之以車馬衣裘，多其資幣，使周
遊於四方，以號召天下之賢士。"

② 大夫：爵位名。如秦漢分爵位為公士、上造等二十級，其中大夫居第五級，官大夫為第
六級，公大夫為第七級，五大夫為第九級。

③ 巖藪：本為山澤，這裡指山野之士。

④ 知名：聲名為世所知，這裡指知名人士。

⑤ 英邁：才智超群。梁簡文帝《待講》："英邁八解心，高超七花意。"

⑥ 濛："濛"之異體。《中國書法大字典·水部》引《張遷碑》，"濛"作"濛"。

⑦ 國華：國家傑出人才。《後漢書》卷八二上《方術傳》論："乃至詭譟遠術，賤斥國
華。"李賢注："遠術謂禮樂，國華謂懷道隱逸之士也。"

⑧ 八關齋法：佛陀為在家弟子所制定暫時出家之學處。受者須一日一夜離開家庭，赴僧團
居住，以學習出家人之生活。又作"長養律儀"、"近住律儀"、"八戒"、"八支齋戒"、"八分齋
戒"、"八戒齋"、"八齋戒"、"八禁"、"八所應離"。八種齋戒法即不殺生、不偷盜、不婬、不
妄語、不飲酒、不以華鬘裝飾自身，不歌舞觀聽、不坐臥高廣華麗床座、不非時食。八戒中前七
支為戒，後一支不非時食為齋，合之稱為八關齋戒。此八法，佛陀制定於每月六齋日受持，即每
月八日、十四日、十五日、二十三日、二十九日、三十日（如以中國農曆算，小月可改作二十八
日及二十九日）。

⑨ 邕邕：邕，通"雍"。群鳥和鳴聲。《文選·枚乘〈七發〉》："蛟龍德牧，邕邕群鳴。"
李善注："《爾雅》曰：'邕邕，鳴聲和也。'"呂向注："邕邕，聲也。"

⑩ 周旋：環繞，盤曲。《列子·湯問》："其山高下周旋三萬里，其頂平處九千里。"

⑪ 顧慕：聲音停駐不散貌。《文選·嵇康〈琴賦〉》："或徘徊顧慕，擁鬱抑按。"呂向注：
"顧慕、擁鬱、抑按，聲駐而下不散貌。""

⑫ 亦何足信：《高僧傳》卷四宋、元、明本皆作"何足可言"，大正藏本作"何足言"。

⑬ 事見《高僧傳》卷四《支遁傳》。

⑭ 見《詩·小雅·裳裳者華》。

其人，觀其所友。不知其君，觀其所使。"① 賢賢乎哉，寔孔聖矣！夫七子從之，晉侯霸也；七子，謂顛頡②、魏武子、司空季子、狐偃、趙衰、狐毛、賈佗。七人從晉重耳出奔，終歸霸晉。四翁來護，漢儲定也；漢高祖以戚夫人將立太子，未定，上下惶惶。張良令呂后請於商山輔之，入朝，高皇一見，其位乃定矣。四皓③，一東園公，二夏黃公，三綺里季，四角里④先生。角音祿。張祿去魏，秦之興也；范睢爲須賈所譖，受魏齊之恥，乃改姓名，稱張祿先生。秦用之爲相，封侯，而大興秦國也⑤。惡來相紂殷之亡也。《史記》云："飛廉生惡來，事紂。多力，又善譖毀諸侯。武王伐紂，誅殺惡來也。"⑥ 其言至驗，人罕存懷。故古黨舉黨誅，誠不失天下之善惡也。古刑："其黨善者盡賞之；其黨有惡，緣坐而誅之。"今之小人，多竊君子友生⑦爲譽，近日矯詐之徒，自無德行，依附高流。苟求聲譽，狐媚於世也。而閭里不討其端倪，相與納其誣譎，而高識者難獨謂之不然。故朋友焉，於古則直，於今則濫矣。子云："友直，友諒，友多聞，益矣；友便辟，友善柔，友便佞，損矣。"⑧ 林公被留京師三載，思歸東山⑨，帝不時允，固以表辭，其誠哀焉。⑩

偽秦涉公者⑪，高僧涉公，本西域，預言之事多驗。建元十五年至長安，十六

---

① 見《孔子家語》卷四六《六本》。

② 顛頡：（？—前632），春秋時期晉國大夫。晉文公重耳出逃時隨同者之一。"頡"，底本作"頡"，蓋"頡"字之形誤。《左傳·魯僖公二十三年》："晉公子重耳之及於難也……遂奔狄。從者狐偃、趙衰、顛頡、魏武子、司空季子。"據改。

③ 四皓等事，俱見《史記·留侯世家》。

④ 角里先生：一般寫作"角里先生"，名周術，字元道，複姓角里。漢代著名隱士，"商山四皓"之一，曾力諫漢高祖劉邦廢太子之事。底本兩"角"字均寫作"角"，按《史記·留侯世家》司馬貞《索隱》引《陳留志》作"角里先生"，又引孔安國《祕記》作"祿里"，故不妄改。

⑤ 見《史記·范睢蔡澤列傳》。

⑥ 見《史記·秦本紀》。

⑦ 友生：朋友。《詩·小雅·常棣》："雖有兄弟，不如友生。"

⑧ 見《論語·季氏》。

⑨ 東山：據《晉書·謝安傳》載，謝安早年曾辭官隱居會稽之東山，經朝廷屢次徵聘，方從東山復出，官至司徒要職，成為東晉重臣。又，臨安、金陵亦有東山，也曾是謝安的游憩之地。後因以"東山"為典，指隱居或游憩之地。唐王維《戲贈張五弟諲》詩之一："吾弟東山時，心尚一何遠！"

⑩ 參見《高僧傳》卷四《支遁傳》。

⑪ 涉公：東晉十六國時期僧人，本為西域人，前秦建元12年（376）至長安。相傳有神術。虛靜服氣，不食五穀。言未然之事，驗若指掌。符堅奉為國神，天旱，輒請其呪龍乞雨。

年卒，十七年大旱也。不食五穀，日行五百里，能呪龍下鉢中，令降雨。涉公沒，歲大旱。符堅謂朱肜①曰：朱肜，祕書監也。"涉公若在，豈使朕燋心於雲漢哉?"②

　　初，秦太史奏："有德星現於外國分野，當有聖人入輔中國，得之者王。"堅乃分命符丕，堅之庶子也。伐襄陽取道安③，呂光④討龜茲⑤求羅什⑥。具足云鳩摩羅什，此云童真。朱序⑦爲秦陷，晉南中郎將朱序，爲丕所陷。致道安并習鑿齒⑧。堅喜曰："朕用師十萬，得一人之半也。"一人謂道安，半謂習鑿齒。國有疑謀并古器服、篆隸、寶玉所不識者，俾諮詢于安。堅嘗欲遊東苑，命安同輦。權翼諫曰：權翼，秦左僕射。"臣聞天子法駕，侍中陪乘。道安毀形賤士，寧可參逼乘輿?"堅忿然作色曰："安公道冥至境，德爲時尊。朕舉天下之重，不足以易之。非公之榮，乃朕之榮也。"使翼扶安登輦。然臣諫，顯忠也。主拒，愛賢也。權則區區之尺度，權翼之諫，乃臣子之宜。然不能尊賢重德，亦器量之未廣也。符則汪汪之陂湖。安公

---

① 朱肜：即"朱肜"，前秦羽林左監、祕書監，371 年討伐仇池公楊纂，373 年，拔漢中。《晉書》、《資治通鑑》等史書皆作"朱肜"。《湯用彤全集·高僧傳卷第十·高長安涉公》："《洪音》、宋本、《珠林》、《琳音》'肜'作'肜'，均誤。"然《高僧傳》宮本、宋本皆作"肜"，唯晚出的大正藏本作"肜"；《法苑珠林》宮本、《一切經音義》、《佛祖歷代通載》亦作"肜"。《通志·氏族略二》："肜氏本肜氏，避仇改為肜。"又《晉書音義中》："肜，本或作肜。"故不妄改。

② 見《高僧傳》卷一〇《涉公傳》。

③ 道安：(312—385)，東晉佛教（我國初期佛教急遽發展之時代）之中心人物。常山扶柳（河北正定）人，俗姓衛。編成綜理眾經目錄一書，所作目錄等雖不存於今，然《出三藏記集》係根據其著作而編成者。致力於經典譯，及諸經序文、注釋之作。共注序 22 部。

④ 呂光：(338—399)，字世明，略阳（今甘肃天水）氐人，前秦太尉呂婆楼之子。十六国时期后凉建立者。

⑤ 龜茲：漢代西域（今中央亞細亞）古國。又作"丘茲"、"歸茲"、"屈支"、"俱支曩"、"拘夷"、"曲先"、"苦叉"。今名庫車，乃位於新疆天山南路之重要都城。

⑥ 羅什：即鳩摩羅什 (344—413，一說 350—409)，又作"究摩羅什"、"鳩摩羅什婆"、"拘摩羅耆婆"。略稱"羅什"、"什"。意譯作"童壽"。東晉龜茲國（新疆疏勒）人。我國四大譯經家之一。先後譯出《中論》、《百論》、《十二門論》（以上合稱三論）、《般若》、《法華》、《大智度論》、《阿彌陀經》、《維摩經》、《十誦律》等經論。

⑦ 朱序：(? —393)，字次倫，義陽人，東晉重要將領，參加過多場戰事並屢建功勳，雖然曾被俘並仕于前秦，但在淝水之戰時卻協助東晉戰勝前秦，及後亦繼續在前線為東晉抵抗北方外族政權的侵襲。

⑧ 習鑿齒：東晉名士。襄陽人，字彥威。乃習郁之後。博學多聞，以文章、史才著名，為荊州刺史桓溫所器重，召為從事之職，累官至別駕。

實爲一代之賢，符主深所器重。雖有強諫之言，亦終不納，信爲深識之見也。君臣向背，若不相合，若，然也，似也。而於國則合矣。故君子和而不同，匪茲何取焉？君子之道不爭，然所見各不同，所謂殊途而同歸也。彼僞符猶愈於真桀，桀雖真主而無道，秦雖僞霸而有德。誠可謂得霸之道也。道安，常山扶柳人，姓衛。家世英儒，早失覆蔭，爲外兄所養。七歲讀書，再覽能誦。十二出家。兒陋，不爲師之所重。執勞作役，曾無怨色。數歲之後，方啟求經，與《辯意經》一卷，可五千言。齎經入田，暮還已誦。復與《成具光明經》一卷，咸萬言，如初亦誦。師執經覆之，不差一字矣。①

　　秦克燕與涼，前燕即慕容暐，據鄴都，爲堅所破。前涼張天錫，據涼州，爲堅所滅也。降其君爲臣。渤海流沙，恢爲國壤。渤海盡東，流沙盡西。足食足兵，威振海內。常患不得纘禹舊服②，登會稽而望滄海，朝萬國以號令天下，禹於塗山會萬國，諸侯執玉帛而朝貢。塗山在越州會稽也。累問安伐晉之計。安嘔曰："晉德雖微，天命未改，難可圖也。"君子亦以爲私護援本朝而實得禮也，故一言而兼致焉。符以獨夫之見，《書》云："獨夫紂也。"③ 爰舉百萬之眾，符融治前軍。晉人詐之，末鼓未成列，秦師大崩潰。符堅舉長安之兵騎八十七萬，前後千里，旗鼓相望。東西萬里，水陸並進，符融爲將。晉謝玄等以水軍七萬拒之。王道子以鼓吹求助於鍾山神。堅至壽春，登城而望，見八公山上草木皆人狀，引軍陣於淝水，晉師不得渡。遣使謂融曰："君懸軍深入④，逼水爲陣，此乃持久之計。豈欲戰乎？若小退師，令將士周旋，僕與羣公緩轡而觀之。不亦善乎？"融揮軍却陣，軍遂奔退，制之不可。融馳騎掠陣，馬倒，爲軍所殺。自後燕復於燕，堅敗後，慕容冲起兵攻長安，慕容垂歸鄴城而稱後燕也。涼復于涼，李暠本張軌將，後稱西涼於燉煌也，呂光稱後涼於姑臧⑤。秦據于

---

　　① 以上道安事見《高僧傳》卷五《道安傳》。

　　② 舊服：舊有的屬地。《書·仲虺之誥》："天乃錫王勇智，表正萬邦，纘禹舊服。"孔傳："言天與王勇智，應為民主，儀表天下，法正萬國，繼禹之功，統其故服。"

　　③ 《書·泰誓下》："獨夫受，洪惟作威，乃汝世讎。"

　　④ 懸軍深入：猶孤軍深入。《宋書·柳元景傳》："元景大軍次白口，以前軍深入，懸軍無繼。"宋陳師道《後山談叢》卷一："如此則契丹必有後顧之憂，未敢輕議懸軍深入。"

　　⑤ 姑臧：位於甘肅省武威縣。姑臧之名或得自姑臧山，或係匈奴所築"蓋藏城"之訛稱。五胡十六國中，前、後、南、北涼均以此地為都。南北朝時，後魏置武威郡，唐朝平定李軌之後，於其地置涼州，其後陸續為吐蕃、宋、西夏所據。此地位當東西交通要衝，常有譯經三藏留住此。據出《三藏記集》卷一四《佛陀耶舍傳》載，耶舍受鳩摩羅什之教而至姑臧。同書《曇無讖傳》載，東晉安帝時，曇無讖於此地譯出《般涅槃經》。另據《法經錄》卷一、卷五載，曇無讖於此地譯出《悲華經》、《大方等大集經》、《菩薩戒經》等。

秦矣。姚萇①遣將圍堅於五將山，執而縊之于新平佛寺，自立爲後秦。先是釋公亡，釋公即道安。堅臨慟哀過曰慟。曰：“吾其未濟也，安公捨我而去矣。”於其言寧謬哉？

安初謂王子年曰：“世途若此，盍行乎？”盍，何不也。年曰：“公可前往，須吾償後債耳。”年後得害於姚萇。王嘉，字子年，洛陽人。形兒鄙陋，似若不足。好滑稽，不食五穀。有問善惡，應荅狀如戲調，事過多驗。荅道安云：“小債未了，不得俱去。”及姚萇得長安，與符登相持甚久。萇問之：“朕當得否？”荅曰：“略得。”萇曰：“當言得，何略之有？”因斬之。萇死後，子興方殺登。興，字子略，即嘉所謂“略得”之意也。法汰如于荆，謁桓溫。溫恃威名重，不速於賓接。汰患其躊躇，忽告謁者曰：“吾有疾。”遽退。他日汰至，溫不俟履屨而前之也。法汰，東莞人，少與道安同學。才辯雖不及安，而姿兒過之也。

安既俘于秦，門人各馳散。慧遠②初將屆羅浮，山近南海。至潯陽，江州也。卜廬山而棲息。既獲朽壤抽泉，故不求去。慧永③並道安門人。邀止西林，廬山之西林寺也。後刺史桓伊東晉臣也。別立東林寺。④

先是陶侃鎮廣州，陶侃，字士衡。初好學，延接賓侶，客至，家貧，母截髮賣之以供待，後爲八洲都督。得育王像，即阿育王所造之像也。送武昌寒溪寺。

---

①　姚萇：（330—393），字景茂。南安赤亭（今甘肅省隴西縣西）羌族人。十六國時期後秦政權的開國君主。後趙末年南安羌酋長姚弋仲第二十四子，姚襄之弟。淝水之戰後在關中羌人的推舉下自稱萬年秦王，建立後秦，並與符堅領導下的前秦作戰。後來殺害了符堅，並乘西燕東退而進駐長安，不久稱帝。此處底本“萇”作“長”，但字上面似乎可辨認出很細的一橫。據史實和下文改。

②　慧遠：（334—416），東晉僧。我國淨土宗初祖。廬山白蓮社創始者。雁門樓煩（山西崞縣）人，俗姓賈。十三歲，遊學許昌、洛陽，博涉六經、老莊之學。元興元年（402），與劉遺民等百餘同道創立白蓮社，專以淨土念佛為修行法門，共期往生西方淨土，三十餘年未曾出山。元興二年，桓玄下令沙汰沙門，令沙門盡敬王者，乃著《沙門不敬王者論》，闡論出家眾對王權並無屈服之必要，針對當時王權統治下之佛教，主張保有佛教之傳統性。後由唐、宋諸帝賜贈諡號“辨覺大師”、“正覺大師”、“圓悟大師”、“等徧正覺圓悟大師”。為別於隋代淨影寺之慧遠，後世多稱為“廬山慧遠”。著有《廬山集》十卷、《問大乘中深義十八科》（大乘大義章）三卷、《明報應論》、《釋三報論》、《辯心識論》、《沙門袒服論》各一卷及《大智度論抄序》等。

③　慧永：（332—414），又號“香谷”，晉代僧。河内（河南）人，俗姓潘。十二歲出家，師事竺曇現，後與慧遠共同學於道安座下。

④　事見《高僧傳》卷六《慧遠傳》。

武昌，鄂州也。遠寺成，遙請像，乃凌虛①而來。當時縉紳儒林傲世考盤②，其若宗炳③、雷次宗④、劉遺民⑤、周續之⑥、張季碩之輩，南陽宗炳、張萊民⑦、張季碩，彭城劉遺民，豫章雷次宗，雁門周續之，新蔡畢穎之，僧惠持⑧、惠永，共爲蓮社⑨也。凡百大名君子，咸與胥附⑩。胥，相也。遠少與惠持偕爲諸生，精六經，學禮樂名教，特爲朝野法度。王恂與范甯書王恂爲桓溫主

① 凌虛：升於空際。曹植《七啓》："華閣緣雲，飛陛凌虛，俯眺流星，仰觀八隅。"

② 考盤：亦作"考槃"、"考磐"。成德樂道。《詩·衛風·考槃》："考槃在澗，碩人之寬。"毛傳："考，成；槃，樂。"陳奐傳疏："成樂者，謂成德樂道也。"《漢書·敘傳下》："竇后違意，考盤於代。"《考槃序》則言此詩為刺莊公"不能繼先公之業，使賢者退而窮處"，故後即以喻隱居。

③ 宗炳：（375—443），南朝劉宋時之隱士。南陽涅陽（河南南陽鎮平）人。字少文。善於書、琴、繪畫，好游觀。著《明佛論》、《難白黑論》，其中《明佛論》乃論述精神不滅，《難白黑論》則非難慧琳之說。又與何承天展開"往復論難"。皆收於《弘明集》卷三、卷四。

④ 雷次宗：（386—448），南北朝劉宋豫章南昌人。字仲倫。少入廬山，師事慧遠大師，從之學三禮、毛詩，並修淨業。其後，立館於東林寺之東，為東林十八賢之一。

⑤ 劉遺民：（352—410），東晉淨土行者。彭城（江蘇銅山）人。名程之，字仲恩。漢楚元王交之後裔，初任府參軍，歷任宜昌、柴桑縣令，後去職，與周續之、陶潛等皆不應徵命，時稱潯陽三隱。"遺民"之號，傳係劉宋武帝表彰其不屈所敕。與慧遠於東林寺結白蓮社，誓願往生淨土，作廬山白蓮社誓文，辭意典雅，至今傳誦不已。遺有《玄譜》一卷。

⑥ 周續之：（358—423），東晉雁門人。字道祖。十二歲入豫章太守范寧門下受業，通五經、五緯，人稱十經童子。武帝踐祚，召至都間館東郭外，乘輿行幸問禮經。世稱通隱先生。

⑦ 張萊民：姓張，名野，字萊民。東晉潯陽柴桑人，與陶淵明有婚姻之契。學兼華梵。累徵不就。"萊"，底本作"菜"。按梁慧皎《高僧傳》明本作"萊"，大正藏本作"菜"，宋代文才述《肇論新疏游刃》作"菜"，宋代宗曉編《樂邦遺稿》、宋睦庵善卿《祖庭事苑》等皆作"萊"，明朱時恩《佛祖綱目》作"萃"。據古人名與字關係推斷，應該為"萊"，"萊"古代貧者常食的野菜。《詩·小雅·南山有臺》："南山有臺，北山有萊。""菜"、"萃"皆為"萊"形近而誤。據此改。

⑧ 惠持：（337—412），東晉僧。雁門樓煩（山西崞縣）人，俗姓賈。為廬山慧遠之弟。少聰敏，能通經史，有文才，年十八，與兄同依丈道安出家。遍學三藏，並及外典。

⑨ 蓮社：白蓮社的略稱。為念佛修行之結社。源於東晉慧遠所創之結社念佛，今為此類結社之通稱。東晉太元九年（384），慧遠入廬山，住虎溪東林寺，四方求道緇素望風雲集。元興元年（402）七月，集慧永、慧持、道生、劉遺民、宗炳、雷次宗等一百二十三人，於東林寺般若臺無量壽佛像前建齋立誓，精修念佛三昧，以期往生西方。以寺之淨池多植白蓮，又為願求蓮邦之社團，故稱白蓮社。

⑩ 胥附：使疏遠者相親附。亦指親附、親附的人或泛指附庸。《尚書大傳》卷二："周文王胥附、奔輳、先後、禦侮謂之四鄰。"

簿，范寗注《穀梁傳》。曰：“遠公、持公孰愈？”孰，誰也。愈，勝也。范公
復云：“誠爲賢兄弟也。”持與遠實親俗兄弟也。王重曰：“但令如兄弟，誠
未易有。況復賢耶？”① 姚興初譯《智論》訖，《智論》，或稱《智度論》，龍
樹菩薩造。篤所聘請遠製序，其見重殊絕如此。

　　桓玄②徵殷仲堪③，桓玄，字敬道，大司馬溫之子，爲江州刺史，元興二年篡
晉安帝。劉裕舉兵，桓玄乃徵仲堪也。要遠出虎溪，遠稱疾。玄自入山，左右
曰：“昔殷仲堪禮遠，願公勿敬之。”曰：“何有此理，仲堪夲死人耳。”
既見，素反前約。素，先也。夲言不禮，及見即禮。出山，謂左右曰：“實乃
生所未見。”後玄欲沙汰④，教僚屬曰：“廬山道德所居，不在搜簡之
例。”⑤ 簡，閲也。

　　初成帝沖幼⑥，庾氷輔政，晉成帝⑦，諱衍，明帝長子。皇太后庾氏攝朝稱
制，祖約、蘇峻及庾氏專政也。以爲沙門應敬王者。何充、王謐等駁議，同
異不定。後桓玄在姑熟，姑熟，當塗縣也，舊日，宋主改爲太平州。欲令盡敬，
且以問告。遠荅書并製《沙門不敬王者論》五篇，以塞橫議。書并論並在
《弘明集》。安帝迫桓玄篡，遜于南郡。安帝，諱德宗，孝武子。以會稽王道子爲
太傅攝政。兗州刺史王恭與桓玄反，遷帝于溽陽，玄乃篡位。二年，劉裕誅之。玄
死，大駕克復舊京，何無忌前勸迎候，無忌爲侍中。遠稱疾不行。恩旨勞
問，遠以書謝。詔荅“歎恨”，不果見也。

---

　　① 《高僧傳》卷六：“但令如兄，誠未易有。況復弟賢耶？”
　　② 桓玄：(369—404)，字敬道，一名靈寶，譙國龍亢（今安徽懷遠）人，譙國桓氏代表
人物，東晉名將桓溫之子，東晉末期桓楚政權建立者。因曾襲父親“南郡公”之爵，故世稱
“桓南郡”。
　　③ 殷仲堪：(？—399)，陳郡長平人。殷融之孫。東晉末年重要官員，官至荆州刺史，曾
兩度響應王恭討伐朝臣的起事，在王恭死後與桓玄及楊佺期結盟對抗朝廷，逼令朝廷屈服。後來
卻被桓玄襲擊，逼令自殺。
　　④ 沙汰：議論事理而定其是非，即裁斷之義。通常多指官府對僧尼之善惡作裁斷，迫令惡
僧尼還俗。
　　⑤ 見《高僧傳》卷六《慧遠傳》。
　　⑥ 沖幼：年幼。《世說新語方正》：“成帝初崩，于時嗣君未定，何欲立嗣子，庾及朝議以
外寇方強，嗣子沖幼，乃立康帝。”
　　⑦ 晉成帝：即司馬衍(321—342)，字世根，東晉的第三代皇帝，晉明帝之長子，廟號顯
宗。325年即位，由于年幼，由母親皇太后庾文君輔政；庾太后死後由司徒王導與中書令庾亮
輔政。

持至井絡①，井絡之人望風趨慕。惠持入蜀，住依政縣後巖院也。偽蜀譙縱②之子道福③，尤兇悖④，將兵有所討，還至郫中，郫縣蓋法定寺。寺僧徒遙見人馬流血，盡奔走。懼戰士也。持在戶前盥洗，氣色晏如⑤。福既至，持⑥彈指瀌水，竟不輟。福灑汗而出，謂將校曰："大人固與眾異耳。"⑦

君子曰："晉失中原，介于江國⑧。"衣冠⑨避五胡之亂，五胡，前趙劉元海、後趙石勒、後魏拓跋氏、前秦苻氏、後秦姚氏也。莫不南遷。邦家以北伐爲謀，且慕膽勇。致使英賢緇素宅心⑩事外，鸞吟鶴舉，視俎豆⑪紱冕⑫而若遺⑬也。宅，居也。事，物也。高尚之流，觀世陵夷，居心物外，放鸞鶴之情，匿林泉之側，於禮樂而不顧也。夫澄、安、林、遠，製作對歇⑭，皆詞氣沖

① 井絡：泛指蜀地。《宋書·袁豹傳》："清江源於濫觴，澄氛浸於井絡。"

② 譙縱：(？—413)，巴西南充（今四川南部縣）人，十六國時期西蜀政權建立者。出身世家大族，初為東晉安西府參軍。義熙元年（405），自稱成都王，建立西蜀政權。義熙九年（413），東晉劉裕派兵討伐譙縱，譙縱兵敗自殺，西蜀政權滅亡。

③ 道福：即譙道福，譙縱的輔國將軍、梁州刺史。408年劉裕派遣劉敬宣率兵伐蜀，譙道福等奉命悉眾距險迎戰，相持60餘日，大小十餘戰，劉敬宣不得進，且糧盡，軍中多疾，死者太半，引軍還。410年，譙道福和荊州刺史桓謙一起率眾2萬，東寇江陵。

④ 兇悖：殘暴悖逆。袁康《越絕書·外傳計倪》："此乃禍晉之驪姬，亡周之姒，盡妖妍於圖畫，極兇悖於人理。"

⑤ 晏如：安定，安寧，恬適。《史記·司馬相如列傳》："及臻厥城，天下晏如也。"

⑥ 持：底本誤作"特"，按：《高僧傳》作"持彈指瀌水，淡然自若"，《宋高僧傳》作"持乃彈指，其眾驚奔僵仆"，蓋"特"為"持"之形誤。據改。

⑦ 見《高僧傳》卷六《慧持傳》。

⑧ 江國：殷商至春秋時期，華夏族在河南一帶建立的一個諸侯國，以鴻鳥爲圖騰，又作"鴻國"、"邛國"。公元前623年，爲楚所滅。

⑨ 衣冠：代稱縉紳、士大夫。《漢書·杜欽傳》："茂陵杜鄴與欽同姓字，俱以材能稱京師，故衣冠謂欽為'盲杜子夏'以相別。"顏師古注："衣冠謂士大夫也。"

⑩ 宅心：用心。《書·康誥》："汝丕遠惟商耇成人，宅心如訓。"孔傳："汝當大遠求商家耇老成人之道，常以居心，則知訓民。"

⑪ 俎豆：俎，同"爼"。俎豆：俎和豆。古代祭祀、宴饗時盛食物用的兩種禮器。亦泛指各種禮器。漢班固《東都賦》："獻酬交錯，俎豆莘莘。下舞上歌，蹈德詠仁。"

⑫ 紱冕：古時繫官印的絲帶及大夫以上的禮冠。引申為官服、禮服。《淮南子·泰族訓》："待媒而結言，聘納而娶婦，紱絻而親迎。"

⑬ 遺：通"匱"。匱乏。《老子》："眾人皆有餘，而我獨若遺。"高亨正詁引奚侗曰："遺借作匱，不足之意。"《禮記·祭義》："而窮老不遺。"《釋文》："'遺本作匱'是其證。"

⑭ 對歇：歇，同"揚"。古代常語，屢見於金文。凡臣受君賜時多用之，兼有答謝、頌揚之意。《書·說命下》："敢對揚天子之休命。"孔傳："對，答也。答受美命而稱揚之。"

深，有倫有義，倫，理也。雖宣象外之風，率多經濟之略。故始言首事，必信重於天下矣。

呂光入龜茲獲羅什，膝其頭，令倒乘駝，什無慍色。光乃特器異之，不敢狎侮①。符堅令呂光將兵伐龜茲，求羅什。既克獲之，不甚重，遂以龜茲王女強逼之。又令乘惡馬馳駝，什無怒容。及歸，勸令移營地，果大雨水漲，由此光特加禮重矣。暨返旆②于涼，聞秦敗，遂僭據其地，改車書③。呂光伐龜茲迴，以駱駝二萬餘頭，駿馬萬匹，珍寶千餘，迴至姑臧，聞符堅已戰敗，自稱涼州刺史，後僭位稱後涼，凡十四年。姚興命將討涼求羅什，涼亡，致之于關中。四方學侶，大集會秦。謀胤其後，以室強之，姚興慕其聰俊，逼之宮妓，以求其種。淨行者④恥聞其事。

夫宋龜靈而納介，⑤荊人辨而召刖，⑥宋元君夢人披髮告之曰：“予謂清江使者伯，漁者預且得我。”元君召問之，云：“得龜乃刳之，以卜，七十二鑽之無遺也。”又，卞和於荊山得石，辨之有玉，獻楚王。王不識，雙刖其足。三獻方別。斯皆以靈智而受刳刖，若羅什以聰明而污戒也。介，殼也。豈非智有所可，力有所困乎？故繼益以損物，莫爲之不惑也。魏孝文詔求什，孝文，諱宏獻，文帝長子。五歲受父禪，遷都洛陽，改姓元氏。在位二十九年。仁孝，雅好黃老，尤精釋義。後既得而祿之。雖吾教以仆陷大謬，不正也。然春秋之義，言功十世，亦可宥也。⑦春秋有功，宥十世之罪。

初童壽在外國，遇聖者告之曰：“若慎無適東土，將有大不利焉。”什乃不顧而來，豈非良臣死國計，良執⑧死高義，仁者死成仁，何顧之有也？將弘大教，不可以小節而堅守。法門于今受其賜，教之盛而什之力也。故什死

----

① 狎侮：輕慢侮弄。《書·旅獒》：“德盛不狎侮。狎侮君子，罔以盡人心；狎侮小人，罔以盡其力。”孔傳：“盛德必自敬，何狎易侮慢之有。”

② 返旆：旆，同“旆”。回師。晉陸機《晉平西將軍孝侯周處碑》：“潛光陽甸，返旆吳丘。”

③ 車書：原謂車乘的軌轍相同，書牘的文字相同，表示文物制度劃一，天下一統。後泛指國家的文物制度。《禮記·中庸》：“今天下車同軌，書同文。”

④ 淨行者：即“梵志”，音譯“婆羅門”、“梵士”。意譯“淨裔”、“淨行”。又稱“淨行者”、“淨行梵志”。婆羅門志求住無垢清淨得生梵天，故有此稱。

⑤ 見《莊子·外物》。

⑥ 見《韓非子·和氏》。

⑦ 見《左傳·襄公二十一年》。

⑧ 良執：良友。潘岳《夏侯常侍誄》：“慘爾其傷，念我良執。”

焚之，心舌不爛焉。①

　　僧導②，十歲從師受《觀音經》，問曰："此經有幾卷?"師欲試之，乃言："止有一卷耳。"導曰："初云爾時無盡意，故知爾前已應有事。"師奇之。居貧無資，以樵蘇③夕學。洎業成，姚興欽其德，入寺造敬，同輦還宮。宋武悅其賢，爲之於壽春立東山寺也。宋武，劉裕。收後秦，與僧導歸金陵也。

　　晉曇始④，孝武末東晉也。帝臨位，深奉佛法。符堅兵至，謝玄破也。適遼東，高麗開導始⑤也。後還三輔，三輔，咸陽縣。昔秦皇於此置殿觀。三輔人宗仰⑥之。宋武滅姚泓，留子義真鎮長安。赫連屈句赫連勃勃也。追，敗之。道俗少長，咸被坑戮，始接刃不傷。屈句自擊以佩劍，無能害，乃恐懼謝罪。⑦洎魏世祖⑧虜赫連昌⑨，赫連勃勃之子，爲後魏所滅。得始，每加

----

　　①　鳩摩羅什事見《高僧傳》卷二《鳩摩羅什傳》。

　　②　僧導：(362—457)，東晉南北朝間之學僧。鳩摩羅什門下最擅成實論者。陝西長安人。十歲出家，博讀諸典。撰述《成實論》、《三論之義疏》，並著《空有二諦論》等。

　　③　樵蘇：砍柴刈草。《史記·淮陰侯列傳》："臣聞千里餽糧，士有飢色，樵蘇後爨，師不宿飽。"裴駰《集解》引《漢書音義》："樵，取薪也。蘇，取草也。"

　　④　曇始：東晉末劉宋時代僧。生卒年不詳。關中(陝西)人。號白足和尚。出家後，常顯神通。晉孝武帝太元(376—396)末年，攜帶經、律數十部，至高句麗(遼東半島)弘揚教，此爲高句麗聞道之始。義熙(405—418)初年，還歸關中。

　　⑤　開導始：疑爲"聞道始"或"聞道之始"之誤。《三國遺事》卷三："晉孝武大元年末，齎經律數十部，往遼東宣化，現授三乘，立以歸戒，蓋高麗聞道之始。義熙初，復還關中，聞導三輔。"《高僧傳》卷一〇："晉孝武大元之末，齎經律數十部，往遼東宣化，顯授三乘，立以歸戒，蓋高句驪聞道之始也，義熙初，復還關中，開導三輔。"《法苑珠林》卷三一："晉孝武太元之末，齎經律數十部，往遼東宣化，顯授三乘，立以歸戒，蓋高句驪聞道之始也。義熙初，復還關中，開導三輔。"三書皆爲"聞道之始"。又上引《三國遺事》"開導三輔"誤作"聞導三輔"，可證"開""聞"形近易誤。"道"和"導"混用，藏經中更常見。"導"亦有可能是"道之"二字誤爲一字，因"導"下面的"寸"與"之"形近。《北山錄隨函》認爲"導"爲"遵"，無據。

　　⑥　宗仰：推崇景仰。《晉書·儒林傳·范宣》："宣雖閑居屢空，常以講誦爲業。譙國戴逵等皆聞風宗仰，自遠而至。"

　　⑦　見《高僧傳》卷一〇《曇使傳》。

　　⑧　魏世祖：即拓跋燾(408—452)，字佛狸，鮮卑族，明元帝拓跋嗣長子，母明元密皇后杜氏，北魏第三位皇帝，423—452年在位。崇儒滅佛，三次下詔毀滅佛法。452年，拓跋燾被中常侍宗愛殺害，時年45歲，諡號太武皇帝，廟號世祖。

　　⑨　赫連昌：(?—434)，一名赫連折，字還國，匈奴鐵弗部人，大夏武烈帝赫連勃勃第三子，十六國時期大夏國第二任皇帝。

殊敬。既滅法，玄風勌絕，赭衣其殱。赭，赤衣也，蓋乾陀色。始乃閉形幽
阻，非虐命所及。遁跡山谷也。蓋鴻飛冥空，高視天際，非罻羅①之所得
也。罻，網也。後知大法將亨，於月正元日，天子履端，謂正月之旦也。履端
於始，舉正於中，歸餘於終。造曆者以步履之首謂月節，舉正得中氣，即爲其月，二
百五十四日。所餘一十一日二十五分，積三十二日爲一閏也。廷實旅百，實，滿
也。旅，眾也。謂元日進奉之物充廷也。荷錫②於國門，將圖其變也。魏主聞
而怒，命有司速乃辟，肌不容刃。手劍之，其傷如線。俾投虎檻，虎避
伏，乃，汝也。辟，刑也。俾，使也。其末如之何。召即殿，詳考興廢。因問
國祚矩永之事。始乃扃鐍③邪關，芟夷④梗途，嘷悽然⑤悟矣。後魏太武諱燾，
初不信釋教，坑沙門、毀佛像等。因遇曇始化之，後悔過。南徵宋，殺戮無辜。立二
十九年。

　　太山僧朗⑥，凡聖不名人也。晉、魏、燕、秦六天子降詔問所供聘，
皆極世瓌奇實貨焉。雖珠璣無脛，至人無心，而德之所召，故無遠不屆。
至人本無心求於珠玉，珠玉亦無脛足而行，但道德昭感，而無遠皆至也。由是德因
名顯，名以德固，名德相副，實則永世，故今金興谷⑦靈趾不昧矣。齊州
太山神通寺，南燕慕容德爲僧朗禪師之所立也，以三縣民給之。長廊延亥，千有餘
間。三度廢寺，毀之不得。犯者，朗輒見身，以錫杖揮之，垂死求哀如初。有一井，
女人臨之即枯，燒香懺求，還復如故。立四百年，至今佛像鮮明如新。眾會不踐，于

---

①　罻羅：捕鳥的網。《禮記·王制》：「鳩化為鷹，然後設罻羅。」鄭玄注：「罻，小網也。」
《楚辭·九章·惜誦》：「矰弋機而在上兮，罻羅張而在下。」王逸注：「罻羅，鳥網也。」

②　錫：即錫杖。音譯為「隙棄羅」、「喫棄羅」。又作「聲杖」、「智杖」、「德杖」、「鳴
杖」、「金錫」。略稱「杖」。比丘十八物之一。比丘行於道路時，應當攜帶之道具。

③　扃鐍：本指門閂鎖鑰之類。《莊子·胠篋》：「將為胠篋、探囊、發匱之盜，而為守備，
則必攝緘縢，固扃鐍，此世俗之所謂知也。」成玄英疏：「扃，關鈕也；鐍，鎖鑰也。」引申為關
閉，鎖閉。《舊唐書·王璵傳》：「左震晨至，驛門扃鐍不可啟，震破鎖而入。」

④　芟夷：鏟除，削平。《三國志·蜀志·諸葛亮傳》：「今操芟夷大難，略已平矣，遂破荆
州，威震四海。」

⑤　悽然：淒涼悲傷貌。《莊子·漁父》：「客悽然變容曰：『甚矣子之難悟也。』」

⑥　僧朗：南北朝時代僧。京兆人。生卒年不詳。幼年遊訪問道，初隨佛圖澄習戒，後兼學
般若。曾於泰山西北之金興谷崐崘山建精舍，門下弟子百餘人。其教團以戒律嚴格著稱，且為當
時北地佛教之中心。又曾於山中除虎患，以安道俗，因其具有靈驗、神異之能力，時人譽為
神僧。

⑦　金興谷：位於山東省濟南曆城縣柳埠鎮東北 2 公里琨瑞山。符秦建元之初（365），僧朗
於金興谷崐崘山中建立精舍，後人遂稱金興谷為「朗公谷」。

今儼然。①

　　西秦、北涼，俱微國也。西秦②乞伏國仁③據河西，北涼④沮渠蒙遜⑤據姑臧。觀乎聖賢曇無讖⑥、法進⑦、道朗所譯製撰，其國非小焉。故《楚書⑧》曰：“楚國無以爲寶，惟善以爲寶。”⑨ 否者安得不由五運⑩，遐棄⑪厥荒，奄樹社稷，自構一方之鴻業矣。

　　梁慧約⑫始過志學，已有老風。剡⑬人謠曰：“少達妙理嫳居士。”既入道，玄德嘉聞，昇爲國師。詔以舊宅爲本生寺，所居里爲智者里也。⑭

------

①　見《高僧傳》卷五。

②　西秦：（385—431），十六國之一。隴西鮮卑族（一說屬貲虜）酋長乞伏國仁所建。都苑川（今甘肅蘭州西固）。其國號“秦”以地處戰國時秦國故地為名。

③　乞伏國仁（？—388），隴西人，鮮卑族，鮮卑乞伏部首領乞伏司繁之子，十六國時期西秦政權建立者，385—388 年在位。

④　北涼：（397 或 401—439），十六國之一。由匈奴支系盧水胡族的沮渠蒙遜所建立；另有一種看法認為建立者為段業，此說是以蒙遜堂兄沮渠男成擁立段業稱涼州牧，並改元神璽為立國之始（397）。

⑤　沮渠蒙遜（366—433），臨松盧水（今甘肅張掖）人，匈奴族，十六國時期北涼的建立者，西元 401—433 年在位。

⑥　曇無讖：（385—433），北涼譯經僧。又作“曇無懺”、“曇牟讖”、“曇無羅讖”、“曇摩讖”、“曇謨懺”、“曇羅無讖”。意譯“法豐”。中印度人，婆羅門種姓出身。善咒術，時人稱為“大咒師”。北涼玄始元年（412），河西王沮渠蒙遜迎師入姑臧，譯有《涅槃經》三十六卷、《方等大集經》二十九卷、《金光明經》四卷、《悲華經》十卷、《菩薩地持經》八卷、《菩薩戒本》一卷等，凡六十餘萬言。

⑦　法進：（709—778），唐代僧。申州信陽（位於河南）人，俗姓王。或謂明州（浙江鄞縣）人。著有《梵網經註》、《沙彌經鈔》、《東大寺授戒方軌》、《戒壇式》等。

⑧　楚書：即《楚語》，楚昭王時史書，一說《國語》中的《楚語》。

⑨　今見於《禮記·大學》：“楚國無以為寶，惟善以為寶。”

⑩　五運：據五行生克說推算出的王朝興替的氣運。《東觀漢記·光武紀》：“自帝即位，按圖讖，推五運，漢為火德，周蒼漢赤，木生火，赤代蒼。”

⑪　遐棄：遠相拋撇，遠相離棄。《詩·周南·汝墳》：“既見君子，不我遐棄。”

⑫　慧約：（452—535），南朝梁代僧。東陽烏傷（四川）人，俗姓嫳。字德素。十二歲即遍禮塔廟，潛究經典。劉宋泰始四年（468），十七歲，於東山寺出家。

⑬　剡：古縣名。西漢置，在今浙江東部，包含嵊州和新昌。

⑭　見《續高僧傳》卷六。

北齊法上①，高歡受東魏禪，都鄴，稱北齊，爲後周所滅。肇落兩髦，嶷然成器。刻意尚行，頗究玄微，時人以爲聖沙彌。由形色非美，諺云："里沙彌若來，高座②逢災。"文宣請爲戒師，掩面布髮令蹈，迺受降君之敬罄矣。天保中，國置十統，以上爲大統也②。降，音古巷反。謂降君父之尊，行師資之敬也。文宣③，諱洋，字子進，高歡第三子。時有爾朱榮④之亂，共憂寒餒。帝始生數月，忽欣然曰："得活耶？"及登位，神武冠絕。至末年，毒虐誅戮，不可言紀。崩年三十六。⑤

隋靈藏⑥，高祖龍潛⑦之友也。隋高祖，姓楊，諱堅，以周大統七年生馮翊般若寺，紫氣充庭，襲爵隋國公。周武爲太子聘帝長女。宣帝崩，劉昉等以帝輔政，帝爲丞相。帝崩，受周禪，在位十二年。潛龍曰與藏爲深友。既御極，彌篤舊素，勅其宮闈⑧："入則未吾禁也，出亦如之。而坐則同榻，行則同輦。"曰："弟子爲俗人天子，律師⑨爲道人天子。"⑩今謂帝王之言過矣。君言則書，何可戲焉？君之左右，所舉必書，左史記言，右史記動。夫愛人不失其義，則其愛遠矣。

---

① 法上：（495—580），北朝僧。朝歌（河南淇縣）人，俗姓劉。九歲能讀涅槃經，萌發出塵之志。十二歲投道藥禪師出家。著有《增一數法》四十卷、《大乘義章》六卷、《佛性論》二卷、《眾經論》一卷等。

② 高座：仿自釋尊成道時所坐之金剛寶座，而於說法、講經、說戒、修法時，設置一個較通常席位為高之床座。

③ 文宣：即北齊文宣帝高洋（529—559），550—559 年在位，字子進，南北朝時期北齊開國皇帝，東魏權臣、北齊神武皇帝（追謚，實際尚未即位）高歡次子、北齊文襄皇帝（亦為追謚，實際尚未即位）高澄的同母弟，鮮卑化的漢人。

④ 爾朱榮：（493—530），字天寶，北秀容（今山西朔州）人，契胡族，北魏末年將領、權臣。後挾帝自重、權傾天下，為魏莊帝所殺。

⑤ 見《續高僧傳》卷六。

⑥ 靈藏：（519—586），隋代僧。雍州（陝西長安）人，俗姓王。少依穎律師出家。文帝敕住京師大興善寺，與文帝為布衣之交。

⑦ 龍潛：語出《易·乾》："潛龍勿用，陽氣潛藏。"喻帝王未即位。《後漢書·爰延傳》："陛下以河南尹鄧萬有龍潛之舊，封為通侯。"

⑧ 闈：守門人。

⑨ 律師：又作"持律師"、"律者"。即專門研究、解釋、讀誦律之人。

⑩ 見《續高僧傳》卷二一《釋靈藏傳》。

　　歲苦旱，雩①而不雨，國人騷②非有年③。帝以聽於神，無若聽於聖人也，迺請曇延④於大興殿登御座，南面傳戒，帝命朝宰席北面跪受，不崇朝⑤而雨焉。衣與食皆出自帝宮，傳自帝手。尋昇爲平等沙門，於所犯者，兩造⑥具備，然後泣而懲之。哀敬⑦刑書⑧，弘大禹之悼罪。曇延，姓王氏，蒲州桑泉人，幼而聰慧。沙彌時有薛居士，因書四字示之：方圓動靜。令體之，延應聲曰：「方如方等城，圓如智惠日，動則比識浪，靜類涅槃室。」薛驚駭。後著《涅槃經疏》十五卷，於舍利塔前祈請，放光夜燭也。⑨

　　帝嘗欲試沙門器度，廣搜嘯於殿延。敕禁甲虎賁，奮劍逐之。惟敬脫⑩步武若暇，逶迤而退。帝美其弘遠，命昇殿，錫法物道服，旌其異也。高僧敬脫，常擔母學業，善大書，筆如臂，管長三尺。方丈書一字，更不脩整。隋文命上殿，賜大竹扇，面闊三尺，即令執用。並賜松枸高屐，令著。從宮中出，帝自送之，曰：「誠僧傑也。」⑪

　　觀乎仁壽、開皇，天下大定，亦以善之至也。而智不圓遠，家愛不臧，臧，善也。家愛謂煬帝承父之大業而不修令德，荒惑女色，以至亡敗矣。遂使卜世不

————————————

①　雩：古代為祈雨而舉行的祭祀。《左傳·桓公五年》：「龍見而雩。」杜預注：「龍見，建巳之月。蒼龍，宿之體，昏見東方，萬物始盛，待雨而大，故祭天，遠為百穀祈膏雨。」《荀子·天論》：「雩而雨，何也？曰：無何也，猶不雩而雨也。」楊倞注：「雩，求雨之禱也。」

②　騷：憂愁。《史記·屈原賈生列傳》：「故憂愁幽思而作《離騷》，離騷者，猶離憂也。」

③　有年：豐年。《書·多士》：「今爾惟時宅爾邑，繼爾居，爾厥有幹有年于茲洛。」孔傳：「汝其有安事有豐年于此洛邑。」《竹書紀年》卷下：「秋大有年。」

④　曇延：(516—588)，隋代僧。桑泉（山西臨晉）人，俗姓王。北周武帝初年，授為國統。其後帝將廢佛，極諫不聽，遂遁歸太行山。至隋文帝時，自剃髮鬚，謁帝請度僧眾，興隆佛教。著有《涅槃義疏》十五卷，另有《寶性》、《勝鬘》、《仁王》等疏。

⑤　崇朝：終朝。從天亮到早飯時。有時喻時間短暫，猶言一個早晨。亦指整天。崇，通「終」。《詩·鄘風·蝃蝀》：「朝隮于西，崇朝其雨。」毛傳：「崇，終也。從旦至食時為終朝。」

⑥　兩造：指訴訟的雙方，原告和被告。《書·呂刑》：「兩造具備，師聽五辭。」孔傳：「兩，謂囚、證；造，至也。」

⑦　哀敬：憐恤，同情。《書·呂刑》：「哀敬折獄，明啟刑書胥占，咸庶中正。」孔傳：「當憐下人之犯法，敬斷獄之害人。」

⑧　刑書：刑法的條文。《書·呂刑》：「哀敬折獄，明啟刑書胥占，咸庶中正。」

⑨　見《續高僧傳》卷八《曇延傳》。

⑩　敬脫：隋汲郡人。少出家，孝行清直，常施荷擔母置一頭、經籍楮筆置一頭入村乞食。威儀修整，志節堅正，時人號為「僧傑」。隋煬帝敕賜其面闊三尺的大竹扇，還賜予他松枸高屐。

⑪　見《續高僧傳》卷一二《敬脫傳》。

永，故吾教以福慧①爲兩濟，闕則何言哉？隋三帝共三十八年矣，而禪于唐。

　　古者有德而爵，有功而禄，而沙門有至卿大夫爵禄者也；古者生名、冠字、死謚，而沙門有至侯伯之謚者。子生二十，冠而字，字以表德也。殁而立謚。周人以諱事神，名終將諱之，故易之以謚之。古者無賜紫衣、師号者，如定蘭賜謚覺性。悲夫，秦人寘跋陁②於廬山，跋陁，此云覺賢。一日誦習，敵餘人一月。自中印土至秦，與羅什論議，甚有神異。爲僧等謗，逐之往廬山，譯經一百餘卷，七十一而卒。③ 魏后辟玄高④於平城，高生而神異，後魏拓跋燾據平城，高與太子晃善，晃被讒，父疑高，又爲崔晧、寇謙等譖帝。帝怒，繫而殺之。光明至寺，弟子方知，遂請尸欲葬之。高復起，備言吉凶而卒。⑤ 出《梁傳⑥》。苟非其時，雖聖賢，尚致危身之酷，豈止泣麟傷鳳⑦而已哉！故漢文⑧優賢而賈誼⑨猶謫，漢文仁聖，而賈誼賢才，猶謫長沙而卒。魏武⑩禮士，而孔融就誅。孔融，

---

　　① 福慧：又稱“福觀”。即福德與智慧二種莊嚴。福者修六度中之布施、持戒、忍辱、精進、禪定等善業，屬利他；慧者智慧，即觀念真理，屬自利。

　　② 跋陁：即佛馱跋陀羅，又作“佛陀跋陀羅”、“佛度跋陀羅”、“佛大跋陀”、“佛陀跋陀”。意譯作“覺賢”、“佛賢”。五世紀時之譯經僧。北印度那呵利城人，姓釋，爲迦維羅衛城甘露飯王之後裔。譯有《達摩多羅禪經》、與法顯合譯《摩訶僧祇律》、《大般泥洹經》，又獨譯出《大方廣佛華嚴經》六十卷等。

　　③ 見《高僧傳》卷二《佛馱跋陀羅》。

　　④ 玄高：（402—444），北魏僧。馮翊萬年人，俗姓魏，名靈育。年十二入中常山，堅求出家，改名玄高。專究禪律，爲山僧說法，四座驚異。後師事佛馱跋陀羅，受禪觀祕法。

　　⑤ 見《高僧傳》卷一一《釋玄高》。

　　⑥ 梁傳：即《高僧傳》，凡十四卷。又作《梁高僧傳》，簡作“梁傳”。梁朝慧皎（497—554）著。書成於梁天監十八年（519）。

　　⑦ 泣麟傷鳳：同“泣麟悲鳳”。古代以爲麟是仁獸，天下太平時乃出現；又以爲鳳鳥至乃聖人受命而王之兆。孔子因亂世獲麟而涕泣，又因鳳鳥不至而傷嘆。見《公羊傳·哀公十四年》、《論語·子罕》。後因以“泣麟悲鳳”爲哀傷國家衰敗之典。

　　⑧ 漢文：即漢文帝劉恒（前230—前157），漢高祖第四子，母薄姬，漢惠帝之庶弟。

　　⑨ 賈誼（前200—前168），洛陽人，西漢初年著名的政論家、文學家。其著作主要有散文和辭賦兩類，《過秦論》、《論積貯疏》、《陳政事疏》等都很有名，辭賦以《吊屈原賦》、《鵩鳥賦》最爲著名。

　　⑩ 魏武：即魏武帝曹操（155—220），字孟德，一名吉利，小字阿瞞，沛國譙縣（今安徽亳州）人，漢族。東漢末年傑出的政治家、軍事家、文學家、書法家。三國中曹魏政權的締造者，以漢天子的名義征討四方，對内消滅二袁、呂布、劉表、韓遂等割據勢力，對外降服南匈奴、烏桓、鮮卑等，統一了中國北方，並實行一系列政策恢復經濟生產和社會秩序，奠定了曹魏立國的基礎。曹操在世時，擔任東漢丞相，後爲魏王，去世後謚號爲武王。其子曹丕稱帝后，追尊爲武皇帝，廟號太祖。

字文舉，爲魏武誅之。融二子八九歲，方弈碁不起，左右曰："父見誅何不起耶？"二子曰："豈有覆巢之下，復有完其卵①乎？"尋，俱收而死也。②豈非通塞③之命，懸於時運哉？

余嘗適莽蒼④之野，_{莽蒼，郊野也。}遭鮮風騰馥，爲之四顧，得紫芝數夲於衰叢之末，而野燒所及，莖蓋毀缺，迺擷而翫之。_{擷，胡結反。}但顧拙於所庸，日暮寘石上而歸。他日登朱門，覩瓊籠之中，巾以文繡，與余之先見者奚異也？但遇不遇也，惜乎！人之於人，何莫若是哉！

至化第六

明大覺以悲智之心，行至極之化。

大聖恭己⑤，萬靈作輔，利見爲心，匡救爲功，光宅⑥天下者化，天龍⑦翼奉，釋梵宗師，統三界以居尊，總四生而並化，或作大夫，或作人王。_{應以宰官小王等現化。}泊百工鬻香長者、廣大國有鬻香長者⑧，名優鉢羅，善別知一切香，亦知和合一切香法。燒塗末等，又知出處。有香名象藏，因龍鬪生，

---

① 卵：底本作"卯"。《世說新語·言語》："孔融被收，中外惶怖。時融兒大者九歲，小者八歲，二兒故琢釘戲，了無遽容。融謂使者曰：'冀罪止於身，二兒可得全不？'兒徐進曰：'大人豈見覆巢之下，復有完卵乎？'尋亦收至。"完卵，本指完好的禽蛋，後因以比喻幸得保全。故據此改。

② 見《世說新語·言語》。

③ 通塞：謂境遇之順逆。《易·節》："不出戶庭，知通塞也。"

④ 莽蒼：莽，同"莽"。《干祿字書·上聲》：莽，"莽"的俗字。莽蒼，形容景色迷茫。《莊子·逍遙遊》"適莽蒼者，三飡而返，腹猶果然。"成玄英疏："莽蒼，郊野之色，遙望之不甚分明也。"

⑤ 恭己：謂恭謹以律己。《論語·衛靈公》："無爲而治者，其舜也與？夫何爲哉？恭己正南面而已矣。"

⑥ 光宅：廣有。《書·堯典序》："昔在帝堯，聰明文思，光宅天下。"曾運乾正讀："光，猶廣也。宅，宅而有之也。"

⑦ 天龍：謂諸天與龍神等八部眾。又稱"八部眾"，音譯"天"、"龍"、"夜叉"、"阿修羅"、"迦樓羅"、"乾闥婆"、"緊那羅"、"摩睺羅迦"。

⑧ 鬻香長者：又稱"青蓮華香長者"、"優鉢羅華香長者"，善財童子參訪的五十三位善知識之一，鬻香爲其解說"調和一切香法"。

若燒一丸，起大香雲。彌覆王都，於七日中雨細香，雨著身，樓閣衣悉作金色。摩羅耶山①有栴檀，名牛頭香②，若以塗身，設入火坑，火不能燒。雪山有香名阿盧那，眾生嗅者，離諸染欲。**濟海舡師**③、南方有城樓閣，中有舡師，名婆施羅。在其海上，與百千商人方便開示佛功德法，度脫眾生。**苦行外道**④、都薩羅城善得山，有外道名遍行。為人演說一切世間巧術伎藝，又能調伏九十六種外道，令其捨離所有諸見。**戲沙童子**⑤、南方自在童子，於名聞國河渚之中，與十千童子聚沙為戲。此童子於一切眾生名、一切業名、一切諦名，皆悉了知。其有益於生民者而無不為也。或悶悶⑥焉示之以樸，悶悶，昏愚皃。察察⑦焉示之以智，察察，八明達皃。或行行⑧焉示之以勇，行行，剛強皃。或衎衎⑨焉示之以和，衎衎，和樂皃。而不得求之一致也，不可捨一以求之也。故或噲或闢，或顯或晦，或窪或隆，噲，聚也。闢，開也。顯，明也。晦，暗也。窪，低深也。隆，高顯也。將得之，又失之；將依之，又違之。其德淵乎？其迹渝乎？其表覺乎？其影訛乎？其音揚乎？其響塞乎？誠莫可徵其微也。是以真道焉可以修身，權道焉可以御化。真道，滿教也，不專利已。權道，半教也，不能兼濟。御，攝也。真道不可以暫廢，故混而不滓；在果不增，居因不減。隨常流⑩而不溺，處

---

① 摩羅耶山：又作“秣剌耶山”、“摩羅耶山”、“魔羅耶山”、“摩羅延山”、“摩利山”。在玄奘之記述中，屬印度最南方之地。

② 牛頭香：即“牛頭旃檀”，檀香木之一，乃旃檀中之最具香氣者。又作“牛頭栴檀”。產於南印度摩羅耶山西南之摩羅耶。

③ 濟海舡師：樓閣城之船師。又作“船師”、“自在海師”，音譯作“婆施羅”，謂於佛法海、生死海已善通達，故稱自在。善財童子參訪五十三位善知識之一，婆施羅為其解說“大悲幢行”。舡，同“船”。

④ 苦行外道：又稱“徧行外道”、“隨順一切眾生外道”。指印度古代以苦行求取未來樂果之外道。善財童子參訪的五十三位善知識之一。善財至都薩羅城，參詣，遍行外道為其解說“至一切處菩薩行門”。

⑤ 戲沙童子：又稱“自在主童子”、“釋天主童子”。善財童子參訪的五十三位善知識之一，為其解說“一切工巧神通智門”。

⑥ 悶悶：愚昧、渾噩貌。《老子》：“眾人察察，我獨悶悶。”

⑦ 察察：明辨，清楚。《老子》：“眾人察察，我獨悶悶。”

⑧ 行行：剛強貌。《論語·先進》：“閔子侍側，誾誾如也；子路，行行如也，冉有、子貢，侃侃如也。”何晏集解：“鄭曰：‘樂各盡其性，行行，剛強之貌。’”

⑨ 衎衎：和樂貌。《易·漸》：“鴻漸于磐，飲食衎衎，吉。”尚秉和注：“衎衎，和樂也。”

⑩ 常流：長河。《史記·屈原賈生列傳》：“寧赴常流而葬乎江魚腹中耳，又安能以皓皓之白而蒙世俗之溫蠖乎！”司馬貞《索隱》：“常流，猶長流也。”

羣萃①而不異故也。**權道不可以久立，故捨而合道也。**設權暫用故不可久立，須歸常道也。**而真道終終焉，**上終字，周圓也。下終字，三祇之果，乃是終竟之處。六度萬行之真道，能周圓三祇之果也。**權道始始焉，**上始字，初發也。下始字，五戒、十善、小聖之行等也。佛開此權宜之教，以爲初發趣入之始也。**如調達行三逆，而終得授記，三逆亦有報也。**梵云提婆達多，此云天授，佛之堂弟，斛飯王之子。從天神乞得，故常與佛爲寃②。以石打佛，脚損。出佛身血，破和合僧，殺比丘尼，是三逆罪。雖入地獄，靈山會上亦得授記。三逆之報，豈徒然哉？聖記顯復歸乎本也。**常不輕禮四眾③，誠則失儀，但劫濁④難化，而聖善用時，寄蹟申禮。**《法華經》常不輕菩薩，恒禮四眾而得成佛。應權逐時者，以時多輕慢故，盛行禮敬而化之也。

　　西域優陀延⑤與賓頭盧⑥少相厚善，賓頭盧，姓頗羅墮，住摩利山，不入涅槃。**王每至，賓頭盧不爲之起。左右請王用治法，王曰；**"事既矣，既，已也。前度不起之事已了。須吾後往。"**異日王至，賓頭盧念欲不起，恐王害己，墮於地獄；念欲爲起，慮損王福，失於國位，俄復裁之：**"失國之重，不甚惡道⑦。起愈不起，宜從愈也。"**乃前逆王七步，王駭其無恒，賓頭盧曰：**"吾前慮王失位也。今將爲我害故不獲其慮也。"**王曰："吾失

---

① 羣萃：本指事業相同的人集聚在一起。語出《國語・齊語》："令夫士，羣萃而州處。"韋昭注："萃，集也；州，聚也。"這裡指同類。《文選・陸機〈謝平原內史表〉》："擢自羣萃，累蒙榮進。"李善注引賈逵曰："萃亦處也。"呂向注："萃，聚也。言拔於羣聚之中。"

② 寃："寃"之異體。《漢隸字源・平聲・元韻》引《溧陽長潘乾校官碑》"寃"即作"寃"。

③ 四眾：指構成佛教教團之四種弟子眾。又稱"四輩"、"四部眾"、"四部弟子"。即比丘、比丘尼、優婆塞、優婆夷；或僅指出家四眾，即比丘、比丘尼、沙彌、沙彌尼。

④ 劫濁：五濁之一。謂時節之濁亂。於減劫中，饑饉、疾病、刀兵等劫生起，衣食等資具衰損，是為劫濁。

⑤ 優陀延：即優填王，又稱"嗢陀演那"、"鄔陀衍那"。全稱"嗢陀演那伐蹉"。意譯"日子王"、"出愛王"。為佛世時憍賞彌國之王。因王后篤信佛法，遂成為佛陀之大外護。

⑥ 賓頭盧：全稱"賓頭盧跋羅墮闍"。又作"賓頭盧頗羅墮誓"、"賓度羅拔囉墮舍"、"賓頭盧突羅闍"。為佛弟子，十六羅漢之一。永住於世，現白頭長眉之相。又稱"住世阿羅漢"。賓頭盧為名，譯作"不動"；跋羅墮闍為姓，譯作"利根"、"捷疾"、"重瞳"，為婆羅門十八姓之一。

⑦ 惡道："善道"之對稱。與"惡趣"同義。道，為通之義。即指生前造作惡業，而於死後趣往之苦惡處所。係對所趣之依身及器世界之總稱，主要指地獄。在六道之中，一般以地獄、餓鬼、畜生三者稱為三惡道，阿修羅、人間、天上則稱為三善道。此外，四惡道指地獄、餓鬼、畜生及阿修羅；五惡道則指地獄、餓鬼、畜生、人間、天上。

國幾?”對曰:“後七日,當亡國七年矣。”①

　　北齊僧稠②見文宣,無將送。文宣,高洋。都河東,在位十年崩。帝密納邪譖,兼之以識忌黑衣,時有譖文宣云:“見王不起,有輕君慢主之志。”又有識云:“黑衣當王。”稠著緇衣,疑應也。覬異日往,以大不敬除之。比大駕幸山中,稠出山二十里,孤立道側。帝曰:“嘗他日不吾爾,今則然。”稠曰:“恐身血不淨,穢污僧房耳。”帝內慙,請以身負稠還所止,稠固不受命焉。③ 不受負還之命也。《易》曰:“君子之道,或出或處,或默或語。”④言隨應變時也。所謂邦有道,則智;邦無道,則愚。用之,則行;捨之,則藏也。

　　夫富有天下者,貴有人民者,視行藝猶雞犬牛馬之類耳。其始以能知時,雞也。能吠守,犬也。能致遠,牛也。任重致遠⑤。能代勞馬也。而悅之,終不以其能而不殺之,而不食之,而不皮毛用之。故彼慎悖其賞,而懼及其害,尚寡乎吉也,況道德者? 此等禽畜,雖獲賞愛,猶及誅害。若奇禽異獸,爲萬井不急之用,井,鄉井也。九家爲井。其或遭一士之所悅,其能久乎? 而至德之世,上古之時也。鳥巢可窺,麋鹿可羈者,何以殺機微也? 後世高其巢,遠其人,禽則高巢,獸則遠人,懼殺戮故也。莫得馴狎⑥者,豈不以機之甚乎? 如吳季札聘晉,入境歎曰:“暴矣。”從者問其故,曰:“吾見鳥巢高,所以知暴也。”仲尼云:“傾巢覆卵,鳳凰不至。窮藪竭澤,麒麟不至。”嫌其害也。⑦ 惡傷其類也。

　　故賢者不輔,勢善下已。不阿黨而高踞故也。天授其福,人思無競。死生由命,富貴在天,別報所感,不妄動矣。夫處於權豪⑧,鮮有不狀已而務多尚於人者。鮮,少也。狀,習也。務,慕也。尚,勝也。高貴權豪之士,少有不習念已權豪之勢,既習念之,而必切求勝尚於人。顧彼門寒援寡,雖負智藝,蔑之何有? 權豪之者,於蓬門蓽戶之士,縱使才藝凌雲,亦不顧之。想於己,不由

---

　　① 《法華經文句記箋難》卷三《審如賓頭盧知七年失國》所記與此同。

　　② 僧稠:(480—560),北齊禪僧。河北鉅鹿人,俗姓孫。撰有《止觀法》二卷行於世。

　　③ 見《續高僧傳》卷一六《釋僧稠傳》。

　　④ 見《易·繫辭上》。

　　⑤ 任重致遠:語出《易·擊辭下》:“服牛乘馬,引重致遠。”指負載沉重而能行達遠方。

　　⑥ 馴狎:謂馴順可親近。《梁書·孝行傳·韓懷明》:“有雙白鶴巢其廬上,字乳馴狎,若家禽焉。”

　　⑦ 見《史記·孔子世家》。

　　⑧ 權豪:權勢豪强之士也。

姑息則必胃①繳，以罪而毒之。姑息，憐愍也。既不憐愍，即必別事羅織而加罪戾以害之也。故《書》曰："世祿之家，鮮克由禮。"《尚書·畢命》之文。世有祿位之家，少能用禮也。奈何以禮而欲理其介耶？而吏或有志有氣者，以殘刻爲德，豈知溫渥之惠，向使遭虎兕②眦睚③，亦當以力觸之，何望於怒耶？眦睚，怒貌兒。觸，對抵也。豈懼其怒也？

　　昔管蕃④殺帛遠⑤，遠字法祖，本姓萬，河內人，少出家。才思俊徹，日誦萬言。張輔⑥愛之，欲命歸俗，不允。後與道士管蕃論義，蕃屈。譖之於輔，輔殺之。羣胡聞之，怒而入秦州，殺輔與蕃也。⑦庾恭戕法慧⑧，法慧，關中人，方直有戒行。晉康帝建元中，止襄陽，不受別請。每乞食，輒齎繩床自隨。一時遇雨，以油帔自覆，雨止不見之，僧法照曰："汝過去曾傷一雉足，其殃將至。"後爲征西庾雉恭殺之也。⑨肆怒⑩勇罰，一何甚哉！諒亦由彼。不自流遁⑪，又不危遜，諒，信也。遁，逃也。賢者避世，既不能避世之惡，即合便危行遜言。包周身之防，而自取其禍也。凝滯⑫業理，故至是也，但凝滯不通，指業報而斷之故也。或以道冨

---

① 胃：同"胃"。字見《蠕範》卷七。

② 虎兕：虎與犀牛。比喻凶惡殘暴的人。《論語·季氏》："虎兕出于柙。"漢王逸《九思·逢尤》："虎兕爭兮於廷中。"

③ 眦睚：眦，同"眥"《集韻·霽韻》："眥，《說文》：'目匡也。'或書作眦。"眥睚，怒目而視。亦借指微小的怨憤。《史記·龜策列傳》："素有眥睚不快，因公行誅，恣意所傷，以破族滅門者，不可勝數。"

④ 管蕃：魏晉時代秦州人，與帛遠辯論是屢戰屢敗，多次誣陷帛遠。

⑤ 帛遠：魏晉時代僧。河內（河南沁陽）人，俗姓萬。又作白遠。字法祖，故亦稱帛法祖。常與祭酒王浮論爭佛道邪正之理，王浮屢居下風，憤而作《老子化胡經》，誣謗佛法。曾注釋《首楞嚴經》，又通胡語，譯有《佛般泥洹經》等，凡十六部十八卷。

⑥ 張輔：（？—305），字世偉，南陽西鄂人，東漢時著名天文學家、發明家張衡的後代，西晉官員，官至秦州刺史。

⑦ 見《高僧傳》卷一《帛遠傳》。

⑧ 法慧：又作"曇摩持"、"曇摩侍"，意譯"法慧"、"法海"。西域僧。善諷誦阿毘曇，復善持律。前秦建元元年中抵長安，於建元十五年（379）誦出十誦比丘戒本。同年又譯出《比丘尼戒本》一卷、《教授比丘尼二歲壇文》一卷、《夏坐雜十二事》、《雜事》等。

⑨ 《高僧傳》卷一〇《竺法慧》。

⑩ 肆怒：謂濫發脾氣。晉葛洪《抱樸子·行品》："不原本於枉直，苟好勝而肆怒者，暴人也。"

⑪ 流遁：流蕩逃遁。《莊子·外物》："夫流遁之志，決絕之行，噫，其非至知厚德之任與！"

⑫ 凝滯：拘泥，黏滯，停止流動。《楚辭·漁父》："漁父曰：'聖人不凝滯於物，而能與世推移。'"

則不有已，故被褐①節粒，捐形骸如委蛻②。固不難其死，安能矯示耶？其間或有道德孤高，洞達空有，物我俱喪，於死故無所懼，安能矯飾求生者也。彼蓋不得死之義也。既非匡救教門，又非求道濟物。虛趣一死，亦奚以爲哉？夫有勇而輕死，有喪我而輕死。於其勇者，不愚則仁。勇而死者，或因愚故，而不懼死；或以仁故，而勇於死。愚若暴虎憑河③，暴虎，徒搏也。憑河，徒涉也。仁則得義，登於明堂。以捍國難而死，則登於明堂。喪我者聖仁也，非故觸死，死至不懼也。悟達生死何必懼，惟業可懼也。

　　昔魏周之際，何嘗有匪躬④折檻⑤，勇死於義者？《漢書》：朱雲，字子遊，魯人。成帝時，張禹爲帝師，甚尊重。雲上書云：“願賜上方斬馬劍，斷佞臣一人頭，以厲其餘。”上曰：“誰也？”“安昌侯張禹。”帝怒：“小臣居下訕上，廷辱師傅。”令御史將下殿，雲攀殿檻折，辛忌叩諫乃止。自後魏、後周，何嘗有此人也？⑥雖静藹⑦、道積⑧之徒，空巖殺身，蓋亦自經於溝瀆之流也。藹諫周武沙汰，不從。入山，刺血書石上，以腸挂樹，出心捧之而卒。⑨《論語》云：“豈若匹夫匹婦之諒也，自經於溝瀆也。”⑩ 平齊之後，慧遠⑪憤惋吒然，霹靂之下，詞又不

---

①　被褐：穿着粗布短襖。謂處境貧困。《墨子·尚賢中》：“傅說被褐帶索，庸築乎傅巖。”

②　蛻：“蛻”之異體。字見《漢隸字源·去聲·祭韻》引《老子銘》，以為即“蛻”字，《玉篇·虫部》、《廣韻·去聲·祭韻》並同。

③　暴虎憑河：典出《詩·小雅·小旻》：“不敢暴虎，不敢憑河。”空手搏虎，徒步渡河。比喻冒險行事，有勇無謀。《論語·述而》：“暴虎憑河，死而無悔者，吾不與也。”邢昺疏：“空手搏虎為暴虎，無舟渡河為憑河。”

④　匪躬：謂忠心耿耿，不顧自身。《易·蹇》：“王臣蹇蹇，匪躬之故。”孔穎達疏：“盡忠於君，匪以私身之故而不往濟君，故曰：匪躬之故。”

⑤　折檻：漢槐里令朱雲朝見成帝時，請賜劍以斬佞臣安昌侯張禹。成帝大怒，命將朱雲拉下斬首。雲攀殿檻，抗聲不止，檻為之折。經大臣勸解，雲始得免。後修檻時，成帝命保留折檻原貌，以表彰直諫之臣。後世殿檻正中一間橫檻獨不施欄干，謂之折檻，本此。後用為直言諫諍之典故。

⑥　見《漢書·朱雲傳》。

⑦　静藹：又作“静藹”，（534—578），北周僧。滎陽人，俗姓鄭。十七歲，與友遊寺，觀地獄圖變，決志出家，乃投瓦官寺和禪師剃髮。宣政元年，趺坐石上，自割其肉而死。著有《三寶集》。

⑧　道積：北周宜州沙門。

⑨　見《續高僧傳》卷二三《釋静藹傳》。

⑩　見《論語·憲問》。

⑪　慧遠：（523—592），隋代僧。敦煌（甘肅）人，俗姓李。又稱“隋遠”、“小遠”、“大遠”、“北遠”。十三歲隨沙門僧思出家。因住淨影寺，故又稱“淨影寺慧遠”、“淨影”，以別於廬山慧遠。著有《大乘義章》二十六卷、《十地經論義記》十四卷、《華嚴經疏》七卷、《大般涅槃經義記》二十卷、《法華經疏》七卷、《維摩經義記》四卷、《勝鬘經義記》三卷、《無量壽經義疏》一卷等，凡二十部百餘卷。其中，《大乘義章》二十六卷，堪稱為佛教之百科全書，對隋、唐佛教之研究影響甚大。

婉，辯鬚逆鱗①，幾不免害。遠公諫周武，幾誤旨而出，後遠竄山林而講《涅槃經》，至隋文興方出。②故賢者能權，聖者知機，雖不貴生亦不可輕死也。稠③謂高洋曰："檀越昔爲羅刹，但臨水自見。"帝從之覩羣羅刹，遂不食肉，罷繁鳥獸，禁鮫屠薰辛入市。④《齊書⑤》說高洋征契丹，先露頭祖身，千里惟食肉飲水，壯氣彌厲。爲君之後，祖露形體，傳粉塗黛，駱駝牛馬不施鞍勒。男女錯雜，徵集婬妷，親看無禮，支解婦女，以韡爲瑟琶，自破人腹。登舍之梁，疾走如地，殺戮不可勝紀。以此觀之，若稱羅刹，不謬也。初，帝在晉陽，勒人乘駝向寺取經函，使問所在，洋曰："任駝出城。"及出，奄如夢至一山，山半有佛寺。羣沙彌遙曰："高洋馱駝來。"便引見一老僧，僧曰："佯作天子如何？"曰："聖明。"曰："爾來何爲？"曰："取經函。"僧曰："佯在寺懶讀經，今北行東頭是也。"後帝至谷口木井寺，時有捨身癡人，先不解語，忽謂帝曰："我去爾後來。"是夜癡人死，帝亦尋崩於晉陽。⑥有太山道人，帝問之曰："吾得幾年爲天子？"荅："得三十年。"帝曰："十年十月十日得非三十也？"及期果崩。帝愚智不測，委政揚遵彥而大興寺宇。竟日坐禪，禮佛行繞，其疾如風。鄙謂如高洋，自符黑讖矣。先是讖稱黑衣作天子，疑禱禪師。今北山和尚意以高洋字聲與羔羊同，即是黑也。

　　先是魏正光已後，先是胡太后臨朝，清河王懌勒兵決事於殿中，改正光元年。人入市者，各稅一錢。統內多虞，王役光病⑦。所在編戶，相從入道，

---

①　逆鱗：倒生的鱗片。《韓非子·說難》："夫龍之爲蟲也，柔可狎而騎也，然其喉下有逆鱗徑尺，若人有嬰之者則必殺人。人主亦有逆鱗，說者能無嬰人主之逆鱗則幾矣。"古人以龍比喻君主，因以觸"逆鱗"、批"逆鱗"等喻犯人主或強權之怒。
②　見《續高僧傳》卷八《釋慧遠傳》。
③　稠：即僧稠，稠禪師。
④　見《法苑珠林》卷三一、《廣弘明集》卷四、《集古今佛道論衡》卷一。
⑤　齊書：底本作"晉齊"，《北山錄隨函》所見版本作"晉書"，有"晉書"條，並指出："應云晉書，齊書者悮。"按《北齊書·文宣皇帝本紀》："樂又於青山大破契丹別部。所虜生口皆分置諸州。是行也，帝露頭祖膊，晝夜不息，行千餘裡，唯食肉飲水，壯氣彌厲。"與《北山錄》所引文字大同小異。《北齊書》原名《齊書》，故據《北山錄隨函》與《北齊書》改。
⑥　見《北齊書·文宣皇帝本紀》、《法苑珠林》卷三一、《廣弘明集》卷四、《集古今佛道論衡》卷一。
⑦　王役光病：《北山錄隨函》："王役光病，有本王元光病，悮。《高僧傳》王役無已。"按《魏書》卷一一四《釋老志》："正光已後，天下多虞，王役尤甚。"《廣弘明集》卷二："正光已後，天下多虞，王役尤其。"疑"光"爲"尤"之形誤。《玉篇·疒部》："病，疾甚也。""王役尤病"猶"王役尤甚"。

猥濫①彌積，略計寺廟三萬餘，僧尼二百萬。至周武②克齊，齊承魏後，寺出四千五，眾減三百萬。衛元嵩③或以佛法惡賤，假剛酷召禍之主，託以訕謗，將使滅之，滅而復興，與天下惟新之義也④。元嵩，蜀新繁縣人，出家於峨嵋山黑水也。上策二十道，令澄汰⑤無行冗僧，置一延平大寺，安四海病弱之徒。其理甚當，唐大宗入冥，見之在獄，自云於此如第三禪樂也。⑥ 故《唐臨傳⑦》云：“其人不在三界。”經云：“示眾有三毒⑧，又見邪見相。”⑨《法華經》也。豈非斯人之徒歟？但至人行權，事濟啟權，若終閟而不啟，則狡者効權害實矣。如元嵩則未盡權之術也。

　　宋杯渡⑩，海上謫仙也。隱其姓名，時人以乘杯而渡，乃即事呼之也。亦曰度練，或有處呼為度練。古者呼僧曰“道士”、“阿練”、“阿尚”是也。更有此三名。嘗寓宿於逆旅，昧旦，早朝也。竊金像而行。主人奔

---

　　① 猥濫：多而濫。《魏書·釋老志》：“正光已後，天下多虞，王役尤甚，於是所在編民，相與入道，假慕沙門，實避調役，猥濫之極，自中國之有佛法，未之有也。”

　　② 周武：即北周武帝（543—578），複姓宇文，名邕，字禰羅突。宇文泰第四子。建德二年，定三教先後為儒、道、佛。建德三年，又欲廢佛，下詔並廢佛、道二教，破毀寺塔，焚燒經像，沙門道士並令還俗，關隴之佛法誅除殆盡，建德六年，滅北齊，復下詔悉毀齊境佛寺經像，僧尼三百餘萬並令還俗，北地佛教，一時聲跡俱絕，史稱周武法難。

　　③ 衛元嵩：北周時代益州（四川）成都人。精通陰陽曆算，且能文，性頗譎詐。年少時於益州野安寺從亡名禪師為沙彌，不耐清苦，佯為狂放，諸僧譏恥之，遂赴長安。天和年中（566—571），造作讖緯，預言世事。又倣效《太玄經》作《元包》一書十卷，另著有《齊三教論》七卷。武帝即位後，元嵩上書詆毀佛法，自此還俗。

　　④ 衛元嵩：益州成都人。續高僧傳卷二五有傳。剛酷：猶暴虐。新唐書崔縱傳：“渙有嬖妾，縱以母事之。妾剛酷，雖縱官而數笞詬。”訕謗：譏訕譭謗。關尹子九藥：“不可以訕謗德已。”惟新：更新。語出《詩·大雅文王》：“周雖舊邦，其命惟新。”

　　⑤ 澄汰：謂澄去泥滓，汰除砂礫。多用以指甄別、揀選。南朝齊玄暢《訶黎跋摩傳》：“澄汰五部，商略異端。”

　　⑥ 見《廣弘明集》卷七、《續高僧傳》卷三五、《周書》卷四七。

　　⑦ 唐臨：（600—659），字本德，唐代京兆長安人。周內史唐謹之孫，先人從北海遷徙到關中。與兄唐皎有聲名。參與《唐律疏議》的編修，另撰述《冥報記》。

　　⑧ 三毒：指貪欲、嗔恚、愚癡（又稱“貪嗔癡”、“婬怒癡”、“欲嗔無明”）三種煩惱。又作“三火”、“三垢”。

　　⑨ 見《妙法蓮華經》卷四。

　　⑩ 杯渡：（？—426），晉代僧。冀州人。生年、姓名均不詳。又作“杯渡”、“杯度”。常乘木杯渡水，故世人“以杯渡和尚”、“杯渡禪師”呼之。遺有《一鉢歌》一卷行世。

騎追之，彼徐而不逮。逮，及也。奔馬進，不及。至孟津，浮杯濟河，孟津，黄河也。達于京師。衣服弊惡，飲食喜怒俱不節也。荷一蘆篅，篅，竹器，如小籠，皆盧竹爲之。篅中置一木杯。甞欲往爪[①]步，爪步，江淮地名，昔孫鍾種爪於此也，揚子江上也。津人不爲操舟，迺自累足於杯中，眄睞[②]吟詠，直濟北岸。甞一日於廣陵村舍，金陵也。遇八關齋會，置篅於庭中，其家屬將徙之，其重莫能舉。甞有窺者，見四小兒居焉。初僞死於廣陵北巖下，菡萏[③]遶身，生於石上。葬後有見在彭城，徐州也。開棺視之，惟靴履獨在。僧著短鞠靴，謂之冒羅。朱虛期，宋人也。使自高麗還，失濟於洲上，得度之鉢。既至，度曰："我不見此鉢，已四千年矣。"度見鉢，識之也。[④]

梁寶誌[⑤]，飲啖[⑥]非法，髮長數寸。執一錫，挂翦刀及鏡，或二三端帛。齊武[⑦]謂佯狂惑衆，南齊武帝，姓蕭，名賾，字宣遠，道成之子，在位十一年崩。遺詔靈上勿以牲祭，惟餅飯而已；不許出家入道及起塔寺，以宅爲精舍等也。繫於建康，而誌分形，遊於市上。甞就人求膾，既飽而去，主人視盆中，魚活如故。誌公甞對梁武食膾，梁武譏嫌之。誌公遂遽吐於水，咸見魚如故，唯尾損，至今江陵有膾殘魚也。武帝酷刑，誌假其神力，令見高帝於地下受極苦，高帝，蕭道成也。由是廢錐刀之害。梁初，其迹孔盛。有陳征虜，悉家事誌。誌爲現真形，光相[⑧]如菩薩像焉。有以觀音爲誌，今或建之也。即今

① 爪："瓜"之異體。字見《隸辨·平聲·麻韻·字》引《魏上尊號奏》。

② 眄睞：顧盼。《古詩十九首·凜凜歲雲暮》："眄睞以適意，引領遥相睎。"

③ 菡萏：即荷花。《詩·陳風·澤陂》："彼澤之陂，有蒲菡萏。"

④ 見《高僧卷》一〇《杯度》。

⑤ 寶誌：（418—514）南朝僧。又作"寶志"、"保志"、"保誌"。世稱"寶公"、"誌公和尚"。金城（陕西南鄭，或江蘇句容）人。俗姓朱。年少出家。謚號"廣濟大師"。後代續有追贈，如"妙覺大師"、"道林真覺菩薩"、"道林真覺大師"、"慈應惠感大師"、"普濟聖師菩薩"、"一際真密禪師"等號。甞為學者述《文字釋訓》三十卷、《十四科頌》十四首、《十二時頌》十二首、《大乘讚》十首等。

⑥ 飲啖：亦作"飲啗"。吃喝。《漢書·霍光傳》："發長安廚三太牢具祠閣室中，祀已，與從官飲啗。"

⑦ 齊武：即南齊武帝蕭賾（440—493），字宣遠，齊高帝蕭道成長子，母劉智容。南朝齊第二任皇帝（482—493），病死，葬景安陵。年號永明。

⑧ 光相：又作"光明相"。指佛、菩薩等諸尊身體發出光明之相，象徵佛、菩薩之智慧。繪畫、彫刻等所表現之光相多係圓形，故又稱"圓相"、"圓光"。

十一面觀音也。夫十住①大士，猶能爲作十號②之佛，地前初人劫爲十住也。
況菩薩歟？故或以誌爲觀音，非必觀音爲誌也。聖賢權化皆爾，未必惟是觀音。誌每造光宅雲③，輒更於宿曰：“吾欲解師子吼。”雲④爲剖扴⑤而彈指曰：“善哉，微妙矣。”臨終燃一燭，付後閣舍人。帝曰：“彼將以後事囑我也。”敕厚葬。即梁武天監十四年，卒於開善寺也。

　　有史宗⑥者，蓬萊人。麻襦、邵碩、張奴，四人皆物外之士⑦。皆其類焉。麻襦與佛圖澄相見，詶贈之詞，頗爲祕奧。⑧時張奴，人少見食，而常肥悅⑨，冬夏唯一單衣。外國道人僧佉吒⑩，神異人也。寓宿長千寺，在楊州。與僧悟同室。夜取寺刹，捧之入雲。然後乃下，敕悟勿漏。刹，寺塔柱。僧佉吒不使悟漏泄於人。後路上見張奴，僧佉見也。忻然笑曰：“吾東見蔡狁，南訊馬生，北遇王年，皆隱跡之士也。今欲就杯度，乃與子相見。”張奴題《槐樹歌》曰：“濛大象内，法界空曠，物象浩蕩也。照曜實顯彰。⑪何事昏迷子，縱惑自招殃。本覺之性，不能自識。五欲顚墜，迷惑招殃。此乃傷悼凡愚不悟之意

----

　　① 十住：又作“十地住”、“十法住”、“十解”。菩薩修行之過程分爲五十二階位，其中第十一至第二十階位，屬於住位，稱爲十住，即初發心住、治地住、脩行住、生貴住、方便具足住、正心住、不退住、童真住、法王子住、灌頂住。

　　② 十號：釋迦牟尼佛或諸佛通號之十大名號。又稱“如來十號”、“十種通號”。雖稱十號，然一般皆列舉十一號，即如來、應供、正遍知、明行足、善逝、世間解、無上士、調御丈夫、天人師、佛、世尊。

　　③ 光宅雲：即光宅寺，位於江蘇（南京）。梁武帝天監元年（502），一說天監三年，由武帝捐捨舊宅所建，時以觀音之像放光七日，故稱光宅寺。寺中安置金銅大佛。敕以法雲爲住持，並制定僧制。南朝梁、陳之時爲江南首屈一指之名刹。其後沿革不詳。

　　④ 雲：指法雲（467—529），南朝僧。義興陽羨（江蘇宜興）人，俗姓周。七歲出家。十三歲開始研習佛學。與智藏、僧旻並稱爲梁朝三大法師。現存有《法華經義記》八卷。

　　⑤ 扴：同“析”。《玉篇·手部》：“星曆切，俗析字。”《正字通》：“扴，同析。”

　　⑥ 史宗：晉代僧。上虞龍山人。常著麻衣或重之爲納，故世號“麻衣道士”。

　　⑦ 物外之士：底本作“物外之上”，“上”應爲“士”字之形誤。同書卷六：“原壤，魯人，物外之士也。”據此改。

　　⑧ 見《高僧傳》卷九《佛圖澄》。

　　⑨ 肥悅：悅，同“悅”。《字彙·心部》：“悅，俗悅字。”肥悅，底本作“肌悅”。按底本“人少見食，而常肌悅”，《高僧傳》卷一〇、《法苑珠林》卷六一皆作：“不甚見食，而常自肥悅。”“肥悅”佛典中常見，如《雜阿含經》卷三九：“食已，身體肥悅……食之不消，體不肥悅。”故據此改。

　　⑩ 佉吒：晉代外國道人。寄都下長千寺住。

　　⑪ 本性靈明，恒自照燭。

也。**樂處少人往**，諸佛之境長垂接引，凡俗愚蒙，不肯趣入。**苦道若翻囊。**淪溺三塗①，一失人身，再不可得，猶如水囊。**不有松柏志，何用擬風霜。**不有堅志，何對眾境生死？風霜到來，作何准擬？**閑豫紫雲表，長歌出昊蒼。**昊蒼，天也。此張奴自敘之意也。即閑吟樂道，遊泳於天地之間也。**澄虛無色水，**上善若水，澄虛無波。萬境不動，識浪元平矣。**應見有緣鄉。**此方緣盡他方化。**歲曜毗漢后，**毗，輔也。東方朔乃歲星之精，下佐漢武帝。后，君也。**辰麗傅殷王。**傳說乃傳說星，下佐殷王武丁。**伊余非二仙，**言我非此方朔、傳說二仙也。**晦迹之九方。**九方，八方及上也。**亦見流俗子，觸眼致酸傷。**此二句是傷意也。**略謠觀有念，寧曰盡襟章。**"因有所屬意，略爲此歌，寧可盡我衿袍之量也。**吒酬和有寄，致書其文未覿。**張奴與杯度，言莫有解者。②《劉公嘉話》所謂"廋詞③"也。**蓋彼神遊於有知之外，而内者不及耳。**三界皆所知之境，疑此人是三界外者。今處三界之内，故不及其言論也。

夫飾愚爲智，易也；即聾從昧，難也。④《左傳》文也。如彼杯度、寶誌，貌異心符，蓋君子和而不同也。而中照未嘗愚，而内融真境，豈得曰愚。愚者謂之愚，愚不達，故謂之愚。遺跡不衒智，智者謂之智，晦跡内照，識者知其智也。惟人心無恒，待境而遷。凡物理守常，則耳目不駭。若非顯異，則不能迴其心識，駭其耳目。故於滔滔之際，必假託奇行，方以助教，當澆俗滔漫之際，則亘設奇行以權化而助教風。其猶風雨雷霆之變革于萬物之情耳。革，改也。春雷震而蟄戶開，東風飄而輕冰泮。《革卦》上六云："君子豹變，其文蔚也。"⑤ 經稱三密⑥，其不在此乎？三密，言、行、心也。

然大儒小儒，以《詩》爲盗。大儒，君子儒。小儒，小人儒也。儒者夙夜

---

① 三塗：又作"三途"。即火塗、刀塗、血塗，義同三惡道之地獄、餓鬼、畜生，乃因身、口、意諸惡業所引生之處。

② 見《高僧傳》卷一〇《杯度傳》。

③ 廋詞：廋辭。《太平廣記》卷一七四引《嘉話錄·權德輿》："或曰：廋詞何也？曰：隱語耳。"宋周密《齊東野語·隱語》："古之所謂廋詞，即今之隱語，而俗所謂謎。"

④《春秋左傳·僖公二十四年》："鄭之入滑也，滑人聽命，師還，又即衛，鄭公子士、洩堵俞彌，帥師伐滑，王使伯服，游……小忿，以棄鄭親，其若之何，庸勳親親，暱，近尊賢，德之大者也，即聾，從昧，與頑，用嚚，姦之大者也。"

⑤ 出自《易·革》。

⑥ 三密：指祕密之三業。即身密、口密、意密。口密又稱為語密，意密又稱為心密。主要為密教所用。

強學以待問，懷忠信以待舉，力行以取，自立有如此者也。① 今之小儒，記片文隻字，苟竊名譽，故謂之盜也。愚緇愚俗，以法爲盜。故有竊妖容浮怪之言，故有矯詐之士，世稱聖人，遂亦竊劾妖容怪服而蠱惑於世，深爲濫溢者也。始稱智聖，終則鄙辱，若山果、《金剛》禪之類多矣。但至信者，真詐俱進，嘉苗敗於糧莠，嘉苗，禾粟也。糧，種粱也，莠，稗草也。雖糧爲莠所雜，猶亦稱於嘉粟也。不信者，愚聖俱退，和玉混於燕珉。不信之人，好惡盡退，故玉石俱棄。燕珉，石，似玉也。耨夫琢匠，適足爲之悲矣。耨夫，耕者。琢匠，玉人。糧莠燕珉，故爲悲之。權貴之門，罕有不以甕盎窮奇爲有道者，盎，盆屬。貴門以一類庸僧，見其如盆質樸，殊不知內蘊窮奇狡詐之行，便以爲有道之者也。尚其心腑混沌，鄙容陋行，只以其衣服塵弊，言語樸拙，便尚之爲道者。始親之，次譽之，彼愚得幸於豪貴，而昧於刑憲，姦回是庸，無愚惡而不爲也。既彰矣，彼自不以瞍爲咎，反謂天下爲緇者皆莫可也。瞍，無目也。自無別識，顧用姦邪之徒，及至乖彰，反責清眾②，豈不迷哉！炙轂子喻之蠱惑也。用渝齊潔，以愚參肖。將此凡庸之類渝濫者，齊於清潔之徒，愚濁參雜肖嗣也。曾不知僧有跡寓天府，神虛累外，出入死生，動寂無方，其至德克至於此者；僧有與天地合德，擺落塵滓，隨往不滯，其至極之德，能及此也。僧有器重名揚，教宗人範，可望不可邇，可以德望，不可情狎。難進而易退，性同雲鶴，世莫得親也。其高世而至於此者；僧有慈良處意，爰物與樂曰慈，無所干犯曰良。仁恕克己，周慈布惠曰仁，忖度合度曰恕。讓則自及，謙身約己曰讓。慶則均人，勝事周隆曰慶。其潤物有如此者。至若革囊天仙、瓦礫珠璣，革，皮也。若見外現質樸謂之革囊瓦礫，而不知內蘊天仙珠璣之行，小珠曰璣。樂猶不笑，義猶不取，樂而笑者情猶動，義而取者欲尚具，非同公叔文子之類。豈以己所不知而臆裁之也？世俗之徒，已自不知僧行，而以胸臆妄度之也。故三苗③逆命，夔龍有德，舜時三苗之國，左洞廷，右彭蠡，不順帝命。禹征之，一月不服，

---

①　出《孔子家語》卷一《儒行解》。

②　清眾：指出家教團或於叢林修行之大眾。又稱清淨大海眾、清淨眾。如印度四大河流入於大海，即捨原名，皆成海水；比丘出家，亦捨以前之種姓族名，不分貴賤上下，皆成志求解脫之清淨大眾。

③　三苗：古國名。《書·舜典》："竄三苗於三危。"孔傳："三苗，國名，縉雲氏之後，為諸侯，號饕餮。"《史記·五帝紀》："三苗在江淮、荆州數為亂。"張守節正義："吳起曰：'三苗之國，左洞庭而右彭蠡。'……以天子在北，故洞庭在西為左，彭蠡在東為右。今江州、鄂州、岳州，三苗之地也。"

益請退而修德，七旬而自來，此乃相輔之德也。夔、龍，舜輔相也。**羲和沈湎，天宗①無廢。**羲氏、和氏，世掌天地之官。至太康，過差不度，沈湎于酒，故命誅之而誓云："殲厥渠魁，脅從罔治。"意以三苗、羲和喻姦回也。夔龍、天宗喻清眾也。**夫求人於始義，則淑慝可知也；**觀其初始有義無義，則知其善惡也。淑，善也。慝，惡也。**考情於素行，則狂哲可知也。**素，先也。狂，愚也。哲，智也。**故僑②、扎③之爲僧，必非調達、善星④也；**僑，子產也。扎，延陵季子也。若使良善之士爲僧，必不行惡行。調達、善星，惡比丘。**莊⑤、跖⑥之爲僧，必非鶖子⑦、菽氏⑧也。**莊、跖，凶賊也。鶖子，舍利弗也。菽氏，目乾連也。**奚爲始得**

---

①　天宗：指日月星辰。《逸周書·世俘》："武王乃翼矢珪矢憲，告天宗上帝。"朱右曾校釋："天宗，日月星辰。"《禮記·月令》："〔孟冬之月〕天子乃祈來年於天宗。"

②　僑：即姬僑（？—前522），字子產，又字子美，又稱爲公孫僑、鄭子產，鄭穆公的孫子，春秋後期鄭國（今河南新鄭）人，與孔子同時，是孔子非常尊敬的人之一。前554年鄭簡公殺子孔後被立爲卿，前543年到前522年執掌鄭國國政，是當時著名的政治家、思想家。

③　扎：同"札"。《玉篇·手部》："扎，俗札字。"即季札（前576—前484），姬姓，名札，又稱"公子札"、"延陵季子"、"延州來季子"、"季子"，春秋時吳王壽夢第四子，封於延陵（今鎮江丹陽一帶），後又封州來，傳爲避王位"棄其室而耕"常州武進焦溪的舜過山下。品德高尚，是具有遠見卓識的政治家和外交家。

④　善星：音譯作"須那呵多"、"須那刹多羅"。又作"善宿"。係釋尊爲太子時所生之子。出家後，斷欲界之煩惱，發得第四禪定。後因親近惡友，退失所得之解脫，認爲無涅槃之法，起否定因果之邪見，且對佛陀起惡心，以生身墮於無間地獄，故稱爲闡提（即不成佛之意）比丘，又稱四禪比丘。

⑤　莊：即莊蹻，又作莊蹺。楚成王時之大盜。

⑥　跖：即盜跖，原名展雄，姬姓，展氏，又名柳下跖、柳展雄，相傳是當時賢臣柳下惠的弟弟，爲魯孝公的兒子公子展的後裔，因以展爲姓。在先秦古籍中被稱爲"盜跖"和"桀跖"。

⑦　鶖子：即舍利弗。佛陀十大弟子之一。又作"舍利弗多"、"舍利弗羅"、"舍利弗怛羅"、"舍利弗多羅"、"奢利富多羅"、"奢利弗多羅"、"奢唎補怛羅"、"設利弗呾羅"。意譯"鶖子"、"鶖鷺子"、"秋露子"、"鴝鵒子"、"鸜鵒子"。梵漢並譯，則稱"舍利子"、"舍梨子"。其母爲摩伽陀國王舍城婆羅門論師之女，出生時以眼似舍利鳥，乃命名爲舍利；故舍利弗之名，即謂"舍利之子"。

⑧　菽氏：即目犍連。又作"摩訶目犍連"、"大目犍連"、"大目乾連"、"大目連"、"目連"、"目捷連"、"目伽略"、"勿伽羅"、"拘理迦"、"目犍連延"、"目犍羅夜那"、"沒特伽羅"、"毛伽利耶夜那"。別名"拘律陀"、"拘律"、"俱哩多"、"拘離迦"、"拘理迦"、"俱離多"。意譯"采菽氏"、"大采菽氏"、"天抱"。被譽爲神通第一。爲古代印度摩揭陀國王舍城外拘律陀村人，婆羅門種姓。

僧於莊、跖而後責不賢乎？始不知僧有僑、扎而前謂無德乎？夫有士君子之器，必有士君子之僧；有臺輿①之性，必有臺輿之僧。臺輿，賤人。故以仁求僧可必也，以僧求仁難乎必也。以仁行向僧中求之，必可有仁行者。若凡是僧，便責其仁行，即恐難也。且使安、遠妄，道安、惠遠。彼必不爲妄，真自有餘也；使思、顗暴，思大禪師也，天臺智者禪師也。彼必不爲暴，仁自有餘矣；使佛圖澄、慧始②妖，圖澄如上。惠始，元魏③沙門，甚有神異。五十餘年，未嘗寢臥。縱行泥塗，足不污，世謂白足也。④ 彼必不爲妖，神力自有餘矣；使僧旻⑤、智藏⑥佞，僧旻住虎丘山，梁蕭昂禮謁，不與相見，後門而遁。智藏，梁武帝撒宮闈之制，恣沙門遊踐。有司奏御座非沙門宜登，智藏悖然鋸坐，勵色抗聲曰："貧道昔爲吳中顧郎，尚不慚御榻"云云。⑦ 彼必不爲佞，直自有餘矣。是以忠孝之門，不可使爲亂；德行之門，不可使爲濫。

　　宋文帝⑧飯僧⑨，同眾御于地筵，頒食遲，眾疑將旰⑩，不食。帝曰：

----

　　① 臺輿：一般作"輿臺"，亦作"輿儓"。古代十等人中兩個低微等級的名稱。輿為第六等，臺為第十等。泛指操賤役者，奴僕。《文選·張衡〈東京賦〉》："發京倉，散禁財，賚皇僚，逮輿臺。"張銑注："輿臺，賤職。"《文選·張協〈七命〉》："樵夫恥危冠之飾，輿臺笑短後之服。"李周翰注："輿臺，賤人。"

　　② 慧始：北魏時僧人。清河（廣平）人，因聞羅什譯經而入長安，夜觀習禪定，晝入城聽講。五十餘年間夜不寢臥，跣行泥塵，足不少污。

　　③ 元魏：即北魏（386—557），是由鮮卑族拓跋氏建立的封建王朝，是南北朝時期北朝第一個朝代，魏孝文帝本姓拓跋，遷都洛陽改姓為元，故北魏亦稱"拓跋魏"、"元魏"。

　　④ 見《高僧傳》卷七《僧導傳》。

　　⑤ 僧旻：（467—527），南朝梁代僧。吳郡富春（浙江富陽）人，俗姓孫。與法雲、智藏被譽稱梁三大法師。著有《論疏雜集》、《四聲指歸》、《詩譜決疑》等百餘卷，尤以《成實論義疏》十卷為著名。

　　⑥ 智藏：（458—522），南朝梁代僧。與僧旻、法雲並稱為梁代三大法師。吳郡（江蘇吳縣）人，俗姓顧。初名淨藏。畢生從事講經、注經，常講經論有《大小品般若》、《涅槃》、《法華》、《十地》、《金光明》、《成實》、《百論》、《阿毘曇心》等，並撰著各義疏，以利演說，今皆不傳。

　　⑦ 見《續高僧傳》卷五《智藏傳》。

　　⑧ 宋文帝：南北朝時期劉宋王朝的第三位皇帝劉義隆（407—453），小字車兒，宋武帝劉裕第三子，424年即位，在位30年，年號"元嘉"，諡號"文皇帝"，廟號"太祖"。

　　⑨ 飯僧：向和尚施飯。脩善祈福的行為。《舊唐書·李蔚傳》："懿宗奉佛太過，常於禁中飯僧，親為贊唄。"

　　⑩ 旰：晚，遲。《左傳·襄公十四年》："日旰不召，而射鴻於囿。"杜預注："旰，晏也。"

"始可中耳。"生公①曰："白日麗天，天言始中，何得非中?"遂取鉢便食，舉眾從之，帝大悅。萬乘之君，佛法之主，執去留之柄，有殺活之權，若固守小道而拒之，縱無與廢之禍，得不乖於敬順之道乎? 如生公之見，深爲當矣。斯蓋大人與天地同其德，日月同其明，故言中則中矣，況帝王之力可畏乎? 故避焚不俟乎師姆②，姆，女師也。大夫之妻，五十無子者，入宮爲女師。起坐得之方行，已嫁則不待也。宋伯姬遭火，待姆不來而燒死，此爲執滯也。拯溺豈嫌於捽首?《孟子》："如人父溺水，子捉頭髮以救之，亦不爲過。蓋皆取其權急之宜故也。"③ 蝮嚙豈顧乎斷臂? 蝮，蛇類也。支體豈不愛惜? 若遇蛇嚙，懼死，故須斷也。護法之理，通於神明。爲護法故，豈顧小節而已。昔遠公臨終，門人進蜜漿，俾且慎，俾，使也。且謹慎，慮有乖違律方。檢律未得而終。無難，故依法行。彼克峻于己，使人則之無踰閑，一俯一仰有爲也。閑，法也。己自嚴峻秉持，使後人依法則之而行也。

北齊天保中僧曇顯④，莫知所來，飲啖同俗。時放言宏遠，上統⑤知其異，法上爲僧統，故號上統。密與交厚。時遇黃冠⑥陸脩靜自梁奔齊，脩靜先在梁，毀讟⑦佛教，梁武欲誅之，故奔齊，又求試也。勅沙門與靜徒十人對詔

---

① 生公：即竺道生 (355—434)，東晉涅槃經學者。又稱道生。鉅鹿 (河北平鄉) 人，俗姓魏。寓居彭城 (江蘇銅山)。後改姓竺。撰有《維摩詰》、《法華》、《泥洹》、《小品般若》等經之義疏。

② 師姆：古代宮廷中掌管教導嬪妃禮儀的女官。《新唐書·禮樂志八》："傅姆導妃，司則前引，出於母左。師姆在右，保姆在左。"

③ 此注非。《孟子·離婁上》："淳于髡曰：'男女授受不親，禮與?'孟子曰：'禮也。'曰：'嫂溺，則援之以手乎?'曰：'嫂溺不援，是豺狼也。男女授受不親，禮也；嫂溺援之以手，權也。'"劉勰《新論·明權篇》："權者反於經而合於道，反於善而後有善。若唐棣之華，反而更合。孝子事親，和顏卑體，盡孝盡敬，及其溺也，則攬髮而拯之，非敢侮慢，以救死也。故漲而捽之。父祝則名君，勢不得已，權之所設也。"

④ 曇顯：南北朝北周僧。又學海稱。博通經藏，以慧學聞名。丞相宇文泰欽敬之，令其依大乘經典撰著菩薩藏眾經要及百二十法門。天和、建德年間 (566—577) 示寂，世壽不詳。《續高僧傳》卷二三有傳。

⑤ 上統：即法上 (495—580)，北朝僧。朝歌 (河南淇縣) 人，俗姓劉。世稱"聖沙彌"。文宣帝尊爲國師，事之如佛。於魏、齊二代，歷任昭玄曹僧統，主管僧侶事務近四十年，所轄之寺四萬餘所、僧尼二百餘萬。著有《增一數法》四十卷、《大乘義章》六卷、《佛性論》二卷、《眾經論》一卷等。

⑥ 黃冠：道士帶黃冠，故借指道士。唐求《題青城山犯賢觀》："數里緣山不厭難，為尋真訣問黃冠。"

⑦ 毀讟：誹謗非議。唐玄奘《大唐西域記·弗栗恃國》："以輕慢心毀讟諸佛，以醜惡語詈辱眾僧。"

較量優劣。静徒妖術所祝沙門衣鉢或至飛轉者，祝梁木或至横豎者，顧沙門不能對而大言曰："沙門所見一，我當見二。"帝命上統，統求曇顯，顯醉居會末。眾告曰："某醉焉。"上曰："彼稱祭酒，正可醉人能對。"遽令披舉昇座，既而笑舉一足曰："吾已見一，卿可二乎？"静徒默恥。顯又命取稠禪師衣鉢，俾彼祝之，終不可動。帝使舉之，舉衣鉢也。自一人至五耦，十人也。俱不起。置梁木上，祝之亦無驗。静徒戰忸，戰忸，驚慚也。廢術而言曰："佛自稱内，内，小也。謂我爲外。外，大也。"顯應聲曰："天子在内，百官在外。小大安悖哉？"齊人由是德乎我也。牛雖瘠，猶僨於豚上，瘠，瘦也。僨，僵也。豚，豕也。言牛雖瘦，若倒猶可壓於猪上也。言雖大劣，猶壓於小。此《春秋》文，喻晉魯也。何斯不然歟？

　　國初，徐世勣①討河北，饋餫②不給，王師且羸，貸糧於寺，而僧曰："常住③不可。"慧休④聞而告之曰："若此舉無功，則國之虞矣。國虞而寺存未之能也。"召其徒沮眾告師，召僧眾散告兵師而給散也。發廩賑食。神堯⑤初，欲罷釋教，唯河北不被詔，以英公表聞故也。宋乾德四年克蜀，後川軍作亂，王師討全師雄軍食不給，彭州天臺院發眾僧倉廩以濟之。至開寶六年，主上勑倍還，仍别加恩獎也。

　　近世遂州道謙⑥，體貌都偉，善講《涅槃》。時或以腥羶侑味，道俗甚不相與。謙曰："濟力爲講，願勿嫌也。"當盛暑殞，肌膏流浸，芬馥

---

　　① 徐世勣：（594—669），字懋功。唐高祖李淵賜其姓李，後避唐太宗李世民諱改名爲李勣，漢族，曹州離狐（今山東菏澤東明縣東南）人，唐初名將，與李靖並稱，被封爲英國公，爲淩煙閣二十四功臣之一。早年從李世民平定四方，後來成爲唐王朝開疆拓土的主要戰將之一，曾破束突厥、高句麗，功勳卓著。

　　② 饋餫：運送糧餉。《全唐詩》卷三八八盧仝《冬行三首》："蹋盡天子土，饋餫無由通。"

　　③ 常住：僧、道稱寺舍、田地、什物等爲常住物，簡稱常住。《雲笈七籤》卷一二二："道士用常住物如子孫用父母物耳，何罪之有？"

　　④ 慧休：（548—？），唐初僧。瀛州（河北）人，俗姓樂。隋末，返相州，居雲門寺，逢寇亂，相州軍民棄城逃隱，惟師率徒二十餘人入城守護，道俗依之而幸免於難。貞觀九年（635），帝頻召入京，以疾固辭不就。十九年，住相州慈潤寺，仍爽健如前，時年已九十八。後不知所終。

　　⑤ 神堯：唐代對唐高祖李淵的尊稱。唐杜甫《別李義》詩："神堯十八子，十七王其門。"仇兆鰲注："《通鑑》天寶十三載二月，上高祖謚曰神堯大聖光孝皇帝。"

　　⑥ 道謙：（561—627），唐代僧。河東虞鄉（山西）人，俗姓張。博通群籍，尤精於涅槃經及攝大乘論。與其兄道愻（556—630）皆爲曇延法師之弟子。

酷烈，酷，甚也。沉檀①之不若，邦里特申哀敬。故權道也，至至也。上至
字及也，下至字極也。能及於至極之道也。

仲尼云："可與立，未可與權。《論語》文。但可與立事，未可與權。道反
於常道，先反而後合也。棠棣之華，偏其反而。棠棣，移也，亦曰郁李。又云車
下李，樹高三尺，已來二月開花，淺紅花稠。眾花先合後開，如常道也。此花先開後
合，喻權道也，初似相反而後合道也。豈不爾思，室是遠而。"②此是權道所喻之
詩。豈不爾思賢人，爲賢人之室遠。此詩未足。下云："未③之思也，夫何遠之有？"
自是不思，思即及也。誠不以難乎？故心惟貞一④，機由俯仰。貞，正也。行
心存於正一，機權之道，則或俯或仰，不定也。事實至公，用若至私。而仁智
觀其益，雖違而達也。觀無益，當順而守也。不必定執之也。夫厲與西施
嚬，西施，美女也。厲，醜女也。嚬戚也。所嚬是一而厲知其不及，則若勿嚬，
於知之艱矣。西施貌美，嚬戚而轉艷。東鄰醜女本醜，效西施，嚬戚而轉醜也。此
意喻脩靜等求試而轉乖也。

---

① 沉檀：用沉香木和檀木做的兩種著名的熏香料。《梁書·諸夷傳·盤盤國》："中大通元
年五月，累遣使貢牙像及塔，並獻沉檀等數十種。"
② 見《論語·子罕》。
③ 未：底本作"末"，按《論語·子罕》："棠棣之华，偏其反而。岂不尔思，室是远而。
予曰：未之思也，夫何远之有？"據此改。
④ 貞一：守正專一。漢劉向《列女傳·魯寡陶嬰》："嬰寡終身不改，君子謂陶嬰貞一而
思。"《隋書·藝術傳序》："近古涉乎斯術者，鮮有存夫貞一，多肆其淫僻，厚誣天道。"

《北山錄》卷第四

宗師議第七

議經、律、論、禪各有師承宗祖之道。

奈苑①餘波，永平肇流。波羅柰國之苑也，亦云婆羅痆斯國，此云江②遠城。以江遠城，種於花木，有苑號鹿野，如來常於此說法。後漢明帝永平十年，佛法始流於此，故云肇也。葱嶺③之東，暨于流沙④，風光漸遠，震旦⑤之西；山最高者曰葱嶺，以其葱翠故也。被于中夏⑥，在於漢世。微有經學，禪律未融。融，明也。自竺法蘭等創齋《四十二章經》至，又安清等持經像到，然未曉禪律。人雖落髮，事猶類俗。衣無條葉，食通餚羶。供會齋懺，頗均祠祀，僧無戒律，

① 奈苑：即菴沒羅園，意為"菴沒羅女之園"。又作"菴婆羅園"、"菴婆黎園"、"菴羅衛林"、"菴羅樹園"、"菴沒羅林"。或作"奈氏園"、"甘棃園"、"奈園"。位於中印度吠舍釐城附近，係菴沒羅女所獻與佛陀者，故以其名稱之。佛陀嘗於此說《維摩經》。

② 江：底本作"注"。按：下文"以江遠城"作"江"。又《一切經音義》卷四八："婆羅痆斯：女黠反。或云婆羅奈斯，又作婆羅奈，同一也。舊譯云江遠城。"據此改。

③ 葱嶺：即蔥嶺。新疆省西南帕米爾高原之一大山系，乃亞細亞大陸諸山脈之主軸，自古稱"世界之屋脊"。其南接北印度，東至新疆烏鍛國，西抵阿富汗斯坦之活國，北連天山，而分西域為二。以產蔥為主，故謂蔥嶺；又以山崖蔥翠充遂以名焉。四大河中，縛芻、徒多等二河發源於此。東晉之法顯、隋代之闍那崛多，達摩笈多，唐代之玄奘、慧超、悟空等諸師西行或東來我國所經之路，大多屬此山系之區。

④ 流沙：又稱"沙河"、"大流沙"。指新疆西部之塔克拉瑪干大沙漠。六國西行求法者如法顯、玄奘等，皆曾經過此一地帶。

⑤ 震旦：又作"真旦"、"真丹"、"振旦"、"振丹"、"旃丹"、"指難"、"脂難"。或稱"摩訶震旦"。又略稱"支那"，或"至那"、"致那"、"指那"、"止那"、"脂那"。又作"摩訶支那"、"摩訶至那"、"摩賀振郍"、"大支那"、"大振那"，或"支那泥舍"，意譯為"思惟"。即對於印度等國而言，指中國本部及與中國相鄰接之部分地方。

⑥ 中夏：指華夏，中國。《文選·班固〈東都賦〉》："目中夏而布德，瞰四裔而抗稜。"呂向注："中夏，中國。"北魏酈道元《水經注·泗水》："法流中夏，自法顯始也。"

與俗不異。衣謂袈裟，此云壞色。有三種衣，一僧伽棃，此云合成。割之重合，三長一短也。二鬱多羅僧，此云上著衣，最在上者，兩長一短，今七條也。三安陀會，此云中宿衣，謂近身，即五條也，亦謂執作衣。此乃三衣也。如來皆令割截以爲條葉，取象稻田，蓋取出生福慧義。餚胾，肉也。均，同也。朱士衡①爲出家首焉。士衡，穎川人。出家後，以大法爲己任，於洛陽講《小品②》，往往不通。每歎此經大乘之要，而譯理不盡，遂往至于闐，果獲正品梵夲，遣弟子送歸洛陽。于闐小乘白王云："漢地僧以婆羅門書一亂正典。"因焚之，不損。即今《放光般若③》是也。

魏初，曇柯羅④創傳戒法。金牒玉檢，五篇七聚⑤。元魏也。佛法入漢，戒律自柯羅始也。波羅夷⑥、僧殘⑦、波逸提⑧、提舍尼⑨、突吉羅⑩五篇也。加偷蘭

① 朱士衡：又稱朱子行、朱士行（203—282），三國魏僧。為中國最早往西域求法之僧。或謂亦為中國最早出家之僧、最早之講經說法者。潁川（河南許州東北）人。

② 小品：即《小品般若經》。凡十卷二十九品。又稱《摩訶般若波羅蜜經》、《小品般若波羅蜜經》、《小品經》、《新小品經》。即八千頌般若，乃鳩摩羅什（343—413）於西元四〇八年所譯。收於大正藏第八冊。為大乘佛教最初期說般若空觀之基礎經典之一。同本異譯還有多種。

③ 放光般若：即《放光般若經》。凡二十卷，或三十卷。西晉無羅叉（無叉羅）、竺叔蘭等共譯。收於大正藏第八冊。又作《放光般若波羅蜜經》、《放光摩訶般若經》、《摩訶般若放光經》、《光般若波羅蜜經》、《放光經》。本經記述般若波羅蜜法及其功德，並勸眾生脩學之。

④ 曇柯羅：又作"曇摩迦羅"、"曇柯迦羅"、"曇摩柯羅"。意譯"法時"。中印度人。曹魏黃初三年（222）至許昌（一說嘉平二年至洛陽）。嘉平二年（250），於洛陽白馬寺譯出《僧祇律戒本》一卷，並請梵僧制定羯磨法，傳授戒律，為我國授戒度僧之始。

⑤ 五篇七聚：戒品總稱。五篇為戒律之大科，又作"五犯"、"五犯聚"、"五眾罪"、"五種制"。即：波羅夷、僧殘、波逸提、波羅提提舍尼、突吉羅，總括比丘之二百五十戒及比丘尼之三百四十八戒。七聚，即將犯戒之相分為七類，即統括五篇與篇外諸戒條為七類，又作"七犯聚"、"七罪聚"、"七篇"。即：波羅夷、斷頭、僧伽婆尸沙、偷蘭遮、波逸提、波羅提提舍尼、突吉羅、惡說。

⑥ 波羅夷：意譯為斷頭，乃戒律中最重之罪，犯者如斷頭，永遠擯棄於僧團之列；即比丘戒中之四波羅夷、比丘尼戒中之八波羅夷。

⑦ 僧殘：為次於波羅夷之重罪，犯者如人被他人所殘，僅存咽喉，猶有殘命，得賴僧眾為其行懺悔之法以除其罪；即比丘戒中之十三僧殘、比丘尼戒中之十七僧殘。

⑧ 波逸提：意譯為"墮"，謂犯者墮於寒熱地獄；即比丘戒中之三十捨墮及九十單墮、比丘尼戒中之三十捨墮及百七十八單墮。

⑨ 提舍尼，意譯作向彼悔，犯者須向其他比丘懺悔；即比丘戒中之四提舍尼、比丘尼戒中之八提舍尼。

⑩ 突吉羅，意譯為惡作，謂身、口二業所犯之過，此戒難持易犯，常須念學；即比丘與比丘尼戒中之二不定、百眾學、七滅諍等。

遮①、惡作惡說②，是爲七聚。**繩口體之愆違**，繩，正也。口過有四：妄言、綺語、兩舌、惡口。身有三種：殺、盜、婬。持戒律能正之，使無過也。**節服饌之慢易**③。**烈烈乎商飇**④，**淒淒乎寒霜，秩秩乎科條**。烈烈，威也。淒淒，嚴也。秩秩，清也。言戒法嚴峻也。**不威而肅，不刑而治。神州有沙門，自柯羅始也**。漢雖有沙門，而戒律未備。

　　昔漢末安世高、吳康僧會，並遐域⑤**之畸人**⑥**也**。世高，安息國王太子。僧會，康居國王太子。所謂方外而不偶人俗者也。《莊子》云："畸人者，畸於人而侔於天也。"⑦ **學究天人之奧，德動鬼神之契**。孫皓將禁淫祀，及欲毀廢，令張昱⑧詰難會，盡日不能屈也。世高遊至䢼亭⑨。湖神乃見，因化之而捨惡趣也。⑩ **至若智參幽運**⑪，**會如不及**。世高知有宿債，而兩來酬之也。**制作垂文，會或過之**。會才辯立言成典也。**自是已前，師訓未彰**。自漢永平至吳赤烏，雖有翻譯，未甚流美也。**會之牆仞**⑫，**莫有得其門者**。《子貢》云："夫子之牆數仞，得其門者寡。"⑬

---

① 偷蘭遮：意譯"大障道"，於麤惡罪邊生，故名偷蘭遮。又欲起大事不成，名為偷蘭遮。

② 惡作惡說：即以身所作名"惡作"，口所說名"惡說"。

③ 慢易：怠忽，輕慢。《管子·内業》："思索生知，慢易生憂。"

④ 商飇：飇，同飆。《一切經音義》卷九二："飇，郭璞注云：'飇，暴風從上向下曰飇。'"《篇海類編·天文類·風部》："飇，亦作飆。"商飇，秋風。晉陸機《園葵詩》："時逝柔風戢，歲暮商焱飛。"《隋書·盧思道傳》："溯商飆之嫋嫋，玩陽景之遲遲。"

⑤ 遐域：邊遠之地。《宋書·武帝紀下》："才弱事艱，若無津濟，夕惕永念，心馳遐域。"

⑥ 畸人：指有獨特志行、不同流俗的人。《莊子·大宗師》："子貢曰：'敢問畸人？'曰：'畸人者，畸於人而侔於天。'"成玄英疏："畸者，不耦之名也。脩行無有，而疏外形體，乖異人倫，不耦於俗。"

⑦ 見《莊子·内篇·大宗師》。

⑧ 張昱：三國吳孫皓時大臣。廬陵（今江西吉安泰和縣）人。吳孫皓始即位，改甘露元年（265），下令遍毀神祠，被及梵宇。臣僚諫，先帝感瑞翔寺，不可毀也。乃遣臣張昱往告康僧會。

⑨ 䢼亭：湖名，在潯陽（今江西九江市），位於廬山附近，安世高曾在此度昔年同學。

⑩ 見《高僧傳》卷一《安清傳》。

⑪ 幽運：猶冥運。謂命運天定，人不能知。《後漢書·陳王傳贊》："陳蕃蕪室，志清天綱，人謀雖緝，幽運未當。"李賢注："《易·下繫》曰：'人謀鬼謀。'言蕃設謀雖合，而冥運未符也。"

⑫ 牆仞：《論語·子張》："夫子之牆數仞，不得其門而入，不見宗廟之美，百官之富。"意謂孔子之才德不可企及，後因以"牆仞"喻賢者之門。

⑬ 見《論语·子张》。

　　魏世有月支①人支謙，受業於支亮②，亮受業於支讖。語曰："天下博
知，不出三支。"本月支國優婆塞，漢末遊洛，精究成藝，遍通異書，曉六國語，
多所探習也。謙爲人細長黑瘦，眼白而睛黃，語云："支郎支郎眼中黃，形
軀雖細是智囊。"漢末，避難歸吳，孫權拜爲博士，輔東宮，與韋曜同
列，而《吳誌》不載，史臣之不直也。③ 東宮即太子和④也，遭讒而廢。韋
曜⑤，字弘嗣，好學善屬文，遷太子中庶，後累遷至侍中，脩《吳史》未就，爲孫皓
所誅。

　　蜀有《普曜經》⑥，莫究孰爲譯者。一卷，入藏見行。夫草昧至言⑦，於
忿慾之俗，則必鑿枘鉏鋙⑧，柄，鑿柄也。鉏鋙，不齊貌。《楚詞》云："不量鑿
而正枘而木破矣，如以善而投惡。"⑨ 疑謗紛糺，非神德⑩尊威之賢，則無崇功

---

　　① 月支：西元前三世紀至西元五世紀頃，活動於我國西北地方、西域、中印之間、印度西
北、恆河流域、五河流域等地之種族名。又作"月氏"、"月氐"。其族屬，學者主張不一，有藏
族、蒙古族、突厥族、印度西提亞、氐羌等數說，習俗與匈奴相同。

　　② 支亮：漢末三國時代僧人。字紀明。爲支婁迦讖之弟子，支謙之師。生卒年及生平事蹟
等均不詳。

　　③ 見《高僧傳》卷一《康僧會傳》。

　　④ 太子和：即孫和（224—253），字子孝，三國時期吳國第一位皇帝孫權的第三子。孫和
之子孫皓（東吳最後一位皇帝）即位後追諡其父孫和爲文皇帝。

　　⑤ 韋曜：（204—273），本名韋昭，字弘嗣，吳郡雲陽（今江蘇丹陽）人。三國時期著名
史學家、東吳四朝重臣。韋曜是中國古代史上從事史書編纂時間最長的史學家，後世《三國志》
多取材其《吳書》。後爲孫皓所害，時年七十歲。著有《吳書》（合著）、《漢書音義》、《國語
注》、《官職訓》、《三吳郡國志》等。

　　⑥ 普曜經：凡八卷。西晉永嘉二年（308）竺法護譯於天水寺，康殊、帛法炬筆受。又稱
《方等本起經》。收於大正藏第三冊。爲大乘之佛傳，係記載釋尊降生至初轉法輪之事蹟。異譯
本有唐代日照所譯之《方廣大莊嚴經》。

　　⑦ 至言：指佛、道的精深玄妙的理論。唐賈島《送僧》詩："出家從丱歲，解論造元門。
不惜揮談柄，誰能聽至言？"語出《莊子·天地》："是故高言不止於眾人之心。至言不出，俗言
勝也。"

　　⑧ 鑿枘鉏鋙：比喻兩者不相投合，互相抵觸，格格不入。語出《楚辭·九辯》："圜鑿而
方枘兮，吾固知其鉏鋙而難入。"

　　⑨ 《楚辭·離騷》："不量鑿而正枘兮，固前脩以菹醢。"

　　⑩ 神德：高潔的品德。《楚辭·賈誼〈惜誓〉》："彼聖人之神德兮，遠濁世而自藏。"王逸
注："言彼神智之鳥，乃與聖人合德，見非其時，則遠藏匿跡。"《淮南子·泰族訓》："巧詐藏於
胸中，則純白不備，而神德不全矣。"

被物。而《蜀志》不記傳其人者，蓋劉氏將欲反漢舊物①，興戎②于魏，遊玄之教雖弘，元匠之勳未顯，遂使後世集錄者耿然追恨。劉備，承漢獻之末，三分據蜀，北有霸魏之讐，東有孫吳之敵。積穀訓兵，干戈日阻。豈暇弘闡於空寂之教哉？又陳壽《蜀志》云："諸葛相失在不置史官，是以無文而載矣。"③

　　晉初，竺法護④時號燉⑤煌菩薩。高僧竺法護，燉煌人。八歲出家，後往西國。篤志好學，萬里尋師，孫綽⑥方之山巨源⑦，譯《正法華》等經。⑧晉惠時，卒於澠池也。門下有作者七人，其始譯《正法華》，既定詁訓，命康那律⑨講授，諷誦者翕然爲美。至羅什世，重譯爲《妙法蓮華》。而護所譯，稍潛其耀。羅什弘始年於逍遙園重譯，於世盛行。《正法華》稍歇，今在藏內。蓋覩大輅⑩者，不以椎輪爲貴也。⑪《文選》云："椎輪爲大輅之始，大輅寧有於椎輪之

----

① 舊物：指舊日的典章制度。《左傳·哀公元年》："祀夏配天，不失舊物。"

② 興戎：發動戰爭，引起爭端。《書·大禹謨》："惟口出好興戎，朕言不再。"孔穎達疏："興戎，謂疾人而動甲兵。"

③ 《三國志·蜀書·後主傳》："又國不置史，注記無官，是以行事多遺，災异靡書。諸葛亮雖達於爲政，凡此之類，猶有未周焉。"

④ 竺法護：又稱支法護。西晉譯經僧。音譯作"曇摩羅刹"、"曇摩羅察"。祖先爲月支人，世居敦煌。八歲出家，博覽六經，涉獵百家，立志西行，遍通西域三十六國語文。時人稱之爲"月支菩薩"、"敦煌菩薩"、"敦煌開士"、"本齋菩薩"。譯有《光讚般若》、《普曜》、《大哀》、《度世品》、《持心》、《首楞嚴》、《賢劫》、《維摩》、《無量壽》、《正法華》等大乘經典凡一五四部三〇九卷。

⑤ 燉：當爲"燉"或"敦"字。

⑥ 孫綽：（314—371），字興公，中都（今山西平遙）人。東晉中期之思想家、玄言詩人。少有高志，博學善詩文。官至廷尉卿，喜與高僧交遊，篤信佛法。著有《論語集解》、《老子贊》、《喻道論》、《道賢論》、《天台山賦》、《遂初賦》等。

⑦ 山巨源：（205—283），名濤，河內懷縣（今河南武陟西）人，"竹林七賢"之一，西晉大臣。好老莊之學，與嵇康、阮籍等結交。年四十始出仕，官至吏部尚書、尚書右僕射，領吏部十餘年。著有文集十卷。

⑧ 竺法護比作山巨源，出自孫綽《道賢論》將西晉至東晉初年之高僧竺法護、竺法乘、于法蘭、于道邃、帛法祖、竺道潛、支遁等天竺七僧，依次比爲山濤、王戎、阮籍、阮咸、嵇康、劉伶、向秀等竹林七賢。下文竺法乘等人比作王戎等人同。

⑨ 康那律：西晉時僧人。協助竺法護譯經人員之一，永熙元年（290）八月二十八日，於洛陽寫《正法華品》竟。

⑩ 大輅：亦作"大路"。玉輅。古時天子所乘之車。《書·顧命》："大輅在賓階面。"孔傳："大輅，玉。"孔穎達疏："《周禮》巾車掌王之五輅：玉輅、金輅、象輅、革輅、木輅，是爲五輅也……大輅，輅之最大，故知大輅玉輅也。"《禮記·樂記》："所謂大輅者天子之車也。"

⑪ 見《高僧傳》卷一《竺曇摩羅刹傳》。

質？增冰爲積水所成，積水增微於曾冰之凜。"① 椎輪，古棧車也，大輅，玉輅也。
得華忘樸之義。

護門法乘，竺法乘②，依法護爲沙彌。幼而神悟，玄鑒③過人。有詐投護，急
求錢二十萬，護未苔。乘年十三，在師側，即語云："和尚已相許前人。"果非求財
者，將觀護之道德也。才慧俊拔。孫綽方諸王濬沖④，以皆少有機悟之鑒也。
王戎，字濬沖，太源人，渾之子。與阮籍友，少之二十歲，相得如時輩。每至某家，
輒之戎室。謂其父曰："濬中清尚，非鄉倫也。與鄉語不如阿戎矣。"⑤

竺法雅⑥、河間人，擬正有庶，少善外學，長達佛經。才思俊贍，時賢企慕。
兼善著述。康法朗⑦中山人，善戒節，西遊諸國還。以經中義類擬議儒書，爲
生解例，謂之"格義"⑧，以訓門學。嘗與道安、法汰⑨講談諸經，皆妙
盡其要。朗門人令韶每入定，數日不起。朗終，刻木爲像，如事生
之禮。⑩

---

① 南朝梁蕭統《文選序》："若夫椎輪為大輅之始，大輅寧有椎輪之質；增冰為積水所成，
積水曾微增冰之凜。何哉？蓋踵其事而增華，變其本而加厲。"

② 竺法乘：晉僧。天竺七僧之一。幼即神悟，懸鑒過人，依竺法護（239—316）為沙彌。
後到敦煌立寺，傳法忘身，誨而不倦，大化西行，終於所住。與竺法行、竺法存同學，並山棲履
操，知名於當世。

③ 玄鑒：亦作"玄鑑"。猶明鏡，喻高明的見解。《淮南子·脩務訓》："誠得清明之士，
執玄鑑於心。照物明白，不為古今易意。"高誘注："玄，水也；鑑，鏡也。"

④ 王濬沖：（234—305），名戎，字濬沖。琅玡臨沂（今山東臨沂白沙埠鎮諸葛村）人。
西晉名士、官員，惠帝朝司徒，"竹林七賢"之一。

⑤ 見《高僧傳》卷四《竺法乘傳》。

⑥ 竺法雅：晉代僧。又稱法雅。河北河間人。生卒年不詳。與道安共事佛圖澄。少時善於
外學，及長乃精通佛義，官宦仕子等多來請益。其法一時頗為風行。而道安以此法常違佛理真
義，故禁其徒眾引用，後遂衰止。

⑦ 康法朗：晉代僧。中山（今河南省內，或作河北定縣）人。自幼出家，持戒精嚴。遍遊
諸國，研尋諸經後，復返中山開座傳法，闡揚法相之學，門人數百。後不知所終。

⑧ 格義：即以道家或外教之義理來解釋佛教之道理。佛教東傳之初，知識分子常以其類似
老莊思想而接受之。後世亦有以儒家思想比附佛法者，此亦可視為格義之一種。

⑨ 法汰：汰，同汰。《集韻·夳韻》："汰，或从太。"法汰，即竺法汰（320—387），東晉
僧。般若學派六家七宗中本無異宗代表人物之一。東莞（山東沂水）人。容貌出眾，少與道安
同學，博通群經，兼及世典。撰有《放光經義疏》、《與郗超辯本無義》等。

⑩ 見《高僧傳》卷四《竺法雅傳》、《高僧傳》卷四《康法朗傳》、《高僧傳》卷五《竺法
汰傳》。

　　帛法祖風神之秀也，於王導①則以簡率，於卞望②之則莊敬，以爲王公風道斯言③，卞令軌度格物故也。④ 帛遠，字法祖，本姓萬，河內人。才思俊徹，敏朗絕倫，日誦萬言。値晉亂，將遁隴右，秦州刺史張輔重之，欲令反服，不從，遂殺之。蕃漢追悼。孫綽《道賢論》方之嵇康⑤也。祖弟法祚⑥，德行沖允，實祖之季也。祚亦有少譽，被博士徵，不就。二十五歲出家，洞明佛理。梁州刺史張光以祚兄不肯反服，輔殺之。光又逼之祚，亦堅志不從，亦爲光所害。⑦

　　帛高座，卓朗之傑也。帛尸梨蜜多羅⑧，吉交國⑨人，時呼爲高座，以其善說法故。本國王之子，讓位出家，於東晉譯《藥師》等經。王導謂之曰：“外國有君，一人而已。”尸⑩梨蜜笑曰：“若使貧道只如檀越爲，今日豈得遊歷至此？”晉咸康中卒，春秋八十餘，葬石子岡。岡在吳，後起寺焉。⑪

---

　　① 王導：（267—330），東晉臨沂人。字茂弘。元帝時宰相，識量清遠，輔佐成帝，奠定東晉之基礎，朝野號稱仲父。歷事三朝，出將入相。

　　② 卞望：即卞壼（281—328），字望之。濟陰冤句（今菏澤丹陽辦事處卞莊）人。晉代官至宰相。

　　③ 風道斯言：《高僧傳》卷一、《貞元新定釋教目錄》卷五、《開元釋教錄》卷三、《古今譯經圖紀》卷二皆作“風道期人”。

　　④ 《北山錄隨函》：“此文同帛高座卓朗之傑。”《高僧傳》卷一《帛尸梨密傳》：“時尚書令卞望之亦與密緻善，須臾望之至，密乃斂衿飾容，端坐對之。有問其故，密曰：‘王公風道期人，卞令軌度格物，故其耳然。’諸公於是歎其精神灑厲，皆得其所。”

　　⑤ 嵇康：（223—262），字叔夜，譙郡銍縣（今安徽宿州）人。“竹林七賢”的領袖人物。三國時魏末著名的詩人與音樂家，是當時玄學家的代表人物之一。《隋書·經籍志》著錄有集13卷，又別有15卷本，宋代原集散失，僅存10卷本。

　　⑥ 法祚：即帛法祚，魏晉時代僧。河內（河南沁陽）人，俗姓萬。為沙門帛遠之弟。少時即富聲譽，曾婉辭博士官之高職。二十五歲出家，博通佛理，聲震關隴。梁州刺史張光逼令還俗，師不從，乃遇害，世壽五十七。生卒年不詳。著有《放光般若經註》、《顯宗論》等。

　　⑦ 《高僧傳》卷一《帛遠傳》附《法祚》。

　　⑧ 帛尸梨蜜多羅：又稱“帛尸梨密多羅”、“尸梨密多羅”。意譯“吉友”。晉代西域僧。生卒年不詳。原為龜茲國王子，後讓位其弟而出家。博通經論，兼善密法。永嘉年間來華。所譯之經，有《大孔雀王神咒》、《孔雀王雜神咒》等各一卷。

　　⑨ 吉交國：疑與龜茲國同。

　　⑩ 尸：底本作“户”。

　　⑪ 見《高僧傳》卷一《帛尸梨密傳》。

　　支遁常遣人就竺潛①買剡②岰山③側沃洲④小嶺，支遁，字道林，姓關氏，陳留人。幼有神俊，聰明秀徹，王濛⑤甚重之。後於沃洲小嶺立寺，晚出山陰講《維摩經》，許詢⑥爲都講也。潛曰：“欲來輒給，豈聞巢許⑦買山而隱？”竺潛，字法深，姓王，晉大將軍敦之弟，事忠州劉元真⑧爲師，元真有才器。後隱剡山，當世追蹤問道者也。遁後與高麗道人書曰：“上座竺法深，忠州劉公之弟子。體性貞峙，道俗綸綜。往在京邑，維持法網。內外具瞻，弘道之匠也。”頃以道業靖濟，不耐塵俗。考室⑨山澤，脩德就閑⑩，今在縣之岰山。率合同遊，論道說義。高棲浩然，遐邇有詠。孫綽以潛比劉伯倫⑪，謂曠大之體同焉。時岰山竺法友⑫從深受《阿毘曇》，一百卷。一宿便誦。深曰：“經目則誦，見稱昔人。若能仁更興大晉者，必取汝爲五百之一人矣。”法

---

　　①　竺潛：即竺道潛。

　　②　剡：即剡縣（今浙江嵊州市），漢景帝四年（前153）置縣，屬會稽郡。

　　③　岰山：《高僧傳》卷一四、《法苑珠林》卷一〇〇、《大唐內典錄》卷一〇皆作“東岰山”，即今東岰山，又名水簾尖，在浙江省新昌縣東40里。

　　④　沃洲：即沃洲山（浙江新昌縣東25里）。上有支遁嶺，放鶴峰、養馬坡，相傳為晉代名僧支遁放鶴、養馬之地。

　　⑤　王濛（309—347），字仲祖，小字阿奴，太原晉陽（今山西太原）人。東晉名士、外戚。深得輔政的會稽王司馬昱倚重，官至司徒左長史。

　　⑥　許詢：（？—361），字玄度。高陽（今河北蠡縣）人。東晉文學家。生卒年不詳。善寫文章，“五言詩，可謂妙絕時人”，與王脩並稱。好佛學，終身不仕，常同支道林、謝安等人游宴。永和九年（353），王羲之與謝安、孫綽、許詢等41位名士宴集會稽山陰蘭亭，眾人賦詩，輯之以為《蘭亭集序》。

　　⑦　巢許：巢父和許由的並稱。巢父，相傳為中國唐堯時代的隱士。巢居在樹上，所以得名。堯要把君位讓給他，他不接受。許由，相傳為堯時高士，堯要把君位禪讓給他，他逃至箕山下農耕而食，堯又請他做九州長官，他到潁水邊洗耳，表示名祿之言污了他的耳。

　　⑧　劉元真：東晉名僧。崇德務學，早有才能之譽，深為孫綽所重。竺潛（286—374）年十八出家，事中州劉元真為師。

　　⑨　考室：本謂宮寢落成之禮，後泛指相地築屋。《詩·小雅·斯干序》：“《斯干》，宣王考室也。”《漢書·翼奉傳》：“到後七年之明歲，必有五年之餘蓄，然後大行考室之禮。”顏師古注引李奇曰：“凡宮新成，殺牲以釁祭，致其五祀之神，謂之考室。”

　　⑩　就閑：謂無職事羈絆，閑居在家。唐元稹《感夢》詩：“答云久就閑，不願見勞使。”

　　⑪　劉伯倫：即劉伶（約221—300），字伯倫，中國西晉沛國（今安徽宿縣）人，“竹林七賢”之一。曾為建威參軍。晉武帝泰始初，對朝廷策問，強調無為而治，以無能罷免。平生嗜酒，曾作《酒德頌》，宣揚老莊思想和縱酒放誕之情趣，對傳統“禮法”表示蔑視。

　　⑫　竺法友：竺道潛門下。晉僧。博通眾典，嘗從竺道潛受《阿毘曇》，一宿便誦，潛極譽之。年二十四開講。後創寺剡縣城南，曰法臺。

友年二十四便能講說，後立剡縣城南臺寺焉。①

　　晉成世康僧淵②、康法暢③、支敏度④俱過江，僧淵，本西國人。生長安爲僧，常乞食自資，德逾暢、度，與殷浩⑤對問內外典籍，浩詞屈不能對。**暢常執塵尾⑥行，每值名賓，輒清談盡日，庾元規曰："此塵尾何以常在?"暢曰："廉者不求，貪者不與，故常在耳。"著《人物始義論》**。⑦ 支敏度著《譯經錄》，今行於世。

　　支遁初至京，王濛器重之，謂人曰："精微之功，不減輔嗣⑧。"殷融⑨與衛玠⑩交，時謂其神情俊徹，後進莫有繼之者。及見遁，嘆息以爲

---

　　① 見《高僧傳》卷四《竺法潛傳》。

　　② 康僧淵：東晉豫章山寺之僧。其祖先為西域人，生於長安。容止端正，志業弘深。常乞丐自資，人未之識。講《般若》，善清談。殷浩與師談經理，終日不能屈，由是知名。後於豫章山立寺，講《持心梵天經》，以授門徒。後卒於寺。

　　③ 康法暢：晉僧。有才識，常持塵尾而行，遇佳賓，即清談。著有《人物始義論》。

　　④ 支敏度：晉代僧。又作支愍度。為般若學派六家七宗之一心無宗之創始者。永嘉之亂，南渡避兵。成帝時，與康僧淵、康法暢共遊江南，世有聰哲之譽。又慨嘆於諸家所譯經論尚未精詳，遂合糅異譯，以明文義。著有《合首楞嚴經記》、《合維摩詰經序》、《經論都錄》一卷等。生卒年均不詳。

　　⑤ 殷浩：東晉政治人物。殷羨之子。識度清遠，弱冠即有盛名。因會稽王司馬昱提拔，而一度與桓溫於朝中抗衡，後因北伐失利被廢為庶人。善玄理，與叔父殷融俱好《老》、《易》，為清談者所宗。有文集。

　　⑥ 塵尾：底本作"麈尾"，下文作"塵尾"，又《高僧傳》卷四、《法苑珠林》卷五三皆作"麈尾"，據此改。麈尾，古人閑談時執以驅蟲、揮塵的一種工具。在細長的木條兩邊及上端插設獸毛，或直接讓獸毛垂露外面，類似馬尾松。因古代傳說麈遷徙時，以前麈之尾為方向標志，故稱。

　　⑦ 見《高僧傳》卷四《康僧淵傳》。

　　⑧ 輔嗣：即王弼，(226—249)，字輔嗣，三國時代曹魏山陽郡（今山東濟寧、魚台、金鄉一帶）人，經學家，魏晉玄學的主要代表人物之一。王弼曾任尚書郎。少年有文名，曾為《道德經》與《易經》撰寫注解。

　　⑨ 殷融：字洪遠，陳郡人，生卒年不詳，晉惠帝永康元年前後在世。桓彝見而嘆美之。善清言，兄子浩每與之談，有時而屈。其人喜歡《易》、《老》之學，善屬文而不善口辯，與東晉第一美男子衛玠（286—312）交往甚密。累遷吏部尚書、太常卿，卒。著有《像不盡意》、《大賢須易論》。

　　⑩ 衛玠：(286—312)，字叔寶，河東安邑（今山西夏縣北）人，晉代名士、玄學家。祖父衛瓘，父衛恆。初任太傅西閣祭酒，後任太子洗馬。美豐容，眾人仰慕，有第一美男子之譽。好清談，與王玄齊名。在魏晉玄學的發展中，衛玠是繼何晏、王弼的"正始之音"後，啟"江表之聲"之關鍵人物。

重見若人。若人如此，人謂珍也。遁每講，善標宗會，而章句或有所遺，時
爲宗文者所陋。謝安①聞之，曰："此乃九方堙②相馬，略其玄黃而取其駿
逸。"《莊子》云："九方堙，善相者。"③《淮南子》："秦穆公召伯樂，使求馬，三
月而反。"曰：'已得矣，在沙丘。'公曰：'何馬也？'曰：'牡而黃。'及至，驪而
牝。公怒曰：'子之所求，毛色、牝牡不知之。'伯樂喟然曰：'一至此乎。所觀者，
天機也。得其精而忘其麤，在其內而忘其外，見其所見而忘其所不見。'馬至而果天
下之馬也。"④ 後出沃州，於山陰講《維摩經》，許詢爲都講⑤。遁通一義，
眾謂詢無所措難。詢設一難，亦謂遁不能通。《世說》："許詢，字玄度。好遊
山水，而便登涉隱永興幽穴。每致四方諸侯之遺。山陰縣在越州，即王右軍蘭亭曲水
在此。有越王勾踐小城猶在。"⑥ 哀帝⑦徵出京，王濛宿構數百語，謂遁莫能
抗。遁徐曰："貧道與君別來多年，君語了不⑧長進。"郗超⑨問謝安：
"林公談何如嵇中散？"郗超，字嘉賓，桓溫記室參軍。形質短小，多機辯。嵇康
爲中散大夫。安曰："嵇⑩努力裁得去耳。"又問："於殷浩何如？"曰："亹
亹論辯，恐殷制支。超拔直上，殷有慚德。"後超與親友書云："林法師

---

① 謝安：(320—385)，字安石，東晉政治家，軍事家，浙江紹興人，祖籍陳郡陽夏（今中
國河南省太康）。歷任吳興太守、侍中兼吏部尚書兼中護軍、尚書僕射兼領吏部加後將軍、揚州
刺史兼中書監兼錄尚書事、都督五州、幽州之燕國諸軍事兼假節、太保兼都督十五州軍事兼衛將
軍等職，死後追贈太傅，追封廬陵郡公。世稱謝太傅、謝安石、謝相、謝公。

② 九方堙：一作"九方皋"。春秋時相馬家。受伯樂推薦，為秦穆公相馬三個月後，回報
已得良馬，而牝（母馬）黃色，在沙丘。秦穆公使人往取，見是牡（公馬）而驪（黑）色的，
很不中意，于是責問伯樂。伯樂認為其相馬看重內在精華，不求表面。後經驗視，果是千里
良馬。

③ 見《莊子·徐無鬼》。

④ 見《淮南子·道應訓》。

⑤ 都講：又稱都講師。為經論之講會中所設之職稱。魏晉南北朝時，佛教學者講經採取一
問一答方式，都講發問，後由講師詳加講解闡發。

⑥ 見《世說新語·栖逸篇》，語句與引文有些不同。

⑦ 哀帝：指晉哀帝司馬丕（341—365），字千齡，為東晉的第六代皇帝，晉成帝之子，晉
穆帝之堂兄。361—365 年在位。

⑧ 了不：絕不，全不。晉陶潛《晉故征西大將軍長史孟府君傳》："君歸，見嘲笑而請筆
作答，了不容思，文辭超卓，四座歎之。"

⑨ 郗超：(336—377)，東晉政治家。高平金鄉人，字景興，又名嘉賓。原信奉天師道，然
與支遁、竺法汰等高僧交遊，漸對佛教起信。曾任大司馬桓溫之參軍。於喪母之後辭去司徒左長
史之職，此後不再任官。著有《奉法要》、《明感論》、《全生論》等，然僅存奉法要一書。

⑩ 嵇：同"嵇"。《正字通·山部》："嵇，同嵇。"

神理所通，玄拔獨悟，數百年來，紹明大法，令真理不絕，一人而已。"
遁幼以雞子無命，其師與爭辯，且不勝，死後見形，投卵於地，殼破鶵
行，遁乃感而蔬①食。遁與師論卵，生用未足，殺之無罪。以其慧辯，師不能勝。
乃死，之現形擲卵以悟之也。《禮》云："國君春不圍澤，大夫不掩羣，士不
取麛卵。"② 遁若始乃未知，既知矣則不違仁。何俟師之誨焉？蓋師見其前，
猶未悟爾。有遺馬者，養之曰："吾愛其神駿，聊復畜之耳。"有餉鶴者，
放之曰："爾沖天之物③，寧爲耳目之翫乎？"先經營④餘姚塢山，至於名
辰⑤，獨還塢中。或問其意，曰："謝安在昔，數來相見，輒移旬日。今
觸情舉目，莫不興想。"孫綽比諸向子期⑥，向秀，字子期。以雅尚莊老，
風好同焉。⑦

　于法蘭⑧，高陽人，少有異操。隱居巖壑，時冰雪甚，有一虎入房，蘭
神色無忤。後往江東，將適西域，至交州，終於象林。遁爲贊曰："于氏
超世，綜體玄旨，嘉遁山澤，明馴虎兕。"孫綽方於阮嗣宗⑨，俱以高尚
不羣也。⑩

────────────

　① 蔬："蔬"的異體。字見《玉篇·艸部·字》："蔬：所居切，菜。"

　② 見《禮記·曲禮下》。

　③ 沖天之物：指鶴。南朝梁慧皎《高僧傳·義解·支遁》："〔支遁〕謂鶴曰：'爾沖天之物，寧為耳目之翫乎！'"

　④ 經營：周旋，往來。《文選·司馬相如〈上林賦〉》："終始灞滻，出入涇渭；酆、鎬、潦、潏，紆餘委蛇，經營乎其內。蕩蕩乎八川分流，相背而異態。"郭璞注："經營其內，周旋苑中也。"《後漢書·馮衍傳下》："疆理九野，經營五山，眇然有思陵雲之意。"李賢注："經營，猶往來。"

　⑤ 名辰：疑"名"為"明"之誤。宮本、宋本、元本、明本《高僧傳》卷四皆作"明辰"。明辰，即明晨。《宋高僧傳》卷一七"明辰，展轉尋問，迭互推尋，直至藥山。"

　⑥ 向子期：向秀，字子期，河內懷縣（今河南武陟）人，魏晉"竹林七賢"之一。著有《思舊賦》、《難養生論》。

　⑦ 見《高僧傳》卷四《支道林傳》。

　⑧ 于法蘭：晉代僧。高陽（河北蠡縣）人。少有異操，15歲出家，以精勤為業，冠年即名流四遠。性好山泉，常居長安山寺，與竺法護同隱，後移居石城山足。時人以其風力媲美庾元規，孫綽之《道賢論》則以之比阮嗣宗。遠適西域，欲求異聞。至交州，罹患重疾，卒於象林。

　⑨ 阮嗣宗：即阮籍，（210—263），字嗣宗，陳留尉氏（今河南開封）人，中國三國時期魏的詩人，"竹林七賢"之一。曾任步兵校尉，人稱阮步兵。與嵇康並稱嵇阮。作品以《詠懷詩八十二首》最出名。

　⑩ 見《高僧傳》卷四《于法蘭傳》。

　　蘭之門于法開①、于道邃②，開之門于法威③，凡三世負盛譽。開每與支遁爭即色空義，蓋龍虎之勍敵也。盧閒④何默⑤申明開難，高平郄超宣述林解，並傳於世也。孫綽爲威贊曰："《易》曰白馬⑥，《賁卦》文也。《詩》貟⑦蘋藻⑧。班如⑨在場，芬若渟潦。于威明發，介然遐討。有潔其名，無愧⑩懷抱。"開甞使威出都，途經山陰⑪，算支遁講《般若》其辰所至處，示其攻難。威至郡，果不出其計。乃往復數番⑫，遁引退，因厲聲曰："君何足復受人寄載來耶？"後詔徵講《放光經》，邃從蘭過江，沒於交阯⑬。

南徵之地，通典云："彼國人立，足拇相交也。"郄超圖像，支遁贊曰："英英上人，識通理清。朗質玉瑩，德音蘭馨。"孫綽比於阮咸⑭，咸，字仲容，家

----

　　① 于法開：晉代僧。爲晉代般若學六家七宗中"識含宗"之代表人物。其生年、籍貫均不詳。師事于法蘭，敏睿善辯，以數術弘教。年六十寂於所住處。

　　② 于道邃：晉代僧。爲晉代般若學六家七宗中"緣會宗"之代表人物。敦煌人。自幼即孤，年十六出家，師事于法蘭。爲人不屑毀譽，善方藥，美書札，工醫方，精通義學，洞諳殊俗，尤巧談論。後隨于法蘭赴西域，於交阯染疾而終，終年三十一歲。

　　③ 于法威：晉僧。于法開弟子。清悟有樞辯，以義學聞名。興寧中（363—365），於山陰與支遁辯難，遁爲所屈。

　　④ 盧閒：疑爲"盧江"。《高僧傳》卷四作"盧江"。東晉盧江郡，即治今安徽霍丘縣西55里。

　　⑤ 何默：東晉盧江郡（治今安徽霍丘縣西55里）人。于法開移白山靈鷲寺，每與支道林（314—366）爭即色空義，盧江何默申明開難。

　　⑥ 《易》曰白馬：《易·賁》："六四，賁如皤如，白馬翰如，匪寇婚媾。"

　　⑦ 貟："員"之異體。《敦煌俗字譜·口部·員字》作"貟"。

　　⑧ 《詩》貟蘋藻：《詩·召南·采蘋》："于以采蘋，南澗之濱。于以采藻？于彼行潦。"疑"員"爲"美"字之形誤。《高僧傳》卷四："《易》曰翰白，《詩》美蘋藻。班如在湯，芬若停潦。于威明發，介然遐討。有法其名，無愧懷抱。"又《大唐大慈恩寺三藏法師傳》卷九："《易》嘉日新之義，《詩》美無疆子孫。"《隆興編年通論》卷二："《易》稱積善餘慶。《詩》美求福不回。"可資旁證。

　　⑨ 班如：盤桓不進貌。《易·屯》："六二，屯如，邅如，乘馬班如。"

　　⑩ 愧："愧"的俗字。

　　⑪ 山陰：今浙江省紹興市越城區。

　　⑫ 番："番"的異體。字見《漢隸字源·平聲·戈韻·番字》引《陳寔碑》、《五經文字·采部》、《重訂直音篇·卷四·采部》。

　　⑬ 交阯：又名交址，中國古代地名，今位于越南紅河三角洲北寧省。

　　⑭ 阮咸：字仲容，陳留尉氏人，阮籍之侄。魏、晉時竹林七賢之一。官至始平太守，人稱阮始平。出生於三國魏朝前期，大約卒於晉武帝末年。無著作傳世。

貧。七月七日，皆曬好衣。咸於庭曬犢鼻褌①，或問之，曰："焉能免俗也？"以其高風一致也。②

剡山竺法崇③，不詳何許人。少入道，唯專《法華》一經，後著《義疏》四卷行之。曾遊湘州麓山④，今潭州也。山神化爲大人，詣崇請戒，乃捨山爲寺。居之少時，化洽湘士。後還剡之葛峴山⑤，茅庵泉飲而已。⑥

潛門人竺法義⑦，忽患心疾。至念觀音，夢被人破腸，其疾乃愈。義年十二遇潛，異之，勸出家。遊刃眾典，尤善《法華》，卒東晉太元五年。傅亮⑧云："吾先君與義公遊處，每聞觀音神異，莫不大小肅然。"孝武徵，出京就講。孝武，晉簡文帝子，名昌明，立二十四年崩。⑨

古者出家從師命氏，取師之姓。道安受業佛圖澄，澄姓帛，安以師莫過佛，遂通以釋氏爲姓。中夏沙門呼釋氏，自安始也。語曰："學不師安，義不中難。"習鑿齒與謝安書曰："比見釋道安，固是非常勝士。師徒數百，齋講⑩不倦。無變化伎術可以惑常人之耳目，無重威篤罰可以整羣小⑪之參差，而師徒肅肅，自相尊敬，洋洋濟濟，由來未見。其人內外羣書皆略遍觀，陰陽算數亦皆通會。佛經妙義，固所遊刃。翻覆籌算，無

---

① 犢鼻褌：亦作"犢鼻褌"。省作"犢鼻"、"犢褌"。意為短褲。《史記·司馬相如列傳》："相如身自著犢鼻褌與傭保雜作，滌器於市中。"

② 參見《高僧傳》卷四《于法開傳》、《于道邃傳》及《于法開傳》附《于法威傳》。

③ 竺法崇：晉代僧。籍貫與生卒年均不詳。自幼入道即以嚴守戒律著稱，敏而好學，尤好《法華經》，並持咒。西晉武帝泰始四年（268），初居於湘州麓山弘化佛法，其後，入剡之葛少峴山，於此終老。著有《法華義疏》四卷。

④ 麓山：今湖南長沙市轄區內。

⑤ 葛峴山：位於嵊縣（剡縣）西北20里，今浙江紹興市嵊州市。高僧竺法崇居焉。

⑥ 見《高僧傳》卷四《竺法崇傳》。

⑦ 竺法義：（307—380），晉代僧。竺道潛之弟子，博覽眾經而特善《法華》。於京師（江蘇江寧）大開講席，當世名流王導、孔敷等人皆敬為師友，並得孝武帝厚遇。太元五年，於京師示寂，帝以十萬錢購買新亭岡為之築墓，弟子曇爽於墓所立寺，名為新亭精舍，即後之中興寺。

⑧ 傅亮：（374—426），字季友，祖籍北地靈州（今陝西耀縣東南）人。西晉文學家傅咸玄孫。東晉末歷任員外散騎侍郎、中書黃門侍郎等職，後佐劉裕建國有功，入宋後封建城縣公。著有《光世音應驗記》。

⑨ 見《高僧傳》卷四《竺法義傳》。

⑩ 齋講：宣講佛法之集會。北齊顏之推《顏氏家訓·風操》："梁孝元年少之時，每八月六日，載誕之辰，常設齋講，自阮修容薨歿之後，此事亦絕。"

⑪ 群小：眾小人。《詩·邶風·柏舟》："憂心悄悄，慍於群小。"鄭玄箋："群小，眾小人在君側者。"

可比肩。恨足下不同日而見也。①

慧遠初爲儒，年過乎弱冠，遇道安於太行恒山，喜曰："以爲真吾師也。"常欲總攝綱維，以大法爲己任，以夜續晝，貧旅多闕，曇翼②每給以燈燭之費。安聞之曰："道士誠知人矣。"嘗他日，安歎曰："使道流東土，其在遠乎!"遠後盛德既彰，聲華洽聞，外國咸稱漢有大乘道士，每東向廬山，稽首焚香，遐誠展敬。羅什入關，遠致書通好。什荅書，其卒章曰："經云：'末後東方有護法菩薩，勗哉仁者，善弘其事!'"殷仲堪之荆州，至山，與遠臨北澗談《易》，移景不倦。盧循③初據江州，以父嘏④同爲書生，歡然篤舊。有諫者曰："循爲國寇與之厚，得不疑乎?"遠曰："我佛法中，情無取捨，豈不爲識者所察?"洎宋武討循，左右曰："遠公素篤循交。"裕曰："遠公世表之人，心無彼此。"乃齎書，遺錢米。遠講《喪服記⑤》，宗、雷並執卷。宗炳、雷次宗。雷後著《義疏》，首稱雷氏。宗炳嘲之曰："昔與足下共於釋和尚閒面受此義，今便題卷首稱雷氏乎?"⑥

慧持⑦，形長八尺，常躡屐，衲衣半脛。將入蜀，兄止之曰："人生愛聚，汝獨樂離，如何?"持曰："若滯情愛聚，本不應出家。今既割欲求道，正以西方爲期耳。"⑧

---

① 見《高僧傳》卷五《道安傳》。

② 曇翼：晉僧。羌人，或云冀州姚氏。年十六出家，事道安（314—385）為師。以律行見稱，學通三藏。隨師南遷，共住襄陽。長沙太守滕含，於江陵捨宅為寺，即長沙寺。復得阿育王造像，供於上明。義熙中寂，壽八十二。

③ 盧循：（? —411），字于先，小名元龍，范陽涿縣人（今河北涿州）人。盧循出身門閥士族范陽盧氏，是司空從事中郎盧諶的曾孫。東晉末年孫恩以五斗米道起事，敗死。盧循統孫恩餘眾繼續反抗晉廷，世稱"孫恩盧循之亂"。終為交州刺史杜慧度所破，自殺死。

④ 嘏：即盧嘏。盧諶孫，盧勳子，東晉末農民起義領袖盧循之父。釋慧遠（334—416）少與盧瑕同為書生。盧嘏於盧循兵起時隨在軍中。義熙六年（410年）盧循從廣州回兵北上，進據江州，曾登廬山謁見慧遠。盧嘏南來卜居以後，事蹟無聞。

⑤ 喪服記：即《儀禮·喪服記》。

⑥ 見《高僧傳》卷五《慧遠傳》。

⑦ 慧持：（337—412），東晉僧。雁門樓煩（今山西寧武縣附近）人，俗姓賈。為廬山慧遠之弟。少聰敏，能通經史，有文才，年十八與兄同依止道安出家。遍學三藏，並及外典。

⑧ 見《高僧傳》卷六《慧持傳》。

　　同學慧永①於西林②嶺上別立一室，欲禪，輒往居焉。常有一虎在屋，賓至則使去。於一日會何無忌③於虎溪④，遠從徒百餘，莊而肅，永獨衲衣草屨，荷錫提鉢，松下飄然而來。時以清散之風，多於遠也。⑤

　　其門德行有道祖⑥、僧遷⑦、道流⑧，富有才思。遠每謂祖等曰："夫易悟盡如汝輩，則吾不復憂後生矣。"孔子曰："聞義不能徙，是吾憂也。"⑨其後遷、流夭世，遠曰："此子並才義英茂，清悟日新。使此長往，一何痛哉！"⑩

　　有慧要⑪者，患山中無刻漏，乃於水上立十二葉芙蓉，因波轉以定十二時，晷景無差耳。⑫又嘗作木鳶，令飛數百步。有張山人者，廣政中於蜀主殿前立渾儀樓，注以水銀，令木人執二時牌子，隨水銀轉對殿報時，晷刻不差。張山人，名思訓，本遂州人。後入京，係司天監。⑬

----

　　① 慧永：（332—414），晉代僧。河內（河南）人，俗姓潘。十二歲出家，師事竺曇現，後與慧遠共同學於道安座下。寂滅后，唐玄宗追謚"覺寂大師"之號。

　　② 西林：在江西九江市廬山麓東林寺對面。

　　③ 何無忌：（？—410），晉代東海郡郯縣人，劉牢之之甥，東晉末年將領。曾與劉裕等起兵討伐篡位的桓玄，後官至江州刺史，在盧循之亂中與徐道覆作戰戰死。

　　④ 虎溪：廬山東林寺前的小溪。東林寺位於九江市廬山西麓，北距九江市16公里，東距廬山牯嶺街50公里。因處於西林寺以東，故名。建寺者為名僧慧遠（334—416），有"虎溪三笑"典故流世。

　　⑤ 見《高僧傳》卷六《慧永傳》。

　　⑥ 道祖：（347—419），東晉僧。吳（江蘇吳縣）人，俗姓竺，故又稱竺道祖。年少出家，為臺寺支法齊之弟子。道流曾撰寫諸經目錄，未完而寂，道祖繼之完成，凡四部：《魏世經錄目》、《吳世經錄目》、《晉世雜錄》、《河西經錄目》，各一卷，今已佚失。

　　⑦ 僧遷：後秦時代僧。生卒年不詳。與道祖、道流等從廬山慧遠受戒，復從羅什受學。後秦姚興敕命為悅眾，同時並任命僧䂮為僧主，法欽、慧斌為僧錄。

　　⑧ 道流：後秦時代僧。少與同志僧遷、道祖等共入廬山，依慧遠為師。七年並山中受戒，年二十八而卒。創撰《魏世經錄目》、《吳世經錄目》、《晉世雜錄》、《河西偽錄》四部，未成而卒，他的同學竺道祖（349—419）繼續完成之，共四卷，斷代的經錄即始於此。

　　⑨ 《論語·述而》："子曰：'德之不修，學之不講，聞義不能徙，不善不能改，是吾憂也。'"

　　⑩ 見《高僧傳》卷六《道祖傳》。

　　⑪ 慧要：晉僧。慧遠（334—416）弟子。善解經律，尤長巧思。嘗於泉水中刻立十二葉芙蓉，因流而轉，定十二時，晷影無差；又嘗作木鳶，飛數百步。

　　⑫ 見《高僧傳》卷六《道祖傳》附《慧要傳》。

　　⑬ 見《宋史·天文志》。

有僧澈①者，善篇牘。嘗至山南攀松而嘯，_{盧山南也。}於是和風遠集，眾鳥悲鳴，超然有勝氣。退而諮於遠曰："律禁管絃歌舞，一吟一嘯，可得爲乎?"遠曰："以亂意言之，皆爲違法。"澈聞，唯而止。② 其姑道儀③，見於《高尼傳》④也。_{《尼傳》四卷。}

議者以爲佛圖澄之門，豫樟杞梓⑤也；_{即安公是。}道安之門，崐藍琮璧⑥也；_{琮璧，美玉，出於崐山、藍田。遠公是也。}羅什之門，瑚璉簠簋也⑦；_{生、肇等也。殷瑚、夏璉、周簠簋。}慧遠之門，犀象齒革⑧也；_{道祖等，象之牙、犀之革也。}慧光⑨之門，孔翠羽毛⑩也；_{光姓楊，定州人，師佛陀出家。俊異朗悟，所習諸經，便爲人說。師爲出家，更多穎俊，時俗呼爲聖沙彌，尤攻律部，造疏注經甚多。門學如林，入室九人，道暉爲首，儒生馮袞也。⑪}玄奘之門，沉檀

---

① 僧澈：(383—452)，佛典多寫作"僧徹"。劉宋僧。晉陽王氏，後寓居襄陽。年十六從盧山慧遠 (334—416) 出家，越八年，遠令講《小品》。後南遊荊州，止江陵五層寺，晚移琵琶寺。彭城王義康、儀同蕭思話等，並從受戒法。

② 見《高僧傳》卷七《僧徹傳》。

③ 道儀：本姓賈，京師何后寺尼，慧遠 (334—416)、慧持之姑。棄捨俗累披著法衣，聰明敏哲博聞強記。誦《法華經》講維摩小品，精義妙理因心獨悟晉泰元末 (393—397)，乃至京師住何后寺。終年七十八。

④ 高尼傳：即《比丘尼傳》，凡四卷。又稱《尼傳》。為南朝梁代僧寶唱所撰。今收於大正藏第五十冊。收集東晉穆帝升平之初至梁天監十一年 (512) 為止之一百五十年間，尼僧六十五人之傳記。

⑤ 豫樟杞梓：皆良樹名。《史記·司馬相如列傳》"楩楠豫章"張守節正義："案：《活人》云：'豫，今之枕木也。章，今之樟木也。二木生至七年，枕樟乃可分別。'"《左傳·襄公二十六年》"杞梓皮革"杜預注："杞、梓皆木名。"

⑥ 崐藍琮璧：崑山、藍田美玉。崐，同崑，指崑山。藍，指藍田。琮，《說文解字·玉部》："琮，瑞玉也。"璧，《說文解字·玉部》："璧，瑞玉，圜也。"

⑦ 瑚璉簠簋：皆為宗廟禮器名。《論語·公冶長》："子貢問曰：'賜也何如?'子曰：'女，器也。'曰：'何器也?'曰：'瑚璉也。'"《禮記·樂記》："簠簋俎豆，制度文章，禮之器也。"

⑧ 犀象齒革：犀牛的皮和大象的牙。《孟子·滕文公下》："〔周公〕驅虎豹犀象而遠之。"《書·禹貢》："厥貢……齒革、羽毛。"孔穎達疏："《詩》云：'元龜象齒。'知齒是象牙也……革之所美，莫過於犀，知革是犀皮也。"

⑨ 慧光：(468—537)，北魏僧。為地論宗南道派初祖。世稱光統律師。定州長蘆 (今河北) 人，俗姓楊。年十三隨父至洛陽，從佛陀扇多出家，時人稱之聖沙彌。著有《玄宗論》、《大乘義律章》、《仁王七誡》、《遺教經疏》、《華嚴經疏》十卷、《十地論疏》等十數種。

⑩ 孔翠羽毛：孔雀、翠鳥的羽毛。漢王粲《迷迭賦》："色光潤而采發兮，似孔翠之揚精。"

⑪ 見《續高僧傳》卷二一《釋慧光傳》。

蘭蕙①。窺基②，字洪道，造百本。③

去聖逾遠，道德降矣，藝行美矣。晉宋之代，多脩禪觀④，得道者多。隋唐已降，慧學者多。藝解美矣，得道者少。將非泉涸之魚，失江湖之所在，多其昫沫⑤耶？逐聲教而流蕩，隨慧解以澆漓。

宋人魏人，南北兩都。宋劉氏都江南，魏元氏都洛邑。宋風尚華，魏風猶淳。淳則寡不據道，華則多遊於藝⑥。晉宋高僧，藝解光時，弘闡法教，故曰華也。元魏高僧，以禪觀行業據道，故曰淳⑦。然在人不在他也。夫何以知？觀乎北則枝茶⑧生於德教，南則枝葉生於辭行。昔臧氏宰漆雕氏，以大蔡繁簡，知臧氏之優劣，臧氏，魯大夫漆雕開⑨，魯賢人。宰，家宰也。臧氏世貯

---

① 沉檀蘭蕙：皆香名。沉檀：沉香和㫄檀香。蘭蕙：蘭和蕙，皆香草。

② 窺基：（632—682），法相宗初祖。唐代京兆長安（今陝西西安）人，俗姓尉遲。字洪道。又稱"靈基"、"乘基"、"大乘基"、"基法師"。或單稱"基"。俗稱"慈恩大師"、"慈恩法師"；其宗派則稱慈恩宗。二十五歲參與譯經，顯慶四年（659），玄奘譯唯識論時，師與神昉、嘉尚、普光三師共同檢文、纂義，以議不合，玄奘乃遣出三師而獨留窺基，遂參糅十大論師之釋義而成一本，即《成唯識論》。龍朔元年（661），玄奘主譯《辯中邊論》、《辯中邊論頌》、《二十唯識論》、《異部宗輪論》、《阿毘達磨界身足論》，皆由窺基筆受，除《阿毘達磨界身足論》外，皆作述記。後遊太行山、五臺山，宣講大法，及返慈恩寺傳授玄奘之正義，著述甚多，時稱"百本疏主"，或"百本論師"；而以唯識論為宗，故又稱唯識法師。著作另有《法苑義林章》、《瑜伽論略纂》、《百法明門解》、《因明入正理論疏》、《攝大乘論鈔》、《對法論鈔》、《勝宗十句義章》，及《法華經玄贊》、《阿彌陀經通贊疏》、《觀彌勒上生經疏》、《金剛般若經玄記》、《說無垢稱經贊》等。

③ 見《宋高僧傳》卷四《釋窺基傳》。

④ 禪觀：坐禪觀法。指坐禪時修行種種觀法。

⑤ 昫沫：一般作"呴沫"，或作"煦沫"、"煦沫"。謂同在困境中互相幫助。語本《莊子·大宗師》："泉涸，魚相與處於陸，相呴以濕，相濡以沫。"

⑥ 遊於藝：泛指脩習學問或技藝。《論語·述而》："子曰：志於道，據於德，依於仁，遊於藝。"

⑦ 淳：底本誤作"渟"，據上文改。

⑧ 茶："葉"的異體。字見《歷代書法字彙·艸部》。

⑨ 漆雕開：（前540—?），或作漆彫開，名啟，字子開，蔡人，小孔子十一歲。為孔子一門生，曾受臏刑，傳習《尚書》。《韓非子》記載，"儒分為八"，"有子張之儒，有子思之儒，有顏氏之儒，有孟氏之儒，有漆雕氏之儒，有仲良氏之儒，有孫氏之儒，有樂正氏之儒。"漆雕氏之儒就是漆彫開的後學弟子。唐開元封滕伯，宋封平輿侯。

大蔡之龜①。文仲②賢，三年一卜③；武仲④，二年一卜；已下⑤，一年一卜。簡，少也。繁，多也。知其優勝劣弱也。⑥ 今奚獨不若於憑乎其象？奚，何也。臧氏以蔡龜之象而知優劣，何不以淳華而知其師訓也？文章之家，屈、宋、楊、馬，遞相祖述，屈平，宋玉，楊子雲，馬長卿，皆祖述文章之士。雖欲速鞭，難其齊足⑦。故道德言行，古今殊世，厥若坡陀矣⑧，不齊貌。浸微矣。漸次貌。

　　夫琢奇璞爲美器，良工之能也；構貞材爲廣廈，哲匠之力也；授專門以成德，仁師之訓也。故鳥可以擇木⑨，魚可以擇泉，臣可以擇君，弟子可以擇師。夫不能爲臣而求能爲君，不能爲子而求能爲父，不能爲弟子而求能爲師者，難矣！忖己度事可矣。故爲人在恕己也。然父子，天屬也⑩，其有不象者；父子之道，天性也，若禹、鯀，不象者也。君臣，國體⑪也，故有

———————————

　　① 大蔡之龜：見《太平御覽》卷八○二、卷九四一和《墨子·耕柱》引《墨子》，是與"和氏之璧"、"隨侯之珠"并稱，皆"諸侯良寶"。據說這種龜有"三棘（脊）六异（翼）"，非常珍貴。

　　② 文仲：即臧文仲（—前617），中國春秋時期魯國政治人物，名辰，臧孫氏，曾祖父臧僖伯，其父伯氏瓶。在魯莊公、魯僖公、魯文公時代魯國著名的賢大夫。他曾經廢除關卡，以利通商。

　　③ 卜：底本作"十"，據下文改。

　　④ 武仲：即臧武仲，中國春秋時期魯國政治人物，名紇，臧孫氏。其父臧宣叔，他輔佐魯成公、魯襄公，德才兼備，對季孫氏專權表示不滿。前550年，因與孟孫氏有仇，臧武仲被孟孝伯陷害，說其不讓好好安葬已死的父親孟莊子。季武子將臧武仲逐出魯國，先後逃往邾國和齊國。

　　⑤ 已下：疑指孺子容，春秋時魯國大夫。詳見下注。

　　⑥ 《說苑·權謀》："孔子問漆雕馬人曰：'子事臧文仲、武仲、孺子容，三大夫者，孰爲賢？'漆雕馬人對曰：'臧氏家有龜焉，名曰蔡；文仲立三年爲一兆焉；武仲立三年爲二兆焉；孺子容立三年爲三兆焉，馬人立之矣。若夫三大夫之賢不賢，馬人不識也。'孔子曰：'君子哉！漆雕氏之子，其言人之美也，隱而顯；其言人之過也，微而著。故智不能及，明不能見，得無數菊萄乎？'"

　　⑦ 齊足：猶並駕。謂前進的速度相同。《詩·小雅·車攻》"我馬既同"毛傳："田獵齊足，尚疾也。"

　　⑧ 坡陀：山勢起伏貌。唐杜甫《北征》詩："坡陀望鄜畤，岩穀互出沒。"亦作"坡陁"。

　　⑨ 擇木：謂鳥獸選擇樹木栖息。常用以比喻擇主而事。《左傳·哀公十一年》："〔孔子〕命駕而行，曰：'鳥則擇木，木豈能擇鳥？'"

　　⑩ 天屬：天性相連。《莊子·山木》："或曰：'棄千金之璧，負赤子而趨，何也？'林回曰：'彼以利合，此以天屬也。'"後因稱父子、兄弟、姊妹等有血緣關係之親屬爲"天屬"。

　　⑪ 國體：大臣輔佐國君，猶人之有股肱，故稱之爲國體。《穀梁傳·昭公十五年》："大夫，國體也。"范宁注："君之卿佐，是謂股肱，故曰國體。"

象、不象者；堯①之元凱②爲象也，四兇③爲不象也。師資，義會也，安得有不象者乎？如舜生均，文王生武王，父子象、不象也。舜大聖，生商均④不肖，爲父子不象也；文王聖，生武王亦聖，爲父子之象也。⑤庭堅⑥爲虞臣，飛廉⑦爲紂臣，驩兜⑧爲堯臣，龍逢⑨爲桀臣，君臣象、不象也。庭堅，皋陶也，與虞舜爲象。飛廉與紂爲象也。驩兜與堯，龍逢與桀，爲君臣不象者也。仲尼之門，顏⑩、閔⑪尚於仁義；鬼谷⑫之門，蘇、張尚於譎詐，克象也。

---

① 堯：底本作“澆”。

② 元凱：亦作“元愷”。“八元八凱”的省稱。傳說高辛氏有才子八人，稱為八元；高陽氏有才子八人，稱為八愷。此十六人之後裔，世濟其美，不隕其名。舜舉之於堯，皆以政教稱美。見《左傳·文公十八年》。

③ 四兇：同“四凶”。相傳為堯舜時代四個惡名昭彰的部族首領。《左傳·文公十八年》：“舜臣堯，賓於四門，流四凶族渾敦、窮奇、檮杌、饕餮，投諸四裔，以禦魑魅。是以堯崩而天下如一，同心戴舜以為天子，以其舉十六相，去四凶也。”《書·舜典》“流共工於幽洲（州），放驩兜於崇山，竄三苗於三危，殛鯀於羽山”宋蔡沈集傳：“《春秋傳》所記四凶之名與此不同，說者以窮奇為共工，渾敦為驩兜，饕餮為三苗，檮杌為鯀，不知其果然否也。”

④ 商均：中國上古時期人物，五帝之一的舜的兒子，根據皇甫謐的《帝王世紀》他的母親是堯的女兒女英。史書記載，他和舅舅丹朱（堯的長子）的情況相同，也是不賢不肖。所以舜就把天下禪讓給治水有功的大禹。有學者根據《竹書紀年》，認為禹是將舜放逐到湘江流域，奪得天下之位的。

⑤ 見《史記·五帝本紀》。

⑥ 庭堅：古代相傳為高陽氏八個有才德的人之一。“八愷之一”。見《左傳·文公十八年》。

⑦ 飛廉：又名“蜚廉”。中潏之子，商紂王的大將。是戰國七雄中秦、趙兩諸侯的始祖。飛廉善奔跑，兒子惡來力氣大。父子皆事奉殷朝。

⑧ 驩兜：又作“歡兜”或“驩頭”、“鴅兜”、“鴅吺”，是鯀的孫子，中國古代傳說中的三苗族首領。傳說因為與共工、鯀一起作亂，而被舜流放至崇山（今湖南張家界市）。

⑨ 龍逢：亦作“龍逄”。即關龍逢。夏之賢人，因諫而被桀所殺，後用為忠臣之代稱。《莊子·胠篋》：“昔者龍逢斬、比干剖。”

⑩ 顏：即顏回，（前521—前481），字子淵，又稱顏子、顏淵。春秋魯國人。孔子七十二門徒之首。孔門十哲中德行科之一。

⑪ 閔：即閔損，（前536—前487），字子騫，春秋末期魯國人。孔子弟子中，孔門十哲之一，以德行修養與顏淵齊名。

⑫ 鬼谷：即鬼谷子，中國歷史上戰國時代的顯赫人物，是“諸子百家”之一，縱橫家的鼻祖，也是位卓有成就的教育家。其著作有《鬼谷子》又叫作《捭闔策》、《本經陰符七術》，言練氣養神之法。

蘇秦①、張儀②，並師鬼谷子，學縱橫捭闔之術也。故仲尼之門，三尺童子猶恥言其霸。③

　　昔釋公道行乎關右，廬山化被於江左，法汰亮直於晉世，法汰與道安同行，道安往襄陽，汰至荆州，桓溫迎之。身長八尺，風恣可觀，與道恒法師論議而破之，興瓦官寺。王珣、謝安常禮焉。道生果斷④於宋年，謂定言一切眾生皆得成佛於宋代。夫何象也？歷觀前往，孰能不由道德之室而至於大名乎？揚雄云：“師者，人之模⑤範也。不模⑥不範，不可以爲師也。”⑦《禮》云：“善歌者使人繼其聲，善教者使人繼其志也。”⑧故不能繼釋氏聖人而能繼釋氏之君子，何莫由師之道焉？

　　夫澄至安，安至遠，遠至曇順，順至僧慧⑨，凡五世，價重帝王，風動四方，事標史冊，《書》曰：“四方風動，唯乃之休。”⑩其或立德也、謂禪觀之行者。立功也、翻譯流傳。立言也，講說著述。爲天下之人也。僧會、支遁爲天下之人，而一會一遁，其後篾聞也。然有至乎累世者，或青出於藍，或冰出於水。⑪但爲一方之賢，未果爲天下之賢者也。故爲弟子者，患師不得於安、遠；爲師者，亦患弟子不至於安、遠。夫鼓鍾于宮，聲聞于外。懸象在天，光流于下，琴瑟在御，知音難閟。冰雪載駕，遺躅寧隱？此上喻好事匿于內，光華彰于外，必有跡也。如彼德行秉躬，語默信時，既蘊德行，不言人自信，若桃李之自蹊也。雖高岸已谷，松柏已朽，而徽華弗蔽，洋

---

① 蘇秦：(？—前284)，字季子，東周雒邑（今河南洛陽東）乘軒里人，相傳為鬼谷子徒弟。戰國時期著名縱橫家，提倡合縱（聯合其他國家對付秦國）。

② 張儀：(—前310)，魏國人，戰國時期著名的縱橫家。提倡連橫，即秦國聯合其他諸侯國中的幾個，然後對抗其他的諸侯國。

③ 《荀子·仲尼》：“仲尼之門，五尺之豎子言羞稱乎五伯。”

④ 果斷：二種解脫法之一。斷除惑業，稱為子斷；斷離生死束縛之苦果，即稱為果斷。

⑤ 模：底本作“摸”，據《法言·學行》改。

⑥ 模：底本模糊，據《法言·學行》改。

⑦ 揚雄《法言·學行》：“師者，人之模範也。模不模，范不範，為不少矣。”

⑧ 見《禮記·學記》。

⑨ 僧慧：(408—486)，南齊僧。安定皇甫氏，皇甫謐後人。少出家，住荆州竹林寺，事曇順為師，專心義學。年二十五，能講《涅槃》、《法華》、《十住》、《淨名》、《雜心》等，文句辨析，宣暢如流。又善《莊》、《老》，為西學所師，與高士南陽宗炳、劉虬等，並皆友善。齊初，敕為荆州僧主。與玄暢同時，時謂“黑衣二傑”。

⑩ 見《書·大禹謨》。

⑪ 見《荀子·勸學》。

洋乎盈耳哉。洋洋，美譽也。

　　曹馬①之年，魏晉之代也。經論權輿，源流混淆。教法初來，若混淆之濁水，流泛未廣。宣唱者但包括大義，翫味玄旨，至於剖析名相，罔有攸據。罔，無。攸，所也。教文多闕。豈非聲教所覃未備者歟？安公初見譯諸部小論，蹈詠稱慶，以爲幸覩三藏全矣，而未知但滄溟畎澮②耳。畎澮，田畔溝渠，喻所覩者也，滄溟喻未覩者也。雖上士假微詮以悟旨，而中則實未多也。

　　北涼浮陀跋摩③譯阿毘曇毘婆沙，此云覺鎧，西國人。蒙遜子茂處請譯於姑臧，凡一百卷。學者挹其波瀾，浩若無涯涘矣。後秦佛陀耶舍④善大毘婆沙，時號“赤髭”也。此云覺明，罽賓國人，婆羅門族。年十三，隨師日誦三萬言，誦大小乘經數百萬。性度簡慠，不爲諸僧所遇。羅什於沙勒，甚相隆厚。自龜茲至長安，譯《十住經》、《大毘婆沙》等。姚爽疑其所誦，令誦於羌籍藥方，可五萬言，二日誦就。覆之，不誤一字。卑摩羅叉⑤善十誦，時號“青眼”也。此云無垢眼，罽賓國人。苦節律藏，與羅什相遇，什禮爲師。譯十誦律爲六十卷。卒壽春石澗寺，時號“青眼律師”也。魏曇始足白，於時呼“白足阿練若”也。始行不履地。練若即僧也，無爭寂靜義。耶舍在沙勒，爲羅什師。後至姑臧，聞

─────────

　　① 曹馬：指魏晉。魏爲曹氏，晉爲司馬氏，故云。《北齊書·文宣帝紀》：“洎兩漢承基，曹馬屬統，其間損益，難以勝言。”

　　② 畎澮：亦作“甽澮”。田間水溝。泛指溪流、溝渠。《書·益稷》：“予決九川距四海，濬畎澮距川。”鄭玄注：“畎澮，田間溝也。”

　　③ 浮陀跋摩：又作“佛陀跋摩”。意譯“覺鎧”。西域人。自幼履操明直，聰悟拔群，博習三藏，尤善《阿毘曇毘婆沙論》，常прип持此部以爲心要。後於劉宋元嘉年中來北涼。沙門道泰自蔥嶺附近獲得《阿毘曇毘婆沙論》之梵本十萬偈，請其譯之。遂於承和五年（437）奉北涼主沮渠牧犍之命，於涼州城內閑豫宮寺譯之，道泰筆受，沙門慧嵩、道朗與義學僧等300餘人考正文義。至承和七年業畢，凡100卷。未幾，魏滅北涼，經書什物皆被焚蕩，譯本亦散佚。

　　④ 佛陀耶舍：又稱“佛馱耶舍”。意譯“覺明”、“覺名”、“覺稱”。東晉譯經家。北印度罽賓國人。應羅什之請，於姚秦弘始十年（408）至長安，協助羅什譯出十住經，其後譯出《四分僧戒本》、《四分律》，並譯《長阿含經》，由竺佛念傳譯，道含筆受。後返罽賓，得《虛空藏經》一卷，托賈客致之涼州諸僧，其後不知所終。其所出者凡四部，八十四卷。爲赤髭，又善解《毘婆沙》，故時人稱“赤髭毘婆沙”，又爲羅什之師，故有“大毘婆沙”之稱。

　　⑤ 卑摩羅叉：（337—413），罽賓國沙門。至龜茲弘闡律藏，鳩摩羅什從之受律。聞羅什在長安弘法，乃東行渡流沙，抵長安，受什禮遇。後遷住壽春石澗寺，宣講戒律，並重校羅什所譯之《十誦律》58卷，開演爲61卷。嘗應慧觀之請，闡說律要，慧觀輯爲《雜問律事》2卷。又於辛寺宣講《十誦律》，晚歸返石澗寺。

什爲秦污戒，曰："羅什如好綿纊，何可使入棘林中乎？"姚興①嘗謂什曰："大師聰明超悟，天下莫二。一旦後世，何可使法種無嗣？"遂以妓女十人，逼令受之。自爾已來，不住僧坊，別立廨舍。每至講說，常先譬喻如臭泥中生蓮花，但採蓮花，勿取臭泥。什啟秦主曰："夫欲宣通無上法教，宜令文義理趣圓通。貧道雖復讀誦其文，未善其理。唯有耶舍深達經教，今在姑臧，願詔徵之。一言三詳，然後著筆，使微言不墜，取信千載。"興乃聘耶舍，耶舍笑曰："明旨既降，便應載馳。檀越待士既厚，脫如羅什見處，則未敢聞命。"興歎其機慎，重詔敦喻②乃至。

　　悲夫！晉殺竇犢③，仲尼不濟于河；孔子自衛將之晉，至河，聞趙簡子④殺竇鳴犢及舜華⑤，乃臨河而嘆曰："美哉水，洋洋乎！丘之不濟，此命也夫！"子貢問："何謂也？""竇犢、舜華、簡子未得志，須之晉趙之賢大夫也，簡子今殺之。刳胎焚林，則麒麟不至；覆巢破卵，則鳳凰不翔。"云云。遂迴車不渡也。⑥秦蠱羅什，耶舍辭於入國。豈非害一賢而羣賢不墜，墜，至也。酖一德而眾德將離乎？

　　當弘始初，童壽⑦譯三論，中百、中觀、十二門也。尚空門者輻湊。後譯《成實》，善法相者雲委。其時以爲究暢名數，靡有過於此論。什首命僧叡⑧講傳，謂之曰："此爭論中，有七處破阿毘曇宗，而在言小隱。若

----

①　姚興：（366—416），十六國時期後秦政權的君主，後秦武昭帝姚萇長子。太元十九年（394）即位。十六國帝王中少有的仁德之君。後秦弘始三年（401）姚興攻滅後涼，親迎鳩摩羅什入長安，組織了大規模的譯佛經事業。

②　重詔敦喻：敦，底本漫漶不清，但可以辨認出上部一點一橫和右邊反文。《高僧傳》卷二、《出三藏記集》卷一四、《毗尼討要》卷一作"重信敦喻"，《古今譯經圖紀》卷三、《歷代三寶紀》卷八、《譯名義集》卷一作"重使敦喻"。《北山錄隨函》有"敦喻"。

③　竇犢：即竇犨，（？—前494），是春秋時期晉國之賢大夫。字鳴犢。相傳竇犨曾在陽曲縣古城村一帶（今山西太原市）興修水利，後人為紀念其功德，而修建了祠堂。宋大觀元年（1107），宋徽宗為竇犨加封"英濟侯"封號。

④　趙簡子：（？—前476），是中國春秋時期晉國趙氏的領袖，原名趙鞅，又名志父，亦稱趙孟。晉昭公時，公族弱，大夫勢力強，趙簡子為大夫，專國事，致力於改革，為後世魏文侯李悝變法、秦孝公商鞅變法和趙武靈王改革，首開先河。

⑤　舜華：（？—前494），春秋时晋国大夫，有贤名。

⑥　見《史記·孔子世家》。

⑦　童壽：即鳩摩羅什。

⑧　僧叡：（373—439），劉宋僧。關中四聖之一。年十八依僧賢出家。博通經論，遠近歸德。嘗聽僧朗講《放光般若》，復從鳩摩羅什學，遂精練五門，善入六觀。羅什出《成實論》，令師講說，其旨甚合什之意。後入廬山，依慧遠脩淨業。晚止京師烏衣寺。著有《智論》、《十二門論》、《中論》等序，《法華》、《維摩》等經序，並註大、小品《般若經》。

能不問而解，可謂英才。"叡啟發幽微，果不諮什。什歎曰："吾傳譯經論，得與子相值，無所恨矣！"叡，魏郡長樂人。依僧賢法師爲弟子，謙虛內敏，佐羅什譯經。善攝威儀，弘贊經法。常迴此業，願生安養。坐不背西，臨終洗浴燒香，向西合掌，嚴然而卒。①

　　或謂什門四聖，生、肇、融、叡上首②，精難則觀、肇第一。或謂十哲，道恒③、道標④加焉。道生、僧肇⑤、道融⑥、僧叡、曇影⑦、慧嚴⑧、慧觀⑨，本傳無名。憑者有南齊道憑⑩，非什門下。有僧僧䂮⑪者，甚俊，恐是字誤。

---

① 《高僧传》卷六《僧叡传》。

② 上首：即大眾之中位居最上者。於佛世時即有此稱，上首一詞散見於各漢譯經典中。後於禪林裡，間以"首座"代稱上首，而其推重之意不變。

③ 道恒：(346—417)，姚秦僧。亦作道常。什門十哲之一。年二十出家，游刃佛理，學通內外，才思清敏。鳩摩羅什入關，即往脩造，並助羅什詳定眾經。著《釋駁論》及《百行箴》。

④ 道標：後秦僧。鳩摩羅什(344—413)弟子。以才識聞名。與同學道恒並為秦主姚興所重，興令師輔政罷道，固辭不赴。有《舍利弗毘曇序》、《弔王喬文》。

⑤ 僧肇：(384—414)東晉僧。長安張氏，鳩摩羅什高弟。初好《老》、《莊》，及讀《維摩經》有悟，遂出家。善學《方等》，兼通三藏。後參羅什譯場，詳定經論，解悟彌深，喻為"解空第一"。弘始六年(404)，羅什譯出《大品般若經》，撰《般若無知論》呈之，受羅什、慧遠讚賞；又撰《不真空論》、《物不遷論》、《注維摩詰經》等。後人輯師所著，題名曰《肇論》行世。

⑥ 僧融：南梁僧。住九江東林寺。篤志沉著，勤勸為務，曾於江陵勸一家受戒奉佛。持誦觀音，多有靈異。

⑦ 曇影：(約336—約405)，後秦僧。安貧志學，舉止詳審。博達多聞，善講《正法華經》及《光讚波若》。後入關中，姚興大加禮接，敕住逍遙園，助羅什譯經。初出《成實論》，病其支離，乃結五番，什大稱善。後出《法華義疏》、《中論》，皆為注疏。後山棲隱處，修功立善。

⑧ 慧嚴：(363—443)，劉宋僧。豫州范氏。年十六出家，從鳩摩羅什(344—413)受學，深解經論，復善言說。羅什示寂後，還止建康東安寺，為劉宋高祖所重。文帝在位時，常以佛法請示之。曾撰《無生滅論》及《老子略注》，又與謝靈運、慧觀等合譯南本《涅槃經》。

⑨ 慧觀：(366—?)，劉宋僧。清河崔氏。嘗適廬山，諮稟慧遠。聞鳩摩羅什入關，從之受學。風神秀雅，思入玄微。時有"通情則生(道生)、融(道融)上首，精難則觀(慧觀)、肇(僧肇)第一"。所著《法華宗要序》，頗受羅什稱揚。晚止楊都道場寺，敷揚法化，判一代正法為五時教，是中華判教嚆矢。有《法華宗要》、《辨宗論》、《論頓悟漸悟義》等。

⑩ 道憑：劉宋僧。上定林寺僧遠之師。高才秀德，聲蓋海岱。而執性剛忤，論者少之。

⑪ 僧䂮：(344—416)，姚秦僧。尋陽傅氏。少依長安大寺弘覺，長通內外，律行清謹。姚興立為僧正，使正綱紀。義熙中，卒於長安大寺。春秋七十三。

而恒、標降于八人，猶負翼亮①之才，道恒，京兆人。九歲出家，爲隱士張忠②
嗟曰："此小兒有出人之相，在俗有輔政之功，在道有光顯之德。"事後母甚孝，博綜
經書，佐羅什譯經。道標亦雅有才力，皆有佐助之功也。可居王佐。姚興務其經
綸，以金紫③巖廊④之位強之二賢，雖逼霸威而終不爲其臣也⑤。是知賢達
背向，是知賢達背向，各有所得。務軒榮者以籍莽食杅爲飛走，譬之鳥獸
不可與同羣。味虛玄者以繡衣食粱爲桎梏。猶入廟之犧牲。而伊尹⑥、呂望⑦
求爲人臣，伊尹，湯相。呂望，太公也，武王臣。卞隨⑧、務光⑨俱爲讓主。堯
禪位而不受者也。豈不各反其好惡，異其榮悴哉？如恒、標者，尚能以形骸
爲逆旅，而豈顧其名器？是以接風雲之遇，割君親之愛，泛五湖而不爲
難，范蠡辭越王勾踐，乘扁舟泛五湖，王以金鑄招之而不返。蹈滄海而不爲遙，

――――――――――――

　　①　翼亮：輔佐。《三國志·魏志·高堂隆傳》："可選諸王，使君國典兵，往往棋跱，鎮撫
皇畿，翼亮帝室。"

　　②　張忠：中山人，前秦修道士，其避永嘉之亂（311—312），隱於泰山。《晉書·張忠傳》
稱其恬靜寡慾，清虛無爲，居山中修煉服氣辟穀、食芝餌石法。不讀經典，教人唯以"至道虛無
爲宗"。前秦苻堅（338—385）聞其名，詔至長安，師事之。及還，賜衣冠不變。卒於歸途中，
謐"安道先生"。

　　③　金紫："金印紫綬"的省稱。黄金印章和繫印的紫色綬帶。古代相國、丞相、太尉、大
司空、太傅、太師、太保、前後左右將軍及六宫后妃所掌。亦爲表示品級之服飾。魏晉以後，光
祿大夫給假金章紫綬，因亦稱金紫光祿大夫。

　　④　巖廊：亦作"巖郎"。亦作"岩廊"。高峻的廊廡。《漢書·董仲舒傳》："蓋聞虞舜時，
游於巖郎之上，垂拱無爲，而天下太平。"顏師古注引晉灼曰："堂邊廡巖郎，謂巖峻之郎也。"

　　⑤　見《高僧傳》卷六《道恒傳》。

　　⑥　伊尹：名摯，（前1649—前1549?），出生於莘國空桑澗，因爲其母親爲侁民，在伊水
住居，以伊爲氏伊尹爲中國商朝初年著名丞相、政治家，是中華廚祖，尹是右相之意。其本是有
莘氏的陪嫁奴隸，爲商湯廚師，利用向商湯進食機會向商湯分析天下形勢。商湯很欣賞他，便取
消了伊尹奴隸身份，並提拔他爲宰相。前1600年，輔助商湯滅夏朝，建立商朝。任丞相期間，
整頓吏治，洞察民情，使商朝初年經濟比較繁榮，政治比較清明。

　　⑦　呂望：即呂尚，姜姓，呂氏，名尚，一說名望，字尚父，一說字子牙，也稱"姜太公"、
"姜子牙"、"太公望"、"呂望"、"尚父"、"師尚父"。以善於用兵著名。

　　⑧　卞隨：上古時期的隱士。四士之一，天乙在討伐夏桀之前，曾和卞隨商量，卞隨拒不回
答。湯建立商朝，要讓天下給卞隨，卞隨自認爲受到污辱，曰："後之伐桀也，謀乎我，必以我
爲賊也。勝桀而讓我，必以我爲貪也。"投水自盡。

　　⑨　務光：夏末高潔之士，因爲相傳曾拒絕商湯禪位投江而死而爲中國歷代文人稱頌。根據
《莊子·讓王》的記載，湯伐桀前，曾請務光出謀劃策，但是務光認爲這不是他應該做的事，拒
絕參與。湯請他推薦其他人，他也拒絕回答。不但推辭不受，並且因爲覺得羞恥，負石而自沉於
廬水。

魯連云：“寧蹈滄海死，不事無道主。”彼區區之秦，何所致哉？使唐虞之際與元愷相齒，八元、八愷，堯之賢臣。相齒，齊年也。殷周之始與伊尹齊足，猶慮失之，矧乎此時爵祿，曷云重矣。此時謂偏霸僞秦。昔支林、慧遠致譽望者多嬰此難，爲王臣所逼也。而振去若輕埃，揮絕若腐纏，不足難也。故巢、由可爲皇臣，非帝力所能起也；夷叔①可爲帝臣，非王力所能起之也；綺李②可爲王臣，非霸力所能起之也。靜民則法曰皇，謂炎、昊之主也。德象天地曰帝，謂堯、舜也，仁義所往曰王，夏、殷、周也。秦、漢皆曰霸也。夫居俗外而爲俗内所起，不亦難哉！

　　宋文帝嘗述生公頓悟義，羣僧構難。帝以麈尾扣机曰：“若使逝者可興，豈爲諸公所屈？”竺道生，鉅鹿人，幼而穎悟，聰哲若神。鑽仰羣經，斟酌雜論，止青園寺。初見《泥洹經》，乃說頓悟成佛義，籠罩舊說。時以爲邪說，被遷擯於廬山。及後分經至，果稱闡提③悉有佛性，乃升座，論義數番。麈尾紛然而墜，隱几乃卒。言忍死以待經也，故宋文重舉之。顏延之④著《離識論》，帝令慧嚴辯同異，往復終日，帝笑曰：“公等今日無媿⑤支、許之譚⑥也。”

　　支遁才章茂逸，得僧會之風。僧肇筆削奇邁，又得支林之風。安、

---

① 夷叔：伯夷和叔齊。伯夷，子姓，墨胎氏，商紂王末期孤竹國第七任君主亞微的長子，弟亞憑、叔齊。叔齊是孤竹國君主亞微内定的繼承人，但由於有悖於傳統嫡長子繼承的宗法倫理，叔齊不忍心與長子爭奪王位，伯夷也不願違背父意。後伯夷和叔齊雙雙出走，離開了孤竹國，禪讓予亞憑。伯夷、叔齊奔往西方，在周地部落中養老，與周文王關係良好。後周武王討伐紂王，伯夷和叔齊不滿武王身為藩屬討伐君主，加上自己世為商臣，力諫。武王不聽，不久周滅亡商朝。兩人憤懣，決定不食周粟，以表明對殷商的忠心，最終隱居在原殷商荒蕪之地首陽山，以樹皮、野菜為食，最終餓死。
② 綺李：即綺里季，秦朝及漢朝初年著名的隱士、高士。商山四皓之一，與東園公、夏黃公、甪里齊名。四位因目睹經歷秦朝暴政，先後結茅山林隱居。漢高祖劉邦曾屢次召見他們，都避而不至。曾參與勸諫漢高祖劉邦廢太子。
③ 闡提：即一闡提，又作“一闡底迦”、“一顛迦”、“一闡提柯”。另有“阿顛底迦”、“阿闡提”或“阿闡底迦”等詞，當為一闡提同類語之訛音。此語原意為“正有欲求之人”，故譯為“斷善根”、“信不具足”、“極欲”、“大貪”、“無種性”、“燒種”，即指斷絕一切善根、無法成佛者。
④ 顏延之：（384—456），字延年。琅邪臨沂（今屬山東）人。曾祖顏含，曾任右光禄大夫。祖顏約，曾任零陵太守。父顏顯，官至護軍司馬。少孤貧，好讀書，博覽群籍，善為文章。其文與謝靈運俱以詞彩齊名，世稱“顏謝”。
⑤ 媿：“愧”之異體。字見《龍龕手鑑·女部》、《玉篇·女部》、《廣韻·去聲·至韻》、《集韻·去聲·至韻》、《類篇·女部》。媿，同“愧”。《說文·女部》：“媿，慙也。”邵瑛《群經正字》：“今經典多从或體作愧。”《漢書·文帝紀》“朕甚自媿。”顏師古注：“媿，古愧字。”
⑥ 譚：同“談”。朱駿聲《說文通訓定聲》：“談，語也，字亦作譚。”

遠、生、叡之徒，各擅其美。自後緇列，寡有紹其音徽者。齊梁之後，世
尚紆麗，詞虧體要，致使求其雅言立意，曾不及於漢魏之間箴論，若楊子
雲之《續虞箴》①等。而況於聖人經籍乎？故懸象嶽瀆，不以妍華爲天地之
文章，以其能綱紀覆載爲文章。懸象經天也，嶽瀆締地也。人文安不然乎？
嘗讀殷之《盤銘》曰：“苟日新，日日新，又日新。”②《孔丘誄》曰：
“旻天不憖遺耆老，莫相予③位焉。嗚呼哀哉。”④孔丘卒，魯哀公誄之曰：
“旻天不弔，不憖遺一老，俾屏余一人以在位。煢煢余在疚，嗚呼哀哉。尼父，無自
律。”⑤文在《左傳》三十，與今小異。斯文也天之將喪⑥，久矣！不有盛德大
業，其孰能興之者焉？仲尼以天縱多能，故哀誄之。

　　肇著《般若無知論》，僧肇，京兆人。家貧，傭書爲業。因得歷觀經史，善
莊老。後見古《維摩經》云，方知所歸矣。羅什至，從之翻譯，著《不遷》等四論。
義熙十年卒於長安，年三十一。劉遺民見而歎曰：“不意方袍復有平叔。”⑦

　　融講新《法華經》，開爲九轍⑧，號“九轍法師”，什曰：“佛法之興，
融其人也。”道融，汲郡林慮人。師愛其聰明，先令外學。令往林中借《論語》，竟不
齎歸，於彼已誦。師更以本覆之，不遺一字。至立年，才解冠絕。聞什至，往諮稟，什
見而奇之。卒於彭城，年七十四矣。什譯《中論》，始二卷，融更剖拆，預貫始
終。時師子國有一婆羅門，乘駝負書而來，請求捔試優劣，優則行之。秦
人覩其口眼便辟⑨，將改吾觀。有迴敬之心也。什告融曰：“此外道聰慧殊人，
捔言必勝。豈可使無上大道，在吾徒爲彼而屈？如吾所觀，在君一人而
已。”融自顧才力可濟，濟，成也。但患外道書籍未盡披讀，乃密寫其目，一
覽而誦。既刻日，爰整其徒，對敭于王庭。彼外道恃其博知，倍意攻融。

---

　　①　續虞箴：即《州箴》。《虞箴》是古代虞人爲戒田獵而作的箴諫之詞。揚雄認爲“箴莫
善于《虞箴》”，于是仿其意而“作《州箴》”，寓有規諫之意，亦即後世所盛推之十二州二十五
官箴。東漢時，《州箴》亡佚了九篇。

　　②　見《禮記・大學》。

　　③　予：底本誤作“子”。《禮記・檀弓上》和《北山錄隨函》作“予”，據此改。

　　④　見《禮記・檀弓上》。

　　⑤　見《左傳・哀公十六年》。

　　⑥　斯文也天之將喪：《論語・子罕》作“天之將喪斯文也”。斯文，指禮樂教化、典章制度。

　　⑦　見《高僧傳》卷六《釋僧肇傳》。

　　⑧　九轍：九種軌轍，即分判《法華經》爲九科。

　　⑨　便辟：諂媚逢迎。《論語・季氏》：“友便辟，有善柔，有便佞，損矣。”邢昺疏：“便辟，
巧辟人之所忌以求容媚者也。”

融出其所知，討其所不知。彼遽保其強誦，畢誦，并諸夏羣書編目，尤廣其所誦。梵志①塞而肆，肆，放也。塞，吃。情放也。羅什濟詞而嘲之，彼殞越而亡也。濟，益也。亡，逃也。昔苻師征晉，大事將去。謝安知玄②而舉之，天下服其遠鑒。而什之知融，何莫安之儔歟？故質斯興廢，同在一舉耳。質，形對也。以什舉融，可對安舉玄。融性不狎喧，常登樓披翫。

　　僧叡初爲僧賢弟子，賢友僧朗講《放光經》，亟遭叡譏難。朗謂賢曰：“叡比格難，吾累思不能通，可謂賢賢弟子也。”叡，魏郡人，秦主問姚嵩曰：“叡公何如？”曰：“鄴衛之松柏。”興召見，大賞悅，勅給俸③吏力④車輿⑤。後謂嵩曰：“此乃四海之標領，何獨鄴衛之松柏乎？”叡平生素不背西。⑥ 願生西方也。曇影初從什，什謂姚主曰：“昨見影公，亦是此國風流標望之僧也。”⑦

　　宋僧導，京兆人，十歲出家。後著《成實論疏》。起壽春光山寺。止壽春，孝武詔于京，鑾輿降蹕。導以孝建之初，三綱更始，悲不自勝，元嘉三十年，太子劭弒文帝自立。三月爲武陵王駿與諸王殺之，即帝位，改元建武，號孝武皇帝。帝亦哽噎。勅開講，帝及公卿會焉。導曰：“昔王宮託生，雙林見滅。自爾已來，歲逾于載。淳源永謝，澆風不追。給苑丘墟，鹿園蕪穢。九十五種，外道之類，或云九十六。以趣下爲升高，三界羣生，以火宅爲淨土。《法華經》云：“三界無安，猶如火宅。”豈知上聖流涕，大士悽惶者哉？”因則涕泗，四眾爲之改容。導卒壽春石磵寺，年九十六也。時石磵寺僧因，亦當世名匠，或問之與導孰愈，因曰：“吾與導同師什公。方孔門，則導入

---

① 梵志：古印度一切外道出家者的通稱。《大智度論》卷五六：“梵至者，是一切出家外道。若有承用其法者，亦名梵志。”

② 玄：即謝玄，（343—388），字幼度，小名羯兒，故又稱爲“謝羯”或“謝遏”。雅好清談，與張玄之並稱爲“南北二玄”，陳郡陽夏（今河南太康）人，中國東晉著名官員、文學家、軍事家。封康樂縣公，諡獻武，人稱謝獻武、康樂獻武公。追封車騎將軍，是以又被稱爲“謝車騎”。

③ 俸：《高僧傳·僧叡傳》作“俸恤”。官吏既給俸，又別給恤親之祿，稱爲“俸恤”。《魏書》卷六八《甄琛傳》：“晴取武官中八品將軍已下幹用貞濟者，以本官俸恤，領里尉之任。”

④ 吏力：指胥吏和僕役。《宋書》卷五七《蔡興宗傳》：“事平，封興宗始昌縣伯，邑三百戶，國讓不許，封樂安縣伯，邑三百戶，國秩吏力，終以不受。”

⑤ 車輿：車輔，車輴。《管子禁藏》：“故聖人之制事也，能節宮室，適車輿以實藏，則國必富，位必尊。”

⑥ 見《高僧傳》卷六《僧叡傳》。

⑦ 見《高僧傳》卷六《釋曇影》。

室，吾升堂矣。"①

道猷②述頓悟義，孝武曰："生公孤情絕照，猷公直轡獨上，可謂克明師匠，無忝微旨。"道猷，吳人，生公弟子，師云後見《勝鬘經》，披卷歎曰："先師昔義，與此經闇合。"因注之五卷。後孝武詔講頓悟義，競辯之徒，聞奏互起，猶皆破之，帝乃撫几稱快。③

晉慧遠、慧持，兄弟也；宋法愛④、法瑗⑤，遠持也。愛爲芮國師，俸三千戶。瑗，文帝使述生公頓悟義。何尚之⑥聞，乃歎曰："常謂生公歿後，微言永絕。今日復聞象外之談，可謂天之未喪斯文也。"⑦

僧遠隱上定林寺⑧，齊太祖鑾駕詣遠，遠門狹不容輿。蓋太祖欲見遠，遠稱老足不垂牀。太祖遣問興臥，轉蹕而去。文慧太子竟陵王，蕭子良也。崇爲師範，何默⑨、周顒⑩、吳苞、張融稟戒受道焉。⑪

---

① 見《高僧傳》卷七《僧導傳》

② 道猷：（412? —477?），晉僧。山陰馮氏。少習儒業，以篇牘著稱於時。先依道生（355—434）於廬山，孝武時居若耶山，聞竺道壹出京，以詩召至，縱情塵外，經書自娛。雅好泉壑，遍游兩浙，皆有題詠。詩多散佚，人稱其詩有濠上之風。

③ 見《高僧傳》卷七《道猷傳》。

④ 法愛：南齊僧。隴西辛氏，釋法瑗（409—489）第二兄。解經論，兼數術，為芮國師，俸以三千戶。

⑤ 法瑗：（409—489），南齊僧。隴西辛氏，辛毘之後。初事梁州沙門竺慧開，繼訪慧觀於建業。後入廬山，守靜味禪。頃之，刺史庾登之請出山講說。文帝訪覓述生公頓悟義者，乃勅下都，旋廬於方山，註《勝鬘》等經。明帝造湘宮寺，敕為法主；齊文惠又請居靈根寺。

⑥ 何尚之：（382—460），南朝宋官吏。初為臨津令，補劉裕府主簿。從征長安，以功賜爵都鄉侯。宋文帝時任尚書令，孝武帝時官至左光初、開府議同三司。與謝混相知。曾立宅建康南城外，聚生徒講學，四方名士紛至而來，謂之"南學"。著有《文集》十卷。

⑦ 見《高僧傳》卷八《法瑗傳》。

⑧ 上定林寺：在今江蘇南京市玄武區。劉宋元嘉十六年（439），外國高僧竺法秀（曇摩蜜多）在南京鐘山紫霞湖一帶建。

⑨ 何默：《北山錄隨函》："何默：何尚之孫。默字愭。"《隨函》的體例，一般先標出正確的寫法，再指出原文中的錯誤，這裡兩個都是"默"，不知《隨函》所見版本具體情況如何。按大正藏本《高僧傳》卷八、《續高僧傳》卷六以及《佛祖歷代通載》卷九、《佛法金湯編》卷四皆作"何點"，《佛法金湯編》卷四還指出其"字子晢"。但較早的版本如《高僧傳》卷八和《續高僧傳》卷六的宋元明皆作"何默"，《北山錄》出現幾處也都作"何默"，故不妄改。何默或何點（404—503），何尚之孫，何鑠子。父鑠，素有瘋疾。無故害其妻。坐法死。點年十一。居憂。幾至滅性。長傷家禍。遂絕意仕宦。兄求卒。點菜食。不飲酒訖於三年。歷宋、齊、梁並徵不出。雅好佛道。從弟遁。以東籬門園居之。招名德沙門與諸勝侶清言竟日。嘗於吳中石佛寺講經。天監二年卒。

⑩ 周顒：南北朝人。生卒年不詳。汝南安城（今河南汝南）人。字彥倫。所學泛擂百家，而長於佛理。

⑪ 《高僧傳》卷八《僧遠傳》。

　　昔沙門稱貧道於帝王，南齊法獻①、玄暢②俱爲僧正③，武帝與語，皆名，不坐。後僧鍾④稱貧道，帝嫌之。問王儉曰："先輩沙門於帝王何所稱？正殿坐不？"儉曰："漢魏佛法未興，不記傳。自僞國稱貧道，亦預坐，及晉初亦然。中世有庾冰⑤、桓玄等，皆欲使沙門盡敬，朝議紛紜，事皆休寢。宋之中朝，亦頗令致禮，而尋見不行。自邇迄今，多預坐，稱貧道。"帝曰："獻暢二僧道業如此，尚自稱名，況復餘者？揖拜太甚，稱名亦無嫌。"自後稱名，獻暢始也。⑥

　　梁寶亮⑦性率直，每對武帝稱貧道。上雖有聞，然而挹其神志。亮，青州人，初至京，袁粲⑧異之。曰："珠生合浦，魏人取以照乘；璧在邯鄲，秦人請以華國。天下之寶，當與天下共之，非復上人貴州所宜

---

① 法獻：（423—497），南朝譯經僧。西海延水人，俗姓徐。出家於梁州，劉宋時止住建康上定林寺。博通經律，得眾許以修葺寺宇。南齊永明八年（490），與瓦官寺禪房法意共譯《觀世音懺悔除罪咒經》一卷，後又譯出《妙法蓮華經·提婆達多品》。現收於鳩摩羅什譯《妙法蓮華經》中者即屬此。永明年中，帝敕師與長干寺元暢共為僧主，分任南北兩岸。著有《西域行記》。僧祐尊稱為"先師獻正"。

② 玄暢：（416—484），魏晉時代僧。河西金城（位於陝西華縣）人，俗姓趙。幼時，家為胡軍所滅，遂往涼州出家。初名慧智，後至平城，就學於玄高，改名為玄暢。明經律，深達禪要，占記吉凶無不靈驗，於諸子之學多所涉獵。慨嘆華嚴文旨浩博，未有義釋，遂勵精研思，作其疏釋，蓋為華嚴經疏之嚆矢。又善三論，學者宗之，著有《訶棃跋摩傳》一篇。

③ 僧正：又稱僧主。係統領教團，並匡正僧尼行為之僧官。為僧綱之一，乃僧團中之最高職官。本制始於魏晉南北朝時代，為中央僧官之職稱。惟自唐宋以降，多為地方僧官，中央另設僧職機構。

④ 僧鍾：（430—489），南齊僧。魯郡孫氏。十六出家，居貧履道。譙郡王鄴重其志操，請講《百論》。後南遊京邑，止于中興寺。永明初，魏使李道固來聘，會于寺內。齊文惠太子、竟陵、文宣王數請南面。

⑤ 庾冰：（296—344），字季堅，潁川鄢陵（今河南鄢陵）人。東晉官員，中書令庾亮之弟。王導死後以中書監身份在內朝掌權，亦促成晉成帝傳位給弟弟晉康帝，以鞏固庾氏勢力。及後出鎮江州。

⑥ 見《高僧傳》卷一三《法獻傳》。

⑦ 寶亮：（444—509），南梁僧。東莞徐氏。青州道明法師弟子。撰《涅槃經集解》、《涅槃義疏》，武帝親為作序。

⑧ 袁粲：（？—477），字景倩，陳郡陽夏（今河南省太康縣）人。年少好學。五年，加中書令，又領丹陽尹。後廢帝元徽二年（474），桂陽王劉休范起兵進攻建康，袁粲力守石頭城，因功被授予中書監、開府儀同三司。曾著《蓬顏論》示慧通。

專也。"①

僧旻七歲出家，居虎丘。或問曰："沙彌何姓，家在何處?"對曰："貧道姓釋，家于此山。"張融②、謝朓③少相厚善。陸倕④嘗與賓從造旻，旻稱疾不見。倕欣然曰："法師不趨於世，此誠弟子所望也。"蕭昂出守吳興，吳興郡，漢置也，古防風氏之國。至隋廢郡改爲湖州，即烏程縣也。將謁旻。旻曰："吾山藪病人，無事見貴二千石。昔戴顒⑤居北嶺，宋江夏王⑥入山，顒高臥牖下，不與相見。吾雖德薄，請附戴公之事矣。"及蕭至後戶而遁。⑦

夫擯世者，祿干之不及；尚利者，干祿之不及。既得祿，狎侮爲志，於其賢，雖始降禮，若欣遇而無恒其心，卒能以權勢而畀之。既有祿相及，則親狎而侮慢，雖有賢者而能下禮相接，然見遇之道，其心不恒，則恃其權勢而以踞傲終之也，則今貴門皆然也。然能病其終畀，而兆其始遇，則高見之昭昭，不貽己感矣。顧其始而知其終，則免其自貽伊感⑧也。

智藏事師，以孝敬聞。師疾絕食，藏亦絕食。師進飲，藏乃飲。但性傷乎訐直，訐，舉人私也。而以譽行爲干櫓。故不至於危殆也。嘗捨財大懺，謝幾卿指挂衣竹戲之。曰："猶留此物，尚有意耶?"藏曰："身猶未

① 見《高僧傳》卷八《寶亮傳》。
② 張融：(444—497)，字思光，南齊吳郡吳縣（今江蘇蘇州）人。劉宋時期，爲北中郎參軍，出爲封溪令。後來加入蕭道成幕府，入南齊後官至司徒右長史。著名作品有《海賦》、《張長史集》。
③ 謝朓：(464—499)，字玄輝。南朝齊詩人，竟陵八友之一。善辭賦和散文。有《謝宣城集》。
④ 陸倕：字佐公，吳郡吳縣人。晉太尉陸玩的六世孫。爲竟陵八友之一。陸倕記憶力驚人，可以將《漢書·五行志》默寫一遍。還工於行、草書。他寫過《感知己賦》送給好友任昉。曾在齊、梁二朝當官。梁武帝令他作《新刻漏銘》、《石闕銘》，載於《文選》，梁武帝稱之"辭義典雅，足爲佳作"。
⑤ 戴顒：(378—441)，古代琴家。字仲若，譙郡銍地（今安徽濉溪）人，徙居會稽剡縣。其父戴逵（戴安道），兄戴勃，皆博學琴家。曾拒爲王門伶人，爲世人所稱道。還以孝行著稱。
⑥ 江夏王：即江夏文獻王劉義恭，(413—465)，宋武帝劉裕第五子，母爲袁美人。元嘉元年（424）封江夏王，進位司空追諡文憲，著有文集15卷。
⑦ 見《續高僧傳》卷五《僧旻傳》。
⑧ 自貽伊感：自尋煩惱，自招災殃。《詩·小雅·小明》："心之憂矣，自詒伊戚。"亦作"自詒伊慼"、"自詒伊戚"。《左傳·宣公二年》："烏呼，我之懷矣，自詒伊慼，其我之謂矣。"

滅，意何由可盡?"①

　　道安之門人法遇②，領徒四百。時有一僧飲酒，廢夕燒香，遇罰而不遣。安聞之，以筒緘杖寄遇。遇曰："此由飲酒者也。我訓不勤，遠貽憂賜。"乃集眾，命維那行杖至三，因泣下自咎。③

　　魏道辯門人亡名④，負才傲世，辯搚而徙黃龍，其初無恨想，晨夕向辯遙禮。⑤

　　唐智正⑥之門人智見⑦，師所著述，必侍立而書。累載，初不貽坐，或久而僕。正責曰："翹足七日匪勞，今爾心輕，何不然也?"⑧ 釋迦因地⑨，七日翹一足，讚底沙如來⑩⑪。

　　北遠⑫之門智微⑬，每講析幽微，皆云："大法師意如此。"因則聲淚

---

① 見《續高僧傳》卷五《智藏傳》。

② 法遇：(316? —376?)，晉僧。依道安（312—385）為師。義陽太守阮保，聞風欽慕，遙結善友。後止江陵長沙寺，講說眾經，學徒雲集。

③ 見《高僧傳》卷五《法遇傳》。

④ 亡名：北魏僧。生卒年不詳。從學於洛陽道辯法師。博通經論，辯才無礙，兼富文藻，以負才傲俗，其師道辯聞而杖之。其後，亡名遷徙於黃龍，對師非但毫無根意，且晨夕遙禮不輟。

⑤ 見《續高僧傳》卷六《道辯傳》。

⑥ 智正：(559—639)，唐代僧。定州安喜（河北安喜）人，俗姓白。十一歲出家，戒行清嚴，廣受欽敬。著有《華嚴疏》十卷，對我國華嚴宗之創立頗有影響。

⑦ 智見：或作"智現"。唐代和尚釋智正（559—639）之徒弟。智正凡有著述，瑞坐思惟，智現執紙立侍，隨出隨書。不曾賜坐，一日足跂心悶，不覺仆也，智正猶責之。

⑧ 見《續高僧傳》卷一四《智正傳》。

⑨ 因地：為"果地"之對稱。地者，位地、階位之意。指修行佛道之階位。亦即指由因行至證果間之階位。與"因位"同義。

⑩ 底沙如來：即底沙佛。釋尊於過去世修百劫相好業時所遇之佛。又作"底砂佛"、"帝沙佛"、"提沙佛"、"補砂佛"、"弗沙佛"。

⑪ 見《俱舍論》卷一八。

⑫ 北遠：(523—592)，隋代僧。（甘肅）敦煌人，俗姓李。又稱隋遠、小遠、大遠。一生住在淨影寺，後人對他尊稱，稱淨影法師，故又稱"淨影寺慧遠"。十三歲隨沙門僧思出家。年十六隨湛律師赴鄴都，博覽大小乘經典，二十歲從法上受具足戒，從大隱習《四分律》。著有《大乘義章》、《十地經論義記》、《華嚴經疏》、《大般涅槃經義記》、《法華經疏》、《維摩經義記》、《勝鬘經義記》、《無量壽經義疏》等。

⑬ 智微：或寫作"智徽"。(560—638)，俗姓焦，澤州高平人，唐貞觀十二年（638）卒，春秋七十九。《北山錄隨函》說"微"有本作"徽"者誤，但《續高僧傳》大、宮、宋、元、明諸本以及《新修科分六學僧傳》皆作"智徽"。

俱發。① 廬山慧遠，姓賈，雁門人，謂之南遠。澤州硤石寺慧遠，姓李，燉煌人，著《涅槃經疏》者，謂之北遠也。

《禮》云：“凡學之道，嚴師爲難。師嚴然後道尊，道尊然後民知敬學。”② 然良家子在家，家有訓從師，師有教，故能克意盡所敬而行敬，盡所信而行信。是以大聖皆命族姓子而勉之，不貌，早賤，律禁出家。非繩樞甕牖者之能也。貧家以繩繫樞，以甕作牖也。哀今弟子罕有不聞言於師範者，彼以禮疏而來，此以恩薄而往。弟子既於師疏，師遂顧之恩薄，故不住而去也。然牽牛蹊田而奪之牛，春秋有牽牛以蹊田爲過也，而奪之牛，罪之太甚矣。今喻師之恩薄，已非而便捨之不事，若奪牛之甚也。③ 夲輕而末重也。師之恩薄夲輕，而不敬爲末重。如尊，雖義不至。早則欲據其事歟？父縱不父，子不可不子也。《禮》曰：“父母愛之，喜而不忘。父母惡之，懼而無怨。”④ 爲人子者，不患無所立而患不孝。敬恭父命，何常之有？夫能移此於其師者，豈使過及其身乎？移事父不忘不怨之道而事於師，則固無其過矣。故有假師而爲名，侮師之涼德，涼，薄也。假，借也。以其師之德薄，殊無敬順之儀，但假借師名而已。將升堂則筋骨捷解，俾侍坐則手足窳惰。窳，苽在穴也，臥而不起，懶人慵惰，如苽在穴，臥而不起也。斯或尾大而難掉，《左傳》：“尾大不掉”。⑤ 今或弟子勝師，故相輕傲也。故訓罰之不至。或蜾蠃之有似物類之相召，蜾蠃者，蜂取蟲而呪之“似我，似我”，不日而蟲化爲蜂也。⑥ 今弟子乃他人所生，取以教之，令作其資。其威尚不謹其容，而德豈能服其心歟？官有威刑事公，尚不懼其容，今師以德，如何能伏其心也。今澆季⑦之風，師求弟子，匪弟子求師。師以此始，弟子以此終。嗟乎，何日不由之矣！夫魯國先師以冉有僕，樊遲禦，子貢繹，顏回纁，冉求，字子有。樊須，字子遲。端木賜，字子貢。顏回，字子淵。昔夫子在陳，則賜纁同纁也。其何至於此哉？彼德厚可慕而弟子實慕德故也。

① 見《續高僧傳》卷三〇《釋智徽》。
② 見《禮記·學記》。
③ 見《左傳·宣公十一年》。
④ 見《大戴禮記·曾子大孝》。
⑤ 《左傳·昭公十一年》：“末大必折，尾大不掉，君所知也。”
⑥ 《詩·小雅·小宛》：“蜾蠃有子，螟蛉負之。”《法言·學行篇》：“螟蛉之子殪而逢蜾蠃。祝之曰，似我似我，久則肖之矣。”
⑦ 澆季：道德風俗浮薄的末世。南朝宋劉駿《通下情詔》：“世弊教淺，歲月澆季。”

　　梁惠布①，三果②至人也，妙窮三論③，時號“得意布”也。見樂生淨土者，告云：“方土乃淨，非吾願也。如何在蓮華中十劫受樂，未若三塗④救苦者也。生西方，下品中生，在花中六劫。下品下生，在蓮華中十二劫，開花方得見佛。不如三塗，救苦眾生，此乃悲增菩薩也。凡法集，先眾往而默，彼譁者憚若銜枚，德之至也。升堂先往，後生懼之而默靜也。卒後手屈三指，地動七日，史奏：“得道人星滅矣。”《高僧傳》：“慧布誓生三塗，救苦眾生。”⑤昔魏玄高⑥有願生三惡道，齊僧景⑦亦如之。⑧唯聖人與聖人，而能至於此也。

　　陳衡岳慧思，衡岳，南岳也。在湖南，今岳州也。證法華三昧⑨，能知前生事。頂有肉髻，知達人心。毒不能害，怨不能動。初智顗悅其風而造

───────────────

　　① 惠布：又作“慧布”，（518—587），南朝陳代僧。廣陵（江蘇江都）人，俗姓郝。21歲出家，初從楊都建初寺瓊法師學《成實論》；後從攝山止觀寺僧詮聽《中論》、《百論》、《十二門論》等三論。後北遊訪鄴都慧可禪師。至德年中（583—586），迎請恭禪師，建立攝山棲霞寺，名聞遠馳，陳主諸王並受飯戒，奉之如佛。

　　② 三果：即“阿那含”，舊譯作“阿那伽彌”、“阿那伽迷”。略稱“那含”。意譯“不還”、“不來”、“不來相”。乃聲聞四果中第三果之聖者。彼等已斷盡欲界九品之惑，不再還來欲界受生。

　　③ 三論：指龍樹之《中論》四卷、《十二門論》一卷，及提婆之《百論》二卷。此三部論書為三論宗所依用之要典，皆為鳩摩羅什所譯。

　　④ 三塗：又作三途。即火塗、刀塗、血塗，義同三惡道之地獄、餓鬼、畜生，乃因身、口、意諸惡業所引生之處。

　　⑤ 見《續高僧傳》卷七《慧布傳》。

　　⑥ 玄高：（402—444），北魏僧。馮翊萬年人，俗姓魏，名靈育。年十二入中常山，堅求出家，改名玄高，專究禪律。師事佛馱跋陀，受禪觀祕法。後隱麥積山潛修。其後河南王聞其高名，迎為國師。又遊涼土，沮渠蒙遜禮迎供養。復至平城，北魏太子晃師事之。

　　⑦ 僧景：（440—497），南齊僧。衡陽湘鄉人，姓歐陽。廬山香鑪峰寺僧人，齊建武四年卒，年五十八。

　　⑧ 《高僧傳》卷一一《玄高傳》：“高曰：‘吾願生惡世，救護眾生，即已還生閻浮。崇公常祈安養，已果心矣。’”《廣弘明集》卷二三《廬山香鑪峰寺景法師行狀》：“（僧景）臨終合掌曰：‘願即生三途救一切眾苦。’”

　　⑨ 法華三昧：天台宗立有四種三昧，其中之半行半坐三昧又分為方等三昧、法華三昧等二種。法華三昧又作“法華懺法”、“法華懺”。即依據《法華經》及《觀普賢經》而修之法，以三七日為一期，行道誦經，或行或立或坐，思惟諦觀實相中道之理。此法以懺悔滅罪為主，故須於六時修五悔，即於晨朝、日中、日沒、初夜、中夜、後夜等六時，勤修懺悔、勸請、隨喜、迴向、發願等五悔。

焉，思曰："昔靈山同聽法華，宿緣所追，今復來矣。"遂示普賢道場，
四安樂行①。顗行道經，三七夕誦，至《藥王品》"心緣苦行，至是真
精"句，見與慧思同在靈山聽佛說法。思云："此之靈相，非爾不感，非
我莫識。此法華三昧前方便也。"思以三觀義傳顗，顗以四教②義禆之，
三觀四教之宗旨，自衡岳天台始也。梁策草堂約爲智者，慧約③法師也。陳
隋以顗爲智者。即今江陵玉泉寺，關將軍起寺者也。惟有道之賢，聽虛名非
美，視虛器非重。心若浮雲，跡猶過羽。唯器與名，不可以假人。而有道之高
士，視浮名亦不以爲貴。而帝天下者，師其聖，友其賢，固其然也。以梁、
陳、隋貴有天下，不可不尊聖而友賢乎！或問岳位，告云："吾鐵輪王位中人
耳。"四加行位④菩薩爲四州王，鐵輪王則合在煖位也。或問天臺位，告云："吾
不領徒眾，當淨六根。一云八地已上，六根清淨，二云初地已上，三云資加亦清
淨。今顗與思，恐俱是地前資加也。爲他損己，只是五品內人耳。"嘉祥初聞
天臺，頗輕於耳，高僧慧皎，住嘉祥寺。亦既目覿，乃伏膺爲徒。又以三輪
剖斷經例制勝之論，而特聞於天下者也。⑤

　　弟子智愷，專門之業雖不盡於師，而於死則有稱焉。南土四朝，克尚
玄理，宋、齊、梁、陳。資於龍樹、提婆，爲不拔之論。真諦⑥雖譯《對
法》、《唯識》等部，真諦三藏，陳朝至。會王室多虞，天步孔艱，孔，甚。艱，

---

　　① 四安樂行：指四種可令獲得安樂之行法。據《法華經》卷四《安樂行品》及《法華文
句》卷八下等載，菩薩於惡世末法，弘揚法華經時，應安住於四種法，稱為四安樂行。即身安樂
行、口安樂行、意安樂行、誓願安樂行。
　　② 四教：就諸經之內容、形式等，而將佛陀一代之教說判釋為四類，如宗愛法師所立的四
時教：有相教、無相教、同歸教、常住教等。
　　③ 慧約：(452—535)，南朝梁代僧。東陽烏傷（四川）人，俗姓婁。字德素。十二歲即
遍禮塔廟，潛究經典。劉宋泰始四年（468），十七歲，於東山寺出家。師事慧靜。
　　④ 四加行位：即加功用行之意，乃針對正行的預備行。即煖位、頂位、忍位、世第一位。
　　⑤ 見《續高僧傳》卷一七《智顗傳》。
　　⑥ 真諦：(499—569)，五、六世紀間之著名譯經僧。音譯作"波羅末他"、"波羅末陀"。
又稱"拘羅那陀"。西北印度優禪尼人，婆羅門種，姓頗羅墮。自梁武帝末至陳太建元年，共譯
經論紀傳六十四部二七八卷，今僅存三十部，大多為佛教研究之重要典籍。與鳩摩羅什、玄奘、
義淨同稱四大譯家。其譯之方法與學識，為我國佛教傳譯史上之泰斗。主要譯作除《轉識論》、
《大乘唯識論等唯識論典》外，另有《金光明經》、《攝大乘論》、《攝大乘論釋》、《律二十二明
了論》、《中邊分別論》、《十七地論》、《俱舍論釋》、《大乘起信論》等。其中以《攝大乘論》、
《攝大乘論釋》影響最大，此二論乃南朝攝論學派之主要理論根據，真諦亦因之被尊為攝論宗
之祖。

難也。後主變亂也。承業學徒，所究未弘。有法遇①鑽研講記，殆乎過半。惜哉短命，不極其志。將死之日，勒焚遺草，聞者爲之涕零。自後其徒沒沒焉。遇法師所討《唯識》，未盡其旨，而至唐慈恩著《唯識疏》十卷。洎真諦南迴，綜習無聞，故色心之學，終少聞於盡善；章疏之家，必先意於空理。自真諦去後，少傳法相，多弘空性也。

　　國初玄奘，貞觀年。譯《唯識》授門下基，窺基，姓尉遲，字洪道，鄂公敬德之猶子也。造百本疏慈恩和尚也。兼之瑜伽也，並大乘論。譯《俱舍》授門下光，未詳。兼之《婆沙》也。並小乘論。可謂法相光華，名數淵弘，精搜真俗，通乎大道。彼空宗之學，悄若乎不紓其志也。奘三藏。自貞觀年往西國，學經論法相，至貞觀迴，大弘法相。空性之徒覩之，若風恬而波偃。太宗、高宗製《聖教序②》，今見，冠經首也。華藻耀乎天文，真風翔乎海隅。洎玄宗注《般若》，蓋二聖鴻基之積潤也。玄宗注《金剛經》，見行于世。

　　但世以譯經則易，譯論則難，而傳者亦如之。傳經者止於尋文刻旨、敘意連環，故爲易也。傳論者循環性相、洞達幽微，故爲難也。寔由經但斷疑生信，旨遠而文近；論則殫窮性相，訓暢精微。爲義必典，爲文尚華。錯綜音律，鏗鏘彬蔚。彬蔚，文彩興盛貌也。賓主相由，鈎賾爲美，自非上智，不能見往復之意。故學之者鮮不功倍爲山，淺近之者，聞而輕侮，蓋非其境也。爲山九仞，起於累土也。辯參神化。以教行中夏，始不譯論，求其師資輔會之道，難矣。至今學經之徒，其侶若林。究論之士，若披沙見寶也。夫法學之侶，知經律而不知論者，但直讚述其文而已。至於攀援大義，則不謂之洞達者也。故今蜀中凡善傳經者，皆兼習論，然後傳演，方爲美也。其羅什譯經則齷齪，譯論則舒緩，玄奘反之。故什世經學則優，優，勝也。奘世論學則倍矣。昔慧休者，一鞾三十年，遇泥則跣，曰："泥軟易蹈，吾不欲損信施故也。"每告眾曰："吾所聽經律，皆三二十遍，猶

① 法遇：(316？—376？)，晉僧。依道安（312—385）為師。義陽太守殷保，聞風欽慕，遙結善友。後止江陵長沙寺，講說眾經，學徒雲集。

② 聖教序：即指御製序。一部新的經論譯成時，為嘉許譯者，皇帝親自作序，稱為聖教序。最著名者為唐太宗於貞觀二十二年（648）為玄奘三藏所書寫之《大唐三藏聖教序》，有多種書體，如褚遂良所書之聖教序碑，為西安大慈恩寺雁塔初層內所保有，成為後世正楷之圭臬。又西安弘福寺之僧懷仁所收集王羲之行書之《集字聖教序》（又稱七佛聖教序），乃行書之名蹟。

恨少功，欲兼異部，未遑多涉。今之學者，罕有備通，文句薄知，則預
師範。致有窮括，莫知由緒，此法滅在人矣。所以終夜長想，有慨于
懷爾。"①

① 見《續高僧傳》卷一五《慧休傳》。

《北山錄》卷第五

釋賓問第八

假設賓主之問答，以釋吾門之疑滯也。

向方士適石林之館，向方士者，假設若烏有先生、亡是公之類。膜跪造胅①，膜跪，拜也。《穆天子傳》云："膜跪受之。"郭璞云："若今胡人禮佛也。"② 述於主人曰："吾之生也，罹乎百憂。嘗他日在異室，有牢醴，有琴瑟，有《詩》《書》備譔，好謌詠乎先王之風，猶慊乎未樂。今聿來高居，松桂寂寥，環堵虛白，鄙悋之心祛矣。慊，恨也。久居俗網，每厭繁雜。一來蕭寺③，幽虛暢然者也。將幸味金仙④之旨，暢無生之篇，佛經讚無生理。飲歠法喜⑤，《法華經》云："法喜禪悅食。"⑥ 餐飲法味，自然飽足。沐浴甘露。朗煩素於秋照，擢華耀於春滋。心顏雖懇，非敢以覬如之何？"既沐玄風，道心滋茂。心貌雖有情懇，請問未敢覬望，如何？

主人曰："余病廢久矣，覷流世若瞑眩，不悅乎厥躬，《說命》云："若藥弗瞑眩，則厥疾弗瘳。"⑦ 今我病世人廢棄已久，覷流世之徒，於我薈然不相顧悅也。退藏于山林。居乃積蘇編茨，蘇，草也。茨，茅也。衣乃弊褐麄純，褐，

---

① 胅：疑為"膝"字之誤。《隨函》引作"膝"。

② 《穆天子傳》卷二："吾乃膜拜而受。"郭璞注："今之胡人禮佛，舉手加頭，稱南膜拜者，即此類也。"

③ 蕭寺：為寺院之異稱。梁武帝蕭衍篤信佛教，多造立寺院，而冠以己姓，稱為蕭寺。

④ 金仙：指佛。唐李白《與元丹丘方城寺談玄作》詩："朗悟前後際，始知金仙妙。"王琦注："金仙，謂佛。"

⑤ 法喜：又作法悅。指聽聞佛陀教法，因起信而心生喜悅。

⑥ 《妙法蓮華經》卷四："法喜禪悅食，更無餘食想。"

⑦ 見《尚書·說命》。

毛也。純，絲也。《論語》云："今也純儉。"① 食乃單盂隻豆。巖流沉沉，與麂
鹿爲羣。夫何道之可觀，事之可詢歟？但金石之和，隨拊擊之，良能小大
舒速，或亦果應。"樂無善聲，隨拊擊而則奏。人無言對，逐把問以相酬也。

　　賓降拜，以謝主人許問。主人避不敏。避，位謙也。敏，達也。既復席，
賓曰："漢夢未占，音譯未通，此方先有得聞至教者乎？"自漢明已前，此方
還有知西方有佛者無？

　　主人曰："遼哉！何吾之知也？遼，遠也。向吾之知，謙也。但觸石之
雲，生於膚寸；《公羊傳》云："雲因觸石而生，膚寸而合。"② 四指曰膚，兩指
曰寸。射鮒③之水，負於艅艎④。艅艎，吳王舡⑤名。言射鮒小水，能載大舡
也。何期不然也？昔大聖遊婆闍國，其國在南海，去方夏未之遠也。南
海去洛，未過萬里。微流之風，何莫及斯？故周穆王遇西極化人，⑥ 老聖
稱古皇先生，《老子西昇經》⑦ 云："竺乾有古皇先生。"⑧ 孔丘推西方有大聖
者，子云："西方有大聖人，不言而自理。"⑨ 佛圖澄知臨淄石下有舊像右露
盤，捷陀呵⑩見盤鵄山中有古寺基址，安得不有見聞者乎？⑪ 此皆預有見
聞者也。迨漢武元狩初，前漢第五主元狩年。命霍去病北伐匈奴，過居
延⑫，擒休屠王，屠，音除。獲金人以爲大神，列于甘泉宮，陳香火，以

① 見《論語·子罕》。

② 見《公羊傳·僖公三十一年》。

③ 射鮒：射取小魚。《易·井》："井谷射鮒，甕敝漏。"

④ 艅艎：吳王大艦名。後泛稱大船、大型戰艦。晉郭璞《江賦》："漂飛雲，運艅艎。"

⑤ 舡：同"船"。《集韻》：船，俗作舡。

⑥ 見《列子·周穆王篇》。

⑦ 老子西昇經：道教經典，簡稱《西昇經》，作者不詳，其著作年代亦不可定，晉朝葛
洪《神仙傳》中提到此經，故推測該經約成書於魏晉之間。一說為關尹子據老子所述而著。
內容主要是闡發《道德經》要義，並繼承老子無為而治的思想，為樓觀道所重。並具有明顯
的化胡思想，以此貶低佛教。《正統道藏》洞神部玉訣類收宋朝陳景元《西昇經集注》六卷，
洞神部本文類收宋徽宗御注《西昇經》三卷；經文均為三十九章，但文字不完全相同。

⑧ 見唐彥悰《唐護法沙門沙琳別傳下》引《老子西昇經》。

⑨ 《列子·仲尼篇》："孔子動容有問，曰：'西方之人，有聖者焉，不治而不亂。不言
而自信，不化而自行。'"

⑩ 捷陀呵：即捷陀勒（263—324），晉西域僧。來洛陽弘法有年，眾咸尊敬。後於槃鵄
山，眾為修寺，請為寺主。

⑪ 見《高僧傳》卷一〇《捷陀勒傳》。

⑫ 居延：位於內蒙古自治區阿拉善盟額濟納旗。

禮事之三年。鑿昆明池①，漢武元狩三年，滅隴西上郡戍卒之半，及弄法者謫之，使穿昆明池。《西京雜記》云："池中刻石爲魚，至遇雷雨，魚常鳴吼。上有樓船數百，戈矛照燭。"②《三輔故事》云："廣三百二十畝，初穿得黑灰，帝將以問東方朔也。"③ 得黑灰，問東方朔，朔曰：'此非臣能知，陛下可問西域胡道人。'暨張騫大夏④還，知有申毒國。毒：《漢書·張騫傳》音篤。即印度同。《山海經》云：'身毒之民，偎人而愛人。'郭璞注云：'則天竺，浮圖所興之處也，亦曰印度。印度，月名也。彼月有千名，茲乃一焉。'若此方蟾蜍、桂影、水輪、金盤等，彼土取以爲國名，具臨照義也。哀帝世，景憲往大月氏受浮圖經，月氏王使太子口授之也。劉向云：'余遍尋羣策，往往見有佛經。'及鴻嘉之年，漢成帝世。撰《列仙傳》兩卷。云：'吾搜檢藏書，緬尋太史，創造列仙圖。黃帝已下六世迄于今，得仙道者七百餘人。向檢虛實，定得一百四十六人。其七十四人，已見佛經矣。'以是而推，周化爲秦，秦滅漢興，至于永平，實千年矣。自此之前，何不聞也？"荅漢夢未占等也。

賓曰："在昔菴園⑤按地⑥，靈鷲⑦騰光。聖眾滿於虛空，維摩居士以方丈室性，菴園見佛。釋迦說《法華經》於靈鷲山，放光動地。道場周於法界。法華

_____

① 昆明池：位於陝西西安市長安區。西漢漢武帝元狩四年（前119）時在今西安西南斗門鎮東南窪地開湖，周圍四十里。歷代幾次修濬。唐大和時干涸為陸。是漢武帝練水師的地方。在上林苑之南，引灃水而築成昆明池，原是為了練習水戰之用，後來變成了泛舟遊玩的場所。池中有豫章台，還有石刻的石鯨。

② 見《西京雜記》卷一。

③ 見《三輔黃圖》卷四。

④ 大夏：位於中亞阿姆河流域之古國名。一度稱覩貨羅或吐火羅。即今阿富汗、烏茲別克斯坦、塔吉克斯坦間。古代屬波斯帝國領域，亞歷山大以後，即成為希臘之殖民地。亞歷山大死後，受塞流卡斯王族支配。紀元前二五〇年，狄奧多塔斯獨立，建立大夏王國。約一世紀後，因斯奇泰族入侵而亡國。其後，受大月氏族支配。

⑤ 菴園：即菴沒羅園，意為"菴沒羅女之園"。又作"菴婆羅園"、"菴婆梨園"、"菴羅衛林"、"菴羅樹園"、"菴沒羅林"。或作"奈氏園"、"甘梨園"、"奈園"。位於中印度吠舍釐城附近，係菴沒羅女所獻與佛陀者，故以其名稱之。佛陀嘗於此說《維摩經》。

⑥ 按地：形容佛之神通。《維摩經·佛國品》曰："於是佛以足指按地，即時三千大千世界，若干百千珍寶嚴飾，譬如寶莊嚴佛無量功德寶莊嚴土。"

⑦ 靈鷲：音譯"耆闍崛"。位於中印度摩揭陀國王舍城東北。簡稱"靈山"，或稱"鷲峰"、"靈嶽"。山形似鷲頭，又以山中多鷲，故名。如來嘗講《法華經》等大乘經於此，遂成為佛教勝地。

會上，三變土田①，周于法界也。**姬孔之典，於何不載？秦洛之人，未嘗預會。將無大聖頗歟？傳者張歟？**"佛既放光，周遍法界，何故京洛無有見聞之者？爲如大聖化有偏頗，爲如傳者開張虛誕乎？

　　主人曰："魚潛不知乎水，人陸不覩其風。非可知而知，居之而不知也；非可見而見，居之而不見也。況方諸②**酌月，非方諸則謂無月矣；**方諸者，王充《論衡》云："水鏡也。十一月壬子日夜半子時，煉五方石，鑄如盤盂，向月得水也。"高誘云："陰燧似大蛤，熟摩拭以向月，水下得數石也。"**陽燧**③**爍日，非陽燧則謂無日乎？**有珠映日光，以艾蒿承之則得火，謂之陽燧。又有以流黃等藥鑄鏡，承日亦出火，承月出水。圓者號陽燧，方者號方諸。日月恒而方諸等忽闕，則水火不獲，如佛普現而無緣者或不覩聞也。**寔由靈變在心而外應乎物，惟心之不變者，其何得耶？**三界唯心，萬法唯識。心變而覩物，無虛起也。**《禮》云：'心不在焉，視而不見，聽而不聞，食而不知其味。'**④ **故知昔信不在彼，非宜聞見也。**昔此方人未信故，或縱覩光門地動，不以爲意，故不記也。**縱有抱信獨得者言之，則人責之以詭妄焉。**眾所無緣，不覩；其或有緣之士獨得見聞，則人必責之以怪妄，豈能共信者也？**加乎歲序曠矣，編簡漏矣。而況年代**綿歷，書冊亡墜，豈能備知？**或周史知非中國之事，故乃不書也。**凡爲史官，各記本國之事。此非中國之事，又君子慎疑，故不書也。**孔聖嫌無受道之器，故不語也。**嫌，謙也。孔子謙己無受道之器，故不欲言。**豈以闕於史記則謂無歟？夫折柱、立極、貫虹、夾鳥、騰娥、昏見繞樞、騎尾，**昔女媧與共工氏爭天下，頭觸不周山，天柱折也。⑤ 又斷鼇足以立極。⑥ 又女媧感虹光貫日而生顓頊。⑦ 春秋時有雲如赤鳥，夾日而飛三日。⑧ 又羿請不死之藥於西王母，羿妻恒娥竊之以奔

----

　　① 三變土田：意謂三變穢土為淨土。又作"三變土淨"、"三變土"。釋迦如來於靈鷲山講說《法華經·寶塔品》時，為供養多寶塔，故集合十方分身之諸佛，並以神力三度將娑婆穢土變為清淨國土。

　　② 方諸：古代在月下承露取水的器具。《淮南子·覽冥訓》："夫陽燧取火於日，方諸取露於月。"

　　③ 陽燧：古代利用日光取火的凹面銅鏡。《周禮·秋官·司烜氏》"司烜氏掌以夫遂取明火於日，以鑒"漢鄭玄注："夫遂，陽遂也。"賈公彥疏："以其日者，太陽之精，取火於日，故名陽遂。"

　　④ 見《禮記·大學》。

　　⑤ 見《淮南子·天文訓》。

　　⑥ 見《淮南子·覽冥訓》。

　　⑦ 見《金樓子》卷一《興王篇》。

　　⑧ 見《左傳·哀公六年》。

月中也。① 出《易略》。又電繞樞星而黃帝生。② 又傳說死，精神上爲星，同於列宿，在尾宿上，故云騎。③ 而覆載是一，三光攸同。彼西域不見不書，則誠亦謂華言爲不實歟？若彼疑果非，則此疑何是？若彼信爲實，則此信何虛？然華夏六典，敦簡務要，嬰於秦滅，尚不備聞。古之書籍，本以簡要。又遭暴秦焚蓺，往事豈得備聞乎？如唐、虞二世，《尚書》但存數篇；但存《堯典》等五篇。商周盛化，《詩頌》能餘幾什？此重刑德，猶有所闕，況彼象外，所逸而能備哉？故堯師尹壽④，舜事務光，周孔亦所不載。孔丘言道，見乎莊氏。五經不言，並出莊子。老聃知禮，存乎戴聖。戴德⑤，字近君，傳《禮》，號《大戴禮》，至信都太傅。戴聖⑥，字次君，傳《禮》，號《小戴禮》，以博士論石渠，至九江太守。向使此書煨燼，則豈知二聖窮禮知道耶？"若在暴秦焚盡，則此豈能窮之乎！

賓曰："蘭、騰至國，人追黑灰以訊之。蘭云：'劫燒⑦之餘灰也。'而實獲其事歟？"實是劫火灰耶？

主人曰："言存人往，焉識其心？此言傳來雖存，其人已無。安能知彼所荅之意心在於何？仲尼云：'情欲信，辯欲巧。'⑧ 是辯也，此之所荅，但是蘭之辯對也。或亦貞而不諒也。貞正也，諒信也，意雖正，言未必執信也。夫劫火所焚，大地悉盡。然既却復，安有燼乎？劫火之際，大地炎輝，燒至初禪，然後却復，豈有灰燼也？是知劫火無灰也。昔莊周以仲尼之智，非至凶不爲侮，故遠取東陵，寓辭見意，盜跖居東陵也。而蘭亦以釋氏之玄，非駭耳⑨不爲

---

① 見《淮南子·覽冥訓》。

② 《史記·五帝本紀》"黃帝者"張守節《正義》："母曰附寶，之祁野，見大電繞北斗極星，感而懷孕，二十四月而生黃帝於壽丘。"

③ 見《莊子·大宗師》。

④ 尹壽：在《太極隱訣》中尊稱爲"尹先生"。擔任帝堯之師，傳說尹壽是河陽（今河南孟縣）人，因博學多才而被召爲帝堯之師。

⑤ 戴德：字延君。西漢時梁國（治今安徽碭山）人，又據《成安縣志》爲魏郡斥丘（今河北成安東南）人。漢代禮學家，今文禮學"大戴學"的開創者。

⑥ 戴聖：漢宣帝時禮學家，戴德之弟戴仁之子。梁（今河南省商丘市）人，漢代今文經學的開創者。其編注的《禮記》也稱《小戴禮記》。

⑦ 劫燒：又作劫"盡火"、"劫火"。指壞劫時所起之火災。於佛教之世界觀中，謂世界之成立分爲成、住、壞、空四劫，於壞劫之末必起火災、水災、風災，火災之時，天上出現七日輪，初禪天以下全爲劫火所燒。

⑧ 見《禮記·表記》。

⑨ 駭耳：使人聽後感到震驚。《文選·司馬相如〈上林賦〉》："鏗鎗閌鞈，洞心駭耳。"李周翰注："言可通心驚耳。"

變，故託劫燒開闢其教，人以驚聽爲異，故將開化，以此亦權而動之。蓋君子以德義爲信也。君子義然後信，信近於義，言可復也。若使只言常火，則曼倩豈將讓歟？曼倩，方朔字。向若荅以只言是常火，則豈夫於方朔所讓乎？故撫無以導實，廢近以徵遠，其欲化之，故先權指於無而誘之。廢近，常火。徵遠，劫火。使人渴聞其所新，而欲誘之於善也。夫渴聞則致疑，致疑則必求詣理，理詣則不遠而復，詣，實也。其若虞機張，省筈①得于度也。"②《太甲》文也。幾，弩牙也。虞，度也，將發箭，先度。其機合，發之必中。若將開化導，須使必歸也。

賓曰："佛出於戎，教被戎人。華風爲戎，不亦陋哉？"

主人曰："無然之矣！無然之矣！君子所居，尚不爲陋，何言聖人歟？《論語》："子欲之九夷。或曰：'陋，如之何？孔子曰：'君子居之，何陋之有？'"③君子尚爾，聖人居之即化，固不爲陋。夫'皇天無親，惟德是輔'④'學無常師，主善爲師'⑤。主，親也。有善則從意而從之。天下之善，一也，安可以隈封爲限哉？但以利濟爲心，豈以封域爲限？故大禹、姬文、聖王也，大禹出西羌，生於石紐，今茂州路也。周文生於邠，皆戎羌。由余⑥、日磾⑦、賢臣也。由余，戎使。至秦，秦築宮室，由余譏之云："若非鬼工，則須人造也。"金日磾，漢武時蕃人，在漢宮，甚賢也。生不在中夏。太康、周幽，荒君也，太康，夏王。好田遊，五子作歌以諫之，十旬不返也。⑧周幽王寵褒姒以滅身也。⑨寒浞⑩、申侯⑪、悖臣也，寒浞，伯明氏之讒子弟也，滅羿而立，申侯

---

① 省筈：謂將箭瞄准目標。筈，同"括"，箭的尾端，射時搭在弓弦上的部分。

② 《書·太甲上》："慎乃儉德，惟懷永圖。若虞機張，往省括於度，則釋。"

③ 見《論語·子罕》。

④ 見《書·蔡仲之命》。

⑤ 見《書·咸有一德》。

⑥ 由余：春秋時期幫助秦穆公成爲霸主的大臣之一，原是西戎綿諸國的大臣。

⑦ 日磾：即金日磾。磾，磾的俗字。前134—前86，字翁叔，漢武帝賜金氏，爲匈奴休屠王之長子，後來成爲漢朝將領，西漢武威郡休屠縣（今甘肅民勤縣）人。

⑧ 見《史記·夏本紀》。

⑨ 見《史記·周本紀》。

⑩ 寒浞：一作韓浞。夏朝東夷族伯明氏（今山東省濰坊市寒亭區）人，妘姓，任有窮氏部落首領羿的相，後殺死羿和夏朝國君相安，奪取了夏朝和有窮氏大權，最後被夏朝大臣靡殺死。

⑪ 申侯：申國（今河南南陽）侯爵，生卒約公元前771年前後。幽王死後，申侯、繒侯、許文公等共立原太子宜臼於申，遷都到雒邑，是爲周平王。東周建立。

滅周幽王也。① 生不在四夷。豈以邦域而論賢鄙哉？而黄帝登崑崙，老聖適流沙，黄帝登崑崙山，問道廣成子。② 老子適流沙，尋釋迦文也。③ 俱貴其所聞，慕其所同，而後往也。同聲相應，同道相求。夫胡馬服皂，皂，隸，養馬賤職。胡樂張廷，如琵琶羌笛等。胡琮充府，琮，璧，出異域。未則云陋耶？故希出俗之道，當爲背俗之儀。圓頂方袍也。處其儀而不欲勉其道者，中才已上適恥也。處無塵之地，作背俗之儀，不能進德脩業，而遑遑於財利之鄉，上士顧之恥也。而孔聖云'不敢毀傷'者，蓋言爲眚，召害之誡也。眚，過也，害，災也。《孝經》："身體髮膚，不敢毀傷。"④ 蓋誠其過害也。至若泰伯⑤以斷髮爲至德，預讓⑥以漆身爲秉忠，吳泰伯，周太王之長子。以幼弟季歷賢，又生聖子文王昌，知其必有天下，遂避之適吳，翦髮文身。孔子以之爲至德也。《史記》："趙襄子殺智伯，預讓思爲智伯報之。襄子知，令國人逐之。預讓乃漆身以變形，吞炭以改聲而入其國。"⑦《史記》以爲忠，則斷髮變形，未爲不忠不孝也。其能立德揚名，何嘗以全髮膚之爲孝也？由是華夏古今知其厚益，則而象之，不以變形儀則英賢廢，存冠服則家國興，故友、瑗不假簪緩，季友⑧、衛遽瑗⑨皆賢。二子之賢，豈因簪緩之致？桓、夘⑩不以髡⑪赭⑫，

---

① 見《左傳·襄公四年》。

② 見《莊子·在宥》。

③ 見《史記·老子韓非子列傳》。

④ 《孝經·開宗明義章》："身體髮膚，受之父母，不敢毀傷，孝之始也。"

⑤ 泰伯：一作太伯，姬姓，是周部落首領古公亶父（即周太王）長子。爲陝西岐山周原人。因爲太王第三子季歷的兒子昌有"聖瑞"，所以太王希望以季歷爲繼承人，然後傳位給昌。於是作爲季歷的兄弟泰伯與仲雍不忍發生王位爭奪而同避江南梅里，紋身斷髮，以示不可用。

⑥ 豫讓：姬姓，畢氏。春秋戰國間晋國人，爲晋卿智瑤（智伯）家臣。晋出公二十二年（前453），趙、韓、魏共滅智氏。豫讓用漆塗身，吞炭使啞，暗伏橋下，謀刺趙襄子未遂，後爲趙襄子所捕。臨死時，求得趙襄子衣服，拔劍擊斬其衣，以示爲主復仇，然後伏劍自殺。

⑦ 見《史記·吳太伯世家》。

⑧ 季友：（？—前644），姬姓，名友，謚成，又稱季成子、公子友、季友、成季友、成季，季子，是魯桓公的第四子，魯庄公的同母弟弟，母爲文姜，後代成爲魯國最強卿族季孫氏。

⑨ 遽瑗：多寫作"蘧瑗"，字伯玉，謚成子。春秋時期衛國大夫。封"先賢"，奉祀于孔廟東廡第一位。

⑩ 夘：同"卯"。《古今韻會舉要·巧韻》"卯，俗作夘。"

⑪ 髡：同"髠"。剃去頭髮的一種刑罰。《說文·髟部》："髠，剃髮也。"

⑫ 赭：指赭衣。古代囚犯所服。亦借指囚犯。《論語·述而》："子曰：'天生德于予，桓魋其如予何？'"

桓魋①、少正卯②，皆不仁，豈因髡赭也？何榮此辱彼哉？昔趙武靈王始變胡服，趙武靈王謂樓緩曰：“吾欲胡服。”曰：“善。”羣臣不欲。肥義侍王，又告之曰：“吾欲胡服而恐後世將議寡人，奈何？”義曰：“臣聞‘疑事無功，疑行無名’，王既定負遺俗之慮，治無顧天下之議矣。愚者闇於成事，智者見於未萌。然則王何疑焉？”於是遂胡服也。③ 隋唐之後，漸改衣冠，所貴在治，建爲王度，記事記言未見譏之者也。爲政貴在治民，立其王度，未見譏其胡服也。夫仲尼非虞夏之臣，而宗乎三代禮樂；虞、夏、商也。吳越非魯衛屬國，而行乎姬文、周公、孔氏之教。洎秦正、新室所置百官刑政典法，後世帝王多亦尋於時政，因而無替。正，始皇。新室，王莽。二雖無道，所置百官法度，或因而不改也。若以二世、王莽同居中夏，故遞相沿襲，非彼絕域者，或則失於用天司牧之意也。“天生蒸民，樹之司牧。”④ 又云“用天之道，何限夷夏”也。夫一日月所照，皆吾天下。吾行天下之善，孰則不爲吾天下者乎？昔楚王亡弓，任楚得之，仲尼云：‘惜乎，其不大也！何不使人得之？’楚王失弓，曰：“但不過楚人得之。”仲尼聞之，曰：“惜乎，何不曰人亡弓，人得之。”⑤ 但今言者，皆盡稱西域爲胡，而實胡在蒽嶺之下三十餘國，嶺西身毒國謂婆羅門國也。然於其間非無雜類，嵌目雕決，如此方伊洛，戎狄逼邇王畿，故身毒極鄙胡稱，今河南伊洛之間，皆有戎居也。然王浮《化胡經》云：‘胡人凶獷，故化之爲佛，令髡赭、絕嗣。’夫何惑哉？當春秋時，赤狄⑥、白狄⑦爲列國寇讎，獫

---

① 桓魋：又稱向魋，子姓，向氏，名魋，宋國左師向巢的弟弟。前493年，孔子周遊列國到宋國，在大樹下和弟子習禮。向魋欲殺孔子，將大樹拔除。

② 少正卯：即少正卯。(？—前500)，春秋時代魯國大夫，卯是名，“少正”是周朝所設官職，以官爲姓。據說孔子三千弟子亦多次被其全部吸引走，致孔門“三盈三虛”，唯有七十二賢中的顏淵不爲所動。孔子攝魯相，七日而誅少正卯。

③ 見《史記·趙世家》。

④ 見《唐大詔令集》卷八三《貞觀四年二月大赦》：“天生蒸民，樹之司牧，莫不仰膺靈命，克嗣寶圖，用能永享鴻名，常爲稱首。”《左傳·襄公十四年》：“天生民而立之君，使司牧之，勿使失性。”

⑤ 見《孔子家語》卷二《好生》。

⑥ 赤狄：亦作“赤翟”。春秋時狄人的一支。或說因其俗尚赤衣而得名。主要分布于今山西長治一帶，與晉人相雜居，是春秋時期實力最强影響最大的狄族部落。

⑦ 白狄：亦作白翟。我國古代少數民族之一。春秋前期主要分布于古雍州北部（今陝北一帶）。前550年，因受秦國的壓迫和晉國和戎政策的誘惑，東遷至今河北省石家莊一帶。東遷後的白狄主要由鮮虞氏、肥氏、鼓氏、仇由氏四個氏族組成。

狁孔熾，① 蠻夷猾夏。② 孔，甚也。猾，亂也。當春秋時，狄伐晉魯等也。**如何
邇而不服遠？於流沙之外、大荒之末，方肆勇乎？**老子以定王時生中國，自
爲戎狄所逼，何不服之？而云往天竺服彼胡人者哉？**又自古聖王，皆遠者懷之。
何有陰期殄胤，矯誡人道？**"遠人不服，則脩文德以來之。"③ 又云："惟德動天，
無遠弗屆。"又："無怠無荒，四夷來王。"④ **豈假絕其嗣胤，矯爲制誡者也？詳夫三
苗弘酷，商鞅極法，未甚於此者也。**舜時，三苗之國左洞庭，右彭蠡，在荒服
之外，數千王誅，不循王道也。秦孝公時，嬖臣景監進衛人商鞅，以酷而佐秦。後孝
公卒，惠王立，發使捕之。商君奔至關下，欲舍客舍，客人不知其是商君也，曰：
"商君之令，舍人無驗者坐之。"商君曰："嗟乎，爲法之弊，一至此哉。"遂被攻裂
而殺之。⑤ 今釋子非三苗之徒，老聖非商鞅之類，何至於此也？**而老聖言'常善
救物'，⑥ 豈其然歟？"**若爾，則言與行達也。

　　賓曰："**違父命，貽母戚，輕畏就險，可謂孝乎？**太子悉達欲出家，父王
不許，加媒女以虞之，太子半夜潛去逾城，是違父命也。令姨母悲泣，肝腸摧裂，是貽
母戚也。居儲副之位，而獨處山谷，是輕畏也。在雪嶺之中，是就險也。**如此可得名孝
乎？爲瓶沙王師，處迦毘羅族，阿闍逆害，琉璃攻伐，既不果救，可得仁
乎？**瓶沙王，則頻婆娑羅也，住王舍城，阿闍世王父，闍王囚之，以至餓死，佛不能
救。又波斯匿之子琉璃王，未利夫人生，則釋種之外甥也。以婢子之言，乃加兵盡殺釋
族。佛知其宿業相對而皆不能救也。**調達天倫⑦，**調達，斛飯王之子，佛之堂弟也。
善星⑧至性，生被黜辱，死嬰塗炭，可謂義乎？調達、善星。俱陷地獄。**踞寶
玉之床，受君父之拜，言大違謙，色高象傲，可謂禮乎？懸弧⑨未旬，母**

---

① 《詩·小雅·六月》："玁狁孔熾，我是用急。"

② 《書·堯典》："蠻夷猾夏，寇賊奸宄。"

③ 見《論語·季氏》。

④ 兩引皆見《書·大禹謨》。

⑤ 見《史記·商君列傳》。

⑥ 《老子》："是以聖人常救人，故無棄人；常善救物，故無棄物。"

⑦ 天倫：天然倫次。指兄弟。《穀梁傳·隱公元年》："兄弟，天倫也。"范寧注："兄先弟
後，天之倫次。"

⑧ 善星：音譯作"須那呵多"、"須那剎多羅"。又作"善宿"。係釋尊爲太子時所生之子。出家
後，斷欲界之煩惱，發得第四禪定。後因親近惡友，退失所得之解脱，認爲無涅槃之法，起否定因果
之邪見，且對佛陀起惡心，以生身墮於無間地獄，故稱爲闡提（即不成佛之意）比丘，又稱四禪比丘。

⑨ 懸弧：古代風俗尚武，家中生男，則於門左掛弓一張，後因稱生男爲懸弧。語本《禮
記·內則》："子生，男子設弧於門左，女子設帨於門右。"漢賈誼《新書·胎教》："太子生而
泣……然後爲王太子懸弧之禮義。"

后窮年，罔極之禍，愆莫大焉，可謂福乎？太子生，以桑弧蓬矢懸於門也。昔佛爲太子，生才七日而摩耶亡也。夫如是其利，安在欲使中國行之者也？"

主人曰："愛惡之論，譽辱何定？古有罪三皇而毀五帝者，有譽漢陰而抑仲尼者，《莊子》："漢陰丈人抱甕入井，取水以灌園。子貢教之作槔橰，漢陰丈人盛抑仲尼之巧偽也。"① 有強漁父而責三閭者，三閭大夫屈原，遭靳尚所讒，懷王疑之，遂貶長沙，獨行江畔，見漁父，問之故，曰："舉世皆醉唯我獨醒，舉世皆濁唯我獨清。"漁父勉之不可，遂沈水而卒。② 有劇秦法而美新室者，秦始王莽法殘虐，後世有揚雄著《美新》一篇，劇秦始而美王莽。討其向背，壞壁穿墉，爲雀鼠之功矣。③ 有習古人糟粕，更增穿窬，以鼓是非者，若王充、劉子玄等，唯事雌黃也。禮曰：'大孝嚴親，其次不辱，其次能養。'④ 嚴親，謂使尊其祖考也。不辱，脩身持行也。若夫化家爲國，天下稱之爲大；化凡爲聖，天下孰謂之小哉？故雖邇失嚴愛，遐蹈山林，而使天下之人，知父爲大聖之父，知母爲大聖之母。既知之而尊之，既尊之而安之。孝子之義，真曰不匱。匱，乏也。此乃嚴親之道也。《詩》云："孝子不匱，永錫爾類。"⑤ 曾是以爲不孝，則孰能爲之孝乎？曾子曰：'養可能也，敬爲難；至於犬馬，皆能有養。不敬，何以別乎？敬可能也，安爲難；安可能也，卒爲難；父母既歿，慎行其身，不遺父母惡名，可謂能終也。⑥ 始於毘嵐，終於鶴樹，有善皆稱，無惡可謗，實謂孝之終也。而大聖豈不篤其備耶？若乃聖人有作，不違兩曜昏旦，不違四時榮落，所可違者，暫化而已矣。化久則愆於物性，恢怪詭譎生焉。雖聖人不能違宿業也。至若幽囚餧喪，坑骸刃肌，蓋酬因於往世，瓶沙爲無子，占云："山中仙人當作子。"遂殺之，令急受生。又未生，更作白兔，亦殺之。故今被闍王幽囚而死也。釋種又以宿殺摩竭大魚故也。報應前緣，非聖人不能使暫違之，但非業理之長謝也。經云："假使經百劫，所作業不亡。因緣會遇時，果報還自受。"⑦ 夫后稷善播，順天時也；扁鵲工醫，資有命也。違時

---

① 見《莊子·天地》。

② 見《楚辭·漁父》。

③ 《詩·召南·行露》："厭浥行露，豈不夙夜，謂行多露。誰謂雀無角，何以穿我屋，誰謂女無家，何以速我獄，雖速我獄，室家不足。誰謂鼠無牙，何以穿我墉，誰謂女無家，何以速我訟，雖速我訟，亦不女從。"

④ 見《大戴禮記·曾子大孝》。

⑤ 見《詩經·大雅·既醉》。

⑥ 見《呂氏春秋》卷一四《孝行》。

⑦ 見《大寶積經》卷五七。

與命，非彼所可，故去形方影滅，除業方報亡。若使滅影留形遺報存業，
則巫幻作矣。未經懺洗，令業除謝，則同巫誑妖幻之説。昔者食馬麥，目連請
求地味。阿耆達多婆羅門請佛九十日，唯食馬麥，劫初有地味陷在地下，目連欲運
通取之，如來皆不許。意示後世者也。迦毘被圍，目連請以鐵爲城。釋種被琉璃
王所圍，目連欲化鐵城以護之，如來不聽，以業不可逃。大聖皆以業報不然之
也。故可爲而不爲，不仁也。不可爲而不爲，何謂不仁乎？若乃得理，雖
傷謂之義也；失理，雖存未云義也。丹均薄於堯舜，以其不才故薄之，而不
使嗣位也。管蔡夷於周旦①，管蔡二叔，流言謗周公，周公不以骨肉而不誅，遂殺
管叔②而粲③蔡叔④。⑤ 鄭莊克段，共叔段，鄭莊公之母弟也。以作亂，莊公克之于
偃。⑥ 石碏⑦屠厚，石碏，石厚⑧之父。厚與公子州吁⑨弒衛桓公自立，問定君於
碏，碏使朝陳而殺之也。⑩ 蓋骨肉是忍也，保宗祧爲事也。舉其刑法以示將

---

① 周旦：即周公，姬姓，周氏，名旦，謚文，又稱周公旦、叔旦、周旦，周文公。周文王
第四子。西周初年政治家，第一代周公。武則天天授元年（690）追封爲“褒德王”，宋真宗大
中祥符元年（1008）追封爲“文憲王”，後世多稱其爲“元聖”。

② 管叔：即管叔鮮，？—前1113，姓姬名鮮，又稱管叔、關叔。是西周初年管國的唯一一
任君主。是周武王的弟弟，周文王第三子，周成王叔。管叔鮮和蔡叔度、霍叔處並稱周初三監，
監護殷商的頑軍遺民，後發動三監之亂反對周公，被殺。

③ 粲：流放。《説文·米部》：“粲：橤粲，散之也。从米杀声。”《广韵·入声·曷·蘗》：
“粲：放也，若粲蔡叔是也。”

④ 蔡叔：即蔡叔度，姬姓，名度，是周文王第五子，周武王的弟弟。他是西周諸侯國蔡國
第一任國君，在位年大約是從武王滅商後至三監之亂期間。

⑤ 見《史記·管蔡世家》。

⑥ 見《左傳·隱公元年》。

⑦ 石碏：春秋時期衛國賢臣，衛靖伯之孫，石姓始祖。其子石厚與衛庄公嬖妾所生子州吁
游，勸戒亦弗聽。衛桓公十六年（前719）州吁殺桓公而自立爲君，未能和其民。石厚向其父請
教安定君位之法，他假意建議石厚從州吁往陳，通過陳桓公以朝覲周天子。旋請陳拘留兩人，由
衛使右宰丑殺州吁於濮（今安徽亳縣東南），又使其家宰獳羊肩殺石厚於陳。

⑧ 石厚：衛國大夫石碏之子，石厚與衛桓公弟州吁相好，州吁驕縱不已，素爲桓公所惡。
州吁襲殺桓公後，自立爲衛君，但在衛國不得人心，大夫石碏借陳侯之力，在濮地擊殺州吁，迎
先君桓公之弟晉並立之爲君，是爲宣公。其子石厚參與了州吁襲殺桓公之事，被捕後，石碏大義
滅親，誅殺石厚。

⑨ 州吁：姬姓，名州吁，是衛莊公之子，衛桓公之弟，衛宣公之兄，弒兄而立，在位不到一
年。大夫石碏騙州吁拜訪陳桓公，説只要陳桓公在周天子面前説話，就能讓周天子承認他爲合法的
衛國國君。州吁去了陳國，結果石碏寫信請陳國逮捕了州吁，衛國派右宰丑前往陳國殺了州吁。

⑩ 見《左傳·隱公四年》。

來，使不子不弟之流，是懼是厲，如調達、善星。儻假鴻私免其罪戾，則勸天下之爲逆耳。故呼食唾以辱之，調達學神通已，化作一小兒，於闍王膝①上，闍王因唾其口，調達承而食之，故佛以此辱爲食唾之人。② 彰重苦以期之，佛夜行道，善星以時久欲歇，遂假作薄倶羅鬼恐佛，故陷地獄。使臭味所同，有恥且格，格，正也。雖於骨肉，似有恥辱，理歸於正，同族爲臭味同。罔有務倖于其免矣。不以倖門而免之也。由是聖人刑自邇而及遠，不密親而閒疏，大權之義於焉何測？若迺大禮與天地同節，道德與天地同尊，聖人與道德同體，而君父率乎禮則尊天地，尊天地則親道德，親道德則敬聖人，敬聖人則合天地之節，廣道德之風矣。非我大聖要上以求尊重，蓋君父由道德而自尊重之也。禮法既彰而人是傚，故使形儀異俗，則不異者禮敬之，順道德也。形儀不異俗，使異俗者禮敬之，則背道德也。雖異者不必賢於不異，不異者不必愚於異，然土石之偶，旌其像飾，猶可敬也。土木偶，雕塑像也。農賈之子，表其服兒，安不敬也。四姓出家，皆同釋族，不以賤族而不敬也。敬其不肖，猶愈不敬。不以凡庸而敬之，猶勝不敬。存夫羊而識禮，魯之常禮，必殺羊告朔於廟。自文公後，不行告朔之禮，猶祭羊而已。至哀公時，子貢爲司倉主，祭廟告朔之禮，因君不視朔，遂兼欲廢祭羊之事。夫子曰："爾愛其羊，我愛其禮。君雖不視朔，見羊猶知此禮。若兼去羊，則禮無所記。"③ 今敬亦然。市駿骨以招賢。昔燕昭王將慕賢士，郭隗曰："請王以黄金築臺而尊於臣，則四方之賢者至矣。以臣不肖，王尚用之，況賢者乎？昔有求龍馬不獲，有得死馬首者上之，王以千金相酬，聞者皆至，一月獲三龍馬。請王尊臣。"後果有樂毅等數人而至。④ 蓋人倫之大道也，故君父敬不敬在己，以沙門受不受在人。非大聖必欲抑君父，致敬沙門，必當欲坐受拜揖。《禮》云：'子新冠而母拜。'《禮記‧冠義》云：'已冠而字之，成人之道也。見於母，母拜之。見於兄弟，兄弟拜之。成人⑤而與⑥爲禮也。"介冑者不拜。皆不失君親之敬也。況儒有不臣天子、不仕諸侯者乎。若巢、許、四皓等。若乃摩耶假壽待爲佛母，聖既誕矣，還形

---

① 膝：底本作"脙"。按《佛說處處經》卷一、《別譯雜阿含經》卷一、《十誦律》卷三六等皆作"膝"，據此改。

② 見《別譯雜阿含經》卷一。

③ 見《論語‧八佾》。

④ 見《戰國策‧燕策一》。

⑤ 人：底本漫漶不清，據《禮記‧冠義》改。

⑥ 具：同"興"。《宋元以來俗字譜》："興，《列女傳》、《通俗小說》、《目連記》作'具'"。《禮記‧冠義》作"興"。

于天。《華嚴經》："過去未來諸佛皆以摩耶爲母，生佛既了，遂歸于天。"① 母子有裕，奚非福乎？昔夏啟生而母化爲石，《帝王世紀》曰："鯀納葇氏女，曰脩已。山行，見流星意感，又吞意茨，三年不產，後破背而生禹。"② 今蜀汶山廣葇縣有地名石紐，乃禹母化石處。又禹欲通轅山，謂塗山女曰："餉我，聞鍾鼓聲而來。"禹躍石，能中鼓聲，女往餉，見禹方化動，而至嵩山下，化爲石女。方孕，啟禹曰："我子，石也。"歸，破而生啟，母化爲石也。③ 伊尹生而母爲空桑，伊尹，湯相。生而母化爲空桑。豈則不祥耶？故二教直辯於此生，釋教統示於他生。如彼二母化爲桑石，精魂何往？聖母俯瞰日月，下哀人世，實則福履將之矣。"

賓曰："虐魏門誅於內信，昏周不類於玄侶，魏太武拓跋燾太延五年滅法，有藏沙門者，死。周武宇文邕建德二年滅佛教。玄，僧也。類，享。使統宇嗷嗷，王澤竭焉。始若有逞，終則遄害，二王初滅法，似協于志，尋亦終於惡疾也。彼何至於此哉？"

主人曰："沴氣④蒸而五義⑤敗矣，姦邪作而萬靈怒矣。五行既敗，百神是怒。故天之所助者順也，人之所助者信也。匪信匪順，人天合誅焉，得不亡乎？《書》云："天作孽猶可逃，自作孽不可逭。"⑥ 初魏太祖、太宗，太祖拓跋珪，太宗拓跋嗣，號明帝，太祖武帝長子。篤於因緣之教。沙門法果⑦，戒行精純，開演法籍，太祖詔爲沙門統，太宗彌加崇敬，授以輔國宜城子、忠信侯、安城公，盡辭焉。帝幸其居，以門狹不容輿輦，詔廣之。八十而卒，帝親臨其喪，贈老壽將軍皆旌帝之寵也。趙靈公。世祖即位，太武皇帝。初遵行之。每引高德沙門，與之譚論。四月八日輿像於廣衢，帝御門臨

---

① 見《新華嚴經論》卷二八。

② 見《竹書紀年‧五帝紀》。

③ 見《漢書‧武帝本紀》，顏師古注。

④ 沴氣：災害不祥之氣。北周庾信《哀江南賦》："況以沴氣朝浮，妖精夜殞，赤鳥則三朝夾日，蒼雲則七重圍軫，亡吳之歲既窮，入郢之年斯盡。"

⑤ 五義：謂父義、母慈、兄友、弟恭、子孝。《國語‧周語中》："五聲昭德，五義紀宜。"韋昭注："五義，謂父義、母慈、兄友、弟恭、子孝也。"

⑥ 見《書‧太甲中》。

⑦ 法果：北魏僧。趙郡（河北趙縣）人。年四十始出家。戒行精至，開演經典。北魏皇始（396—397）年中，受太祖之詔赴京，後任道人統，統領僧眾，每與帝議事，輒意氣相通，供施甚厚。太宗永興年中，前後授以"輔國宜城子"、"忠信侯"、"安成公"之號，固辭不受。

檻，散花稽顙①致敬。但以八歲在極，訪國政於司徒崔皓。皓極言莊、
老，深蠱釋宗，帝雅信重。求方術士，及得天師寇謙，詔諸州鎮立道壇。
會蓋吳反於杏城，關中騷擾。太延五年己卯，帝西伐長安，後魏時都平城。
時沙門有種麥於寺中者御驢牧，帝入寺觀馬，從官窺便，室有財產弓矢牧
守，富豪所寄藏物萬計。時帝年二十四，春秋方富，寡於理學，覩其事符
於崔皓之言，由是下詔，焚破經像，惟留臺下四寺如長安，太平真君五
年，又下詔：'王公已下至於庶人，有私養沙門者，限其年二月十五日，
過期不出，沙門身死，容者誅一門。'時宗恭奉太子監國表諫：'刑殺沙
門濫酷，又非圖像之罪。今宜罷其道，杜諸寺門，世不脩奉，土木丹青，
自然毀滅。'奏不行。是歲，太子晃、師沙門玄高，皓譖皆死。②與太子皆
也。七年春三月，詔佛法一切蕩除，沙門無少長，悉坑之。宗恭言雖不
用，猶緩宣詔命，令遠近各得祕藏逃匿為計。皓死於十一年間，武帝彌
留，為閹人宗愛所害。後魏初都平城，姓拓跋。至孝文皇帝乃遷都洛陽，方改姓
元氏。西魏依宇文泰都長安，東魏撤洛陽宮闕，都鄴城也。初崔、寇同從駕，寇
爭而崔不從。寇曰：'卿今促年壽，滅門戶矣。'③竟臨誅，仍令溲其口小便
也。周高祖以沙門應黑讖。初太祖黑泰④挾魏西奔，衣物旗幟盡尚黑，於
後沙門並著黃衣，齊民尤忌。而周人以為莫黑匪烏，誅烏姓也；莫黑匪
豆，誅竇姓也。有衛元嵩⑤反服，蜀新繁縣人，反服上狀沙汰。黃冠張賓⑥相
耦耕，耦，對耕。以墾於宗教，春秋二五，耦晉國。帝躬受符籙。⑦ 天和四年己
丑春三月，大集三教有嘉聞者，并文武二千餘人，僉議興廢，不克定。夏

---

　　① 稽顙：古代一種跪拜禮，屈膝下拜，以額觸地，表示極度的虔誠。《儀禮·士喪禮》：
"弔者致命，主人哭拜，稽顙成踊。"
　　② 見《高僧傳》卷一《釋玄高傳》。
　　③ 見《魏書·釋老志》。
　　④ 黑泰：即宇文泰，507—556，字黑獺（一作黑泰），代郡武川（今內蒙古武川西）人，
鮮卑族，西魏王朝的實際建立者和權臣，也是北周政權的奠基者，掌權22年。西魏禪周後，追
尊為文王，廟號太祖，武成元年（559），追尊為文皇帝。
　　⑤ 衛元嵩：北周時代益州（四川）成都人。精通陰陽曆算，且能文，性頗譎詐。年少時於
益州野安寺從亡名禪師為沙彌，不耐清苦，佯為狂放，諸僧譏恥之，遂赴長安。天和年中
（566—571），造作讖緯，預言世事。又倣效太玄經作《元包》一書十卷，另著有《齊三教論》
七卷。
　　⑥ 張賓：北周武帝時道士。其與衛元嵩毀謗佛教，對武帝滅佛起著推波助瀾的作用。
　　⑦ 見《廣弘明集》卷八《周滅佛法集道俗議事》。

四月，詔司隸甄鸞①詳較之。五年，鸞上《笑道論》②，在藏。帝以彰露道
法訛醜甚矣，俾燎之。道安獻《二教論》③，帝謀稍寢。至建德三年夏五
月，資二教相毀，其計復行，釋、李同棄於芻狗，芻狗，草作狗也。老子
《道經》：“以萬物爲芻狗也。”④ 坑像誅人，不可聞也。六年春，周師克齊，
自以爲滅教之祐。建德六年正月十九日平北齊，得秦制傳玉璽，方四寸。文曰：
“受命于天，既壽永昌。”得州五十五，郡一百六十一，縣三百八十五，戶三百萬二千
五百二十八，口三千萬二千八百八十六。二月師還。七年，改元曰宣政，是歲不
及嘗而崩於雲陽也。嘗，秋祭也。六月帝崩，太子贇立，曰宣帝，改元宣政。又
改大成大象年，荒淫酒色入市人稅各一錢，尋立太子爲帝，自稱天元皇帝。夫貪夫
重利，何顧於君親？ 如商臣⑤、蒯瞶⑥無避惡也。商臣，楚成王太子也。弒父，
仍加惡諡，父目不瞑，改諡爲“成”，乃瞑，受啗。蒯瞶，衛靈公太子，欲殺母南子，
不捷，遂奔。公薨，乃立蒯瞶之子輒。父子相攻爭國，出入相殺，豈避於惡名也？⑦
拓跋以譖言而殺元子⑧，太子晃爲宗愛譖，云：“淫于內。”帝怒。晃懼誅，將謀
逆。帝乃詐死，使召太子。至，以鋏籠罩之，撻三百，遂殺之，擲棘中。常侍宗愛尋
害帝。⑨ 宇文以猜忌而害冢宰。晉公宇文護，爲太宰，執政。帝疑忌之。建德元
年三月，帝自以簡擊殺之於宮內，帝自總萬機。彼尚鯨鯢於骨肉，而豈能仁恕於
道德乎？ 鯨鯢之魚，大而好鬬。故今三尺童子，無不抵掌太息於其事也。抵

---

① 甄鸞：北周司隸大夫，天和四年周武帝勅司隸大夫甄鸞，詳度佛道二教，定其深淺並辯
其真偽。天和五年鸞乃上《笑道論》三卷。

② 笑道論：凡三卷。北周甄鸞撰。北周武帝天和四年（569）命司隸大夫甄鸞評論佛、道
二教。翌年二月甄鸞上奏本書。武帝崇信道教，已決定廢佛，對此大為不快，即於殿中焚燒之。

③ 二教論：全一卷。北周道安撰。論述儒佛二教之大旨並比較其優劣之作，凡十二篇。全
篇由問答體而成。

④ 《老子》：“天地不仁，以萬物為芻狗；聖人不仁，以百姓為芻狗。”

⑤ 商臣：（？—前614），姓羋名商臣，也稱楚商臣，諡號為楚穆王。中國諸侯爭霸時代楚
國的第二十四任君王。

⑥ 蒯瞶：瞶，同“聵”。宋·趙湘《本文》：“如不能，是不若盲瞶之夫也。”蒯瞶，衛靈
公太子。以謀殺南子事露出奔宋，尋之晉，依趙鞅。以子出公輒之十二年入立。在位三年，為晉
所伐，出奔。晉師退，復入。尋為其下石圃所攻，走戎州己氏，見殺。諡曰莊公。

⑦ 見《左傳·文公元年》。

⑧ 元子：天子和諸侯的嫡長子。《書·微子之命》：“王若曰：猷，殷王元子。”《詩·魯
頌·閟宮》：“王曰叔父，建爾元子，俾侯於魯。”朱熹集傳：“叔父，周公也。元子，魯公伯禽
也。”《儀禮·士冠禮》：“天子之元子猶士也。”鄭玄注：“元子，世子也。”

⑨ 見《廣弘明集》卷二。

掌，擊手掌而譚說也。哀彼二武，不得爲鬼，何厚顏於祖考乎？"

賓曰："魏靈太后①造浮圖，罄億兆之產，屹若造化，人實保之，天若棄之。故一朝爲災，煙焰殀乎九垓，蒸焦貫於重垠。未喻天意，可得辯乎？"

主人曰："夫物以合度爲德，失度爲孽。爲德則常，爲孽則亡。胡氏孽矣，過於大壯故也。豈神鬼之庸，蓋人力也。其高千尺，其層有九。刹上金瓶容二十五斛，金承露盤一十一重，四角鐵鎖，四道引刹，並垂金鐸，如一斛器。四面各有三門，間以六窻②。朱扉鏤鐶，繡柱金鋪。秋風朗夜，熠爁耀空。鏗鏘之響，聞十餘里。延袤博敞，登降崢嶸，居閻浮提爲第一也，易曰："古者穴居而野處，後世聖人易之以宮室。上棟下宇，以待風雨。蓋取諸大壯，未有違謙越禮，能其壯者也。"③ 雖盛則極矣，而南有強隣，中分日月。時太后居洛陽，武據金陵。國有奸④臣，求主之瘼。謂爾朱榮⑤之類。金玉既竭，物役亦苦。其後爾朱乘釁，震動瀍洛⑥。河橋之下，衣冠葬於魚鼈矣。太后不脩德政，爾朱榮等抗言云，今海內皆言，先帝爲鴆毒所害，奉未言之兒，以臨四海，榮乃率眾渡河遂至洛陽，使騎拘太后及少主等，並沈于河。昔後趙尚書張離⑦、張良⑧各起一大塔。佛圖澄謂之曰：'事佛在於清淨無欲，慈

① 魏靈太后：（？—528），北魏臨涇（今屬甘肅鎮原縣）人，胡姓。司徒國珍（438—518）長女也，母皇甫氏。太后性聰悟，多才藝，姑既為尼，幼相依托，略得佛經大義。既誕肅宗，進為充華嬪。太后父薨，百僚表請公除，太后不許。尋幸永寧寺，親建刹於九級之基，僧尼士女赴者數萬人。及武泰元年，尒朱榮稱兵渡河，太后盡召肅宗六宮皆令入道，太后亦自落髮。

② 窻："窗"的異體。字見《廣碑別字·十二畫·窗字》引《唐孟弘敏及夫人李氏合祔墓誌》。

③ 見《易·繫辭下》。

④ 奸："姦"的異體。《金石文字辨異·平聲·刪韻》引《北齊臨淮王像碑》"姦宄"即作"奸"。

⑤ 爾朱榮：（493—530），字天寶，北秀容（今山西朔州）人，契胡族，北魏末年將領、權臣。早年，襲父爵做契胡部第一領民酋長。後招兵買馬，力量發展壯大，北魏統治者籠絡其鎮壓農民起義。于亂世中南征北戰，逐漸弄清魏朝的虛弱，加之自己勢力的不斷強大，最終得以挾帝自重、權傾天下。最終由於驕橫跋扈，為魏莊帝所殺。

⑥ 瀍洛：瀍水和洛水的並稱。洛陽為東周、東漢、魏、晉等朝都城（今河南省洛陽市，地處瀍水兩岸、洛水之北）。故多以二水連稱謂其地。《藝文類聚》卷九引晉張載《濛汜池賦》："激通渠于千金，承瀍洛之長川。"

⑦ 張離：後趙尚書，咸康六年（340），虎遣尚書張離帥騎追斌，鞭之三百，免官歸第，誅其親信十餘人。

⑧ 張良：後趙石虎在位時（335—349）尚書官員，家富事佛，起大塔。

矜爲心。檀越宣奉大法，貪惏未已，畋獵無度，積聚無窮，方受見世之罪，何福報之可希耶？’離等後並被誅。① 惟人心無寄，故託塔像以辯理詣，則宜見聖人慈恕之心矣。若外伐佞善，內袐殘虐，必業害所鍾，非聖力而能黨之也。且大聖割肌塗膚，等情無二。如來有三平等：一左以旃檀塗，右以利刀割，中一人非塗非割，如來於此三人，心皆平等。曷可以一塔而與其非善乎？故爲善者，當以善至善，不可以非善至善。《書》云：‘牝鷄無晨。牝鷄之晨，惟家之索。’② 荒哉胡后，索元氏之家矣！《牧誓》文也。以婦人知國政，喻母鷄代雄鷄鳴，則人家當蕭索也。喻胡后知政。雖欲樹不世之功，而實營家之不造③焉。後魏靈太后胡氏，宣武之后、孝明之母也，曰胡充華，尊爲皇后。孝明幼，太后臨朝稱制，淫亂于朝。命侍臣射，不能者罰之。自射針孔，中之大悅。大臣宣淫有楊白花④者，有才貌，后逼之。白花懼禍及，乃奔梁。太后追思不已，令文士作歌詞，日夜令宮人連唱踏，聲甚悽切矣。黃門侍郎元順諫之。明帝崩，后臨朝。⑤《書》曰：‘黍稷非馨，明德惟馨。’⑥《易》曰：‘東隣殺牛，不如西隣之禴祭。’⑦ 言鬼神享于克誠，而況聖人乎？或有謂不道之財爲善，猶愈於濟惡，不宜顯貶者，彼乃阿利容非、輕本重末之士也。夫沙門貯販爲像，律家不禮。不重，非道也。狐丘盜財爲食，義士却吐。爰精目者，嘗飢於道，狐丘之見而餉之。因問：“子何人也？”曰：“我狐丘之，憫子飢，竊父飯以餉子也。”曰：“吾義士也，不食子無義之食。”遂兩手據地，嘔之而死矣。⑧ 出《列子》也。《禮》曰：‘父母既歿，必求仁者之粟以祀之，此之謂禮。’⑨ 是知財由不義，不爲福也。若使誠如所論，蓋小人於不道中自辯優劣，其由

---

① 見《高僧傳》卷九《竺佛圖澄》。

② 見《書·牧誓》。

③ 不造：不幸。《詩·周頌·閔予小子》：“閔予小子，遭家不造。”馬瑞辰通釋：“不，爲語詞。造與戚一聲之轉，古通用。則《詩》云‘遭家不造’，猶云遭家戚，即後世所謂丁家艱也。”

④ 楊白花：底本“楊”作“揚”。楊白花，北魏名將楊大眼的兒子。風姿雋朗，確有其父的英雄氣概。太后胡充華暗中癡情于楊白華，經常召他入宮敘床底之歡。楊白華感到十分羞恥，後率領部下逃出洛陽投奔到了南朝。

⑤ 見《梁書·王神會傳》。

⑥ 見《書·君陳》。

⑦ 見《易·既濟》。

⑧ 見《列子·說符》。

⑨ 見《禮記·祭義》。

賞兇酗①之子，以不繼父爲德；不紹父凶酗爲德。胠篋之盜，以能行仁義
爲賢，②《鬼谷子》曰："篋探囊。"③胠，旁也。從傍開取物爲胠也。非是昭犬典
之流訓也。"

賓曰："梁武盡志弘宣，名冠宇宙，宜天勳遐統，降天永命，何分崩
離析，骨肉相殘，非畢世而有裕乎？"梁武帝蕭衍受齊禪，志崇佛教，宗廟素
食，身披法服，捨身入寺，臣下具錢贖歸。至侯景④作逆，石頭城陷，憤悶而崩。簡
文、孝元、並皆遇害也。

主人曰："曆數在天，知微在聖，而賢者猶其昧之，況諰才之所宜言
乎？諰，寡薄也。大統蕭氏膺大寶之位，行聖人之教，或不見聖人之心遠
矣。夫服文彩，帶利劍，負扆以臨羣后，何必損已爲臺隸乎？臺隸，賤者。
又作皂隸，通。必若厭黃屋、齊皁宮，齊，好也。胡不歷有德而高讓，履金
繩⑤而不返，胡，何也。祇園以金繩界地。豈俟君臣之請歟？梁武居萬乘之尊，
三度捨身，沒常住以供賤隸，朝臣以錢一萬意贖之，遂還。楊朱⑥云：'唐堯僞讓
以享福，夷、齊真讓而致餒。'⑦況梁氏兼亡於真僞乎？雖四十五年江表
無事，而政刑襄缺，禮樂崩弛，征徭不減，鰥寡無告。君倡臣和，父倡子
和，自謂無爲致理，高談治國，遂使侯景伺隙，憑天作威。既喪其身，亦
棄其族。上九在元，安得無悔？《易·乾卦》上九辭云："亢龍有悔。處上位之
極。爲言知進不知退，知存不知亡，知得而不知喪也。"⑧太清元年，侯景反於壽春，

---

① 兇酗：狂飲爛醉。唐元稹《賽神》詩："喧闐里閭隘，兇酗日夜頻。"

② 見《莊子·胠篋》。

③ 見《鬼穀子·却亂第十四》。

④ 侯景：(？—552)，字萬景，朔方人（或說是雁門人），鮮卑化羯人，父親侯標，祖父
乙羽周。高歡臨終前特別囑咐兒子高澄要小心侯景，而侯景壓根沒有把高澄放在眼裡，高澄上台
後，他立刻叛變。其叛亂給長江下游地區造成巨大破壞，使南朝士族遭到毀滅性打擊。

⑤ 金繩：佛經謂離垢國用以分別界限的金製繩索。唐李白《春日歸山寄孟浩然》詩："金
繩開覺路，寶筏度迷川。"王琦注引《法華經》："國名離垢，琉璃為地，有八交道，黃金為繩，
以界其側。"

⑥ 楊朱：春秋戰國時期思想家，字子居，魏國人，生平已不可考。其行蹤多在魯、宋、梁
一帶。活動的年代，比墨子稍後，而又早於孟子。有云其是老子弟子，或為道家別支。其學說在
當時相當著名，但早已散佚不存，散見於《孟子》、《列子》及《淮南子》中。

⑦ 見《列子·楊朱》。

⑧ 《易·乾卦》："上九：亢龍，有悔。夫處此者，豈無無悔之道哉？故言有者，皆非必然
者也。……亢之為言也，知進而不知退，知存而不知亡，知得而不知喪，其唯聖人乎？知進退存
亡而不失其正者，其唯聖人乎？"

遂濟江圍臺城。陳帝之十失，援軍莫有鬥志，遂陷臺城，景自爲丞相。帝憂憤成病。
口苦，索蜜不得，荷荷而卒，年八十六。宋文帝謂求那跋摩①曰：‘弟子常欲齊
戒不殺②，迫以身徇③於物，不獲從志，法師何以教之？’跋摩曰：‘帝王
與匹夫，所修各異。匹夫身賤名劣，言令不威。若不克己苦躬，將何爲
用？帝王以四海爲家，萬民爲子，出一嘉言，士女以悅，布一善政，人神
以和，固當刑不夭命，役無勞力，則使風雨順時，寒暖應節，百穀滋繁，
桑麻鬱茂。如此持齊，齊亦大矣。如此不殺，德亦眾矣。清潔爲齊，防非爲
戒。寧在闕半日之餐，全一禽之命，然後方爲弘濟耶？’帝撫幾曰：‘法師
所言，真謂開悟人心，明達物理，可謂談於人天之際矣。’④懿哉若人！
非獨誘進於真門，抑亦俾興於王化，而齊之與戒，雖天子至庶人達其至
理，猶五孝不同其經也。天子以博愛廣敬爲孝，諸侯以不驕謹法爲孝，卿大夫以
遵法約禮爲孝，士以愛父同君爲孝，庶人以謹身養親爲孝。聞一以知二者，其在
宋文乎？文帝名義隆，宋高祖第三子。即位，改元元嘉。有文武之才，蘊寬明之德，
勤苦節儉，在位三十年。向使梁武納大麓，難庶官，順考古，慎厥終，麓，
錄也。謂親萬機，選任眾官，惟難得人順，稽古帝道而行之，敬慎其終也。所謂安必
思危，治不忘亂之道也。省乎前言，而或不及於此難也。若梁武常省前言，恐
不及侯氏之難。其太子綱、簡文也，帝第三子。綸、邵陵王也。紀，益州刺史武
陵王也。宗室諸王，亟弄文墨，請帝自講，勑荅曰：‘汝等未達稼穡之艱
難，安知天下之負重？庸主少君所以繼踵顛覆，皆由安不思危，況復未安
者耶？殷鑒不遠，在於前世。吾今所行雖異曩日，但知講說，不憂國事，

---

　　① 求那跋摩：(367—431)，意譯作功德鎧。爲劉宋譯經僧。北印度罽賓國（迦濕彌羅或
犍陀羅地方）人。刹帝利（武士族）出身。二十歲出家，並受具足戒，精通經律論三藏，故時
人稱其爲“三藏法師”。劉宋文帝元嘉元年（424），師經由海路至廣州，見虎市山之形勢頗似耆
闍崛山，故將其改稱爲靈鷲山，並在山中建立禪室以習禪。譯有《菩薩善戒經》、《四分比丘尼
羯磨法、優婆塞五戒相經》、《沙彌威儀》等，共計十部十八卷。
　　② 齊戒不殺：《歷代三寶紀》卷一〇、《高僧傳》卷三、《大唐内典錄》卷四、《法苑珠
林》卷二二、《開元釋教錄》卷五作“持齋不殺”。《辯正論》卷一作“持戒不殺”。《釋門正統》
卷三、《譯名義集》卷一作“齋戒不殺”。《古今譯經圖紀》卷三作“齋而不殺”。齊，同“齋”。
古人祭祀或舉行其他典禮前整潔心，以示虔敬。《集韻·皆韻》：“齋，《說文》：‘戒潔也。’隸
作齊。”
　　③ 徇：同“殉”。《小爾雅·廣言》：“徇，歸也。”宋翔鳳訓纂：“徇，《說文》作徇，經
傳通爲徇，或从歺作殉，並俗。”此處“徇”《歷代三寶紀》卷一〇、《高僧傳》卷三、《大唐内
典錄》卷四、《開元釋教錄》卷五皆作“殉”。
　　④ 見《高僧傳》卷三《求那跋摩》。

則與彼人異術同亡耳。'① 術，道路也。而前後累請，帝亦累拒，但年高氣
昏，精華已竭，家有佞父之子，朝無匪躬之士，前否後允，卒如所言。"
如異術同亡之言，暨侯景作亂，帝崩之後，景立簡文。尋幽之於永福，省以絕人望，
景尋弒之。及王僧辯破侯景，立孝元帝，後魏兵至，城陷被擒，仍賦詩，爲土囊殞
之。前梁四主國歸陳，後梁三主國入隋。

　　賓曰："一人失馭，已塞天譴，百工周行，何咎預難，致使死者股荷
首倚而日繼之乎？"

　　主人曰："是何言歟？夫君辱臣死，況君死耶？凡帝天下者，以任忠
良爲聖；忠良以衛社稷爲賢。故文武之臣，進思盡忠，退思補過。雖當時
應金陵之氣、偶時邕之運，台袞不聞於廟算，征帥匪思於取勝，是以尸素
之門，各各以文章自銜。沈約、何尚之、顏延年等。如法寶聯璧、形神滅論
並苔佛性二諦難等，君罔其威，臣與害隣，罔，無也。害，侯景。綢繆苑
囿，物役非任。莊氏云：'庖人雖不治庖，尸祝豈可越於罇俎耶？'② 昔陳
平③不對於廩粟，文帝問周勃④："天下粟廩多少？庫藏錢物出入，日有多少？"周
勃流汗而不能對。問陳平，平云："廩庫之事，各有司存。宰相但調陰陽而已。"⑤ 邴
吉⑥但問於牛喘，丙吉，字少卿，北海人。漢宣帝時爲相，見喘牛，問之來近遠，
若近則是陰陽失度。⑦ 故爲王者當爲於無爲，天子垂衣裳而端拱冕旒黈纊而已，
此即無爲也。不以己能於有爲，不以己能於無爲，不使君爲於無爲也。臣不
能執政，使君自主之也。由是燎原之火，焯厥無赦。《書》云："惡之易也，若火
之燎于原，不可向邇，其由可撲滅乎？"⑧ 脫輻輿屍，《易·小畜卦》九二辭也：

————————————

　　① 見《廣弘明集》卷一九《又啟請御講（并勅答）》。

　　② 見《莊子·逍遙遊》。

　　③ 陳平：（？—前178），西漢陽武戶牖鄉（今河南省蘭考縣）人，以謀略見長。在楚漢相
爭時，初在項羽手下做謀士。早期被項羽重用，因得罪亞父范增，逃歸漢王劉邦帳下。曾多次出
計策助劉邦。西漢建立後，任右丞相，後遷左丞相，曾先後受封戶牖侯、曲逆侯（今河北順平
東），死後諡獻侯。

　　④ 周勃：（？—前169），祖籍卷縣（今河南原陽），沛郡（今江蘇豐縣）人，秦末漢初的
軍事家和政治家，漢太祖劉邦認爲周勃"厚重少文"，可以托付大事，以軍功高，封為絳侯。漢
文帝時，拜右丞相。

　　⑤ 見《史記·陳丞相世家》。

　　⑥ 邴吉：即丙吉，（前2世紀？—前55年），字少卿，中國西漢政治家，魯國（今山東曲
阜）人，麒麟閣十一功臣之一。

　　⑦ 見《漢書》卷七四《魏相丙吉傳》。

　　⑧ 見《書·盤庚上》。

"輿脫輻"。《師卦·六五爻》辭云："弟子輿尸。"何嗟及矣。詩曰：'靖恭爾位，正直是與。神之聽之，式穀①以汝。'《詩·小雅》。靖，治也。爾，汝也。式，用也。穀，祿也。言敬治汝職位政事，正直之人乃與爲倫，神聽汝之所爲，用福與汝。彼不與直，式穀何望焉？"

　　賓曰："憍陳如②弊服五錢，須菩提③華房百寶，俱聖人也。憍陳如，亦云憍陳那，則五俱倫④也，不求華飾耳。須菩提出家之後，久不得道果，佛問阿難。阿難云："闕於寶甎之具故也。"佛令阿難爲置，阿難無寶具。佛令王宮借之布於房內，即得解脫，證阿羅漢果。衡岳終身一衲，南嶽惠思也。玄景⑤每曙更衣，高僧玄景，每日必換新衣，經於身則以施人。俱高僧也。將修于已四者何先？"

　　主人曰："善乎善者，無不善；不善乎善者，無可善。故此四者，克不克在于我，可不可不在乎物。能修不能修在於人，非由乎外物也。何則？夫貧則獨善其身，富則博施廣濟，奢則務禮，儉則近仁，是賢智也；貧則隕獲，富則家食，⑥《大畜》卦文也。《大畜》之寶，以之養賢，命賢者不家食也。奢則僭逸，不遜故也，若季氏等。儉則固陋。如晏嬰⑦儉不合禮，皆爲固陋也。是愚鄙也。故聖不隔於貧富，處貧富俱爲聖人；賢不隔於奢儉，處奢儉俱爲高僧。古人言：'儉，德之恭也。侈，惡之大也。'而寶不德不儉，惡

---

　　① 式穀：謂賜以福祿。《詩·小雅·小明》："靖共爾位，正直是與。神之聽之，式穀以女。"《朱熹集傳》："穀，祿也。以，猶與也……當靖共爾位，惟正直之人是助，則神之聽之，而以穀祿與女矣。"

　　② 憍陳如：佛陀於鹿苑初轉法輪時所度五比丘之一，乃佛陀最初之弟子。又稱"阿若憍陳如"、"阿若拘鄰"、"憍陳那"、"阿若憍憐"、"居鄰"、"居倫"。意譯為"初知"、"已知"、"了教"、"了本際"、"知本際"。

　　③ 須菩提：又稱"蘇補底"、"須扶提"、"須浮帝"、"藪浮帝修"、"浮帝"、"須楓"。意譯為"善業"、"善吉"、"善現"、"善實"、"善見"、"空生"。乃佛陀十大弟子之一。原為古代印度舍衛國婆羅門之子，智慧過人，然性惡劣，瞋恨熾盛，為親友厭患，遂捨家入山林。

　　④ 五俱倫：又作"五俱輪"、"五拘隣"、"五俱隣"。即佛陀成道之初，於鹿野苑最先度化之五比丘。依《法華文句》卷四之三，五比丘依序為憍陳如、頞鞞、跋提、十力迦葉、摩男俱利。

　　⑤ 玄景（？—606）：隋代僧。滄州（河北）人，俗姓石。年二十七出家。以禪道融通內外，巧於講導，從眾甚廣。

　　⑥ 見《易·大畜》。

　　⑦ 晏嬰（？—前500）：春秋時期齊國大夫。字平仲，夷維（今山東高密）人。歷仕靈公、莊公、景公為卿。奉景公命出使晉國聯姻，與晉大夫叔向議論齊國政局，預言齊國政權將被田氏取代。傳世有《晏子春秋》，為戰國時人搜集有關他的言行編輯而成。

盈而侈，誠爲禍胎，安不忌歟？《易》曰：'豐其屋，蔀其家，窺其戶，
闃其無人，三歲不覿凶。'① 蔀，覆障也。《易·豐卦》上六爻辭②也。其意云：
無德而祿，身之災也。三年必受其殃。故云"闃其無人"也。但繒纊③皮革，聖
慈所許。今有行之，則爲寡德；反之，則爲合道，是惑也。以著絲綿者爲寡
德，以屏棄爲合道，殊不知如來有開遮④之道，以俗情堅執也。其有務自苦節⑤，
麻艾充軀，高靜其業，茲可尚也。若矯行沽名，服輕綌⑥，曳纖絢，沽，
賣也。矯，誑也。綌，細布也。本無道德，詐見孤節。以細布爲衣，以黔⑦布作襪，
何儉之有？誠則侈靡傷財，孰爲廉士⑧？夫服者，心行之表。得其儀，則
鮮辱寡過；違其義，則啟奸納害。故《禮》云：'君子居縗絰⑨，則有哀
色；居端冕⑩，則有敬色；居介冑，則有不可辱色。'方茲沙門，居稻畦，
則當有虛靜之色。稻畦，袈裟也。佛見水田，指示阿難言："我弟子當割截爲衣，
如此水田，有出生之義，可以生於福田也。"虛者，道也。故所服在乎道，不必
抑以皮纊而舉氈紵，奬人務詐矣。若專奬布紵，則詭詐者務於矯飾也。梁沈約
以沙門食肉，小教雖容而後教塞違，蠶綿之理，則何不然？但教來遺闕⑪
非所可也，遂撰《究竟慈悲論》，廣申其例。然慮沈說非也。沈約，字休
文，吳興武康人。流寓孤貧，篤志好學，晝夜不捨。母恐其勞，常減油滅火。及佐梁
武龍飛，累遷尚書。久居端揆，有志臺司。帝終不用，致書徐勉。勉爲言於帝，但加
鼓吹而已。約性不飲酒，少嗜慾，左目重瞳子，腰有紫志，聚書二萬卷。爲丹陽尹侍
中，卒官。著晉、宋、齊等書。雖欲廣顯其特見，而聖人之意，或則不然。
夫因患制戒，去損就益。食肉之過，凶而無謀。《涅槃經》云："食肉之人，眾

---

① 見《易·豐卦》。

② 爻辭：指說明《易》六十四卦各爻象的文辭。

③ 繒纊：繒帛與絲綿的並稱。

④ 開遮：許可與阻止。南朝梁慧皎《高僧傳·明律論》："開遮廢立，不無小異，皆由如
來往昔善應物機。"宋張商英《護法論》："佛之隨機接引，故多開遮權變，不可執一求也。"

⑤ 苦節：《易·節》："節，亨。苦節，不可貞。"孔穎達疏："節須得中。爲節過苦，傷於
刻薄。物所不堪，不可復正。故曰'苦節，不可貞'也。"意謂儉約過甚。後以堅守節操，矢志
不渝爲"苦節"。

⑥ 綌：細麻布。

⑦ 黔：灰黑色。

⑧ 廉士：舊稱有節操、不苟取的人。

⑨ 縗絰：古代用粗麻布製成的喪服。

⑩ 端冕：玄衣和大冠。古代帝王、貴族的禮服。

⑪ 遺闕：亦作"遺缺"，猶言遺漏缺失。

生遠離。"《楞嚴》云："是諸佛怨，斷大慈種。一切鬼神夜臥其脣吻，福德日消。"仁智猶鄙，況聖人乎？《孟子》曰："是以君子之於禽獸也，見其生，不忍見其死。聞其聲，不忍食其肉，是以不近庖厨。"① 絺②革資形，儀服修潔，世人嘗譏之，故馬勝③比丘以威儀攝眾也。聖人由其美之，故經云：'懸繒幡蓋。'又云：'柔軟繒纊，以爲綑褥。'《法華經》。若酌以今所未斷，由經未至者，而《涅槃》許有憍奢耶衣④，謂赤色好衣也，又名衣上服，價直千萬，施佛及僧。何爲不備哉？"但蕭陳之世，人過乎信，法教滋彰。嘗讀齊太子并梁陳書，屢捨袞冕、乘輿、寶玉爲諸經懺，秉筆流辭，以菩薩行⑤願爲童戲也。方於周魏，則愈求於風教，則病矣。"

　　賓曰："法雲馳騖吊慶，譏者謂之佞；靈裕儉陋布褐，時議謂之矯。法雲者，周處之後。丁母憂毀，瘠過禮，累日不食，殆不勝喪。僧旻諫之曰："聖人制禮，賢者俯就，不賢者企及。毀不滅性，尚出儒書，況佛有旨？近奉色養，遠發菩提，況恩愛之賊，不可寬放。"乃割哀情，微進粥食。⑥ 靈裕以周滅法，乃潛形世壤，衣斬綟三升之布，頭經麻帶，如喪攷妣。誓得佛法更始，方襲舊儀。⑦ 夫如是德行，安得不媮乎？"媮，薄也。

　　主人曰："《書》云：'與人無求備。'《禮》云：'以義度人，則難爲人；不可求備也。以人望人，則賢者可知己矣。'⑧ 以賢望不賢，則知勝劣也。夫以法服⑨趑趄⑩，爲法則辱已，不爲法則兼辱法。爲數爲眾，趨塵猶可庶幾，非此則爲辱也。但大士或以理通爲美，違教順理，亦可行也，然教有權實矣。故'黄裳元吉'⑪，信在内也。《坤卦》六五辭也。黄，中正之色也。裳，下之飾

---

① 見《孟子·梁惠王上》。

② 絺：光滑厚實的絲織品。

③ 馬勝：又作馬師，或作阿說示。為佛陀最早度化的五比丘之一，威儀端正，引人注目。

④ 憍奢耶衣：憍奢耶，係指野蠶之繭。以野蠶之絲作衣，稱為"憍奢耶衣"，即絹衣。又作"憍賒耶衣"、"高世耶衣"、"憍施耶衣"、"憍舍耶衣"、"俱舍衣"。意譯為"蟲衣"、"蠶衣"。在七佛經中作"憍尸衣"。

⑤ 菩薩行：菩薩自利利他圓滿佛果的大行，也就是布施等六度。

⑥ 見《續高僧傳》卷五《法雲傳》。

⑦ 見《續高僧傳》卷九《靈裕傳》。

⑧ 見《禮記·表記》。

⑨ 法服：僧、道所穿的法衣。《法華經·序品》："剃除鬚髮，而被法服。"

⑩ 趑趄：相前進又不敢前進。形容疑懼不決，猶豫觀望。漢劉向《新序·雜事五》："《易》曰：'臀無膚，其行趑趄。'"

⑪ 見《易·坤》。

也。坤爲臣道，盡美於下，任夫文理，垂黃裳以獲元吉。如法雲等，爲法趨塵也。**晉文公譎而不正，**① **非不霸也。**文公，重耳也。復晉之後，大霸諸侯。將朝周，自嫌強盛，遂召王，使出而行覲禮，夫子云："以臣召君不可訓。"② 故《春秋》改云："天王狩于河陽也。"③ 是爲譎而不正也。**如雲者，豈得不爲高僧乎？ 其人天縱英敏，挺生于世，感通靈瑞，身死言立，實爲法之祥也。**雲母吳氏生雲日，見祥雲滿空，故名之爲法雲，住義興莊嚴寺，講《法華》、《淨名》等經，如疾風應變，時人謂之"幻法師"。④ **然方彼遠公，影不出山，迹不入俗，迎送不過虎溪；**⑤ **慧熙莓苔一徑，三十餘載，端坐榻心，兩頭塵合，固則忝矣。**蜀空惠寺僧慧熙，成都人。幼好篇詠，因與大石寺沙彌道徵連唱詩章，遂成言隙，乃迴意栖心禪觀。及具受，乃遍習經律，究三論。夜宿本房，但坐床，心兩頭塵合，自餘房地，唯有一蹤，餘並莓苔也。⑥ **靈裕曰：'吾縱矯世爲善，猶愈於直心爲惡。' 斯則言興於古人，繼之在裕矣。夫管晏皆爲賢大夫也，管僭晏陋，前禮卒同譏之。**⑦ 管仲，齊大夫夷吾也。娶三國九女，官事不攝，以樹屏塞門，及置反坫，皆爲僭也。然相桓公，九合諸侯，尊獎王室，責楚苞茅，故稱賢也。晏嬰，齊大夫。性儉，豚肩不掩豆之類，然相景公，一言省刑，等皆得稱賢也，但幾其儉。**曾子曰：'國奢示人以儉，國儉示人以禮。'**⑧ **晏子之然也。**齊景公有馬千駟，死之日，民無德而稱焉，故晏子示之以儉。**但沈潛者不盡得魚龍之變，處陸者不盡得飛走之功。物象不可以盡窮其性也。豈衣縫掖**⑨**，則盡孔門之學，**縫掖大袖，雖稱儒士，實昧典墳⑩。徒號書生，安知稽古？**冠芙蓉**⑪**，則盡老聖**

---

① 《論語·憲問》："子曰：'晉文公譎而不正，齊桓公正而不譎。'"
② 見《論語·憲問》。
③ 見《春秋·僖公二十八年》。
④ 見《續高僧傳》卷五《法雲傳》。
⑤ 見《高僧傳》卷六《慧遠傳》。
⑥ 見《續高僧傳》卷二〇《慧熙傳》。
⑦ 見《史記·管晏列傳》。
⑧ 見《禮記·檀弓》。
⑨ 縫掖：亦作"縫腋"。大袖單衣，古儒者所服。《後漢書·王符傳》："徒見二千石，不如一縫掖。"李賢注："《禮記·儒行》：'孔子曰："丘少居魯，衣逢掖之衣。"'鄭玄注曰：'逢猶大也。大掖之衣，大袂單衣也。'"
⑩ 典墳：亦作"典賁"。三墳五典的省稱。指各種古代文籍。《淮南子·齊俗訓》："衣足以覆形，從典墳，虛循撓便身體，適行步。"
⑪ 芙蓉：即芙蓉冠，道門冠帽中等級最高者，惟有高功法師行科時方用。

之風，俾貪命米，豈尚清虛？唯讀《竈經①》，寧窮《道德》？執鐶杖②，則盡釋氏之道？只憑一麈，便過浮生。不勵進修，安知討習？而則有揭其短長，望匡而信，望匡而沮，沮未必喪其賢，信未必得其人。唯人難知，自知亦難。且仲尼採數千年賢智所行之事爲禮樂，使一士百年之內行之，固不究也。仲尼以天縱之才，生魯襄公二十二年，十八歲往西周問禮。門徒三千，達者七十二，魯哀公十一年，自衛返魯，修《春秋》，述《易道》，刪《詩》、《書》，定《禮樂》，而古之賢哲，明窮一經，鬢鬢皓首，莫得其涯也，故云："仰之彌高，鑽之彌堅"。③ 況善惡不相遠，攻一是則亦一非隨焉？故陳司敗以諱國惡爲黨，陳司敗問夫子："昭公知禮乎？"子曰："知禮。"曰："君娶於吳，爲同姓，豈知禮？"司敗曰："吾聞君子不黨，君子亦有黨乎？""以諱國惡爲是黨，君知禮非也；若不黨爲是，則彰國惡爲非也。④ 季康子⑤以問晝寢爲忤⑥，而忠不必恭，恭不必孝，孝不必義。今釋氏子統億世所行之善，而欲使一身一世行之，固不可也，遂有智而無節，有慧解而無節操也。質而篤道，撲鈍而純直者。勤體被物，尚行專已。但可嘉其所能，矜其所不能，非構廈則欀栭期之，欀，椽也。栭，楠端連綿木。將無廢也。雖非梁棟之才，亦可小用也。驥稱其德，不稱其力；鳳稱其瑞，不稱其鷙。夫何備哉？"鷙，搏擊也。

賓曰："虐周之際，靜靄剖心，靄諫周武，極言抗旨，不遂乃入山，遍割身肉，以腸桂樹，剖心而卒，卒後骨坐不住⑦。⑧ 靈裕⑨繚經，慧遠奔喪，北遠也，奔竄山林，避道喪也。普曠⑩簪笏，曠，樊川郿人。值周武沙汰，置通道觀，選俊

---

① 竈經：十四卷，梁簡文帝撰。《隋書·經籍志》著錄。

② 鐶仗：鐶，同環。《集韻·刪韻》："鐶，金環也。"《正字通·金部》："凡圜郭有孔可貫繫者謂之鐶。通環。"環杖，猶藜杖。僧人或隱士所持的手杖，杖柄環曲，故名。南朝齊張融《答周顒書》："斯自鹿巾之空負頭上，環杖之自誣掌中。"

③ 見《論語·子罕》。

④ 見《論語·述而》。

⑤ 季康子（？—前468）：即季孫肥，春秋魯國大夫。季桓子，季孫斯之子。

⑥ 見《論語·公冶長》。《論語》無"季康子問晝寢"。

⑦ 住：疑爲"倒"字缺筆致誤。"骨坐不住"，《續高僧傳》卷二三作"加坐如初"。

⑧ 見《續高僧傳》卷二三《釋靜靄傳》。

⑨ 靈裕（518—605）：隋代僧。定州曲陽（河北）人，俗姓趙。十八歲出家於趙郡應覺寺。撰有《十地》、《維摩》、《般若》等疏，及《大乘義章》、《聖迹記》、《佛法東行記》、《安民論》、《滅法論》、《齊世三寶記》等。

⑩ 普曠（548—620）：扶風郿人，姓樊。七歲出家。依止圓禪師而爲沙彌。唐武德三年卒，年七十三。

才三百學士。曠應召，仍剃髮，帽以烏紗，斷決如流，至教興出家也。① **孰爲賢乎？"**

　　主人曰："彼各任其能也。靜靄以不克荷負，殺身動俗。雖無當時之益，而實彰君之罪也。其若尸諫②謀與？後悔懷沙之恨，不其怨乎？衛靈公③常寵彌子瑕④，史鰌⑤數諫，不納，及死，令家人陳尸於牖下，君必臨喪，若問，云："大夫生欲進蘧伯玉⑥，退彌子瑕，不遂，所以死不成喪。"君果問，遂納其事，令遷尸於堂位。屈原諫楚懷王，不納，遂懷沙沈汨羅江而死。靄事同之也。靈裕以吾教運鍾百六⑦，百六，四千六百一十七歲爲一元，一百六歲曰陽九之厄。出《文選·三國名臣讚》。苴杖⑧而斬，若喪考妣之服。無喪而服，去國而亡故也。建德二年癸巳滅法，甲午興，丁酉君薨，辛丑國滅也。慧遠法嗣在已，避世圖存，數不終否，必授以泰，但己存而法亡，於我如不亡也。教興重演故也。普曠以哀樂俯仰，與時推移，爲鳶能天，爲魚能淵，晦恥和光，潛伺興替，兒雖改而氣不可奪也。古者殷亡而三人異志，仲尼皆曰仁乎！"⑨ 微子啟⑩，

----

　　① 見《續高僧傳》卷一一《釋普曠傳》。

　　② 尸諫：陳屍以諫。泛指以死諫君。《韓詩外傳》卷七："生以身諫，死以尸諫，可謂直矣。"

　　③ 衛靈公：（前540—前493），姬姓，名元，爲春秋諸侯國衛國君主之一，他爲衛襄公兒子，承襲衛襄公擔任該國君主，在位期間爲前534—前493年（在位42年）。

　　④ 彌子瑕：衛之嬖大夫。姓彌，名瑕，俗稱"彌子瑕"，春秋時期衛國君主衛靈公的男寵。

　　⑤ 史鰌：字子魚。春秋時期衛國大臣。立志爲國家推薦賢才，斥退奸臣，活着的時候沒能說服國君，死後還以尸諫。是中國古代諫臣的榜樣，開了"尸諫"的先河。

　　⑥ 蘧伯玉：姓蘧，名瑗，字伯玉，謚成子。春秋衛國大夫、孔子弟子。春秋時期衛國大夫。封"先賢"，奉祀于孔廟東廡第一位。

　　⑦ 百六：古代以爲厄運。《漢書·穀永傳》："遭無妄之卦運，直百六之災厄。"《文選·袁宏〈三國名臣序讚〉》："百六道喪，干戈迭用。"呂延濟注："四千六百一十七歲爲一元，一百六歲曰陽九之厄。"

　　⑧ 苴杖：古代居父喪時孝子所用的竹杖。《禮記·喪服小記》："苴杖，竹也；削杖，桐也。"《禮記·問喪》："或問曰：杖者何也？曰：竹、桐一也。故爲父苴杖，苴杖，竹也。爲母削杖，削杖，桐也。"《荀子·禮論》："齊衰苴杖，居廬食粥，席薪枕塊，所以爲至痛飾也。"楊倞注："苴杖，謂以苴惡色竹爲之杖。"

　　⑨ 《論語·微子》："微子去之，箕子爲之奴，比干諫而死。孔子曰：'殷有三仁焉。'"

　　⑩ 微子啟：子姓，名啟，世稱微子、宋微子，是殷商宗室貴族，商王帝乙的長子，紂王的庶兄。相傳爲宋姓、鍾姓、華姓、墨姓、花姓的先祖，爲春秋宋國的開國始祖。《論語》中稱微子、箕子、比干爲"殷三仁"。

紂庶兄，先奔周以存宗廟之計。箕子①，紂之諸父，囚國佯狂。比干②諫而剖心，雖殊行而同稱仁。

　　賓曰："萬德歸仁，仁無不死。爲無爲者，俟河之清。修行期道，何年乃證？曷若咀味靈英，浸澤雲腴③，輕舉神丹④？下可躋年，高者上昇。免爲一函之腐骨，實長生之良算也。今而何謂端居待化歟？"

　　主人曰："長生由乎仙骨。仙骨者，吾教謂之宿植德夲。自非累世陶冶塵滓，修鍊精魂，寧可率由枯蕪燋石而詎能度世耶？故長桑⑤漸乎仙階，扁鵲救世爲名，莊周遷於桐柏，蓋功未備而不登于雲天，克遐其壽矣。若階由宿學⑥，何不志於釋氏乎？夫黃帝乘蒼龍，⑦列子之御風，⑧王喬之飛舄，⑨軒轅乘龍仙於鼎湖。列御寇乘風而行，出莊子。王喬爲葉令，化舄爲鳬而乘之也。彼宿有仙骨焉？於其人也，猶介之有龜，羽之有鶴，宿稟氣運之所壽也。非龜之介，非鶴之羽，雖同其族，莫得其方也。如黿鼉之屬，又如眾禽之類。若使徼而得成者，仲尼之門，德行之儔，生無不貴，知無不博，何不精意求之變化，以克永丗乎？周穆、乘八駿，會王母於瑤池，可不求長生羽化之藥。秦皇、方士往蓬萊採藥，竟死沙丘。漢武、好道求仙，竟歸蒿里。燕昭方士，⑩有幾存乎？惑慕者眾矣，得者誰矣？歷於所獲不多於所

---

　　① 箕子：子姓，名胥余。商朝宗室，帝文丁的兒子，帝乙的弟弟，紂王的叔父，官太師，封於箕（今山西太谷，榆社一帶）。曾勸諫紂王，但紂王不聽，反而把他囚禁了。周武王克殷後，命召公釋放箕子。《論語》中稱微子、箕子、國神比干爲"殷三仁"。

　　② 比干：子姓，殷商沬邑（今河南衛輝）人，殷商宗室，商紂時丞相，紂王三大忠臣之一，《論語》中稱微子、箕子、國神比干爲"殷三仁"。

　　③ 雲腴：傳說中的仙藥。《雲笈七籤》卷七四："又雲腴之味，香甘異美……長魂養魄，真上藥也。"

　　④ 神丹：道教所煉的靈藥。謂服之能成仙。晉葛洪《抱樸子·金丹》："余問諸道士以神丹金液之事，及《三皇內文》召天神地祇之法，了無一人知之者。"晉葛洪《抱樸子·金丹》："第二之丹名曰神丹，亦曰神符。服之百日仙也。"

　　⑤ 長桑：即長桑君，戰國時的神醫。傳說扁鵲與之交往甚密，事之唯謹，乃以禁方傳扁鵲，又出藥使扁鵲飲服，忽然不見。於是扁鵲視病盡見五臟症結，遂以精通醫術聞名當世。見《史記·扁鵲倉公列傳》。

　　⑥ 宿學：學識淵博、修養有素的學者。《史記·老子韓非列傳》："然善屬書離辭，指事類情，用剽剝儒墨，雖當世宿學不能自解免也。"

　　⑦ 見《史記·封禪書》。

　　⑧ 見《莊子·逍遙遊》。

　　⑨ 見《後漢書》卷八二上《方術列傳上》。

　　⑩ 見《史記·封禪書》。

喪矣。夫老耼①含粹孕靈，立五千文，治于家國，道味凝乎太和②，至德含乎太虛③。故能壽能少，以隱以顯，至若駕螭鷥，挾日月，磅礴宇宙，出入死生。假彼神用，以彰道德，非謂不撤腥肥，不潔心慮，但由克意草木，而能駐彼爽口腐腸之性命者也。故老聖云：'孔德之容，惟道是從。'_{孔，甚也。從，順也。言甚有容德之人，所行唯以虛極之道是順也。}夫師以德義爲本，疑游覆以張其末。其或本之病矣，末奚以爲？_{德行爲本，伎藝爲末。}而吾教雖有神仙五通④之化，皆由定力⑤而後乃成矣。晉單道開⑥服松脂、吞細石，能日行七百里，而不能過百年之壽。⑦_{高僧單道開，好道，常餐松脂，竟歸無常。}梁慧約⑧餌松木，凡三十餘年，年近于期頤。_{亦高僧。《禮記》："期頤，百歲也。"⑨}長生之道，未有聞也。但世途好修惡短，惑惑然不自決。吾教以去殺施食爲長壽因，胡不遵歟？世途好堅惡朽，惑惑然不自決。吾教以除難授法爲不壞因，胡不勉歟？至若以凡世言之處萬載，若旦暮同盡者也。夫新新之運，未嘗不爲物就化。修者君此世之化，短者先後世之化，與不化奚異焉？莊生云："生者死之悲，死者生之悲也。"故古之達者安時而處，順哀樂之所不能入矣。孟孫⑩問於楊朱曰：'有人於此，愛生貴身，以祈不死，可乎？'曰：'理無久生。夫生非貴所能存，身非愛所

---

① 耼：同"聃"。《篇海類編·身體類·耳部》："耼，詳聃。"

② 太和：亦作"大和"。天地間沖和之氣。《易·乾》："保合大和，乃利貞。"大，一本作"太"。朱熹本義："太和，陰陽會合沖和之氣也。"

③ 太虛：謂空寂玄奧之境。《莊子·知北游》："是以不過乎崑崙，不遊乎太虛。"

④ 五通：五種神通。指修四根本靜慮所得五種超自然之能力。又作五神通。神，乃指不可思議之意。通，為自由自在之意。一般所謂之五通，即指神境智證通、天眼智證通、天耳智證通、他心智證通、宿住隨念智證通。

⑤ 定力：止息散亂之心，歸於靜寂之禪定力，稱為定力。即不論遭遇任何境地，均能如如不動之禪定力。為三十七菩提分法中"五力"之一。

⑥ 單道開：東晉僧。敦煌人，俗姓孟。少懷隱遁之志，誦經四十餘萬言。山居行道，不食穀物，僅食柏實、松脂、細石子等物，不畏寒暑，晝夜不臥。一日能行七百里。壽百餘歲，生卒年不詳。

⑦ 見《高僧傳》卷九《單道開》。

⑧ 慧約（452—535）：南朝梁代僧。東陽烏傷（四川）人，俗姓婁，字德素。十二歲即遍禮塔廟，潛究經典。劉宋泰始四年（468），十七歲，於東山寺出家。梁武帝曾從其受菩薩戒。敕葬於誌公塔之左，贈號"智者"。

⑨ 見《禮記·曲記篇》。

⑩ 孟孫：即孟孫陽，楊朱的弟子。

能厚。且久生奚爲？五情好惡，古猶今也；四體安危，古猶今也；世事苦樂，古猶今也；變易治亂，古猶今也。既聞之矣，既見之矣，既遍之矣，百年猶厭其多，況久生之苦乎！'"① 居世若不進道修行，長生亦奚以爲？

賓曰："子貢問於孔子曰：'死人有知乎？'子曰：'吾欲言有知，將恐孝子順孫妨生以送死。吾欲言無知，將恐不孝之子孫棄其親而不葬。賜欲知有知與無知，非今之急，後當自知之矣。'② 出《家語》也。仲獻子③曰：仲獻子，仲孫蔑也。'夏后氏用盟器，示民無知也；殷人用祭器，示民有知也；周人兼用之，示民有疑也。'④ 因緣之經，將必極焉？"此乃三世⑤因緣之事。儒教未明，故有兹問也。

主人曰："死者形謝而精神有往，綿續五道⑥，輪復無窮。以無明發行支感愛取潤，見在十支因，未來二支果，輪迴無已。此以彼生爲死，彼以此死爲生也。⑦《南華》文也。死有生是生有死也，生有生則死有死也。故爲鬼則有知是死，不爲鬼則無知也。而鬼有小大焉，大則知大，小則知小。至若岳瀆、社稷，爲綱爲紀，大焉！在檐雷，在戶竈，爲罔蜽，爲蜿蛇，小焉！季路問事鬼神，仲尼亦所未荅，但云"未能事人，焉能事鬼"。⑧ 以其冥道幽昧，慮益生人之惑矣。宋何承天⑨云：'生必有死，形斃神散，猶春榮秋落，四時代換，奚有更受形哉？《詩》曰："三后在天。"言精靈之昇遐也。'⑩

---

①　見《列子·楊朱》。

②　見《孔子家语》卷三，亦見《說苑·辯物》。

③　仲獻子：即孟獻子（一前554），姬姓，魯國孟孫氏第五代宗主，名蔑，世稱仲孫蔑，諡號獻，是孟文伯的兒子。根據《左傳》記載，他並非長子，另有兄長。魯國孟氏家族振興的重要貢獻者，春秋中期魯國外交家、政治家。

④　見《禮記·檀弓上》。

⑤　三世：又作"三際"、"去來今"、"去來現"、"已今當"。世，爲遷流義，乃過去世、現在世之總稱。現在世與未來世合稱爲現當二世。所謂"三世"，指一個人現在生存之現世、出生以前生存之前世及命終以後生存之來世。

⑥　五道：指地獄道、餓鬼道、畜生道、人道及天道，另加阿修羅道則爲六道。爲有情往來之所。

⑦　見《庄子·齐物论》。

⑧　見《論語·先進》。

⑨　何承天：（370—447），南朝宋大臣、著名天文學家、無神論思想家，漢族，東海郯（今郯城）人。曆官衡陽内史、禦史中丞等。世稱"何衡陽"。元嘉時爲著作佐郎，撰修宋書未成而卒。承天通覽儒史百家，經史子集，知識淵博。精天文律曆和計算，對天文律曆造詣頗深。

⑩　見《弘明集》卷四何承天《達性論》。

《神滅論》也。① 顏延之②讓曰：'若精靈必果異乎草木，則受形之論，無乃更資，將由三后萃善，報在生天。若徒有精靈，尚無體狀，未知在天，當何憑以立也？'③ 梁范縝《形神滅論》云：'宗廟祭饗，周孔之道以敬也。申生伯有④，恢恫之妖也。狐突⑤往曲沃見申生，使之御，云："夷吾⑥對余無禮，余得請於帝，當以晉畀秦。"言訖而滅。後惠公果爲秦獲。鄭殺伯有，後忽介甲而見也。⑦ 雖人間有鬼，自是天地之一物，如人畜類，非死者而爲之也。'⑧ 當時詔百官精詳曉諭，其人愚，反非聖人之法，不可教也。《易》曰：'仰以觀於天文，俯以察於地理，是知幽明之故；原始反終，是故知死生之說；精氣爲物，遊魂爲變，是故知鬼神之情狀。'⑨ 斯言所謂至矣哉！文子稱黃帝之形，有靡而神不化，以不化之化，乘變無窮。⑩ 延陵季子⑪適于齊，長子死，葬於嬴博之間，嬴、博，齊地，太山縣也。其坎深不至泉，殮以時服，曰：'骨肉歸于土，命也。若魂氣爲變，無所不之。'仲尼賢之也。"⑫ 莊子將死，弟子欲厚葬，莊子

① 《神滅論》有類似說法，語句大不相同，且未註明何承天所說。
② 顏延之：（384—456），字延年，南朝宋文學家。祖籍琅琊臨沂（今山東臨沂）。曾祖含，右光祿大夫。祖約，零陵太守。父顯，護軍司馬。少孤貧，居陋室，好讀書，無所不覽，文章之美，冠絕當時，與謝靈運并稱"顏謝"。《隋書》稱有文集25卷，兩《唐書》作30卷，佚。明代張溥輯有《顏光祿集》，收在《漢魏六朝百三家集》中。
③ 見《弘明集》卷四顏延之《釋何衡陽達性論》。
④ 伯有：春秋時鄭大夫良宵的字。主持國政時，和貴族駟帶發生爭執，被殺于羊肆。傳說他死後變爲厲鬼作祟，鄭人互相驚擾，以為"伯有至矣！"
⑤ 狐突：（？—前637），亦名伯行、伯氏、狐子。原姓姬，因其祖封于狐氏大戎（今交城縣西北山區），故改姬姓為大狐。春秋時晉國大夫。其廟正殿，匾額上書"三晉名臣"，是其本來的身份。
⑥ 夷吾：（？—前637），姬姓，晉氏，即晉惠公，春秋時代晉國君主，晉獻公之子，春秋霸主晉文公的弟弟。晉惠公生年不詳，周襄王二年（前650）即位，卒于周襄王十六年（前636）。
⑦ 見《史記》卷三九《晉世家第九》。
⑧ 引文不見于《形神滅論》（即《神滅論》）。
⑨ 見《易·繫辭上》。
⑩ 見《弘明集》卷五《沙門不敬王者論形盡神不滅第五》。
⑪ 延陵季子：即季札（？—前561），春秋時吳王壽夢第四子，稱"公子札"。傳為避王位"弃其室而耕"常州武進焦溪的舜過山下，人稱"延陵季子"。是具有遠見卓識的政治家和外交家。
⑫ 見《禮記·檀弓下》。

曰：“吾以天地爲棺椁，日月爲連璧，星辰爲珠璣，萬物爲資送，吾葬具不備耶？何以加？”其弟子曰：“吾恐烏鳶之食夫子也。”莊子曰：“在上爲烏鳶食，在下爲螻蟻食，奪彼與此，何其偏耶？”①

―――――――――――

① 見《莊子·列禦寇》。

《北山錄》卷第六

喪服問第九

服從恩制，喪以禮成。問喪父母與師，五服宜從何等。

二三子侍乎前，門生也。賓退，翼而進斂肘以進。曰："三乘①之行，或得聞焉。三代之禮，未之學也。夏殷周文質不同。而百行之紀，莫大乎孝；孝，莫大乎送死②。有死已復，送葬③返，置干④几筵⑤，復其靈魄。盡愛之□⑥有禱祠⑦心焉。生有節焉。夫徵諸終，終則其始可知也。《禮》云："始卒，主人啼，兄弟哭。""小斂，即位于內，袒，脫髦，括髮以麻。""士之喪，二日而殯。皆三日不食。食粥，朝一溢米，暮一溢米。"溢，一升二十四分之一也。"既葬，主人蔬食水飲，不食菜果。"⑧敢問何謂沙門喪在五服焉？"五服，斬縗、齊縗、大功、小功、緦麻是也。

---

① 三乘：即三種交通工具，比喻運載眾生渡越生死到涅槃彼岸之三種法門。

② 送死：猶送終。《禮記·禮運》："以養生送死，以事鬼神上帝。"

③ 送葬：送靈柩下葬。《左傳·襄公二年》："齊侯使諸姜宗婦來送葬。"

④ 干：疑為"于"字形誤。

⑤ 几筵：亦作"几梃"。猶几席。《周禮·春官》有司几筵，專掌五几五席的名稱種類，辨其用處與陳設的位置。几席乃祭祀的席位，後亦因以稱靈座。《墨子·節葬下》："諸侯死者……又多為屋幕，鼎鼓几梃壺濫，戈劍羽旄齒革，寢而埋之。"《國語·周語上》："設桑主，布几筵。"

⑥ 底本此處原為空格。

⑦ 禱祠：謂向神求福及得福而後報賽以祭。《周禮·春官·喪祝》："掌勝國邑之社稷之祝號，以祭祀禱祠焉。"賈公彥疏："禱祠，謂國有故祈請，求福曰禱，得福報賽曰祠。"《周禮·春官·大祝》："國有大故天災，彌祀社稷，禱祠。"鄭玄注："彌，猶遍也。遍祀社稷及諸所。禱既，則祠之以報焉。"賈公彥疏："以其始為曰禱，得求曰祠，故以報賽解祠。"

⑧ 見《禮記·喪大記》。

余釋几久之，愀然而告之曰："先王之禮，魯君子之所知也，於孔氏多能也，吾未之其究也已。夫天竺，非方俗所同，釋子既宗天竺之教，與中國方俗不同。質極而微矣。西國之俗，簡質而微略也。《南海寄歸傳①》云："天竺聰明俊利，神州不及天竺。禮儀法則，天竺不及神州。"② 古者羲農③之淳，中國則變。蓋質極而文，文極而質，四海則不然。夏殷法地，故質。周法於天，故文也。四海不變。今緇衣在華，華則有儀，其可同於異域歟？先王制四夷之樂，不制四夷之禮。今釋子既在中國，不可同於異域。故稽五服之數，象升降之節，擬議其教，立以爲文。至若語其憲章，有所損益，合乎天下之心者，以俟君子矣。今依五服而象之。斬衰三年，齊衰周年，大功九月，小功五月，緦麻三月，或上或下以行之。如要合天下之宜以得其中，俟將來君子裁制也。故喪父母者，如士喪，或則中而得禮也。於五孝中，依《士喪禮》，得其中也。士喪者，杖、菅屨④、《禮》云："士之喪，二日殯而杖，哭殯則杖，哭柩則輯杖。"⑤ 食粥、三日不食，食粥飲水。倚廬⑥，寢苫枕凷⑦，《禮》云："父母之喪，居倚廬、不塗，寢苫枕凷，非憂事不言也。"⑧ 雖沙門苦節，降居貶衣食，有過乎喪禮者，而居喪合士行，無傷聖人之教也。沙門之行，本自苦節。若更因喪，倍貶服食。合於士行，不違禮律。故云："喪，與其易也，寧戚。"⑨ 若鄙以俗內拘急，是不

---

①　南海寄歸傳：全稱《南海寄歸內法傳》，簡稱《寄歸傳》。唐義淨著。四卷。義淨於唐高宗咸亨二年（671）由海道往印度求學，游歷三十余國。武周證聖元年（695年）歸國，途中於南海尸利佛逝國把其在各處實地考察所得的有關佛教戒律等情況，寫成寄回中國，故稱《寄歸傳》。其中也有關於印度和東南亞等地情形的記載。

②　《南海寄歸傳》中尚未找到類似引文。

③　羲農：伏羲氏和神農氏的並稱。《文選·班固〈答賓戲〉》："基隆於羲農，規廣於黃唐。"張銑注："羲，伏羲也；農，神農也。"

④　菅屨：用菅草編織為鞋，草鞋。古代服喪時着之。《儀禮·喪服》："斬衰裳，苴絰、杖、絞帶，冠繩纓，菅屨者。"賈公彥疏："菅屨者謂以菅草為屨。"

⑤　見《禮記·雜記下》。

⑥　倚廬：古人為父母守喪時居住的簡陋棚屋。《左傳·襄公十七年》："齊晏桓子卒，晏嬰麤縗斬，苴絰、帶、杖，菅屨，食鬻，居倚廬，寢苫、枕草。"

⑦　寢苫枕凷：凷，同"塊"。《說文·土部》："凷，墣也。塊，凷或从鬼。"寢苫枕凷，即"寢苫枕塊"。鋪草苫，枕土塊。古時居父母喪之禮。《儀禮·既夕禮》："居倚廬，寢苫枕塊。"賈公彥疏："孝子寢臥之時，寢於苫以塊枕頭，必寢苫者，哀親之在草；枕塊者，哀親之在土云。"

⑧　見《禮記·喪大記》。

⑨　見《論語·八佾》。

曠德。何莫裁使體不兼杖，真俗合舉，簡而有戚也？若不欲俗禮拘忌，慮虧
真道，繰而不杖，則真俗無妨。其儀雖略，其哀禮不無也。夫陳簠簋，設几筵，
非必以鬼求之父母，蓋申其哀敬，敬其若存也。簠簋，祭器也。几筵，靈座
也。置者未必以鬼求於父母，蓋以繼心之所存，於哀敬有歸向之所表情也。縗絰代
乎黻冕，縗絰，喪服。黻冕，朝衣也。沙門既不縗，如何絰？身既不縗服，則頭
不宜安絰。縗緦裳，褻乎喪儀，儒則不爲，況釋氏高者也？《禮》云："麻者
不紳，執玉不麻。麻不加於采。"① 以吉凶異也。僧既離俗，不同其製。或有所不
避者，加乎冶容之嫌也，冶容，不正皃。不避俗譏，則有妖冶之容。嫌，非正也。
非斬無以麻葛冒於首，父母之喪，及親教戒師等，可以冒首。尼則猶可然。夫
禮不敵於公門，公門不賓之。雖斬麻葛，無用於首焉。《曲禮》云："苞屨、
扱杖、厭冠，不入公門。"② 皆以凶服故，雖有父母師長喪，皆不用也。已上三事，
不唯凶服，皆私飾不謹敬，不如公門。尊者前如公門，亦不冒麻於首。當齋戒，
無號擗，避眾嫌也。但可焚脩作福，而資薦之擗拊心也。無恃以喪辭衆善，恃
以衆善降私喪。苟有義也，其有布薩講懺齋戒等善，不以喪事之。故中廢以衆善
而殺喪禮無妨。時有灑地布蓆而後乃踊失頹然之哀。齊斬之喪，天地崩摧，痛
割衷情。豈待布蓆灑地，然後擗踊者哉？雖五服尊卑同，而損以年德，不謂不
知禮也。先王制五服之禮雖同，若卑者亡在五服之數，於有年有德，降之亦可也。
夫至道合乎至哀，不哭不踊，非象內之議也。哭踊之制，本徇俗情。象外忘
心，顧戀非有。《莊子》云："人之生，氣之聚也則爲生，散則爲死。若死生爲徒，
吾又何患？故萬物一也。"③ 是以妻死而鼓盆也。④ 昔者法雲居憂，殆至毀滅；母
亡，毀瘠過禮，累日不食，殆不勝喪。僧旻謂之曰："聖人制禮，賢者俯就。不賢企
及，毀不滅性。尚出儒書，況佛有微旨？近奉色養，遠發菩提。況恩愛賊，不可寬
放。"乃割哀情，微進粥食。⑤ 靈裕覲母，聞喪而還。靈裕，隋高僧也，姓邢，南
郡松滋人。居相州久，忽聞母在鄴都病，往看之。至路聞已死，曰："我本覲母。今
喪，何覲也？"遂還。⑥ 君子以爲垂慧訓則雲過裕不及也。夫禮過者，俯而就
之；不至者，跂而及之。雲乃名尊德實，纏情踰俗；裕則位崇師表，憲法

① 見《禮記·雜記下》。
② 見《禮記·曲禮下》。
③ 見《莊子·知北遊》。
④ 見《莊子·至樂》。
⑤ 見《續高僧傳》卷五《法雲傳》。
⑥ 見《續高僧傳》卷九《靈裕傳》。

無取。議者與其不及，寧過。過則易抑，不及難引也。哀過則可抑之，不及則難以引導後人也。然諸夏之邦，以禮儀觀德。居其邦，變其俗，君子所不爲也。雖世務立節，賢者達之，如子臧①、原壤②之流也；曹公子欣時，字子臧，宣公之庶子也。曹伯卒，諸侯見王，將立之。子臧辭："前志有之：'聖達節，次守節，下失節，'爲君，非吾節也。雖不能達，敢失守乎？"遂避奔宋。③ 原壤，魯人，物外之士也。④ 世務亂禮，賢者立之，如曾參⑤、子皋之流也。參，字子輿。高柴⑥，字子皋。泣血三年，未嘗見齒。⑦ 並孔丘弟子，魯人。今天下多思亂，禮于何不立之耶？昔竹林之賢泪胡母輔⑧之徒，彼失禮者以爲達。⑨ 竹林阮籍喪母，裴楷往弔之。阮籍散發箕踞，不哭，醉而直視。裴楷既哭畢，便去。或問裴："凡弔，主人哭，客乃爲禮。阮既不哭，公何爲弔？"裴曰："阮方外之人，故不禮制。我輩俗人，故以軌儀自居。"時人以爲兩得其中也。⑩ 胡母輔，齊人也。裕若亦以爲達者，則不師不弟，當如彼不父不子矣。豈生則不捐愛以求覿，死則篤求其達乎？生則撫養之恩未斷，固存省覿。死則已同於草木，但可冥資？故後來者不揣德行，不俾裕而多爲裕矣。俾，齊也。俾猶不可，況不俾者哉？是以匠物者，雖玄機冥達，而爲物常守。古人云：'在人能人，在天

---

　　① 子臧：即公子欣時，字子臧，春秋時期曹國的公子，父親曹宣公。前 578 年，宣公去世後，各國諸侯和曹國人都認為新立的曹君不義，想要立子臧為曹君，子臧離開曹國，以成全曹君繼續在位。

　　② 原壤：姓原，名壤，春秋時期魯國人，是孔子的老相識。在孔子看來，其為不重禮儀，碌碌無為，不懂事的人。

　　③ 見《左傳·成公十三年》。

　　④ 見《禮記·檀弓下》。

　　⑤ 曾參：（前 505—前 435），字子輿，春秋末期魯國南武（今山東省濟寧市嘉祥縣）人。十六歲拜孔子為師，勤奮好學，頗得孔子真傳。積極推行儒家主張，傳播儒家思想。編《論語》、著《大學》、寫《孝經》、著《曾子十篇》，後世尊奉為"宗聖"。

　　⑥ 高柴：（前 521—？），漢族，齊國人。東周春秋時期齊文公十八世孫，字子羔，又稱子皋、子高、季高、季羔、季子皋，少孔子 30 歲。以尊老孝親著稱。在魯、衛兩國先後四次為官，是孔門弟子中從政次數最多、時間最長的一個。

　　⑦ 見《禮記·檀弓上》。

　　⑧ 胡母輔：即胡母輔之。正文中"胡母輔"後"之"當為結構助詞，這從下文注也可推知。字彥國，晉泰山奉高（今山東泰安東）人。少時即有高名，有知人之明。性嗜酒，任縱不拘小節，常與朋友濫飲，或有裸體者。與王澄、王敦、庾敳友好。曾任陳留太守，歷官揚武將軍，官至湘州刺史，卒於任上。

　　⑨ 見《晉書·胡母輔之傳》。

　　⑩ 見《晉書·阮籍傳》。

能天.' 蓋稱有道者，不以逆物爲懷也。昔目連泣餉，目連母，長爪，梵志①族青提②也。以慳貪不信，沈惡趣。目連得道，持食而往濟之。牟尼扶櫬③，淨飯王崩，佛扶櫬而葬。④ 又佛姨母大愛道⑤，比丘尼與五百尼，一日中同涅槃。時得正道優婆塞舉五百牀，四天王舉佛乳母大愛道牀，佛自在前擎香爐燒香供養。語諸比丘："汝等助我供養乳母身。" 爾時諸羅漢比丘各各以神足力到摩利支山，取牛頭香，助佛作蕣也。⑥ 示人感慕之迹。夫能居其迹，而不有其迹，可謂至矣。喪有四制：有恩、有理、有節、有權。變而從宜可也。⑦ 經云：'孝名爲戒。'⑧ 夫何義耶？蓋孝者以敬慈爲本。敬則嚴親，慈則愛人。嚴親則不侮於萬物，愛人則不傷於生類。防患息違，莫大於此矣。其或不由於孝，而能持戒者，無之矣。戒以慈爲本，以敬爲輔也。何則？不孝則無親，無親則不敬於上。不敬而能慈於下者，未之有也。律云：'肩荷父母，便溲其上。經於綿劫，猶未能報一日生成。'⑨ 既大聖俾生報之以力，何死則無戚焉？故違裕或賢，慕裕則鄙。後徒高節不及靈裕而欲效之者，非但可從常。勿使保名教者，以子孫入道乖乎孝悌，責響之論此而滋矣。"

二三子曰："喪所親，謹聞命矣。已論父母之喪竟。喪師如之何？"

曰："《禮》云：'事親，有隱而無犯，子爲父隱，直在其中。左右就養

---

① 梵志：音譯"婆羅門"、"梵士"。意譯"淨裔"、"淨行"。又稱"淨行者"、"淨行梵志"。婆羅門志求住無垢清淨得生梵天，故有此稱。

② 青提：目蓮過去世之母。圭峰之《盂蘭盆經疏》曰："有經說，定光佛時，目蓮名羅卜，母字青提。羅卜欲行，囑其母曰：若有客來，孃當具饍食善。去後客至，母乃不供，仍更詐爲設食之筵。兒歸，問曰：昨日客來，若爲備擬？母曰：汝豈不見設食處耶？後爾以來五百生中慳慳相續。"

③ 扶櫬：猶扶柩。唐杜甫《別蔡十四著作》詩："主人薧城府，扶櫬歸咸秦。"

④ 見《佛說淨飯王般涅槃經》。

⑤ 大愛道：音譯作"摩訶波闍波提"、"摩訶鉢剌闍鉢底"、"摩訶卑耶和題"。或略稱"波闍波提"。意譯作"大愛道"、"大勝生主"、"大生主"、"大世主"。又稱"波提夫人"。或稱"摩訶簸邏闍鉢提瞿曇彌"，譯作"大愛道瞿曇彌"、"瞿曇彌大愛"，或略稱"瞿曇彌"。意爲釋迦族瞿曇姓之女。摩訶波闍波提爲古印度天臂城善覺王之女。即佛母摩訶摩耶之妹，釋迦牟尼佛之姨母。

⑥ 見《大智度論經》卷一〇。

⑦ 見《禮記·喪服四制》。

⑧ 見《梵網經盧舍那佛說菩薩心地戒品第十》卷下。

⑨ 《佛說父母恩難報經》卷一："右肩負父、左肩負母，經歷千年，正使便利背上，然無有怨心於父母，此子猶不足報父母恩。"

無方，左右，謂扶持之。方，常也。服勤至死，致喪三年。父喪，斬縗三年。母喪，齊縗三年。若父在者，周期而已，避父尊也。斬縗爲不縪①之也，齊縗則縪之如常也。事君，有犯而無隱，臣以諫諍爲忠。左右就養有方，服勤至死，方喪②三年。存君臣之義，比方父也。事師無犯無隱，左右就養無方，服勤至死，心喪③三年。’④ 師喪本無服，戚容在心。又曰：‘兄弟，哭諸廟。父之友，哭諸廟門之外。師，哭諸寢。朋友，哭諸寢門之外。所知，哭諸野。’⑤ 於釋氏，則異乎禮也。與儒禮不同。夫師者，德藝之卒也。匪德何立？匪師何教？雖上自王公，達于商、穡，穡，農人。長沮桀溺見子路，穡而不輟是也。⑥ 穡，音憂，覆種也。皆嚴師，而釋氏加乎戒之所由生也。仕農工商之子，尚立其師，況釋氏削染傳戒者乎？故有戒則名沙門，無戒則非沙門。從戒而生，乃曰真生。戒自師授，戒者曰毘尼藏⑦，防非止惡。梵云毘柰耶，同也。故視師猶父也。師本無服，今同於父。外國云‘和尚’，此曰‘力生⑧’，言有力能生弟子戒法也；外國云‘阿闍梨⑨’，此云‘軌範’，言能教軌其範義也。斯類有五焉，謂剃髮、十戒、依止、羯磨、教授。羯磨，謂受戒時作白也。其間或以落簪⑩佩禁自我而始也，或以法身慧學自我而成也。然世以君、父、師其恩一貫，父生之，師教之，君食之，故有致、方、心

---

① 縪：用針縫。《漢書·賈誼傳》：“縪以偏諸。”唐顏師古注：“謂以偏諸縪著之也。”

② 方喪：謂用事父之喪禮以事君喪。《禮記·檀弓上》：“事君有犯而無隱，左右就養有方，服勤至死，方喪三年。”鄭玄注：“方喪，資於事父。”孔穎達疏：“方謂比方也。有比方父喪禮以喪君，故云資於事父。資，取也，取事父之喪禮以喪君。”

③ 心喪：古時謂老師去世，弟子守喪，身無喪服而心存哀悼。《禮記·檀弓上》：“事師無犯無隱，左右就養無方，服勤至死，心喪三年。”鄭玄注：“心喪，戚容如父而無服也。”

④ 見《禮記·檀弓上》。

⑤ 見《禮記·檀弓上》。

⑥ 見《論語·微子》。

⑦ 毘尼藏：又稱“毘奈耶藏”。三藏之一。意譯為“律藏”、“調伏藏”。亦即調和控御身語等作業以伏滅諸惡業。乃佛滅度後，於王舍城遺法結集時，優婆離所誦出者，為大迦葉以下異世之五師所傳持。

⑧ 力生：“和尚”的意譯。指德高望重之出家人。又作“和上”、“和闍”、“和社”、“殟社”、“鶻社”、“烏社”。音譯為“鄔波馱耶”、“優婆陀訶”、“郁波第耶夜”。意譯“親教師”、“力生”、“近誦”、“依學”、“大眾之師”。

⑨ 阿闍梨：舊稱“阿闍梨”、“阿祇利”。譯曰“教授”。新稱“阿遮利夜”、“阿遮梨耶”。譯曰“軌範正行”。可矯正弟子行為，為其軌則師範高僧之敬稱。

⑩ 落簪：猶落髮。剃髮出家。晉慧遠《沙門不敬王者論》：“若斯人者，自誓始于落簪，立志形乎變服。”

喪三焉。父致喪，君方喪，師心喪，三也。而釋氏以戒法故，隆之矣。戒爲入道之本，師爲出世之因。非但哭于寢也，執乎心喪也，當麻葛菲屨，方父斬也。喪師之服，同父斬縗之孝，二十五月也。菲屨，上音非，芳菲也；又敷尾切，薄也，彩也；又，音彩，可食也。三皆難用，宜扉字，音費，草屨也。但不必杖而後起，哭若不返，謂一盡聲也。唯而不對，此皆喪父之禮，於喪師則不必然。於餘則如禮焉。此外並與喪父禮同。今委巷之子，委，曲也。鄉巷早族之子也。號穹蒼，訴酷罰，蓋不忌知父之嫌。今僧有喪，師號哭云"蒼天"等，皆非禮。於父有嫌疑，宜去之可也。塗車、芻靈，神明之器，① 既不以早道期師，斯奚用焉？盟器之屬皆無益。魏道登②卒，高祖孝文詔曰：'朕師登法師奄至殂背，痛悼摧動，不能已已。比治慎喪，未容即赴。'便準師義，哭諸門外。《禮》："師喪，哭寢門外。"③ 隋曇延歿，帝哀慟罷朝，滕王④已下，被髮徒跣，從喪行哭。⑤ 後世莫能輕重之也。柱史⑥抗絕，軌於流沙，或尸解⑦於槐里⑧，其徒無所聞也。老子見周德陵遲，乃乘青牛出函谷關，西往流沙。⑨又莊周云："老子卒於扶風槐里，秦佚弔之，三號而出。"⑩ 自是其徒喪服之制未聞其說也。魯司寇卒，門人疑所服。子貢曰：'昔夫子喪顏淵、子路，若喪子而無服，請喪夫子若喪父而無服。'二三子皆經而出也。⑪ 不爲哀弔，服而加麻，心喪三年。《檀弓》文也。殆至漢魏，喪師彌篤，有以至於方父之喪

---

① 《禮記·檀弓下》："塗車、芻靈，自古有之，明器之道也。"

② 道登：（412—496），北魏僧。東莞（山東沂水）人，俗姓芮。初從徐州之僧藥法師學《涅槃》、《法華》、《勝鬘》諸經。繼從白塔僧淵學《成實論》。譽聞魏國，並得高祖孝文帝之信任。於洛陽弘法講學，普受僧俗尊崇。

③ 《禮記·檀弓上》："師，吾哭諸寢；朋友，吾哭諸寢門之外。"

④ 滕王：文帝第十三子，初封滕國公，大像元年，詔以荊州新野郡邑萬戶爲滕國，二年，朝京師，爲隋文帝所害。

⑤ 見《續高僧傳》卷第八《釋曇延》。

⑥ 柱史："柱下史"的省稱。代指老子。《後漢書·張衡傳》："庶前訓之可鑽，聊朝隱乎柱史。"李賢注引應劭曰："老子爲周柱下史，朝隱終身無患。"

⑦ 尸解：謂道徒遺其形骸而仙去。漢王充《論衡·道虛》："所謂尸解者，何等也？謂身死精神去乎，謂身不死得免去皮膚也……如謂不死免去皮膚乎，諸學道死者骨肉俱在，與恒死之尸無以異也。"

⑧ 槐里：今屬陝西咸陽市興平市。

⑨ 見劉向《列仙傳》。

⑩ 見《莊子·養生主》。

⑪ 見《禮記·檀弓上》。

者。今之禮薄，寡有緦焉。緦，喪服也。昔遠公制喪七日，以凡情難割，俾展哀也。過則束於禮矣。僧本象外之教，以凡情未遣，乃制七日之禮，以展情也。若過，則拘束儒教也。① 齊隱士劉虬②卒，弟子雖稟內教，若喪父無服。劉虬居荆州，後拂衣不仕，辟穀，麻衣，草室，屏絕世典，精研佛理，述頓悟義，當時莫有能屈者。注《法華經》，講涅槃、大品等經。建武初，徵爲國子博士。卒于江州，白雲徘徊，有異香滿室，空中磬聲，年六十，弟子等如喪父而無服。③ 庚詵④云："文爲世範，行爲士則。"因謚文範先生。⑤ 隋天台⑥誠無哭泣、著喪服。彼各隨時之義也。夫劉虬羔雁不顧，卿執羔，大夫執雁。虬初爲當陽令，改爲南城，拂衣自免，年四十二。時論比之漢踈⑦、邴⑧，辭榮不顧祿位也。形質已遺。居今之死，非曰始死。若使爲喪，猶矯乎羔雁，故損仁義，以示簡朴有終焉，而弟子從乎孔門之議也。天台五十餘州咸稟歸戒。⑨ 若循乎縞素，則半國之人皆喪服矣，故可抑而從天竺之風也。仲尼云：'喪，與其易也，寧戚。'⑩ 喪禮宜得中。若和易，則寧可哀戚也。斯則振時之意厚矣。今秦洛之風，喪則喪矣，十師而亡，哀降殺⑪，何哉？親教師⑫可同斬縗，本頭戒師⑬

---

① 見《高僧傳》卷六《慧遠傳》。

② 劉虬：(438—495)，南朝齊荆州隱士。早年爲國子博士，歷官富陽縣令、南郡丞。精研佛法，辟穀卻粒，一朝成道，宣揚"入空必頓"的觀點，撰有《注法華經》、《注無量義經》，教判佛教"頓漸二教五時七階"之說。晚年涅槃。謚文範先生。

③ 見《南齊書》卷五四。

④ 庚詵：字彥寶，新野人也。撰《帝曆》二十卷、《易林》二十卷、續伍端休《江陵記》一卷、《晋朝雜事》五卷、《總抄》八十卷，行于世。

⑤ 《廣弘明集》卷一九蕭子良《與荆州隱士劉虬書》："高人庚詵曰：'道德博聞曰文，可進之謚也。'陳寔曰：'文爲世範，行爲士則。'迺謚曰文範先生。"

⑥ 隋天台：指智者大師智顗（538—597）。

⑦ 踈：或寫作"疎"，同"疏"。《廣韻·魚韻》："疏，俗作踈。"《玉篇·疋部》："疏，稀也。"《說文·疋部》字作"疏"。這裏指疏廣（？—前45），字仲翁，祖籍東海蘭陵，其曾祖遷于泰山郡鉅平（今山東省泰安市磁窑鎮）。西漢名臣。

⑧ 邴：指丙吉。

⑨ 《續高僧傳》卷一七《釋智顗》。

⑩ 見《論語·八佾》。

⑪ 降殺：遞減。《左傳·襄公二十六年》："自上以下，降殺以兩，禮也。"

⑫ 親教：略作"親教"。音譯"鄔波馱耶"。意譯爲"和尚"、"和上"，即親從受教之師。

⑬ 本頭戒師：授戒之和尚，爲授戒之本主。三師之一。又作"戒和上"、"戒和尚"、"得戒和尚"、"戒師"。指對出家或在家之佛教徒授戒之僧人。

可大功，教授師①可小功，羯磨師②已下剃髮師、十戒師③、八戒師④、五戒師⑤、依止師⑥、授法師⑦，並緦麻可也。匪喪則已，喪則其無別乎？故戒師可乎大功也，九月服。教授小功也，五月也。餘則緦麻可矣，三月。朋友者，《禮》云：'羣居，入則経，出則否。'⑧'朋友皆在他邦。'⑨"則但師，心喪三年；朋友，朞。"⑩ 故"朋友墓有宿草，則不哭焉。"⑪ 在異域，無喪制。凡云異域、外國，皆天竺也。不封不樹，封，塚土也。棄之中野。施鳥獸於寒林。或崇蘊燃之，焚之以薪。或淵流沈之，所窆者少，喪期無數，窆埋之也，或棄或焚或沈，亦無五服期限之事。若中華之前古。同上古之時也。其有欲遵此而罷哭泣、去喪制、爲不違律者，吾無與乎爾。身居東土，而欲禮遵西國，不可也。夫揣食鳴足，袒肩跣趾，圍繞却退，皆殊俗之風也，《南海寄歸傳》云："西國以手揣飯而食。禮拜鳴足，以舌舐之也。袒肩，露右膊也。跣趾，赤脚也。圍繞退坐。"此皆西土之風。今皆不行喪禮，如何便欲遵之？中國則不爲。何臨喪則欲承之歟？夫哀哭喪服，且非性戒，但是遮戒制約。雖五篇⑫則禁，而律有隨方之義。孰謂居喪，必違聖意焉？昔雙林摽㩻，佛剖棺而興，慰而不責，蓋憫其號慕，篤其哀敬。佛俱尸入滅，弟子號㩻。佛母摩耶自忉利天來，如來從金棺起，與母相見。而不責弟子等悲號，蓋欲厚其哀慕之心也。⑬

---

① 教授師：三師之一，五種阿闍黎之一。又作"教授阿闍黎"。於戒場，教授戒子威儀作法等之阿闍黎。

② 羯磨師：為受戒三師之一。即於戒場為受戒者指示作禮乞戒等規矩儀式之阿闍黎。又稱"羯磨戒師"、"羯磨阿闍黎"。

③ 十戒師：初出家時所依之授業師，受戒時之授十戒師，故作"十戒師"。又作"十戒阿闍黎"。

④ 八戒師：受戒時之授八戒師。

⑤ 五戒師：受戒時之授五戒師。

⑥ 依止師：又作"依止阿闍黎"。五種阿闍黎之一。比丘新剃度後，依止其他先輩比丘，而受其監督學法，此師即稱依止阿闍黎。而禪林中，亦稱參禪之師為依止師。

⑦ 授法師：五種阿闍黎之一。又作"受經阿闍黎"、"受法阿闍黎"。

⑧ 見《禮記·檀弓上》。

⑨ 見《儀禮·喪服》。

⑩ 《禮記·檀弓上》鄭玄注："爲師心喪三年，于朋友期可。"

⑪ 見《禮記·檀弓上》。

⑫ 五篇：為戒律之大科。又作"五犯"、"五犯聚"、"五眾罪"、"五種制"。即：波羅夷、僧殘、波逸提、波羅提提舍尼、突吉羅，總括比丘之250戒及比丘尼之348戒。

⑬ 見《摩訶摩耶經》卷下。

夫敬則行其志，慕則思其教。教立而志宣，於摽擗之理實爲有得。涅槃爲究竟之教，於何不然？若以去親擯俗，習無生之法，當忘情絕愛，固不宜者，則何太早？殊未行行，便欲忘情，一何謬也！計‘見卵①而求時夜，見彈而求鴞炙’②？時夜，雞也。有司辰之功。今見卵便欲求雞，理非也。鴞，如鳩，綠色，肉爲最炙美，須以彈方獲。今見彈便索鴞爮，非也。忘情於境，方契於道。今情既未忘，如何便欲擯俗也？夫始行之徒，未階聖位，志業沈麼，蓋區中一細人耳，遽則能割愛乎？夫不愛於其親，則移愛於他人，不愛其親而愛他人，謂之悖德。而於權勢潤屋之門，蓬蓬然蓬蓬，草草兒。有所親附也。其忘情者，但忘於名教禮義，今見吾門有擯名教，謂之聲聞，取著全便忘棄。則又見貴門財物，動容汲汲者也。而忿欲、勝負、衣服、飲食，逐逐焉何所忘也。既情不盡忘，愛不盡絕，豈於喪禮而欲去耶？或曰：若使沙門隨方，爲喪亦得。隨方致敬王者歟？既同俗禮，何方便同拜揖？曰：不然，泛苓也。何則？却徵也。夫拜爲外飾，孝自内心，抑爲外飾，損髡祖③之儀；抑其内心，失愛敬之性。與其兩抑，不若兩縱。縱其不拜，成王臣之信奬；縱其爲喪，成人倫之孝悌。故依違異也。”

“詳夫外國，哀亦甚矣。故波斯匿王④喪母，惶惶戚戚，舍衛國波斯匿王喪母，身灰塵坌等。大聖示滅，而四眾血現，如波羅奢花⑤。舍利弗灰身，無色界天淚下，如春細雨，⑥無色界化定果色而下慰問也。豈不由生我德我，其情篤切，匪刑匪勸，志發于衷？故有昊天蓼莪之痛，哀哀父母，生我劬勞，欲報深恩，昊天罔極。⑦蓼，長大也。莪，蘿蒿也。周幽王時，人民久役，不得養父母，如見義不識也。升堂負序之哀。序，東西牆也。孝子升堂，而背負序。不期哭而聲自號，不盼衡而貌自苦。安能以飾高而強抑，恥俗而求變耶？昔齊州三藏義淨也。自西域還，每事演遐舉之功，遙情賞金方之訓。以爲披黔布而乖常式，留長髮而異舊儀。斯亦重結塵勞，更嬰桎梏。轙轤、長

---

① 夘：底本作“卯”，據慧寶注及《莊子·齊物論》改。

② 見《莊子·齊物論》。

③ 髡祖：髡，同“髠”。《譯名義集》卷七：“髠祖拜繞，禪講齋戒。”明本“祖”作“袒”。

④ 波斯匿王：又作“鉢邏犀那恃多王”、“鉢囉洗曩喻那王”。意譯“勝軍王”、“勝光王”、“和悅王”、“月光王”、“明光王”。爲中印度憍薩羅國國王，約與釋尊同時。

⑤ 波羅奢花：又稱赤色花。據《涅槃經疏》卷一載，其花於日出前爲黑色，日出後轉爲赤色，日沒後轉爲黃色。

⑥ 見《增壹阿含經》卷一八《四意斷品》。

⑦ 見《詩·小雅·蓼莪》。

長髮，未必合道者也。"又云：'去釋父之聖教，重周孔之俗禮，特以靈裕爲知道者也。'竊以天下沙門皆非裕也，爲裕則邯鄲之步不成，① 邯鄲，趙郡，美女能行。得無真俗兼喪焉？古人曰：'聖達節，次守節，下失節。'② 曹子臧語也。夫非達非守，則非失，如何？是以居喪者，退居勵行，起於寒泉凱風之思，修香火齊戒之福，幽顯普賴，奚則乖於道歟？今有瑣夫，居喪如無喪，衣食安安然，笑語晏晏然，何其勃也？臨喪不哀，吾何以觀之哉？③ 有土之辟，亦可問之，生成何罪焉？梁草堂約，二親將亡，並及臨訣，孺慕嬰號。慕同孺子，號比嬰兒。不交人世，其德彌遠，其望彌重。不食五穀，猶至於是。食美衣輕者，其則能加於約乎？"

譏異說第十

譴責所非曰譏，舉事乖正曰異。

建德之賢，蔽志若偷；建，立也。蔽，藏也。立德之士，所蘊含弘，長掩之而如不足也。作偽之家，哿言如流④。哿，可也。作偽之士，所舉便佞⑤，故巧言流美也。執虛爲有，飾邪撓正。舉其所同，訾其所不同。憑陵⑥紛紜，如日之升，爲雲之翳，如水之澄，爲風作濤，難乎其極也。巧說亂正也。經云："昔有二弟子，各護師之一足，各非所不護者，《賢愚經》說，昔有令二弟子各護一足，護左者不在，被護右者擊之。護右者不在，被護左者擊之。師足不逾月，二俱爛矣。喻今大小乘各相非也。忿則相擊之。其忿不已，其足亡矣。"⑦

---

① 見《莊子·秋水》。

② 見《左傳·成公十五年》。

③ 見《論語·八佾》。

④ 哿言如流：好聽惑人的言辭像流水一樣暢通。語出《詩·小雅·雨無正》："哿矣能言，巧言如流，俾躬處休。"哿：《詩·小雅·正月》："哿矣富人。"毛傳："哿，可。"王引之《經義述聞·毛詩中》"哿矣富人"："哿者，歡樂也……哿之為言猶嘉耳。"

⑤ 便佞：巧言善辯，阿諛逢迎。《論語·季氏》："友便辟，友善柔，友便佞，損矣。"何晏集解引鄭玄注："便，辯也。謂佞而辯。"

⑥ 憑陵：亦作"憑凌"。侵犯，欺侮。《左傳·襄公二十五年》："今陳忘周之大德，蔑我大惠，棄我姻親，介恃楚眾，以憑陵我敝邑。"

⑦ 見《百喻經》卷三《師患腳付二弟子喻》。未見于慧寶注引《賢愚經》。

今異說之夫，各恀貨譽，恀，妒害也。於聖師則無所顧矣，哀哉焉！嘗試論之曰：夫貌異於心，性成乎習。下俚巴歌，和者必眾；昔楚人巴歌，俚人和者眾。作白雪之篇，和者寡矣。① 燕石魚目②，鑒者必寡。燕石似玉，魚目類珠。故使逐塊③之流，邪妄同羣，朋其邪說，如狗逐由。各保其主，吠堯爲桀④。今以言不及義，則爲異說；折之有當，是曰議者。伐本塞淵，或冀乎得，今之所陳，冀在伐其本，塞其原者也。但爝火光微，資燭龍以輔照；蒲牢響遏，仰雷霆而佐震，爝火，螢火也。蒲牢，海獸也。鯨魚擊之，則聲震川谷。今於鐘上鑄之，以魚形杵擊之，取其聲也。今北山和尚謙云：雖欲伐本塞源，止其邪說，所恨己才智同於爝火等微，爰仗羣賢聲援以助之，用光像運矣。斯實鄙抱之所蓄也。嘗有戚施⑤喔咿⑥者，戚施，面柔也。喔咿⑦，強顏也。私余曰："彼黨斯盛，謂異說之徒。將不得於君奈何？"恐爲時所忌，民之多僻，無自立辟，佞人多黨矣。余曰："獸顧濡尾⑧，則不濟也。狐將渡河，若懼濡尾則不濟。得義而傷，亦何忌耶？夫漁父剚蛟，獵夫搏虎，皆其志也。"懼則不爲也。所謂論至德者，不和於俗。成人功者，不謀於眾矣。

---

① 見《文選·宋玉〈對楚王問〉》。

② 燕石魚目：喻不足珍貴之物。燕石，燕山所產的一種類似玉的石頭。《太平御覽》卷五一引《闕子》："宋之愚人得燕石於梧臺之東，歸西藏之，以為大寶。周客聞而觀焉，主人端冕玄服以發寶，華匱十重，緹巾十襲。客見之，盧胡而笑曰：'此燕石也，與瓦甓不異。'主人大怒，藏之愈固。"魚目，魚的眼珠子。南朝梁劉勰《文心雕龍·雜文》："自連珠以下，擬者間出。杜篤、賈逵之曹，劉珍、潘勗之輩，欲穿明珠，多貫魚目。"

③ 逐塊：追逐土塊。比喻白費力氣，徒耗精神。《佛說遺日摩尼寶經》："比丘如狗逐塊，人罵亦復罵之，人搣亦復搣之，不制心者亦如是。"

④ 吠堯爲桀：向着堯亂叫的是桀的狗。比喻壞人的爪牙攻擊好人。也謂各爲其主。語出漢鄒陽《獄中上書自明》："今人主誠能去驕傲之心，懷可報之意，披心腹，見情素，墮肝膽，施德厚，終與之窮達，無愛於士，則桀之狗可使吠堯，而跖之客可使刺由。"

⑤ 戚施：比喻諂諛獻媚的人。《文選·李康〈運命論〉》："凡希世苟合之士，蘧蒢戚施之人，俛仰尊貴之顏，逶迤勢利之間。"張銑注："戚施，面柔也。"

⑥ 喔咿：獻媚強笑貌。《楚辭·卜居》："將呢訾栗斯，喔咿儒兒，以事婦人乎？寧廉潔正直以自清乎？"朱熹集注："喔咿儒兒，強語笑貌。"唐白居易《代書詩一百韻寄微之》："正色摧強禦，剛腸嫉喔咿。"

⑦ 咿：也作"唲"。《集韻·脂韻》："唲，或省作咿。"

⑧ 濡尾：語出《易·未濟》："小狐汔濟，濡其尾，無攸利。"孔穎達疏："小才不能濟難事，同小狐雖難渡水而無餘力，必須水汔方可涉川；未及登岸而濡其尾，濟不免濡，豈有所利？"後以"濡尾"比喻力不勝任，處境尷尬。晉葛洪《抱樸子·知止》："進脫亢悔之咎，退無濡尾之吝。"

異說曰："封戒學者，實則小智，隘情不夷，封，滯也。隘，窄也。夷，平也。言持戒①者，局小乘也。觸物忌過。亡身猶糞土，厚意於草木。昔有持戒比丘，行遇賊劫其衣鉢，仍以草繫之，日中，比丘不能斷草而去，慮破戒也。② 大士觀之，如險惡逕，不若資吾大道，落吾節，放吾心，不踵武，不俛眉，不飢腸，不病蔬，逍遙乎飲饌之間，坦蕩乎貨植之上，何莫爲吾適也？孰能捐膏粱純纊之美厚，與夫後世魂靈作殘刻皁隸者歟？"今世不飡鮮美、服華麗，死後終作皁賤之鬼，何哉？

譏者曰："夫何然哉？不愧于人，不畏于天，允意勃善，罪莫甚矣。戒者，威儀也；威者，有威可畏。儀者，有儀可則。威儀者，德之表也。《詩》曰：'淑慎爾止，不愆于儀。'又曰：'抑抑威儀，惟德之隅。'③ 皆重威儀之道也。故若即修途，用之作符印；脩，長也。往長途以戒能涉也。符印，若今之公憑也。若涉大水，用之作浮囊；律云："如人欲過大海，藉浮囊以得渡。"喻如持戒，破一小戒，亦不能濟也。④ 若制佚馬，用之作銜策；若稽千畝，用之作平地。羊車⑤唯五犯，一波羅夷、二僧伽婆尸沙、三波逸提、四提舍尼、五突吉羅。唯防身、口二業也。牛駕⑥通三聚。身、口、意三聚也。虧之首末，沈于龍鬼。破戒者，多沈龍鬼。全之始卒，超在人天。其照如日月，其好如瓔珞。是以草繫護鵝，草繫如上。護鵝者，昔有比丘入王宮，見鵝吞一珠。王後尋珠不獲，疑比丘取。問之，比丘懼殺鵝，不言。王將殺比丘，比丘亦不言，鵝即吐珠。王知非，問："何以不言？"比丘曰："言恐殺鵝也。"⑦ 有死無貳。驅龍墮鴈，精誠一貫。如有比丘，於龍住處現通，驅之終不失。持戒者往，彈指三下，龍即便去也。⑧《智論》云："有比丘持戒，食時至念食感。鴈王知之，令鴈投地，欲供

---

① 持戒：戒，音譯"尸羅"，六波羅蜜之一。持戒即護持戒法之意，與"破戒"相對稱。即受持佛所制之戒而不觸犯。

② 見《大莊嚴論經》卷三。

③ 見《詩·大雅·抑》。

④ 見《大般涅槃經》卷一一。

⑤ 羊車：以羊挽車。比喻聲聞之人，修四諦行以求出離三界，但欲自度，不顧他人，如羊之奔逸，竟不回顧後群。

⑥ 牛駕：即牛車，以牛挽車。比喻三藏教菩薩之人，修六度行，但欲度人出於三界，而不欲自出，如牛之荷負，安忍普運一切。

⑦ 見《大莊嚴論經》卷三。

⑧ 見《阿毘達磨大毘婆沙論》卷四四。

其食，比丘知已，不食也。"① 且吾與君俱緇也，在首無冠，在身唯褐。四海一已，無適無莫。適，厚。莫，薄。何但選僧田之臘，飫焚爐之供？僧自二十歲年浦②，方受大戒。經夏及冬，謂之夏臘也。儀範不攝，皁③素何別？今僧但以年臘高者，居上座而受供養，而全不知修攝威儀也。夫聖人之行，莫尚乎齊戒；聖人之心，莫尚乎慈儉。非齊戒，則謗聖人之行；非慈儉，則違聖人之心。謗行違心，則八難不由步而往，八難，一地獄、二餓鬼、三畜生、四北州、五無想天、六生盲聾啞、七世智辯聰、八佛前法後，此皆障聖道之所。五苦④不待召而至。此世他世與夫後世幽魂，作深仇巨釁者也。由今身誹謗，令後世魂識沈墜，而積怨恨也。若以大道虛懷，小行傷德，則於菩薩戒經復何有矣？小乘戒若不能持，又安能持菩薩戒？小乘之戒，本自大乘流出。由是爲猶冒於虎質，稱鼠濫其馬形，爲僧不能持戒，而更舉大叱小，實類犬鼠之形濫虎馬之質也。雖欲假詞逃責，而實文其罪也。"

異說曰："禪爲心學。心冥神化，不行而逝，將駐返速。其動如波湧，其靜如淵默⑤。當任之於自得，縱之於無爲。何必端居槁形，以有待無？夫得之，百年人也；不得之，亦百年人也。況宗途僭峙，戶牖蕪昧，縱達其理，未免生滅。而況迹超毗盧，豈不僭峙乎？色心混沌，豈不蕪穢乎？摭之於實，其誰悟焉？未若興居偃仰，聊逸自體，鍾梵⑥講誦，頗娛其意，禪乎吾無所爲也。"意重講唱，不樂禪味者也。

譏者曰："泛乎其誣，悠乎其殆。泛，浮也。悠，遠也。一聽異說浮淺之誣謗，似是悠遠思慮，深玄之理趣全乖。殆，危也。理疏則危。既升而顛，誠祇以悔也。夫五道之所不羈，三乘由茲抗綏，羈，絆馬者。綏，升車繩。達空理

---

① 見《大方便佛報恩經》卷四。

② 浦："滿"的俗體。《隸辨·上聲·緩韻·浦字》引《堯廟碑》。

③ 皁：黑色。後作"皂"。《玉篇·白部》："皂"同"皁"。

④ 五苦：五種苦惱。經論中有諸多異說，如《五苦章句經》所舉五趣之苦，即諸天苦、人道苦、畜生苦、餓鬼苦和地獄苦；《瑜伽師地論》卷四四就苦之自體列舉五種，即逼迫苦、眾具匱乏苦、界不平等苦、所愛變壞苦、三界煩惱粗重苦等五苦；《大明三藏法數》卷二四所舉之五苦，即生老病死苦、愛別離苦、怨憎會苦、求不得苦、五陰盛苦。

⑤ 淵默：亦作"淵嘿"，亦作"淵嚜"。深沉靜默。《莊子·在宥》："尸居而龍見，淵默而雷聲。"

⑥ 鍾梵：寺院的鐘聲和誦經聲。《大方廣佛華嚴經隨疏演義鈔》卷二："今值聖明天子，敷陳五教，高闡一乘，列剎相望，鍾梵交響。"

者，五趣不能拘其身，三乘安能攝其位？超然而出也。**靜囂埃**①**於通莊，啟靈關之奧樞，**莊，大路也。樞，門機也。**而莫先乎禪學者矣。故修德閑邪之士，未嘗不尸居穀**②**食以至於無爲**③。閑，防也。穀，鳥鶵也。忘心之士，其居則如尸無作，其食則如穀不競，淡然而已。**其有不由此道，則辭想如麻，計事如流，形爲心驅，苦與年窮，恍惚睢盱，**睢盱，舉目也。**刺促**④**趙趨。**小走貌。**何燕居**⑤**之有也？**今之稱禪者，不能寂靜，身心逐境遷轉，旦夕驅驅，豈曰燕居者哉？**但禪通內外，位殊小大，**禪者厭下地心，引上地心。折伏煩惱，令不生起。作六行事，觀通內教外道，大乘小乘所作也，非止是一言一句而已。**各隨修證，有深淺矣，**有近分根本理事，大小乘論，深淺不同也。**如象、馬、兔三獸渡河**⑥，**蓋先聖之興詠耳。**小乘喻兔，中乘喻馬，大乘喻象，深淺別也。**昔晉宋之間，西來三藏多以禪法教授，邕邕肅肅，默而習之，不以耀世。如竺道猷**⑦**定力深遠，高巖誦經，羣虎前聽，一虎獨眠，猷以如意**⑧**扣其頭使聽。**⑨ **求那跋摩累日不起，弟子往候，見白師子緣柱而立，滿空彌漫，生青蓮華，**

---

①　囂埃：猶囂塵，紛擾的塵世。《後漢書·逸民傳序》："然而蟬蛻囂埃之中，自致寰區之外，異夫飾智巧以逐浮利者乎！"

②　穀：當爲"穀"字缺一筆所致，即"穀"。下同。

③　閑邪：防止邪惡。《易乾》："閑邪存其誠。"李鼎祚《集解》引宋衷曰："閑，防也。"尸居：謂安居而無爲。《莊子天運》："然則人固有尸居而龍見，雷聲而淵默，發動如天地者乎？"成玄英疏："言至人其處也若死尸之安居。"

④　刺促：忙碌急迫，勞碌不休。唐李賀《浩歌》："看見秋眉換新綠，二十男兒那刺促。"刺，底本原作"剌"，《北山錄隨涵》注爲"七賜切"、"七四切"，當爲"刺"。據此改。

⑤　燕居：退朝而處，閑居。《禮記·仲尼燕居》："仲尼燕居，子張、子貢、言游侍。"鄭玄注："退朝而處曰燕居。"

⑥　三獸渡河：以兔、馬、象三獸之渡河比喻三乘斷惑修行之深淺。蓋佛陀住世說法四十五年，然因聽聞教法之人根機深淺不同，乃以方便宣說三乘法；教法雖有三乘之別，然皆同屬一味法性，聲聞、緣覺、菩薩以所證有深淺，猶如兔、馬、象三獸之渡河，兔渡則浮，馬渡及半，象乃澈底截流。

⑦　竺道猷：即帛道猷，（412？—477？），晉僧。山陰馮氏。少習儒業，以篇牘著稱於時。先依道生（355—434）於廬山，孝武時居若耶山，聞竺道壹出京，以詩召至，縱情塵外，經書自娛。雅好泉壑，遍游兩浙，皆有題詠。詩多散佚，人稱其詩有濠上之風。

⑧　如意：指說法及法會之際，講師所持之器具。此物原爲印度古時之爪杖，由骨、角、竹、木等所製，柄長三尺，形狀如雲，或如手形，乃搔背止癢所用，以其能補手不能到之處，而搔抓如意，故稱爲如意，又稱癢和子。然在我國及日本，又成爲一般之持物，表示吉祥之意。在佛教中，法師於說法及法會時，亦持用之，猶如官吏之笏，用以備忘。

⑨　見《釋氏稽古略》卷二《道猷傳》。"扣虎頭使聽"事，《高僧傳》卷一一爲竺曇猷事。

故冒雨不霑，履泥不污。① 魏有跋陀②傳心悟於慧光③，光少定力，終以三藏文字，爲國大統。④ 先姓楊，定州人。跋陀見而奇之，留出家。聰慧無雙，時號爲聖沙彌。南齊任僧官，後爲僧統，著有文章行世也。唯僧稠得跋陀之道，錫杖解虎，袈裟護難。稠禪師在王屋山見二虎鬭，以錫杖解之，各去也。高齊陸脩靜等奏與僧比試作法，祝僧眾衣鉢等旋空飛揚。大統令曇顯對之。彼又祝大木升空，遂取稠禪師衲衣置上。於是呪之作法，皆不能動，帝大悅。初稠入定，九日不起。跋陀曰：'葱嶺已來，禪學之最，汝其人耳。'⑤ 東魏末菩提達磨陳四行法，統備真奧。四行法者，一報怨行，或遇愛憎，甘心受之，是我宿作，都無怨對；二隨緣行，謂於一切境，無喜無怒也；三無所求行，謂無所貪求也；四稱法行，即性淨圓明之理也。傳法與可，第一祖慧⑥也。可遇賊斷其臂，以法御心，初無痛惱。每歎《楞伽經》曰：'此經四世之後，變成名相，深可悲矣。'⑦ 僧璨⑧、道信⑨、

---

① 見《高僧傳》卷三《求那跋摩傳》。

② 跋陀：(439？—531？)，即佛陀禪師，北魏禪師。天竺人。又稱"拔陀"、"覺者"。魏孝文帝在位期間 (471—499)，由西域至北魏舊都恆安 (位於山西)，深受孝文帝禮敬，太和十八年 (494)，隨孝文帝南遷至洛陽。太和二十年，奉敕於嵩岳少室山創寺。其下有慧光與道房。

③ 慧光：(468—537)，北魏僧。爲地論宗南道派初祖。世稱光統律師。定州長蘆 (河北)人，俗姓楊。年十三隨父至洛陽，從佛陀扇多出家，時人稱之"聖沙彌"。初習律部，不久受具足戒。北魏末，於洛陽任國僧都。後奉召入鄴，改任國統，故有"光統律師"之稱。著有《玄宗論》、《大乘義律章》、《仁王七誡》、《遺教經疏》、《華嚴經疏》十卷、《十地論疏》等十數種。

④ 見《續高僧傳》卷二一《慧光傳》。

⑤ 《續高僧傳》卷一六《僧稠傳》。

⑥ 慧可：(487—593)，我國禪宗二祖。南北朝之僧。河南洛陽人，俗姓姬。初名神光，又作僧可。幼時於洛陽龍門香山依寶靜出家，於永穆寺受具足戒。早年周遊聽講，參禪冥想，精研孔老之學與玄理。北魏正光元年 (520)，參謁達磨祖師於嵩山少林寺，從學六年。達磨付予大法，並傳衣鉢。

⑦ 見《續高僧傳》卷一六《慧可傳》。

⑧ 僧璨：(？—606)，隋代禪僧。又作僧粲、僧璨。籍貫不詳，或謂徐州人。初以居士身參謁二祖慧可，得法受衣鉢，年已四十餘，隱於司空山。北周武帝滅法，往來避難，隱居皖公山，人無知者。大業二年於所居山舍前，合掌立化，世壽不詳。唐玄宗賜諡"鑑智禪師"。後世尊為禪宗三祖，又稱三祖僧璨，撰有《信心銘》傳世。

⑨ 道信：(580—651)，爲我國禪宗第四祖。嗣法於僧璨，傳於弘忍。蘄州廣濟 (湖北廣濟)人，俗姓司馬。後欲往衡岳，路出江州，道俗請留廬山大林寺。唐武德七年 (624)，歸蘄州，住破頭山三十餘年。又破頭山後改稱雙峰山，故世人又稱其爲"雙峰道信"。貞觀十七年 (643)，太宗聞其道風，三詔入京，均上表辭謝，帝乃遣使，謂若不起，命取首級，師伸頸就刃，神色儼然，使者異之，還入奏，帝愈歎慕，賜珍繒。永徽二年閏九月 (一說永徽元年) 垂誡門人，安坐而寂，世壽七十二。建塔於東山黃梅寺。大曆 (766—779) 年中，代宗敕諡"大醫禪師"，塔銘號"慈雲"。著有《入道安心要方便法門》、《菩薩戒作法》等書。

弘忍①、慧能②爲四世也，此後多以名相傳心也。自可至六祖，分爲南北，各引強推弱，競其功德。然欲辯其污隆③者，正可審其言行。自忍有神秀④爲北宗、慧能爲南宗也。凡石，匪玉不潤；淵，匪龍不威。彼有道者，心虛弘遠。故鍾鼓之音，怒擊則武，憂擊則悲，喜擊則樂。其志變者，聲亦隨之。未有得道之賢，志智而言愚者也。余昔觀淨衆禪門⑤，崇而不僭，博

---

① 弘忍：（602—675），唐代僧，爲我國禪宗第五祖。潯陽（江西九江）人，或謂蘄州（湖北蘄春）黃梅人，俗姓周。七歲，從四祖道信出家於蘄州黃梅雙峰山東山寺，窮研頓漸之旨，遂得其心傳。唐永徽二年（651）五十一歲，道信入寂，乃繼承師席，世稱“五祖黃梅”，或僅稱“黃梅”。我國禪宗自初祖菩提達磨至唐代弘忍之傳承，爲後世禪宗各派所承認。弘忍繼此傳承，發揚禪風，形成“東山法門”，禪宗傳教自《楞伽經》改爲《金剛般若經》即自其始。弘忍之思想以悟徹心性之本源爲旨，守心爲參學之要。門下甚衆，其中以神秀及慧能二師分別形成北宗禪與南宗禪兩系；至後世，分衍出更多宗派。於高宗上元二年示寂（即於傳法後四年），世壽七十四。代宗敕諡“大滿禪師”。相傳著有《五祖弘忍大師最上乘論》一卷。

② 慧能：（638—713），唐代僧。又作惠能。我國禪宗第六祖。號六祖大師、大鑑禪師。祖籍范陽（河北），俗姓盧，生於南海新興（廣東）。五祖弘忍識其爲真能傳大法者，夜召入室，潛授衣法，並遣其連夜南歸，隱於四會、懷集之間。儀鳳元年（676）至南海，遇印宗法師於法性寺，遂依之出家，受具足戒。翌年，移住於韶陽曹溪寶林寺，弘揚“直指人心，見性成佛”之頓悟法門。與神秀於北方所倡之漸悟法門相對，史稱“南頓北漸，南能北秀”。其弟子法海將其教說匯編成書，名《六祖法寶壇經》，盛行於世，爲後來禪宗之宗經。

③ 污隆：亦作“汙隆”。升與降。常指世道的盛衰或政治的興替。漢劉向《列仙傳·馬丹贊》：“馬丹官晉，與時汙隆，事文去獻，顯沒不窮。”唐劉知幾《史通·載言》：“國有否泰，世有污隆。”

④ 神秀：（605—706），唐代禪僧。汴州尉氏（河南開封之南）人，俗姓李。身長八尺，尨眉秀目，有巍巍威德，少覽經史，博學多聞。既剃染受法，尋師訪道。後至蘄州雙峰東山寺，參謁五祖弘忍，誓苦節，樵汲自役，以求其道。忍亦深器重之，令爲教授師，因居五祖門中第一位，有神秀上座之名。唐高宗上元二年（675）十月，弘忍示寂，師遷江陵當陽山傳法，緇徒麐然歸其德風，道譽大揚。則天武后聞之，召入內道場，特加敬重，敕於當陽山建度門寺，以表旌其德。中宗即位亦厚重之，中書令張說執弟子之禮。禪門有“南能北秀”之稱。神龍二年（706）二月示寂於洛陽天宮寺，世壽一百〇二。敕號“大通禪師”，爲禪門諡號最早者。其法流興盛於長安、洛陽一帶。闡揚禪旨，力主漸悟之說，南宗禪慧能則主頓悟，故禪史上有“南頓北漸”之稱。

⑤ 淨衆禪門：即淨衆宗，以四川成都淨衆寺爲化導中心之初期禪宗宗派。又稱淨衆派。唐代於成都府創建淨衆寺之新羅僧無相（684—762），首開本宗。立無憶、無念、莫忘等三句爲宗旨，以配當戒、定、慧三學，誡勉學人勿追憶過往、勿先慮未來、勿忘時與此智（無憶、無念之智）相應。三句之中，尤其強調無念。無相重視嚴肅之禮讚法儀，故仿官壇受具足戒之行儀建立道場，教衆引聲念佛以止“念”。此派之法系，係上承五祖弘忍、資州智詵、處寂，下傳保唐無住。無相之另一弟子淨衆寺神會，傳法予南印、道圓，圭峰宗密即承此系統。另有弟子慧義寺神清，著《北山錄》，論述三教關係。

而不佞，而未嘗率異驚俗，真曰大智閑閑之士也。蜀淨眾寺金和尚①，號無相禪師，本新羅王第三太子，於本國月生，郡南寺出家②，開元十六年至京，後入蜀至資中③，謁詵公④學禪定。入蜀止淨眾，付法門人神會⑤，又有南印慧廣，又有安僧、梁僧等，皆宗禪法也。⑥遂禮足爲師，請事斯旨。而學者安以未見班倕⑦，任楹薨之撓？班倕，巧匠也。楹，柱也。薨，棟也。不遭和緩⑧，恣肺腸之患？和、緩，並古之名醫，秦人也。苟在自我精搜而已，若但以外事爲自累之津，類北轅而適諸楚也。"轅，車之縛軛者。楚在南地，今學者不能精搜洞照，但求言句，飜成自累。如往北而入南也，終不能至矣。⑨

────────────────

① 金和尚：(684—762)，唐代禪僧。俗姓金，世稱"金和上"、"東海大師"、"無相禪師"。原爲新羅王族，於新羅之群南寺出家受戒後，開元十六年（728）隨人唐使航海來華。謁玄宗，住禪定寺，未久入蜀，至德純寺，欲師事處寂，時處寂因病不得引見，然無相燃一指供養，遂得留止二年。二十四年，處寂遣人喚無相，付囑從智詵所傳之達磨衣，遂隱山中修頭陀行。後應請開禪法，住成都府淨眾寺，化導二十年。天寶末年玄宗入蜀曾召見之，禮錫豐隆。寶應元年（762）五月，將信衣付囑予無住，十九日坐化，世壽七十九。於每年十二月及正月設道場說法，先引聲教念佛，次說無憶、無念、莫忘三句。後世之淨眾宗，即指無相之法系。

② 於本國月生郡南寺出家：《宋高僧傳》卷一九《釋無相》作："於本國正朔年月生，於群南寺落髮登戒。"《錦江禪燈》卷一六《無相大師》作："于本國郡南寺，落髮登戒。"郡南寺，位於新羅京城（今韓国慶州）。

③ 資中：今四川內江市資中縣。

④ 詵公：即唐代僧智詵。(609—702)，汝南（河南）人，俗姓周。十三歲出家，初從玄奘習經論，後投馮茂山五祖弘忍。嘗住資州（四川）德純寺。據《歷代法寶記》載，萬歲通天二年（696）七月，則天武后詔入內，賜予達磨所傳、慧能所持之袈裟。長安二年示寂，世壽九十四。著有《虛融觀》三卷、《緣起》一卷、《般若心經疏》一卷。

⑤ 神會：(720—794)，唐代淨眾宗禪僧。陝西鳳翔人，原籍西域，俗姓石。年三十，入四川成都府淨眾寺無相門下。其後，受無相印可，接掌淨眾寺，致力於闡揚宗風，倡"即心是佛"說，依學人之上中下根性，個別接引入道。南康王韋皋虔誠皈依。於德宗貞元十年（794）示寂，世壽七十五，法臘三十六。弟子益州南印傳法遂州道圓，道圓傳法圭峰宗密。另有弟子那提等。

⑥ 見《宋高僧傳》卷一九《釋無相》。"謁詵公"之時間，似乎已在智詵禪師去世之後，懷疑有誤。

⑦ 班倕：古代巧匠公輸班和倕的並稱，亦泛指巧匠。《後漢書·崔駰傳》："應規矩之淑質兮，過班倕而裁之。"李賢注："公輸班，魯人也。倕，舜時爲共工之官。皆巧人也。"

⑧ 和緩：春秋時秦國良醫和與緩的並稱。晉摯虞《疾愈賦》："講和緩之餘論，尋越人之遺方。"南朝宋謝靈運《山居賦》："雷桐是別，和緩是悉。"

⑨ 典故出處見《戰國策·魏策四》。

異說曰："禪者莫極乎吾師。其禪曰《首楞嚴》①，三昧也。自佛傳大迦葉，至菩提達磨，逮吾師，心與心相付。餘宗則不吾若也。" 鉢羅蜜諦②三藏賫③到《佛頂經》④十卷，於廣州與房融⑤共譯，上進天后。此乃稱爲圓頓之旨，皆禪之宗匠也。

譏者曰："吉人寡辭，⑥ 功伐⑦不賞。況匪功妄伐，人其吉乎?《付法傳》⑧

---

① 首楞嚴：即《首楞嚴三昧經》，凡二卷。略稱《首楞嚴經》、《舊首楞嚴經》。後秦鳩摩羅什譯。收於大正藏第十五冊。別本爲《大佛頂首楞嚴經》，十卷，般剌蜜帝譯，收於大正藏第十九冊。內容敘述堅意菩薩問能否疾證菩提三昧，佛乃爲說首楞嚴三昧（勇伏定）。其後舍利弗問佛三昧是否可遠離魔境，佛該放一切魔境，而以首楞嚴三昧降伏之。古有支婁迦讖、支謙、白延、竺法護、竺叔蘭、支施崙等之別譯本，今皆不傳。又支敏度曾就上記之別譯，彙集支謙、竺法護、竺叔蘭等三本而作成，合《首楞嚴經》八卷。本經自古盛行於印度，近來於新疆發現梵文斷片。

② 鉢羅蜜諦：又作"般剌蜜帝"、"般剌密諦"，意譯作"極量"。唐代譯經僧，中印度人。展轉遊化，東渡中國弘傳佛法。唐中宗神龍元年（705），於廣州制止道場譯出《首楞嚴經》十卷，時由烏萇國沙門彌伽鑠佉譯語，居士房融筆受，沙門懷迪證義。未久，其本國國王怒其擅出經本，遣人追緝，般剌蜜帝乃泛舶西歸。

③ 賫：當爲"賷"字缺筆所致。同"齎"。《字彙補·貝部》："賷，俗齎字。"

④ 佛頂經：即《大佛頂首楞嚴經》，凡十卷。又作《大佛頂經》、《楞嚴經》。全稱《大佛頂如來密因修證了義諸菩薩萬行首楞嚴經》。唐朝般剌蜜帝譯。收於大正藏第十九冊。為鳩摩羅什所譯《首楞嚴三昧經》之別本。本經內容敘述阿難受摩登伽女之幻術，戒體將毀之際，佛遙知之，即遣文殊師利以神咒破幻術。其後，阿難與摩登伽女同詣佛所，佛乃爲說圓解、圓行、圓位，乃至詳說七趣以辨陰魔，及三摩提之法、根塵同源與縛脫無二之理。

⑤ 房融：唐代洛陽人。生卒年不詳。博識多聞，成進士業。武后時，依附張昌宗，以正諫大夫同鳳閣鸞台平章事，爲士林所不齒。追中宗誅二張後，貶之於高州（廣東茂名），後卒於該地。據傳其流放途中，抵廣州時，巧遇天竺沙門般剌密諦譯《大佛頂首楞嚴經》，房融乃爲筆受。景龍元年（707）譯成，進呈於武后。

⑥《易·繫辭下》："吉人之辭寡，躁人之辭多。"

⑦ 功伐：功勞，功勛。《管子·明法解》："如此，則群臣相推以美名，相假以功伐，務多其佼，而不爲主用。"

⑧ 付法傳：即《付法藏因緣傳》，凡六卷。元魏吉迦夜、曇曜共譯。又稱《付法藏因緣經》、《付法藏傳》、《付法藏經》、《付法傳》。收於大正藏第五十冊。乃敘述釋尊入滅後，迦葉、阿難等二十三位印度祖師嫡嫡付法相傳之事蹟與傳法世系。其最後一祖師子尊者，爲罽賓國王彌羅掘殺害，付法遂至此斷絕。古來天台宗、禪宗均重視本傳，以此爲付法相承之規準。

止有二十四人，其師子①後舍那婆斯②等四人，並餘家之曲說也。載於
《寶林傳》③。又第二十九名達麼多羅，非菩提達磨也。其傳法賢聖，
間以聲聞，如迦葉等，雖則迴心，尚爲小智。迦葉、阿難等靈山雖獲授
記，尚爲小聖爾。豈能傳佛心印乎？昔商那和脩告優波毱多曰：'佛
之三昧，辟支不知。辟支④三昧，聲聞不知。諸大聲聞三昧，餘聲
聞眾不知。阿難三昧，我今不知。我今三昧，汝亦不知。如是三昧，
皆隨吾滅。又有七萬七千《夲生經⑤》，一萬《阿毘曇⑥》，八萬

---

① 師子：（？—259）。又稱"師子比丘"、"師子菩提"。禪宗相承系譜西天二十八祖
中之第二十四祖。中印度人，婆羅門出身，從鶴勒那得法後，遊方至罽賓國，教化波利迦、
達磨達等人，並傳法予婆舍斯多，命其往南天竺教化，遂獨留罽賓，時遇當地迫害佛教，
被惡王所殺，寂年為魏高貴鄉公甘露四年（259）。

② 舍那婆斯：即商那和修。又作"奢那婆數"、"舍那波私"、"舍那和修"、"舍
那婆斯"、"耶貰鞞"、"奢搦迦"、"商諾迦縛娑"。意譯"胎衣"、"自然衣"、"麻
衣"。係阿難之弟子，付法藏之第三祖。摩突羅國人，姓毘舍多，在胎六年而生。由
阿難處受八萬四千法藏，悉憶持之，又遊化諸方，於摩突羅國曼陀山化二龍子，於彼
處營建僧住處，至罽賓現龍奮迅定等五百三昧，化度憂波毱多及其弟子，後飛騰虛空
作十八變，而入涅槃。又彼由前生願力，於處母胎至入涅槃期間，常著商那衣，未嘗
脫卻，因而得名。

③ 寶林傳：凡十卷。現存七卷，缺七、九、十等三卷。又稱《大唐韶州雙峰山曹溪
寶林傳》、《曹溪寶林傳》、《雙峰山曹侯溪寶林傳》。唐代朱陵沙門智炬（或作慧炬）撰
於貞元十七年（801）。收於《宋藏遺珍》第二冊（臺灣新文豐出版社影印刊行）。韶州
曹溪寶林寺爲禪宗六祖慧能宣揚禪法之道場，故以爲書名，以闡明六祖慧能之法統。內
容集錄有關禪宗史，如《六祖壇經》、《五明集》、《續法傳》、《光璨錄》、《歷代法寶記》
等書之大成，而主張二十八祖之傳承。撰者作此書最大之用意，即在於彰明師子尊者與
菩提達磨間之關係，故本書一出，曾遭後世諸方著述非難。

④ 辟支：即辟支佛。意譯作"緣覺"、"獨覺"。又作"貝支迦"。爲二乘之一，亦
爲三乘之一。乃指無師而能自覺自悟之聖者。

⑤ 夲生經：夲生，音譯作"闍多伽"、"闍陀伽"、"社得迦"，意譯"夲起"、"夲
緣"、"夲生譚"、"夲生談"，略稱"生"。九部經之一，十二部經之一。佛典內容可分
類爲九種、十二種，分別稱爲《九部經》、《十二部經》，《夲生經》即其中之一類。主要
記述釋迦於過去世受生爲各種不同身形及身份而行菩薩道之故事。其中亦含不少關於彌
勒等諸弟子及阿彌陀等諸佛之夲生故事。

⑥ 阿毘曇：即《阿毘曇藏》，音譯《阿毘達磨藏》，意譯作《論藏》、《對法藏》。
對佛典經義加以論議，化精簡爲詳明，以決擇諸法性相；爲佛陀教說之進一步發展，而
後人以殊勝之智慧加以組織化、體系化的論議解釋。

《清淨毘尼①》,亦隨我滅。'② 故傳法者但傳其言,承法者體言見心,即是得法。雖曰觀智,而但傳言句也。其猶斲輪之藝,傳藝而不傳其妙;齊桓公讀書堂上,輪扁斲輪堂下,釋推鑿而上,問桓公曰:"敢問公之所讀者,何言耶?"公曰:"聖人之言也。"曰:"聖人在乎?"公曰:"已死矣。"曰:"然則君之所讀者,古人之糟粕矣。"桓公曰:"寡人讀書,輪人安得議乎!有說則已,無說則死!"輪扁曰:"臣也以臣之事觀之斲輪。徐則甘而不固,疾則苦而不入。不徐不疾,得之於手而應於心,口不能言。有數子存焉,其間臣不能喻臣之子,臣之子亦不能受之於臣,是以行年七十而老斲輪。古之人與其傳者死矣,然則君之所讀者,古人之糟粕也。"③ 師襄之琴,得琴而不得其數。仲尼在衛,學琴於師襄子,十日不進。師襄子曰:"可以益矣。"孔子曰:"習其由矣,未得其數也。"有間,曰:"習其數,可以益矣。"孔子曰:"丘未得志也。"有間,曰:"習其志,可以益矣。"孔子曰:"丘未得其爲人也。"有間,曰:"所修穆然思焉,忽有所怡然高望而遠志焉。"曰:"丘得其爲人也,黯然而默,頎然而長。眼如望羊,如王四國。即文王,誰爲此也。"師襄子避席拜曰:"師蓋云《文王操④》也。"⑤ 故有久習無成,又有發心便證,或有微流獨得,英才不悟,所貴在乎冥會,不必在於相授。然今諸門皆禪而惡乎知佛,禪獨乃一家耶?"如先德長者所傳,各有宗師者也。

異說曰:"達磨既當傳法,使二弟子至漢地,被秦人擯於廬山,即跋陀也。因與遠公出《禪要經⑥》,達磨聞之慷慨,乃自出西土,濟海于梁。梁人不甚信,北望有大乘氣,遂適于魏也。"此所敘並《寶林傳》,與《高僧傳》乖異也。

議者曰:"詞失於當。援曲鬻直,豈謂智乎?但祖師之門,天下歸仁

---

① 清淨毘尼:指《毘尼藏》,又稱《毘奈耶藏》。三藏之一。意譯為"律藏"、"調伏藏"。調和控御身語等作業以伏滅諸惡業。律藏乃佛滅度後,於王舍城遺法結集時,優婆離所誦出者,為大迦葉以下異世之五師所傳持。至阿育王時,五部產生差異,故後世所謂之小乘律,有別於《梵網經》、《地持經》等之大乘律。

② 見《阿育王傳》卷五《商那和修因緣》。

③ 見《莊子·天道》。

④ 文王操:樂府琴曲名。傳為周文王所作。古人尊為高雅的作品,認為是可以陶冶情操、淨化靈魂的琴曲。

⑤ 見《史記·孔子世家》。

⑥ 禪要經:凡二卷。鳩摩羅什等譯於姚秦弘始四年至十四年(402—412)。又稱《禪法要解經》、《禪法要解》、《禪要經》。收於大正藏第十五冊。本經旨在解說菩薩習禪之要法,初敘淨觀、不淨觀,次述除五蓋修四禪之相,次說明慈、悲、喜、捨等四無量心,及四空定、四諦觀之修習;並述心專正、質直、慚愧等十事,及四如意足、五神通之法。

焉。禪德自高，寧俟傳法然後始爲宗教者歟？而有考校歲序，以師子比丘
已當齊世，達磨居第二十九，翻在晉時，何失言於年秩也？達磨弟子被擯在
晉。時秦弘始至宋末八十年也，又南齊得二十四年，相去百年已上，豈得二十九祖在
二十四祖前百二十年耶？嘗有傳魯般浮圖，魯般，春秋後語時人。浮圖，自晉宋
方有也。右軍般若，俗傳晉右軍王羲之有親書《多心經》，殊不知《多心經》是唐
朝玄奘三藏貞觀年譯也。彼向知般在春秋，王居晉穆，則不有是言也。"

異說曰："達磨六過被菩提流支①、光統②密毒其食，五過吐出，至第
六過，不吐而卒。又謂其徒曰：'吾宗至第六世，命若懸絲。'是知崇山
至峻，朽壤崩之，喬木至堅，蝎蟲蠹之，故使吾祖不遇有害，終恤我後
也。"菩提流支，此云覺希，北印度人。遍通三藏，妙入總持。志在弘演，廣流視
聽。以魏宣武帝永平元年己丑歲至洛陽，譯經論三十九部一百二十七卷，筆授草本滿
一閒舍，兼攻雜術。嘗坐井口，澡灌置空，或呪井令涌，酌而爲用。③ 光統律師乃一
代之英傑，況主僧柄，豈能爾耶？《寶林傳》者，乖誤極多。後之學者，亘更審之也。

譏者曰："邪夫干正，正卒成邪；妄士談真，真返爲妄。傷哉！內訕
釋黨，以名利相殘，而有至於是者也。彼意以德高物忌，深用自顯，意以
達磨德高，爲流支等妬忌也。而不知自傷，亦以極矣。昔魏周滅法，詔假顧
先生《三破論》等，顧歡先生也。誣釋氏之惡，方此而實不爲甚也。《詩》
曰：'人之無良，相怨一方。'④ 其斯之謂乎？夫良將戮於讒口，實快敵者
之心也；若白起⑤死於杜郵⑥之類也。高德鑠於謗夫，實資外黨之侮也。以資

---

① 菩提流支：北魏僧。北天竺人。又作"菩提留支"。意譯爲"道希"。爲大乘瑜伽系之
學者，資性聰敏，遍通三藏，精通咒術。夙懷弘法廣流之志，北魏宣武帝永平元年（508），至
洛陽，帝甚重之，敕住於永寧寺，從而翻譯梵經。計譯有《十地經論》、《金剛般若經》、《佛名
經》、《法集經》、《深密解脫經》，及《大寶積經論》、《法華經論》、《無量壽經論》等，凡三十
九部一二七卷。因與勒那摩提共譯《十地經論》，被尊爲地論宗之祖。又嘗授曇鸞以《觀無量壽
經》，後被尊爲淨土宗之初祖。

② 光統：即慧光，（468—537），北魏僧。爲地論宗南道派初祖。世稱光統律師。定州長蘆
（河北）人，俗姓楊。

③ 見《續高僧傳》卷一《菩提流支》。

④ 見《詩·小雅·角弓》。

⑤ 白起：（？—前257），《戰國策》作公孫起，綽號人屠。郿縣（今陝西省眉縣常興鎮白
家村）人，中國戰國時代軍事家、秦國名將，兵家代表人物。白起擔任秦國將領30多年，攻城
70餘座，殲滅近百萬敵軍，被封爲武安君。白起一生有伊闕之戰、鄢郢之戰、華陽之戰、陘城
之戰和長平之戰等輝煌勝利，《千字文》將白起與王翦、廉頗和李牧並稱爲戰國四名將。

⑥ 杜郵：古地名。戰國屬秦，又名杜郵亭。在今陝西咸陽市東。秦昭王令其名將白起自殺

外宗之謗。其聽謗者不掩耳，此亦獎謗之流也。古之有道者，澹然無極，眾美從之。故猛虎不據，鷙鳥不攫，鷙，擊也。攫，搏也。不揚威而示勇也。而況人乎？若六過遇毒，知而食之，何求自斃也？不知而食，孰謂有道也？豈曰聖人也？夫陵陽①、務成②，未聞罹於鳩俠，陵陽、務成，皆古有道者，尚不爲毒害。豈空門則有此耶？故善爲道者，不使人愛己愛，尚使人絕，而況使人害己乎？彼流支、光統，皆德化敷弘，人天極望，獎賢輔善，共揚風教。如光之門，德行十人。慧光門下，名揚不一。今此佞人，曷敢訕毀？仲尼云："是故惡夫佞者。"③ 俾投豺虎，孰云窮責？且聽訟，吾猶人也，審己爲仁，不能果。惡人之爲仁，何能果乎？仁者本以果敢、決斷爲義。今惡人興訕謗之文，非於良善，已不能審決是非而信之，如此，則仁豈有果敢之用乎？故君子内恕己以量人。④ 君子之道，忠恕而已。⑤ 忖己度人，爲之忠恕。古者虞芮⑥爭田，尚慚西伯；虞芮二國爭田而訟，年年不決，乃相謂曰："西伯，仁也。盍往質焉？"入其境，見耕者讓畔，行者讓路，朝臣讓位。曰："吾儕小人，不可以入君子朝。"遂讓爲閑田也。孔子曰："文王可謂至德也，不教而從之。"⑦ 鉏麑殘賊，猶敬晉臣。鉏麑，俠士也，奉晉侯命刺趙盾。盾將朝，尚早，服而假寐。麑見曰："民之主也。賊民之主，不忠。失君之命，不信。"遂觸槐而死⑧。而禪祖死於謀夫，未爲德也。設使誣言達磨死於流支，豈爲有德者哉！又云：'可大

于此。後又名孝里亭。

① 陵陽：即陵陽子明。古代傳說中的仙人。《史記·司馬相如列傳》："使五帝先導兮，反太一而從陵陽。"裴駰集解引《漢書音義》："仙人陵陽子明也。"《文選·郭璞〈游仙詩〉之六》："陵陽挹丹溜，容成揮玉杯。"李善注："《列仙傳》曰：'陵陽子明者，銍鄉人也，好釣魚，於涎溪釣得白魚，腸中有書，教子明服食之法。'"

② 務成：又稱"務成子"、"務成昭"、"巫成"，是道教興起前傳說中的神仙。傳為帝堯之師。又傳說為帝舜的老師。又傳說為古代房中家。其養生原則是順從天地陰陽四時變化的規律，以利於身體健康。《漢書·藝文志》著錄有《務成子陰道》三十六卷。《抱朴子·內篇·明本》里載錄"務成子煉丹法"。

③ 見《論語·先進》。

④ 《楚辭·離騷》："羌內恕己以量人兮，各興心而嫉妒。"

⑤ 見《論語·里仁》。

⑥ 虞芮：春秋時兩個小諸侯國。虞國在今山西平陰縣，芮國在今山西芮城縣。

⑦ 見《孔子家語·好生》。

⑧ 見《左傳·宣公二年》。

師不死於城安令①枯木之下，而續死於和禪師②所鴆。’斯貶可祖尤矣。僧可，一名慧可，姬姓，虎牢人。有禪學，以達磨爲師。遭賊斫臂，以法御心，不覺痛苦，乞食如故。化公③及和禪師俱時之名德，有云“和以藥鴆可”，謗之深也。**好勝者必勍其敵，豈則祖師好勝者耶？** 勍，強也。好勝之士，與敵爭強弱，故有憎愛相讎之事。祖師泯其念而灰其心者，與物無競，豈有憎愛致斯害耶？信傳者之謬也。**昔紀渻子④養鬬雞，能使忘心氣，狀木雞，羣雞見之，蔑有鬬志。疇庸⑤有道者而忝於雞乎？** 紀渻子爲王養鬬雞。十日而問之曰：“雞已矣？”曰：“未也。方虛矯而持氣。”十日又問，曰：“未也，猶影響。”十日又問，曰：“未也，猶疾視而盛氣。”十日又問，曰：“幾矣。雞雖有鳴者，已無變，望之如木雞矣。其德全矣！異雞無敢應者，反走爾。”在於雞之有道，羣雞尚望之而走，況在祖師，其有敢害之者乎？⑥ **故飄瓦以擊人，不怨也；⑦ 虛舟之觸人，不怒也。⑧ 彼何然哉？** 以無心故也。而可祖豈有心哉？可既無心，則不應害也。**昔齊鮑牽⑨之刖也，仲尼曰：‘鮑莊子之智不如葵，葵猶能衛其足也。’** 齊慶克通于聲孟子，蒙衣而入宮。鮑牽見之，以告國武子，武子召慶克而謂之。慶克夫人怒。齊靈公伐鄭，鮑

① 城安令：指城安縣令翟沖侃，或說邑宰翟仲侃。《歷代法寶記》卷一載，慧可得到信袈裟，受到菩提流支三藏光統律師的徒党暗算，說其妖言惑衆，扭送官府。城安縣令翟沖侃將慧可處斬，行刑時身上流出的血是乳白色的，而周身膚色如常。

② 和禪師：南北朝之僧。生平事跡不詳。《續高僧傳》卷一六《慧可傳》附帶提到化公、彥公、和禪師，“各通冠玄奧，吐言清迥，托事寄懷，聞諸口實”，雖有傳說而沒有碑記可考，也沒有其名流傳下來。《寶林傳》卷八說其爲慧可弟子。

③ 化公：南北朝之僧。生平事迹不詳。《續高僧傳》卷一六《慧可傳》附帶提到，《寶林傳》卷八說其爲慧可弟子。

④ 紀渻子：中國古代寓言故事裏的一個人物。

⑤ 疇庸：謂選賢任用。語出《書·堯典》：“疇咨若時登庸。”孔傳：“疇，誰；庸，用也。誰能咸熙庶績，順是事者，將登用之。”

⑥ 見《莊子·達生》。

⑦ 《莊子·達生》：“復讎者不折鏌干，雖有忮心者不怨飄瓦，是以天下平均。”成玄英疏：“飄落之瓦，偶爾傷人，雖忮逆褊心之夫，終不怨恨，爲瓦是無心之物。”

⑧ 《莊子·山木》：“方舟而濟於河，有虛船來觸舟，雖有惼心之人不怒。”

⑨ 鮑牽：姒姓，鮑氏，謚號莊子。中國春秋時期齊國的大夫，鮑叔牙曾孫，鮑國之兄。前574年，齊國大夫慶克穿著婦人的衣服坐著輦車進入宮中，和齊靈公的母親聲孟子私通，而被鮑牽看見，告訴了國佐。國佐責備了慶克。慶克在家中久不出，告訴聲孟子國佐責備了他。齊靈公會盟後回國，聲孟子說留守臨淄的高無咎、鮑牽不接納歸國的國君，要另立公子角。齊靈公遂砍掉鮑牽的雙腳、驅逐高無咎，高無咎出走莒國，齊靈公從魯國召鮑國回齊國繼嗣鮑氏。後來，孔子曾對鮑牽作出“鮑莊子之知不如葵，葵猶能衛其足”的評價。

牽守國。夫人訴之云：“將不納君而立公子角。”君遂刖之。仲尼云：“鮑莊子之智不如葵。”豈今被害爲有智也？① 佛圖澄之於石勒也，如石於水也。當一日勒索澄，欲害之，澄不使而得之，蓋聖人不欲陷入於罪中也。② 若使得害，必沉地獄也。雖提婆刳腸，提婆菩薩造《百論》③ 破外道，後弟子不在，被外道破其腹。菩薩以衣缽受外道，教之速走：“我弟子未得法忍者當害爾。”後果追之，不及。④ 師子斷頭，第二十四祖師子比丘，爲罽賓國王斷其頭，而臂落也。皆以外難爲夷，中心若厲。或順化之不足，逆化之；或生化之不足，死化之。咸致命無怨，不歸咎於有德。豈以非理妄加有德也？觀第六祖得信衣，若履虎⑤畏噬，懷璧⑥懼殘，虞叔云：“曰：周諺有之：‘匹夫無罪懷璧其罪。’吾焉用此，其以賈害也？”⑦ 周憚道路，脅息草澤，今慮傳者謬也。《寶林傳》云：“五祖付信衣，密與慧能行者。□走避路野息，至南海遇印宗法師，方爲剃髮也。”⑧ 夫得道者，喪我也；喪我者，兼喪於萬物也。何衣之所在而保於己耶？道本由心，豈在乎衣？夫裘者道濟與？固不競也。不濟與？固無所用也。人若見道何假裘乎？弱未得道，獲衣何用？尋金木⑨以討逐，將何事與？”

異說曰：“罪福所原，唯心而已矣。心滅無爲，道居無事。不禮贊，不講誦，真無爲也；不祈戒，不護罪，真離相也；有說有行，心有所知，聲聞法也。講說講誦，禪師呼爲聲聞法，皆有爲也。由是除像設⑩，去經法，

---

① 見《左傳·成公十七年》。

② 見《高僧傳》卷九《佛圖澄傳》。

③ 百論：凡二卷。印度之提婆著於三世紀頃，婆藪開士注釋，鳩摩羅什於弘始六年（404）譯出。收於大正藏第三十冊。本論内容繼承龍樹中論之說，以大乘佛教之空、無我等義理，破斥數論、勝論等外道之執見，如勝論派謂諸法爲一又爲異，數論派謂因果爲一而因中有果等。

④ 見《提婆菩薩傳》卷一。

⑤ 履虎：即履虎尾，踩踏虎尾。喻身蹈危境。《易·履》：“履虎尾，不咥人，亨。”王弼注：“履虎尾者，言其危也。”

⑥ 懷璧：《左傳·桓公十年》：“周諺有之：‘匹夫無罪，懷璧其罪。’”杜預注：“人利其璧，以璧爲罪。”因以“懷璧”比喻多財招禍或懷才遭忌。

⑦ 見《左傳·桓公十年》。

⑧ 《寶林傳》逸文。

⑨ 金木：舊時施刑所用金屬和木製刑具的總稱。金屬刑具如刀鋸斧鉞，木製刑具如捶楚桎梏等。《莊子·列禦寇》：“宵人之離外刑者，金木訊之；離内刑者，陰陽食之。”

⑩ 像設：《楚辭·招魂》：“天地四方，多賊姦些，像設君室，靜閒安些。”朱熹集注：“像，蓋楚俗，人死則設其形貌於室而祠之也。”蔣驥注：“若今人寫真之類，固有生而爲之者，不必專指死後也。”後稱所祠祀的人像或神佛供像爲“像設”。

方稱曰頓門。如有所說自我襟憶，臨文裁斷，何俟章句疏論耶？"則今之臨機問荅言言句也。

議者曰："甚哉頓也！雖構似聖人之言，未幾聖人之道也。幾，近也。言句雖似聖人之言，所行之道，未近聖人之道也。夫所知於同者，同若迷也；與若異者，反謂迷於若也。若，汝也。今與汝同者，則是與汝同若迷也；若與汝異者，則謂迷於汝之道也。耆耄哀之，蒙儒信之。安可以乎？耆耄，老也。蒙儒，幼也。宿老者哀之，愚少者信用之，故重於世。夫無爲者，虛融寂泊，無善不爲。離凝曰虛，洞照名融，超煩稱寂，謐然爲泊。苟以禮誦繕刻爲凝，彼見有爲，非於無爲也。若以禮讚，圖刻佛像，凝於無爲，則是有爲。今見有此相，則是有爲也，非無爲也。離相者，照達色心，無相可得，無得而得，去著稱離。於所觀相，若無所取，則是成就離相之道也。若以不受戒，捨持護而爲離相，彼固取相，何離相也？若須是除受戒絕護持，方離相者，則卻是執著除去之相也。聲聞法者，承佛聲教，猒苦欣滅，孤慧獨穎，孤慧單空智斷煩惱障①，證生②空理也。無善兼他，唯自利。非講誦者有聲謂聲聞法也。蓋晚慕者不達聲聞之義。頓門者，不假二乘之慚，直無聲之路。行普均之化，與廣大之業，是謂頓也。此乃頓悟大乘，不由中小之徑。非兀然絕照，祇柯萬善爲頓門也。豈可默然無修，不譽一善，謂之頓門？則與北州無想天③等何別也？夫聖人之教，機緣不一，應變萬差，或言流而理直，或首權而終實。故契經者，應根逗教，有頓有漸，有權有實，有半有滿，豈可不習而知？況詁訓音韻，梵漢魚魯，須稟承有匠，學不憑師，孤陋寡聞。尋閱有功，豈於文字未識，便不思而說，不慮而對，妄涉虛玄，流俗則謂之爲奧，或則以才力獎之，致使其徒自媚。因以供儵招誘，遂使遞相獎善。若以彼有定力所知，能說佛經者，何莫試以異典觀其吐納，曲直自彰。若言彼以定力加資，不學自知，則可試將儒典問之，則知可否。且夫稱儒而不傳習者，亦賢儒之所病也。傳不習乎？曾子所病。④

---

① 煩惱障：又作惑障。指妨礙至菩提之道（即聖道），而使無法證得涅槃之煩惱而言。

② 生：底本漫糊不清，但可辨認右下角"上"。《法華經玄贊要集》卷二八："問：'何名解脫相？'答：'二乘之人證生空理，斷煩惱障。名解脫相也。'"

③ 無想天：又作"無想有情天"、"無想眾生天"、"少廣天"、"福德天"。色界天之一。即修無想定所感之異熟果報。生此天者，念想滅盡，僅存色身及不相應行蘊，故稱無想天。

④ 《論語·學而》："曾子曰：'吾日三省吾身：為人謀而不忠乎？與朋友交而不信乎？傳不習乎？'"

或曰：‘興善動行，彌益其妄。如晞陽①斥影，加樵罷鼎，誠乃務兹之道，豈是息滅之道歟？’若言只以置善利作爲行門，不必教典者，則又不然。且教者示入善之遝路，不習安知？今欲行善而除弃教典，其猶維日而欲去影，歇鼎沸而更加薪，是知不可也。曰：‘彼蓋不知執事淨命②，以聲止聲；今以有經典引歸，令識無相，猶如執事經典，以乾稚之聲鳴之，以靜衆聲也。良醫之家，以毒止毒也。’故經者亦名醍醐，亦名毒藥，如附子、狼毒等本是毒藥，今良醫令服之，又能除毒也。

異說云："唐代宗③朝，唐肅宗之子，名豫，改元寶應。有大禪客，糠粃禮樂，跆藉勢貴④，跆，踏也，藉，鋪也，猶言踐踏之也。蓬茨⑤金門，蟻垤⑥帝居，故對至尊，其色傲如，其詞訐如。訐直而無禮也。心勇氣奮，苟無生死，可謂真有道乎？"

議者曰："此乃稱勇不稱道也。凡不義之勇，謀道以損之。既不能損，則其道可知也。好勇不好學，其蔽也。賊又勇而無禮，則亂。嘗有俚人之子，稱其父有肋⑦力，有口頰，凌祖考以爲德。鄉豪畏之，隣伍避之。其衒彌多，其過彌彰也。夫稱有道者，色溫而言澤，氣柔而心遠。雖欲悛人之惡，悛，改也。亦優柔而諷誘之。故於知我者示乎知，不知我者示乎不知。"邦有道則行，邦無道，則卷而懷之。"⑧ 又："用之則行，捨之則藏。"⑨ 不悅人之不己知，不慍人之不己知。"人不知而不慍。"⑩ 昔大聖遊諸國，伏護財

---

① 晞陽：沐浴於陽光，曬太陽。三國魏嵇康《五言古意》："雙鸞匿景曜，戢翼太山崖，抗首嗽朝露，晞陽振羽儀。"

② 淨命：比丘遠離四種邪命法而清淨活命，即八正道中之正命。亦即正當、清淨之生活方法。

③ 唐代宗：即李豫（726—779），唐肅宗李亨長子。初名俶，原封廣平郡王，後改封楚王、成王，唐朝第八位皇帝（不計武則天和殤帝），762—779年在位。

④ 跆藉勢貴：《文選·夏侯湛〈東方朔畫贊〉》："凌轢卿相，嘲哂豪桀，籠罩靡前，跆籍貴勢。"張銑注："跆籍，猶殘暴也。言不畏貴勢之士也。"

⑤ 蓬茨：用蓬草作頂的房屋。指貧窮者所住的陋室。《漢書·王褒傳》："今臣辟在西蜀，生於窮巷之中，長於蓬茨之下。"顏師古注："蓬茨，以蓬蓋屋也。"

⑥ 蟻垤：亦作"螘垤"。蟻穴外隆起的小土堆。《韓非子·奸劫弒臣》："夫世愚學之人，比有術之士也，猶螘垤之比大陵也。"

⑦ 肋：同"筋"。《龙龕手鑒·草部》："肋，骨也。肋肉之力也。"

⑧ 見《論語·衛靈公》。

⑨ 見《論語·述而》。

⑩ 見《論語·學而》。

醉象，調達令阿闍世王放護財醉象，欲害如來。如來於五指端化五師子，而醉象跪伏。① 制曠野鬼神，又曠野鬼常噉人小兒，一日得一小兒。唱南無佛，鬼則不能食。佛化火山，四面周匝圍之。鬼盡其力不能得出，遂心皈向佛，誓不食人也。② 未嘗庭辱波斯，面折闍王。國王每至佛會，佛皆先云："善來，大王！" 如是軟言問訊③。雖德尊神化，而不傷於國君之禮。仲尼適於衛，衛靈公與語，見飛雁過，仰視之，色不在孔子。孔子行，但避衛。④ 君之不篤於我，非流言以逞志也。有國如秦始皇，有心如秦始皇，其強如秦始皇，而虎視於天下，一朝爲唐雎按劍，復鄢郢之地；鄢郢，誤也，是鄢陵也。則潁川鄢陵縣也。秦始皇滅魏，後許以千里地易鄢陵君五十里地，鄢陵君令唐雎使始皇。始皇曰："寡人以十倍之地易之，而逆寡人。何也？" 雎對曰："非敢此也，鄢陵君先王而守之，雖千里，不易也。" 始皇勃然怒曰："子聞天子怒乎？伏尸百萬，流血千里。" 雎曰："大王聞布衣怒乎？伏尸二人，流血五步。天下縞素，今日是也。" 按劍而起。始皇變色而謝之："先生何至於此？寡人諭矣。"⑤ 相如睨柱，歸邯鄲之璧。莫能奈其勇也。趙國有卞和璧，秦欲以十五城易之。趙遣藺相如進璧，秦昭王得璧而不割地。相如詐云有瑕，取而指之，因倚柱不還："請割地而齊五日，方受璧。王若急臣，臣則頭璧俱碎。" 王懼碎璧，而不敢加害，璧竟歸趙。⑥ 梁武撤宮闈之制，恣沙門遊踐。有司以御座非沙門宜登，智藏悖然踞座，厲色抗聲曰：'貧道昔爲吳中顧郎，尚不慚御榻。況復乃祖定光金輪之釋子也？乃，我也。我乃定光如來⑦之子孫也。檀越若殺貧道，不慮無受生之處。若付尚方⑧，獄不妨行道。' 流俗以爲能跨略⑨天子，高岸釋門，君子則不然也。⑩ 梁朝皇綱既弛，弛，緩也。庶事墮哉，唯餘一御榻，受制可也。梁武嘗欲御僧官，勅主者遍令許

---

① 見《雜寶藏經》卷八《提婆達多放護財醉象欲害佛緣》。

② 見《雜寶藏經》卷八《大力士化曠野群賊緣》。

③ 訊：安。《玉篇·言部》："訊，安也。"

④ 見《史記·孔子世家》。

⑤ 見《戰國策·魏策四》。

⑥ 見《史記·廉頗藺相如列傳》。

⑦ 定光如來：音譯 "提和竭羅"、"提洹竭"。出現於過去世，曾爲釋尊授記之佛。又作 "錠光如來"、"然燈如來"、"普光如來"、"燈光如來"。

⑧ 尚方：本爲古代製造帝王所用器物的官署，多以役徒服勞作，因以爲係罪囚之所。《宋書·恩倖傳·戴法興》："上大怒，賜敬死，繫明寶尚方。"

⑨ 跨略：超越。南朝梁劉勰《文心雕龍·風骨》："若骨采未圓，風辭未練，而跨略舊規，馳騖新作，雖獲巧意，危敗亦多。"

⑩ 見《續高僧傳》卷五《智藏傳》。

者署名，其時無敢抗者。逮疏聞藏，藏以筆橫櫱之曰：'佛法大海，非俗人所知。'帝覽之不以介意。①《書》曰："御眾以寬，臨下以簡。"② 此唐虞之化也，夫寬而以簡，守之則人安；寬而不簡，則法之亂矣。當梁世寬而不簡不亂，何待彼智藏？雖幸其無法，豈不畏後世簡書乎？"簡策之書。

異說云："吾師加跌，心在乎定，奄若蟬蛻，後人哀思，高塔厚葬，不亦盛乎！"吾即吾禪門尊宿也。學人誇其坐化高塔厚葬之事。

謏者曰："'君子諭於義，小人諭於利。'③ 諭，曉也。惟所詳也。若德行所致，或則哀榮；若曲以殫美，因其瓦合，矯其後計，則重繫其魂，沈乎賈譽之罪也。若實以了達，去住無礙則可也。若素非真實，苟取後譽，矯誑凡俗，則重增沒者之罪。夫事不飾則不尊，過則浮競。有德而不彰，失於光顯末代；無德而矯飾，則涉於浮競也。故師顧言奢而求諸義，師顧言④薄亦求諸義，匪顧是信，唯義是信。雖有顧命⑤之言，求合度而行之。古者曹侯命薄葬⑥，大夫曰："國有常禮。"奢以僭上，儉乃偪下，豈儉得中，是合常禮。然有命暴尸者，雖欲利於飛走，而實無何戮其尸也。⑦ 高僧慧寶，囑露尸以施禽鳥者，其小惠未徧，何如善願以廣濟乎？又露之穢惡也。陳尸曰戮。居令德者，宜去此意，雖遠公將終之見，或未吾善也。⑧ 南遠臨終，命施百鳥。夫死者精神往矣，質何能知？藏識既往，便同無情。立與坐臥，孰爲優劣哉？故金河右脇，佛在金沙河，右脇而臥，入於涅槃。雞峯累脈，尊者迦葉，奉持如來袈裟，於雞足山，至彌勒出，奉袈裟已，作十八變。却往雞足，加跌入滅，化火焚身也。⑨ 慧永求屨始起，⑩ 高僧

① 見《續高僧傳》卷五《智藏傳》。
② 見《書·大禹謨》。
③ 見《論語·里仁》。
④ 顧言：即顧命之言，相傳《書·顧命》為周成王臨終之遺命，後亦以"顧言"指人臨終遺言。
⑤ 顧命：《書·顧命》："成王將崩，命召公、畢公率諸侯相康王，作《顧命》。"孔傳："臨終之命曰顧命。"孔穎達疏："顧是將去之意，此言臨終之命曰顧命，言臨將死去迴顧而為語也。"後因以"顧命"謂臨終遺命，多用以稱帝王遺詔。
⑥ 見《三國志·武帝紀》。曹操於建安十年（205）下令禁止厚葬，違者依法懲處。
⑦ 見《續高僧傳》卷一七《慧寶傳》。
⑧ 見《高僧傳》卷六《釋慧遠》。
⑨ 見《大唐西域記》卷九《摩揭陀國下》。
⑩ 見《高僧傳》卷六《慧永傳》。

慧永於牀前索屨而卒。靈叡①執卷就化。② 高僧靈叡手執卷而卒。各任時而待盡，匪慕異而詭俗矣。鄧隱峯③倒立而卒。④ 昔高僧曇鑒⑤，往生之人也。平坐而卒，弟子猶申而殮之。⑥ 今則反乎是也。定者啟玄解之門，出生死之域，寒暑之所不入，焚溺之所不及。若在定而有死，何殊濯春沂而焚於烈火，被甲冑而傷於毒箭乎？凡在死者必居散位。故前佛、後佛，有聖弟子入滅盡定⑦，百年千年億萬斯年，不出定不死也。西域朅盤陀國⑧、斫句迦國⑨、烏殺國⑩，諸漏盡者形儀都偉。都，大也。巔崖孤岫，瞑目委髮，雷

---

① 靈叡：《玉篇·奴部》：“叡，與睿同。”靈睿，（565—647），唐代僧人。姓陳，潁川人，唐貞觀二十一年卒，年八十三。

② 見《續高僧傳》卷一五《靈睿卷》。

③ 鄧隱峯：唐代僧。生卒年不詳。南嶽之門下。福建邵武人，俗姓鄧。世稱鄧隱峯。初參謁馬祖道一，不能得其奧旨，復從學於石頭希遷，後於馬祖道一言下開悟，並爲其法嗣。後與南泉、溈山交遊頻繁，冬留衡嶽，夏住清涼。元和年間（806—820），欲登五臺山，於淮西出發途中，受阻於叛軍吳元濟與官軍交戰，遂擲錫空中，飛身而過，兩軍將兵見之，戰意頓息。既顯神異，慮成惑衆，遂入五臺山，於金剛窟前倒立而寂。

④ 見《宋高僧傳》卷二一《隱峯傳》。

⑤ 曇鑒：劉宋僧。冀州趙氏。少依竺道祖出家，學究群經，兼善數論。復從羅什受學。後遊方宣化，達自荊州，止江陵辛寺。年登耳順，勵行彌潔，常願生安養，瞻覲彌陀。春秋七十而寂。

⑥ 見《高僧傳》卷七《曇鑒傳》。

⑦ 滅盡定：又作“滅受想定”、“滅盡三昧”。心不相應行法之一，俱舍七十五法之一，唯識百法之一。即滅盡心、心所（心之作用）而住於無心位之定。與無想定並稱二無心定，然無想定爲異生凡夫所得，此定則爲佛及俱解脫之阿羅漢遠離定障所得，即以現法涅槃之勝解力而修入者。

⑧ 朅盤陀國：又作“渴槃陀”、“喝槃陀”、“喝囉槃陀”、“漢盤陀”。西域古王國之名。又稱“大石國”。此國周環二千餘里，都城以大石嶺爲基，背徙多河。國人性獷暴驍勇，然知淳信，敬崇佛法。位置約在新疆塔什克爾安之地，即所謂塞勒庫勒處。

⑨ 斫句迦國：又作“遮拘迦國”、“遮拘槃國”、“子合國”、“朱駒波國”。西域古王國名。關於其位置，愛特爾及聖馬爾丁以爲在現今小布卡拉之雅京地方，比爾及瓦特士以爲是葉爾羌地方。又斯坦因以爲《西域記》所謂從佉沙（即喀什噶爾）之方向距離，及渡徙多河（即葉爾羌河）之記事，而推知即現今之斫句迦地方。此國與于闐同爲中古時代新疆地方有數之大乘國家。

⑩ 烏殺國：又作“烏鎩國”。位於新疆葱嶺東方之古國名。玄奘三藏由印度東歸時，曾經由此地。據《大唐西域記》卷十二所載，此國出葱嶺之險，周圍千餘里，國之大都城周十餘里，南臨徙多河，土地肥沃，盛產白黑青等寶玉。民性剛烈，容貌醜弊，然亦崇信佛法。今新疆烏什之地，與玄奘所稱之烏鎩有異。根據英國學者耶魯之說，該國乃位於今陽基希斯利之南，而其都城則位於濟菲耳革姆巴。

震山摧，而獵者往往見有焉。《西域記》及《唐三藏行記》序之。昔趙襄子，晉君無卹也，趙簡子之子。畋焚山林，有一人飛行火中，山石不爲礙，斯入定之徒也。① 入定則不應飛行，疑運通之士也。晉神僧呵羅竭②既歿，弟子積木如陵焚之，累日不爲灰。遷就石室，後數十年，觀者異其如生，彼則入第四禪③。暨于無色界定④，故能使口鼻無息矣。自第四禪至無色界地，法無風大種，故卅入息風不行。塔廟制度，世失其道久矣。西域以塔爲方墳，梵云塔婆，或云偷婆，此云墳塔，略也，或方或尖或圓也。居凡庶封之，若此方之堂者，四方也。若夏屋者，四垂大屋。自輪王至大聖，方以層級表德辯名也。輪王一級，聲聞四級，緣覺十二級，菩薩與如來十三級。自古至梁陳，罕有不懸棺而窆，反壞封樹⑤。至若設碑⑥縪，縪，下棺索也，古者立石柱於墳上，有孔貫索。索以下棺，謂之窆。後或有刻君父種族於上，當隧道口，謂之神道碑也。天子曰陵，諸侯士大夫曰墳，庶人曰冢。墓誌不出典禮。今僧立塔記，蓋擬其事也。啟埏道⑦，非國望不爲也。於墳前作隧路也。此皆國望之士，又有哀誄哀冊碑誌，非大士不可也。古者僧無賜紫衣⑧師號⑨，自憲宗元和十一年方有賜紫，然先有賜諡

----

① 見《列子·黃帝》。

② 呵羅竭：又作訶羅竭。（？—298），晉僧。少出家，誦經二百萬言。性虛玄，守戒節，多行頭陀。太康九年（288），暫至洛陽，時疫疾甚流，師為呪治。後隱婁至山石室中坐禪。

③ 第四禪：新譯作"第四靜慮"。為四禪之第四。據《大乘阿毘達磨雜集論》卷九載，此禪定具有捨清淨、念清淨、不苦不樂受、心一境性等四支。第四禪天天眾已脫離第三禪天之妙樂而僅憶念修養功德，故此天又稱為"捨念清淨地"。又此第四禪天於劫末之時，不受火、水、風之三災。

④ 無色界定：又作"無色定"。無色界定含空無邊處定、識無邊處定、無所有處定、非想非非想處定等四無色定。此四無色定，係由欲界定、色界定而得之靜寂禪定；於此等禪定中，對欲、色等悉無想念。

⑤ 封樹：堆土為墳，植樹為飾。古代士以上的葬禮。《禮記·王制》："庶人縣封，葬不為雨止，不封不樹，喪不貳事。"孔穎達疏："庶人既卑小，不須顯異，不積土為封，不標墓以樹。"

⑥ 碑："碑"之異體。《漢隸字源·平聲·支韻》引《安平相孫根碑》、《隸辨·平聲·支韻》引《武榮碑額》皆作"碑"。

⑦ 埏道：墓道。晉陸機《大墓賦》："屯送客於山足，伏埏道而哭之。"

⑧ 紫衣：朝廷賜與高僧大德之紫色袈裟或法衣。又稱紫服、紫袈裟。唐代載初元年（690），則天武后以紫衣賜予重譯大雲經有功之僧法朗等，為賜紫衣之嚆矢。佛制原不許用紫色、緋色，唯中國自古即許高官披著紅、紫之朝服，復設朱、紫、綠、皂、黃等綬條，以區別官位之高低，緇門乃仿此而有紫衣之披著。

⑨ 師號：又作"賜號"。朝廷賜予高德師僧之稱號，例如大師、國師、禪師等稱號。

號者也。周隋之後，競尚僭擬①，其有高華輪奐②，蔽乎前聖者也。近見有禪伯，未終，自令刻青石，建大塔，繞以浮雲，合以花座，四王守御，八龍肩扶，竟以王難歸俗，不得居之也。或自力於生前，或遺言於歿後，不愴冤魂之酷，但馳嗇斂之費，誤莫大焉。昔曾子之病革③矣，猶命去大夫之簀，示不欲僭也。④　革，急也。簀，床上策也。革音殛。晏平仲⑤謂管氏：謂非面言評論之也。既死矣，豈在我哉？焚之，沈之，瘞之，埋之，露之。西國葬法有四：一水漂，二火焚，三土埋，四施陀林⑥。《五分律》云：“尸應埋之也。”衣薪而棄諸溝壑，古之葬也，厚衣以薪，葬之中野，不封不樹。聖人易之以棺槨，蓋取諸大過也。《考工記》陶令造瓦棺，夏后聖用堲。火燒熟曰堲。殷人以梓木之棺替木，又以木槨替土壑也。袞文納諸石椁，唯所遇焉。⑦　而屋愚之子，⑧《莊子》：“唯在屋不出而愚也。”⑨　不知道林⑩之墳不高，而戴逵⑪歎焉；⑫

----

① 僭擬：越分妄比。謂在下者自比於尊者。《史記·太史公自序》：“五宗既王，親屬洽和，諸侯大小為藩，爰得其宜，僭擬之事，稍衰貶矣。”

② 輪奐：形容屋宇高大眾多。語出《禮記·檀弓下》：“晉獻文子成室，晉大夫發焉。張老曰：‘美哉輪焉！美哉奐焉！’”鄭玄注：“輪，輪囷，言高大；奐，言眾多。”

③ 病革：病勢危急。語出《禮記·檀弓上》：“夫子之病革矣。”鄭玄注：“革，急也。”

④ 見《禮記·檀弓上》。

⑤ 晏平仲：即晏子，（前578—前500），名嬰，字仲，習慣上多稱平仲，春秋時齊國萊地夷維（今山東高密）人。春秋後期齊國的國相，也是一位著名的政治家和外交家。他憂國憂民，敢于直諫，在諸侯和百姓中享有極高的聲響。

⑥ 施陀林：又作“施林”、“屍林”、“尸陀林”、“屍陀林”、“寒林”、“尸多婆那林”、“尸摩賒那林”、“深摩舍那林”。為位於中印度摩揭陀國王舍城北方之森林。林中幽邃且寒，初爲該城人民棄屍之所，後為罪人之居地。其後泛稱棄置死屍之所。因此又成爲印度所行四種葬法之一，即林葬或野葬。即棄置屍體於林野，施與鳥獸噉食。又現今居於印度之波斯教徒，別設高塔，將屍體放置其上，任鳥啄食之風氣，係由林葬演變而來。

⑦ 見《列子·楊朱》。

⑧ 《林間錄》卷下：“有不識字者，執卷問屋愚子，屋愚曰：‘此墨填紙耳，安用問我哉？’三尺童子莫不笑之。”

⑨ 今本《莊子》無。

⑩ 林：指支道林。

⑪ 戴逵：（326—396），字安道，譙郡人（今安徽亳縣人）。終生不仕，能鼓琴，工書畫。反對佛教因果報應之說，著《釋疑論》。晚年寓居會稽剡縣（今浙江嵊縣）。著《戴逵集》9卷，已散佚。

⑫ 見《世說新語·傷逝》。

邵伯①之樹不大，而詩人詠焉。邵伯奭每於甘棠之下治獄，去後周人懷其德，不忍伐其樹。故詩云："蔽第甘棠，勿剪勿伐，邵伯所茇。"② 唯務僭侈，遂令榛莽之間壘壘若丘坻，曾無展敬者。狐兔虺蝎宅其趾，烏梟鴟雀孚其上，樵童牧兒登而嘯歌，行路者不知爲誰。吾在廬山，講罷景餘，每尋林谷，見則訊其德行，無一可與歸者，由是業之著，隱而逾亮，德之寡，炳而逾昧。誠可悲也。《毘奈耶雜事》三十三說本勝比丘生前多瞋，歿後置塔。劫畢德羅漢誤禮之，優波離告之，乃令五百人毀之也。仲尼曰：'君子之道，闇然而日彰。小人之道，灼然而日亡。《詩》曰：潛雖伏矣，亦孔之昭。'③ 近世握管記者，鮮聞道德，藝行卓邁爲高僧；多其聚徒，結納延譽爲高僧。因今人非，疑古人是也。李敏郎中於福感寺請指骨舍利，獲之，遂著碑書十僧，稱爲"高僧上石"，諛④之甚也。皆瑣細庸鄙之流，實誤前德也。或丗寡賢良，或搜覈不精也。夫財食足以聚徒，諂佞足以結納，矯飾足以延譽哉？此其欲傳於後裔者，適足以誘濫也。夫有居鄉爲鄉豪重，在邑爲邑尹重，居州爲州尊重。十室之門，十室請舍。十聚之家，十聚請饋，而或未足言也。當稱彼重者，何人焉？何故焉？仲尼云："鄉人皆好之，必察焉；鄉人皆惡之，必察焉。"⑤ 其或小人便佞也，求矛也，則振達矣；君子廉毅也，德義也，則淪胥⑥矣。小人道長，則君子道消也。而後生美其濫進，修芬芳之譽，匪計日月，求合於權利，忘辱殆己，狡謀奇慮，必取其合。既合矣，稱某歸依，某以爲，黨以爲援，以爲捷徑之路倍百直。誚彼簡朴不能進取者也。所謂詭情賊智也。梁寶唱撰《名僧傳》，慧皎刪而改之，曰：'高僧以爲名者，實之賓也。

---

① 邵伯：即召康公，（？—前981），姬姓，名奭，周王室的宗親，生年不詳，活了很大歲數，亡於周康王二十六年。因最初采邑在召（今陝西岐山西南），故稱召公或召伯。和周王族同姓，周武王滅掉商紂王以後，把召公封在北燕，是後來燕國的始祖。《詩經·甘棠》就是爲此而寫的。

② 見《詩·召南·甘棠》。

③ 見《禮記·中庸》。

④ 諛：底本漫漶不清，但可辨認出下面"臾"部分。諛，"謬"的俗體。《隸辨·去聲·幼韻·諛字》引《曹全碑》。《新集藏經音義隨函錄》卷一三："僧勔：弥究反。比丘名也。正作勔。《開皇錄》作勔。尔疋曰勔，勉也。注云：周鄭之間相勸爲勔也。川音作勔云同猛，諛之甚也。"

⑤ 見《論語·子路》。

⑥ 淪胥：《詩·小雅·雨無正》："若此無罪，淪胥以鋪。"毛傳："淪，率也。"鄭玄箋："胥，相鋪遍也。言王使此無罪者見牽率相引而遍得罪也。"

若實行潛光，高而不名。寡德適時，名而不高。名而不高，非所紀也。'①
而皎公可謂釋氏之良史也。"

異說云："將死之人，寂無所見，是謂至道，不由險畏。若覿佛來，
以相爲魔，心之取矣。其何免哉？"

議者曰："是夫也，此乃匹夫之見爾。未曰司契②者也。夫死者形離神
越③，樂消苦會，適長昏之域，蹈無畔之鄉，不矚聖儀，悲焉莫救。莫，
無也。故西域臨終之人，鏗然金奏，不俟於春容矣。西國臨終，必令擊鐘，
云苦趣滅也。今此土亦然也。春容，徐徐聲也。異彼澄想，去亂而魂有所歸矣。
又以幡④繫像，手令其執之，示往生之相也。其有夙修三福⑤，遝其後報，
金容華目，瓊臺授手。笙鏞間和，法誦窮年。實法王之大賚，皆淨土之相
也。蠲有苦於天下也。讟⑥爲魔者，蓋魔由己耳。然法無所取，實定用之
忘照，根本定心照境之時，不著能所取相是也。非死者之昧心，何捃彼而與此，
同辰而語哉？"非可將證理之真心，而欲同將死之昏識也。

---

① 見《高僧傳》卷一四《序錄》。

② 司契：掌握契據。《老子》："是以聖人執左契而不責於人，有德司契，無德司徹。"任
繼愈注："司契的人，只憑契據來收付，所以顯得從容。"後指掌管法規。《文選·左思〈魏都
賦〉》："上垂拱而司契，下緣督而自勸。"李周翰注："上則垂衣拱手，執法契以御天下。"

③ 神越：精神散失。《淮南子·俶真訓》："神越者其言華，德蕩者其行僞。"高誘注：
"越，散也。言不守也，故華而不實。"

④ 幡："幡"的異體。字見《隸辨·平聲·元韻·幡字》引《司馬季德碑》、《龍龕手鑑·
巾部》、《重訂直音篇·卷七·巾部》。

⑤ 三福：指往生極樂淨土者所修之三種淨業；此爲過去、現在、未來三世諸佛之淨業正
因。即：世福、戒福、行福。

⑥ 讟：怨恨。《說文解字·誩部》："讟，痛怨也。从誩。賣聲。"

《北山錄》卷第七①

綜名理第十一

明亡言以取意，勿執言而乖諍。②

……揆……稽……奄荒夢宅……沿革……億界來賓……劫比羅……
權……任……命……勝……舍利弗……③地，即入④諸定舉之，地大震動，帶
猶著地。佛云："舍利禪定，目連尚不識其名也。"⑤ 冨樓那□⑥聞智慧居弟子
上，而以說法知也。冨樓那彌多羅尼子⑦也，此云滿慈，子從母彰。名滿。慈，

---

① 卷首缺，篇名和題名據目錄補。

② 底本原缺，此據周叔迦《釋家藝文提要》的概括補。

③ 底本估計缺一至二頁，以上系《北山錄隨函錄》所釋詞，應該出現在《北山錄》正
文或慧寶注中。

④ 本頁開頭三字漫漶不清，第一字可依稀辨認左下角 "其"，第二字可辨認左半邊 "目"。
《大智度論》卷四五："舍利弗見目連貴其神通，即以腰帶擲地，語言：'汝舉此帶去！'目連
以兩手舉此帶，不能離地，即入諸深定舉之，地為大動，帶猶著地。"據此補 "地，即入" 三
字。"舍利弗" 和 "地" 之間的文字應該也與上引文字大同小異。

⑤ 見《大智度論》卷四五。

⑥ 缺字疑為 "聲" 字。《佛本行集經》卷二："汝莫以於聲聞智慧欲比如來。"《文殊支
利普超三昧經》卷二："其大聲聞智慧最尊。"

⑦ 冨樓那彌多羅尼子：釋尊十大弟子之一。又作 "布剌拏梅但利曳尼子"、"分耨文陀尼
子"。或略作 "冨婁那"、"冨樓那"、"彌多羅尼子"。意譯為 "滿慈子"、"滿祝子"、"滿願
子"。"滿" 是其名，"慈" 是其母姓，從母得名，故稱滿慈子。"彌多羅" 為其母之族名，有
祝、願之義，故稱滿祝子、滿願子。為迦毘羅婆蘇（即迦毘羅衛）人，淨飯王國師之子，屬
婆羅門種。以其長於辯才，善於分別義理，後專事演法教化，因聞其說法而解脫得度者，多達
九萬九千人，故被譽為 "說法第一"。

母姓名也。**大迦葉爲法冢嗣①，而獨譽頭陀。**飮光迦葉，□□②男也，王舍城人。弃榮貴□□□乞食自資，修頭陀行。**舍利、目連□③爲阿毘曇，而迦旃延④專論義之號也。**阿毘曇，此云無對法，即論藏也。目連、舍利俱造此論，而迦旃延稱論議第一。亦云迦多演，此云剪剃種。上古有仙，山中既久，髮長無人剃。婆羅門法，污人不剃髮，有一仙爲剃髮。諸仙願護，得道爾來，號剃髮種，尊者即其後也。**此大聖之弘旨，非餘之所不兼焉。以專美者見稱。然於其間，或勸或沮，皆有爲而言之矣。故劫賓那⑤獨窮曆象，**劫賓那，此云房宿，蓋因感之而生，故曉曆象。**首籠那⑥迥然精進。**則億耳比丘也。生平已來，足不履地。出家後日夜行道，足下血流。佛爲說彈琴喻，須令急慢得所，因證果也。**至於五百，若以一行求之，則無不居甲而非乙也。其若孔門，三千昇堂，入室者七十二人⑦。舉以四科十哲，雖曾參不標德行而見稱孝悌，**德行、政事、文學、言語，四科也。顏回、閔損、冉雍、言偃、卜商、冉耕、仲由、冉有、宰我、子貢，爲十哲。曾參不預。**左氏不登文學而騰翰國史。**不預十哲而著《左傳》。左丘明亦孔子弟子。**禮經三百，威儀三千，唯公西赤之卓立。**公西

---

① 冢嗣：嫡長子。《國語·晉語三》：“十四年，君之冢嗣其替乎？”韋昭注：“冢嗣，太子也。”

② 缺字疑爲“金色”，底本漫漶不清，前字似乎可見“金”字右邊，后字依稀可見“色”字最後一筆。《新華嚴經論》卷三三：“摩訶迦葉者，以身金色能飮日光，亦云是飮光。”《阿彌陀經要解》卷一：“摩訶迦葉此云大飮光，身有金色光明，頭陀勝行第一，傳佛心印爲西土初祖。”《維摩經略疏垂裕記》卷七：“金色迦葉者，即大迦葉身作金色。”《人天眼目》卷五：“獨有金色頭陀，破顏微笑。”

③ 缺字疑爲“俱”。

④ 迦旃延：即摩訶迦旃延。又作“摩訶迦多衍那”、“摩訶迦底耶夜那”、“摩訶迦甄延”。或稱“大迦旃延”。意譯“大剪剔種男”。佛陀十大弟子之一。西印度阿槃提國人，其族姓及出家皈依佛陀之因緣有數說，據《佛本行集經》卷三七《那羅陀出家品》載，乃獼猴食聚落大迦旃延婆羅門之第二子。

⑤ 劫賓那：又作“摩訶劫賓那”、“摩訶劫賓寧”、“摩訶劫比拏”、“摩訶闕賓那”、“摩訶迦匹那”、“摩訶金毘羅”。或稱“大劫賓那”，或單稱“劫賓那”。意譯作黃色、房宿、大分別時。佛陀弟子之一。精通天文曆數，能知星宿，爲眾僧中第一。

⑥ 首籠那：又作“守籠那”、“首樓那”、“室縷多頻設底拘胝”、“億耳羅漢”、“聞二百億”、“二十億耳”。乃中印度伊爛拏鉢伐多國長者之子。佛弟子中精進第一。

⑦ 五百：指跟隨佛陀聽法傳道的五百弟子。昇堂：比喻學問技藝已入門。入室：比喻學問技藝得到師傳，已達到深奧的境界。語出《論語·先進》：“由也升堂矣，未入於室也。”邢昺疏：“言子路之學識深淺，譬如自外入內，得其門者。入室爲深，顏淵是也；升堂次之，子路是也。”

赤,字子華,有容儀。孔子云:"束帶立於朝,可使與賓客言也。"① 故二宗風教,玄符於抑揚也。

昔者讚大迦葉,即曰同一解脫,譏舍利弗,即曰所不能知。《法華經》:"假使諸比丘,充滿十方界,皆如舍利弗,亦所不能知。"② 十方刹土③,靡不清淨,獨讚無量壽國④。諸尊⑤大士,普蘊慈悲,但顯觀自在力。雪山大士⑥,睹相知終。佛在俱尸⑦入滅,大迦葉住在雪山⑧,見地大動,又覩光明,知此必是如來終也,遂來赴會所。假名菩薩⑨,聞說常住⑩。蓋非所益而不善其事,非可久而不宣其教。假名初發心也,聞佛說久住世間無益。《涅槃》云:"後三月當入涅槃,遂生悲泣。"⑪《法華經》云:"若佛久住於世,薄德之人不種善根也。"⑫ 其傳法之人,所未得者,難在此矣。夫執文以定義,義歸甕也;賾義以乖文,文將害也。離文穿鑿,爲害文也。或學博而理不能精,或心知而口不能辯,此二者誠則有焉。蓋無求備於一人也。然所說經,皆稱第一,固

---

① 見《論語·公冶長》。

② 見《妙法蓮華經》卷一。

③ 刹土:指國土。刹,音譯"差多羅"、"紇差呾羅"。意譯"土田"。

④ 無量壽國:在九品淨識三摩地,是即諸佛境界,如來所居。三世諸佛,從是成正覺,具足三明,增長福慧。

⑤ 諸尊:指密教諸佛、菩薩、明王、天等。

⑥ 雪山大士:釋尊於過去世修菩薩行時之名,屬於佛陀著名本生譚之一。又稱"雪山童子"、"雪山婆羅門"。略稱"雪童"。

⑦ 俱尸:中印度之都城或國名,乃佛陀入滅之地。又作"拘尸那揭羅"、"拘尸那伽羅"、"拘夷那竭"、"俱尸那"、"拘尸那"、"瞿師羅"、"劬師羅"、"拘尸城"。意為吉祥草之都城。古稱"拘舍婆提"。意譯"上茅城"、"香茅城"、"茅宮城"、"少茅城"、"奐艸城"、"茅城"、"草城"、"角城"。此城位於佛世時十六大國中之末羅國,係末羅種族之領土。

⑧ 雪山:雪藏之意。又作"雪嶺"、"冬王山"。橫亙於印度西北方之山脈。古今所指雪山不同,或有以之為喜馬拉雅山者,或有以之為葱嶺西南,興都庫什山脈之總稱者。此地邊國於阿育王時代即有佛教弘傳。

⑨ 假名菩薩:指大乘菩薩五十二階位中之十信位菩薩。又作"名字菩薩"、"信想菩薩"。五十二階位係指十信位、十住位、十行位、十迴向位、十地位、等覺位、妙覺位等,其中之十信位即是具有信心、念心、精進心等之十種修行階段;此十種修行階段,僅有菩薩之名而未具實質,故稱為假名菩薩。

⑩ 常住:略稱"常"。為"無常"之對稱。意指綿亙過去、現在、未來三世,恆常存在,永不生滅變易。

⑪ 《大般涅槃經》卷三四:"假名菩薩,聞我三月當入涅槃,皆生退心。"

⑫ 見《妙法蓮華經》卷五。

有旨矣。夫俞扁之於患者，史記俞附、扁鵲，皆古之良醫。陰慘焉，桂椒之
良也；陰慘冷，桂椒熱，故爲良。陽躁焉，冰雪之良也。陽躁熱，冰冷故爲良。
而法大醫王①懃有區之庶類，佛爲大醫王。以般若破名相，以法華會三乘，
以金光致哀懺，各有所而不居其次也。《金剛經》以破相稱最上第一，《法華
經》以會羊鹿中小三乘歸大白牛之車②爲第一，《金光明經》據信相菩薩懺悔一切罪
障第一也。而經言國君失道，玉燭不調，四時和謂之玉燭。風雨不時，疾疫
是興者，蓋警誡之辭耳。如《仁王經》、《金光明經》等。警，動也。誡，約也。

　　夫王者以風化于下。其風若昏，人變於惡，德薄禍重，安得大康？故
殲其人，罔與守邦，則祿位之亡，如岷之頹。殲，殄也。罔，無也。岷，山
名。君乎無道，天降殃禍，殄其賢良忠臣，國壞如山之頹。斯大聖婉而成章矣。
然於教中，亦有言似而意非者，如燕居三月，勅一切不得見，唯除一供養
人。佛之安閑而處，先勅不許雜人相見。有和先③比丘，與六十頭陀行者，不
受請，常乞食，止山上，著獘衣，樹下坐，日一食，唯三衣，恒坐不臥，視死人，不
食肉，如比皆頭陀行。直入見佛，佛覺少欲而稱嘆之。其非少欲者，乃悟是
燕坐也，由吾曹也，相率如和先，乃得見佛也。④ 和先因少欲見佛，多欲者乃
相率而少欲。

　　昔說九部經⑤，美化城⑥之居，居而無實，會至寶所，佛說中小之教，

---

　　① 大醫王：指佛、菩薩。佛、菩薩善能分別病相、曉了藥性、治療眾病，故以“大醫王”
喻稱之。
　　② 大白牛之車：指一佛乘。即《法華經·譬喻品》所說四車之一。天台、賢首諸師以羊車
比喻聲聞乘，以鹿車比喻緣覺乘，以牛車比喻菩薩乘，而以大白牛車比喻一佛乘。對界內三乘之
方便權教，以門外露地授之大白牛車比喻界外一乘真實之法門，此說即所謂“會三歸一”之旨。
嘉祥、慈恩諸師則主張宅內牛車與宅外牛車同體無殊，故將二乘會歸菩薩乘。
　　③ 和先：即和先跋檀陀子。比丘名。和先，或云“斯那”。此言“軍”。具云“優波斯
那”，或云“烏波細那”。此“小軍”。跋檀陀，大論為“大德”。或作“婆檀提”，或“朋捷
陀”。又作“末揭黎”、“末羯黎”。此“不見道”。西國多以父母姓字，而召其子，此或是母名。
然亦未可詳定。
　　④ 見《四分律》卷四一《衣揵度之三》。
　　⑤ 九部經：又作“九分教”、“九部法”。略稱“九經”。為佛經內容之九種分類。九部
之名稱，南北所傳諸說各異。
　　⑥ 化城：指變化之城邑，比喻二乘之涅槃。《法華經》卷三《化城喻品》載，有眾人將
過五百由旬險難惡道以達寶處，疲極欲返，其導師為振奮眾人，以方便力，於道中過三百由旬
處化作一城，令彼等得蘇息，終能向寶處前進。即藉化城比喻二乘所得之涅槃非為真實，乃佛
為使彼等達大乘至極佛果之方便假說。

謂之權設。如人欲至寶所，中路心退，導師乃於中化作一城，權言寶所。候憩息方言是權，引之更進寶所。九部，小乘教。於言如同，其意常不同也。有言乖而旨和如《教誡經》，比丘不袒，大聖貽其責也。《城喻經》既袒不通肩，又責之也。袒謂露膊，通肩兩膊俱覆，且非袒也。鶖子①以正言，似反取捨未諭。未知可執。佛言行供養，袒也；作福田，不應袒也。所貴善時，非堅白之可離。取捨適時，進退從權。非如磨而不磷方日堅乎？涅而不淄方日白乎？②嘗告頻婆娑羅王③曰："勿縱惡比丘令僧田蕪穢，其罪甚於刳大千眼。"王舍城主。有時以破戒比丘如萎蒼蔔④，王官素服，勿得刑罰。《遺教經》云："蒼蔔花雖萎，猶勝諸餘花。破戒諸比丘，猶勝諸外道。"⑤又云："我諸比丘若犯王法，或殺或打，若剝袈裟逼令還俗，若驅出國，如生剝三百頭牛，其罪尚輕。"⑥蓋由仁王過仁，使愚者恣愿；愿，惡也。惡王過惡，使人枉濫。慮失其中，設兩經以防損也。《戒經》始命展轉相諫，終命但自觀身。《戒經》，僧殘⑦有三諫之文。《七佛戒》又云："但自觀身行，莫觀作不作。"⑧蓋爲直己而不能直人者，制使胥諫也；伐善而好訟過者，制令

---

① 鶖子：舍利弗之譯名。佛陀十大弟子之一。又作"舍利弗多"、"舍利弗羅"、"舍利弗怛羅"、"舍利弗多羅"、"奢利富多羅"、"奢利弗多羅"、"奢唎補怛羅"、"設利弗呾羅"。意譯"鶖鷺子"、"秋露子"、"鴝鵒子"、"鸜鵒子"。梵漢並譯，則稱"舍利子"、"舍梨子"。

② 見《論語·陽貨》："不曰堅乎，磨而不磷；不曰白乎，涅而不緇。"

③ 頻婆娑羅王：又作"頻毘娑羅王"、"頻頭娑羅王"、"頻浮娑王"、"民彌沙囉王"、"鉼沙王"、"萍沙王"、"瓶沙王"。意譯"影勝王"、"影堅王"、"顏貌端正王"、"諦實王"、"光澤第一王"、"好顏色王"、"形牢王"。即與釋尊同時代之摩揭陀國王。爲西蘇納加王朝之第五世。其皇后爲韋提希夫人，生一太子，即阿闍世王。

④ 蒼蔔：即黃色花。又作"瞻波"、"瞻博迦"、"占婆"、"瞻婆"、"占博迦"、"瞻蔔"，意譯作"金色花"、"黃色花"。一種黃色香花，燦然若金，香聞數里。

⑤ 見《大方廣十輪經》卷三："爾時世尊，而說偈言：'瞻蔔華雖萎，勝於諸餘華；破戒諸比丘，猶勝諸外道。'"又《天台菩薩戒疏》卷一、《妙法蓮華經玄贊》卷一〇、《天台菩薩戒疏》卷一、《梵網經古跡記》卷二、《諸經要集》卷二、《四分律行事鈔批》卷四等皆引云《十輪經》。

⑥ 不明出處，亦不見於《佛遺教經》。

⑦ 僧殘：音譯"僧伽婆尸沙"。五篇七聚之一。指戒律中僅次於波羅夷之重罪。又作"眾餘"、"眾決斷"、"僧初殘"。犯者尚有殘餘之法命，如人被他人所斫，幾瀕於死，但尚有殘命，宜速營救，依僧眾行懺悔法，除其罪，猶可留於僧團。此亦相對於波羅夷之無殘而言。

⑧ 見《佛說大般泥洹經》卷六。

退省諸已也。有事隱而言實，如憍梵波提①，墮數粒粟，而五百世爲牛。② 彼當更有牛業，而但彰乎一事也。即牛呵比丘。過去世摘一莖禾，墮數粒粟，五百世作牛蹄牛口。佛恐世人譏之，遂令長居三十三天③。阿那律④施一食，而九十一劫受人天樂。此云無滅，天眼第一。彼以善緣相資，成於多劫，然由肇自一食，隱末而稱本也。如世稱富者，食一金錢，彼始以一金錢，而後成於富者也。

夫同躋十號⑤，何則強劣而稱拜者益有豐寡耶？同以十號，成佛稱禮。於有見獲，益不同也。蓋舉一時一行，而示乎不一之緣也。若西方偏於接引，藥師偏於救患等。有理非而言過，如飲酒捉寶，定非沙門。戒經所禁。記提婆達一劫入地獄，提婆達造五逆⑥，入地獄一劫。重心害蟻，罪重殺人，如特起上品，瞋心害蟻，重於誤意殺人。⑦ 雖於事則微，而緣情則極，皆聖人至責

---

① 憍梵波提：佛弟子之一。又作“憍梵跋提”、“笈房鉢底”、“伽婆跋帝”、“伽梵波提”、“伽傍簸帝”、“迦爲拔扺”、“憍恆鉢”、“房鉢底”。意譯“牛跡”、“牛司”、“牛主”、“牛王”、“牛呵”、“牛相”。曾受舍利弗之指導。因其於過去世，摘一莖之禾，有數顆穀粒墮地，遂於五百世中受生牛身，故尚遺有牛之習性，食後常如牛之虛哺咀嚼，故有“牛相比丘”之稱。

② 見《妙法蓮花經玄贊》卷一。

③ 三十三天：六欲天之一。又作“忉利天”。於佛教之宇宙觀中，此天位居欲界第二天之須彌山頂上，四面各為八萬由旬，山頂之四隅各有一峰，高五百由旬，由金剛手藥叉神守護此天。中央之宮殿（善見城）為帝釋天所住，城外周圍有四苑，是諸天眾遊樂之處。城之東北有圓生樹，花開妙香薰遠，城之西南有善法堂，諸天眾群聚於此，評論法理。四方各有八城，加中央一城，合為三十三天城。

④ 阿那律：又作“阿尼盧陀”、“阿㝹樓馱”、“阿難律”、“阿樓陀”。意譯“無滅”、“如意”、“無障”、“無貪”、“隨順義人”、“不爭有無”。乃佛陀十大弟子之一。古代印度迦毗羅衛城之釋氏，佛陀之從弟。

⑤ 十號：釋迦牟尼佛或諸佛通號之十大名號。又稱“如來十號”、“十種通號”。雖稱十號，然一般皆列舉十一號，即如來、應供、正遍知、明行足、善逝、世間解、無上士、調御丈夫、天人師、佛、世尊。

⑥ 五逆：又作“五逆罪”。即五重罪。指罪大惡極，極逆於理者。有大乘五逆、小乘五逆之分。小乘五逆（單五逆）指：害母、害父、害阿羅漢、惡心出佛身血、破僧等五者。大乘五逆（複五逆），據《大薩遮尼乾子所說經》卷四舉出五大根本重罪，即破壞塔寺、燒燬經像、奪取三寶之物，或教唆他人行此等事，而心生歡喜；毀謗聲聞、緣覺以及大乘法；妨礙出家人修行，或殺害出家人；犯小乘五逆罪之一；主張所有皆無業報，而行十不善業；或不畏後世果報，而教唆他人行十惡等。

⑦ 見《俱舍論疏》卷一七。

之詞也。故經云：“我說須陀洹①人得成佛，汝不解我意。據迴心②修行說。我說不成佛，汝亦不解我意也。”③ 據定性④灰身⑤未廻心者說。夫皇聖照機，卷舒無必。必，專必也。有以教起從人，故前說人天，後以諦緣而損之也；人天謂五戒十善等，諦謂四諦也，緣謂十二緣生也。前說諦緣，後以一乘而損之也。令捨羊鹿，趣大白牛。損至無損，乃歸曰大道。有以教不從人，如華嚴前會，小聖在席，視聽之所昧塞也。初八會，雖小聖在席，而不見不聞，蓋非其境，至第九會，方見聞也。有以人不從教，如初轉法輪⑥。十二億眾發無上道⑦意，佛初成道，謂提謂⑧長者說法，有十二億眾得無生法忍⑨。攝末歸本⑩，無量人天得法眼淨，夫如是不鉤深⑪，不達矣。

───────────

　　① 須陀洹：為聲聞乘四果中最初之聖果。又稱“初果”。即斷盡“見惑”之聖者所得之果位。全稱“須陀般那”。又作“須毧多阿半那”、“窣路陀阿鉢囊”、“窣路多阿半那”。舊譯作“入流”、“至流”、“逆流”。新譯作“預流”。

　　② 迴心：又作“回心”。本意謂迴轉心意。即改變對世俗慾望之追求與邪惡之心，轉向善道，並從此皈依佛教，成虔誠之佛教徒。又將邪惡之心改為向佛之心，即稱為迴心懺悔；反自利之小乘而趨向大乘，稱為迴心向大；反自力而信仰他力（佛、菩薩），則稱捨自歸他；自始即能直入大乘者，稱為直入之根機；必須靠迴心轉意者，即稱迴心之根機。

　　③ 見《大般涅槃經》卷三一。

　　④ 定性：有情之種性共有五種分別，即聲聞乘定性、緣覺乘定性、菩薩乘定性、不定種性、無種性。凡於聲聞、緣覺、菩薩等三乘中，各具有唯一種子之眾生，即稱定性。

　　⑤ 灰身：即“灰身滅智”、又作“無餘灰斷”、“焚身灰智”。略稱“灰滅”、“灰斷”。即將肉身焚燒成灰，將心智滅除之意。亦即將身心悉歸於空寂無為之涅槃界。此乃小乘佛教最終目的之無餘涅槃。

　　⑥ 初轉法輪：佛陀出家成道後之首度說法。彼時，佛陀於鹿野苑為憍陳如等五比丘說四聖諦、八正道，示離愛欲及苦行之二邊，而行中道。

　　⑦ 無上道：指最上無比大道之佛道。蓋如來所得之道，無有出其上者，故稱無上道。具體稱為菩提。又與“正覺”、“無上正等覺”、“無上菩提”同義。

　　⑧ 提謂：佛陀成道後，最初供養、歸依之商人。全稱“帝梨富娑”、“帝履富娑”，又作“布薩”、“離謂”，意譯作“黃瓜”、“胡瓜”、“瓜”。

　　⑨ 無生法忍：謂觀諸法無生無滅之理而諦認之，安住且不動心。又作“無生忍”、“無生忍法”、“修習無生忍”。為三忍之一，仁王經所說五忍之第四。

　　⑩ 攝末歸本：攝末歸本識五重唯識觀之第三。五重唯識觀中，第二重“捨濫留純識”所留之心法，仍有識自體之本與作用之末（即見相二分），故攝見分、相分歸於自體分，稱為攝末歸本識。蓋見分係識內能取之作用，相分係識內所取之境，此二者皆起於識之自體分，離此自體分，別無見相二分，故攝末而歸於本。此乃體用相對之觀法。

　　⑪ 鉤深：探索深奧的意義。晉潘岳《楊仲武誄》：“鉤深探賾，味道研機。”

昔仲尼修《春秋》，陳褒貶，而游夏①之徒莫敢措以一詞。②豈不以智不及乎？至若問仁、③ 問政、④ 聞斯行諸，⑤ 所問是一，所告不同。如《論語》。雖萬流俱潤，而不滓其源也，故曰："信近於義，言可複也。"⑥ 有義不必信，可審覆之也。

昔大菽氏，目干連也。上古有仙，居山寂處，常采菉豆而食，因以爲姓，曰采菽氏。尊者之母是其族也。記七日後雨，記七日當雨而不雨，則目連觀不細也。牸牛白犢，終用克爽。⑦ 又記："婆羅門家牸牛生犢，額白而尾白。"此皆目連之麤心也。五百無學⑧，同以天眼⑨討論天地，皆二三其說。蓋分理事，亦或乖也。夫十二分教，如晝夜有時，寒暑有月，醫藥味分，闕則寡力，多則無要。已上皆不可闕，法亦如是。《婆沙⑩》謂如三周循曆四聖諦數，若論之不極也。三周數四諦，謂滅緣滅行觀也。

夫大乘我⑪不障小果，彼犢子眾⑫。上古有仙，染牸而生，故謂犢子部。

---

① 游夏：子游（言偃）與子夏（卜商）的並稱。兩人均為孔子學生，長與文學。

② 見《史記·孔子世家》。

③ 見《論語·顏淵》、《論語·雍也》、《論語·子路》等。

④ 見《論語·顏淵》、《論語·子路》等。

⑤ 見《論語·先進》。

⑥ 見《論語·學而》。

⑦ 見《大般涅槃經》卷三三："如目犍連在摩伽陀國，遍告諸人，却後七日天當降雨，時竟不雨；復記牸牛當生白犢，及其產時，乃產駁犢；記生男者，後乃產女。"

⑧ 無學：為"有學"之對稱。雖已知佛教之真理，但未斷迷惑，尚有所學者，稱為有學。相對於此，無學指已達佛教真理之極致，無迷惑可斷，亦無可學者。聲聞乘四果中之前三果為有學，第四阿羅漢果為無學。

⑨ 天眼：五眼之一。為天趣之眼，故名天眼。以色界四大所造清淨之眼根前知麤細遠近一切之諸色，及眾生未來生死之相者。此有修得生得之二種，在人中依禪定於肉眼上彼修得淨眼者，謂為修得之天眼，生於色界諸天自得此淨眼者，謂為生得或報得之天眼。

⑩ 婆沙：註解書之名。又作"毘婆沙"、"毘婆娑"、"鞞婆沙"、"鞞頗沙"、"鼻婆沙"。略作"婆沙"。意譯"廣解"、"廣說"、"勝說"、"種種說"。註釋經書者，稱為"優婆提舍"；而以律、論之註釋為主者，稱為"毘婆沙"。大藏經中，題為《毘婆沙論》者凡四部，這裡指《阿毘達磨大毘婆沙論》。唐玄奘譯，凡200卷，世稱《新婆沙》。略作《婆沙論》。其異譯本為北涼浮陀跋摩、道泰合譯者，凡100卷，今僅存60卷，世稱《舊婆沙》。

⑪ 大乘我：即"法我"。二我之一。指於如幻假有之法上生起實有之妄執。又作"法我執"、"法我見"、"法執"。即執著諸色、心等法為實有體性。

⑫ 犢子眾：即犢子部，小乘二十部之一。音譯"跋私弗底梨與部"、"跋私弗多羅部"、"婆蹉妒路部"、"婆蹉富羅部"、"婆麤富羅部"、"婆蹉冨多羅部"、"跋私弗部"、"婆蹉部"。又

或執之，而人皆謂隨眠①性我③，吾弗信也，故天親④造《對法論》，所宗有二，蓋不以一宗爲盡善之門矣。天親本在有部宗出家，說義多宗經部也。法勝④造《毘曇心論》云："若生諸煩惱，是聖說有漏。"⑤　達磨多羅⑥謂其生字濫於滅道，乃別制《雜毘曇心論》，云"若增諸煩惱，是聖說有漏"⑦

稱"跋次子部"、"跋私弗多羅可住子部"、"可住子弟子部"、"婆雌子部"。有關此部之分派，諸說不同。依《異部宗輪論》載，此部係於佛陀入滅後三百年，自說一切有部所分出者；舍利弗問經及南傳島史等，則謂於上座部分出。又南傳佛教謂其分裂年代在佛陀入滅後二百年中。其部名與部主，《三論玄義》舉真諦三藏之說，謂有名為"可住"之古仙人，其後裔有可住子阿羅漢者，今此部為其弟子所倡，故稱可住子弟子部。《異部宗輪論》謂上古有一仙人，貪欲莫遏，染母牛而生子，自後仙種皆言犢子，為婆羅門之一姓。佛世時有犢子外道，歸佛出家，其後門徒相傳不絕，分部之後，即稱犢子部。

① 隨眠：為煩惱之異名。煩惱隨逐我人，令入昏昧沈重之狀態；其活動狀態微細難知，與對境及相應之心、心所相互影響而增強（隨增），以其束縛（隨縛）我人，故稱為隨眠。

② 性我：本性之大我。去除了凡夫的妄我，才能歸入於如來的性我。

③ 天親：梵名"婆藪槃豆"，又曰"婆修槃陀"，譯曰"天親"，新作"伐蘇畔度"，譯曰"世親"。《俱舍論》之作者。古印度大乘佛教瑜伽行派創始人之一。四五世紀頃北印度健馱邏國富裕沙冨羅城人，乃國師婆羅門憍尸迦第二子。與其兄無著初於薩婆多部（有部）出家，無著直入大乘，世親卻入經量部，立志改善有部教義，遂入迦濕彌羅國，研究《大毘婆沙論》。四年後歸國，為眾講《毘婆沙》，並作《阿毘達磨俱舍論》。其論著與注釋之典籍甚多，奠定大乘佛教瑜伽派之基礎。重要著述有《俱舍論》30卷、《攝大乘論釋》15卷、《十地經論》12卷、《金剛般若波羅蜜經論》、《廣百論》、《菩提心論》、《三十唯識論頌》、《大乘百法明門論》、《無量壽經優波提舍》等40多種。

④ 法勝：為《阿毘曇心論》之作者、《說一切有部》之論師。音譯為"達磨尸梨帝"。西域之土火羅縛蠋國人。其事蹟不詳，關於出生年代亦有各種不同說法。吉藏之《三論玄義》卷上謂佛陀入滅後七百餘年之羅漢；《俱舍論光記》卷一、《大唐西域記》卷二則謂係佛陀涅槃後五百年中之人；又出《三藏記集》卷一二以第三十三達磨尸梨帝羅漢列於第三十四龍樹菩薩之前，亦即法勝出於龍樹之前。

⑤ 見《阿毘曇心論》卷一《界品第一》。

⑥ 達磨多羅：又作"達摩多羅"、"達磨呾邏多"。意譯作"法救"。《法華玄義釋籤》卷六譯之為"達磨鬱多羅"，意譯"法尚"。健馱邏國布路沙布邏城人，為《說一切有部》之論師。居於布色羯邏伐底城北四五里之伽藍，因撰述《雜阿毘曇心論》十一卷，以解釋法勝之阿毘曇心論而著稱，屬於法勝之門派。關於其出生年代，《三論玄義》謂於佛陀入滅後千年頃，《俱舍論光記》卷一謂於佛陀入滅後六百年頃，《法華玄義》謂於佛陀入滅後八百年頃。蓋《雜阿毘曇心論》於苻堅建元（365—384）末年由僧伽提婆譯出，故其年代應在苻秦以前。

⑦ 見《雜阿毘曇心論》卷一《界品第一》。

也。無著①造《般若論》，天親二之。無著菩薩造《金剛般若論》，天親菩薩亦造，故云二也。以伯仲，以師資，以行位，天親俱弗先也。無著、天親、師子覺，三兄弟也。北天竺留妻沙冨羅②國人，此云丈夫土，是天帝戰修羅處也。俱在薩婆多出家。無著先悟大乘，往兜率宮請彌勒說瑜伽，後勸天親，令悟大乘也。所不然者，止以無著智障未除，而撾不及于馬腹，尺有短於寸者也。智障，所知障也。《左傳》云"雖鞭之長，不及馬腹"③也。喻無著雖造論，猶有所不到。清辯④與諸徒，誓于修羅窟⑤俟龍華⑥成道，方擬問津焉，謂今彌勒未是遍知也。清辯菩薩以芥子擊修羅窟，隱候彌勒佛下生，將問不決之事。今彌勒菩薩未是至聖者也。⑦後德光⑧假龍軍⑨而得見，所不致拜，又索之以形儀焉。得至兜率，見彌勒不禮，以其作天人相也。

---

① 無著：音譯為"阿僧伽"。生於西元四五世紀頃。為古代印度大乘佛教瑜伽行派創始人之一。又稱"無障礙"。北印度健馱邏國普魯夏普拉人。致力於法相大乘之宣揚，又撰論疏釋諸大乘經。其弟世親本習小乘，後依其勸遂歸大乘，竭力舉揚大乘教義。著有《金剛般若論》、《順中論》、《攝大乘論》、《大乘阿毘達磨雜集論》、《顯揚聖教論頌》、《六門教授習定論頌》等。

② 留妻沙冨羅：即冨妻沙冨羅，國名。譯作"丈夫土"。在北天竺，天親菩薩之生國。

③ 見《左傳·宣公十五年》。

④ 清辯：音譯"婆毘吠伽"、"婆毘薛迦"。又作"清辨"、"明辯"、"分別明"。為六世紀南印度大乘佛教中觀學派之論師。或以為南方末利耶那國之王族，或為摩伽陀國種姓大士。曾至中印度，師事僧護，勤習大乘經典與龍樹之教說。主要著作為《大乘掌珍論》二卷、《般若燈論釋》十五卷及傳入西藏之《中觀心論頌》等。

⑤ 修羅窟：指阿修羅王所住之石窟，大都在深山幽谷中。

⑥ 龍華：指彌勒成道時之菩提樹。又稱"那伽樹"、"龍華菩提樹"。略稱"龍華"。屬金絲桃科喬木。彌勒菩薩現居於兜率天，於佛陀入滅後五十七億六千萬年（一說五十六億七千萬年），自兜率天下生於人間，於龍華樹下成道，為眾生三度說法。此說法之會座即稱龍華會。

⑦ 見《大唐西域記》卷一○。

⑧ 德光：音譯"瞿拏鉢剌婆"。北印度鉢伐多國人。據多羅那他印度佛教史載，生於秣菟羅國之婆羅門家，出家受具足戒後投世親門下學大小乘，住於阿古拉普利寺，持戒清淨，與護法論師等同為十大論師之一，與安慧、陳那為同時期之人。據傳著有《辯真論》等百餘部，然未被漢譯，僅於西藏藏經中存有作品七部。

⑨ 龍軍：音譯"那先"、"那伽斯那"、"那伽犀那"。西元前二世紀後半之印度僧。中印度雪山山麓羯羅蠅揭羅村婆羅門之子。"那"為"那伽"之略，乃象之梵語。其出生時，家中大象亦生小象，故有此名。其思想不出小乘佛教之範疇，為說一切有部思想之端緒，故為原始佛教教理發展史上之重要資料。據巴利文之《那先比丘經》載，其出世年代為佛陀入滅後五百年頃，然彌蘭陀王應即希臘之王，若據此推算，其出世年代應為西元前二世紀中葉。

　　先是中土未有泥洹①常住之說，但言壽命長遠而已。遠公歎曰："佛是至極，至極則無變。無變之理，豈有窮耶？"遂著《法性論》。廬山遠也。羅什見曰："邊國人未有經，便闇與理合。豈不妙哉！"② 竺道生講《泥洹經》，謂一闡提人皆得成佛，舊學以爲邪說擯之，投于虎丘，尋往廬山。洎《大本經》至，果與玄契。《泥洹經》說：有一類闡提無種性，終不成佛。及《涅槃後分經》至，一切眾生皆得成佛，果符生公之義也。生乃登法座，論義數番，麈尾紛然而墜。隱机順化，生昔不死，有待故也。③《大本經》未至，生故待之。今既至，乃卒。時人號之"忍死生"也。生今之死，待竟故也。向無生公落詮之知，則昭昭佛性，隱於無知之輩矣。國初玄奘至西域，以花請觀自在像曰："若一切眾生實有佛性，惟所散花挂菩薩頸。"乃輒如其願。④ 今謂若使奘有生公之知，則不應有是祝也。儻祝之不吉，將不信乎？夫卜者決猶預，定嫌疑，不疑何卜？《易》云："中心疑者其詞枝。"⑤ 奘非其枝乎？⑥ 枝，散也。奘公不合有疑散之道。若爲物而然者，蓋是導物爲疑，乃攜人之心矣。奘本不疑，恐後人疑，故示此以導之也。攜，離散也。內⑦墮散後來之疑心也。

　　曇延撰《涅槃疏》，慮匪叶⑧于聖衷，置疏於舍利塔前，焚香請徵驗其疏，與舍利放光，通三晝夜，聯照不絕。⑨ 而淨影⑩之徒，未之允也，長已所製，終於並驅。夫望舒⑪既御，不假載燧；望舒，月光也。月光既出，

---

① 泥洹：又作"涅槃"、"泥曰"、"涅槃那"、"涅隸槃那"、"抳縛南"、"暱縛喃"。意譯作"滅"、"寂滅"、"滅度"、"寂"、"無生"。與"擇滅"、"離繫"、"解脫"等詞同義。或作"般涅槃"、"大般涅槃"。原來指吹滅，或表吹滅之狀態；其後轉指燃燒燒煩惱之火滅盡，完成悟智（即菩提）之境地。

② 見《高僧傳》卷六《慧遠傳》、《歷代三寶紀》卷七。

③ 見《高僧傳》卷七《竺道生傳》。

④ 見《摩訶止觀義例纂要》卷三。

⑤ 見《易·繫辭下》。

⑥ 見於比《北山錄》後出的《摩訶止觀義例纂要》卷三、《法華經三大部補注》卷一。

⑦ 內：底本漫漶不清，依稀可見"人"字，《大正藏》本錄作"內"，姑從之。

⑧ 匪叶：不符合。匪，非。《廣雅·釋詁四》："匪，非也。"叶，合。《集韻》："叶，合也。"

⑨ 見《續高僧傳》卷八《曇延傳》。

⑩ 淨影：隋淨影寺慧遠。慧遠，（523—592），隋代僧。敦煌（甘肅）人，俗姓李。又稱"隋遠"、"小遠"、"大遠"、"北遠"。因住淨影寺，故又稱"淨影寺慧遠"、"淨影"，以別於廬山慧遠。

⑪ 望舒：神話中爲月駕車的神。《楚辭·離騷》："前望舒使先驅兮，後飛廉使奔屬。"王逸注："望舒，月御也。"

行者不假執炬。翳號①既族，寧期私灑？翳號，雲雷也。雲雷既布，甘澤普滋也。
而闔戶之家，華釭特舉。月影雖流，蘭釭尚照。營圃之叟，綆缶②自溉。芸蔬
不可不灌。良以遲光不燭隩，驟雨不滋卒，各惟所利，爲美故也。議者以
遠則文句愜當，延則標舉宏贍。學者彈其美，該善而求諸，不以感靈，得
延而廢遠也。③彈，劾也。北遠與曇延俱著《涅槃經疏》，延則文詞博贍，遠則言旨
簡當。後多傳遠疏，不以延疏有放光之靈故也。故古云：“雖有挈瓶之智，而守
不假器。”④杜預云：“挈瓶，小智也。雖小智所守，不可假人也。其在法義匠焉。

　　今有行事，皆尚中天爲美，梵語皆以新經爲正。詳夫五天諸國，王制各
異，況年世今古，風俗治亂？原夫大聖隨其至邦，因事演教，豈得同其律度，
一彼量衡？量，斗也。衡，稱也。故由旬、俱盧舍⑤，遠近殊說；八俱盧舍爲一由
旬。或云十六里，或四十里，遠近不同也。安居⑥置閏，延促多類。安居有七，前安
居四月十六日，中安居十七至五月十五日，後安居五月十六日。分四：心念⑦、對首⑧、

---

　　①　翳號：即萍號。又稱“號屏”、“蓱翳”、“屏翳”。古代傳說中的雨師名。《楚辭·天
問》：“蓱號起雨。”漢王逸注：“蓱，蓱翳，雨師名也……言雨師號呼，則雲起而雨下。”《山海
經·海外東經》：“雨師妾在其北。”晉郭璞注：“雨師，謂屏翳也。”《文選·陸機〈贈尚書郎顧
彥先〉詩之一》：“望舒離金虎，屏翳吐重陰。”李善注引王逸曰：“屏翳，雨師名也。”

　　②　綆缶：汲水的繩索和器具。《左傳·襄公九年》：“陳畚挶，具綆缶。”

　　③　見《續高僧傳》卷八《慧遠傳》。

　　④　見《三國志·魏志·田豫傳》。引文意思是僅有一點挈瓶汲水的淺薄見識就能守住汲器
不外借。比喻慎其所有，忠於職守。

　　⑤　俱盧舍：為印度古代之尺度名。又作“拘盧舍”、“拘摟賒”。意譯“聲”、“鳴喚”。即大牛之
鳴喚或鼓聲之音響所可聽聞之距離，亦即自聚落至阿練若處之距離。

　　⑥　安居：意譯為雨期。為修行制度之一。又作“夏安居”、“雨安居”、“坐夏”、“夏坐”、“結
夏”、“坐臘”、“一夏九旬”、“九旬禁足”、“結制安居”、“結制”。印度夏季之雨期達三月之久。此三
個月間，出家人禁止外出而聚居一處以致力修行，稱為安居。此係唯恐雨季期間外出，踩殺地面之蟲
類及草樹之新芽，招引世譏，故聚集修行，避免外出。《四分律刪補隨機羯磨疏》卷四，解釋“安居”
之字義，即形心攝靜為安，要期在住為居。安居之制始行於印度古代婆羅門教，後為佛教所採用。

　　⑦　心念：即心識之思念，通常指心識中剎那相續之念頭。又據迦才《淨土論》卷上載，念佛之
法通常有二，其一即為心念。心念念佛，復分二法：念佛色身，謂阿彌陀佛身有八萬四千相，相有八
萬四千好，好有八萬四千光明等；念佛智身，謂阿彌陀佛有五分法身、大慈大悲力無畏等。

　　⑧　對首：三種羯磨法之一。又作“對手”、“對首懺”、“對首懺悔”。首，即面。自原始佛
教至部派佛教時代，僧團於每月二回之布薩會或雨安居最後一日之自恣日中所行之懺悔作法。其
後，亦廣用於一般受戒之時。若犯四十八輕罪而須行懺悔法時，須面對其他之修行僧（一人至三
人），裸陳事實，表示悔悟之意，故稱對首。此一懺法應合手懺謝，故又稱“對手懺悔”。一般
多於安居、依止、捨受衣鉢尼師壇、受藥等時行之。

忘成①、及界②。及界有四，一足及界、二足及界、一足及藍、二足及藍、并前爲七也。於五眾比丘、比丘尼、式叉、沙彌、沙彌尼。前安居五七三十五，後亦三十五，成七十。中安居只常有心念、對首二，二五十也。共成八十，安居心念謂獨住無人作法也。對首如常，忘成偶忘，至十七日欲明方記，亦成安居。中安居一月故無此也。及界等，謂從外來，未明至寺。一足入，亦得也。而往者未應遍覩，來者何無寡知，奈何欲以中天一世，定聖人萬方千古之教歟？

經曰："若人生百歲，不解生滅法，不如生一日，而得解了之。"時有比丘承師誤訓，誦云："若人生百歲，不識水老鶴③，不如生一日，而得覩見之。"④ 阿難聞而歔欷，往正彼師，竟不令改，黨之由矣。夫師者莫大於佛後之學者，各師其師，不承佛爲師。故有採相似之言，逗未濟之俗，祛經像，傳自性，曰："吾宗教焉。"者言句之士也。其釋說之家，皆檢以疏論，發詞斷理，曾不用經，通練其事曰："吾受之於吾師也。"謂講說之家。夫師者可因之學，非守其所學。發明在師，變通由己。章疏可用之爲筌罦⑤，非可守其筌，筌，取魚器。罦，取兔器。以滯學封文，有至於此⑥

---

① 忘成：亦名"安居忘成法"、"忘成安居法"、"忘結便成安居法"。《四分律刪補隨機羯磨疏濟緣記》卷四之五："第三忘成法中，文雖外來，義通主客。有要者成，如上解也。《五分》云：有比丘為安故來，受房臥具已，不念安居，口又不言。佛言：為安居受房，亦成安也。三忘成者，夏初在界，忘不加法，後憶方加，許成前坐。初科初牒釋，文開外客，義通舊住，古今異也。下引《五分》以示忘相。不念，謂不起心。不言，謂不加法。"

② 及界：亦名"安居及界與園法"、"及界與園成安居法"。《四分律刪補隨機羯磨疏濟緣記》卷四之五："及界者，十六後夜，自外奔至，纔及明現，後方加結，亦成前夏。初文，對注可解。界者，入攝僧界。園者，入僧伽藍園。故《伽論》云：云何名林？林名伽藍。即給孤園，是其證也。二中，初通釋藍界。曾結，則約界；未結，則從藍。或可界寬藍狹，則約界說；藍寬界狹，即據藍論。山林村聚，並同藍斷。"

③ 水老鶴：又稱"水潦鶴"、"水白鶴"、"水白鷺"。為珍奇難遇之鳥。依《毘奈耶雜事》卷四十載，有一苾芻於竹林園中說偈："若人壽百歲，不見水白鶴；不如一日生，得見水白鶴。"阿難聞之，乃告彼苾芻佛世尊之說："若人壽百歲，不了於生滅；不如一日生，得了於生滅。"彼苾芻告知其師，其師謂阿難忘失記憶，不可依信。轉喻世間之人多忘失自身之錯誤，反謂正說之教法有誤。

④ 見《付法藏因緣傳》卷二。

⑤ 筌罦：又作"筌蹄"。比喻為達到某種目的所用之工具或手段。筌，捕魚之具；罦，捕兔之網。即比喻經論或言語皆是引導修行者入佛境地之道具，若達於真理，即可捨之。

⑥ 此：底本漫漶不清，據文義和該字可見部分，應該為"此"字。

者。不以文害意。夫陪臣①忠於諸侯，而不信於天子，則王化②歎③矣，家
老④忠於大夫，而不信於諸侯，則公室⑤危矣。其由捨經文，而執章疏也。故
黨者害上也，而彼非仁知其黨也，但嚴愛保乎其間，利譽存乎其中，損黨
則所得不在己矣。昔調達五邪，陷於熾火，調達以五逆入于地獄也。西域猶
有行其教者。豈非海上有酷鬎⑥。腋下惡氣，今謂之鴉臭⑦。猶不獨處，誠有
慕類者焉？人各有黨也。夫君子祗祗庸庸⑧，祗，敬也，庸，用也。小人讎善，
固黨甚矣。嫉善朋惡之道也。相夫今世，皆隱其不能而詐其能，惡勝己而好
不及己。夫逞於不及己者，若誇玄黃於瞽，衒宮徵於聾，徒爾為也。若以
离婁⑨視、師曠⑩聽，离婁百步視秋毫，師曠聞聲知興廢。則彼有所詳，吾得

---

① 陪臣：古代諸侯的卿大夫，對天子自稱"陪臣"。天子以諸侯為臣，諸侯以大夫為臣，
大夫對於天子是隔了一層的臣，即所謂"重臣"，因之稱為"陪臣"。《左傳·襄公二十一年》：
"欒盈過於周，周西鄙掠之。辭於行人曰：'天子陪臣盈，得罪於王之守臣，將逃罪。'"杜預注：
"諸侯之臣稱於天子曰陪臣。"《禮記·曲禮下》："列國之大夫，入天子之國曰'某士'，自稱曰
'陪臣某'。"鄭玄注："亦謂諸侯之卿也……陪，重也。"孔穎達疏："其君已為王臣，己今又為
己君之臣，故自稱對王曰重臣也。"

② 王化：天子的教化。《詩大序》："《周南》、《召南》，正始之道，王化之基。"

③ 歎：敗。《篇海類編·鳥獸類·犬部》："歎，敗也。"

④ 家老：大夫家臣中的長者。《國語·晉語八》："叔向聞之，見宣子曰：'聞子與和未寧，
遍問於大夫，又無決，盍訪之訾祏？訾祏實直而博，直能端辨之，博能上下比之，且吾子之家老
也。'"韋昭注："家臣室老。"《孔子家語·正論》："定公即位，乃命之，辭曰：'先臣有遺命
焉。'曰：'夫禮，人之幹也，非禮則無以立。'囑家老使命二臣必事孔子而學禮，以定其位。"

⑤ 公室：指君主之家，王室。《論語·季氏》："孔子曰：'祿之去公室五世矣，政逮於大
夫四世矣。'"《左傳·文公七年》："公族，公室之枝葉也，若去之，則本根無所庇陰矣。"

⑥ 鬎：鼻梁。《北山錄隨函》："宜鶡字，音喝，大臭氣也。"據慧寶注，可從。

⑦ 鴉臭：狐臭。蜀人稱狐臭為鴉臭。鴉，同"鴉"。

⑧ 祗祗庸庸："祗庸"的重疊形式。祗庸敬而有常。《周禮·春官·大司樂》："以樂德教
國子，中和祗庸孝友。"鄭玄注："祗，敬。庸，有常也。"祗，底本正文及慧寶注三處皆作
"祇"，據文意及慧寶、德珪注改。

⑨ 离婁：即離婁。离，同"離"。《篇海類編·鳥獸類·内部》："离，亦作離。"傳說中的
視力特強的人。《孟子·離婁上》："孟子曰：'離婁之明，公輸子之巧，不以規矩，不能成方
圓。'"焦循正義："離婁，古之明目者，黃帝時人也。黃帝亡其玄珠，使離朱索之。離朱，即離
婁也，能視於百步之外，見秋毫之末。"漢王褒《聖主得賢臣頌》："如此則使離婁督繩，公輸削
墨，雖崇臺五層，延袤百丈，而不湑者，工用相得也。"

⑩ 師曠：春秋晉國樂師。善於辨音。《孟子·離婁上》："師曠之聰，不以六律，不能正五
音。"參閱《左傳》、《國語》、《逸周書》、《莊子》、《呂氏春秋》等書。後以為聽覺超凡，善辨
音律的偶像人物。

盡矣。故其高議奇談，必若鑿闇開牖，會有所見。

至若褒貶不佞，崇替①克顯，崇，重。替，廢也。褒貶不徇於世，可謂君子也。舉世然之，或謂之不然；舉世不然之，或謂之然。眾惡之必察焉，眾好之必察焉。如衛靈公昏愍也，仲尼以爲賢君，任智授能，不亡社稷也②；昏，暗。愍，惡也。靈公雖無道而不亡者，王孫賈治軍旅，祝鮀治宗廟，仲叔圉治賓客故也。以其用人，夫子稱之。臧文仲淵慧也，仲尼以爲不賢，不仁不智，兩至乎三也。臧文仲有三不仁：下展禽③、縱逆祀④、妾織蒲⑤；三不智：廢六關⑥、祀爰鶋⑦、作虛器。⑧ 管氏九合⑨爲功，降爲小器⑩；輔桓公不至王道，而

---

① 崇替：興廢，盛衰。《國語·楚語下》："吾聞君子唯獨居思念前世之崇替者，與哀殯喪，於是有歎，其餘則否。"韋昭注："崇，終也；替，廢也。"按，清俞樾《古書疑義舉例·兩字對文而誤解例》："按崇替二字對文，韋注曰：'崇，終也；替，廢也'，是未達崇字之義。《文選·東京賦》薛綜注曰：'崇猶興也。'然則崇替猶言興廢。"《文選·王儉〈褚淵碑文〉》："自非坦懷至公，永鑒崇替，孰能光輔五君，寅亮二代者哉。"張銑注："崇，興；替，廢也。"

② 見《孔子家語》卷三《賢君》。

③ 展禽：即柳下惠（前 720—前 621），展氏，名獲，字子禽，一字季，春秋時期魯國柳下邑（今山東新泰柳裏）人，魯孝公的兒子公子展的後裔。"惠"是他的諡號，所以後人稱他為"柳下惠"。有時也稱"柳下季"。他擔任過魯國大夫，後來隱遁，成為"逸民"。

④ 逆祀：違反上下位次的祭祀。《左傳·文公二年》："秋八月丁卯，大事於大廟，躋僖公，逆祀也。"杜預注："僖是閔兄，不得為父子，嘗為臣，位應在下，令居閔上，故曰逆祀。"《孔子家語·顏回》："設虛器，縱逆祀，祠海鳥：三不智。"

⑤ 織蒲：編蒲為席。《左傳·文公二年》："〔臧文仲〕下展禽，廢六關，妾織蒲，三不仁也。"杜預注："家人販席，言其與民爭利。"

⑥ 六關：六個關卡。《左傳·文公二年》："仲尼曰：臧文仲，其不仁者三，不知者三。下展禽，廢六關，妾織蒲，三不仁也。"杜預注："塞關、陽關之屬凡六關，所以禁絕末游，而廢之。"一說關卡名。《孔子家語·顏回》："孔子曰：'下展禽，置六關，妾織蒲，三不仁。'"王肅注："六關，關名。魯本無此關，文仲置之以稅行者，故為不仁。《傳》曰'廢六關'，非也。

⑦ 爰鶋：即鶢鶋，海鳥名。《文選·左思〈吳都賦〉》："鶢鶋避風。"劉逵注："鶢鶋，鳥也，似鳳。《左傳》曰：海鳥爰居，止魯東門外三日。臧文仲使國人祭之，不知其鳥，以為神也。"

⑧ 見《論語·衛靈公》。

⑨ 九合：多次會盟。《論語·憲問》："桓公九合諸侯，不以兵車，管仲之力也。"邢昺疏："言九合者，《史記》云：兵車之會三，乘車之會六。《穀梁傳》云：衣裳之會十有一。"一說謂糾合。朱熹集注："九，《春秋傳》作'糾'，督也，古字通用。"

⑩ 小器：器量小。謂才具不大，無大作為。語出《論語·八佾》："管仲之器小哉。"何晏集解："言其器量小也。"漢揚雄《法言·先知》："或曰：'齊得管夷吾而霸。'仲尼曰：'小器。'"

以霸術，故小之也。**子貢爲魯君墮玉，黜爲不幸。**①魯定公十五年，邾隱公來朝，執玉高，其容仰。定公受玉早，其容俯。子貢曰："以禮觀之，此二君皆有死亡焉。"此年定公薨，魯哀公七年，邾子出奔，皆如其言。②**是以口爲詞圃，心爲智府，園③不德之籬稜，**籬，方也。稜，角也。有智者能圓之。**發沈善之輝華，方可謂之人倫鑿鑑④矣。**鑿鑑，鏡也。**今者一夫謬非，和者萬計；一夫猥譽，和者亦萬計。**隨流逐塊者眾也。唯唯然都不知所以善惡也。**其有鄙爭好勝之門，自不隱括其愚，馳突擊搏，**以所習爲矛楯，以同侶爲勍敵。**若擔投于石，**擔者，以木引石，用擊敵人，若今之櫼楔，所謂拋是也。**以爲能掩敵疆場，**音易，邊界之地。**莫有攸忌。於所不與者，則奔齧跐躏而可畏也。**朋黨宗徒，互生毀滅，所謂惡之欲其死也。

　　夫弘藝者，不必誠，精識者難爲合，弘則時不爲要，精乃人惡其察，有高人之行者，故見誹於世；有獨知之慮者，必見傲於人。**但不可以其然而不爲之然也。今翾⑤爾學徒，**翾，小飛之類。**於疏論禪法，皆劣他優己。以己所未聞，謂人之未聞；以己所未知，謂人之未知。曾不參較眾匠，決其所專，是以微善所習，而愚所不習，顧其器則滿無以加也。**籠羅於鄙俚之徒，鼓扇⑥向庸愚⑦之內。

　　夫夢者覺，乃知是夢；迷者悟，乃知是迷。向使正處，迷夢之間，人謂迷夢者，彼必詬侘矣。詬侘，怒罵也。**觀乎往所製撰者，鮮有正於名理，**

―――――――――

　　① 《左傳·定公十五年》："十五年春，邾隱公來朝。子貢觀焉。邾子執玉高，其容仰。公受玉卑，其容俯。子貢曰：'以禮觀之，二君者，皆有死亡焉。夫禮，死生亡之體也。將左右、周旋、進退、俯仰，於是乎取之；朝、祀、喪、戎，於是乎觀之。今正月相朝，而皆不度，心已亡矣。嘉事不體，何以能久？高、仰，驕也；卑、俯，替也。驕近亂，替近病。君為主，其先亡乎！'……夏五月壬申，公薨。仲尼曰："賜不幸言而中，是使賜多言者也。"又見《孔子家語》卷四《辨物》。

　　② 見《左傳·定公十五年》。

　　③ 園：同"刓"。削去棱角使圓。《玉篇·口部》："園，削也。亦作刓。"《莊子·齊物論》："五者園而幾向方矣，故知止其所不知，至矣。"成玄英疏："園，圓也。"陸德明釋文："園，崔音刓。司馬云，圓也。"

　　④ 鑿鑑：古代用銅鏡作裝飾的革帶。《左傳·莊公二十一年》："鄭伯之享王也，王以后之鑿鑑予之。"杜預注："鑿，帶而以鏡為飾也，今西方羌胡猶然。古之遺服。"

　　⑤ 翾：飛貌。《楚辭·九歌·東君》："翾飛兮翠曾，展詩兮會舞。"洪興祖補注："翾，小飛也。"

　　⑥ 鼓扇：宣揚提倡。《南史·梁紀下論》："大修文教，盛飾禮容，鼓扇玄風，闡揚儒業。"

　　⑦ 庸愚：指庸下愚昧之人。晉葛洪《抱樸子·博喻》："高唱遠和，不為庸愚吐。"

如：《續高僧傳》云鸚鵡死，云滅度；道法徂世，稱定中坐化；一切定心，無有死生。**什公誄言薨**；天子曰崩，如天地崩壞也。諸侯曰薨，如山摧之聲也。今或以什公比諸侯也。**玄奘大捨懺，謂之捨墮。**① 墮，罪名也，謂三十尼薩耆②也。如畜長衣，十日應兩人對手假捨，謂之捨。若過十日不捨，則結尼薩耆罪，謂之墮，故曰捨墮。今捨財懺罪，但可云捨懺也。**蓋流俗淺誤，不忌之談也。**

仲尼云："君子於其言，無所苟而已矣。"苟且也。故衛君待子而爲政，子曰："必也正名乎。"衛靈公召夫子，子路問："夫子若至衛，將何先行？"子云："先正百物之名。名不正則言不順，言不順則事不成。"③ **靈幹**④**講《華嚴經》，作華藏觀。臨終，天樂來迎，幹辭不欲往。俄見大水瀰漫，坐蓮華中，彼傳者若不達，夫天宮亦在乎華藏也。**⑤ 說者意云：靈幹不欲生天，要生諸佛土則不達。華藏包含法界，豈無諸天乎？蓋傳者謬也。**曇榮**⑥**有僧行，道見光中七佛。告云："是賢劫普明佛。"**⑦ 今以百劫修相好，真化求之，如實未得矣。十地滿心金剛定後，方百劫修相好，千劫學佛威儀，萬劫學化行等。若是真身，豈容凡見？若是化身，安能修相好也？夫事不足紀，言不爲典，何煩簡牘耶？事非稽古，何足編傳？是以**大辯無言**⑧，言則導意，意必有歸。故洞微而語要，盡詞而旨密，於其誣則不書。如《續傳·序》，**法進**⑨**作水觀，家**

① 見《續高僧傳》卷六《慧約傳》："有二孔雀……上曰：'此鳥必欲滅度，別受餘果。'"《高僧傳》卷一一《道法傳》："元徽二年於定中滅度，平坐繩床，貌悅恒日。"《廣弘明集》卷二三《釋僧肇鳩摩羅什法師誄》："四月十三日薨于大寺。"《大唐大慈恩寺三藏法師傳》卷一〇："又告門人曰：吾無常期至，意欲捨墮，宜命有緣總集。"

② 尼薩耆：又作"尼薩耆波逸提"、"泥薩祇波逸底迦"、"尼薩耆波夜提"、"尼薩祇貝逸提"。略稱"尼薩耆"。意譯作"盡捨墮"、"捨墮"、"棄墮"。尼薩耆，盡捨之意；波逸提，墮之意。即波逸提之一種，謂應捨財物之墮罪。"單墮"之對稱。為比丘、比丘尼所受持具足戒之一，五篇罪之一，僧戒八段中之第四段。共有三十條戒，稱為三十捨墮。此戒乃警戒由於貪心而集貯無用之長物，助長生死之業，遂墮落三途，故捨棄此等之財物、貪心、罪業，稱為捨墮。

③ 見《論語·子路》。

④ 靈幹：（535—612），隋朝僧。姓李氏，金城狄道人，隋大業八年卒，年七十八。

⑤ 見《續高僧傳》卷一二《靈幹傳》。

⑥ 曇榮：（556—640），唐代僧。俗姓張氏，定州九門人，唐潞州法住寺僧人，貞觀十三年十二月終，春秋八十有五。

⑦ 見《續高僧傳》卷二〇《曇榮傳》。

⑧ 見《莊子·齊物論》："大辯不言，大仁不仁。"

⑨ 法進：（709—778）唐代僧。申州信陽（位於河南）人，俗姓王。或謂師係明州（浙江鄞縣）人。天寶初年隨鑑真東渡日本，並協助建東大寺戒壇院。寶龜九年示寂，世壽七十（一說八十一）。繼鑑真，稱日本律宗第二祖。

人取柴，見繩床上有好清水，拾二石子安之，進暮還覺背痛等。① 此乃謬之甚也。且作觀是獨影境，唯假想，若令別人見，則屬性境，此乃宣公孟浪之談也。② 振世必紀，是謂彝准。於儒老亦然哉！

若乃評今古、諦否臧，不可以尊嚴稱，不可以卑辱廢，不可以親厚黨③，不可以嫌隙頗④。夫爲史筆，一曰才，二曰學，三曰斷。自非董孤南史之流，莫當此任也。彼魯之三桓，季孫、仲孫、叔孫，皆魯桓公之後。識豈齊於顏閔？漢之七貴⑤，金張之族，七代貴盛也。左思云：“金張籍舊業，七葉珥漢貂⑥。”才豈出於揚馬？揚雄，字子雲。著《大玄經》、《法言》、《方言》等。司馬相如，字長卿。著《封禪文》、《文賦》等。有子視桐棺四寸，知死不欲速朽。卜商⑦引詩人興詠，發起予之嘆。子曰：“起予者商也。”⑧

自金言遄萃，綴述多門。廣本略本，名義不同。單譯重譯，有無差異。藏經有一譯，謂之單；二三已上，謂之重譯也。故大聖俾依義不依語，此先見之著也。佛有八音⑨四辯⑩，八音，一清淨音⑪、二

----

① 見《續高僧傳》卷一八《法進傳》。

② 見《左傳·宣公十年》。

③ 黨：偏私。《書·洪範》：“無偏無黨，王道蕩蕩。”蔡沈集傳：“黨，不公也。”

④ 頗：偏頗，不平正。《左傳·昭公十二年》：“昭子朝而命吏曰：‘婼將與季氏訟，書辭無頗。’”杜預注：“頗，偏也。”

⑤ 七貴：西漢時七個以外戚關係把持朝政的家族的統稱。《文選·潘岳〈西征賦〉》：“窺七貴于漢庭，謂一姓之或在。”李周翰注：“漢庭七貴：呂、霍、上官、丁、趙、傅、王，并後族也。”唐·劉知幾《史通·辨職》：“昔魯叟之修《春秋》也，不藉三桓之勢；漢臣之著《史記》也，無假七貴之權。”

⑥ 見《文選·左思〈咏史詩〉之二》。

⑦ 卜商：（前507—?），字子夏，春秋末年晋國溫地（今河南溫縣）人，一說衛國人，“孔門十哲”之一，七十二賢之一，人稱蔔子。性格勇武，為人“好與賢己者處”。以“文學”著稱，曾為莒父宰。提出過“仕而優則學，學而優則仕”的思想，還主張做官要先取信于民，然後才能使其效勞。相傳《詩》、《春秋》等書，均是由他傳授下來。

⑧ 見《論語·八佾》。

⑨ 八音：又作“八種清淨音”、“八種梵音聲”、“八梵”。謂如來所出音聲，言辭清雅，具有八種殊勝功德，令諸眾生聞即解悟。

⑩ 四辯：即四無礙解。略作“四無礙”、“四解”、“四辯”。即指四種自由自在而無所滯礙之理解能力（即智解）及言語表達能力（即辯才）。均以智慧為本質，故稱為四無礙智；就理解能力言之，稱為四無礙解；就言語表達能力言之，稱為四無礙辯。又此為化度眾生之法，故亦稱四化法。

⑪ 清淨音：又作“極好音”、“最好聲”、“悅耳聲”。謂一切諸天、二乘、菩薩，雖各有好音，卻未達極境，唯佛音聲能令聞者無厭，得入妙道，為好中之最。

柔軟音①、三和適音②、四諦了音③、五不女音④、六不誤音⑤、七深遠音⑥、八不
竭音⑦。四辯者，一法無礙辯⑧、二詞無礙辯⑨、三義無礙辯⑩、四總持無礙辯⑪。
超乎羣有⑫，叡心沖照，靈誥真雅。而譯者率情淺易，章句漏慢，致
使搢紳縫掖，搢，扱笏也。紳大帶也。縫掖，大袖儒服也。相顧意有所非
也。以其詞非典雅，如安世高。其間則有採摭墳素，雕琢文字，語過涉
俗，如竺法護、支謙等所譯經，文全如著述之體。理乖精密，尤失聖人之格
言也。難乎哉！

　　古今宣譯，咸推什公門下，質文繁簡，雅得其所，開卷屬耳，泠然古
風。嘗致意於譯者，爲就梵本，爲就刊削乎？如《法華法師品》，羅什不

---

　　① 柔軟音：又作“濡軟聲”、“發喜聲”。謂佛以慈善為心，所出音聲巧順物情，
能令聞者喜悅，皆捨剛強之心。
　　② 和適音：又作“和調聲”、“和雅聲”。謂佛常居中道，妙解從容，所出音聲和雅調
適，能令聞者心皆融適，因聲會理。
　　③ 諦了音：又作“尊慧音”、“入心聲”。謂佛德位尊高，慧心明徹，所出音聲能令聞者
尊重，慧解開明。
　　④ 不女音：又作“無厭聲”。謂佛住首楞嚴定，有大雄之德，所出音聲能令一切聞者敬
畏，天魔外道，莫不歸伏。
　　⑤ 不誤音：又作“分明聲”。謂佛智圓明，照了無礙，所出音聲諦審真實，無有差謬，
能令聞者各獲正見。
　　⑥ 深遠音：又作“深妙音”。謂佛智幽深，行位高極，所出音聲自近而遠，徹至十方，
令近聲非大，遠聞不小，皆悟甚深幽遠之理。
　　⑦ 不竭音：又作“易了聲”。謂如來願行無盡，住於無盡法藏，所出音聲令聞者尋其語
義，無盡無窮。以上乃就佛音之德而言。
　　⑧ 法無礙辯：又作“法無礙智”、“法無礙解”、“法解”、“法無礙”、“法辯”。謂善能
詮表，領悟法之名句、文章，並能決斷無礙。
　　⑨ 詞無礙辯：又作“詞無礙智”、“詞無礙解”、“辭無礙智”、“辭無礙辯”、“詞解”、
“詞無礙”、“辭無礙”、“詞辯”、“辭辯”。謂精通各種地方方言而能無礙自在。
　　⑩ 義無礙辯：又作“義無礙智”、“義無礙解”、“義解”、“義無礙”、“義辯”。謂精通
於法所詮表之義理，並能決斷無礙。
　　⑪ 總持無礙辯：又作“辯無礙解”、“辯無礙智”、“辯無礙辯”、“樂說無礙解”、“樂
說無礙智”、“樂說無礙辯”、“應辯”。謂隨順正理而宣揚無礙；或亦稱樂說，係為隨順對方之願
求而樂於為之巧說，故稱樂說。
　　⑫ 羣有：猶眾生或萬物。《文選·王中〈頭陀寺碑文〉》：“行不捨之檀，而施洽群
有。”李善注：“羣有，謂有色無色，有想無想，以其不一，故曰群有。”劉良注：“羣有，
謂萬物。”

載其首；《普門品》，闍那①續出其末。此《妙法華經》文少，《正法華》與《添品》文具足也。其間亦有誤爲文者，如真諦②翻《俱舍》，云見法有非得，玄奘出《婆沙》，加一十六字，《大毘婆沙》，只於真諦三藏所譯《俱舍》上，加其文一十六字也。是知不刊之言，彼所未契也。道安以三不易五過失③詳評翻譯，妙盡樞細。蓋以梵文難曉，聖意深遠，詞旨雅當，是爲不易也，不善聖旨，章句漏失，言詞蕪穢，是爲過也。後世不能研究其旨，竇爲衡度，以爲詞不由中，瞠若不聞也。瞠，直視貌也。以古譯經文不潤，遂不能討究，瞠然無所悟解也，如安世高所譯者也。

　　且儒爲此方之教，自科斗爲二篆，古有科斗書，後有大篆、小篆也。周宣

---

①　闍那：即闍那崛多，（523—600）。意譯“德志”、“至德”、“佛德”、“志德”。陳隋時代僧。北印度犍陀羅國人。自幼即入大林寺出家，師事闍那耶舍、闍若那跋達囉。北周明帝武成年間（559—560），偕師耶舍、跋達囉及同參耶舍崛多等來至長安，住於草堂寺。後與北齊僧惠琳、寶遍等相遇，共居於突厥譯經，並習禪定。隋興，文帝遣使請還，敕主譯事，法席移至大興善寺。共譯出《佛本行集經》、《大法炬陀羅尼經》、《添品妙法蓮華經》、《起世經》等，計37部，176卷，及梵文古書世典等200餘卷。後因事擯流東越，邊陲士人多爲所化。開皇二十年示寂，世壽七十八。

②　真諦：（499—569），五六世紀間之著名譯經僧。音譯作“波羅末他”、“波羅末陀”。又稱“拘那羅陀”。西北印度優禪尼人，婆羅門種，姓頗羅墮。南朝梁代中大同元年（546）攜經典抵中國南海。陳太建元年示寂，世壽七十一。自梁武帝末至陳太建元年，共譯經論紀傳64部278卷，今僅存30部，大多爲佛教研究之重要典籍。與鳩摩羅什、玄奘、義淨同稱四大譯家。其譯之方法與學識，爲我國佛教傳譯史上之泰斗。主要譯作除《轉識論》、《大乘唯識論》等唯識論典外，另有《金光明經》、《攝大乘論》、《攝大乘論釋》、《律二十二明了論》、《中邊分別論》、《十七地論》（此書乃《瑜伽師地論》之別出本）、《俱舍論釋》、《大乘起信論》等。其中以《攝大乘論》、《攝大乘論釋》影響最大，此二論乃南朝攝論學派之主要理論根據，真諦亦因之被尊爲攝論宗之祖。

③　三不易五過失：或稱“五失三不易”，指譯經之五失三難。全稱“五失本三不易”。東晉道安所倡，謂梵經漢譯乃屬至難之業，總結之，計有喪失原意之五者（五失本），與難於譯文之三者（三不易）。《出三藏記集》卷八道安《摩訶鉢羅若波羅蜜經抄序第一》：“譯胡爲秦，有五失本也。一者，胡語盡倒而使從秦，一失本也。二者，胡經尚質，秦人好文，傳可衆心，非文不合，斯二失本也。三者，胡經委悉至於嘆詠，丁寧反覆，或三或四，不嫌其煩，而今裁斥，三失本也。四者，胡有義記，正似亂辭，尋說句語，文無以異，或千五百，刈而不存，四失本也。五者，事已全成，將更傍及，反騰前辭已，乃後說而悉除，此五失本也。然般若經，三達之心覆面所演，聖必因時俗有易，而刪雅古以適今時，一不易也。愚智天隔，聖人巨階，乃欲以千歲之上微言，傳使合百王之下末俗，二不易也。阿難出經，去佛未久，尊者大迦葉令五百六通迭察迭書，今離千年而以近意量截；彼阿羅漢乃兢兢若此，此生死人而平平若此，豈將不知法者勇乎？斯三不易也。”

王太史史籀造大篆，秦李斯等造小篆，程邈造隸書等也。篆變爲隸，又經秦滅，
文或舛闕。始皇三十三年，因諸生各論秦事，丞相李斯奏，乃焚書坑儒，滅先代典
籍。三皇五帝，取捨異說。或云三皇謂天皇、地皇、人皇；或云伏犧、神農、黄
帝。五帝，少昊、顓頊、帝嚳、堯、舜也。《魯論》、《齊論》，篇次何定？《魯
論》十篇，《齊論》二十二篇，其間又次第不同也。《禮記》之與《春秋》，哀
公誄孔丘，增減孰是？①孔丘卒，魯哀公誄之，《禮》、《傳》其文互差也。《家
語》之與《檀弓》，仲尼授琴，侃侃②切切，其文豈同！③既祥而琴，《禮
記》、《家語》其文不同也。故孟莊所領，亡言取意；孟軻，字子輿，著書十四
篇。莊周著書十卷，皆是寓言立意，不可執文質義也。馬鄭所注，文字互改。馬
融，字季長，北海人。鄭玄，字康成，亦北海人。並注《詩》、《禮》、《論語》，皆有
不同也。況五天異語，諸部宗乖，有六宗一十部不同，又大小乘空性各别也。屢
遭無道，周魏毁滅。涇渭難别，譯梵爲漢，其可一乎？

　　夫以筵擊鍾，筵，小竹也。不盡其響；以管窺天，不達其畔；以凡達
聖，曷昭其奧？然不得不就筵之力聽其和，循管之涯察其畔，竭凡之慮精
其理。而傳法之士，惡紕繆之所以深者，蓋以諒至道不篤之人。覩文籍之
浩博，見諸本之異同，怯而不究者，此學者之弊也。彼以瑤軸緄縢，縢，帶也。
縢，緘也。所謂擊經者也。出自金口，爲文定矣。翫琢者，爲其經典過貶；
討論者，爲世智辯聰。此乃傳心之士，以講解者爲耽味經典之過，討論者有世智
辯聰之患也。仲尼曰：“君子以其所不能畏人，以自不能而敬能者。小人以其
所不能不信人。自既無能，而又不重人之所解。故君子長人之才，小人抑人
取勝。”④而世有隱瑕匿疣，飾智籠鄙，盜玄匠之虛譽，祕昏情以自謂，
本非蘊識，便稱師匠。情多罔冒，每畏徵研也。特不知渴極則飲多，疑深則悟
遠，彼偢夫也。所謂借易之夫也。

　　或曰：“抉前賢之點，則物無疵於教乎？”以直詮真理，於物不滯，以此

---

　　①　《禮記・檀弓上》：“天不遺耆老，莫相予位焉。嗚呼哀哉！尼父。”《左傳・哀公十六
年》：“旻天不弔，不憖遺一老，俾屏余一人一在位，煢煢余在疚，嗚呼哀哉，尼父！無自律。”
　　②　侃侃：即侃侃。《玉篇・人部》：侃，同“侃”。侃侃，和樂貌。《論語・鄉黨》：“朝，
與下大夫言，侃侃如也。”
　　③　《禮記・檀弓上》：“孔子，既祥，五日彈琴而不成聲，十日而成笙歌。”《孔子家語》卷
一〇《曲禮公西赤問》：“顏淵之喪既祥，顏路饋祥肉于孔子．孔子自出而受之，入彈琴以散情，
而後乃食之。”
　　④　見《孔子家語》卷五《子路初見》。

斥前賢也。曰："不然也。神農辯百草①，非欲進人於毒藥；歧伯議鍼石，②非謂敗人於五藏也。佛說經，非欲墜人也。豈南華吃斥姬、孔，則家家無六典？莊周非於周公、孔子，六經豈不行哉？班書評馬史，則家家無《史記》乎？班固《漢書》非馬遷《史記》。昔天親造俱舍，眾賢撰《雹》而非之，天親改題爲《順正理》，二論俱弘，使夫來者覈直袪蒙，辯精麁而取捨也。"天親菩薩造《俱舍論》，眾賢論師造《俱舍雹》以摧之，如雨雹摧苗也，往攻天親，天親皆避之。乃寄呈所造論，天親覽之，並順已義，因改爲《順正理論》也。

報應驗第十二

明善惡之業，報應不昧也。

爲善，天降之百祥，輔德也；皇天無親，惟德是輔。③ 爲不善，天降之百殃，紂淫也。淫，過也。天者福善禍淫。④ 故順理焉，異類生愛，而況聖賢乎？如龍神欽伏等。逆理焉，至親交兵，而況於鬼神乎？《莊子》云："爲不善於顯明之中，人得而誅之；爲不善於幽闇之中，鬼得而誅之。"⑤《詩》云："下民之孽，匪降自天。"⑥ 言由己也。禍本無門，惟人自召。⑦ 仲尼謂哀公曰："存亡禍福，在己而已矣。"⑧《周頌》曰："畏天之威，于時保之。"⑨

西域阿育王孫弗沙蜜多⑩下庭議曰："吾如何垂名於不朽？"羣臣曰：

———————————

① 見《神農本草經》："神農嘗百草，日遇七十二毒，得荼乃解。"

② 《黃帝內經·移精變氣論篇第十三》："歧伯對曰：……故毒藥不能治其內，鍼石不能治其外，故可移精祝由而已。"

③ 見《書·蔡仲之命》。

④ 見《書·湯誥》。

⑤ 見《莊子·庚桑楚》。

⑥ 見《詩·小雅·十月之交》。

⑦ 見《太上感應篇》。

⑧ 見《說苑·敬慎》。

⑨ 見《詩·周頌·我將》。

⑩ 弗沙蜜多：即弗沙蜜多羅，又作"沸沙蜜多羅"、"弗舍蜜哆"。意譯爲"星友王"。爲印度孔雀王朝最後之王，乃阿育王後第五世之王。

"當如先王，建八萬四千塔，不然反之。名雖好惡，俱不朽也。"王曰：
"我無威德以紹先王，當建後議。"遂乃侮皇祖之訓，歇彝倫之紀，彝，
常；倫，理也。帝王日用常行之理也。焚法垢音備。塔，虔劉釋眾。虔劉，殺
也。天愁人怨，靡奈其酷。雖有聖賢，不能違之。登彼南山，自求免害，
息心之侶，血流成川。殘殺道人。梟首務賞，府無虛日，征賦由之竭矣。
購有獲僧首級者，賞之也。王益其怒，更施殲虐，率師至佛牙塔，死於頹山
之下。①

　　漢桓、靈世，範金爲佛像，遭國亂流墜荒瘞。吳孫皓使衛兵治禁園，
其有得者，令置溷所。四月八日，溺其頭小便也。曰："爲爾灌頂②。"君
臣相與笑樂。俄爾遍體隆腫，隱處尤痛，毒痛五內，哀聲外揚。使卜，覡
咸以坐犯大神。皓乃遍走羣望③，有加而無瘳。宮人信佛者，謂是佛也。
皓乃迎像沐浴，夙夜虔畏④，虔，敬也。稽顙叩簀，簀，床板。顙，額也。謂
以額叩床也。陳罪責己。左右聞之，惻傷流涕。有頃疾間，小差。篤潔齋
戒，後乃豫焉。⑤

　　偽夏赫連勃勃⑥，匈奴也。據朔漠，龍旌帝服，尊高己德。昧乎聖人
之道，曰："勃者，佛也。吾爲佛也。"陳聖像於後坐，令沙門朝集，爲
己致拜。天罰有罪，迅雷震而死也。故雷者靈物，憑陽氣以作威者也。王
充論云："雷是陰陽之氣，相攻射而擊損物，故陽氣極而生光等。然雷有神，爲天之
使，護淨嫉惡者也。憑陽氣而行，依雲雨而動。冬則藏蟄，以陽氣收藏故也。"⑦ 夫
陰陽之氣，舒則安而靜，蓄則蒸而怒。有時嫉惡而震於土木，以警戒於人
民。於其不忌，則肆乎害也。肆，放。忌，畏也。若於事無所畏忌，必速其

---

　　① 見《舍利弗問經》。
　　② 灌頂：即以水灌於頭頂，受灌者即獲晉昇一定地位之儀式。原為古代印度帝王即位及立
太子之一種儀式，國師以四大海之水灌其頭頂，表示祝福。
　　③ 群望：受祭於天子、諸侯的山川星辰。望，謂不能親到，望而遙祭。《左傳·昭公十三
年》："初，共王無冢適，有寵子五人，無適立焉，乃大有事于群望。"杜預注："群望，星辰山
川。"《文選·張衡〈東京賦〉》："元祀惟稱，群望咸秩。"薛綜注："群岳眾神，望以祭祀之，
皆有秩次。"
　　④ 虔畏：敬畏。《北史·房彥謙傳》："刑賞曲直，升聞於天，虔畏照臨，亦宜謹蕭。"
　　⑤ 見《高僧傳》卷一《康僧會傳》。
　　⑥ 赫連勃勃：（381—425），字屈子，匈奴鐵弗部人，原名劉勃勃，中國十六國時期夏國建
立者。
　　⑦ 見《論衡》卷六《雷虛》。

害也。

宋謝晦①鎮荊州，患沙門僧昌②於城內立塔，湫隘③雉堞④，音牒。躬役介夫，厚勞酒食，令肆其武勇。嚴鼓戒威，莫敢不前。撞擊陊徒可反。壞⑤，陊，崩落也。又作褫。壞，音怪，故壞也，無損而特毀之也。龕像摧隕。欻有暴風連天，雲霧作昏，驍烈爲之膽寒。晦蒙被塵土，以手拭去，膚隨指落，潰爛瘡痍，體無貌肌，竟以反而族誅也。謝晦，字宣明，陳郡陽夏人。美風姿，善談笑。宋文帝時，爲領軍將軍、荊州牧。反，召檀道濟討之，兵潰，擒送鄴都，斬於都市。⑥周世宗柴氏⑦，以鎮州大悲菩薩⑧銷鑄爲周通元寶錢，後支體潰爛而崩。⑨此亦其類也。故爲罪大者，爲天下不弔。弔，恤也。始濟其力，將溢其禍，禍極則革之矣。初沙門法敏⑩苦諫不納，諫謝晦也。其後爲之著《顯驗論》。⑪

魏太武以穹廬之胄，穹廬，蕃帳。因藉時運，奄有河洛。其本居鮮卑山

---

① 謝晦：（390—426），字宣明，陳郡陽夏人。出身陳郡謝氏士族，是東晉丞相謝安兄謝據的曾孫，東晉末年及南朝宋的重要官員，後更擔任宋少帝劉義符的四位顧命大臣之一。

② 僧昌：劉宋陵城僧人。宋元嘉年，於江陵城內立塔，謝晦鎮荊州（424—426）欲壞之，長沙麓山釋法愍聞故往諫晦。

③ 湫隘：低下狹小。《左傳·昭公三年》："初，景公欲更晏子之宅，曰：'子之宅近市，湫隘囂塵，不可以居，請更諸爽塏者。'"杜預注："湫，下；隘，小。"

④ 雉堞：城上短墻。《文選·鮑照〈蕪城賦〉》："板築雉堞之殷，井幹烽櫓之勤。"李善注："鄭玄《周禮》注曰：'雉，長三丈，高一丈。'杜預《左氏傳》注曰：'堞，女墻也。'"

⑤ 陊壞：墮壞，毀壞。陊：同"墮"。《說文·𨸏部》："陰，落也。"段玉裁注："今字叚墮爲陊。"

⑥ 見《宋書》卷四四《謝晦傳》。

⑦ 周世宗柴氏：即後周世宗柴榮，（921—959），五代時期後周皇帝，954—959年在位。邢州堯山柴家莊（今河北省邢臺市隆堯縣）人，父柴守禮，祖父柴翁是當地望族，柴榮年輕時曾隨商人頡跌氏在江陵販茶，對社會積弊有所體驗。史載其"器貌英奇，善騎射，略通書史黃老，性沉重寡言"，是周太祖郭威的養子（柴榮本身是郭威的內侄），廟號世宗，諡號睿武孝文皇帝。

⑧ 大悲菩薩：指觀世音菩薩。大悲之名，雖通於諸佛菩薩，然此菩薩爲慈悲門之主，故特稱之。

⑨ 見《舊五代史》卷一一四《周書·世宗紀一》。

⑩ 法敏：《高僧傳》作"法愍"，劉宋僧。北方人。年十八出家，善《般若》、數論，及諸經律。初止江夏五層寺，後隱迹於長沙麓山，終身不出。有《顯驗論》，以明因果；並注《大道地經》。

⑪ 見《高僧傳》卷七《法愍傳》。

下，世爲君長，稱拓拔氏。晉武時漸通中國，至懷愍①愍爲劉曜所害。初都雲中，後遷平城，又移鄴。至孝文帝遷河洛，遂改姓元氏也。崔皓執政，愬音素。緇衣於太武曰："佛化無益，有傷人民，不若黜廢，爲國之大利也。"② 他日凶謀既進，詔始誅長安沙門，焚破經像，唯留臺下四方如長安。異歲有後命，所在有圖像、沙門，一切並除，自是不稔。崔皓③輾音患。其尸，輾，車裂④也。前文已解。太武遘厲疾而法令寬弛，弛，縱也。既絕又復也，至文成⑤復興。夫治國者，以大臣爲股肱，以嬖臣爲耳目，幸而獲寵曰嬖。未有支竅邪而身不殘瘝。悲夫，大命未傾，曾莫始悟，既傾而悟，方迷何別！傾，危。莫，無也。始，先。方，正也。至危而悟，與正而迷何別？唐武宗會昌五年，沙汰毀滅。至六年，遍體惡瘡而崩。先是李德裕陳謀，後宣宗貶崖州而卒也。然有踐崔氏、太武興於無益之論，杜光庭造無佛論，竟以雙瞖而卒也。其意以畋獵、飲酒、聲色、臺榭，克喪于家邦，只以此等爲喪家邦，不以毀廢爲喪，而便爲之無益。而始爲之益乎？曾子曰："人之好善，福雖未至，去禍遠矣。人之爲惡，凶雖未至，去禍近矣。"⑥ 漢東平王曰："爲善最樂。"晉樂廣曰："名教中自有樂事。"⑦ 凡此至言，未嘗非益，但非下士之所知也。嗟乃世無賢直，使崔也始縱。皓妻郭氏誦《般若經》，皓取經灰之於廁。至是將刑，檻車送城南。衛士十人，行溲其上。溲，旋溺也。呼聲嗷嗷，曰斯投經之報也。出盧求《金剛經驗》也。

---

① 懷愍：晉懷帝司馬熾和晉愍帝司馬鄴的合稱。晉愍帝，一般寫作"晉愍帝"。《釋迦方志》卷二、《法苑珠林》卷一〇〇皆作"晉愍帝"。晉懷帝，（284—313），字豐度，晉武帝司馬炎第二十五子，晉惠帝司馬衷異母弟，母王媛姬，西晉第三位皇帝，307—311 年在位。晉湣帝，（300—318），一作司馬業，字彥旗，晉武帝司馬炎之孫，吳敬王司馬晏之子，晉惠帝司馬衷和晉懷帝司馬熾之侄，西晉最後一位皇帝，313—317 年在位。

② 見《高僧傳》卷一〇。

③ 崔浩：（381—450），北魏宰相。清河（山東）人，字伯淵。從其父崔宏受經史百家之學，志於實現儒家政治社會之理想。泰常八年（423）以太宗駕崩而卸官。其後，與道士寇謙之交結，同爲太武帝所重。二人協力促使太武帝皈依天師道教。崔浩且進言廢佛。於太平真君七年（446），帝下詔毀佛。後以其編纂國史，內有輕視胡族之詞，帝怒而處以極刑。

④ 裂：底本原作"製"。《說文·車部》："輾，車裂人也。"《釋名·釋喪制》："車裂曰輾。輾，散也，肢體分散也。"據之改。

⑤ 文成：北魏文成帝拓跋濬（440—465），太武帝拓跋燾之孫，景穆帝拓跋晃長子，母恭皇后閭氏，南北朝時期北魏第五位皇帝。

⑥ 見《中論》卷上《修本第三》。

⑦ 見《後漢書》卷四二《東平憲王蒼傳》。

論曰：邪見輕者，將死續善，善斯續矣。善者淨信心也。信爲道元功德母，長養一切諸善法。① 緣力斷善者，生地獄時續。因力斷善者，死地獄時續。西域無垢稱論師，適眾賢塔前，告于幽靈，矢毀大乘，矢，誓也。破天親論。言訖，心狂舌出。於所終地，忽然而陷。其坑逮于今，見者惴惴然，惴惴，懼也。孰能無傷乎？② 沙門惠眺③，究小乘學，聲流江漢，聞像王晢講三論，謗言："三論明空，講者著空。"尋則舌挺三尺，耳鼻灑血，精誠號悔，七日乃復。④ 有安慧則，晉永嘉中於洛陽以黃縑手寫大品一部爲一卷，凡十夲。周仲智妻胡母氏復姓。持一夲過江陵，爲隣火所逮，不遑取經，唯悲泣若疾。火燼，於煨燼中得經，無一字虧損。崇邪者崩首而信。此經至梁武世，猶藏于御閣。侯景之亂也，亡所在矣。宋《北夲涅槃經》沮渠蒙遜譯也。創行南土，慧嚴、慧觀、謝靈運以其品疎詞野，依泥洹夲共加潤色，刪削解脫。即《南夲涅槃經》。嚴夜夢神人鎧仗愰赫，色高聲勵，將討其罪，乃驚悟而起，悸葵季反。汗恍惚，聚族會論，欲追復前夲，識者止之曰："此蓋爲欲誡後人耳。必若苟違，何容即時方感？"嚴他日又夢曰："君以弘經精至，後必當見佛也。"⑤

晉末洪豫⑥鑄丈六像，未及開模⑦，會銅禁甚嚴，宋武時爲相國，豫坐繫丞相府，誦觀音經，夢像摩其頂問："怖不？"豫曰："自念必死，安得不怖？"覰像胸前，銅色燋沸。燋，沸也。殆臨刑會，監官牛奔車壞。更克日⑧，有令從彭城來，原豫之罪。彭城，宋武也。原，赦也。比開摸，比，

---

① 見《大方廣佛華嚴經》卷六。
② 見《法華經傳記》卷九《西域毘末羅密多十八》。
③ 惠眺：又作"慧眺"。(？—639)，唐代僧，俗姓莊，唐貞觀十三年 (639) 卒，春秋八十餘。
④ 見《續高僧傳》卷一五《釋慧眺》。
⑤ 見《高僧傳》卷七《慧嚴傳》。
⑥ 洪豫：即僧洪，豫州人，或以籍貫為名。《北山錄隨函》說："此文不足。《傳》云：僧洪，豫州人。"言下之意，"洪豫"為"僧洪，豫州人"之誤。劉宋僧。僧住金陵瓦官寺。少而修身整潔，以戒德名。後率化有緣，造丈六金像，時銅禁甚嚴，遂坐罪繫獄。唯誦《觀世音經》，一心歸命佛像。月餘，竟蒙宥放。後以苦行寂。
⑦ 模：底本作"摸"字。《高僧傳》卷一三《僧洪傳》、《法苑珠林》卷一五皆作"模"，據改。
⑧ 克日：約定日期。《三國志·魏志·武帝紀》："公乃與克日會戰。"《陳書·後主紀》："眘茲狂奸，有斁哀矜，可克日於大政殿訊獄。"

及也。像胸如所夢焉。①

　　東魏高歡爲丞相，有孫敬德②者，兵家役人也，戌于邊鎮，造石觀音像，至誠無二。後敬德爲他罪所累，寘死刑。既迫于刑期，爽旦③，有僧告之曰：“吾以經授汝。至日午，但誦滿千遍則免矣。”口受訖，失僧所在。敬德念罹身禍，誠誦弗懈。纔畢其數，法官行刑，舉刃皆折，但聞硜然，如觸石之響。敬德被鞫，鞫，窮問也。曰：“無乃像應歟？”公傳往驗之，其頸果有數迹。高氏錄其經而題之曰“高王觀世音經”也。④

　　孫卿云：“報應之勢，各以類至。”⑤言可信矣。故古者旌德以沮惡，宣禍以弘善。使人不以惡爲無傷而不去，不以善爲無益而不爲也。但業理在徐疾，順生順後爲徐，順現爲疾也。報應期乎遠近，情慮生於篤薄，損益差於輕重。而吉凶之數，屬若影響，故天網疎而不漏，陰府幽而甚明。于公⑥高門而待封，于公定國致仕，高其門，謂人曰：“吾曾掌獄無私，子孫必顯達。”⑦嚴母掃墓而待誅，嚴延年⑧爲河南尹，酷法。其母曰掃墓曰：“我子酷法，吾將待其誅也。”⑨豈謬也哉！人亦有言曰“種植不見其長，有時而大；砥礪莫覩其虧，終消厥厚”是也。⑩砥礪，磨石也。人之爲行，必自有報。善惡相符，猶如影響。

　　① 見《高僧傳》卷一三《僧洪傳》。
　　② 孫敬德：東魏人。天平（534—537）中，定州募士。奉釋教，造觀音像，禮拜供養。後被賊抓，禁不住拷打，夢見一僧人令誦《救苦觀音經》千遍。專心念誦至臨刑前，人拿刀砍殺，刀自折爲二段，三次皆然，丞相高歡表請免死刑。回家後，見菩薩像頸部有三刀痕。《高王觀世音經》孫氏所作，爲僞經。
　　③ 爽旦：黎明，清晨。《列子·周穆王》：“薪者之歸，不厭失鹿，其夜真夢藏之之處，又夢得之之主。爽旦，案所夢而尋得之。”
　　④ 見《續高僧傳》卷二九《釋僧明》。
　　⑤ 見《漢書·刑法志》。但未註明爲孫卿（荀子）所說。《弘明集》卷四《重釋何衡陽》註明“孫卿曰”。
　　⑥ 于公：西漢東海郯人，漢相于定國之父，曾任縣獄吏、郡決曹。精通法律，治獄勤謹，以善於決獄而成名，無論大小案件，他都詳細查訪，認真審理，因之“每決而無恨”。
　　⑦ 見《漢書·雋疏于薛平彭傳·于定國》。
　　⑧ 嚴延年：（？—前58），字次卿，東海下邳（今江蘇睢寧）人，西漢酷吏。
　　⑨ 見《漢書》卷九〇《酷吏傳》。
　　⑩ 見《廣弘明集》卷一四《内德論通命篇第二》。

《北山録》卷第八

論業理第十三

三世行支曰業，微索求理曰論。

　　覺皇①有業智力，佛有無漏淨業、八識②四智③等，又示相門中，有九業報：一梵志女孫陀利④謗佛；二旃遮婆女⑤繫木杅⑥謗佛懷姙；三提婆達多推山厭佛；四逆木槍刺佛足；五琉璃王害釋種，佛亦頭痛；六受阿耆達多婆羅門請，佛九十日食馬麥；七冷風動佛背痛；八六年苦行；九入婆羅聚落乞食，空鉢而迴。又冬至前後八日，夜寒索衣。又患熱，令阿難在後執扇等。**哀哉有生，貌異音殊，苦樂愚智、尊卑壽夭，故大昭業理，用啟人惑。**良由起異類見，造異類業，受異類報也。

---

　　① 覺皇：覺者之王。又作"覺王"、"覺帝"。為佛之敬稱。佛圓滿覺悟一切諸法之真性，具自覺、覺他、覺行圓滿三義。以其為覺行圓滿者，故謂之覺；因覺故，為一切法門之主，最勝自在，於菩薩等位之上，故謂之王。《大慧普覺禪師語錄》卷二七："佛者，覺也。為其常覺故，謂之大覺，亦謂之覺王。"

　　② 八識：瑜伽行派與法相宗五位法中之心法。即眼、耳、鼻、舌、身、意、末那、阿賴耶，共八識。

　　③ 四智：指四種智慧。全稱四智心品。為唯識宗所立。即將有漏的第八識、第七識、第六識，及前五識轉變為四種無漏智，即大圓鏡智、平等性智、妙觀察智、成所作智。

　　④ 孫陀利：又作"須陀利"、"酸陀利"、"酸陀難提"。意譯為"好首"、"可愛"。佛在世時，嘗有淫女孫陀利在大眾中謗佛，是為佛十難之一。

　　⑤ 旃遮婆女：指妨礙世尊度眾之婆羅門女。又作"旃遮摩那"、"栴闍摩"、"旃遮"、"氈遮"、"戰遮"、"懷槃女子"。意譯為"暴志"。與提婆達多、瞿伽梨、孫陀利並稱。世尊於祇園精舍說法時，其聲譽日隆，外道嫉之，暗遣此女入精舍，繫木盂於懷中，偽裝妊婦，入大眾中揚言，此說法人與其通，腹中之子乃釋種。時大眾疑之，帝釋天乃化白鼠，入其衣中，斷所繫絲，盂出事顯，眾疑釋然。時地自裂，女墮入阿鼻地獄。法顯、玄奘西遊時，仍見大深坑之遺蹟。

　　⑥ 杅：浴盆。

小聖之所不及，況非聖者乎？而有讟張忿懥者，讟張，�也。忿懥，怒也。
自謂得一①之見，人莫吾之若也，所謂命矣，非業之由也。有一類背愎之，
徒不信業報，皆言天命者也。

《禮》曰："天命之謂性。"②"得之自是，不得之自是，以聽天命。"③
外典稱業爲天命，子云："命矣。"夫脩短之性命，皆自是天之所注也。仲尼曰：
"道之將行也歟，命也。道之將廢也歟，命也。公伯僚其如命何！"④公伯
僚，魯人，毀仲尼於叔孫武叔，夫子故有是言也。子夏曰："死生有命，冨貴在
天。"⑤死生總報業⑥，冨貴別報業⑦。魯公欲見孟子，魯平公將見孟軻，以其賢
德故也。嬖人臧倉毀於公而止。孟子聞之曰："天也。"⑧孟子云："君不見
我，自是天命未會，非臧倉能止。"⑨是知由業，故不然矣。以緣業爲天命也。

且仁者克己，不仁者害人；仁者危甚累棋⑩，不仁者安過覆盂⑪。積善
殃咎，若比干之徒。爲惡諧偶，若曹操之類。禍福箋徵，其在耳目。故唐虞聖
德，但自一已；翼善傳聖曰堯，以丹朱不肖而。仁聖盛明曰舜，以商均不嗣而絕
也。厲幽昏淫，祚延七百。暴虐無親曰厲，壅遏不通曰幽，皆周王也。雖昏，猶

---

① 得一：得道。《老子》："昔之得一者：天得一以清；地得一以寧；神得一以靈；谷得一以
盈；萬物得一以生；侯王得一以為天下貞。"王弼注："一，數之始而物之極也，各是一物之生，所
以為主也。物皆各得此一以成。"《呂氏春秋·論人》："無以害其天則知精，知精則知神，知神之
謂得一。凡彼萬形，得一後成。"高誘注："一，道也。天道生萬物，萬物得一乃（後）成也。"

② 見《禮記·中庸》。

③ 見《禮記·表記》。

④ 見《論語·憲問》。

⑤ 見《論語·顏淵》。

⑥ 總報業：牽引五趣四生等果之業。又作"引業"、"引因"、"牽引業"。為"滿業"之
對稱。即感有情總報果體之強勝業。

⑦ 別報業：指圓滿有情之眾同分，而令各人諸根形量等殊別之善惡業。又作"滿業"、
"圓滿業"。為"引業"之對稱。凡人之一生中所造善、惡、邪、正等種種業，其中最為主要者
僅有一業，此業能招感未來世生於鬼、畜、人、天等諸趣之果報，稱為引業；相對於此，其他一
切之諸業，則於已招感之鬼、畜、人、天等諸趣之果報中，能決定六根具足與否，及身體之強
弱、壽命之長短，及其他貧富貴賤等各各差別之果報，則稱為滿業。

⑧ 見《孟子·梁惠王下》。

⑨ 原文不見於《孟子》。

⑩ 累棋：亦作"累碁"。堆疊棋子。比喻形勢危險。《戰國策·秦策四》："臣聞之：物至
而反，冬夏是也。致至而危，累碁是也。"漢劉向《新序·善謀》："致高則危，累棋是也。"

⑪ 覆盂：亦作"覆杅"。倒置的盂。喻穩固、安定。《韓詩外傳》卷九："君子之居也，綏如安
裘，晏如覆杅。"漢東方朔《答客難》："天下震慴，諸侯賓服，連四海之外以為帶，安於覆盂。"

延數世。**三桓陵僭**①，**世執魯政**；季孫上卿，叔孫中卿，孟孫下卿。**夷吾匡輔，嗣絕齊史**。夷吾，齊管仲也。佐桓公，九合諸侯，尊獎王室。齊國音無後嗣也。**騷爲《天問》**，三閭大夫屈原也，著《離騷經》，故謂騷人，有天問也。**班賦《通幽》**，班固，字孟堅，著《通幽賦》，傷賢良不用也。並在《文選》也。**李推《運命》，其不爲此歟？** 李蕭遠有《運命論》也。

故金仙②**之門，其孰能辯之？由是羣言師師，若妖厲憑舌**，前有譸張之士述之，皆言是命，不是於業。**後之承信，若巫覡之傳妖厲也。使君子大人聞之，猶若投杼**③。曾參母織，有告參殺人，母初不信。再告，母疑。三告，母投杼而走。以參仁孝，報者不過三，母尚信之。今此不經之言，傳者不過三，達人君子亦須信之，況餘者？**時祖右肩士，愀然不懌，徂履礪刃，將斬其疑**，時有偏袒④釋子，洞明業理，覩其迷謬，遂礪智鋒，將決其疑網也。**曰：若稱命不稱業，其蔽也固**。蔽，塞。固，執也。**夫業者，生乎運動者也**。運動者，即發行之謂也。**動有違順，善與善順，惡與善違。成乎善惡，福業爲善，非福爲惡。善惡鍾乎報施**，施戒善相應，殺盜惡際會。**然後有性命窮通生焉**。於總報外有窮通、貧富、脩短、聰暗、端正、醜陋，皆名別報業也。**但機運之業，有於輕重。而性命之報，有於今後。順現業**⑤，名今重也。**順生順後業**，名後則輕也。**必若弗假乎業，而受命惟天，則何天道之賦命，而不均其厚薄？** 若人等皆由天命，何故

---

①　陵僭：僭越，超越本分。《後漢書·袁術傳》："若陵僭無度，干時而動，衆之所棄，誰能興之？"

②　金仙：又作"大仙"、"大僊"。即佛之敬稱。行道求長生之人，稱為仙；聲聞、辟支佛、菩薩等亦稱為仙。佛為仙中之極尊，故稱大仙，或稱金仙。

③　投杼：《戰國策·秦策二》："昔者曾子處費，費人有曾參者，與曾子同名族，殺人。人告曾子之母曰：'曾參殺人。'曾子之母曰：'吾子不殺人也。'織自若。有頃，人又曰：'曾參殺人。'其母尚織自若。頃之，一人又告之曰：'曾參殺人。'其母懼，投杼踰牆而走。夫以曾子之賢，與母之信，而三人疑之，雖慈母不能不信也。"後以"投杼"比喻謠言眾多，動搖了對最親近者的信心。《史記·樗里子甘茂列傳》："今臣之賢不若曾參，王之信臣又不如曾參之母信曾參也，疑臣者非特三人，臣恐大王之投杼也。"

④　偏袒：底本誤作"偏祖"，據文義和上下文改。佛教徒穿袈裟，祖露右肩，以表示恭敬，並便於執持法器，亦稱偏袒。唐杜甫《戲韋偃為雙松圖歌》："偏袒右肩露雙腳，葉裏松子僧前落。"宋道成《釋氏要覽·禮數》："偏袒，天竺之儀也。此禮自曹魏世寖至今也。律云，偏露右肩，即肉袒也。律云，一切供養，皆偏袒，示有便於執作也。"

⑤　順現業："順現法受業"的略稱。為三時業之一，四業之一。又稱"順現報受業"、"順現業"、"順現報受"、"現在受業"、"現報"。意謂現在世所造作之善惡業於現在世受果報，此業即稱為順現法受業。

其道不均？必若業唯運動，不能招命，則祭豈有福，暴豈有傷乎？今以宿行定招名業，善惡現感名命。若唯有業者則合宿緣，感無移改，豈得現見？祭祀者獲福，兇暴者受殃，皆非宿業所感也。祀者但是冥助①而已，兇暴者亦是順現別報也。

　　詩曰："莫莫葛藟，施于條枚。豈弟君子，求福不回。"② 斯言何設歟？《詩·大雅·旱麓》之卒章也。旱，山名。麓，足也。取其不違先祖求福之道。回，違也。然往世之業，有定不定③；而感今世性命，有變不變。業於時報，有定不定，性命有變不變，若順現變爲蛇等。別報則變，總報不變也。其業若定，所感之命確乎不改。其業若不定，而所感之命則可損益之耳。如憑善力，轉重令輕等。惡亦如是。然今世之業，有定不定，而令昔世所感性命，有變不變。其業若定，能改昔因，如善業能改昔世之惡日。不定之命，致有窮通。不定之命，謂別報也。本以惡故窮，今以善力改之，故通也。其業若不定，則一乎否泰耳。謂不定能改也。

　　夫舍利弗、阿那律，遇佛爲法醫，遇耆婆④爲世醫，而不蠲於宿療；療，病也。如舍利弗血痢，良醫云可食藕，乃令目連往漫陀羅池中取藕食之等。阿那律喪目等，皆宿業也。顏回、閔損，遇孔丘著德行，遇諸侯務賢智，而不去其貧夭，蓋往世所感之命定也。故今世行善，不能益之也。顏回，字子淵。孔子弟子，魯人也，顏路之子。家貧，三十早亡。閔損，字子騫，亦魯人，有孝行。家貧，遭後母所苦，爲李氏家費宰。跋難陀⑤忮求而福盛，跋難陀比丘富盛，有金錢數億也。阿育王酷恣而威強。育王殺戮無度，置地獄等，而威震海隅。遇沙門毱多化之，建八萬四千塔也。季氏出君，死於牖下。季桓子逐出魯昭公，竟死

---

①　冥助：謂神佛的佑助。唐慧立《大慈恩寺三藏法師傳》卷八："庶延景福，式資冥助。"

②　見《詩·大雅·旱麓》。

③　定不定：即"定業不定業"。謂善、惡之業所招感之果報有定與不定之別。分爲招感結果之定與不定、招感結果之時的定與不定、時與果之定與不定等三種：果之定與不定、時之定與不定、時與果之定與不定。

④　耆婆：又作"耆婆伽"、"祇婆"、"時婆"、"耆域"、"時縛迦"。爲佛陀時代之名醫。曾至希臘殖民地附近之德叉尸羅國學醫，後返王舍城，爲頻婆娑羅王與阿闍世王之御醫。虔誠信仰佛教，屢次治癒佛弟子之病。曾引導弑父之阿闍世王至佛陀面前懺悔。其名聲可媲美我國戰國時代之扁鵲。

⑤　跋難陀：六羣比丘中之一。又作"難陀"、"難途"，又作"鄔波難陀"。佛世時，難陀等六比丘常聚集成黨，滋事犯衆，遭人非議，成爲佛陀當時制戒的因緣之一。難陀與跋難陀二兄弟為釋姓王種，二人均善解陰陽曆算，善於說法議論，然多欲復多行不義，佛陀乃因難陀之故，制定單墮法第二十二以下之二戒；又因跋難陀之故，制定捨墮法第六以下之十五戒、單墮法第三十七以下之六戒、衆學法之第九十五戒等。

於乾侯①，而攝祭祀，終獲死於魯國。**盜跖餔腸，終於上壽**②。盜跖爲賊，於東陵日殺行人，取心肝爲餔。孔子不能化之，竟獲其死也。③ **蓋往世所感之命定也，今世不善不能損之也**。此以宿有善業現，惡不能掩之也。

　　末利獻食，爲國夫人。末利夫人④，釋官庶生，極醜，父王不欲見，乃咨蹉供佛，念誦不暇。佛爲見身，變獲端嚴，波斯匿王取爲夫人。**舡**⑤**板讓死，爲海神授命**。《大莊嚴論》說：有比丘泛海，遇風損舡，少年比丘獲一舡板，見上座沒，念云：“佛今敬上座。”遂以板讓之。海神覩見歡喜，俱推出海而得存活也。⑥ 趙盾憨於翳桑，趙宣子出，見翳桑餓人，問之，云：“不食三日矣。”乃取食以飼之。後爲晉靈嗾獒咬之，翳桑靈輒殺獒，扶輪救之而出也。⑦ **漂母哀於淮陰**，淮陰侯韓信，未遇，飢甚。見老母漂絮，投之，母餉之。後佐漢封淮陰侯。母已死，開墳以千金投內也。⑧ **皆今世善業之定也**。往世之命不定，故能變衰從盛也。自末利已下，此順現善業也。

　　樵客指熊而臂落，《經律異相》云：“有樵夫入山，值大雪寒極，白熊收入窟。至雪霽，下山見獵人，乃引之，示其熊處，舉手指之，隨指臂落也。”⑨ **比丘啖炙**⑩**而腸穿**，有逐羊奔寺，見比丘指示之，乃殺之以炙啖。比丘食已，炙偏於皮下走，穿腸而卒。出《辯正論》。**里克**⑪**見討於弑君**，晉獻公寵孋姬而逐羣公子。殺申生太子，立奚齊，里克殺之。國人又立卓子，克又殺之，而迎夷吾立之，是爲惠公。惠公

---

① 乾侯：古地名。春秋時晉地。《春秋·昭公二十八年》：“公如晉，次于乾侯。”即指其地。西晉人杜預注曰：“乾侯，在魏郡斥丘縣，晉竟內邑。”其地在今河北魏縣，或曰在今河北成安東南漳河店鎮附近。

② 上壽：三壽中之上者。《莊子·盜跖》：“人上壽百歲，中壽八十，下壽六十。”

③ 見《莊子·盜跖》。

④ 末利夫人：又作“摩利夫人”、“摩利迦夫人”。意譯作“勝鬘夫人”。中印度迦比羅衛城人。幼名明月。父爲摩納婆，母爲婆羅門種。於其父歿後，淪爲摩訶男之婢，嘗受命至園林採花結鬘以呈之，摩訶男見之大喜，令住園中日日結鬘，故又名“勝鬘”（與勝鬘經所說之夫人同名，但彼爲此末利夫人之女）。後因以飯食供養佛陀之功德，而得脫離婢身，成爲憍薩羅國勝光王（即波斯匿王）之夫人，生有惡生太子（即毘琉璃太子）。

⑤ 舡：同“船”。《集韻·僊韻》：“船，俗作舡。”

⑥ 見《大莊嚴論經》卷三。

⑦ 見《左傳·宣公二年》。

⑧ 見《史記·淮陰侯韓信列傳》。

⑨ 見《經律異相》卷一一。

⑩ 炙：同“炙”。《字彙·肉部》：“炙，同炙。”

⑪ 里克：（？—前650），嬴姓，里氏，名克。春秋前期晉國卿大夫，晉獻公的股肱之臣，太子申生的堅決擁護者，能征善戰的統帥。

至自秦，謂里克曰："子殺二君與一大夫。"謂荀息也，乃自殺，即惠公討之故也。①
張祿②逞志於魏相。張祿，范雎也。與須賈入秦，秦悅之。須賈歸，譖之於魏齊，
魏齊乃飲酒次，打之齒折，沈溷中。活而奔秦，改稱張祿，秦拜爲相。後謀收魏，魏
齊令須賈奉使，祿乃令須賈作騶，仍今取魏齊。魏齊出奔至死，竟喪於魏也。③ 皆今
世不善業之定也。此皆順現業不善之報也。往世之命不定，故能化存爲亡也。
前世壽本未盡，爲今世業令盡，而受現果故也。

　　提婆達多害聖出足血，推山傷佛足。破僧倫，必受泥犁之一劫，蓋方
生不善業之定也。亦順現不善定業也。阿闍世弒父，見于佛，信于法，免無
擇④之大苦，阿闍世王弒父頻婆娑羅王，地獄苦見，身患惡瘡，歸心告佛，佛以光
照而瘡愈，反爲說法，免地獄之苦也。無擇，獄名，不擇善惡故也。蓋方生不善業
之不定也。因懺悔而罪滅矣，此乃時報俱不定也。故顏、閔之貧夭，酬往因之
不善，其德行可爲來生之善報；季、跖之富壽，酬往因之善業，其逆暴可
爲來生之重苦，誠不足疑矣。夫不龜手藥是一，而榮賤各異；龜，皴坼也。
有賣藥以治之，所獲甚少。南人鬻其方，歸而獻於君。值征所用，大得其祿也。出
《莊子》。⑤ 削諸侯地是一，而興亡不同。秦始皇削奪諸侯地而不封，漢軍入秦，
無救者而亡也。酈食其⑥見漢王，勸令封諸侯地。及張良至，遽止之。於帳中借筋爲
籌畫之，言不可，遂不封，漢果興也。⑦ 實由機運有工拙，而性命有可易不可
易也。故君子知運命之不可易，而樂天知命⑧；小人不知，則踚己躁動，
不知道，無以爲君子。是以禍福安危，居然可見矣。其有謂吉凶恒理，由命
不由運者，斯不足斷矣。運有否泰，吉凶山人者也。夫冬草覆而不死，何嘗

---

　　① 見《國語·晉語三》。
　　② 張祿：（？—前255），范雎的化名和又名。范雎，字叔，戰國時魏人，秦國歷史上智謀
深遠、繼往開來的一代名相，也是我國古代在政治、外交等方面極有建樹的著名政治家、軍事謀
略家。公元前266年範雎拜為丞相，封之于應城（今河南魯山之東），故號為應侯。
　　③ 見《史記·范雎蔡澤列傳》。
　　④ 無擇：無間地獄之古譯。音譯作"阿鼻"、"阿鼻旨"。為八熱地獄之第八。位於南贍部
洲（即閻浮提）之地下二萬由旬處，深廣亦二萬由旬，墮此地獄之有情，受苦無間。凡造五逆
罪之一者，死後必墮於此。
　　⑤ 見《莊子·逍遙遊》。
　　⑥ 酈食其：（前268—前204），陳留高陽（今河南開封杞縣西南）人，是漢王劉邦的謀臣，
因游說齊王田廣停戰，而漢却續攻齊，田廣大怒，將之烹殺。
　　⑦ 見《史記·酈生陸賈列傳》。
　　⑧ 樂天知命：謂樂從天道的安排，安守命運的分限。《易·繫辭上》："樂天知命，故不
憂。"孔穎達疏："順天道之常數，知性命之始終，任自然之理，故不憂也。"

不由運乎？由運用而可免也。有以性能則命通，由運不由命者，斯亦不足斷矣。有便倚運動，不信宿業，則亦不可也。夫寒木溉而不滋，滋，潤灌也。如古柏澆水，豈便滋茂？蓋力堅故也。何嘗不由命乎？夫兩信完，方可謂之達奧。是以信有運則業之信矣，信有命則果之信矣。運乃業因，命則業果。信運命而不信業果者，何異聞朝三暮四則怒，聞朝四暮三則喜乎？莊子云：如云朝三暮四之言，眾狙皆怒。却云朝四暮三，則眾狙盡喜。而不知名異而事同者也。① 故此方先聖儒，雖不顯言於業果，而陰以運命隲之，隲，定。以運命暗定業理故也。名殊而義一耳。《易》曰：“知幾其神乎？”② 莊氏云：“萬物出於幾。”③《陰符》云：“心生於幾，死於幾。”④ 本作物。見物而幾生也。心能發幾，目能見幾。生死之心在於物，成敗之幾見於目也。張湛⑤云：“幾者，羣有之始，動之所崇也。”⑥ 幾者動之微，蓋言於業運也。

　　或曰：“業興於動，其報理均，曷有輕重定不定乎？”所發業是同，何有輕重等受報不定者乎？曰：“心有喜怒，事有恩酷。能發之心，行有不同。故形不忍乎色，逞炮烙于心。紂之無道，改炮烙之刑，行剚斷之虐，此業之重也。而《書》云：‘宥過無大，刑過無小。’⑦ 宥，放也。不以罪大而不赦，不以過小而不殺也。經云：‘爲團鐵小亦沈水，爲鉼鐵大亦能浮。’⑧ 莫不以是。業雖重而悔猛，亦免；業雖輕而不懺，亦受。又若以三業三時合離爲八，身口意單名離，三業俱等名合。離合二種兼三業三時爲八。三時，三世也。兼之則重，差之則輕，三業同發名重，不同發名輕。輕則不定，重乃定矣。由是瓶沙餒於逆子，瓶沙即頻婆娑羅王。釋黨死於凶王。琉璃王也。堯聰明而洪水，湯湯洪水，

---

① 見《莊子・齊物論》。

② 見《易・繫辭上》。

③ 見《莊子・至樂》。

④ 《陰符經・强兵戰勝演術章》：“心生於物，死於物。”

⑤ 張湛：東晉學者、養生學家。字處度。高平（郡治在山東金鄉西北）人。仕至中書侍郎、光祿勛。撰有《養生要集》、《列子注》、《沖虛至德真經注》等。

⑥ 《沖虛至德真經注》：“機者，羣有之始，動之所宗也。”幾，與“機”同。《易・屯》：“君子幾不如。”陸德明釋文：“幾，鄭作機。”《易・繫辭上》：“極深而研幾也。”德明釋文：“幾，本或作機。”崇，通“宗”。《管子・正篇》：“萬物崇一。”俞樾平議：“崇讀為宗。《尚書・牧誓篇》：‘是崇是長。’《漢書・谷永傳》‘崇’作‘宗’。是古字通也。”

⑦ 見《尚書・大禹謨》。

⑧ 見《阿毗達磨俱舍論》卷二三。

蕩蕩懷山襄陵，下民昏墊等。① 湯仁德而大旱。湯以仁德而有天下，七年大旱，禱於桑林等也。② 張毅、單豹，以養求生，俱不能生。齊人張毅者，畏慎之士也，見高門懸簿，無不走也。年四十，以內熱之病而卒，此過之於躁滯外也。單豹者，魯人，巖居飲水，不與民共利。年七十而有嬰兒之色，不幸遇餓虎食之。此滯於內也，豹養其內，虎食其外，毅養其外，病攻其內，俱求生不得生也。③ 薄俱羅④、周后稷，不以養求生，俱反其生。蓋運命之定也。薄俱羅，此云善容。曾施一訶梨勒，九十一劫不患頭痛，遭後母方便殺之，經五難不死。出家後，目不視女人，身不入尼寺，不爲女人說一句法。無憂王知其少欲，施其塔一，金錢，湧地不受也。⑤ 周后稷，帝嚳之子，姜原所生。生而毛，遂棄之深山、寒氷、陋巷，三棄不死，因名棄。善播種，仕堯，至十五代孫文王得天下。⑥ 黑風飄而獲濟，有商人入海，遇黑風飄入羅刹鬼國，俱念佛而皆獲免也。⑦ 富羅⑧正而長謝。有比丘見輪王威勢，愛之，晝夜精勤求之，佛恐不得解脫，欲謝其千輪之福，乃爲一正富羅。⑨ 富羅，矩靴。輪王業謝也。桑穀⑩匪殷宗之禍，殷太戊以伊尹子伊陟爲相，桑穀共生于朝，一旦大拱，懼而修德，桑穀死。三年，重譯而至者十六國，乃稱中宗。⑪ 熒惑⑫退宋都之

① 見《書·益稷》。
② 見《淮南子·主術訓》
③ 見《莊子·達生》。
④ 薄俱羅：為佛弟子之一。又作“薄拘羅”、“婆拘羅”、“波拘盧”、“縛矩羅”、“薄羅”。意譯作“重姓”、“賣姓”、“善容”。幼時，繼母五度殺害不果。出家之後，畢生無病苦，世壽一六〇，世稱長壽第一。
⑤ 見《妙法蓮華經玄贊》卷一。
⑥ 見《詩經·大雅·生民》、《史記·周本紀》。
⑦ 見《撰集百緣經》卷九《聲聞品》。
⑧ 富羅：又曰“福羅”、“布羅”、“腹羅”。莊飾之短靴也。《玄應音義》卷一五曰：“福羅，正言布羅。此譯云短勒靴也。”同書卷一六曰：“腹羅或作福羅，或云富羅，正言布羅，此云短勒靴也。”
⑨ 見《薩婆多毘尼毘婆沙》卷二。
⑩ 桑穀：二木名。古時迷信以桑穀生于朝為不祥。《書·咸有一德》附《序》：“伊陟相大戊，亳有祥，桑穀共生于朝。”孔穎達疏：“桑穀二木，共生于朝。朝非生木之處，是為不善之徵。”北魏崔鴻《十六國春秋·北燕·馮跋》：“桑穀生朝，太戊修德而殷道興。”
⑪ 見《史記·殷本紀》。
⑫ 熒惑：指火星。因隱現不定，令人迷惑，故名。《呂氏春秋·制樂》：“熒惑在心。”高誘注：“熒惑，五星之一，火之精也。”《淮南子·天文訓》：“執衡而治夏，其神為熒惑。”《文選·揚雄〈羽獵賦〉》：“熒惑司命，天弧發射。”李善注引張晏曰：“熒惑法使，司命不祥。”

災。火星見宋之分野，景公懼而修德，火星乃退三舍也。① 文王錫武王三齡，齡，
壽也。武王夢上帝之九齡，文王賜之三齡，故至九十三也。② 秦穆赦孟明再死。
蓋運命之不定也。秦將孟盟伐晉，兩度過河，不利，秦穆赦之。後焚舟而往晉不
出，乃雪前恥而歸。③ 摭茲理例，考之人事，豈云無業哉？"此皆業理分明
之事。

　　其有恃重玄④者，以爲雁序羽⑤，羔跪乳⑥，烏黔、鵬⑦白，棘尖、
鹺⑧方、蘭馨、蕕⑨臭，彼則自然之數也，此皆外道所計自然義故也。豈由業
乎？重空人撫衹告之曰：不然也。夫老聖云自然者，其道也。至道與萬物
同體，故曰"萬物自然"，萬物與至道不即離。即曰"一陰一陽之謂道"，道
者寂然無體也。神無方而易無體，在陰以生，在陽以成，故曰"一陰一陽之謂"
也。⑩ 莊氏云"在瓦礫"、"在稊稗"，⑪ 非謂萬物無因緣之義也。觸目皆道
故也。夫稟性命者，以業運爲因緣；有情者，皆憑宿業熏習爲因緣也。處外物
者，以氣數爲因緣。無情者，憑根種爲因，陰陽氣數爲緣也。故羔雁徵之於業
習，雁序羔跪，皆由業習也。鹺棘求之於水土。假水土爲增上緣也。烏反哺、
梟反噬，蓋前生之行，逆順之餘習也。橘榮南而枳蕃北，蓋隨風土之所變
也。江南種之成橘，江北種之成枳也。⑫ 夫水潤下，火炎上，金從革，木曲

---

① 見《史記·宋微子世家》。

② 見《禮記·文王世子》。

③ 見《左傳·文公三年》。

④ 重玄：指很深的哲理。語本《老子》："玄之又玄，眾妙之門。"《晉書·隱逸傳·索
襲》："味無味於慌惚之際，兼重玄於眾妙之內。"唐李白《峨眉山月歌送蜀僧晏入中京》："黃金
師子乘高座，白玉塵尾談重玄。"王琦注："重玄，即《老子》'玄之又玄'之義。"

⑤ 羽：從此字開始，共四頁文字，字體為行書。

⑥ 羔跪乳：《公羊傳·莊公二十四年》："胈脩云乎。"漢何休注："凡贄，天子用鬯，諸侯
用玉，卿用羔……羔取其執之不鳴，殺之不號，乳必跪而受之，類死義知禮者也。"後以"跪
乳"喻指孝義。漢班固《白虎通·衣裳》："羔者，取跪乳遜順也。"

⑦ 鵬：亦作"鵊"。鳥名。白鵬。雄的背部白色，有黑紋，腹部黑藍色，雌的全身棕綠色。
分布於中國南部。《文選·班固〈西都賦〉》："招白鵬，下雙鵠。"李善注："《西京雜記》曰：
閩越王獻高帝白鵬，黑鵬各一雙。"

⑧ 鹺：鹽的別名。《禮記·曲禮下》："鹽曰鹹鹺。"鄭玄注："大鹹曰鹺。"

⑨ 蕕：草名。似細蘆，蔓生水邊，有惡臭。常比喻惡人。《左傳·僖公四年》："一薰一
蕕，十年尚猶有臭。"杜預注："薰，香草；蕕，臭草。"

⑩ 見《周易·繫辭上傳》。

⑪ 見《莊子·知北遊》。

⑫ 見《晏子春秋·內篇雜下》。

直，土爰稼穡。水鹹、火苦、金辛、木酸、土甘，因五氣成五質，播爲五味，凝爲五色，流五音①。然後錯而雜之，剛柔強微，所稟有異，萬象生焉，何異因緣之義乎？上皆《洪範》文義也。②

若又責以造化之卒，陰陽何施？而孕育繁委，使玄黃異視，宮徵分聽者，則其酷矣。若一一窮究，則其品類繁酷矣。夫萬物始於太極，無因緣相構，觸類成象，不生而生，萬物本不生，緣會而生。生於不生。道本無生，萬物憑之而生。陰陽無心，造之非我，理自玄應，故曰無心。天地無功，老子云："天地不仁，以萬物爲芻狗。"③ 聖人不宰。故云"絕聖棄智，大盜乃止。擿玉毀珠，小盜不起"也。④ 今古莫知夢幻之理，於焉得矣。故老氏云："無名天地之始，有名萬物之母。"⑤ 無名者，妙道之本，權輿天地也。有名者，滋生萬物，故名曰母也。莊氏云："大塊噫氣，其名爲風。"⑥ 文如海⑦云："大塊，自然也。噫，吐氣貌也。"由是象帝⑧之先，不可得而有始也。

若又責以外物觸氣流形，內命亦何業之由者？外云如因無情，擊觸內命而起愛憎，豈是業耶？誠不足類也。夫外物無心，無心則業⑨；內命懷情，懷情則業起。故飄瓦⑩之與投瓦，俱及於人，則有怒不怒也。何斯之無別乎！劉子云："飄瓦擊人，虛舟⑪觸己，雖有忮心而不怒者，以彼無情於擊

---

① 流五音：據上文"播爲五味，凝爲五色"，疑此處脫一"爲"字，應是"流爲五音"。

② 見《書·洪範》。

③ 見《道德經》第五章。

④ 見《莊子·胠篋》。

⑤ 見《道德經》第一章。

⑥ 見《莊子·齊物論》。

⑦ 文如海：盛唐道士。以郭象《莊子注》放乎自然而絕學，失莊生之旨，因再爲之解，凡九萬餘言。書久佚。凡十卷，總百廿篇，貞半千爲之贊。垂拱四年（688）仙化。著有《太上老君玄元皇帝聖紀》十卷、《樓觀先師本行內傳》一卷、《簡要義》五卷、《玉緯經目藏經》七千三百卷、《祛惑論》、《消魔論》等，久佚。

⑧ 象帝：語本《老子》："吾不知誰之子，象帝之先。"河上公注："道自在天帝之前。此言道乃先天地生也。"王弼注："不亦似帝之先乎！帝，天帝也。"

⑨ 無心則業：據下文"懷情則業起"，疑"業"後脫一字。《心賦注》卷一："一切諸業，皆從有心起，無心即無業。"《大慧普覺禪師語錄》卷一五："無心即無業，今既有業，心即生滅。"疑"業"後脫一字"滅"字。

⑩ 飄瓦：墜落的瓦片。《莊子·達生》："復讎者不折鏌干，雖有忮心者不怨飄瓦，是以天下平均。"成玄英疏："飄落之瓦，偶爾傷人，雖忮逆褊心之夫，終不怨恨，爲瓦是無心之物。"

⑪ 虛舟：無人駕御的船隻。語本《莊子·山木》："方舟而濟於河，有虛船來觸舟，雖有惼心之人不怒。"

綢也。"① 或曰："善惡之業，報施必臻。故易曰：'積善之家，必有餘慶。積不善之家，必有餘殃。'② 何瞽生舜，舜生均，鯀生禹耶？"瞽之頑而生舜聖，舜之聖而生均不肖，鯀之兇而生禹聖，此義何在？ 對曰："聖人舉天理而立教，語其多而不語其少也，語其順而不語其違也。聖人舉慶善殃惡者，乃天地常理也。又言之則順，不可言善招惡，豈導物乎？故公劉泊王季，克生聖嗣，至于文王，大造于周邦。周自后稷播種，德及黎民。公劉③世守其官，不窋④迁西戎。至季歷⑤生聖子，文王生武王而得天下，三十七帝八百餘年，皆積善流慶之道故也。弗父何⑥泊正考父，克邁仁德，至仲尼光定文教。湯之後微子封宋，至弗父何讓位屬公，因賜孔姓。至正考父⑦三命⑧，益恭，世修仁德，至孔子蘊聖多能，光顯文教者也。是以考歷象，授人時⑨者，貞其所次，式恒其紀。貞，正。式，用也。歷象，日月五星爲七政也。其或俶擾⑩錯亂，變化爲凶，祉誠則災異也。"

　　若又或以聲不代響，形不貿影，貿，易也。形不能代易於影。安有祖考施而子孫當其報者？自作自受，各不相均。則義可得詳焉。夫善惡以類相資，而不相代，故先人以福施，後世以福繼之，非無福者，而爲其子孫矣；先人以禍施，後世以禍繼之，非無禍者，而爲其子孫矣。故龍與雲

---

①　見《劉子·去情第三》。

②　見《易·坤》。

③　公劉：本名姬劉，在名字之前加一個"公"字，表示尊敬。世居北豳（今甘肅省慶城縣），是古代周部族的杰出首領、周先祖不窋的孫子、鞠的兒子、周朝文王的祖先。

④　不窋：姬姓，或云后稷之子。夏朝孔甲時期周部族首領、周朝先祖。

⑤　季歷：本名姬歷。周太王的少子、周文王之父。一作王季、公季，也稱"周王季"。商王文丁時，受封為"牧師"，成為西方諸侯之長。

⑥　弗父何：孔子的直系祖先，宋緡公之長子，讓位于弟鮒祀（宋厲公）。厲公封弗父何為宋國上卿，受采邑于栗（今河南商丘市夏邑縣）。

⑦　正考父：周朝春秋時期宋國政治人物。世代作為宋國的上卿，宋湣公共的玄孫，孔父嘉的父親，即孔子的七世祖。

⑧　三命：周代分官爵為九等，稱九命。三命為公侯伯之卿。命，爵命。見《周禮·春官·典命》、《禮記·王制》。《左傳·昭公十二年》："及平子伐莒，克之，更受三命。"杜預注："十年，平子伐莒，以功加三命。"《荀子·大略》："三命，族人雖七十不敢先。"王先謙集解："三命，卿也。"

⑨　考歷象，授人時：語出《書·堯典》："乃命羲和，欽若昊天，厤象日月星辰，敬授人時。"考歷象，推算觀測天體的運行。授人時，指將曆法付予百姓，使知時令變化，不誤農時。後以之指頒布曆書。

⑩　俶擾：開始擾亂。《書·胤征》："惟時羲和，顛覆厥德。沈亂於酒，畔官離次。俶擾天紀，遐棄厥司。"孔傳："俶，始；擾，亂。"

合，虎與風合。龍吟則雲起，虎嘯則風生。銅山崩而景鍾震，漢殿鍾震，蜀銅
山崩，以類①相應也。葭②灰消而月暈缺。《淮南子》云："隨灰而月暈缺。"③ 注
云："以取芦④灰環月，缺其一面，則月暈亦闕。"⑤ 蓋應會之數矣。以類相感
故也。

　　常俚以殘淫勸寇，傷生破產，方謂身之罪也。常俚，鄙俗也。敠⑥挩⑦，
盜劫也。則淫、盜、殺皆身業行也。訾言勃詐，凌犯君親，方謂口之罪也。語
葉也。機慮無法，潛毒懷虐，方謂心之罪也。意業也。曾不知有百行乖儀，
五常失守，處俗於忠孝不至，出家於慈悲不厚，釁生於微，積而成形，則
爲罪矣。水滴雖微，漸盈大器。⑧

　　常俚以徇物⑨捐軀，蹲膜擎跽⑩，蹲膜，禮拜。擎，合掌。跽，胡坐也。方
謂身之福也。誦言講法，悅人進己，方謂口之福也。愛惡絕向，忌剋⑪不
入，方謂心之福也。曾不知手足之所措，詞論之所及，念慮之所經，興意
介益，孚于惠心，省罪引愿⑫，所謂懺悔也。則謂福矣。

　　故五穀不易其種，百行不反其報。仲尼、莊生云，夷、齊仁而餓死，
伯夷、叔齊，遼東孤竹君之二子。父死讓位歸周，聞武王伐紂，叩馬首而諫，不從，

---

　　① 以類：底本二字模糊，但右邊部分都很清楚。據上文正文"以類相資"及下文注文
"以類相感"補。
　　② 葭：初生的蘆葦。《詩·召南·騶虞》："彼茁者葭，壹發五犯。"毛傳："葭，蘆也。"
　　③ 見《淮南子·覽冥訓》。
　　④ 芦：同"蘆"。《字彙·艸部》："芦，俗以芦為蘆。"
　　⑤ 《太平御覽》卷四引許育注。
　　⑥ 敠：同"攟"。《龍龕手鑒·手部》：敠，同"攟"，"如羊反。盜也。"
　　⑦ 挩：同"敓"，後作"奪"。強取。《玉篇·支部》："挩，強取也。"《篇海類編·人事
類·支部》："挩"，同"敓"。《康熙字典》："奪，古文敻、挩。《唐韻》、《集韻》、《韻會》、
《正韻》丛徒活切，音挩。彊取也。"
　　⑧ 見《出曜經·水品第十八》。
　　⑨ 徇物：追求身外之物。《呂氏春秋·貴生》："今世俗之君子，危身棄生以徇物。"高誘
注："徇，猶隨也。"陳奇猷校釋："徇者，以身從物之謂。"
　　⑩ 擎跽：拱手跪拜。《南史·隱逸傳上·顧歡》："擎跽磬折，侯甸之恭；狐蹲狗踞，荒流
之肅。"
　　⑪ 忌剋：亦作"忌克"、"忌刻"。謂心存妒忌而欲駕凌於人。亦泛指為人妒忌刻薄。《左
傳·僖公九年》："無好無惡，不忌不克之謂也。今其言多忌克，難哉！"孔穎達疏："其言多所
忌，多欲陵人。"
　　⑫ 引愿：承認罪過。《書·大禹謨》："帝初于歷山，往于田，日號泣于旻天，于父母，負
罪引愿。"

乃隱首山之陽，不食周粟以至餓卒也。① 尾生信而溺死，尾生與女子約于橋下，未至而水爆漲，生恐失信，不移而至溺死也。② 伍胥忠而伏劍死，伍負，字子胥，相吳，諫夫差不納西施，王不聽，乃伏劍死。越音收吳也。③ 以爲外事無必，必，專也，定也。斯實滯名害德，失乎中庸之道，非謂以善召禍也。昔大士坐道樹，戰天魔，業之然也；如來於菩提樹下成道，破四魔。所謂天魔、蘊魔、煩惱魔、死魔。處巖穴，灑足血，業之然也；造濱州，食馬麥，業之然也。故語今報則善酬，往業豈滅？

《禮》曰："子夏喪其子而喪其明。自晴也。曾子弔之，曰：'吾聞朋友喪其明則哭之。'曾子哭，子夏亦哭，曰：'天乎！余之無罪。'曾子怒，曰：'商，爾何爲無罪也？商，子夏名。吾與爾事夫子於洙泗之間，退而老於西河之上，華陰之地也。使西河之人，疑爾爲夫子，爾罪一也；喪爾親，使民未有聞，爾罪二也；喪爾子，喪爾明，爾罪三也。一不稱師，二於親恩薄，三於子厚，是罪也。而曰何自謂無罪歟？'"④ 夫如曾氏始謂見天地之心，知禍福之萌矣。"石駘仲卒，衛大夫石碏之後。無嫡子，有庶子六人，卜所以爲後者。吉者從之。沐浴佩玉則兆，齊潔求吉兆也。五人沐浴佩玉。石祁子曰：'孰有執親之喪，而沐浴佩玉者乎？'不沐浴佩玉。心玉且知禮。石祁子兆，衛人，以龜爲有知也。"⑤ 是知業理冥奧，儒辨此世，釋通三世，一張一弛，範圍天下，備矣。

而經亦云誤殺誤報。嘗有山間比丘，誤蹈一蟻。蟻死爲野豕，觸石而崩，比丘亦誤死於是也。⑥ 而世有色雖仁，而行違；言雖澤，而心詖。詖，險也。所謂色厲而內荏，言僞而辯也。⑦ 衒聲名，冒祿利。知善且蔽，忌惡而黨，捨人急己，輔高弱下，力行僭賢，畏罪矯容。滅裂⑧行其事，恢張⑨

---

① 見《史記·伯夷列傳》。

② 見《莊子·盜跖》。

③ 見《史記·伍子胥列傳》。

④ 見《禮記·檀弓上》。

⑤ 見《禮記·檀弓下》。

⑥ 《梵網經菩薩戒本疏》卷一。

⑦ 見《論語·顏淵》。

⑧ 滅裂：謂言行粗疏草率。《莊子·則陽》："芸而滅裂之，其實亦滅裂而報予。"成玄英疏："耕地不深，鉏治不熟，至秋收時，嘉實不多，皆由疏略，故致斯報也。"

⑨ 恢張：張揚，擴展。晉皇甫謐《〈三都賦〉序》："自時厥後，綴文之士，不率典言，並務恢張。其文博誕空類，大者罩天地之表，細者入毫纖之內。"

希其報。都不見其功過相磨，恩害相補。上智審諸己，中智求諸人，下智昏昏然，皆謂其損益自然也。夫李廣不封侯，李廣，隴西人，號漢飛將軍。善射，手不虛發。嘗射石虎，應絃沒羽。戰蕃，殺戮至甚，以此竟不封侯。① 白起死杜卸，白起，秦將，善野戰，坑趙降卒四十萬，竟死於杜卸驛也。② 虞詡相朝歌，漢虞經善斷獄，詡即其後也。詡奏帝以雍州三郡爲屯田省也，竟不得其死。③ 雖保節忠主，而皆要功害物，故將死之日，方始省其前過者也。

住持行第十四

　　泥龕塑像，佛寶也；黃卷赤軸，法寶；圓頂方袍，僧寶。此乃住持之道也。

　　籩簋俎豆，皆宗廟祭器也。制度文章，爲禮之器；升降上下，周旋裼襲④，裼，裘上服也。《禮》云，"襲所不入公門，上必加裼。狐白裘，錦衣以裼"之是也。⑤ 爲禮之文。鍾鼓管磬，鍾，金。鼓，革。管，竹。磬，石也。羽籥干戚，羽，翟牌也。籥，如笛而三孔。此文舞之禮也。干，楯也。戚，玉鏚，鉞斧也。此武舞之禮也。爲樂之器；屈伸俯仰，綴兆⑥舒疾，爲樂之文。置茲，則禮樂廢矣。繕寫繢刻，香臺法几，爲道德之器；髡祖拜遶，禪講齋戒，爲道之文。弛茲，則道德微矣。弛，廢也。微，匿也。

　　昔佛升忉利三月，佛生七日，摩耶生忉利天。佛往過夏，爲母說法也。優陀

　① 見《史記·李將軍列傳》。
　② 見《史記·白起王翦列傳》。
　③ 見《後漢書·虞傅蓋臧列傳》。
　④ 裼襲：古代禮服之制：袒外衣而露裼衣，且不盡覆其裘，謂之裼；不裼，謂之襲。盛禮以襲爲敬；非盛禮以裼爲敬。《禮記·表記》："裼襲之不相因也，欲民之毋相瀆也。"鄭玄注："不相因者，以其或以裼爲敬，或以襲爲敬。禮盛者，以襲爲敬，執玉龜之屬也；禮不盛者，以裼爲敬，受享是也。"孔穎達疏："行禮之時，禮不盛者，則露見裼衣；禮盛之時，則重襲上服。是行禮初盛則襲衣，禮不盛則裼衣，是裼襲不相因也……其行禮之時，或初襲而後裼，或初裼而後襲。所以然者，欲使人民無相褻瀆使禮相變革也。"
　⑤ 見《禮記·玉藻》。文句與原文不同，系引其大意。
　⑥ 綴兆：謂古代樂舞中舞者的行列位置。《禮記·樂記》："屈伸俯仰，綴兆舒疾，樂之文也。"鄭玄注："綴，謂鄹舞者之位也。兆，其外營域也。"南朝梁劉勰《文心雕龍·章句》："其控引情理，送迎際會，譬舞容迴環，而有綴兆之位。"周振甫注："舞時表行列的叫綴，舞時進退的範圍叫兆。"

延王①_{南海王也}。懷不歸之詠，目連以三十二匠，往瞻相好，刻紫檀爲像。②王洎國人，若與神對。像設之興，自此始也。佛初成道，居樹王③下，賈人④奉食，_{佛初成道，帝履冨婆長者，將五百乘車賈販至山下，風雨甚。山神告之：「如來成道，可往供養。」遂至山也。⑤}請示作福，大聖授以髮爪，令歸國起塔。⑥塔廟之興，自此始也。成道踰年，化力風行，降象頭山，入王舍大城。_{此云上茅⑦，瓶沙所統。}瓶沙王率統内官士庶御于郊野，因以迦蘭陀竹園⑧爲佛賓舍。_{迦蘭陀，此云好聲鳥。昔有王出獵，樹下睡，有大蛇出自樹，將螫彼王，此鳥悲鳴以覺王，因捨此園，令鳥居止，今王捨以建寺也，有云「迦蘭是鼠」，非也。}佛勅爲僧居。伽藍之興，自此始也。

正法有二，謂教與證。教資持說，證在修行。不持，則真文闕矣；不說，則至理擁矣；不修，則聖嗣絕矣。故世親云：「法無久近，隨三人住世。」⑨_{經師、律師、論師三人，又持說證三人。}人在法在，人亡法亡也。或謂

①　優陀延王：又稱「優填王」、「嗢陀演那王」、「鄔陀衍那王」。全稱「嗢陀演那伐蹉」。意譯「日子王」、「出愛王」。為南海之主，佛世時憍賞彌國之王。因王后篤信佛法，遂成為佛陀之大外護。據《增一阿含經》卷二八載，佛陀曾昇至三十三天，為生母說法，彼時，優填王未能禮佛，憂苦愁病，群臣遂以牛頭栴檀（牛頭山所產之香木）造一尊五尺佛像，王乃痊癒。此為印度造佛像之濫觴。

②　見《四分律刪繁補缺行事鈔》卷下（之三）《僧像致敬篇》。

③　樹王：樹中之王。此處指菩提樹。

④　賈人：佛陀成道後，最初供養、皈依之二商人提謂、波利。提謂，全稱「帝梨富娑」、「帝履富娑」、「帝履富婆」，又作「布薩」、「離謂」，意譯作「黃瓜」、「胡瓜」、「瓜」。波利，全稱「跋梨迦」、「婆梨迦」，又作「跋梨」、「婆履」，意譯作「金挺」、「村落」。

⑤　見《大寶積經》卷一一。

⑥　見《撰集百緣經》卷六《功德意供養塔生天緣》。

⑦　上茅：底本原作「上第」。《北山錄隨函》：「王舍大城，注云上茅，非。王舍之言，既非梵語，如何此云上茅？王舍，新城也。上茅，古都也。」說明其所見版本為「上茅」。又《北山錄》卷三《合霸王第五》慧寶注云：「王舍城，梵云矩奢揭羅補羅城，此云上茅城，出最上茅也。摩竭提國之中，昔因遭火，出居此，遂城而舍之。」據之改。

⑧　迦蘭陀竹園：又稱「迦蘭陀竹林」，或「迦蘭多竹林」、「迦蘭那加竹林」、「迦陵竹林」。意譯為「栗鼠竹林」、「好鳥竹林」、「多鳥竹林」、「鵲封竹林」。此竹林位於中印度摩揭陀國王舍城北方，是迦蘭陀鳥棲息之竹林。據《大唐西域記》卷九之載，此竹園為迦蘭陀長者所有之竹林，乃王舍城諸園中之最勝者。長者本信奉外道，而以之奉予尼犍外道，後聞佛說法，乃改奉為僧園。然依《過去現在因果經》卷四、《四分律》卷五〇之載，則謂此竹園為摩揭陀國王頻毘娑羅所施與者。

⑨　見《阿毘達磨俱舍論》卷二九。

正像千年，末法十倍之。此但舉其大限，示興喪之於天下也。或以大聖云，有如法眾說戒，則我法住矣。由律師持律①，故佛法住壽五千年，《戒經》云："若不持禁戒，如所應布薩。喻如日，沒時，世界皆暗暝。"② 此乃舉益以彰勸也。故經律論爲住持之教本，僧財食爲住持之功烈，務教而法眾盛矣，宣功而金界治矣。故使至道淳懿，凝味不散，如大羹之在鼎。祭宗廟之羹也，不致五味，故《左傳》云："大羹不致。"③ 靈神降祉，此住持之法度也。夫④三學⑤孔揚，德輶鴻毛。孔，甚也。輶，輕也。言所習光華，若鴻毛之輕舉也。人思服道善，故能久欲使真風玄緒取陵夷於天下，又不可得也。

西域知事僧⑥揔⑦曰"羯磨陀那⑧"，此方爲"維那"，亦以"悅眾"呼之也。彼國克艱于厥位，先聖徵賢，則仁人次之。維那者，掌事僧。西國求之甚難，多以賢人爲之，其次以仁人次之也。而中國之聖，不顯于聖。惟德惟行，求諸己乎。於無恒者輕諾者，諒則有闕，若用不恒輕易之徒信爲闕，則罔有始終也。既虞覆餗⑨，餗，糝也。亦果敗類。故與夫無良爲任，使下民化之，寧爲聚盜之藪也！主掌僧田，非其才器，惟貪貨賄，不務修葺。若任官非其人，州縣不治，寧居冠盜之藪，不甚此也。

佛在世，飲光統眾於靈山，身子⑩莅事于竹林。洎⑪沓婆摩羅⑫年十

----

① 律師：善解戒律的人。《大般涅槃經》卷二《金剛身品》："如是能知佛法所作，善能解說，是名律師。"

② 見《四分律比丘戒本》。

③ 見《左傳·桓公二年》。

④ 夫：底本作"天"，蓋筆畫脫落所致。依文意改。

⑤ 三學：乃學佛者所必修之戒、定、慧三學。又作三勝學，全稱戒定慧三學。

⑥ 知事僧：掌管諸僧雜事與庶務之僧人。

⑦ 揔：同"總"。《集韻·董韻》："總，《說文》：揔，'聚束也。'或从手。"

⑧ 羯磨陀那：司一寺事務之職稱。意譯作"知事"、"授事"、"悅眾"、"寺護"、"次第"。又稱"維那"。維，綱維之義；那，羯磨陀那之略。

⑨ 覆餗：《易·鼎》："鼎折足，覆公餗。"餗，鼎中的食物。覆餗，謂傾覆鼎中的珍饌。後因以"覆餗"喻力不勝任而敗事。晉葛洪《抱樸子·臣節》："君必度能而授者，備乎覆餗之敗；臣必量才而受者，故無流放之禍。"

⑩ 身子：舍利弗舊譯"身子"。

⑪ 洎：底本原誤作"泪"，蓋脫落筆畫所致。《大宋僧史略》卷二《僧寺綱紏》："及沓婆摩羅年甫十六，已證應真。"

⑫ 沓婆摩羅：又作"陀婆"、"陀驃"、"陀羅驃"、"蹋騰驃"、"達羅弊"。全稱"達羅弊夜摩羅弗多囉"，或"陀驃摩羅子"，即"陀驃力士子"、"實力士"。乃佛弟子之一。

六，得阿羅漢，其後念身不牢固，請知僧務。大聖憫其誠愿，愿，謹愿也。命僧差之。① 既勤于職，於衣食乃孜孜不暇給，先物後己。率籲玄侶，籲，和也。玄侶，僧也。流聞暢乎八方。皇覺懿乃嘉績，讚曰：“我弟子爲僧知，房舍臥具，差次請食，沓婆摩羅爲第一也。”②

罽賓有長老達磨多羅，手爨於僧厨。客比丘二人，自遠欲展勤。初不識之，就前問曰：“大聖尊德，今止何處？”達磨指云：“在彼最上房住。”二比丘如其言將往，而達磨遽以神力先復本坐。比丘後至，默識是前所見者，接足致敬已，問曰：“大德名滿閻浮，胡爲躬煇薪蒸，煇，燒也。大曰薪，小曰蒸。任茲廝役耶？”達磨喟然曰：喟然，嘆息也。“汝既有問，吾則何隱？吾所念累劫受生死苦，險難長遠，洎五百世爲狗，惟飽兩食。況餘惡道？若使吾頭可燃者，吾並燃之。矧茲燃火及餘支乎？”③

中夏姚秦世，棄俗者十室而半。羅什入關，學徒籯糧，籯，籠屬。不遠千里而至者三千。因立道契爲僧正④，慧遠爲悅眾，維那也。法欽慧斌掌僧錄⑤，主簿書，若今僧判也。給車輿吏人。僧正袟同侍中，餘別有差。震旦有僧官，自秦始也。魏世立監福曹⑥，又改爲昭玄司，備有官屬，以斷僧務。周齊革爲崇玄署⑦，北齊、後周，若功德司也。東魏高齊尚其統，宋齊梁陳尚其正，而復寺三官，若今三綱⑧。屬其統正焉。隋革周命，弘法

---

① 見《善見律毗婆沙》卷一三。

② 見《大宋僧史略》卷二《僧寺綱紏》。

③ 見《付法藏因緣傳》卷五。

④ 僧正：又稱“僧主”。係統領教團，並匡正僧尼行為之僧官。為僧綱之一，乃僧團中之最高職官。本制始於魏晉南北朝時代，為中央僧官之職稱。唯自唐宋以降，多為地方僧官，中央另設僧職機構。

⑤ 僧錄：掌理登錄僧尼名籍與僧官補任等事宜之僧職。推行此類職務之官署則稱僧錄司。又有以僧錄、僧錄司通用，並指掌管僧尼事務之職稱。姚秦時初設此職名。

⑥ 監福曹：北魏立的統轄全國僧尼的機構。後改稱昭玄寺（亦稱昭玄曹），置大統、統各一人，都維那三人，下置功曹主簿員。

⑦ 崇玄署：為唐初統理僧尼及道士之中央官府，掌理帳籍、齋醮等事，為僧官性質。原置於鴻臚寺之下。其後，僧官之權限漸被縮小，且不再獨立，而隸屬於俗官之下。

⑧ 三綱：指寺院中統領僧眾，職掌事務之三項僧職。綱，意謂以有德之僧立綱紀，提挈僧眾。即上座、寺主、都維那。

尤盛，天下三藏，分置十統①。今國家罷統立兩錄，而司於京邑。僧錄掌京城，外州別立僧正。其三綱特以德望求人也。

藍摩國②塔，昔與諸國分舍利而營之。歲久地荒，惟野象銜芳薦實，以牙除穢，以鼻拚灑。而有遊方沙門感其事，遂反戒爲策勤③，諦葺舊址，總眾役于厥躬也。④反戒，捨戒也。策勤，沙彌。何爲然？以有戒則掘地、圻樹、露地、燃火，皆爲破戒，故不可作興葺之事也。晉道敬⑤，王右軍之曾孫，捜⑥若耶山，立懸溜精舍，反戒如藍摩之事焉。⑦故仁人爲善，天下同矣。不仁爲不善，亦天下同矣。吉人爲善，惟日不足。凶人爲不善，亦惟日不足。⑧

崔慧元⑨營寺於武陵。既歿，武當山下有見者，神色甚暢，寄語於寺僧曰：“勿令寺業有廢。”自是空中依時有磬聲也。⑩今蜀之邛州霧中山及彭州金閣寺，空中皆有讚唄磬聲等。廣州法獻⑪創寺於藏微山。有二童子携手

---

① 十統：北齊所置之僧官名稱。據續高僧傳卷八法上傳所載，北齊文宣帝於天保二年(551) 設立十統之職，任命法上爲十統之首，稱爲昭玄大統，又稱昭玄統，其餘九人稱爲通統，合稱昭玄十統。九名通統多爲法上及當代律學碩德慧光之門人。

② 藍摩國：爲位於中印度迦毗羅衛城東方之國。又稱“羅摩村”、“羅摩伽國”、“阿羅摩國”、“藍莫國”、“羅摩聚落”。《高僧法顯傳》謂佛陀入滅之後，此國分得佛陀之舍利，乃建塔供奉，名爲藍摩塔。於塔邊之池中有龍，常守護供養此塔。後值阿育王治世，欲開印度國中供奉佛陀舍利之八塔，分置於八萬四千塔。其中七塔既開，至藍摩國，守塔之龍現身阻其開塔，後此塔因而荒廢。

③ 策勤：一般作“勤策”。《四分律含注戒本疏行宗記》卷一下之二：“勤策三業，修習戒行。”《四分律刪繁補闕行事鈔》卷中四《持犯方軌篇第十五》：“策勤三業，修習戒行。”勤策，舊譯沙彌。爲五眾之一，七眾之一。此眾受持十戒，抱著欲爲比丘之希望，勤自策勵，故稱勤策。

④ 見《大唐西域記》卷六《藍摩國》。

⑤ 道敬：(369—420)，王羲之曾孫。祖凝之刺江州，遂從遠公出家。年十七，博通經論，篤志念佛。遠公歸寂，乃入若邪山。

⑥ 捜：同“樓”。《龍龕手鑒·手部》；“捜，正作樓。”

⑦ 見《高僧傳》卷一三《僧翼傳》附《道敬傳》。

⑧ 見《書·泰誓中》。

⑨ 崔慧元：(？—389) 晉僧。爲人性善，喜慍無色。常習禪誦經，勸化福事，以爲恒業。太元初，於武陵平山立寺，有20餘僧。

⑩ 見《高僧傳》卷一三《慧元傳》。

⑪ 法獻：南齊僧。始居北寺，寺歲久凋衰，獻率化有緣，更加治葺，改曰“延祥”。後入藏薇山創寺。出家以來，常勸化福事，而棲心禪戒，未嘗虧節。

來，歌曰："藏微有道德，歡樂方未央。"未央，秦宮。歌訖，忽然不見之
也。① 夫神以誠感，道由神助，匪誠何德？ 匪神何怙？ 故禎應之所翔，宜
勵乎未翔者耳。

齊周顒於鍾山雷次宗舊館立草堂寺，或謂之山茨，求慧約爲寺任。約
以邑居雖近，而蕭條物外，冥賞素誠，便有終焉之託。顒歡曰："山茨約
主，清虛滿世。"②

梁武造光宅寺，詔法雲爲寺主，創立僧制，雅有後範。雲之有孝德，
又以業行承天之休，荷國寵光。③ 夫孝者，事歿如事生，思親如不欲生。
曾子以事親聞，執親之喪，水漿不入口者七日。高柴以思親泣血三年，未
嘗見齒。④ 言泣無聲，如血出也。笑之微，故不見齒。雲無僧旻之讓，則殆乎不
勝喪矣。法雲持母喪，幾至毀滅。僧旻勉之，方進食也。沙彌歲覃思《法華》，
嘗造幽巖，豎石爲聽徒，執松枝獨講，故其後首出此經，雖有眾師，難能
偕也。嘗於一寺散講，感得天花如雪，滿空而飄于堂內，罷坐乃去。時有
一僧，願欲齊雲，夢神人誠曰："雲法師燈明佛時已講此經，宜速措汝
意，措，置罷也。勿圖非望也。"⑤

今法門之季，人向其意，各趣向己意也。前哲遺列，後生何顧？ 背德
向利，易進難退。恒覘常住，若膏腴則賂求其司。覘，竊視也。用財求主務
也。既得之，握彼公符，暢乎有位，遂致專蒙造次，不肅僧命，紊六和之
秩，夷九仞之功，泊儲廩空虛，田蕪已綠，此明將常住、寺務句當，翻致破，
使莊田荒廢，便則謀求退免也。或則謀老，或則辭疾。府寺曾不察其殿最⑥，
省其姦直，《漢書音義》云："上功曰最，下功曰殿。"姦，邪也。直，正也。遽則
遂其背就，致使狡夫得計，甚矣！ 且彼之蕞爾也，蕞爾，小輩也。處俗猶
俟乎人治，豈服緇則能爲物致治乎？ 但府寺始以貨選，而彼負罪，亦終以
貨免。或眾所不蔽，稱其罪以告，而訊獄者，且頗反陷於告者于理也。

---

① 見《高僧傳》卷一三《釋法獻》。

② 見《續高僧傳》卷六《慧約傳》。

③ 見《續高僧傳》卷五《釋法雲》。

④ 見《禮記‧檀弓上》。

⑤ 見《續高僧傳》卷五《法雲傳》。

⑥ 殿最：古代考核政績或軍功，下等稱爲"殿"，上等稱爲"最"。《漢書‧宣帝紀》："其
令郡國藏上繫囚以掠笞若瘐死者所坐名、縣、爵、里，丞相御史課殿最以聞。"顏師古注："凡
言殿最者：殿，後也，課居後也；最，凡要之首也，課居先也。"《文選‧班固〈答賓戲〉》："雖
馳辯如濤波，摛藻如春華，猶無益於殿最也。"李善注引《漢書音義》："上功曰最，下功曰殿。"

蔽，蓋也。頗，偏也。初求主持，以財而求之。及侵使後，以財而求免。或爲僧訟之於官，官亦以情倖反加罪於告者，此皆公中長惡然也。

嘗未諭於府邑，既籍其田業，列爲庭旅，諭，曉也。籍，借也。古十一而稅，民耕十畝之田，公借其力耕一畝，爲貢賦。庭實旅百，則進貢也。或以方外期之，或以飛行視之，公府顧僧侶，或謂方外出俗之士，或謂神仙高士相顧也，則宜選賢任能也。致於政化之外，莫有選賢勸能，俾其維茸。蓋以公府以物外之人而不治之也。是使福門隕墜，人神太息，得非有土而漏其威惠耶？庶緇之獄，繩乎公府，眾首罪也。眾僧有罪，令公府正之，是僧之罪也。眾首務理，豪勢沮之，俗官之罪也。僧田無故爲公家侵撓，官人過也。有二罪而不討亂，何有止焉？

或有假釋氏之官籍，規僧田之法蔭，勞務所及，雀躍掉頭，[1] 以爲寧居逸體，或主持院舍，或管領莊田。減刻眾僧，侵損常住。結託州縣，依附形勢。峻設隄防，使論訟者莫得其勝，然後嚴潔鞍乘，華麗僮僕，雀躍掉頭，深爲得意也。得志遂性，其在我而已。寺有損益，不驅不馳。寺有貨植，不躬不親。寺有鍾磬，不孝不擊。寺有庭戶，不掃不灑。於財與難，但苟而已矣。但苟且而已。此乃法族之懸疣[2]，人流之駢指[3]也。五指更生一指，謂之駢指，無用也，今以此喻之也。

夫出家者，務以行其法而爲形容，不以謀其利而爲形容，故能隨時高下，所在益物。如南薰[4]而和萬品，如蒼精之福一方。角宿曰壽星，亦曰老人星，乃蒼龍之精，見則爲福。何但氣遏飄風，力制奔馬，勇於安己，廉於取善耶？故中人慕下，浸而成俗，習以成性故也。使匡弘統理者，終鮮其人矣。

夫夏、殷之末，何至皆誅？靡不化爲惡也。唐虞之際，何至皆封。靡不化爲善也。桀紂之民比屋可誅，唐、虞之民比屋可封。[5] 今大法將墜，吾黨從

---

① 《莊子·在宥》："鴻蒙拊髀雀躍掉頭曰：'吾弗知！吾弗知！'"

② 懸疣：比喻累贅無用之物。語本《莊子·大宗師》。亦作"懸疣附贅"、"懸附"。

③ 駢指："駢拇枝指"之省。《莊子·駢拇》："駢拇枝指，出乎性哉，而侈於德。"成玄英疏："駢，合也，大也，謂足大拇指與第二指相連合爲一指也；枝指者，謂手大拇指傍枝生一指成六指也。"後以比喻多餘無用之物。

④ 南薰：亦作"南薰"。指《南風》歌。相傳爲虞舜所作，歌中有"南風之薰兮，可以解吾民之慍兮"等句。參閱《禮記·樂記》疏引《尸子》、《史記·樂書》集解、《孔子家語·辯樂解》。

⑤ 見《論語·泰伯》。

靡，靡，薄也。又，苟且也。**靡不化爲不肖耳，其或方將就夫教源，剗鑿其弊，疏流導波，造舟爲梁，**①造舟，維舟爲橋也。**復支、賈之綱紐，**支遁等。賈，惠遠也。**追雲、約之礎構，**法雲、惠約之徒也。**固亦非今之所尚也。或有業行薄崇，器望微彰，**若今負一經一論之徒，或吟味蘊識之子等。**衰其有利則無所謝，於眾務則曰妨道，去維持之意，驟作辭于飾。**必爲之辭，以求苟免。**此乃族庖之折刃，未得良庖之投刃也。**《莊子》："族庖初學解牛，必折其刃。若良庖，目無全牛，曰投刃，無所損也。"②**君子不器，**③**此器者也。**不方圓也。**上善若水，**④**此不若水者也。**

　　夫⑤**學道者，先乎行，後其守，行礙乃守，守通則行。當行而守，是謂矯。竊夫庶官爲理，知賢授材，省謗申冤。**得人則省謗，無滯則申冤。**去苛務惠，此六者，濟生民之至矣。而師表法望，鎮重方隅，何莫放其徒若是焉？至若結攬賢能，分勞析司，不潤於身，不虐於眾，總百過歸于己，推眾善歸于他，恩先于有功，後施于平民，令行于所親，後及於所疏，心夷愛憎，事均榮醜，泛逸乎若不繫之舟，逍遙乎若遨若遊，**⑥**安得不爲道哉？殷大夫、周柱史、漆園吏，**彭祖、老子、莊子也。**皆祿位之士也，在濁若珠投於水，履寵若風過于草，何嘗以外事而汩於道德乎？**和其光而同其塵也。**昔孔蔑爲邑，怨乎三失；**孔蔑，孔子兄之子也，與子賤俱事孔子。孔子過蔑而問之："汝仕，何得何亡？"曰："未有所得，所亡者三：王事若聾，學焉得習？是學不明也；俸祿少，饘粥不及親戚，是骨肉益疏也；公事多急，不得吊喪問疾，是朋友之道闕也。有此三失。"**密子賤**⑦**爲邑，喜於三得。**密不齊也，孔子往問之，曰："所得者三也，始言之今得而行之，是學益明也；俸祿所供，被及親戚，骨肉益親也；雖有公事，而兼以吊喪問疾，是朋友信篤也。"孔子喟然嘆曰："君子哉，若人！魯無君子者，斯焉取斯也？"⑧**仲尼稱密爲君子，非蔑之有也。**

　　悲夫！有累之質，百年人世，在凡籍乎官寺，在聖隸乎仙寺。居官寺者，寧辭以人事處之耶？其有仙寺，而莫吾能適也。如邛州大邑縣霧中山，

---

① 《詩·大雅·大明》："造舟為梁，不顯其光。"

② 見《莊子·養生主》。

③ 見《論語·為政》。

④ 見《道德經·易性第八》。

⑤ 夫：底本脱筆作"天"。依文意改。

⑥ 見《莊子·列禦寇》。

⑦ 宓子賤：姓宓，名不齊，字子賤。春秋末期魯國人。孔子的學生，七十二賢人之一。

⑧ 見《說苑·政理》。

有五百羅漢居，三學山聖燈、峨眉山普賢菩薩等。又如《感通傳》有僧亡名至竹林仙寺等是皆。昔竺曇猷造天台，① 赤城圓通往鄞東，② 石鼓慧寶寓宿巖室，③ 皆仙寺也。莫不有師長，有威儀，將欲寄形，彼不我留。故人間往往聞絕壁深林、鍾聲梵響、神燈奇像者，斯可徵也。是以僧居每於說戒、解夏日不得不清嚴法宇，整眾翼翼，儼若在乎聖人之前。《入大乘論》云：賓頭盧④、羅睺羅等一十六人大阿羅漢，恭承遺顧，遂行人里。佛滅後，屬賓國勝軍王難提蜜多羅尊者，為之舉出十六大阿羅漢也。近世梓潼郡有大長老律師胡氏，亦感通之流也。郡南鄙有靈鷲山，胡領徒而夏安居，說戒夜人數則定，籌數每過，眾莫識其然。僧每以十五日夜及月盡夜，令一人誦戒經，必行籌。先數僧有幾人，沙彌幾人，令知籌數多少。夏既末，有二三胡沙門，出山至路隅，與稽人揮手相別，律師聞而奔走，其徒四騁，挍其去則不遠，然而莫得見之矣。夫聖人之心自我人心，鬼神之靈自我人靈。至誠感於神明也。慧璿患講居無水，將徙其屬，山神謂之吐溜。⑤ 如梓州慧義寺無水，有僧神曉，念《金剛經》，期以七日，至期，果獲迸泉出，今見在。僧範說戒夜寓宿他寺，觀豎義者廢其事，靈祇怒而仆之，斯誠與調不可僭矣。⑥

梁慧超為大僧正，好山水。翼從之聲，聞于數里。居則羅列童僕，顧王侯之不若。⑦ 彼豈為僧正歟？夫僧正當正己以為政，匪廉則何有於正乎？道達之為南兗州僧正，罷任，唯五束故紙。⑧ 奚廉與濁之不相概也。概，猶平也，平斗斛者。

僧旻不為大會，謂門人弟子曰："大會雖有一時起發之功，吾寡乏手力，米樵菜湯，踐蹈澆炙，傷害極眾。如假官力，使役雖眾，彌難盡意，

---

① 見《高僧傳卷》一一《竺曇猷傳》。

② 見《續高僧傳》卷二六《釋圓通》。

③ 見《續高僧傳》卷二六《釋慧寶》。

④ 賓頭盧：全稱"賓頭盧跋羅墮誓"。又作"賓頭盧頗羅墮誓"、"賓度羅拔囉墮舍"、"賓頭盧突羅闍"。為佛弟子，十六羅漢之一。永住於世，現白頭長眉之相。又稱"住世阿羅漢"。"賓頭盧"為名，譯作"不動"；"跋羅墮闍"為姓，譯作"利根"、"捷疾"、"重瞳"，為婆羅門十八姓之一。

⑤ 見《續高僧傳》卷一五《釋慧璿傳》。

⑥ 見《續高僧傳》卷八《僧範傳》。

⑦ 見《續高僧傳》卷六《慧超傳》。

⑧ 見《續高僧傳》卷五《法申傳》附《道達傳》。

故吾不爲也。”[①] 議者曰：“靜者善其動，動者善其靜，是爲周濟之。形躁好靜，質柔愛剛之道也。又如以寬濟猛之義也。若靜而行靜，則庶心寂寞，德不光華；其跡沈隱故也。若處動而逾動，則物理滋彰，道德浮僞，故賢者履動靜之間。適有無之外，總萬善於無爲，無善不爲也。”夫大禹卑宮室而盡力乎溝洫，菲飲食而致孝乎鬼神，豈好手足胼胝而脛胈無毛耶？夏禹治水，腓無胈，脛無毛。[②] 韋昭云：“胈，股上小毛也。”蓋不私其安而欲以功施天下也。[③] 長者子善德建大施會，《維摩經》說也。聖人悅而教之，顯博施濟眾，福與心遠其，樂無窮也。[④] 故西域有鉢遮于瑟[⑤]，即大供會也。上智行之，積而能散，歸惠于我，歸財于人，陳錫載周，實則兼慶，陳桓子豆區釜鍾，重施於民而皆周遍，終致有後於齊故也。[⑥] 夫大士苟益於物，雖害於己，亦所不避，況匪害乎？菩薩修行，身爲肉山魚米，欲行大道，何視小徑？若以興功害物命，則幢塔泥木，儀像服饌，所出孰罪耶？舍利弗乞食，觀空中虫，如彼駛雨，如器中粟，乃多日不食。大聖告言：“當以肉眼所見，固可食也。”[⑦]

靈裕教誡學徒，無貴賤無少長，皆述己名。稱彼仁者，絕於呵棰，違言必譴。[⑧] 彼何施至於此歟？茲或可傳而不可繼也。詩曰：“予懷明德，不大聲以色。”[⑨] 言文王不發大聲以顏色也，又云“不識不知，順帝之則”也。仲尼曰：“聲色之於人，末也。”[⑩] 作威震色，此乃下也。夫不刑而治，世皆尚之。但今之人，懼威而侮德，威勝於恩也。聖人猶其疾之。詩曰：“君子如怒，亂庶遄沮。”[⑪] 言君子若怒，其亂眾必潰散也。又曰：“王赫斯

---

① 見《續高僧傳》卷五《釋僧旻》。

② 見《莊子·天下》。

③ 見《論語·泰伯》。

④ 見《維摩詰經》卷上《菩薩品第四》。

⑤ 鉢遮于瑟：乃王者為施主，凡賢聖道俗、貴賤上下皆不限制，平等行財、法二施之法會。意譯為“無遮大會”。又作“鉢闍于瑟會”、“鉢遮跋利沙會”、“鉢遮婆栗迦史會”。直譯為“五年一大會”、“五年功德會”、“五歲會”、“五歲筵”。

⑥ 見《左傳·昭公三年》。

⑦ 見《薩婆多毗尼毗婆沙》卷八。

⑧ 見《續高僧傳》卷九《靈裕傳》。

⑨ 見《詩·大雅·皇矣》。

⑩ 見《禮記·中庸》。

⑪ 見《詩·小雅·巧言》。

怒，爰整其旅。"① 言以威止亂也。夫良馬必假其銜策，好鳥必俟乎剪拂，良材必資於剖劂，未有捨於此而能自致其美者也。易曰："小人不恥不仁，不畏不義，不見利不勸，不示威不懲，小懲而大誡。"② 懲，責也。謂責以傷害損棄之罪，而便大誡作福興功之利也。故禦眾者當達人於未顯，刑人於未亂，使人仰其威惠勉而祗懼③，可謂善始矣，始既立默若五氣④相宣，八風⑤啟序，濟濟允諧，言行有章，雖有訾扑，訾，罵責也。扑，杖也。而無所用之，是謂善終也。人鮮有終，而裕則有終譽焉。唯靈裕能也，餘人則少爾。

觀夫雖不搞辱而譴出眾外，或則亦已甚矣。譴，謫也，若今付衣鉢出堂也。經云："是殺生是殺生報，是地獄是地獄報。"⑥ 律開教授，毀告不犯，夫何義耶？蓋欲以刑期於無刑故也。此乃謹誡罪犯，令其不作也。故譽善則誘善，彰惡則塞惡。愛語羅睺，叱呵調達，其不然乎？羅睺，佛子。調達，佛寃。而仁者恕在心，狡者恕在口，仁者忠誠，故恕在心。狡者詭譎，故恕在口。在心則躋物就益，在口則敗物矯慈。今之人庸細者，聽於口而不知其心。以面柔爲慈惠，巧言令色，足恭者，人皆悅之故也。以行高爲強傲。彼不知周之夷、厲，姬周亂主。下堂而朝諸侯，愚柔而削也。炎帝、軒轅起伐亂之師，不得謂之無爲之君也。炎帝伐共工氏，黃帝戰蚩尤。夫爲師者，所利在法，何恤人之言？卹，憂也。利濟不以害而不爲也。喻若爲國家者，寧懼

---

① 見《詩·大雅·皇矣》。

② 見《易·繫辭下》。

③ 祗懼：敬懼，小心謹慎。《書·泰誓上》："予小子夙夜祗懼。"

④ 五氣：五行之氣，五方之氣。《鶡冠子·度萬》："五氣失端，四時不成。"《史記·五帝本紀》："軒轅乃修德振兵，治五氣，蓺五種，撫萬民，度四方。"裴駰集解引王肅曰："五行之氣。"北周庾信《配帝舞》："四時咸一德，五氣或同論。"

⑤ 八風：八方之風。《呂氏春秋·有始》："何謂八風？東北曰炎風，東方曰滔風，東南曰熏風，南方曰巨風，西南曰淒風，西方曰飂風，西北曰厲風，北方曰寒風。"《淮南子·墜形訓》："何謂八風？東北曰炎風，東方曰條風，東南曰景風，南方曰巨風，西南曰涼風，西方曰飂風，西北曰麗風，北方曰寒風。"《說文·風部》："風，八風也。東方曰明庶風，東南曰清明風，南方曰景風，西南曰涼風，西方曰閶闔風，西北曰不周風，北方曰廣莫風，東北曰融風。"《左傳·隱公五年》："夫舞所以節八音，而行八風。"陸德明釋文："八方之風，謂東方谷風，東南清明風，南方凱風，西南涼風。西方閶闔風，西北不周風，北方廣莫風，東北方融風。"或云八種季候風。《易緯通卦驗》："八節之風謂之八風。立春條風至，春分明庶風至，立夏清明風至，夏至景風至，立秋涼風至，秋分閶闔風至，立冬不周風至，冬至廣莫風至。"

⑥ 見《維摩詰所說經》卷下。

於誅伐？**但世有積矯嶷直，德旱價重，延慈悲之譽盛，慕羶①之黨，令無節之夫，則沒己之行，模範其事**，使少貞者效己而爲之也。**反以大聖慈而不加於我，遂使五種惡馬②、七類治人③永墜于地矣。**

今吾教叔世，叔世，季世也。**法徒多難，朋姦濟亂，若苞桑④之固矣**，苞，叢生也。**欲由吾直當⑤度其可否慎厥機，亦聖人之教也。昔客三藏見無罪覆藏，讓而從革⑥**，准律，比丘犯僧殘罪，則令別住十日，謂之波利婆沙⑦，言省罪也。十日未滿，更犯僧殘不覆藏，便說已發露，則不應羯磨，作覆藏罪。有客三藏，見其如此，遂責讓之，因此乃從而改也。⑧舍利弗遇非法羯磨，昔伽藍內淨人⑨，男女長大，比丘四人作羯磨，令其嫁娶。舍利弗知其非法，欲呵之，先白佛。佛言："汝不應呵，一不呵眾也。又彼眾汝寡，恐反致害。"是以默而不止也。**其由公劉避狄國，弱而就德。**公劉，后稷之後也。后稷事堯，封邰，爲稷官。不穴出，失官竄西戎，至公劉，復修其職。戎人貪其土，逐之。至太王，遷于邠，居岐山之陽。文王受命，武王克殷，而有天下也。⑩**文王伐崇⑪，師強而取亂。**崇，諸侯之國也。崇侯費仲爲紂耳目之臣，不修德，故文王舉戈伐之。時旱，師起而雨也。⑫**皆變通精照之弘也。**

其有謀不道財，營不速之福，旱崇臺而改作，陋華鏞而列危。以侵虐之財，營平急之務。屋宇宏敞，鍾檻輝華也。**財由枉濫，事生貪冒，誠爲罪福**

---

① 慕羶：《莊子·徐無鬼》："羊肉不慕蟻，蟻慕羊肉。羊肉，羶也。舜有羶行，百姓悅之。故三徙成都，至鄧之虛，而十有萬家。"後以"慕羶"喻因愛嗜而爭相附集。

② 五種惡馬：一說，馬惡有五，謂踶、齧、直、蹶、佚，得其唧策，皆可制也。

③ 七類治人：七種治法：一呵責，二擯出，三與依止，令親近知法，四遮不至白衣家，五不見舉，六懺舉，七惡見不捨舉。

④ 苞桑：桑樹之本。《易·否》："其亡其亡，繫于苞桑。"孔穎達疏："苞，本也。凡物繫於桑之苞本，則牢固也。"

⑤ 直當：即當，應當。《三國志·吳志·陳表傳》："母若能爲表屈情，承順嫡母者，是至願也；若母不能，直當出別居耳。"

⑥ 從革：謂依從人的意願而改變（其形狀）。《書·洪範》："木曰曲直，金曰從革。"孔傳："金可以改更。"孔穎達疏："金可以從人改更，言其可爲人用之意也。"

⑦ 波利婆娑：律中之罰名。譯曰"別住"。犯戒者與別房使之獨住，不與僧共同住也。

⑧ 見《摩訶僧祇律》卷二六《明雜誦跋渠法之四》。

⑨ 淨人：於寺院中，未行剃染而服種種淨業作務者。又稱"道人"、"苦行"、"寺官"。起源於印度。又禪林中，於僧堂給侍粥飯之職務；或浴室之行者，亦稱爲淨人。

⑩ 見《史記·周本紀》。

⑪ 古崇：國名。商的與國。爲周文王所滅。在今陝西西安市灃水西。

⑫ 見《史記·周本紀》。

不相補矣。夫放生者，哀彼將餧，齊將殺牛釁鍾，宣王令以羊易之。孟子曰："王恕一牛。"王曰："不忍見其就死。"曰："王但見其牛，未見羊也，君子之於禽獸也，見其生，不忍見其死。聞其聲，不忍食其肉。是以君子不近庖厨也。"① 遇而存之，是謂生生之福也。昔趙簡子元日放生，國人聚捕而獻。彼恩生於害，則勿若不放之也。② 故維持者，計德不計利，則利由德博；計利不計德，則德由利削。嗟乎，法既陵頹，劫極淬下。聖凡攸隔，天龍潛戢。魑魅作威，正雅難辯。祈塔寺以重鎮，假貞哲以扶荷。豈只香臺庇影，法供③澤膚？興亡不繫於肺腸，笑語自怡於旦夕。奄若白駒過隙，④ 白駒，天窓飛塵也。窀穸⑤沈魂，窀，厚也。穸，夜也。永夜即生死長夜也。緇田無一簣之功，鐵圍陷百刑之痛。靜言此理，孰不寒心酸鼻⑥哉？

　　但玄綱⑦久紊，紺園⑧徒廣，版籍藏於王府，井賦歸於郡縣，祇奉迎接，若邑胥之畏於尊吏焉，是以廉懦者避色避言而不居也；潔己以避州縣。愚愿者，費力費財而無益。金田⑨化爲枳棘，實則患是之由，夫如是蓋將廢寺舍於府縣也，何只笑於二武焉？府縣侵耗不讓二武也。故臨民者，在知人在安人，宜察其言行，於其善者施折腰沒階之禮，且以力援，否者當降之，使君子小人不同日，誠則祇林鬱鬱布金之望如可待也。由是寺廟之興，興有道者也，故入其境自大國至子男，幢廟修整，僧徒肅穆，則亦是

---

① 見《孟子·梁惠王上》。

② 見《列子·說符》。

③ 法供：佛教語。謂對佛、法、僧三寶的供養。《魏書·釋老志》："承明元年八月，高祖於永寧寺，設太法供，度良家男女為僧尼者百有餘人。"

④ 見《莊子·知北遊》。

⑤ 窀穸：亦作"窀夕"。埋葬。《左傳·襄公十三年》："若以大夫之靈，獲保首領以歿於地，惟是春秋窀穸之事，所以從先君於禰廟者，請為'靈'若'厲'，大夫擇焉。"杜預注："窀，厚也；穸，夜也。厚夜猶長夜。春秋謂祭祀，長夜謂葬埋。"

⑥ 酸鼻：鼻酸。謂悲痛欲泣。《文選·宋玉〈高唐賦〉》："孤子寡婦，寒心酸鼻。"李善注："酸鼻，鼻辛酸，淚欲出也。"

⑦ 玄綱：天綱。指維繫社會人倫的最高法則。《晉書·陸雲傳》："方今太清闢宇，四門啟篇，玄綱括地，天網廣羅。"

⑧ 紺園：寺之異名。又"紺坊"、"紺殿"、"紺宇"。由於佛之毛髮如紺琉璃之色（青色），佛國土之色相為紺青色，故僧寺亦稱為紺園。

⑨ 金田：為佛閣道場之通稱。或稱"銀地"、"金地"、"琉璃地"。佛閣，即指佛寺、佛刹、梵刹、梵閣或伽藍。又印度舍衛國給孤獨長者曾以黃金布地購得祇陀太子之園，為釋尊建造精舍，故稱金地。

以見俗政之清淨矣，西域常住給僧衣食，以田園所產，由乎施者，豈施只論於衣食哉？

　　夫僧饌以時擊鍾乃食，餕則歸僧，勿己有也。餕，餘也。殘宿食者犯戒。異界不以法不通也。不可謂外界之人，便不通食分也。三聖之財，出納有司，匱則有悋。三寶之財，典座掌之，無有祕之悋也。王臣力勢，肆求所備，固無得而辭也。劫賊凶人，校力不制，末違其欲也。僧有病而無藥，隨有而給之。其貧無衣，即隨貨而益之。死者之衣從之，既葬，復于僧也。若有三寶常住財物貯之，以備王賊。貧病之僧，若貧無衣，則以衣備之。死葬之後，却取納僧常住也。其經務有勞者，以衣食倍之。若今主事者，別與施利也。故律謂之福饒類也，而任務者，每事匪專，舉必詢眾，詢眾不恒，宜立知法，故律謂之處分人也。若今寺院主首。若以物非我有，縱心糜散，事自我逸，廢業墮功，鳩役計食，量衡無節，鳩，聚①也。量，□②。衡，秤也。尺寸無法也。致使傷蠹眾財，此職司復于罪也。昔僧伽耶舍③見海上寺僧以膿血爲食，以器相擊，蓋迦葉佛世，同一淨宇，有客僧至，忿怒藏食故也。宋法豐死爲不食之鬼，巡寺作餓駝聲，以專寺任刻薄故也。④ 臨邛僧孫氏見身如廁，持鏵食穢，以儉藏割杓減粥故也。⑤ 智瓚死作眾奴，以寺布借人故也。⑥ 如聖壽寺僧清訓念蓮經，每在送終處，於行食者求酒肉及色之以歸。一日驟無聲，經年不通食，漸不通水，自云生入餓鬼也。鏡茲冥運，孰莫是徵。

　　《高僧傳》十科，一譯經，二義解、三習禪、四明律、五護法、六感通、七遺身，八讀誦、九興福、十雜科。以住持爲興福。余每考行其事，實則有福興焉。昔吾聞諸梵僧問吾師曰："頹墉⑦顰許近反。礎，必焚炙奧渫音渫。者

---

　　① 聚：底本模糊，上部"取"字可以辨認，《大正藏》本錄作"聚"，可從。《一切經音義》卷四八："鳩集：居中反。"《爾雅》："鳩，聚也。謂收聚也。"

　　② 底本漫糊不清。疑爲"度"字。《一切經音義》卷四八："稱量：下力薑反。《考聲》云：量，度也。"

　　③ 僧伽耶舍：爲部派佛教時代之論師。意譯作"眾稱"。特長於說一切有部（即薩婆多部）之論典，及因明（論理學）、聲明（文字、音韻、語法之學）等學問。

　　④ 見《法華傳記》卷七《宋釋法豐八》。

　　⑤ 見《釋門自鏡錄》卷二《唐印州僧割杓減粥現噉糞穢事》。

　　⑥ 見《釋門自鏡錄》卷二《唐國清寺僧智瓚死作眾奴事》。

　　⑦ 頹墉：崩塌的城牆，敗垣。唐李百藥《秋晚登古城》詩："頹墉寒崔集，荒堞晚烏驚。"

居焉；華軒綺疏，必懷冰①澡雪②者居焉。疏，窓也。惜哉！今驗，若不虛矣。"又曰："佛圖澄建八百九十餘所寺，洎天台三十有五。吾今不能興弘一二，蓋非夫也，非丈夫也。爰在爾徒。"③ 因涕下承睫④，在予狂惑，不克荷負。《尚書》云："其父析薪，其子不克荷負。"⑤ 俾式光遺寄積，行于艱難，爲法衡倚，愧瞻雲日，愴然永慕耳。

① 懷冰：比喻高潔。《文選·陸機〈漢高祖功臣頌〉》："周苛慷慨，心若懷冰。"李善注引應劭《風俗通》："言人清高，如冰之潔。"

② 澡雪：洗滌使之清潔；洗滌。《文選·馬融〈長笛賦〉》："漑盥汙濊，澡雪垢滓矣。"李善注："澡，洗手也。"

③ 見《高僧傳》卷九《竺佛圖澄傳》。

④ 承睫：謂含着眼淚。《後漢書·陽球傳》："〔樂松、江覽〕依憑世戚，附託權豪，俛眉承睫，徼進明時。"

⑤ 見《左傳·昭公七年》。

《北山錄》卷第九

異學第十五

異學，外學也。習異宗之解，助本教之旨歸者也。

器弘者，以虛受①爲美；心遠者，以贍聞②爲優。《禮》云："玉不琢，不成器。人不學，不知道。"③ 子云："日知其所亡，月無亡其能也。"④ "溫故知新，可以爲師矣。"⑤ 優，勝也。故我大聖暨古先哲王，嘉讚博能，高稱上智，使圓顱方趾⑥，賢愚於焉別矣。人而不學，其猶正牆面而立。⑦ 虎豹之鞟，猶犬羊之鞟也。⑧ 薩婆多⑨師西天小乘宗也。此云廣解師，博通敏智，導利法化者也。十二時中許一時學外，故於其宗悉能區別內外典籍，善解論義。曇無德部⑩此云法鏡部，即化他部分出也。俗藝呪術，爲防己害，兼以閑邪，開學不犯也。

---

① 虛受：虛心接受。語本《易·咸》："山上有澤，咸。君子以虛受人。"孔穎達疏："君子以虛受人者，君子法此《咸》卦，下山上澤，故能空虛其懷，不自有實，受納於物，無所棄遺。"

② 贍聞：博聞。晉郭璞《〈爾雅〉序》："《爾雅》者，蓋興於中古，隆於漢氏，豹鼠既辯，其業亦顯，英儒贍聞之士，洪筆麗藻之客，靡不欽玩耽味爲之義訓。"

③ 見《禮記·學記》。

④ 見《論語·子張》。

⑤ 見《論語·為政》。

⑥ 圓顱方趾：圓頭方足。《淮南子·精神訓》："故頭之圓也像天，足之方也像地。"後即以"圓顱方趾"指人。

⑦ 見《論語·陽貨》。

⑧ 見《論語·顏淵》。

⑨ 薩婆多：梵語薩婆多，華言一切有，即十誦律。謂此部計三世有實之法。

⑩ 曇無德部：即法藏部。為小乘二十部派之一。又作"曇無屈多迦"、"曇摩崛多"、"達摩及多"、"法護部"、"法密部"、"法正部"、"法鏡部"。屬上座部之一派。

其宗立五藏：一律、二經、三論、四呪、五菩薩藏也。《華嚴經》讚菩薩偈云：
"雅思淵才文中王，歌舞譚說眾所欣。"① 第十四卷。《智論》顯結集羅漢德
云："讀誦三藏，知內外經書。外道十八種大書，亦盡讀知。"② 即《毘伽
羅吠陀論》等。緬覬前風，聖人皆不限所知，捐其小善，近崇文德，遠成
種智③。熏習以成其種性。

　　昔有羅漢，不識赤鹽之義，外黨諸俗，深以爲誚。舍衛城法預婆羅門
常請僧食，問其義，能荅者自與美食，不能者令下人與麤惡食，由是比丘皆不往其
家。因至佛所，佛不遠有羅漢比丘，法預乃問之："何名赤鹽？鹽有幾種？"比丘
言："我知汝是法預，輕慢比丘，今復惱我，鹽止是鹽。"聞比丘語已，心懷罔然，
來至佛所。佛云："此比丘未從師學，故不能曉荅鹽也。"有比丘名弗絺盧，佛令往
問鹽義。比丘云："鹽有二義。一種味如大海水，同一鹹味，二性味者有黑鹽、赤
鹽、辛頭鹽、拔遮鹽、毘攬鹽、迦遮鹽、私多鹽、毘迦鹽。略語二種，若生若煮，
是名鹽義。"法預聞之，歡喜而退。④ 蓋出朽宅，則生死凡夫，藐哉何及！
藐，遠也。聖人出於朽故火宅，在生死凡夫不能及也。語外事則解脫，聖智或
不如凡夫也。但以一行一智，斷惑證聖，於所知未遍，或不及凡夫。故採棟
桴⑤於杞梓⑥，繳羽儀於鴻鵠，畋文彩於虎豹，則於物幾矣。幾，近也。
棟桴與杞梓近，羽儀與鴻鵠近，文彩與虎豹近，以類求之可也。繳，弋射箭也。索
遍知於羅漢，則否矣。四加行位⑦，尚如暗中放箭，或中或否，況小聖哉？昔

----

① 見《大方廣佛華嚴經》卷一四。

② 《大智度輪》卷二《初品總說如是我聞釋輪》："爾時大迦葉選得千人，除善阿難，書皆
阿羅漢，得六神通，得共解脫，無礙解脫。悉得三明，禪定自在。能逆順行諸三昧，皆悉無礙。
誦讀三藏，知內外經書。諸外道家十八種大經，書亦讀知。"

③ 種智：為一切種智之略稱。即佛了知一切種種法之智慧。據《大智度論》卷二七載，唯
佛有一切種智，聲聞、緣覺等僅有總一切智。據《止觀輔行傳弘決》卷一載，具足世尊、天人
師、調御丈夫、阿羅漢等十號之覺者，達於種智圓明。

④ 見《摩訶僧祇律》卷第三一。

⑤ 棟桴：屋梁。棟，正梁；桴，二梁。漢班固《西都賦》："列棼橑以布翼，荷棟桴而
高驤。"

⑥ 杞梓：杞和梓。兩木皆良材。《左傳·襄公二十六年》："晉卿不如楚，其大夫則賢，
皆卿材也。如杞梓、皮革，自楚往也。雖楚有材，晉實用之。"杜預注："杞、梓皆木名。"

⑦ 四加行位：即加功用行之意，乃針對正行的預備行。《成唯識論》卷九載，接近見道
的四善根位，特稱加行。四善根位，是唯識宗修煖、頂、忍、世第一法四種加行的階位。此四
加行，煖是下品的尋思觀，頂是上品的尋思觀，忍是下品的如實智觀，頂是上品的如實智觀。
這四種觀，是由明得、明增、印順、無間等四種定而發出的。即：煖位、頂位、忍位、世第
一位。

王城野人不謂大聖智周萬物①，問以鄙賤芻牧之事，大聖俯其事而申之，牧族奇其聞踴躍而信，因皆階乎道也。放牛難陀②，以佛生王宮出家成道，必不曉放牧之事，豈曰遍知？遂往問佛，佛謂說《放牛經》一卷，皆四時所放安養之事，其族歡喜出家，皆獲道果也。③故釋氏子內審諸己，於進修之門，可學而不學，可知而不知，結以不學無知之罪也。

　　西域所學，揔有五明。一聲明，謂詮顯文字；二醫方明，謂醫術卜算；三工巧明，謂一切伎藝；四因明，謂宗因喻三，揩定邪正；五內明，謂識達因果，究暢真宗也。④其攝拕苾馱，此曰聲明，則五明之一也。以其廣記諸法聲教故也，而彼俗典，揔曰《毘何羯喇拏⑤》，舊曰《毘伽羅論》也。大數有五，如此方之五經焉。一曰悉曇章⑥，以成就吉祥爲義，被于創學之流也。本以四十九字相承，成一十八章，總有一萬餘字，合三百餘頌。頌凡四句，句以八字，合三十二字，傳是大自在天說。此文在西天相傳，今不可盡知也。二蘇咀囉，即素咀覽，此云契經，即解聲教之經也。則是一切聲明之根本正經也，略詮要議，有一千頌，是上古鴻儒波爾仙所撰。其人爲大自在天所護，面

---

① 智周萬物：謂於萬物無所不知。語本《易·繫辭上》："知周乎萬物而道濟天下。"韓康伯注："知周萬物則能以道濟天下。"孔穎達疏："聖人無物不知，是知周於萬物。"

② 放牛難陀："難陀"，亦云"放牛難陀"，此"善歡喜"，亦"欣樂"。本為牧牛者，故稱牧牛難陀。頻婆娑羅王曾請佛陀及僧眾三月安居，時牧牛者住於附近，日日送乳酪，如是三月而不懈怠；王甚嘉許，遂令之拜見佛陀。牧者以佛陀雖為一切智人，然出自王宮，豈知牧牛之事，故於參詣佛時，以牧牛之事請問。佛即以十一事為彼說牧牛之法，牧者始起恭敬心，並出家為佛弟子。

③ 見《佛五百弟子自說本起經·難陀品第十〈欣樂十二偈〉》。

④ 見《大唐西域記》卷二。

⑤ 毘何羯喇拏：即《毘伽羅論》，梵語文法書，乃印度外道六論之一。又作《鼻伽羅論》、《毘耶羯剌諵論》、《毘何羯喇拏論》。意為分解、分別。又譯作《字本論》、《聲明記論》。即解說印度文字音韻及語法等文法書之總稱。依《大慈恩寺三藏法師傳》卷三載，謂梵王所說之《毘伽羅論》原為百萬頌，後帝釋略為十萬頌，其後健馱羅國之婆羅門波膩尼仙又略為八千頌。另有門《擇迦論》、《溫那地論》、《八界論》等三論，是為本典之補遺。

⑥ 悉曇章：列次梵字之元始及其生字，為兒童最初之科本，是名悉曇章。悉曇，又作"悉旦"、"悉談"、"肆曇"、"悉檀"、"七旦"、"七曇"。意譯作"成就"、"成就吉祥"。即指一種梵字字母，乃記錄梵語所用書體之一。在梵字字母表或綴字法十八章之始所揭出之歸敬句中，意表"令成就"之梵語，記為"悉曇"或"悉地羅窣睹"。於是"悉曇"成為字母之總稱，"悉地羅窣睹"為"悉曇章"之意義。又悉曇轉為總稱有關印度之聲字；亦與"聲明"、"毘伽羅論"同義。

有三目。三馱覩。有一千頌，專顯字功，如上經矣。亦如上經，是聲明之根
本。四三棄囉，是荒梗義。意比田隴之夫，創開畎畝。其有三章，章各一
千頌。有三篇也。廣顯聲韻，合成字體。若此方之乎側四聲，爲學之先也。五
苾栗底蘇呾囉，即是蘇呾囉釋也。上之四件是正經，此下並解釋之者。上古造
釋眾矣，於中妙者，有十八千頌，演其經本，演上四經也。是闍耶昳底大
學士所造，其人當此國之初矣。武德、貞觀間也。凡造西土不習此者，於其
所學徒然哉。其有《苾栗底蘇呾囉議釋》二十四千頌，是學士鉢顛杜①擺
所造，斯乃重顯前經。解前正經也。又有《呵利伐論》二十五千頌，廣敘
人事聲明，諸家興廢，若今書史。即以其人爲論目也。凡此諸書，在異域
法俗通學，始爲有知矣。異域，西國也。彼方論師，前則龍猛、提婆、馬
鳴，猛即龍樹也，南印度梵志，造《智論》十萬偈。提婆者南印度人，才超倫輩，
國有大自在天金鑄高二丈，以頗黎爲目，提婆鑿之，夢神索眼，以手出眼還之，遂闕
一目，師龍猛出家，爲外道所殺。馬鳴者，師脇尊者，本外道也，爲月氏王說法，馬
垂淚悲鳴。又云，生時諸馬盡鳴，故名也。中則無著、天親，北印度人，佛滅九
百年間出世。僧賢、清辯，僧賢，亦云眾賢。清辯造《掌珍論》，以芥子擊脩羅窟，
待彌勒出，問義也。近則陳那、護法、法稱、戒賢、師子月、安慧、慧護、
德光，戒賢，唐三藏往西國猶見之也。靡不具茲內外之典也。馬鳴大士撰
《蘇達拏太子②歌詞》，太子好施捨男女等事。并《牟行詩》。序佛成道等事，并
《佛所行讚》，今在藏內也。龍樹以詩代書，寄南天竺國娑③多婆漢那。彼方
之人，咸皆誦詠，若此方文選等也。以爲華而典也。其有摩呾哩制咤，承佛
先記，廣興讚詠，初造四百頌，次造一百五十頌。無著、世親，西土修詞
者莫不鑽仰，祖習爲美焉。④《論語》云："鑽之彌堅，仰之彌高"也。⑤ 祖習，

---

① 杜：《南海寄歸內法傳》卷四作 "社"。"鉢顛杜擺" 梵文 "Patañjali"，對應于 "ja" 譯
爲 "社" 的可能性要大。但都是孤例，故不妄改之。

② 蘇達拏太子：底本原作 "蘇遠拏太子"。遠，當爲 "達" 字之形誤。蘇達拏，梵名
sudāna，幾無譯作 "蘇遠拏" 可能，他本亦皆作 "蘇達拏"，故據此改。蘇達拏太子，爲釋尊於
因位爲太子修菩薩行時之名。又稱 "須大拏太子"、"須達拏太子"、"須提梨拏太子"、"蘇達那
太子"、"蘇達拏太子"。意譯作 "善施太子"、"善愛太子"、"好愛太子"、"善與太子"、"一切
與太子"、"善牙太子"。

③ 娑：底本原作 "婆"，《南海寄歸內法傳》卷四作 "娑"。又 "娑多婆漢那" 梵文作
"Sātyavāhana"，幾無譯作 "婆多婆漢那" 可能，故改。

④ 以上 "五明" 內容皆見《南海寄歸內法傳》卷四。

⑤ 見《論語·子罕》。

師承也。祖，宗也。習，學也。

其身毒以婆羅門爲上，不齒餘三姓①，婆羅門，本梵天苗裔，德尊也。剎帝利，但貴爾，故皆不及也。故有四圍陀書②，可十萬偈。一云阿由，此云方命，謂醫方等；二云殊夜，謂祭祀書也；三婆麼，謂禮儀、卜相、音樂、戰法諸事等也；四啊達婆，謂呪術等。皆梵天所說也。咸悉口相傳授，不書皮貝③。七歲就師，口誦學之，學成，爲國之師也。彼國相承云：有學聰明法，一謂覆審生智，謂推求道理，審覆義味也。二顯字母④從字生字，從聲生聲也。安神。旬月之內，思若湧泉，計無此法，則無以誦羣言如激箭也。⑤ 昔者佛陀耶舍、求那跋摩則其人也。初耶舍至于秦，將事翻譯，秦人試之，授以羌⑥籍藥方及諸書，於三日誦畢。⑦ 求那所誦，凡百餘萬言。諸來三藏，罕有不至此者。

華夏自燧人氏仰觀斗極⑧，以定方名，伏犧□□⑨，民之純鈍。但識其母，不識其父。只知蔽前，不知蔽後。飢則求食，飽則棄餘。太昊伏而化之，故曰伏犧。仰觀天文，俯察地理，以辨方物也。庖犧用之而畫八卦，造書契，至若三墳、五典、八索、九丘，皆古之遺書。三墳，三皇之書，五典，五帝之書，八索，

---

① 餘三姓：指除婆羅門之外的其餘三個等級階層。古代印度分四種社會階級：婆羅門、剎帝利、吠舍、首陀羅。

② 四圍陀書：古印度傳統之正統思想，亦為婆羅門教之根本聖典。吠陀，又作“皮陀”、“韋陀”、“薜陀”、“毘陀論經”，意譯作“智論”、“明論”、“無對”。吠陀與古印度祭祀儀式具有密切不可分之關係。以職掌之不同，分吠陀為四種，即：招請諸神降臨祭場並讚唱諸神之威德者，屬作燒施祭官之《梨俱吠陀》，又作《黎俱吠陀》；祭祀時配合一定旋律而歌唱者，屬詠唱祭官之《沙摩吠陀》，又作《娑摩吠陀》；唱誦祭詞，擔當祭儀、齋供等祭式實務者，屬供犧祭官之《夜柔吠陀》，又作《夜殊吠陀》；於祭儀之始，具足息災、增益本領、並總兼全盤祭式者，屬總監祭式祭官之《阿闥婆吠陀》，又作《阿達婆吠陀》。四吠陀之中，《梨俱吠陀》編纂最早，故其內含有古印度文化之開發者雅利安人尚未南進印度之時代所成之讚歌。《梨俱吠陀》之後，為《夜柔》、《娑摩》二部之編成，而《阿闥婆吠陀》之成書時代則與以上三部吠陀遙隔甚久。

③ 皮貝：皮，桑穀，可以為紙。貝，貝多羅樹，其葉可書。

④ 字母：又作悉曇字數。指悉曇之摩多與體文。此為生諸字之母，故稱為字母。

⑤ 見《南海寄歸內法傳》卷四。

⑥ 羌：底本原作“差”。《隨函》引作“羌”字。《歷代三寶紀》卷八、《高僧傳》卷二、《大唐內典錄》卷三、《貞元新定釋教目錄》卷六等皆作“羌籍藥方”。“羌”與“羗”同。據改。

⑦ 見《高僧傳》卷二《佛陀耶舍傳》。

⑧ 斗極：北斗星與北極星。《爾雅·釋地》：“北戴斗極為空桐。”邢昺疏：“斗，北斗也。極者，中宮天極星。”

⑨ 底本此處二字漫漶不清，有點像“之時”二字，據文意亦通。

八卦之書，九丘，九州之志。**如楚倚氏之所讀者也。**楚靈王時，左史倚相能讀三墳、五典、八索、九丘也。① **洎仲尼刪詩、定禮樂、贊易道、修春秋，振崩壞之俗，**周自幽屬之後，東遷洛邑，諸侯專征，禮樂崩壞。魯哀公十一年，夫子自衛反魯，十四年獲麟，遂修春秋，刪詩，定禮，正崩壞之俗。故有六經焉。春秋、禮記、周易、尚書、毛詩、樂章。**故孔子曰："溫柔敦厚，詩教也；"不學詩，無以言。"②疏通知遠，書教也；**正王言之道。**廣博易良，樂教也；**和民之情。**潔淨精微，易教也；**窮理盡性。**恭儉莊敬，禮教也；**安上治民。**屬辭比事，春秋教也。"③**正褒貶之道，事類相近也。**左氏《國語》，**左丘明以春秋事義未盡，置國語以互見也。**馬遷史記。**司馬遷得罪，囚置室，因修《史記》，以至漢武時，凡一百三十卷。**漢魏以後，皆有書誌。**班固《前漢書》一百二十卷，司馬彪《後漢書》八十卷，陳壽《三國志》等，諸國書籍極多。**兼乎百氏，備于金馬石渠④之目。**皆漢藏書之府。又近有《經籍志》、《吳氏西齊⑤》，《母氏東齊⑥》，皆見其目。**至若文章之始，歌虞頌殷，逮周德下衰，詩人盛矣。詩人之後，騷、宋變於風雅，**騷，屈原。宋，宋玉也。皆六國時人也。**賈、馬、揚、班，漸變乎騷。**賈誼、司馬相如、揚雄、班固也。**建⑦安變乎賈、馬。**漢獻帝時。**晉宋已降，咸韶不接。**咸韶，堯舜之樂。**齊梁之間，花繪相擬。**沈約、劉勰、任昉、謝安等。

　　此方六書，象形、指事、會意、形聲、轉注、假借也。**定文字之所出，故窮大篆則於文字之不惑也；彼方六釋⑧，一持業⑨；二依主⑩，分出依士；**

---

　　① 見《左傳·昭公十二年》。

　　② 見《論語·季氏》。

　　③ 見《禮記·經解》。

　　④ 金馬石渠：西漢時國家藏書處名。《〈兩都賦〉序》曰："內設金馬石渠之署。"

　　⑤ 吳氏西齊：《郡齋讀書志》卷八："《吳氏西齊書目》一卷。右唐吳兢錄其家藏書，凡一萬三千四百六十八卷。兢自撰書，附于正史之末，又有續鈔書列于後。"

　　⑥ 母氏東齊：未見於歷代書目，疑"母"為"毋"字，《毋氏東齊》疑為毋煚《古今書錄》，原書四十卷，已佚。

　　⑦ 建：底本原誤作"逮"。

　　⑧ 六釋：又作"六合釋"、"六離合釋"、"六釋"。即指解釋梵語複合詞（二語或二語以上之合成語）之六種方法。其做法為先將複合詞加以分別解釋（離釋），次再總合解釋（合釋）其義，故稱六離合釋、六合釋。此係源自梵語之文典，傳入我國後，內容則多少有所變化。

　　⑨ 持業：六釋之一。又作"同依釋"。即前節之語對後節之語，有形容詞、副詞，或同格名詞之關係者，故後節之語常為名詞或形容詞。如"高山"，即"很高之山"之意；"極遠"，即"非常遠"之意。

　　⑩ 依主：又作"依士釋"、"屬主釋"、"即士釋"。即複合詞中的前節之語，作為名詞，或

三相違①；四帶數③，分同依士；五隣近④；六有財⑤也。辯名題之因致，故窮世語典語，則於名題有得矣。一切真俗世諦名題，皆以六釋攝之，無不辯認宗旨者也。而康僧會、支道林、澄、什、安、遠，什門四聖，生、肇、融、睿。梁僧祐、周道安、隋彥琮，國初淨、宣、林、琛，慧淨，道宣、法林、明琛。靡不洞閑本教，該涉經史，研綜詞翰，咸事著述，極夫匡紹者也。皆貞觀譯經之高僧。《禮》曰："博聞強識，而讓敦善行而不怠，謂之君子。"⑤ 僧也。支遁注《莊子》、《逍遙篇》，希玄之賓，高其致也。⑥ 慧淨撰《英華集》，詩集。麗藻之士，美其鑒也。⑦ 由是表正⑧人天，折衝師律⑨，文場法苑，何世曠能？嘗有客聽遠公實相義，往復移時，彌增疑昧。遠引《莊子》，義爲連類，惑者乃悟，自後安公時聽遠不廢俗典。⑩ 宋元嘉年文帝也。巳日，三月三也。車駕臨曲水，命慧觀與朝士賦詩，觀即座先獻。⑪

(接上頁) 視同名詞，而對後節之語有"格"（格，梵文文法之一，有八種格）之關係者。如"山寺"，即"山之寺"之意；"王臣"，即"王之臣"之意。前節之語爲於格，後節之語爲屬格（所有格）。以上係指狹義之依主釋。在廣義上則含有持業釋與帶數釋，即凡是依前節之語而限制後節之語之複合詞，皆稱依主釋。

① 相違：即兩個以上之名詞，有對等之關係，而可獨立列舉出來者。如"山川草木"，即爲"山、川、草、木"之意。

② 帶數：即前節之語爲數詞，有聚合之意。如"三界"、"四方"等。上述四釋係名詞上的複合詞之解釋法。

③ 鄰近：相當於不變詞，爲副詞之複合詞。即指前節之語爲副詞、關係詞等不變化詞，後節之語爲名詞之一種複合詞。例如，yathā（如）—vidhi（法），乃"法如"、"從法"之意。但我國歷來對"鄰近釋"之解釋與梵語原意不同，而謂從近立名者，是爲鄰近釋。例如，四念處雖以慧爲體，但其義接近念，故稱念處。

④ 有財：又作"多財釋"。即複合詞具有形容詞之作用者，稱爲有財釋。持業、依主、相違、帶數、隣近等五項之複合詞，若當形容詞用時，亦可解釋爲有財釋。例如，"長袖"（持業釋），可解釋爲"長袖的"、"有長袖者"之意。

⑤ 見《禮記·曲禮上》。

⑥ 見《高僧傳》卷四《支遁傳》。

⑦ 見《續高僧傳》卷三《釋慧淨》。

⑧ 表正：謂以身爲表率而正之。《書·仲虺之誥》："天乃錫王勇智，表正萬邦，纘禹舊服。"孔傳："言天舉王勇智，應爲民主，儀表天下，法正萬國。"

⑨ 師律：《易·師》："象曰：師出以律，失律，凶也。"後以指軍隊的紀律。《南史·徐勉傳》："軍旅不以禮，則致亂於師律。"

⑩ 見《高僧傳》卷六《慧遠傳》。

⑪ 見《高僧傳》卷七《慧觀傳》。

周建德年，陳周弘正來聘，詢謀談士，曇延首應之。周武帝時也。大駕親臨釋奠，延當席抑揚，陳人敷袵，稽首拜聽①。展衣襟作禮而聽也。因構詩四十首簡延，延用其韻酬和，如宿誦焉。彼乃圖延形像歸于陳，周都長安，陳都金陵。晨夕向北致禮，以爲曇延菩薩也。② 夫世以容詞德行，難以求備之仁也，難語其闕，真可謂堂堂乎難與並爲仁矣。③ 如子張之容，子貢④詞，顏回德行，各有偏也。⑤ 靈裕初出家，師令誦經，執卷矢曰："我於三藏洎儒教，必望通曉。"無或以渝其志，渝，變也。由是學光時彥，世號"裕菩薩"也。⑥

梁武暮年，詔捨道法，《弘明集》云："梁武初崇道，至天監二年，捨道歸佛。"⑦ 具有文也。兼鄙儒教。彼或慮人深溺不返，聖人令習外典，但使知之，慮成耽惑，溺於邪徑。或正失其極，將亡之數也。若失其正，則迷於理。夫有益於生民，大聖未嘗袪之。儒道之教，皆益於人，是以吾教不必除之。故經曰：不壞俗諦而建立真諦。彼二教仁智所行，亦人天之報也。如清虛寡欲，仁孝忠信，皆人天之行者也。但報在人天，爲道之門階，何必捨而鄙之也？聖人不私己，豈以己不欲，而施天下乎？不可以己不欲，而令天下皆黜之。⑧ 今重名教，彼猶無親疏；重禮樂，彼猶無君臣；重律曆，彼猶昧寒暑；重刑法，彼猶亂彝典；彝，常也。典，法也。重廉讓，彼猶規僭競；重道德，彼猶尚浮僞。況加之使人後二教，混沌若鳥獸，人，若不習二教，與鳥獸何別也！而欲訓之以無生乎？儒道尚昧，何由示之真理？夫欲絢美玄黃，先潔其素；欲涉道德，先履仁義。故大聖遺法二千年，而中華之人以先有孔老虛無、仁智而後識精真之教，迥向崇奉者，門門如日教之矣。孝經曰："非家至而日見之。"⑨ 四夷之人，非二教所罩，于今猶不能齋戒，而況能神遊八

---

① 釋奠：在學校設置酒食以奠祭先聖先師的一種典禮。《禮記·文王世子》："凡學，春官釋奠于其先師，秋冬亦如之。"鄭玄注："釋奠者，設薦饌酌奠而已。"敷袵：解開襟袵，表示坦誠。

② 見《續高僧傳》卷八《曇延傳》。

③ 見《論語·子張》。

④ 貢：底本原誤作"賣"。

⑤ 見《論語·先進》。

⑥ 見《續高僧傳》卷九《釋靈裕傳》。

⑦ 見《廣弘明集》卷四《捨事李老道法詔》。

⑧ 見《論語·顏淵》。

⑨ 見《孝經·廣至德章第十三》。

解之理乎？八解脫觀，名如內有觀，外無色等也。故釋教籍二教以爲前驅也。前導也。而老教云自然者，蓋真如相似之名也。言萬物自然者，謂自然之道與萬物爲一，萬物者，有爲事法也。自然者，無爲真理也。萬物事法與無爲真理不即不離也。非萬物不由因緣，不言萬物不從因緣而生也。稱之曰自然也。今說者未達，異執之徒也。乃毀內教因緣之義，妄發揮自然之理，斯乃與西域外道同見，如自然外道①云：誰尖棘刺畫离獸，誰掘河海與川源，暴風卒起，還自定萬法須知皆自然。豈謂迦葉之貳化歟？《清淨法行經》云：“老子是迦葉所化也。”② 而洙泗③之門，以仁爲至行，非道德則必先於仁矣。故雖由也可使治千乘之賦，諸侯之賦，可使子路治之。赤也可使束帶立於朝。④ 公西華可使爲通使之官，立朝與賓客言也。楚子文無三巳之色，楚令尹，姓鬬，名穀，字烏兔，三仕爲令尹，不喜。三巳去職，亦不慍。舊令尹之政，必告新令尹。陳文子棄十乘之馬，求其仁稱，陳須無也。時崔杼弒君，文子棄四十四馬而奔惡之也。仲尼之所不與。⑤ 孔子皆曰：“不知其仁。”⑥ 明仁道難也。彼仁也者，通乎百行，協于一德，專一之德。未有不由仁而廣大者，在五天稱菩薩，在九州稱仁人。蓋人能慈慧，慈慧能仁。菩薩行仁之極行，君子漸得其門者矣。若使梁武不由二教，安得爲君子儒而至於大方乎？方，道也。若言梁武局執，豈得稱君子儒而至於大道乎？今爲論者，必張孫、吳之勢；孫武、吳起，並六國時良將，各著兵書、善戰陣。今論義者，與敵鏗鏘，如孫吳之戰勢也。⑦ 學戒者，必敦顏、柳之節；顏叔子孤居，有少女，夜風雨，屋倒，投之宿，叔子拒之不已，出屋，令其入舍也。柳下惠，姓展，名离，食邑柳下，諡惠。寒夜，婦不及國門，柳下惠以衣覆之，至明而去，不犯男子不仁之行也。⑧ 栖禪者，必慕巢、由之高；許

① 自然外道：古代印度諸外道之一。主張萬物非依因緣而係自然所生者。為《大日經》所說三十種外道之一，與無因外道相同。

② 見《大般涅槃經疏》卷一二引《清淨法行經》。《清淨法行經》，全一卷。今已不傳。

③ 洙泗：洙水和泗水。古時二水自今山東省泗水縣北合流而下，至曲阜北，又分為二水，洙水在北，泗水在南。春秋時屬魯國地。孔子在洙泗之間聚徒講學。《禮記·檀弓上》：“吾與女事夫子於洙泗之間。”後因以“洙泗”代稱孔子及儒家。

④ 見《論語·公冶長》。

⑤ 見《論語·公冶長》。

⑥ 見《論語·公冶長》。

⑦ 見《史記·孫子吳起列傳》。

⑧ 見《詩·小雅·巷伯》“哆兮侈兮，成是南箕”毛傳。

由、巢父，皆堯時高士。堯將禪位，惡之而洗耳，隱居不仕也。① 維持者，必思
齊、魯之變。綱紀維持之者，必須改更匡引，如齊一變至於魯，魯一變至於道也。②
故持外教以誘掖③，窺內法以激志，亦惡有害焉？惡，安也，初以外教誘引，
後將內教訓導，亦安有害也？

　　夫登木者競其高，鑿泉者競其深。不有前懦，誰爲後勇？但梁氏雖至
信，不審觀前往存亡，式恒其事，式，用也。驟欲遷物從道，以窮物之性，
不虞東野畢之御而終於佚矣。顏回見東野畢車，知其必敗，以其馬未調良故也。
既御，果輪敗而馬傷也。④ 嘗讀《斷酒肉之文》⑤，慈愈於佛；輕身貸法，事
過帝王。三度捨身入寺，與眾爲奴，臣下備錢百萬贖之，眾僧默許方歸。雖屈身爲
座，亦未過此，何必然也？且勅綾錦棄不得有鳥獸之形，而嫌裁剪起殺傷之
意。⑥ 恐傷仁恕之道。斯雖得養虎之術，而亦誨人殺心矣。周宣王之牧正梁鴦
善養虎，以不與之生物，爲其因殺而怒也。不以全物與之，爲碎之而怒。饑飽以時，
達其怒心，不逆其意也。不使之喜，喜復必怒。雖欲絕之殺心，而翻出其殺念者也。
羅綺本無殺相，今強興殺想，此乃從無設有，亦是教人殺心之義也。⑦ 宗廟郊祀，
以麵爲犧牲，不爲則不爲，何誣祖考耶？而或有負之。以麵作肉，則成誣詆。
不爲，又負祖考也。子由緇而乘，不鑒妍蚩，式顯誇傲，題于縹墌素扆之
上，特不知是誘敵致寇也。今有自披緇至顯榮，不辯善惡，空恣傲倪，而又兼以
捐棄上教之事，題粉壁素屏之上，可謂自招於欒詰也。昔周道安《二教論》，隋彥
琮《通極論》，恣縱心目，出沒玄奧，假立賓主，先設奇難，後始通之，
將探賾異黨，枳棘邪徑，爲法繚垣。先假立異宗，詰難本教，然後荅之，預備
異宗所見也。而後世李仲卿等得之，穿窬爲盜，隱其所通，演其所難，以

---

　　① 見《高士傳》卷上。

　　② 見《論語·雍也》。

　　③ 誘掖：引導和扶持。《詩·陳風·衡門序》："誘僖公也。愿而無立志，故作是詩以誘掖
其君也。"鄭玄箋："誘，進也。掖，扶持也。"孔穎達疏："誘掖者，誘謂在前導之，掖謂在傍
扶之，故以掖爲扶持也。"

　　④ 見《孔子家語》卷五《顏回》。

　　⑤ 斷酒肉之文：即《斷酒肉文》。全一卷。南朝梁武帝撰。收於《廣弘明集》卷二六。律法
中向無斷肉、懺悔食肉法等戒條，又漢代以降，僧徒得食三淨肉，且未絕對禁殺。武帝自覺爲王者
有弘揚佛法之責，乃依《十善戒》、《南本大般涅槃經》卷四之四《相品》等經文而作此文，謂
食肉者將斷大慈種，呼籲僧尼禁斷酒肉之欲並批判當時僧眾之行狀，列舉不如外道者有九項，不
如在家眾者亦有九項。

　　⑥ 見《廣弘明集》卷二六《斷殺絕宗廟犧牲詔》。

　　⑦ 見《列子·黃帝》。

製《十異九迷》等論，誑彼所不知者。皆唐朝邪見之徒，誑以淺學者，不見安、琮之論也。濟其毀詞，豈非二士圖馴而反噬，皆由二子著論防微，反遭竊器以相攻也。將安而貨危也？但此論未已，邪難未止。夫先王以衡斗去盜，而人以之于盜焉；置劍者，比爲殺賊，今賊反得以用之。以兵戈止殺，而人以之于殺焉。故所防逾多，所資逾遠。噫，難乎哉！

然守本教者，朴則有餘，兼異學者，競則有餘。非君子罔以謹其極矣。若守本宗，可自質朴。因習異宗，遂多爭競。若兼異宗外學而能謙謹者，司謂君子僧也。故前哲云："學之於身，如餌如樂。夫餌以醯醢鹽梅，齊之使和，濟其不及，泄其所過，而後享之，五藏平矣。①濟，益也。泄，減也。此乃齊侯與梁丘據晏遄臺，晏子對齊侯之詞也。《左傳》第二十四，文小異也。樂以金石絲竹韻之使諧，②金，鍾也。石，磬也。絲，琴瑟。竹，籥等。匏，笙竽也。土，塤也。革，鼓也。木，柷敔也。謂之八音也。③節其將遺，剪其所淫，五聲之後，不容彈矣，則有繁手淫聲，宜剪節之也。而後聽之，五氣正矣。五行之氣。若專夫一味一音，則於焉何取？昔慧遠製《沙門不敬論④》，但欲自理，而不毀儒道，人到于今受其賜也。周道安二教論，忘功指過，語發心鬪，宇文氏窺之，得卞莊子之刺虎也。昔卞莊子見二虎爭食而鬪將斬之，家人諫請伺其鬪，大者必傷，小者必死，後刺之可一舉雙獲也。果如其言。今道安與外宗相毀，皆極其瑕礫，周武得以窺之，而用其謀也。⑤然帝邕恃威，邕，周武名也。帝武成三年即位，至建德二年廢佛道二教，至大成元年崩，毀滅自癸巳至戊戌。不信不甚於桓玄，而桓則服周則拒，桓玄將令僧拜及沙除，遠公上書而止，又作不拜論。豈不以才識厚薄而可知也？

但時有不學者，心智聾瞽，恃其頑薄，如豕如羊，很戾⑥朋從⑦。視於智藝，狃而笑之，以爲著文字，過比夫衡岱未云重也。其有傭昧淺識之徒，如豕如羊，翻以習文字者，爲山岳之過。先聖以爲羣羊僧，不甚然乎！經律

----

①　見《左傳·昭公二十年》。

②　見《尚書·堯典》、《禮記·樂記》。

③　見《周禮·春宮·大師》。

④　沙門不敬論：即《沙門不敬王者論》，全一卷。略稱《不敬王者論》。東晉慧遠（334—416）撰。論述沙門不須禮敬王侯之理由。收於《弘明集》卷五。

⑤　見《史記·張儀列傳》。

⑥　很戾：凶暴乖戾。《史記·張儀列傳》："夫趙王之很戾無親，大王之所明見。"

⑦　朋從：同類相從。《易·咸》："憧憧往來，朋從爾思。"

謂啞羊僧①也。復有狂狷②之夫，棄乎本教，聊覽墳素③，遊衍內侮，若豕負塗④，潔則忌之。狂狷，進趨不得中者也。其有辭親慕道，割愛爲僧，而不知勵己進修，全棄教典，專心外習，吟詠風騷，而於本教反生輕侮，故我高德顧之忌如穢物。所謂辜負先聖無利檀越，沈墜三塗，自貽伊咎也。如宋慧琳、慧休之流也。二子皆江表詩僧，於道德則無取者也。琳詞學迴拔，爲太祖所賞，太祖劉裕。每昇獨榻。顏延之嫉其才，嘆咤不平之曰："此三台之座，豈可使刑餘居之乎？"琳怠慢自賢，其師道淵者有學行，文帝頗器重。嘗詣傅亮宅，琳先在座，淵至，不爲禮。淵色怒，亮笞琳二十。後著《黑白論》，大較六度⑤與五教⑥並行，信順與慈悲齊立，其間自多傷毀，何承天以爲琳比丘捷生奇見也。顏延之謂之居其門而伺其闕，爲法盜害，何地可容？後抵罪于交州，鼓憤而卒。⑦然傅公之爲，曶君子哉？不以己愛黨過而失刑，實肅物之教也。小人則不然，與其臣而違君，介其早而侮尊，且悅己之所利，而忘於巨醜也。慧休爲文，名冠上才。嗜酒色，無儀法。蜀僧可朋⑧亦然，死於逆旅，而尸棄郊野。⑨孝武以其污沙門行，詔勒還俗，補揚州文學從

　①啞羊僧：又作"瘂羊僧"。指愚癡之僧。四種僧之一。啞羊，即譬喻至愚之人。據《大智度論》卷三載，雖不破戒，鈍根無慧，無勇猛精進之力，不別好醜，不知輕重，不知有罪無罪，若有僧事，二人共諍，不能斷決，默然無言。譬如白羊，乃至被人殺，不能作聲，故稱爲啞羊僧。又《根本薩婆多部律攝》卷七，謂瘂羊僧即於三藏不能解者。

　②狂狷：亦作"狂獧"。指志向高遠的人與拘謹自守的人。《論語·子路》："子曰：'不得中行而與之，必也狂狷乎！狂者進取，狷者有所不爲也。'"何晏集解引包咸曰："中行，行能得其中者，言不得中行則欲得狂狷者。狂者，進取於善道。狷者，守節無爲。欲得此二人者，以時多進退，取其恆一。"

　③墳素：泛指古代典籍。《三國志·魏志·管寧傳》："敷陳墳素，坐而論道。"

　④負塗：亦作"負涂"、"負途"。置身泥塗之中。《易·睽》："上九：睽孤，見豕負塗，載鬼一車，先張之弧，後說之弧。"王弼注："豕失負塗，穢莫過焉。"孔穎達疏："豕而負塗，泥穢莫斯甚矣。"

　⑤六度：指布施、持戒、忍辱、精進、禪定、智慧等六波羅蜜。

　⑥五教：五常之教。指父義、母慈、兄友、弟恭、子孝五種倫理道德的教育。《書·舜典》："汝作司徒，敬敷五教。"孔傳："布五常之教。"《左傳·文公十八年》："舉八元，使布五教於四方，父義、母慈、兄友、弟共、子孝。"

　⑦見《高僧傳》卷七《道淵傳》附《慧琳傳》。

　⑧可朋：（約896—963），眉州（今四川眉山市）丹棱縣城東人，幼聰慧過人，晚年披緇于丹棱縣城南九龍山竹林寺。

　⑨《十國春秋》卷五七《僧可朋傳》。

事，患不得志，終於句容令焉。① 有僧明解②者，篇什琴書丹青以爲絕藝，
視後學負笈，謂之驢子。③ 顯慶年，唐高宗時。西明寺成，詔靈潤④令選有
德者居之。寮寀有薦解者，潤公曰：“公等國器。名臣出言，不易宜求，
戒定慧學，增長福田，何容舉酒肉畫師以當洪寄？”解聞，尤以爲憝。遇
詔徵四科⑤，不問僧俗，遂射策登第，喜曰：“今得捨驢皮矣。”後筮仕無
成，寒餒沈疾。將死，覩異形十人，執烈炬而迎之，蓋不祥之兆也。⑥ 故
小人之量，有君子之藝，未嘗不顛覆敗辱，實天貽之不祥矣。其猶狂象燧
尾，以束蘆繫象尾，燒之，令奔踐敵人，謂之燧象也。⑦ 怒雞介羽，季郈鄰居，雞
鬬，季氏以金介其翼，郈氏以金爲距，二家因以相攻致亂也。⑧ 祗益其害也。故易
曰：“負且乘，致寇至。”易解卦六三爻辭也。言居非其位，履非其正，乘二負
四，以容其身。寇之來也，自己所致矣。言小人不當有，盜思奪之也。非獨才
藝由之然，而貌亦未嘗不然。非其才而有其藝，是以顛蹶。非其才而有其貌，亦
致顛蹶。故陽貨象孔子，魯季氏家臣陽貨，貌似孔子，而害季氏，以作亂出魯
也。故孔子曾至匡，爲匡誤圍，錯認爲陽虎，以陽虎曾暴於匡故也。⑨ 項籍如帝
舜，項羽也。舜目重瞳，項羽目亦重瞳也。⑩ 皆文犢狀虎，而終殘乃壽也。
今爲釋，不以道而但以儒學聞，彼蓋斷髮一俗人耳，其可令得終久乎？
近代雲頂山詩僧昭符⑪毁佛輕人，投江而死；東川楚巒⑫自繢而死；平膺死客舍，冷

---

① 見《宋書》卷七一《徐湛之傳》。

② 明解：唐代僧。姓姚，京師普光寺僧人。

③ 見《續高僧傳》卷二五《釋明解》。

④ 靈潤：唐代僧。河東虞卿（山西永濟）人，俗姓梁。生卒年不詳。少從大興善寺靈璨出
家。貞觀八年（634），敕入弘福寺任譯席證義，譯新典。前後講《涅槃經》七十餘遍、《攝大乘
論》三十餘遍，並各著有義疏等。《續高僧傳》卷一五有傳。

⑤ 四科：唐高宗時舉薦人才的四條標准。即孝悌力行、經史儒術、藻思詞鋒、廉平強直。
見宋王應麟《小學紺珠・制度・四科》。

⑥ 《釋門自鏡錄》卷上《唐京師普光寺明解罷道身死託夢求福事》。

⑦ 見《左傳・定公四年》。

⑧ 見《左傳・昭公二十五年》。

⑨ 見《史記・孔子世家》。

⑩ 見《史記・項羽本紀》。

⑪ 昭符：北宋承天院僧，有詩行於世。

⑫ 楚巒：五代前蜀僧。一作曉巒，前蜀人。工草聖，學張芝。能得張旭筆意，與曇域
並稱。

然凍餧，赤地①而卒；龜符終歲瘝瘻，皆輕慢之士也。昔晉道寶②臨剃髮，爲詩曰："方知萬里水，初發濫觴源。"③ 真僑然④之道意也，識者感其言而勵進，是曰爲文。夫稻畦爲衣，陶土爲器，稻畦，袈裟。陶土，瓦鉢也。使人服而執之，澹然無爲，然後以經律爲繩墨，以文章爲潤色，其能不思容服而神何福歟？《詩》曰："維鵜在梁，不濡其翼。彼其之子，不稱其服。"⑤ 鵜，洿澤鳥也。梁，魚梁也。今澤鳥而居梁，而濡其翼者，未之聞也。此詩本刺曹共好用小人，升之爵位，但潔其衣服逍遙而已，無治國之心，如鵜洿在梁者也。今釋子非僧行而處僧田，亦爾也。

　　余嘗觀乎緇衣者，讀書爲文，唯知有俗情，而不知其他。迨病喘喘然，淚橫于目，怨誤于昔，其雖悔，可追乎傷哉？處布金之地，受檀越之食，著信施之衣，惑溺墳素，不事進修，自倚薄才，輕侮賢善，篾視本教，以爲棄物，此乃賤住比丘。一旦風燭將臨，可不忙乎？然有抱琳琅之器，炳龍象之姿，高出塵世，既寬且慧，篤志好學。開卷求於未聞，務滋其美，以崇其德。至若觀夷叔讓國，得其仁也；⑥ 里名勝母，曾子不入，得其孝也；⑦ 曾參至孝，行次有勝母里，參惡其名而不入也。柳下惠援寡室，得其貞也；⑧ 顏叔子辭隣女，得其慎也；⑨ 孫叔敖爵益高，身益早，身爲楚令尹而常謙早也。得其防惡也；⑩ 正考父三命循牆，得其恭也；正考父，仲尼祖也。宋君一命而俯，再命而傴，三命而僂，循牆而走也。⑪ 孟之反⑫不伐，得其讓也；孟之仄也。魯與齊戰，

---

　　① 赤地：空無所有的地面。指遭受嚴重旱災、蟲災後莊稼顆粒無收的景象。《韓非子·十過》："晉國大旱，赤地三年。"《漢書·夏侯勝傳》："蝗蟲大起，赤地數千里。"顏師古注："言無五穀之苗。"

　　② 道寶：晉僧。琅邪王氏，丞相王導（276—339）之弟。弱年信悟，避世辭榮，將就薙染。後住剡東仰山，學行顯世。

　　③ 見《高僧傳》卷四《竺法崇》。

　　④ 僑然：無拘無束貌，超脫貌。《莊子·大宗師》："僑然而往，僑然而來而已矣。"成玄英疏："僑然，無係貌也。"

　　⑤ 見《詩·曹風·候人》。

　　⑥ 見《史記·伯夷列傳》。夷叔，即伯夷、叔齊。

　　⑦ 見《淮南子·說山訓》。

　　⑧ 見《詩經·小雅·巷伯》毛亨傳。

　　⑨ 見《詩經·小雅·巷伯》毛亨傳。

　　⑩ 見《說苑·敬慎》。

　　⑪ 見《左傳·昭公七年》。

　　⑫ 孟之反：名側，魯大夫。

魯敗，孟之反奔而殿，將入國門，國人功之，策其馬曰：“非敢後也，馬不進也。”不欲取其功，故云得其讓也。① 列禦寇不受鄭子陽之粟，得其知難也；列禦寇，鄭人。家貧，有客言也於鄭子陽，子陽遺之粟，列子再拜而不受。其妻望之拊心曰：“妾聞爲有道者之妻子。皆佚樂。今有飢色，君遺，先生何不受？”曰：“君非自知，以人言而遺我，罪我也。”後子陽果及於難。② 爰精目吐狐丘父之食，得其嫉惡也；爰精目乞食於狐丘父，丘父下壺飡餔之。精目食已，曰：“子何爲者？”曰：“我狐父之人丘也。”曰：“汝非盜也？”遂嘔出而死。狐丘之人爲盜也，惡其不義也。③ 謝安喜慍不在色，得其量也；謝安，字安石。相東晉孝武帝，符堅統百萬之眾攻晉，安亦無懼。及謝玄等破之，安亦不喜。可知量也。④ 王敬之徐武於焚屋，得其審也；武，步也。王元度，字子敬，晉右軍之子也。其屋遇焚，子敬衣冠從容而出也。⑤ 戴逵不鼓琴於王門，得其耿介也。耿介，偘儻也。戴逵、戴顒兄弟二人皆善琴，兩遊王氏門。有請顒鼓琴，顒輒鼓之。請於逵，逵謂使者曰：“逵所鼓琴，非爲王門之伶人也。”遂對使者碎其琴。即二戴優劣可知也。⑥ 其能酌一善於身，足以光於朽骨，況兼之者乎？君子疾沒世而名不稱焉。⑦ 學如不及，猶恐失之也。⑧

孔子謂魯哀公曰：“人有五儀：有庸人，有士人，有君子人，有賢人，有聖人。庸人者，心不則慎終之規，口不吐格訓之言，格，法也。《左傳》云：“心不則德義之經曰頑，口不道忠信之言曰嚚。”⑨ 不擇賢以託其身，不力行以定其志，見小暗大而不知其所務，從物如流而不知其所執，此庸人也。士人者，心有所定，計有所守。雖不能盡道術之本，必有率也；率，述也，循也。雖不遍百善之美，必有處也。是故智不務多，必審其所知；言不務多，必審其所謂；行不務多，必審其所由。智既知之，言既道之，行既由之，則若性命形骸之不可易也。富貴不足以益，貧賤不足以損，此

---

① 見《論語・雍也》。
② 見《列子・說符》。
③ 見《列子・說符》。
④ 見《世說新語・雅量》。
⑤ 《世說新語・雅量》：“王子猷、子敬曾俱坐一室，上忽發火，子猷遽走避，不惶取屐；子敬神色恬然，徐喚左右扶憑而出，不異平常。世以此定二王神宇。”
⑥ 見《晉書》卷九四《隱逸戴逵傳》。
⑦ 見《論語・衛靈公》。
⑧ 見《論語・秦伯》。
⑨ 見《左傳・僖公二十四年》。

士人也。君子人者，言必忠信而心不妄，無詐妄之情也。仁義在身而色無
伐，無自矜也。思慮通明而辭不專，篤行信道而自強不息，油然若將可越
而終不可及者，此君子也。油然，不進之貌也。越，過也。君子雖能爲可貴、可
信、用而不能使，必貴己、信己、用己也，是以恥不信，不恥不見信；恥不能，不恥
不見用也。不誘於譽，不怨誹，率道而行也。賢人者，德不踰閑，閑，法也。行
中規繩，言足法於天下而不傷於身，道足化於百姓而不傷於本，言滿天下
無口過，行滿天下無怨惡也。富則天下無菀財①，《長短經》云：“菀財：菀，積
也。”今有依怨天下無怨惡也，謂以義得也。施則天下不病貧，病，患也。此賢
人也。聖人者，德合天地，變通無方，窮萬事之始終，協庶品之自然，敷
其大道而遂成情性，明並日月，化行若神，下民不知其德，覩者不識其
隣，百姓日用而不知也。此聖人也。”公曰：“善哉，非子之賢，則寡人不聞
此言也！”② 今揆茲五儀之人，爲五儀之僧，誠則皆不乖其本矣。若使裁
其尊早，勵其情操，去此取彼，易庸人爲士君子，易士君子爲賢聖，則天
下之僧皆高僧也。故斲石刻木，範金之像，石則石矣，木則木矣，金則金
矣，非變化則不能革其本態也。而人有生而知之，有學而知之，但有知則
不難乎遷，遷庸爲智，遷凡爲聖。其所難在乎不知矣。③ 世或以槃特④不學，
不謂無道；平生唯誦半偈而得聖果。偈云：“守口攝意身莫犯，如是行者得度也。”⑤
善星⑥多聞，不謂立一德，善星比丘本釋族，聰明，詐作薄俱羅鬼，驚佛而生入
地獄也。⑦ 彼乃不達。槃特，聖人也；善星，庸人也。槃特不學而生知，

① 菀財：同“宛財”，積聚財物。《孔子家語·五儀》：“富則天下無菀財，施則天下不病
貧。”王肅注：“宛，積也。古作菀。”
② 見《孔子家語》卷一五《儀解》。
③ 見《論語·季氏》。
④ 槃特：十六羅漢之一。又作“半託迦”、“半他迦”、“半托迦”、“半諾迦”、“槃陀伽”、
“般兔”。或作“摩訶半託迦”、“摩訶般陀”。意譯作“道生”、“大路邊生”、“大路”。爲中印
度舍衛城婆羅門之子，即周利槃特之兄。長於書算、唱誦、四明、六作等諸學，具大智慧，有五
百童子就其受教。後聞佛陀說法出家，未久即證得阿羅漢果。其弟周利槃特則生性愚鈍，然其後
亦出家證果。
⑤ 見《法句譬喻經》卷二《述千品第十六》。
⑥ 善星：音譯作“須那呵多”、“須那剎多羅”。又作“善宿”。係釋尊爲太子時所生之子。
出家後，斷欲界之煩惱，發得第四禪定。後因親近惡友，退失所得之解脫，認爲無涅槃之法，起
否定因果之邪見，且對佛陀起惡心，以生身墮於無間地獄，故稱爲闡提（即不成佛之意）比丘，
又稱四禪比丘。
⑦ 見《大般涅槃經》卷三三《迦葉菩薩品第十二之一》。

善星雖學而不知也。若使燊特無生，知則不聖，善星有學，知則遷善矣。夫生而知之，千載無一，學而知之，遍於天下。若以千載之一而廢乎天下者，非聖人之志也，況學以資生知？若金之有礪，礪，磨石也。金性雖利，更假磨之也。舟之有檝，檝，棹類也。《尚書》云："若濟川，用汝爲舟檝也。"① 惟利與速，物莫能加之。昔仲尼云："君子不可不學。"子路曰："南山有竹，不柔自直，斬而用射，達於犀革。以此言之，何學之爲？"孔子曰："括而羽之，鏃而勵之，其入豈不益深乎？"因鏃羽而彌深。子路再拜曰："故木以繩直，土自水平，玉用人器，未有不學而能自致奇功知道者也。"②

　　凡人之不學，其猶牆面；③ 無所見也。人而博學，不出戶而知天下。④ 始吾聞之，心存之，躬嘗之，於所不學，實若蔽目；於所遠知，誠不由足。故有生之域，域，涯也。貴乎有學；既學矣，貴乎知；既知矣，則慕大覺之曠照，成遍知之有日。故日就月將⑤，猶患失之。佛陀慷慨，仲舒下幃⑥，恨光陰之不再也。董仲舒下幃，三年讀書，不窺園圃。佛陀如上注。昔黃霸漢相也。與夏侯勝同下獄，霸欲從勝受經，勝辭以罪當死。霸曰："朝聞道，夕死可矣。"勝賢其言，遂受之。再更而講讀不怠也。漢昭帝將議立武帝廟爲世宗，勝奏武帝奢侈殺戮，不宜立廟，遂坐謗毀先帝，與黃霸同繫。霸乃求從學。會赦，俱免也。⑦ 常啼⑧求法於法勇⑨，《般若經》常啼菩薩也。以骨

------

① 見《書·說命上》。

② 見《孔子家語·子路初見》。

③ 見《論語·陽貨》。

④ 見老子《道德經》第四十七章。

⑤ 日就月將：每天有成就，每月有進步。形容積少成多，不斷進步。《詩·周頌·敬之》："日就月將，學有緝熙于光明。"孔穎達疏："日就，謂學之使每日有成就；月將，謂至於一月則有可行。言當習之以積漸也。"朱熹集傳："將，進也……日有所就，月有所進，續而明之，以至於光明。"

⑥ 下幃：同"下帷"。放下室內懸掛的帷幕。指教書。《魏書·李謐傳》："遂絕跡下幃，杜門卻掃，棄產營書，手自刪削。"

⑦ 見《漢書·夏侯勝傳》。

⑧ 常啼：音譯"薩陀波倫"。又作"普慈"、"常悲"。乃《大品般若經》卷二七所說之菩薩。此菩薩得稱爲常啼者，有諸種說法：或謂菩薩因見惡世之人身受苦惱而悲哀哭泣；或以菩薩生於無佛之世，然爲利益眾生，追求佛道，於空閑林中憂愁啼哭七日七夜，天龍鬼神遂號之爲常啼；或以幼時喜啼而得名。此菩薩常以勇猛心，修般若波羅蜜之行。

⑨ 法勇：劉宋遊方僧。幽州黃龍國（熱河朝陽縣）人，俗姓李。又稱曇無竭。於罽賓國求

骸致香花，兼俟乎宮門，凡七載，異有所聞也。

於予之眇志實學，知之不足，教知其困。兢兢勤勤，慚曠此生。已下
北山自敍。嘗撰《釋氏年志》，編年序事，務成林藪。《年志》三十卷，又撰
《法華玄箋》十卷，《二眾初學儀律新疏要決》十卷，《識心澄觀》、《俱舍》等論鈔，
共百餘卷。鄙野一家之言，經郡邑寇亂而亡矣。鄙以學無常師，遂體三教
參玄之旨趣，裁而錄之。暮年神疲，不盡所志，而有告余者曰："日月既
逝，老之至矣，蓋釋文字乎？"蓋，何不也。釋，放也。余莞爾而笑。莞爾，
笑貌。曰："彼不吾知也。余今自欲實腹精於義，何嘗計利而進，度齒而
廢乎？齒，年也。夫去學而神虛焉，則善有所補。不，則聽言譁噪，無若
誦言為優。聽言，塵俗之言也，徒為喧噪。誦言，典雅之言，聞之經濟。優者，勝
也。然《法華》誠其親近，《法華經》不許親近世俗文筆外道文字。《華嚴》責
其多聞者，蓋恐封乎所嗜，封，滯也。密設其防。謂不爾者，彼善財童子①
歷抵一百一十城何為也？"

得《觀世音受記經》之梵本，歸國後在揚州譯出。自述西域之事，撰有《外國傳》五卷。

　　① 善財童子：為華嚴經入法界品中之求道菩薩，曾南行參訪五十五位善知識，遇普賢菩薩
而成就佛道。大乘佛教用以作為即身成佛之例證，其求法過程，則表示華嚴入法界之各階段。

《北山錄》卷第十

外信第十六

明佛教於外宗，有信有不信者。

大荒①之西，天子王畿②，五百里甸服③，五百里侯服④，五百里綏服⑤，五百里要服⑥，五百里荒服⑦。⑧ 荒服去京師二千五百里。今指大荒之外，極西之境也。申毒殊風。即西天之風化，與震旦有異也。太古之始，至聖未生。所謂如來也。有外道仙，爲世宗教。首則僧佉⑨、衛世，初時有僧佉外道⑩，立

① 大荒：荒遠的地方，邊遠地區。《山海經·大荒東經》："東海之外，大荒之中，有山名曰大言，日月所出。"

② 王畿：古指王城周圍千里的地域。《周禮·夏官·職方氏》："乃辨九服之邦國，方千里曰王畿。"孫詒讓正義："方千里曰王畿者，謂建王國也……《大司馬》云國畿，《大行人》云邦畿，義並同。"

③ 甸服：為"九服"之一，指王畿外方五百里至千里之間的地區。《周禮·夏官·職方氏》："方千里曰王畿，其外五百里曰侯服，又其外五百里曰甸服。"

④ 侯服：夏制稱離王城一千里的地方。《書·禹貢》："五百里甸服……五百里侯服。"孔傳："甸服外之五百里。侯，候也，斥候而服事。"

⑤ 綏服：古代王畿外圍疆域之一。《書·禹貢》："五百里綏服。"孔傳："綏，安也。侯服外之五百里安服王者之政教。"

⑥ 要服：古五服之一。古代王畿以外按距離分為五服。相傳一千五百里至二千里為要服。《書·禹貢》："五百里要服。"孔傳："綏服外之五百里，要束以文教者。"

⑦ 荒服：古"五服"之一。稱離京師二千到二千五百里的邊遠地方。亦泛指邊遠地區。《書·禹貢》："五百里荒服。"孔傳："要服外之五百里，言荒又簡略。"

⑧ 見《尚書·禹貢》、《周禮·夏官·職方氏》。

⑨ 僧佉：底本原作"僧伽"。按，二十種外道，并無僧伽外道，有僧佉外道。藏經中"僧佉"與"衛世"常作為外道並提。《仁王般若經疏》卷中四："見一見二者，即同僧佉衛世師一異之見也。"《究竟一乘寶性論》卷三："一者多種外道，種種邪計，謂僧佉衛世師尼揵陀若提子等，無求道方便。"據此改。僧佉，"數論"的音譯，又作"僧企耶"；意譯又作"數術"、"制數論"。數論學派為印度六派哲學中成立最早者。相傳初祖為迦毗羅仙人。此派以分別智慧而計度諸法，並以此數為基礎，從而立名論說，故稱數論派。

⑩ 僧佉外道：底本原作"僧伽"。按，二十種外道，并無僧伽外道，有僧佉外道。據此改。

二十五諦①義；衛世外道，說六句義等也。**中則六師②**，一不蘭迦葉③，二阿夷滿④，三瞿耶婁⑤，四波休旃⑥，五先比盧持⑦，六尼乾子⑧。**終於九十五種⑨**，即蘊、離

① 二十五諦：乃印度數論派之哲學。此派將宇宙萬有分為神我與自性二元，而將世界轉變之過程分為二十五種，以其為真實之理，故稱二十五諦。此即從自性生“覺”；自“覺”復生自我意識（我執）之我慢；復於我慢生出地、水、火、風、空等五大。以上八者為萬物衍生之根本，故稱根本自性。又自五大生色、聲、香、味、觸等五唯，眼、耳、鼻、舌、身（皮）等五知根，語、手、足、生殖器、排泄器等五作根，以及心根（以上十六者乃從他物所生，故稱十六變異）。如此，從未顯現之自性中，能顯出覺、我慢等二十三種，加上自性與神我二者，是為二十五諦。以上係古說，於此另有異說。

② 六师：古印度佛陀時代，中印度（恒河中流一帶）勢力較大之六種外道。外道，係以佛教立場而言，實為當時反對婆羅門思想之自由思想家，而在一般民眾社會中所流行之思想體系。

③ 不蘭迦葉：為佛世時六師外道之一，住於中印度。又作“富蘭那迦葉”、“富蘭迦葉”、“老迦葉”、“補剌拏迦葉波”、“布剌拏迦葉波”。略作“富蘭那”、“脯剌拏”。“富蘭那”為其字，意譯作“滿”、“究竟”；“迦葉”為其母姓，意譯作“龜”、“飲光”、“護光”。主張無因論、無道德論，認為眾生之迷悟等皆無因緣，善惡諸業亦無果報。

④ 阿夷滿：古代印度六師外道之一，十師外道之一。又作“阿耆多翅舍欽婆羅”、“阿市多雞舍甘跋羅”、“阿支羅翅舍甘婆羅”、“阿夷陀翅舍欣婆羅”、“阿浮陀翅舍金披羅”、“稽舍今陂梨”。略稱“阿耆多”。意譯“無勝髮褐”。釋尊之時代，居於中印度，為婆羅門教中極具勢力之一派。主張心物二元共歸斷滅，否認有善惡禍福、因緣果報、過去未來等，唯於現世盡其快樂，亦即所謂順世外道中之斷滅論、唯物論、感覺論、快樂說。

⑤ 瞿耶婁：為佛世時六師外道之一，住於中印度。又作“末伽梨拘舍梨”、“末伽黎拘賖黎”。宿命論之自然論者。主張苦樂不由因緣，而惟為自然產生。係阿耆毘伽派之主導者。

⑥ 波休旃：印度古代六師外道之一。又作“迦羅鳩馱迦旃延”、“迦羅拘陀迦旃延”、“迦據多迦旃延”、“腳俱陀迦多演那”、“婆浮陀伽吒那”、“羅謂娑迦遮延”、“波休迦旃”。或單作“迦旃”。“迦旃延”為姓，意譯作“剪剃”；“迦羅鳩馱”為字，意譯作“黑領”。此外道謂一切眾生之罪福悉為自在天所作，自在天喜，則眾生安樂；自在天瞋，則眾生苦惱。故將一切罪福歸於自在天之主宰，人不可言有罪福。又謂若人殺害一切眾生，心不生慚愧，終不墮惡道，猶如虛空不受塵水；若生慚愧即入地獄，猶如大水潤濕於地。自佛教之立場觀之，此乃無慚外道之邪見。

⑦ 先比盧持：古代印度六師外道之一。又作“刪闍夜毘羅胝子”、“珊闍耶毘蘭荼”、“散若夷毘羅梨子”、“先跪鳩墮羅知子”、“婆若野尾囉致子”、“婆若鞞羅遲子”、“刪闍夜”、“刪若”、“沙然”。“刪闍夜”是其字，意譯“等勝”；“毘羅胝”是其母名。係佛陀時代頗有勢力之外道，舍利弗與目犍連等於歸佛前均曾師事之。其學說不詳，或係懷疑論之消極主義，主張捨一切智，專重實踐修行。

⑧ 尼乾子：印度古代六師外道之一，外道四執之一，外道十六宗之一，二十種外道之一。又作“尼乾陀子”、“尼犍子”、“尼犍陀弗咀羅”、“尼乾弗陀怛羅外道”、“尼犍陀子”。此外道因以修苦行，離世間之衣食束縛，而期遠離煩惱之結與三界之繫縛，故有“離繫”、“不繫”、“無繼”、“無結”等譯名。

⑨ 九十五種：經論中舉西域外道之總數。一說九十六種。

蘊、計我等外道也。高視巖藪，謀勍吾敵，將危害正法，荐食玄侶，侵軼[1]真境，伐毁舟梁，雖怙其衆，不若吾寡，是以舍利弗一舉，勞度差[2]之儔殄[3]瘁矣。殫盡也。即勝論外道也。以此仙人形醜，好夜出乞食，故號鵂鶹[4]。爲五頂子，立六句義[5]。後化爲石，爲陳那菩薩破之，一吼而石粉碎矣。故以直擊亂，蔑有不濟。但慢壘既高，邪戈難偃；稠林嘯聚，迷津徒涉。俾苦海波瀾，浩而無際，險道罾繳，綿亘不旣。繳，射鳥器也。罾，取魚器也。旣，至也。修行者不至矣。聖人以是爲瘼，羣生以是永悼。嘻，何莫如之何也已！

自白馬西來，梵文貢洛，後漢明帝永平十年，攝摩騰與竺法蘭以白馬馱經像，方來至洛也。信毁迭扇，君臣不一。時五岳道士褚善信等求比試，焚燒經像也。且遐域之壤，九服[6]謂之荒表；兊[7]方之俗，四海目爲戎人。九服，九州。兊方，西國。而彼復謂中華封略爲儒邦，葱嶺東陲爲邊裔。夫人情各重其所處，而傲乎他邦，而皆曰佛何不生中國？震旦人自以此土爲中國。傳聞中天夏至，測影而盡其表。西天中印度夏至之日，樹竿於日中，無影。蓋得閻浮之中，日行正居上，故彼稱中也。此方雖邵伯相宅，周公往營，周本都鄗京，召公相宅於陜鄏，周公至成周營之，則今洛京是也。而《周禮》云："大司徒職；日至之景，尺有五寸，洛京雖震旦之心，夏至之日午時，樹竿尚有一尺五寸之景，則別地更多也。謂之地中，天地之所合，四時之所交，風雨之所會，陰陽

---

① 侵軼：亦作"侵佚"。侵犯襲擊。《左傳·隱公九年》："北戎侵鄭。鄭伯禦之，患戎師，曰：'彼徒我車，懼其侵軼我也。'"杜預注："軼，突也。"

② 勞度差：又作"勞度叉"，六師外道之中一弟子名。

③ 殄：同"殄"。《龍龕手鑒·歹部》："殄，俗；殄，正。"

④ 鵂鶹：印度六派哲學中勝論派之祖。又作"優樓佉"、"優樓迦"、"憂流迦"、"嘔廬迦"、"嘔露迦"、"優婁佉"、"羯拏僕"、"蹇拏僕"，又譯"蹇尼陀"、"迦那陀"。意譯為"鵂鶹"、"獯猴子"。或稱"鵂鶹仙人"、"鵂角仙"、"食米齊（米屑）仙人"。曾著《勝論經》，成為勝論學派之根本要典。

⑤ 六句義：六句義指實、德、業、同、異、和合六句。傳係古代印度勝論學派之祖優樓佉所立，至後代慧月論師乃依據六句義而廣開為十句義。

⑥ 九服：王畿以外的九等地區。《周禮·夏官·職方氏》："乃辨九服之邦國：方千里曰王畿，其外方五百里曰侯服，又其外方五百里曰甸服，又其外方五百里曰男服，又其外方五百里曰采服，又其外方五百里曰衛服，又其外方五百里曰蠻服，又其外方五百里曰夷服，又其外方五百里曰鎮服，又其外方五百里曰藩服。"

⑦ 兊："兑"之異體。字見於《五經文字·儿部》、《集韻·去聲·泰韻》、《四聲篇海·儿部》、《字彙·儿部》、《正字通·儿部》等。

之所和，百物阜安，乃建王國。"① 今河南陽城縣，得中夏②之中，而影且有餘矣。其不在陽城，則又過乎一尺五寸矣。而天上千里，地下一寸，故此西域萬里之外，又戎夏爲邦，古今何定？伊洛化則爲戎，《左傳》有伊洛之戎，又有伐陸渾之戎，皆在洛也。吳越變而爲夏。吳越本夷，而勾踐夫差皆爲中國霸主矣。故至聖乘時，卒不限於方俗，但以大千閻浮爲内地，可此即此，可彼即彼，豈以文武不在洛，則非天下之君乎？文王居西戎③，武王居岐下④。而西域時無輪王，分天下爲四主⑤。東以人爲主，正由禮樂出乎此方，仁義冠乎八荒。舉稱中非，必由於地。宋何承天問慧嚴曰："佛國用何曆？"嚴曰："彼夏至之日，方中無影，五行尚土德，八寸爲尺，一兩當此方十二兩，建辰爲歲首。"慧嚴親至西天迴，故能明此事也。及討覈⑥分至，春秋分，冬夏至。薄食⑦宿度⑧，阿衡⑨陰陽，乃以爲然。⑩ 但以西來三

---

① 見《周禮·地官·大司徒》。

② 中夏：指華夏；中國。《文選·班固〈東都賦〉》："目中夏而布德，睠四裔而抗稜。"呂向注："中夏，中國。"

③ 西戎：古代中國中原王朝對其邊界西方的部落的泛指，也可以指春秋戰國時期的一個國家。夏朝時稱西戎爲崑崙、析支、渠搜等。

④ 岐下：岐山脚下（今陝西省扶風縣、岐山縣北邊）。

⑤ 四主：指閻浮提洲之地分封之象主、寶主、馬主、人主等四主。《大唐西域記》卷一、《釋迦方志》卷上等載，轉輪王尚未應運出世時，贍部洲分別爲四主所統領：東爲人主，自雪山以東至於東海，其氣溫和暢宜人，爲人主之國。南爲象主，自雪山以南至於南海，暑濕宜象，爲象主之國。西爲寶主，自雪山以西至於西海，其地臨海，多出寶貝，爲寶主之國。北爲馬主，自雪山以北至於北海，其地寒勁宜馬，爲馬主之國。其中，以東方爲上。此四主之說，或即喻指印度、波斯、朔北（月支）、中國等地。蓋印度盛行以象代勞，故宜爲象主之地；波斯等西方諸國長於貨殖理財之術，從事交通貿易之業，故宜屬寶主之地；又朔北之民族資性強悍，以騎馬兵戰爲事，故宜爲馬主之地；而在東方之中國，風俗機慧，仁義昭明，守孔孟之道，行古聖賢之教化，冠帶右袵，車服有序，安土重遷，較之上述三地安和樂利，故宜爲人主之地。

⑥ 討覈：討究檢核。南朝梁陶弘景《冥通記》卷一："今討覈緣由，如神靈所召，故其得來此山。"南朝梁慧皎《〈高僧傳〉序錄》："及夫討覈源流，商搉取捨，皆列諸贊論，備之後文。"

⑦ 薄食：指日月相掩食。《漢書·天文志》："彗孛飛流，日月薄食。"顏師古注："孟康曰：'日月無光曰薄……或曰不交而食曰薄。'韋昭曰：'氣往迫之爲薄，虧毀曰食也。'"

⑧ 宿度：天空中標志星宿位置的度數。周天共三百六十五度又四分之一。二十八宿各占若干度。《素問·離合真邪論》："夫聖人之起度數，必應於天地。故天有宿度，地有經水，人有經脈。"

⑨ 阿衡：《書·太甲上》："惟嗣王不惠于阿衡。"孔傳："阿，倚；衡，平。"

⑩ 見《高僧傳》卷七《釋慧嚴》。

藏，越海重譯①，涉歷于艱險，輕百死而致乎一生。既至而不知鄉國之所
在，固可悲也，其所翻譯，方諸寰中之典，既乖視聽，深違背欲，將使積
昏之士，背風靡草，逆坂走丸，祇增其忿，誠又難也。以翻譯三藏來既遐遠，
不達此方語言，致令詞有質樸，文非流美，如安世高所譯等經。不了之士，逆便相
非，增於謗讟，則爲未可者也。

　　夫雍門周②承孟嘗騷屑③悽感④，爲之鼓琴，琴一發而涕泗零落，不知
其極。⑤雍門，齊地也。孟嘗，田文，齊公子也。周承爲之鼓琴，琴發而涕不能止。
而邪愚之夫，承王侯疑貳阻薄，爲之鼓脣，脣一啓而訕謗搖動，莫我已
矣。此敘輕毀宗教之士，因時政之官於吾教疑貳之間，承便鼓扇于脣齒以毀謗，致令
王侯心迴而信用之也。是以假彼重位鴻才，言爲物準，行爲時憲，佛法付與王
臣，凡在位官貟，才學之士，假以護持，所在三寶，尤宜援奉，貴其大才重位，以弘
護宗教矣。準，繩也。憲，法也。順則誘掖，背則擊搏，掖，提膊也。信順之者，
提臂而引之。不信者，擊搏而責之也。使弱喪⑥知乎所歸，食椹懷乎好音，黃鸎
食桑椹而音美，如聞法而敬信也。乃佛法金城湯池之固，假尊官爲外護，則佛法
若有城池之固。而攻者罔弗敗律喪師矣。若有外黨相攻，無不自然摧敗也。

　　夫釋氏之難，而釋氏不能違之者何？外人問有難釋氏之教
苔之，而不能違避其難者，有何所以？譬陰愆于序，赫日晞之；陽愆于序，洪
雨霪之。久雨者，陰之失序，則須晴景方解。久旱者，陽之失序，則須甘雨解之。
若陰濟于陰，湯濟于陽，則九載之水，七年之旱，未足多也。堯有九載之

----

　　①　重譯：輾轉譯。《尚書大傳》卷四：“成王之時，越裳重譯而來朝，曰道路悠遠，山川
阻深，恐使之不通，故重三譯而朝也。”《漢書·平帝紀》：“元始元年春正月，越裳氏重譯獻白
雉一，黑雉二，詔使三公以薦宗廟。”顏師古注：“譯謂傳言也。道路絕遠，風俗殊隔，故累譯
而後乃通。”

　　②　雍門周：戰國時期齊國琴師，姓氏不詳，名周，因其居住在齊國的首都西門，當時稱
“雍門”，故以為號，亦稱“雍門子”或“雍門子周”。後世傳說其為最早發明琴譜的人。

　　③　騷屑：凄清愁苦。唐元稹《遣病》詩之三：“今來漸諱年，頓與前心別，白日速如飛，
佳晨亦騷屑。”

　　④　悽感：悲憤感傷。晉傅亮《為宋公至洛陽謁五陵表》：“故老掩涕，三軍悽感。瞻拜之
日，憤慨交集。”

　　⑤　見《說苑·善說》。

　　⑥　弱喪：謂少而失其故居。《莊子·齊物論》：“予惡乎知惡死之非弱喪而不知歸者邪！”
郭象注：“少而失其故居，名為弱喪。夫弱喪者，遂安於所在而不知歸於故鄉也。”成玄英疏：
“弱者弱齡，喪之言失。謂少年遭亂，喪失桑梓，遂安他土而不知歸。”

水，湯有七年之旱。故古之賢德，無位何威？無賞何悅？無辯何信？其所酬抗①，多以釋教爲證，反資其倨。苔難若專引己教爲證，如以陰濟陰，以陽濟陽也。是以夷難靜暴，復迷取亂，挫公孫龍之辯，夷，平也。取亂②，取勝也。公孫龍，趙人也。虞卿思以邯鄲請封平原，龍以辯捷諫而止。後語云"龍有白馬之辯"者也。絕叔孫氏之毀，叔孫武叔毀仲尼，子貢曰："夫子不可毀。他人之賢者丘陵也。夫子之賢者，日月也。不可得而踰也。"③雖有方袍，莫如服冕。服冕儒士有毀夫子，輒能對之。豈可方袍釋子遭毀其師，而無對苔之者，可不恥乎？必資於學矣。方袍，袈裟也。昔何承天著《達性論》，顏延之折之；並宋之朝士。顏光祿也，有文，常好飲酒。范縝搆形神滅義，沈約質之。梁朝賢士也。文在《弘明集》。故豺狼非狻猊不制，蛇豕非鎮不斷。而經稱爲外援展如之人，展，援也。假信心爲外授，審如此也。則不失其名也。

嗚呼！有天地焉，有生成焉，有信者焉，有不信者焉。既天地造化，則有萬物人倫。人倫之內，有信者，有不信者，情不同故也。其信如漢顯宗、則後漢第二主明帝也。傅武仲、傅毅也。吳大帝、孫權也。支與闞，支謙、闞澤也。東晉至于受終④，至王濛、郗超、許詢、謝尚之倫，宋文明，泊宗、王、何、顏輩，魏宗恭，南齊劉虬，梁君臣陶隱居，陶景純，字隱居，號貞白先主。北齊顏之推。此並深信之士。其不信如晉蔡謨，字道明，東晉也。東帝令作讚佛頌，堅不從，乃言謗佛，下庭尉免爲庶人。僞趙王度，宋周朗、虞愿，魏張普濟、李瑒、楊衒之，齊劉晝，梁荀濟。此實心教毀，不信之士也。夫信者靜乃一心，昭窮萬化，或未遺所存，要報求施，重因緣之理，篤敬戒之心，退無納隍⑤之酷進致含光之美。隍，阬也。若致於阬也。其不信者，神用匪虛，鄙識濁慮，或惡幢塔崇侈，法籍宏奧，僧居堎堨，堎堨，高淨也。法徒尊大，攄己之

---

① 酬抗：酬對，答對。《太平廣記》卷三一八引南朝宋劉敬叔《异苑·陸機》："見一少年，精姿端遠，置易投壺，與機言論，妙得玄微。機心伏其能，無以酬抗。"

② 亂：從此字開始，底本以下四頁都爲行書體。

③ 見《論語·子張》。

④ 受終：承受帝位。《書·舜典》："正月上日，受終於文祖。"孔穎達疏："受終者，堯爲天子，於此事終而授與舜。故知終謂堯終帝位之事，終言堯終舜始也。"

⑤ 納隍：漢張衡《東京賦》："人或不得其所，若己納之於隍。"謂推入城池中。按《孟子·萬章下》稱伊尹"思天下之民，匹夫匹婦，有不與被堯舜之澤者，若己納之溝中"。張賦本此意。後以"納隍"指出民於水火的迫切心情。

憾，攄，舒也。悖乎楊言，駟不及舌①，陷乎邪黨，哀哉！

　　然有過乎信者，如齊文慧太子、竟陵王、梁高祖、陳文宣二帝、魏文成、獻文、孝文，齊高洋，北齊也。此諸信等，皆見《弘明集》。或開演金偈，或捐擲寶位，或縱民入道，或竭國起寺。今大宋皇帝造金銀字《大藏經》數藏，彫藏經印板一十三萬餘板，嚴飾天下寺舍，每年祠部牒度僧八千餘人也，太宗初登極，度天下係帳童子出家。其有過於不信者，如拓跋、魏武燾。宇文、周武。崔皓、後魏。傅弈，唐初。爲災孽魃彗焉。其有君主議及沙汰者，此實絜揚清之美，非不信之士也。昔桓玄教曰：教，令也。“沙門有能申述經誥，暢說義理，戒禁修整，足以宣紀大化②。其有違於此者，悉令罷道。”遠公與桓公書曰：“佛教陵遲，穢雜日久。每一尋至，慨憤盈懷。常恐運出非意，淪湑將及。淪湑，漸漬也。竊見清澄諸道人教，實應本心。夫涇以渭分，則清濁殊勢；枉以直正，則不仁自遠。此命既行，則二理斯得，然後令飾偽者絕假道之路，懷真者無負俗之嫌。道俗交通，三寶復隆矣。”③古者沙汰，總有二意：一爲崇重教門，惡其渝濫，故澄汰姦冗，務令清淨，宋世祖、王度、顏延之、蕭暮之、周朗、虞愿、張普惠、李瑒、衛元嵩、顧觀、那子才、高道讓、盧思道、唐高祖十四人也；二爲憎嫉昌顯，危身挾怨，故須除蕩以暢胸襟，魏太武、周高祖、蔡暮、劉晝、楊衒之、荀濟、章仇子陁④、劉惠琳、范縝、傅弈、王文同十一人，實心毀滅也。玄教於是不及盧山。

　　夫血胎粒食⑤者，信不信何二焉？但人稟五材正氣者，必保乎正性正命，賢者稟五行之清氣。克昭懋行，能明勉勵之行。其憑福田，故乃信也；稟冷氣者，必僻恣⑥淫愎，愎，愱也。滅沒天理，其假禍亡，故不信也。若使

---

① 駟不及舌：言已出口，駟馬亦難追回。謂說話當慎重。《論語·顏淵》：“子貢曰：‘惜乎！夫子之說君子也，駟不及舌。’”何晏集解引鄭玄曰：“過言一出，駟馬追之不及舌。”

② 大化：廣遠深入的教化。《書·大誥》：“肆予大化誘我友邦君。”孔穎達疏：“故我大爲教化，勸誘我所友國君，共伐叛逆。”

③ 見《高僧傳》卷六《慧遠傳》。

④ 章仇子陁：子，底本原誤作“于”字。章仇子陁，或作“章仇子他”、“章仇子佗”、“章仇子陀”。魏郡人。齊武平中為儒林學士。武平六年（575）上疏後主高緯毀佛，被賜死。

⑤ 粒食：以穀物為食。《禮記·王制》：“北方曰狄，衣羽毛穴居，有不粒食者矣。”

⑥ 僻恣：怪僻而縱恣。漢荀悅《漢紀·武帝紀二》：“自偃之後，諸公主行多僻恣者矣。”

唐虞元凱①、夏殷伊傅、唐虞，堯舜也。元凱，十六相。夏禹、殷湯也，伊尹、傅說也。周之十亂②、亂，治也。太公、周公、召公、畢公、榮公、南宮括、散宜生、太顛、閎夭、文母十人也。漢之三傑，張良、蕭何、韓信。仰眄金容，俯聆玉軸，則未嘗不信興五内，言動羣有③，彼何然？蓋“爲善惟日不足”故也④。此等雖未偶教興，若遇之，心大崇信也。若使桀、紂、莊、跖、陽貨、子臧，視之瞽如，聽之聵如，桀，夏王癸⑤也。紂，殷王辛⑥也。莊蹻，楚蜀惡賊。盜跖，魯暴賊。陽貨，季桓子家臣，暴虐於魯。子臧，鄭子臧也。瞽，聞善不足化也。彼何哉然？蓋凶人爲不善，亦惟日不足故也。

　　惟生之有涯，體非金石，樂未備志，哀以繼之，老聖稱身爲大患，⑦仲尼嘆交臂若失，⑧浮生流速，何足貴也。而釋教何讎？誠心務損，不爲福始而處禍先，真所謂能惡不能善之失也。⑨若彼果有，雖欲自絕，何傷於日月乎？若彼教門所說，因果實本有，汝縱毀之，亦何能傷其道？子貢曰：“人雖欲自絕，何傷於日月乎？”⑩若彼果無，慕立虛善，足以遠害。若佛教所說因果之事本無，虛求善譽，亦足遠害也。夫虛去殺猶愈屠釣，虛輟財猶愈竊盜，虛潔己

---

　　①　元凱：亦作“元愷”。“八元八凱”的省稱。傳說高辛氏有才子八人，稱爲八元；高陽氏有才子八人，稱爲八愷。此十六人之後裔，世濟其美，不隕其名。舜舉之於堯，皆以政教稱美。見《左傳·文公十八年》。

　　②　十亂：《書·泰誓》：“予（周武王）有亂臣十人，同心同德。”孔傳：“我治理之臣雖少而心德同。”孔穎達疏：“《釋詁》云：亂，治也。”十人，指周公旦、召公奭、太公望、畢公、榮公、太顛、閎夭、散宜生、南宮适、文母（一說指文王之後大姒，一說指武王之妻邑姜）。後因以“十亂”指上述十個輔佐周武王治國平亂的大臣。

　　③　群有：猶眾生或萬物。《文選·王巾〈頭陀寺碑文〉》：“行不捨之檀，而施洽群有。”李善注：“群有，謂有色無色，有想無想，以其不一，故曰群有。”劉良注：“群有，謂萬物。”

　　④　見《書·泰誓中》。

　　⑤　王癸：二字底本漫漶不清，輪廓像“王癸”二字。桀，姒姓，夏后氏，名癸，一名履癸，桀是他的謚號，夏朝第十七任君主，亦是最後一任君主。據此補。

　　⑥　王辛：二字底本漫漶不清，輪廓像“王辛”二字。紂，殷王，名銓，號帝辛，帝乙之子，商代最後一位君主。據此補。

　　⑦　見《道德經》第十三章。

　　⑧　見《莊子·田子方》。

　　⑨　底本重出“浮生流速，何足貴也。而釋教何讎？誠心務損，不為福始而處禍先，真所謂能惡不能善之失”，今一並刪去。

　　⑩　見《論語·子張》。

猶愈濁濫，帷箈不修①，謂不治閨門。況孰知其必不虛哉？而釋教竊財貨財
也，食肉貨也，害人貨要目領也。貨，賣，交易也，今切②他財，當亦還財。今
食其肉，當亦被他食。今害人之要領，當却遭害，是交易之道也。領，項也。苟使不
貨，善則實矣。誠能不盜不殺等，稱自爲善，其事實也。其言既實，其人豈虛
乎？佛圖澄、衡岳思大，能遠視多生③；皆得先觀。支林、道安，能博識強
學；劉遺民、劉虯，弓旌不顧；皆晉之高士，辭榮者也。古招士以弓旌也。許
詢、宗炳，繿縷④畢歲。豈佛法無其實，而能使彼建志不拔⑤耶？此皆賢明
之士，情豈謬哉？

　　昔武德初，大臣不圖，邇臣希旨，高祖時，傅弈以唐出李姓，以老子爲祖，
遂譖之令澄汰也。以帝系發自玄元⑥，文明廣大，與天下咸一，將害我教。
蜂蠆且毒⑦，貝錦有章。貝錦，文飾之詞也。惟帝時聰明，終罔攸蔽。罔，無
也。攸，所也。蔽，暗也。傅弈等雖扇惑聖，聰帝無所暗蔽也。彼娼嫉不克彥聖
之夫，娼，貪也。嫉，蠱也。克，勝也。彥聖，法淋、道宣等。彼傅弈情雖貪蠱，
終不能勝彼者也。庸債其德，無所膚浸⑧。債，僨也。用殕其兇德，使浸潤之譖，
膚受之愬，不能行焉。杲杲愛日⑨，將墜復舉。靄靄油雲⑩，既散又族，佛日
沈而又明，慧雲散而復聚。實有唐宗廟社稷之靈也，克保于子孫黎民之福也。
夫天地邦域，以元牧司之，天生蒸民，樹之司牧。⑪ 以鬼神綏之。綏，安也。

―――――――――――

　　① 帷箈不修：亦作"帷薄不修"。家門淫亂的諱語。漢賈誼《新書·階級》："古者大
臣……坐污穢男女無別者，不謂污穢，曰'帷薄不修'。"

　　② 切：通"竊"。《戰國策·趙策二》："臣竊為大王計。"黃丕烈按："切，《史記》作竊。"

　　③ 多生：佛教以眾生造善惡之業，受輪回之苦，生死相續，謂之"多生"。唐白居易《味
道》詩："此日盡知前境妄，多生曾被外塵侵。"

　　④ 繿縷：同"襤褸"。衣服破爛。晋葛洪《抱樸子·自叙》："冠履垢弊，衣或繿縷，而或
不恥焉。"

　　⑤ 不拔：不可拔除，不可動搖。形容牢固。《老子》："善建者不拔，善抱者不脫。"

　　⑥ 玄元：指老子。唐初追號老子為"太上玄元皇帝"，簡稱"玄元"。

　　⑦ 蜂蠆且毒：謂惡物雖小，卻能害人。《左傳·僖公二十二年》："君其無謂邾小，蜂蠆有
毒，而況國乎？"

　　⑧ 膚浸：膚受。猶言讒言中傷。南朝梁劉勰《文心雕龍·奏啟》："筆銳干將，墨含淳酖；
雖有次骨，無或膚浸。"

　　⑨ 愛日：《左傳·文公七年》："趙衰，冬日之日也。"杜預注："冬日可愛。"後因稱冬日
為愛日。亦常比喻恩德。

　　⑩ 油雲：語出《孟子·梁惠王上》："天油然作雲，沛然下雨。"後詩文中因以"油雲"指濃雲。

　　⑪ 見《全唐文》卷二《平王世充大赦诏》。

神者，聰明正直，福善禍淫者也。苟人君失理，則靈神是捨，《神尼傳》宇文氏
毀滅佛法，神尼見善神皆西去，後果國滅也。近柴氏毀鎮州銅大悲，致惡疾而終也。
不保于山川。山川匪寧，則災禍作矣。故天反其常，地載其妖，人懷其
亂，稼穡病矣，山崩川竭，星辰失度，地動山鳴，賊盜競起，妖怪作興，水旱爲沴
也。粢盛①何有焉，昔桀紂周幽，桀，夏癸也，寵末嬉。紂，殷辛也，寵妲己。
周幽寵褒姒。皆以美色昏亂朝政，而失天下也。酒池肉林②。作奇技淫巧，以悅
婦人。紂有酒池肉林，醢山脯丘，有炮烙之刑，斮朝涉之脛，剖賢人之心，刳剔孕婦
等。爲虐不及於神祇，尚山崩川震，星流鬼哭，況剪除善道，萬靈無依，
詎得鳴鳳造于郊，玉燭爲之調，太階如砥乎？堯時鳳巢阿閣。四時和謂之玉
燭。于時高業沙門慧淨，法琳泪宿儒望彥，瑤華疊綷，綷，五色之文也，子
對反。金奏諧響，懷之以德，強之以義。淬礪矛斧，傾塞巢穴。有門下典
儀李師政③，撰《內德》、《通命》、《正邪論》三篇，舉其所惑，詳校黜
剝。文在古《弘明集》第十四卷也。文而有據，最備斯作，足以毗贊④真門，
闡楊玄極。後世觀者，宜杜口塞淵⑤，不復疑謗，但文沈隱，不爲凡淺之
所知也。近代有《歸正論》，及《釋教廢興記》等，亦其事也。且忠臣孝子，宜
徼福防害，徼，求也。以保君親。敬恭禱祀。精謹藥石。何必知其無益而
故務也？只如秦皇好道，漢帝求仙，或變金銀，扞⑥燒鉛汞⑦竟有何成者也？揆其

---

　　①　粢盛：古代盛在祭器內以供祭祀的穀物。《公羊傳·桓公十四年》："御廩者何？粢盛委
之所藏也。"何休注："黍稷曰粢，在器曰盛。"

　　②　酒池肉林：《史記·殷本紀》："……樂戲於沙丘，以酒爲池，縣肉爲林，使男女裸相逐其
閒，爲長夜之飲。"後即以"酒池肉林"形容極度荒淫奢侈。

　　③　李師政：唐代上黨（山西長治）人。生卒年不詳。初爲儒者，後學佛法，爲濟法寺法琳之
弟子。高祖武德年間（618—626），道士太史傅奕屢次上奏毀佛，引致道俗激烈之論諍。師政亦撰
《內德論》一卷，以《辯惑》、《通命》、《空有》三篇，闡論佛法利於國政，並駁斥傅奕之妄謬。

　　④　毗贊：亦作"毗贊"。輔佐；襄助。《西京雜記》卷四："其有德任毗贊、佐理陰陽者，
處欽賢之館。"

　　⑤　塞淵：謂篤厚誠實，見識深遠。《詩·邶風·燕燕》："仲氏任只，其心塞淵。"孔穎達
疏："言仲氏有大德行也，其心誠實而深遠也。"

　　⑥　扞：同"枉"。《漢書·諸侯王表》："撟扞過其正矣。"顏師古注："扞，曲也。"王先
謙補註："官本正文注扞並作枉。"

　　⑦　鉛汞：汞，底本原誤作"录"字，《隨函》錄作"汞"。鈆，同"鉛"。鈆汞，即鉛和
汞，道家煉丹的兩種原料。唐白居易《同微之贈別郭虛舟煉師五十韻》："專心在鉛汞，餘力工
琴碁。"據此改。

無傷而故犯也？《禮》云："疑事無質。"① 如崔皓率己專斷，以貽君親之戚，魏武以惡疾而終，崔皓戮尸者也。安得崔也謂之忠孝乎？今有蓬心②之士，尚欲與崔，何其昏也！與者，許也。覆軌之跡，孰得貳焉？

　　若以東漢已前，世未有佛，家國自寧，今冝復其昔者，此牒外人難也。則羲軒已前未有文字，天下遂性，羲軒前未有文字，帝道無爲自理也。姬孔漸滋，人用桔械，所以拘手足也。殆于瘥札，瘥，小死也，札，大死也。則今疫癘之疾也。秦正坑之，亦何罪也？秦正，始皇也，三十四年，博士淳于越奏令封子弟爲諸侯，李斯云："諸生不師古而學古，非兩世，諸非秦記皆燒之，諸有藏《詩》《書》及百家語，悉燒，偶語《詩》《書》者死。"③ 若以四夷之人畢弋鮮食，畢，免網也，弋，以生絲線繫箭而射鳥。夫子弋不射宿也。孰爲施戒？四夷之人，以殺戮爲耕作，何有施戒事也？而世襲穹廬者，穹廬，氊帳。則四夷之民，何嘗有姬孔之教，行於禮義，而君臣父子繼焉？是則姬孔亦可廢也。東漢已前無佛法，東漢已前國自理。四夷之國無儒教，四夷之國亦自理。佛教如可廢，則儒教亦可廢也。若以平施俾家給人足，謂普施賙急也。不必在乎齊戒者，誠亦驅其人於塗炭矣。若不持齊戒而施，則以殺盜淫等惠人是也。夫慈心惠下，宗廟不修，不得謂之孝也。慈雖及下，敬不及祖，豈曰孝乎？豐物恣惡，香火不修，不得謂之福也。如殺馬祭天等。其無孝無福而望人安固，如憑攽柎而待蔭者也。柎，斷樹之餘也，殺命求福，如依無葉之樹，豈有蔭也？若以佛無形響，復不可奉者，則郊祀先王先公，孰有見聞而敦其禮乎？考祖亦無見聞，何故祀之？若以鬼神不實，先儒但導人爲敬者，則何患佛教不實而使人爲善耶？

　　但謗者構惡不盈耳，不足以駭聽；聽者聞惡不暢心，不足以承謗。故聽與謗，其過均矣。而氛嚚之世，愛則廣其美，惡則厚其過。夫有虞氏仁孝之宗也，《汲冢》④以平陽之變，非揖讓而取也。《汲冢書》云："舜囚堯於

　　① 見《禮記·曲禮上》。

　　② 蓬心：《莊子·逍遙遊》："今子有五石之瓠，何不慮以爲大樽而浮乎江湖，而憂其瓠落無所容？則夫子猶有蓬之心也夫！"成玄英疏："蓬，草名。拳曲不直也……言惠生既有蓬心，未能直達玄理。"比喻知識淺薄，不能通達事理。後亦常作自喻淺陋的謙詞。

　　③ 見《史記·秦始皇本紀》。

　　④ 汲冢：西晉武帝時在汲郡（今河南汲縣）的一座戰國古墓中發現并出土的一批竹簡古書。晉咸寧五年（279），一作太康元年（280）或二年，汲郡人偷盜魏襄王的陵墓，得到竹書數十車，全是科斗文書寫，稱"汲冢古文"。經過整理，有《竹書紀年》12篇，因爲原本寫在竹簡

平陽以奪其位，非受禪也，今見有囚堯城也。"① 伊尹人臣之表也，汲冢以桐宮反刺，乃復夏政也。伊尹相太甲，太甲不用伊尹之訓，伊尹放之桐宮三年。俟其改過，乃歸復其位，以盡仁臣之道，今《汲冢書》云："伊尹放太甲于桐宮，太甲自竇中潛出，殺伊尹而自立。"② 與《尚書》之文全別。③ 凡是非徑侹之論，何有窮乎？故當承《堯典》、《殷書》，乃可經矣。仲尼曰："攻乎異端，斯害也矣。"④ 穿鑿之家，害於正義也。夫何不然哉？觀乎古今撰製，內教文章。多先貶周孔而降老莊，以爲能文者。如《因明疏序》等。此啟戶納盜，怒敵恭黨之由也。恭，教也。比者怒道，兼非儒教，則是教其道、儒結黨爲援⑤也。夫一寇尚不可翫，況結二寇之衝乎？使敵果至矣，桓桓赳赳，以頑勁爲干櫓，以訾謿爲矛槊，憤憤悱悱⑥，斁干眦睚，眦睚，怒也。致使愚則矖而抃，仁則懣而疾。矖，笑也。抃，舞也。下愚聞而笑之。懣，愁恨也。仁者見而惡之也。將欲鼓而壓之，秉羽而來之，比欲鼓勢以壓之，舉羽以招之，皆不可也。實難能也。

　夫泄突之一，始蔓草而烻於宮室；⑦ 邪夫之一勃，始凡庸而上訕賢聖。竈突之火，能爇⑧宮闈。邪夫之謗，安懼聖賢哉？何無善慎歟？無，不也。何不慎言也。古語云："行無禮必自及。"⑨ 敬人者人必敬己，陵人者人亦雠己。昔

上而得名，叙述夏、商、西周、春秋時晉國和戰國時魏國史事，與傳統記載不同，可校正《史記》所載戰國史事之失。原簡早已不傳。古本《竹書紀年》至宋代佚失。清代學者有輯校本，爲研究古代史的重要資料。

　　① 見《廣弘明集》卷一一《對傅奕廢佛僧事》引《汲塚竹書》。
　　② 見《廣弘明集》卷一一《上秦王論啟》引《汲冢書》。
　　③ 《廣弘明集》卷一一《上秦王論啟》引《尚書》云："湯行九伐太甲五征，伊尹立湯子勝，又立勝弟仲壬，又放太甲于桐宮。"
　　④ 見《論語·爲政》。
　　⑤ 援：底本原作"授"，《隨函》錄作"援"，並云："諸本'授'字，悮。"《北山錄》卷六《譏異說第十》："黨以爲援。"又《法苑珠林卷》卷三一《感應緣》："外結匈奴以爲援。"故改之。
　　⑥ 憤憤悱悱：抑鬱於心而未能表達貌。語出《論語·述而》："不憤不啟，不悱不發。"朱熹集注："憤者，心求通而未得之意；悱者，口欲言而未能之貌。"唐顏真卿《梁吳興太守柳惲西亭記》："日月滋深，室宇荒壞，而文人嘉客，不得極情于茲，憤憤悱悱者久矣。"
　　⑦ 《呂氏春秋·慎小》："突洩一燫而焚宮燒積。"高誘注："竈突煙洩出，則火溢炎上，燒人之宮室積委也。"突，煙囪。疑當爲"烻"之誤。烻：火光閃動貌。
　　⑧ 爇：燒，焚燒。
　　⑨ 見《左傳·襄公四年》。

呂布_{魏曹操下將}。強袁渙，令作書罵劉備，渙曰："唯德可以辱人，不聞以罵。彼固君子耶，且不恥將軍之言；_{君子之道，犯而不校。}彼誠小人耶，復將軍之意，則辱在此不在彼矣。"① 故鳥窮則啄，獸窮則攫，_{居縛反。《說文》云："爭持物也。"}人窮則詐，馬窮則佚。② 夫能使啄佚之不至者，其唯上智哉？是以當吾教昭夷之際，孰不黨行余侮？雖色怡於外，而實腸結于內。_{夷，傷也。侮，慢也。}像教既屬陵夷，誰不朋扇侮慢者也？_{儒道之士，外雖恭順，內結蛆嫉也。}但果行育德③，陰搆默化，漏彼所短，悅彼所長，百或其一，味我道腴，自然迴席。_{對彼二教，但行恩德。舉彼教之所長，闕彼教之不足。百人之內，或偶一人，味道餐風，自然歸心者也。}

　　夫適裸國者，解裳乃合。④ _{禹至裸國，忻然解衣，蓋順其俗也。}且今人是此方之人，儒道是此國之教，其俗縱知不加於我，亦姑各阿比其門。_{阿比，朋黨也。姑，且也。}鱗張角捍，安得不美而從之，婉而優之，綏而遷之？使悅而後服，豈在庸言酬酢耶？_{所謂"善戰不陣，善閉無關"者也。}若以彼說不至極慮，人不驟徙節於吾道者，然聖人亦各當機御物，如佛與提謂說人天福，而大聖豈不欲令人盡至寂滅歟？_{但居其辰，不爲利矣。縱說至教，不契其根，不利於他也。}其老聖豈不欲令盡至沖漠歟？所著二篇之經，_{《道》、《德》二篇。}兼辯治於家國，俾濟世者不相抑廢。_{雖序道德，不廢治國之法。}仲尼豈不欲使人盡至皇道歟？_{所修六典，兼存霸王，將苞舉而無遺也。}故覆燾⑤莫大於天地，變化莫大於聖人。而實二教之於我，贊而不害也。吾之於二教，統而有歸也。何謂飲醇酎者不競，咀糟粕者競焉？_{至人君子，殊途同歸。澆薄小人，是非阿黨。}但人多不自信己愚，而於可謅則欣欣然。_{不知己愚，而謅⑥所不及者。}未知丹碧，好抑揚藻繪；未知鈆墨，好毀稱篆隸；未知禮樂，好昇降法度；未知宮羽，好賞嗣音律。其有矚余此詞能無訧兮，余之《參玄》，私爲適己也，_{訧，責也。矚，見也，恐後人見《參玄語錄》而責於己，今我蓋自取適性情而著述之也。}不敢謂於君子也。昭文之琴，

---

①　見《資治通鑒》卷六二《汉纪五十四·孝献皇帝丁建安元年》。

②　見《荀子·哀公》。

③　果行育德：以果斷的行動培養高尚的道德。《易·蒙》："君子以果行育德。"

④　見《淮南子·原道訓》。

⑤　覆燾：亦作"覆幬"。猶覆被。謂施恩，加惠。《禮記·中庸》："辟如天地之無不持載，無不覆幬。"

⑥　謅：欺骗。又作"罔"。

文如海云："古之善琴者也。"是非兩至，寧不鼓乎？① 不以人是非而不鼓之。夫
蘧大夫五十，知四十九年非。衛大夫蘧瑗，字伯玉，見耕者問："牛赤牛，何者
力大？"耕夫不答，直驅牛遠方。答云；"二牛俱得力。答不平，恐有怨也。"蘧瑗
云；"一農夫猶懼二牛之怨，我今五十，知四十九年之非也。"② 孔宣父六十，知
五十九年非。③ 如余瑣焉，耄與闔柩而已。闔，棺蓋也。齊君懸賞以待諫，
慮失於治也。齊威王懸賞曰："有面諫寡人者受上賞，書諫者受中賞，謗議於市朝
者受下賞也。"④ 漢相貶爵以杜諫，蕭何以苑中之地貸法賈人，高皇大怒，何遂免
冠徒跣以請罪，帝乃釋之。⑤ 審其能守也。雖取捨不同，而各有宜也。其有
沮余參儒道者，沮，壞也。余顧彼誰或焉？夫越俗輕冠，以彼多水，其俗剪
髮文身也。⑥ 齊市賤屨，屨，履屬。齊景公好刖人足，晏子宅近市，公更之不肯。
公云："近市，識貴賤否？"晏子曰："踊貴而屨賤。"景公於是省刑。⑦ 豈靡己之利
而捐君子之華也？學以飾身，不可以己不益而廢君子飾身之道耶？昔孔子馬佚，
犯野人苗，野人擯子貢之詞，納圉人之詞。子貢言語之士也，圉人養馬之士
也，而野人棄子貢之言不與馬而納圉人之言還之。蓋以其類相投故也。蓋鄙人不悅
賢談久矣。⑧

　　孔子曰："昔者季孫氏之賜我粟千鍾，而交益親；南宮敬叔遺我駟乘
也，而道益行。故道雖貴，必有時而後重，有勢而後行。微夫二人之貺，
則丘之道殆將廢矣。"⑨ 夫子初將出魯，聘周問禮，季氏賜粟千鍾，孟氏僖子賜
車，仍令懿子、南官敬叔從師事仲尼，及門徒請益者三千。昔大聖之將滅，顧
命⑩列國諸王洎大臣，如來將入滅，以教法及比丘內護之事，付有力王臣也。亦
如仲尼之道焉。西域無貴賤老幼，其人叟智彥，韋昭云："老而有德曰叟，智

----

① 見《莊子·齊物論》。

② 見《莊子·則陽》。

③ 見《莊子·寓言》。

④ 見《戰國策·齊策一》。

⑤ 見《漢書·蕭何曹參傳》。

⑥ 見《莊子·逍遙遊》。

⑦ 見《左傳·昭公三年》。

⑧ 見《呂氏春秋》卷一四《孝行覽·必己》。

⑨ 見《孔子家語》卷二《致思》。

⑩ 顧命：《書·顧命》："成王將崩，命召公、畢公率諸侯相康王，作《顧命》。"孔傳：
"臨終之命曰顧命。"孔穎達疏："顧是將去之意，此言臨終之命曰顧命，言臨將死去迴顧而為語
也。"後因以"顧命"謂臨終遺命，多用以稱帝王遺詔。

過三百人曰彥。"皆謂優婆塞；壽母令妻，皆謂優婆夷。此謂近事男、近事女也。陶神五戒，鄰善奉聖，居俗目之美也。先聖亦託以法教，令率力兼道，如須達多①、毘舍佉②，視王侯之亞矣

　　昔孫權未達教之所由，問於闞澤。吳大史令也。澤對曰："臣審知佛是無上法王，眾聖所歸。教加一切，加，被也。哀含萬象。深同巨海，不揀細流。照並日月，不嫌星燭。嫌，阻也。會觸則化，遇物斯乘。觸，對也。乘，運也。若洪鍾之待扣，似巨舟而廣運也。天上人中，自在尊貴。縱使天有普覆之功，地有普載之力，皆是諸佛建立使之然也。"③

　　宋文帝問何尚之、羊玄保，尚之，宋侍中。玄保，吏部郎中。曰："朕少來讀經不多，比日彌復無暇。比，近也。三世因果，未辯措懷。而復不敢立異者，正以卿輩時秀，率所敬信也。范泰車騎將軍也。及謝靈運皆稱六經典文，本在濟俗爲政，必求性靈真奧，豈得不以佛經爲指南耶？近見顏延之《折達性論》，宗炳《難黑白論》，明佛法汪汪，尤爲名理，並是開獎人意。若使率土之賓，皆感此化，則朕垂拱坐致太平矣，夫復何事？"尚之曰："悠悠之徒，多不信法。以臣庸弊，更荷褒拂，非敢所當。至如前代羣英，則不負明詔矣。中朝已遠，西晉也。難復盡知。渡江已來，東晉也。王導、周顗、庾亮、王濛、謝尚、郗超、王坦、王恭、王謐、郭文舉、謝敷、戴逵、許詢、范汪、孫綽、張玄、殷顗等，並東晉賢士也。或宰輔之冠蓋，或人倫之羽儀，或置情天人之際，或抗跡煙霞之表，並稟志歸依，措心崇信。其間比對則蘭、護、開、潛、深、遁、崇、邃，八子皆高僧也。皆迹亞黃中，咸不測之人也。黃中，聖人也。慧遠法師云：釋氏之化，無施不可。適道固自教源，濟俗亦爲真要。竊尋此說，有契理奧。何者？百家之鄉，十人持五戒，即十人淳謹；千室之邑，百人修十善，則百人和睦。持此風教，以遍寰區，編戶億千，則仁人百萬。夫能行一善則去

---

　　① 須達多：又作"須達"、"蘇達哆"。譯作"善授"、"善與"、"善施"、"善給"、"善溫"。爲中印度舍衛城之長者，波斯匿王之大臣。其性仁慈，夙憐孤獨，好行布施，人稱之爲"阿那他擯荼陀"，皈依佛陀後，建造祇園精舍。

　　② 毘舍佉：音譯"密利伽羅磨多"。意譯爲"鹿母"、"鹿子母"、"鹿母夫人"。又稱"彌佉羅母"、"彌迦羅長者母"。本名爲"毘舍佉"，故又作"毘舍佉母"、"毘舍佉彌伽羅母"、"鹿子母毘舍佉"。巴利本《法句經註》載，毘舍佉乃鴦伽國長者之女，遇佛之遊化而證預流果，嫁彌伽羅之子，後勸其翁彌伽羅皈依佛門，彌伽羅甚爲歡喜，遂呼毘舍佉爲母，後人由此而稱其爲彌伽羅母，即指鹿子母，後生一子，名爲鹿紐。

　　③ 見《唐護法沙門法琳別傳》卷下。

一惡，去一惡則息一刑。息一刑於家，萬刑息於國，則陛下之言坐致太平是也。故佛圖澄入鄴，石虎殺戮減半；滬池寶塔放光，符健椎鋸用息。石虎，後趙也。符健，前秦。蒙遜反噬無親，虐如豺虎，北涼沮渠蒙遜，本胡人，博覽羣書，曉天文，殺段業①，自稱涼州牧。後入姑臧即位，號西河王。末節改悟，遂成善人。在位三十年，譯《涅槃經》。法建道人力兼萬夫，幾亂河渭，面縛甘死，以赴師厄。此非是內教所被哉？"時羊玄保進曰："竊恐秦趙論強兵之術，孫吳盡吞并之計，將無取於此也。"帝曰："此非戰國之具，良如鄉言。"尚之曰："夫禮隱逸則戰士怠，貴仁德則兵氣衰。若以孫、吳爲心，志在吞噬，亦無取堯舜之道，豈唯佛教而已哉？"帝悅曰："釋門有卿，亦猶孔氏之季路，所謂惡言不入於耳。"②昔牟子、郗嘉賓、宗炳、朱皓之、劉勰，並會道控儒，承經作訓。警法王之路，獻獲醜③之功。而彼言行，豈由形勸而已哉？

　　魏以太延五年始起虐，太延五年，己卯年，北涼初滅佛法也。太平真君七年丙戌盡誅滅，是歲宋元嘉二十三年也。正平二年壬辰春二月，帝崩，太子晃先卒，初，帝南征，有譖晃婬于內，帝怒，晃懼，乃謀逆。帝知之，因詐死，使人召晃至，以鐵籠罩之，撻三百，後乃殺之。吳王立，改元曰永平，是歲十一月崩。魏太武正平二年，爲常侍宗愛所害，景穆太子光立，改永平。元年，宗愛亦害之，立景穆子濬，號文成帝，改元曰興安也。文成立，改元曰興安，復興也。再興釋教。周以天和四年己丑歲議興廢，建德三年甲午大殲滅，當陳宣大建六年也。周武名邕，佛道二教並毀除之。宣正元年戊戌，帝崩，天元嗣立，宣帝也，諱贇，武帝長子。稅入市者，人一文錢。幸洛陽，驛馬四百里。皇后方駕而行，後者罪之，自稱天元皇帝，咸陽水變爲血。己亥歲改爲大成。元年春，復興也。惟天命弗于常，以禹啟夏命，以湯啟殷命；其將亡也，以桀紂滅之。禹，姒姓，名文命。湯，子姓，名天乙。桀，禹十七代孫。紂，湯三十代孫。惟至道弗于常，以漢魏始之，以晉宋弘之；其將亡也，以二武滅之。天意以萬物不一，外事豈必福者能興，禍者能滅，不興安廢，不廢孰興乎？昔

---

① 段業：段，"叚"之異體。字見《宋元以來俗字譜·九畫》引《太平樂府》等。段業：《大正藏》本錄作"段業"，《高僧傳》卷二、《出三藏記集傳》中卷一四也作"叚業"。《晉書》、《北書》、《宋書》、《十六國春秋》等皆作"叚業"。

② 見《高僧傳》卷七《慧嚴傳》。

③ 獲醜：俘獲敵眾。《詩·小雅·出車》："執訊獲醜，薄言還歸。"高亨注："周人稱異國敵人爲醜。"

玄高繼于郊南，弟子經夕乃至，興而告曰："大法應化，隨緣盛衰在迹，理恒湛然。但念汝等，不久復當如我。汝等死後，法當復興也。"① 玄高道人，以太子晃之師故，死於平陽。光至于寺，弟子方知，乃請尸。尸至寺，復起告弟子，後大法果滅也。

魏興安初，文宣皇帝甲午年也。高宗詔曰："夫爲帝王者，必祗奉明靈，顯彰仁道，其能惠著生民，利濟羣品者，雖往，猶序其風烈，是以春秋嘉宗盟之禮，祭典載功施之族。《禮》云"功施於民者祀之，勞及於民者祀之，能御大難者祀之"等是。② 況釋教如來，功濟大千，慧流塵境。尋生死者，歎其達觀，覽文義者，貴其妙門。助政化之禁律，益仁智之善性。排撥羣邪，開演正覺③。故前代已來，莫不崇尚，亦我國家常所尊事之也。世祖太武皇帝開廣邊荒，德澤遐被。沙門道士，善行純誠，如慧始之倫，慧始足白於面，時號"白足阿練若"。魏大武沙除釋教，令構得僧首者賞金，始立國門，來者與其頭，官中賞給不暇，由是而止。④ 無遠不至，風義相感，往往如林。夫山海之深，怪物多有。姦淫之儔，得容假託。講寺之中，致有兇黨。是以先朝因其瑕釁，戮其有罪，有司失旨，一切禁斷。景穆皇帝每爲慨然，文宣帝父，尊爲景穆。值軍國多事，未遑修復。以朕纘⑤承鴻緒，君臨萬邦，思述先志，以隆斯道。今制諸州城郡縣眾居之所，各聽建浮圖一軀，任其財用，不制期限。其有好樂道法欲爲沙門，不問長幼，出於良家，性行篤素，鄉里所明者聽出家。大州五十人，小州三十人。足以化惡就善，播揚道教⑥者也。已上後魏文宣皇帝再興詔。

周初滅法，尋立通道觀⑦，選釋、李門人有名當世者一百二十人，著

---

① 見《高僧傳》卷一一《玄高傳》。

② 見《禮記·祭法》。

③ 正覺：意指真正之覺悟。又作"正解"、"等覺"、"等正覺"、"正等正覺"、"正等覺"、"正盡覺"。等者就所證之理而言；盡者，就所斷之惑而言。即"無上等正覺"、"三藐三菩提"之略稱。音譯"三菩提"。謂證悟一切諸法之真正覺智，即如來之實智，故成佛又稱"成正覺"。

④ 見《佛祖歷代通載》卷八。

⑤ 纘："纘"之異體。字見《集韻·上聲·緩韻》、《正字通·糸部》。

⑥ 道教：指佛教。南朝梁慧皎《高僧傳·譯經下·求那跋摩》："（宋文帝）又遣沙門法長、道沖、道俊等往彼祈請，並致書於跋摩及闍婆王婆多伽等，必希顧臨宋境，流行道教。"

⑦ 通道觀：北周武帝建德三年（574）五月，廢佛道二教，爲培養保存二教根本義之人士，遂置通道觀。因二教已遭廢毀，乃由還俗僧侶道士之中選出優秀人才爲通道觀學士，著衣冠笏履，講老莊周易，兼亦鑽研佛經。佛教僧侶中爲通道觀學士者有普曠、任道林、彥琮等。於建德七年武帝崩時，通道觀仍存，何時廢止則不確知。

衣冠笏履，號通道觀學士。衛元嵩奏置也。而普曠①剃髮留鬚，高僧也。帝
乃笑之。大成元年春正月，天元詔曰：宣帝。"弘建玄風，三寶尊重，特
冝修敬。法化弘廣，理可歸崇。其舊沙門中德行清高者七人，在正武殿西
安置行道。"② 二月，改爲大象元年，勅曰："佛法弘大，千古共崇，豈有
沈隱捨而不行？自今已後，王公已下并及黎庶，並冝修事，知朕意焉。"③
爰於二京各立一寺，其餘州郡，猶未通許。四月八日詔："佛教興來，多
歷年代，論其至理，實自難明。但以世漸澆浮，不依佛法，致使清淨之法
變成濁穢，高祖武皇帝廢而不立，正爲如此。朕今情存至道，思弘善法，
方揀擇練行，恭循此理。令形服不改，德行仍存，敬設道場，欲行善法。
王公已下，並冝知悉。"④ 至二十日，詔選耆舊沙門懿德貞潔學業沖博一
百二十人，勿剪髮毀形，於陟岵寺爲國行道，所資公給。⑤ 沙門任道林⑥
歷高祖、天元二世，諫奏有儀，帝懿乃辯，屢迴天睠，大法紹復，斯人有
力矣。⑦ 周武建德二年廢二教，即陳宣帝大建五年也，北齊後主武平四年也，後梁明
帝大定十二年癸巳之歲矣。

　　隋文潛龍時，有神尼智仙言曰："佛法將滅，一切神明今已西去。兒
當爲普天慈父，即隋文帝。重興佛法，一切神明還來至此。"⑧ 靜帝沖幼，
以隋公輔政，欲令沙門復舊，未之能也。洎革周命，周靜帝諱衍，宣帝長子，
即位改元大定，以隋公楊堅爲丞相。復佛道二教，在位一年，遜于隋。居別宮，奉爲
介國公，食邑萬戶，一切依周制，開皇元年崩年九歲。乃令剃落，如曇延、靈
裕、慧遠等，皆不失其人也。

　　國初，高祖問羣臣曰："傅弈每云'佛教無用'，朕欲從其所議，卿
等何如？"魏公裴寂進曰："臣聞齊桓公與管仲、鮑叔、甯戚等飲酒而適，

① 普曠：唐代僧。(548—620)，扶風郿人，姓樊，唐武德三年（620）卒，年七十三。
② 見《佛祖統紀》卷三八《宣帝》。
③ 見《廣弘明集》卷一〇《周高祖巡鄴除殄佛法有前僧任道林上表請開法事》。
④ 見《廣弘明集》卷一〇《周天元立有上事者對衛元嵩》。
⑤ 見《廣弘明集》卷一〇《周高祖巡鄴除殄佛法有前僧任道林上表請開法事》。
⑥ 任道林：北齊僧。生卒年不詳。建德六年（577），北周武帝滅北齊，於其地實施廢佛之
際，師曾上奏武帝，請復興佛教。武帝識為龍象之材，遂勸其入長安通道觀，從事佛學之研究。
翌年五月赴長安，六月，武帝崩，宣帝即位。師復就復興佛教之事頻頻上奏，為後來佛教復興之
原動力。
⑦ 見《廣弘明集》卷一〇《周高祖巡鄴除殄佛法有前僧任道林上表請開法事》。
⑧ 見《續高僧傳》卷二六《道密傳》。

桓公謂鮑叔曰：'爲寡人祝之。'鮑叔奉酒而祝曰：'願吾君無忘出於莒，齊公孫無知亂，小白奔莒，齊人殺無知，後鮑叔輔小白入立，是爲桓公也。願管仲無忘縛於魯，齊亂、管仲與子糺奔魯，國人納之。值小白先入，遂戰，魯敗，乃殺子糺，而生縛管仲，至鮑叔解之於境也。願甯戚無忘於飯牛。'甯戚使車飯於牛下，見桓公，扣角而歌，桓公乃用之。桓公避席而謝：'寡人與二三大夫曾無忘夫子之言，則齊社稷不廢矣。'此言常思舊也，陛下昔創義師，志憑三寶，云安九五，誓啟玄門。今陛下六合歸仁，富有四海，欲納弈之狂簡，傅弈也。而毀廢佛僧，此則虧陛下之往信，彰陛下之今過。元元失望，元元，黎遮也，理不可也。"① 是知文武之賢，固天攸縱，匪惟社稷之臣，實亦法王之臣，既作衞于王室，亦屏藩②於聖教也。若夫長民者，行著一鄉，智効一官，樹風聲之德表，爲蚩氓之効仰。③ 彼氓也何有知焉？舉直錯諸枉，彼民之謂直也；舉枉錯諸直，彼氓而謂之直也。④ 夆無特鑒委化上流者，安得不審其動也，慎其詞也，昭其信也？《禮》云："堯、舜率天下以仁，而民從之；桀、紂率天下以暴虐，而民從之。"⑤ 又曰："下之事上也，不從其所令而從其所化。上好是物，下必有甚者矣。"⑥

今庶口喋喋，音牒，佞語也。病乎不信。余心晦晦，兼慍乎信。何哉？夫信有三者焉：有智、有愚、有黨。智則擇物，人悅其鑒，如舜舉皋陶，湯舉伊尹，仁者至，不仁者遠矣。愚與黨傷蠹哉！愚不辨於牛馬，於其所信，如沐猴而冠⑦之，昔項羽屠咸陽，焚燒宮闕，三月火不滅，而歸下邳。秦之君子有言曰："項籍之作，猶沐猴而冠焉。"⑧ 慕像龍而懼其真龍，葉公食菜於葉，姓沈，名諸梁，字子高，好龍，畫之門戶屛屋，天爲見真龍。見之，驚悸而卒也。⑨ 以狂且爲子都，子都，有貌之美者也。狂，童也。且，語辭也。《詩》云："不見

---

① 見《唐護法沙門法琳別傳》卷上。

② 藩："藩"之異體。字見《隸辨·平聲·元韻》，引《衡方碑》云："剖符守藩。"

③ 見《莊子·逍遙遊》。

④ 見《論語·爲政》。

⑤ 見《禮記·大學》。

⑥ 見《禮記·緇衣》。

⑦ 沐猴而冠：獼猴戴帽子。比喻外表雖裝扮得很像樣，但本質卻掩蓋不了。常用來諷刺依附權勢、竊據名位之人。

⑧ 見《漢書·項籍傳》。

⑨ 見劉向《新序》卷五《雜事》。

子都，乃見狂且"是也。^① 此詩刺鄭不賢之謂者也。**以大天^②爲羅漢，^③** 大天，土火羅國僧，造五逆者，無憂供之，以爲羅漢。**小人之幸，君子之不幸。**不應用而獲用，謂之幸，應用而不獲用，謂之不幸。**黨則失賢與惡，**故君子不黨。**保姦害善，悖亂無法，使服箱之馬而見忌，角於凶犢，**車旁之馬。**而隱遁者患山林之不深矣。彼二者，真若率信不得信之樞也。**

　　北山野人瞰余之斐詞，謂所居之□□者。曰："夫爲道德□□乎，一丗□□□□□□□□□□□□經，外有六典、百氏^④。足以遊神娛目，端思默聽，今乃鑽研簡牘，□，□□也。□，□版也。^⑤ 輕役精魂，規規^⑥皇皇^⑦，其殆也已。"自有內外典籍，何須更區區撰此？**余赧而失據^⑧，徐思而對曰："夫坳塘不足以隘於江湖，而不孕於蘿葦，**不可以隘小之故，便不生於蘿葦。**培塿^⑨不足以下於衡霍而不載於枳棘。**衡霍，南岳。培塿，堆阜也。枳棘，刺也。**萬物今古，各有分也。昔揚雄見知於君山，^⑩** 揚雄，字子雲。好古，嘗著擬《周易》，草《太玄經》十卷。張平子見之，曰："只可蓋於醬瓿。"及桓譚見之，曰："可以偕聖也。"**後齰林大守陸績注之也。左沖得譽於皇甫，**左思，字太沖。閉戶十年，著《三都賦》。門戶井溷，皆有紙筆，得□□□□字，輒書之。賦成，皇甫謐見而譽之，都下謂之紙貴。^⑪ **愚智否臧，亦何有定在乎？遇不遇□□□□憫余。**奚，何也。憫，惻念也。**尋繹往脩，**

---

① 見《詩經·鄭風·山有扶蘇》。

② 大天：大眾部之始祖。音譯作"摩訶提婆"。生於佛滅後百餘年，乃中印度秫莵羅國商人子。相傳出家前造三逆罪，後懺悔而入佛門，住於雞園寺。

③ 見《大唐西域記》卷三《迦濕彌羅國》。

④ 百氏：猶言諸子百家。《漢書·敘傳下》："緯六經，綴道綱，總百氏，贊篇章。"

⑤ 此處慧寶注疑爲："簡，竹簡也。牘，方版也。"見《一切經音義》卷三一"簡牘"注。

⑥ 規規：驚恐自失貌。《莊子·秋水》："於是埳井之蛙聞之，適適然驚，規規然自失也。"成玄英疏："規規，自失之貌。"

⑦ 皇皇：惶恐貌；彷徨不安貌。皇，通"惶"。《禮記·檀弓上》："既葬，皇皇如有望而弗至。"

⑧ 失據：失去憑依。《文選·宋玉〈神女賦〉》："徊腸傷氣，顛倒失據。"李善注："毛萇《詩傳》曰：'據，依也。'"

⑨ 培塿：本作"部婁"。小土丘。《左傳·襄公二十四年》："部婁無松柏。"杜預注："部婁，小阜。"漢應劭《風俗通·山澤·培》引《左傳》作"培塿"。

⑩ 見《漢書》卷八七《揚雄傳》。

⑪ 《晉書》卷九二《左思傳》。

遠慕前識，慕子雲、太沖也。託彼□□□□□□，庶幾善道。刻鳳成雞，
猶利其半。既非吾徒，終日飽食，則高天厚地①，曾何腆乎？人若不學，
則終日飽食，無所用心，焉知高天厚地哉？②腆，厚顏也。亦不以無知爲醜也。跼
蹐哉！身心悚然貌也。

---

①　地：底本漫漶不清。據慧寶注及文義補。

②　見《論語·陽貨》。

後　序

稟學^①賜紫□□□贊□述

　　草玄亭沙門諱慧寶，字光用，俗姓王氏，東□^②玄武縣人也。其先世習儒素^③，或陳力就列^④，或高尚其事^⑤。炳耀譜系^⑥，弗具詳^⑦□^⑧。大師丱歲^⑨出家，弱冠受戒，游刃學海，以傳演爲□□^⑩，□□□□^⑪雅論。甞

---

　　①　稟學：猶受學。《後漢書・馬援傳》："朱勃小器速成，智盡此耳，卒當從汝稟學，勿畏也。"

　　②　缺字疑爲"川"字。邵瑞彭《中大季刊》1926 年第 1 期《北山錄敘目》："慧寶字光開，姓王氏，東蜀玄武人。"東蜀，恐不確，《北山錄》卷首就題有"西蜀草玄亭沙門慧寶"。按：玄武，隋開皇三年（583）改五城爲玄武縣，因玄武山爲名，屬益州。武德三年（620），割屬梓州。至德二年（757）分劍南爲東川、西川，各置節度使，東川治梓州。

　　③　儒素：儒術，儒學。《宋書・自序》："儀篤學有雅才，以儒素自業。"

　　④　陳力就列：指在所任職位上能恪盡職守。《論語・季氏》："孔子曰：'求！周任有言，曰：陳力就列，不能者止。'"何晏集解引馬融曰："周任，古之良吏。言當陳其才力，度己所任，以就其位。"邢昺疏："言爲人臣者，當陳其才力，度己所任，以就其列位，不能則當自退也。"漢陸賈《新語・道基》："陳力就列，以義建功。"唐劉知幾《史通・人物》："或陳力就列，功冠一時；或殺身成仁，聲聞四海。"

　　⑤　高尚其事：《易・蠱》："不事王侯，高尚其事。"

　　⑥　系：底本漫漶不清，但可見下部"小"字。據文義補。

　　⑦　具詳：完全清楚。晉張華《博物志》卷一："諸國境界，犬牙相入。春秋之後，並相侵伐。其土地不可具詳，其山川地澤，略而言之，正國十二。"

　　⑧　缺字疑爲"也"字。

　　⑨　丱歲：幼年。唐楊炯《後周明威將軍梁公神道碑》："丱歲騰芳，髫年超霭。"

　　⑩　疑此處缺二字，與後文"雅論"對應。陈士强《大藏经总目提要・文史藏》（上海古籍出版社 2008 年版）第 370 頁："大師丱歲出家，弱冠受戒。游刃學海，以傳演為業。"業，恐用"弘業"或相近意義之雙音節詞更好。

　　⑪　此處四缺字疑與上文"以傳演爲"結構類似。《集古今佛道論衡》卷四："用鄙俚爲樞機，將委巷爲雅論。"

陞座隱机，謂左右曰："吾歷觀《僧史》、《高□□①》、□□□□②，研精③究内外，然後能垂世立教，出類拔萃，□□□□，□□□□，□④翩隻輪，任重致遠，未之前聞。"乃於講習外，博覽羣□⑤，□□□□⑥，深於《大易》、《春秋》。窮極天人，明白褒貶。當世名賢，皆服膺請業，造其門者，咸曰"登於龍門"。纂《三國簡要志》十卷，原始要終，削陳壽之繁冗也。撰《錦鳳囊》十卷，隱括聖賢，奇言善行，無遺逸也。《□經摘題》十卷，裁□⑦篇章，鉤深索隱，史家之流也。《五味子》三□⑧，□□語論，□□□□□也。⑨《玉谿新槀》四十卷。謌詩□⑩："行要堅深心要定，性⑪須慈忍量須寬。"

　　　　　　　　　　　　　　　　　明万曆丙子仲秋望日重裝
　　　　　　　　　　　　　　　　　墨林項元汴持誦

────────────

　　① 此處二缺字疑為"僧傳"二字。
　　② 此處疑缺"《燈錄》等書"四字。《佛法金湯編》卷一："切謂自昔弘教諸碩德，其嘉言善行，已有成書具載之矣，若《高僧傳》、《僧史傳》、《燈錄》等書是也。"
　　③ 研精：盡心，專心。三國魏曹操《請爵荀彧表》："或左右機近，忠恪祗順，如履薄冰，研精極銳，以撫庶事。"晉夏侯湛《東方朔畫贊》："乃研精而究其理，不習而盡其功。"
　　④ 此處疑缺一"單"字。《大方廣佛華嚴經》卷一一："支德互闕，如車隻輪，如鳥一翼，決定不能翔空致遠。"《楞嚴經秘錄》卷八："其鳥也，若單翼何以高舉；其車也，若隻輪何堪重運。"《北山錄》卷二慧寶注："車本雙輪方轉，鳥以兩翼而飛。今於真俗若不圓通，如隻輪之車，單翼之鳥也。"
　　⑤ 疑缺一"籍"字或"書"、"經"之類的字。陈士强《大藏经总目提要·文史藏》（上海古籍出版社 2008 年版）第 370 頁："於講習外，博覽群籍。"
　　⑥ 此處疑缺一四字短語。《釋氏稽古略》卷二："有僧神光者，博覽群書，善談玄理。"可資參考。
　　⑦ 缺字疑為"成"或"為"字。
　　⑧ 疑缺一"卷"字。
　　⑨ 根據此序句式特點，此處應為四六句，故據此斷句。
　　⑩ 缺字疑為"曰"或"云"。
　　⑪ 性：底本原作"念"字，塗掉後，于右邊改作"性"字。

《北山錄》後序

殿中丞致仕丘濬撰

　　唐憲宗即位元年，建號元和。于時文章彬鬱，類麟鸞虬虎，蘭桂珠貝，騰精露芒，溢區宇間。若韓退之、柳子厚、元微之、白居易、劉禹錫、李觀，悉以才刃勀造化，譬孫、吳起、翦當戰國際，爭武勇權術之勝也。河南丘濬①，嘗閱史傳，及其遺編，必慨然興感，恨不得追其肩踵焉。今年春正月，被黜歸歙②。遘疾，寓武林，鄰淨住律刹。一日，僧惟賢贊謁于陋止。始見之，溫儼清邃，疑有所蘊而來也。俄與之語，則志氣穎銳，將欲脫去境照，漠然無礙。學書易風雅，春秋尤確，況夲教乎？忽袖中出緗表五編，且曰："此東蜀紹竺乾弟子神清譔述也。"目之，爲北山錄。首之以艾儒，終之以外信，凡十六篇。"祕蓄三紀，恐失傳布，鍾蔽善之罥，曩慕君子公於其道，不諛於世態者，異摭其可否爾？"濬遂受之。是夕弗就枕，燭以閱之，終三鼓，考其大概，以□立空寂爲夲，欲天下派歸于巨壑也。會粹老子、孔子經術，莊、列、荀、孟、管、晏、楊、墨、班、馬之說，馳騖其間，約萬岐而趨一正。峙之則如山，淳之則如淵，變之則風霆，平之則權衡。其恢宏辯博如是之甚矣。嗟夫，元和丙戌迄聖宋熙寧元年戊申二百六十三歲，而昔之大儒蔑一句稱謂以褒賁乎神清。何也？蓋專其所守不敢以徑隧生疵訴，非嫉其才能而然。濬生太平世，老尚廢棄，乏智略以佐天子，無利惠以濟生人，但修鍊以固其身，禪定以同其塵，故魯論云，我則異於是無可無

---

　　① 丘濬：(1421—1495)，瓊山人（今屬海南），明代著名政治家、理學家、史學家、經濟學家和文學家，海南四大才子之一。字仲深、瓊山，號深庵、玉峰，別號海山老人，諡文莊。景泰五年進士，曆官經筵講官、侍講、侍講學士、翰林學士、國子監祭酒、禮部侍郎、尚書、纂修《憲宗實錄》總裁官、文淵閣大學士、戶部尚書兼武英殿大學士等職。

　　② 歙：歙縣，今屬安徽省黃山市。

不可在乎今日也，是以嘉賢師行業勤整，能拔古人湮欝於異代，罔剽取
以飾己。後之衣縫掖輩，孰不靦顏於鄒魯①之門哉！冬十二月丁酉序于
卷末。

---

① 鄒魯：鄒國、魯國的並稱。鄒，孟子故鄉；魯，孔子故鄉。後因借指孔孟。